2t

Zur Organisation öffentlicher Aufgaben

Für Manfred Röber zum 65. Geburtstag

Christoph Reichard
Eckhard Schröter (Hrsg.)

Zur Organisation öffentlicher Aufgaben

Effizienz, Effektivität und Legitimität

Verlag Barbara Budrich
Opladen • Berlin • Toronto 2013

Bibliografische Information der Deutschen Nationalbibliothek
Die Deutsche Nationalbibliothek verzeichnet diese Publikation in der Deutschen
Nationalbibliografie; detaillierte bibliografische Daten sind im Internet über
http://dnb.d-nb.de abrufbar.

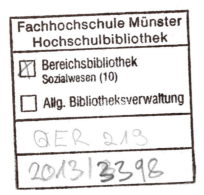

Gedruckt auf säurefreiem und alterungsbeständigem Papier.

Alle Rechte vorbehalten.
© 2013 Verlag Barbara Budrich, Opladen, Berlin & Toronto
www.budrich-verlag.de

    ISBN   978-3-8474-0090-5 (Hardcover)
   eISBN 978-3-8474-0353-1 (eBook)

Das Werk einschließlich aller seiner Teile ist urheberrechtlich geschützt. Jede Verwertung außerhalb der engen Grenzen des Urheberrechtsgesetzes ist ohne Zustimmung des Verlages unzulässig und strafbar. Das gilt insbesondere für Vervielfältigungen, Übersetzungen, Mikroverfilmungen und die Einspeicherung und Verarbeitung in elektronischen Systemen.

Umschlaggestaltung: Walburga Fichtner, Köln
Satz: Susanne Albrecht, Leverkusen
Druck: paper & tinta, Warschau
Printed in Europe

Inhalt

Zu diesem Band 7

Öffentliche Aufgaben: Bestimmung, Charakteristika und historische Entwicklung

Eckhard Schröter und Christoph Reichard:
Öffentliche Aufgaben – ein Versuch über ihre Bestimmung,
Entwicklung und Wahrnehmung 11

Heinrich Mäding:
Kommunale Aufgabenkritik – unverändert aktuell? 37

Organisation der Aufgabenwahrnehmung

Thomas Edeling:
Organisationswandel öffentlicher Aufgaben. Eine
(neo-) institutionalistische Perspektive 62

Werner Jann:
Ministerien und verselbstständigte Behörden in Deutschland: Lehren
aus der internationalen Diskussion über ‚*Agencification*' 78

Sabine Kuhlmann:
Wandel lokaler Aufgabenwahrnehmung im föderalen Staat:
Macht Kommunalisierung einen Unterschied? 100

Matthias Redlich:
Re-Kommunalisierung öffentlicher Aufgaben 119

Thorsten Beckers, Felix Wagemann und Jan Peter Klatt:
Wirtschaftlichkeitsuntersuchungen bei PPP-Vorhaben:
Herausforderungen und Lösungsoptionen 148

Berit Sandberg:
Vom korporatistischen Partner zum Subunternehmer – Nonprofit-
Organisationen als verlängerter Arm der öffentlichen Hand ... 184

Ressourcen der Aufgabenwahrnehmung und deren Steuerung

Christina Schaefer:
Ressourcensteuerung mittels Kosten- und Leistungsrechnung –
Eine empirische Studie zur Nutzung und Einsatzintensität der KLR
in Kommunen 205

Kurt Promberger:
Flexible Ressourcensteuerung – Erfahrungen aus Österreich 216

Erik Gawel:
Nutzerfinanzierung öffentlicher Aufgaben – Renaissance
des Entgeltstaates? 236

Thomas Lenk, Oliver Rottmann und André Grüttner:
Entwicklung der fiskalischen und demografischen Lage der
Kommunen und ihre Implikationen für die Daseinsvorsorge
am Beispiel des ÖPNV 262

Christoph Reichard:
Qualifikation der Ressource Personal 286

Martin Brüggemeier und Angela Dovifat:
E-Government: Der Beitrag der IT zur öffentlichen
Aufgabenwahrnehmung 303

Maßstäbe zur Beurteilung der Aufgabenwahrnehmung

Veith Mehde:
Legalität und Legitimität der Aufgabenerfüllung 328

Patrick von Maravić:
Die Mehrdeutigkeit öffentlicher Verantwortlichkeit 346

Hellmut Wollmann:
Evaluierung von Verwaltungshandeln. Entwicklung, Ansätze,
Verwendung 362

Forschungsperspektiven

Eckhard Schröter:
Die kulturelle Dimension öffentlicher Aufgaben: Residualkategorie
oder zentraler Erklärungsfaktor? 387

Die Autorinnen und Autoren 426

Zu diesem Band

Diese Festschrift ist unserem Freund und Kollegen Manfred Röber zum 65. Geburtstag gewidmet. Die hier versammelten Autorinnen und Autoren nutzen daher die Chance dieses Jahrestags, um dem Jubilar auf diese Weise zu gratulieren und ihn als prägende wissenschaftliche Persönlichkeit öffentlich zu ehren. Es kommt Manfred Röbers unaufgeregten und uneitlen – und gerade dadurch so souveränen – Sicht auf den Wissenschaftsbetrieb sicher entgegen, wenn wir das Schlaglicht der Aufmerksamkeit einleitend nicht nur auf seine Person richten, sondern vielmehr ein thematisches Anliegen in den Vordergrund rücken: die Organisation öffentlicher Aufgaben. Wie ein roter Faden durchzieht dieser Themenstrang die modernen – und nicht minder die klassischen – Diskurse darüber, welches die kollektiven Aufgaben eines Gemeinwesens sind, wer dafür verantwortlich zu sein hat, welche Ressourcen dafür bereitgestellt werden sollen und wie sich das Ergebnis beurteilen lässt. Wie bei allen wichtigen Debatten erscheinen solche Fragestellungen und Zusammenhänge – im Rückblick – nahezu selbstverständlich. Tatsächlich jedoch verdanken wir diese Einsichten ganz bestimmten Forschungsperspektiven – und denjenigen, die sie mit innovativen Fragen kombiniert, theoretisch fundiert und methodisch rigoros umgesetzt haben. Und damit sind wir wieder bei Manfred Röber, der – nach soziologischer und wirtschaftswissenschaftlicher Ausbildung an der Freien Universität Berlin und der Universität Mannheim – einen aufgabenbezogenen Ansatz (zunächst auf die Fragen der Planungsorganisation bezogen) für die Erforschung öffentlicher Organisationen prägte. Als Hochschullehrer und -forscher (zunächst an der Fachhochschule für Verwaltung und Rechtspflege Berlin, später der Fachhochschule für Technik und Wirtschaft Berlin und der Wirtschaftswissenschaftlichen Fakultät der Universität Leipzig) hat Manfred Röber diesen Zugang mit vielfältigen Anwendungen weiter entwickelt, ob auf die Tendenzen zur Zentralisierung oder Dezentralisierung in Metropolen bezogen, auf die Steuerung öffentlicher Unternehmen und die Auslagerung von Verwaltungseinrichtungen oder auf den Gegentrend der sogenannten Re-Kommunalisierung. Dabei spielt stets die Vielfalt unterschiedlicher Bewertungskriterien – Effizienz, Effektivität und Legitimität der Aufgabenerfüllung – und das Augenmerk für die gesellschaftlichen und politischen Umfeldbedingungen, sofern sie für die

Aufgabenerfüllung relevant sind, eine wichtige Rolle (so z.b. in den Arbeiten zur Entwicklungsverwaltung, zur Verwaltungstransformation, zu Verwaltungseliten oder zum Bürgerhaushalt). Die Konturen eines solchen Forschungs- und Lehrprogramms, das Manfred Röber nachhaltig mitgestaltete, versuchen die Herausgeber mit dem zu Grunde liegenden Design des vorliegenden Sammelbandes – wenn auch nur in Ansätzen – nachzuzeichnen.

Die Autorenschaft dieses Sammelbandes zielt mit ihrem gemeinsamen Vorhaben – an den Nahtstellen zwischen Organisationstheorie, betriebswirtschaftlicher Managementforschung und empirischer Verwaltungswissenschaft angesiedelt – darauf ab, einen interdisziplinären Beitrag zum Verständnis der Spezifika öffentlicher Aufgaben sowie ihrer Organisationsformen und Vollzugsbedingungen zu leisten. Damit ist die Absicht verbunden, der Leserschaft eine kritisch-reflektierte Bestandsaufnahme der wissenschaftlichen und verwaltungspolitischen Debatte zu ausgewählten Kernfragen des Rahmenthemas anzubieten, die wissenschaftliche Relevanz mit praxisnaher Problemorientierung verbindet. Dieses inhaltliche Anliegen kommt vor allem dadurch zum Ausdruck, dass die durchgängig aufgabenbezogene Perspektive konsequent mit organisationswissenschaftlichen Fragestellungen verknüpft wird. Im Kern stehen Fragen zur Bestimmung und Wahrnehmung öffentlicher Aufgaben, wobei die dafür nötigen institutionellen Arrangements, die Organisationsressourcen und zentralen Akteursgruppen sowie die relevanten Bewertungskriterien für die Qualität der Aufgabenwahrnehmung im Mittelpunkt stehen. Der strikt auf die Aufgabenerledigung gerichtete Blick ist von vornherein offen für die Analyse vielfältiger institutioneller Varianten (ob öffentliche Unternehmen, gemeinnützige Organisationen oder Kernbereich staatlicher und kommunaler Verwaltung), die Abwägung alternativer Steuerungsmodi (ob marktförmige, hierarchische oder netzwerkartige Formen) und behält die verschiedenen maßgeblichen Ressourcen (wie Personal, Finanzen, Technologie oder Wissen) gleichermaßen im Fokus. Folgerichtig liegt das Hauptaugenmerk auf – u.a. auch kontingenztheoretisch angeleiteten – Fragestellungen, die in Abhängigkeit von verschiedenen Aufgabentypen, unterschiedlichen Rahmenbedingungen und (zum Teil miteinander konkurrierenden) Bewertungskriterien die jeweiligen Vor- und Nachteile bestimmter Organisationsvarianten zur Wahrnehmung öffentlicher Aufgaben untersuchen. Mit dieser inhaltlichen Anlage der Festschrift ist auch die Hoffnung darauf verbunden, mit den hier versammelten Beiträgen über den Kreis der einschlägigen Wissenschaftsgemeinde hinaus auch der interessierten Fachöffentlichkeit eine hilfreiche Handreichung für ihre Arbeit in Forschung, Lehre, Studium und Verwaltungspraxis anbieten zu können.

Die Herausgeber schulden der Verlegerin, Frau Barbara Budrich, und ihren Mitarbeiterinnen und Mitarbeitern großen Dank für die besonders engagierte Unterstützung und umsichtige Begleitung bei der Fertigstellung dieses Bandes. An den verschiedenen Entstehungsphasen der Festschrift hat das

Zu diesem Band

Team am Stadt-Friedrichshafen-Lehrstuhl für Verwaltungswissenschaft an der Zeppelin Universität dankenswerterweise mitgewirkt: Jörg Röber hat gemeinsam mit Florian Beng, Robert Gäde und Franziska Jung die abschließende redaktionelle Überarbeitung des Manuskripts übernommen; Philipp Cinkul war bereits beim Projektstart als studentische Hilfskraft involviert und Frau Gabriele Pirkl hat im Sekretariat das Vorhaben stets tatkräftig unterstützt. *Last but not least* sei an dieser Stelle aber vor allem den hier vertretenen Autorinnen und Autoren für die erfreuliche Zusammenarbeit herzlich gedankt. Sie alle zögerten nicht, ihren wichtigen Beitrag zum vorliegenden Sammelband zu liefern – und damit ihre hohe Wertschätzung und besondere Verbundenheit zu belegen, die sie Manfred Röber als inspirierenden Forscher, engagierten akademischen Lehrer und kollegialen Mentor entgegenbringen.

Christoph Reichard

Eckhard Schröter

Öffentliche Aufgaben – ein Versuch über ihre Bestimmung, Entwicklung und Wahrnehmung

Eckhard Schröter und Christoph Reichard

1. Die „Aufgabe" als Ausgangspunkt: Was sind „Aufgaben"?

An die Stelle einer formalen Einleitung möchten die Herausgeber eine Reflexion über verschiedene Dimensionen von „öffentlichen Aufgaben" setzen – eine Reflexion, die zugegebenermaßen mehr Fragen aufwerfen, als Antworten geben wird. Mit unseren Fragen wollen wir wesentliche Facetten der Aufgabendebatte im öffentlichen Sektor nachzeichnen: Was verbindet man eigentlich mit dem Begriff der „Aufgabe"? Was macht den besonderen Charakter „öffentlicher Aufgaben" aus und wie hat sich dieser Aufgabenbestand entwickelt? Wie lässt sich ein solcher Aufgabenumfang eigentlich erklären oder begründen? Und nach welchen Kriterien ist zu beurteilen, ob eine öffentliche Aufgabe gut oder schlecht erfüllt wurde? Ohne den weiteren Überlegungen vorauszugreifen, lässt ein solcher Fragenkatalog aber schon jetzt eine grundlegende – und für einen Wissenschaftszweig, der sich mit der Erledigung öffentlicher Aufgaben beschäftigt, auch irritierende – Erkenntnis aufkeimen: die Einsicht, dass bei näherer Betrachtung ein solch zentraler Begriff von relativ großen Unsicherheiten und Kontroversen gekennzeichnet ist. Zugleich ist der hier aufgeblätterte Fragenkatalog selbst Ausdruck einer normativen Haltung, die zuvörderst vom Jubilar überzeugend vertreten wird: dass tatsächlich das Verständnis von „öffentlichen Aufgaben" und ihrer Erledigung – die funktionale Perspektive also – den Dreh- und Angelpunkt der hier reflektierten wissenschaftlichen Diskussion ausmacht.

Der Begriff „Aufgabe" – insbesondere in Verbindung mit dem Attribut „öffentlich" – ist vielschichtig und schillernd. Sicherlich hat das eine Ursache auch darin, dass diese Begrifflichkeit in ganz verschiedenen Wissenschaftsdisziplinen und –traditionen eine bedeutende Rolle spielt: So ist die „Aufgabe" der wichtigste Ansatzpunkt der betriebswirtschaftlichen Organisationsgestaltung, indem zunächst alle Aufgaben einer Organisation analysiert und sodann gestalterisch zu wirksamen Aufgabenerfüllungseinheiten zusammengestellt werden (vgl. z.B. Kosiol 1962). Darüber hinaus finden sich in der Debatte um die Begrifflichkeit der „öffentlichen Aufgabe" auch wichtige Elemente volkswirtschaftlicher Herkunft, wenn es z.B. um die Definition „öffentlicher Güter" oder von „Gemeinschaftsgütern" geht. Die Politikwissenschaft und die politische Philosophie greifen mit tradierten Diskursen über das „Gemeinwohl" und über „öffentliche Interessen" ebenfalls nachhaltig in diese Begriffsbestimmung mit ein – und natürlich erst recht dann, wenn es um die normative Bestimmung und empirische Analyse staatlicher Tätigkeitsbereiche, der öffentlichen Politikfelder (*public policies*) geht. Besonders in der Rechtswissenschaft (oft auch in Verbindung mit verwandten Begriffen wie „öffentlicher Zweck" oder „öffentlicher Auftrag") und der Verwaltungswissenschaft (häufig im Kontext „öffentlicher Leistungen") spielt die Kategorie der „Aufgabe" eine geradezu prägende Rolle, etwa im Zusammenhang mit der Bestimmung und Gliederung von Staats- und Verwaltungsaufgaben (siehe dazu auch weiter unten).

Ganz generell verbindet sich mit dem Begriff der „Aufgabe" die Vorstellung, dass eine Person oder eine Organisation mit der Durchführung einer Handlung beauftragt wird. Hinter der „Aufgabe" steht im Prinzip ein „Aufgabenträger" oder Auftraggeber und mit ihr verbindet sich eine klare Verpflichtung, diese auch zu erledigen. Insofern ist die Kategorie der „Aufgabe" wohl auch in aller Regel in einen gewissen Macht- und Hierarchiezusammenhang eingebettet. Allerdings kann sich eine Aufgabe auch aus einem Aushandlungsprozess ergeben, in dem sich verschiedene Akteure über die Durchführung einer Handlung verständigen.

In den meisten Fällen wird eine Aufgabe im Rahmen selbst gesetzter resp. vorgegebener Zielsetzungen durchgeführt werden. Insofern hängen „Aufgabe" und „Ziel" eng zusammen. Vor allem bei der Organisationsgestaltung kann „Aufgabe" mit einem „Sachziel" gleichgesetzt werden, d.h. mit einem Ziel, das die Erreichung eines Soll-Zustandes in Bezug auf einen Sachzusammenhang (z.B. Güterproduktion, Krankenpflege) zum Gegenstand hat. Der Begriff „Aufgabe" hat ferner auch enge Bezüge zu „Leistung", wenn man etwa von Aufgaben- oder eben Leistungskatalogen spricht.

Selbst ein solcher schneller Suchlauf durch die Begriffsvarianten und -verwandtschaften, die mit „Aufgaben" in Verbindung zu bringen sind, lässt erste Konturen für ganz unterschiedliche Denkfiguren aufscheinen. Eine davon ist die Vorstellung von Aufgaben, die als gegeben hingenommen werden, denen vielleicht eine nahezu naturrechtliche Qualität zukommt, da sie schlicht vorhanden sind, ohne weiter hinterfragt werden zu können. Gerade aus solcher Sicht wird einer Person oder Institution etwas „aufgegeben", es entsteht der oben kurz skizzierte Macht- bzw. Über- und Unterordnungszusammenhang. Die andere – diametral entgegengesetzte – Blickrichtung sieht auf die Aufgabe als Resultat eines Aushandlungsprozesses oder als Ergebnis selbstbestimmten Handelns, so dass man sich selbst ein „Ziel" setzt. Wahrscheinlich gibt eine solche Perspektive auch eher die Sicht auf die Adressaten von „Leistungen" frei und ist besser in der Lage, die jeweiligen Interessen, Rechte und Pflichten von „Auftrag"nehmern und „Auftrag"gebern zu erkennen und zu unterscheiden. Vermutlich ist es nicht zufällig so, dass diese Perspektiven – hier grob holzschnittartig gegenübergestellt – mit ganz unter-

Öffentliche Aufgaben

schiedlichen Wissenschaftsdisziplinen und -traditionen zu korrespondieren scheinen. Die stärker managerialen Herangehensweisen stehen im Vordergrund, wenn es um abrechenbare Leistungen und Aufträge geht; die akteursorientierten und interessengeleiteten Vorstellungen vom politischen Aushandlungsprozess sind dagegen eher Voraussetzung für ein quasi-liberal-pluralistisches Verständnis von „Aufgabe" als Ergebnis eines iterativen Entscheidungsprozesses, und schließlich steht die Akzeptanz tendenziell dogmatischen Denkens in hierarchischen Strukturen Pate, wenn es um das Verständnis exogen fixierter Aufgabenbestände geht.

Lassen sich auf diesem Wege auch die im internationalen Vergleich auffälligen Unterschiede zwischen den Begriffstraditionen erklären? Steht hier die stärker pluralistische, „*public interest*"-definierte Staatstradition mit vorwiegend policy-orientierten verwaltungswissenschaftlichen Wurzeln im angelsächsischen Raum auf der einen Seite und die mehr vom organisch-idealistischen Staatsverständnis geprägte und von rechtswissenschaftlichen Interpretationen dominierte deutsche Sicht auf den Aufgabenbegriff auf der anderen Seite? Interessanterweise ist ja der Begriff der „Aufgabe" im deutschen Sprachraum von besonderer Relevanz. Zwar gibt es in anderen Sprachen etwas Entsprechendes (im Englischen etwa *task*), jedoch spielt der Terminus weder in der Organisationsgestaltung noch im verwaltungswissenschaftlichen Zusammenhang eine so bedeutende Rolle. Dort wird dann eher von Ziel oder Leistung gesprochen. Insofern kann man sich fragen, ob der Aufgabenbegriff nicht „typisch deutsch" ist und seine Relevanz durch fortwirkende Kulturprägungen perpetuiert wird.

2. Das Besondere „öffentlicher Aufgaben": Wie werden solche Aufgaben bestimmt und von anderen Aufgabentypen abgegrenzt?

Allgemein wird die „öffentliche Aufgabe" vor allem funktional bestimmt und von anderen – oft konträren – Funktionen abgegrenzt. In diesem Sinne kann man z.B. die folgenden Begriffspaare gegenüberstellen:

- öffentliche versus „private" oder „nichtstaatliche" Aufgabe resp. Leistung;
- öffentliches oder Kollektiv-Interesse versus Individualinteresse;
- öffentliches versus privates Gut.

Der Gesamtkomplex öffentlicher Aufgaben auf den verschiedenen Staats- und Verwaltungsebenen kann nach verschiedenen Aspekten und Kriterien gegliedert werden. In der Literatur finden sich zahlreiche Gliederungsansätze, so im Funktionengliederungsplan des Haushaltsrechts oder im KGSt-Aufgabengliederungsplan (vgl. z.B. Schuppert 1980). Aufbauend auf der klassischen Struktur der Ministerialaufgaben kann man folgende große Komplexe öffentlicher Aufgaben unterscheiden (vgl. z.b. Mayntz 1978: 44):

- äußere Sicherheit,
- innere Ordnung,
- Sicherung der staatlichen Handlungsfähigkeit (z.b. durch Steuererhebung),
- Erbringung diverser Dienstleistungen,
- Umsetzung diverser Policy-Ziele.

Wenn wir von einer „öffentlichen Aufgabe" sprechen, dann ist damit jedenfalls eine Leistung gemeint, die nicht allein für ein Individuum, sondern für eine größere Gemeinschaft (für ein Kollektiv) bereitgestellt wird, deren Erfüllung dementsprechend im „öffentlichen Interesse" ist und mit der sich ein konkreter Gemeinwohlbezug verbindet. Im EU-Kontext wird hier von „Dienstleistungen im allgemeinen Interesse" (*services of general interest*) gesprochen. Dass es sich damit dann in jedem Fall um eine staatliche (bzw. kommunale) Aufgabe handelt, ist nicht unbedingt gesagt. Es kann auch eine Leistung für die Gemeinschaft sein, die gemeinschaftlich erbracht wird. In diesem Falle handelt die Zivilgesellschaft für sich und der Staat bleibt außen vor. Solche Gemeinschaftsleistungen oder -güter gibt es seit eh und je: früher sprach man etwa von „Hand- und Spanndiensten", die in der dörflichen Gemeinschaft füreinander erbracht wurden. Interessanterweise sind es gerade auch Leistungen zur Gefahrenabwehr, die auf solidarischer und freiwilliger Basis erbracht werden, wenn man z.B. an die Berg- oder Wasserrettung, freiwillige Feuerwehren oder die Gesellschaft zur Rettung Schiffbrüchiger denkt. Selbst hoheitliche Aufgaben, wie die Rechtsprechung durch Laienrichter und Jury-Mitglieder, fallen in diesen Kreis der ehrenamtlich erbrachten, „ko-produzierten" Leistungen (Löffler und Birk 2011; Bovaird 2007). Darüber hinaus gibt es heute zahlreiche Angebote von Selbsthilfegruppen, die für die jeweilige Gemeinschaft oder den Mitgliederkreis geleistet werden und die analog zu staatlichen Diensten einen klaren Gemeinwohlbezug aufweisen. In diesem Zusammenhang sei an die Konzepte der Kommunitaristen erinnert, die explizit sowohl gegen individualistische, neoliberale Marktkonzepte wie (wenngleich weniger vehement) gegen staatliche Bevormundung votieren (vgl. Reese-Schäfer 1994; Budäus und Grüning 1997; Haus 2003). Aus dieser Sicht kann also eine öffentliche Aufgabe ein „Dienst an der Gemeinschaft" sein, der keinen direkten Bezug zu Staat und öffentlicher Verwaltung aufweist.

Auf der anderen Seite gibt es zweifellos zahlreiche „öffentliche Aufgaben", die eindeutig der öffentlichen Verwaltung zugerechnet werden können. Institutionell wird dann von „Staatsaufgaben" gesprochen.[1] Im Wohlfahrts-

---

[1] Genau genommen wäre hier zwischen staatlichen Aufgaben (Bund, Land) und kommunalen Aufgaben zu differenzieren.

staat sind dies nicht nur hoheitliche Aufgaben, die der inneren und äußeren Sicherheit sowie der Funktionsfähigkeit des Staates dienen, sondern auch die verschiedenartigsten Dienstleistungen an die Bürger, von Bildung und Erziehung, über Krankenversorgung bis hin zu Kulturangeboten und Infrastrukturleistungen. In der Sprache der Verwaltungsjuristen hat sich dafür der – ursprünglich bereits in den 1930er Jahren von Ernst Forsthoff geprägte – Begriff der Daseinsvorsorge festgesetzt, ohne jedoch immer das ausgesprochen konservative, wenn nicht autoritäre Gedankengut zu reflektieren, in dem dieser Begriff ursprünglich verwurzelt war (vgl. Forsthoff 1938).

Wann ist nun eine bestimmte Aufgabe „öffentlich" im Sinne einer staatlichen Leistung? Um dies zu klären, macht es Sinn, zwischen der Gewährleistung einer bestimmten Leistung und der direkten Erbringung resp. dem Vollzug dieser Leistung zu unterscheiden (vgl. zum Gewährleistungsmodell z.B. Reichard 2004; Röber 2011). Bei einer öffentlichen Aufgabe stellt der staatliche Aufgabenträger zumindest sicher, dass die betreffende Leistung nach Art, Menge, Qualität, Wirkung usw. an die Empfänger erbracht wird. Dies geschieht zunächst im Wege der politischen Entscheidung, etwa durch Parlament oder Gemeinderat (z.b. die Bereitstellung von Kindergartenplätzen für alle Kinder bis zu drei Jahren). Diese Entscheidung kann sich in einem Gesetz niederschlagen oder lediglich in einen politischen Beschluss münden. Ob staatliche Einrichtungen sich dann auch der eigentlichen Erbringung bzw. Produktion der betreffenden Leistung annehmen oder ob der Vollzug auf Dritte übertragen wird (z.b. auf andere öffentliche Einrichtungen oder auf private Organisationen) ist eine separate Frage, auf die wir ein wenig später eingehen wollen (s. dazu Abschn. 5). Auf jeden Fall handelt es sich bereits dann um eine „öffentliche Aufgabe", wenn der Staat sich nur um deren Gewährleistung kümmert und die eigentliche Erbringung anderen überlässt. Ist auch der Aufgabenvollzug öffentlich, dann ist die Lage ohnehin klar: In diesen Fällen wird öffentliches Geld und Personal auf der Grundlage verbindlicher Pläne und öffentlich legitimierter Entscheidungen zur Verfügung gestellt.

Normativ kann die Kategorie der „öffentlichen Aufgabe" im Wesentlichen zum einen aus einer systemtheoretischen Sicht und zum anderen aus einer wohlfahrtsökonomischen Sicht entwickelt werden (vgl. Mayntz 1978, 33ff.). Aus dem erstgenannten Blickwinkel wird gefragt, was denn die spezifische Funktion von Staat im Vergleich zu anderen gesellschaftlichen Teilsystemen sei und es kann herausgestellt werden, dass der Staat resp. das politisch-administrative System auf die Herstellung kollektiv-verbindlicher Entscheidungen ausgerichtet ist (vgl. Luhmann 1971). Aus ökonomischer Perspektive kann demgegenüber staatliches Handeln dann als notwendig angesehen werden, wenn es zu Marktversagen kommt. Dieses wiederum tritt bei Vorhandensein eines „öffentlichen Gutes" ein, von dessen Konsum sich niemand ausschließen kann und bei dessen Erstellung Nichtrivalität besteht (Buchanan 1968; Musgrave 1969).

Welche Aufgaben aber nun „öffentlich" sind und welche nicht, das kann nicht allgemeingültig festgelegt werden, sondern ist letztlich das Ergebnis eines politischen Aushandlungs- und Entscheidungsprozesses (vgl. z.B. Reichard 2001: 68ff.). In diesem Sinne kann man also zugespitzt sagen, dass eine „öffentlichen Aufgabe" dann vorliegt, wenn diese Aufgabe vom dazu legitimierten Entscheidungsgremium (z.B. Parlament) als „öffentlich" festgelegt worden ist. Insofern gibt es keine „öffentlichen Aufgaben auf ewig" und auch keine Aufgaben, die in allen kulturellen und regionalen Kontexten als „öffentlich" gelten. Früher einmal „öffentlichen Aufgaben" wie Telekommunikation oder Wohnungsversorgung gelten heute in Deutschland nicht mehr als öffentlich, dafür sind andere Aufgaben neu hinzugekommen. Diese Variationen treten gerade auch im internationalen Vergleich zu Tage: Während die Grundversorgung mit Kultureinrichtungen (wie Theater, aber auch Museen oder Sinfonieorchester) oder Informationsangeboten der Rundfunkanstalten in Deutschland traditionell als öffentliche Aufgabe gilt, gehören diese Bereiche andernorts, z.B. in den USA, nach allgemeinem Verständnis in die Zuständigkeit von Zivilgesellschaft und kommerziellen Anbietern. Der *öffentliche* Charakter von Aufgaben resp. Leistungen ist also einerseits im Zeitablauf wandelbar und andererseits im internationalen Vergleich sehr unterschiedlich ausgeprägt.

Die Bestimmung „öffentlicher Aufgaben" ist ein dauerhafter Verhandlungs- und Entscheidungsprozess politischer Gremien, insbesondere der demokratisch direkt legitimierten Vertretungskörperschaften. Für sie geht es im politischen Interessenausgleichs- und -durchsetzungsprozess stets und immer wieder neu darum, bestimmte Aufgaben als „öffentlich" zu etablieren und dann auch entsprechend durchführen zu lassen, und zum anderen obsolet gewordene „öffentliche Aufgaben" abzubauen oder gar zu beenden. Dementsprechend ist „Aufgabenkritik" (vgl. Röber 2011; ferner den Beitrag von Mäding in diesem Band) und „Aufgabenpolitik" (vgl. z.B. König 1995) eine eminent politische Angelegenheit.

3. Aufgabenbestand: Wie haben sich öffentliche Aufgaben im Zeitverlauf und im internationalen Vergleich entwickelt?

Wenn wir schon bei dem Versuch, öffentliche Aufgaben als normative und analytische Kategorien definieren zu wollen, auf beachtliche Schwierigkeiten stoßen, wie schwer muss es uns dann erst fallen, das Ausmaß öffentlicher Aufgabenwahrnehmung und die Hauptströmungen ihrer inhaltlichen Ausrichtung zu analysieren? Um nicht sogleich am Start resignieren zu müssen, können wir uns einige vereinfachende Annahmen zu Hilfe nehmen, die an jener

Öffentliche Aufgaben

pragmatischen Einsicht anknüpfen, all jenes zum öffentlichen Aufgabenbestand zu zählen, wofür – auf Grundlage öffentlicher Vorschriften – öffentliche Organisationen eingerichtet, öffentliches Personal beschäftigt und öffentliche Gelder ausgegeben werden. Dank dieser plausiblen Hilfskonstruktion – und es ist nicht mehr, aber auch nicht weniger als das – stehen uns Kriterien zur Verfügung, die sich – mehr oder weniger genau – dazu eignen, das Volumen der öffentlichen Aufgabenwahrnehmung anhand quantifizierbarer Einheiten (Zahl der Personalstellen, Umfang öffentlicher Ausgaben, Seiten der Gesetzesblätter, Zahl der Organisationen und ihrer Untergliederungen) zu beschreiben. Die Vorfreude auf messbare Größen kann an dieser Stelle allerdings nicht den Blick darauf verstellen, dass die gewählten Hilfskonstruktionen alle schnell instabil und brüchig werden, wenn man sich zu sehr auf sie stützt: Wo genau werden die Grenzen zwischen dem, was als öffentliche oder private Beschäftigung gilt, gezogen? Wie sind Mitarbeiter von privaten Unternehmen einzustufen, die praktisch ausschließlich für öffentliche Auftraggeber tätig sind? Macht es dabei einen Unterschied, ob dabei soziale Dienstleistungen erbracht oder Rüstungsgüter produziert werden? Müssen diese Fragen nicht erst recht bei Organisationen – einschließlich ihrer Budgets, Personalkörper und Vorschriftenkataloge – gestellt werden, die erst auf Grundlage staatlicher Regulierung möglich und/oder nötig wurden (wofür viele Aufsichts-, Kontroll-, Beurkundungs- oder Akkreditierungs-/Zertifizierungsinstanzen als Beispiele gelten können)? Und welche Haushalte fließen schließlich in den großen Topf „öffentlicher Ausgaben" ein und wie präzise und zuverlässig bilden sie die tatsächlichen finanziellen Aufwendungen ab? Werden tatsächlich alle Nebenhaushalte und die Budgets von Sozialversicherungsträgern einbezogen? Müssten diesen Ausgaben nicht im Grunde alle jene Kosten hinzugerechnet werden, die durch öffentliche Vorschriften Privaten aufgebürdet werden? Und wie verfährt man eigentlich mit Ausgaben, die gar nicht als solche ausgewiesen sind, da sich dahinter der gezielte Verzicht auf staatliche Einnahmen verbirgt (was in der US-amerikanischen Diskussion als *„stealth spending"* diskutiert wird)?

Dieses Fragenbündel – das auch an dieser Stelle nicht einfach und schnell durchtrennt werden kann – deutet auf ein Phänomen hin, das derzeit an Bedeutung gewinnt und den üblichen Maßzahlen zur Beschreibung des öffentlichen Sektors zunehmend ihre Schärfe nimmt: die wachsende Differenzierung der öffentlichen Aufgabenwahrnehmung – eine Beobachtung, die weiter unter noch näher thematisiert wird. Die Messprobleme steigen noch weiter spürbar an, wenn man sich auf die internationale Vergleichsebene begibt. Um ein möglichst vollständiges und realistisches Bild zu erhalten, sollten daher die einzelnen Indikatoren (Ausgaben, Personal etc.) möglichst gemeinsam – und nicht einzeln und isoliert – zu Rate gezogen werden. Dennoch bleibt eine besondere Vorsicht gegenüber der Suggestivkraft von statistischem Zahlenmaterial bei internationalen Vergleichen angebracht. Obwohl

– oder gerade weil – sich die vergleichend arbeitende Verwaltungswissenschaft oft von einer überraschend genügsamen Seite zeigt, wenn es um die Qualität der statistischen Datenlage geht, bleibt daher für all jene ein weites Betätigungsfeld, die – wie Paul Light mit seiner klassischen Untersuchung für die USA – „the true size of government" erforschen wollen (Light 1999).

Mit diesen Warnhinweisen vor Augen lässt sich im Folgenden die Entwicklung der Staatstätigkeit anhand des Wandels öffentlicher Ausgaben und öffentlicher Beschäftigung kurz beschreiben. Die steil aufsteigende Kurve, die sich aus den statistischen Angaben nachzeichnen lässt, ist schwindelerregend. Der Rückblick auf die ersten einhundert Jahre des deutschen Nationalstaats zeigt, wenn man die Daten für das Deutsche Reich und später – als Behelf – für die Bundesrepublik zu Grunde legt, einen Anstieg der gesamten absoluten Staatsausgaben von 1872 bis 1970 um nahezu das Hundertfache von 2,4 Mrd. auf 196,3 Mrd. Mark (Musgrave u.a. 1975: 169 m.w.N). Natürlich ist dieser „schwindelerregende" Anstieg selbst einem gewissen „Schwindel" geschuldet, da bei den absoluten Zahlen weder die jeweilige Kaufkraft, noch die relevanten Bezugsgrößen wie Bevölkerung, Staatsgebiet und volkswirtschaftliche Leistungskraft einkalkuliert werden. Hält man dagegen die Preise konstant, so stiegen die Staatsausgaben pro Kopf um das Elffache, und setzt man die Zahlen ins Verhältnis zum Volkseinkommen, dann verdoppelt sich die Quote von 18,5 Prozent im Jahr nach der Reichsgründung auf 37,1 Prozent im Jahre 1970. Wählt man das Bruttosozialprodukt (BSP) als Bezugsgröße, für das erst seit der Weimarer Republik Angaben vorliegen, zeigt sich ein Wachstum der gesamten Staatsausgaben von 20,6 Prozent (1925) auf 28,6 Prozent des BSP (1970) (Musgrave u.a. 1975: 168-171). Ein weiterer Indikator für das relative Ausmaß öffentlicher Aufgabenwahrnehmung ist die Staatsquote, die üblicherweise die Staatsausgaben ins Verhältnis zum Bruttoinlandsprodukt setzt. In Deutschland hat die Staatsquote von 1913 bis 1960 auf etwa 30 Prozent verdoppelt und lag 1970 bei 38 Prozent (Ellwein und Zoll 1971: 235; vgl. auch Mayntz 1975: 51-52 m.w.N.; Naschold 1994: 13 m.w.N). Nur fünf Jahre später liegt dieser Anteil bereits bei mehr als 48 Prozent – ein Niveau, das sich in den vergangenen fast 40 Jahren als relativ stabil erwiesen hat, wenn man einen Korridor zwischen den 45- und 50-Prozentmarken definiert. Zwischenzeitliche Höchststände wurden Mitte der 1990er Jahre mit mehr als 49 Prozent erreicht. Derzeit bewegt sich die Staatsquote (2011: 45,6 Prozent) – nach einem schnellen Anstieg in den Jahren 2009 und 2010 auf das Niveau um 48 Prozent – wieder auf die untere Grenze dieses Korridors zu, die bereits Ende der 1980er Jahre und 1990 erreicht und in den Jahren 2007 und 2008 sogar leicht unterschritten wurde (mit 43,5 bzw. 44,0 Prozent) (Bundesministerium der Finanzen 2012; vgl. auch den statistischen Anhang in Schröter u.a. 2012: 350-358).

Vergleichbare Verlaufskurven lassen sich auch für die Personalentwicklung im öffentlichen Dienst skizzieren (vgl. auch Schröter u.a. 2012: 359-

Öffentliche Aufgaben

369). Wiederum muss beim Vergleich über lange Zeiträume bedacht werden, wie begrenzt die Aussagekraft statistischer Angaben eingedenk der veränderten Bezugsgrößen mit Blick auf Bevölkerungs- und Gebietsstände in Deutschland nur sein kann. Jedoch erweist sich schon der erste statistisch gut aufgearbeitete Zeitabschnitt zwischen 1882 und 1925 für unsere Fragestellung als besonders markant, da bereits für diese Zeitspanne nahezu eine Verdreifachung der Zahl der öffentlich Beschäftigten im Deutschen Reich, einschließlich aller Gebietskörperschaften, ausgewiesen wird (von 1,1 Mill. auf 3,0 Mill.) (Mayntz 1975: 50 m.w.N.). Das Wachstum der Beschäftigtenzahlen im öffentlichen Dienst im 20. Jahrhundert lässt sich auch im Verhältnis zur Bevölkerungszahl gut nachweisen. Für 1913 wurde berechnet, dass etwa zehn Verwaltungsbeamte und -angestellte auf 1000 Einwohner kamen (10,6) (Sturm 1961: 9). Diese Verhältniszahl hatte sich 50 Jahre später praktisch verdoppelt (1963: 21,6) (ebd., vgl. auch Ellwein und Zoll 1973: 225-234; Wagener 1977: 241-243). Die Unsicherheiten der statistischen Erhebungsgrundlagen und der Begriffsbestimmungen schlagen sich bei quantitativen Vergleichen öffentlicher Beschäftigung besonders stark nieder. So gehen andere Quellen bereits für 1950 von 46 Beschäftigten im öffentlichen Sektor pro 1000 Einwohner in der Bundesrepublik aus (Derlien 2002: 233; Bogumil und Jann 2005: 89). Wichtig für unseren Zusammenhang jedoch ist vielmehr die stete Wachstumskurve, die sich für den west- und später gesamtdeutschen Staat bis Anfang der 1990er Jahre nachzeichnen lässt: Waren 1950 noch 2,2 Mill. Personen im öffentlichen Dienst beschäftigt (46 Beschäftigte pro 1000 Einwohner), so wurde 1990 deren Zahl mit 4,9 Mill. beziffert (78 Beschäftigte pro 1000 Einwohner). Als Konsequenz der deutschen Einheit umfasste der öffentliche Dienst im Folgejahr mehr als 6,7 Mill. Beschäftigte (oder 84 Beschäftigte pro 1000 Einwohner) (ebd.). In den letzten beiden Jahrzehnten verkehrte sich dieser Wachstumstrend jedoch so deutlich in sein Gegenteil, dass bei etwa vier Mill. Beschäftigten im öffentlichen Sektor inzwischen wieder ein ähnliches Verhältnis zur Einwohnerzahl in Deutschland besteht, wie zum Anfang und zur Mitte der 1960er Jahre. In den internationalen Statistiken sind diese Entwicklungen anhand des Anteils des Personals im öffentlichen Dienst an der Gesamtzahl der Erwerbstätigen abzulesen (Naschold 1994: 15). Für das Jahr 1970 wird dieser Anteil für Deutschland auf elf Prozent beziffert, der jedoch im Zeitverlauf auf mehr als 15 Prozent ansteigt und seit dem Vereinigungsprozess der beiden deutschen Staaten wieder auf nahezu zehn Prozent gesunken ist (vgl. auch Wagener 1977, Schröter u.a. 2012).

Hinter dem skizzierten quantitativen Trends verbirgt sich allerdings auch ein wesentlicher qualitativer Wandel, der sich nur mit sehr viel detaillierterem Blick aus den Daten herauslesen lässt oder eher noch in Untersuchungen zu Organisationsveränderungen und Policy-Inhalten beschrieben und analysiert werden kann. Besonders augenfällig scheint der relative Bedeutungsgewinn der Leistungsverwaltung zu Lasten der Ordnungsverwaltung zu sein.

Schon früh zeichnet sich diese Entwicklung in den Beschäftigungszahlen des Deutschen Reiches und der Weimarer Republik ab: 1882 waren nicht weniger als 40 Prozent der in öffentlichen Diensten Beschäftigten Militärs, 1907 betrug dieser Anteil noch etwas mehr als ein Viertel – obgleich die Zahl der Soldaten und der ihnen zugeordneten Zivilbeschäftigten in der Zwischenzeit um die Hälfte angestiegen war. In den beiden Jahrzehnten jeweils vor und nach der Wende vom 19. zum 20. Jahrhundert geschah der Ausbau von Versorgungs- und Dienstleistungsaufgaben, insbesondere im Gesundheits- und Sozialversicherungsbereich sowie im Verkehrswesen und in der Energie- und Wasserversorgung. Die Zahl der Sozialversicherungsangestellten stieg in dieser Phase – von der zugegebenermaßen kleinen Zahl von 43 (1895) – um das Tausendfache (1925) (Cullity 1964: 77-79; Reinke 1979: 111; zit. n. Mayntz 1975: 50). Die Folgen dieser Entwicklung zeichnen sich gut erkennbar auch in den Ausgabenstatistiken der neueren Zeit ab. Im Jahr 1970 machten in der Bundesrepublik – gemessen am Bruttoinlandsprodukt (BIP) – die Staatsausgaben für Verteidigung nur drei Prozent und für allgemeine Verwaltungsdienste etwa vier Prozent aus (vgl. hierzu die Aufstellung in Naschold 1994: 16). Dagegen entfielen – durchaus im Trend mit anderen OECD-Staaten – zehn Prozent des BIP auf Ausgaben für Bildung und Erziehung, das Gesundheitswesen und die Wohnungsversorgung sowie mehr als zwölf Prozent des BIP auf Transferleistungen der Sozialversicherung. Für das Jahr 1987 weist dieselbe Statistik bereits etwa 30 Prozent des BIP solchen Staatsausgaben zu, die dem Wohlfahrtsstaat zugerechnet werden (12,2 Prozent für Erziehungs-, Gesundheits- und Wohnungswesen sowie 16,4 Prozent für Sozialtransfers), während auf den klassischen Bereich der Hoheits- und Ordnungsverwaltung (Landesverteidigung und allgemeine Verwaltung) insgesamt noch etwa acht Prozent entfallen.

Wenn die Botschaft von der Aufgabenverlagerung mit solch lauter Stimme verbreitet wird, dann werden die – oft gerade interessanten – Zwischentöne jedoch leider überhört. Ganz allgemein könnte durch die nur scheinbar klare Unterscheidung zwischen „Ordnung" und „Leistung" (und siehe dazu auch weiter unten die „Planung") der Eindruck entstanden sein, der „Leistungsstaat" hätte einen „Nachtwächterstaat" abgelöst. Tatsächlich waren öffentliche Gemeinwesen aber auch im 19. Jahrhundert – und lange zuvor – mit Planungen (zur Stadt-, Regional-, Verkehrs- oder Wirtschaftsentwicklung) beschäftigt und haben Betreuungs-, Dienstleistungs- und Versorgungsaufgaben wahrgenommen – wenn auch in deutlich unterschiedlicher Gewichtung als in der Gegenwart. Umgekehrt gehört zu den „Zwischentönen" auch die Einsicht in die nach wie vor beachtliche und (an absoluten Maßstäben gemessen) häufig noch zunehmende Bedeutung der Ordnungs- und Eingriffsverwaltung. Der gesellschaftliche und technologische Wandel fördert vielfältige neue Aufgabenbereiche zu Tage, die vom Natur- und Umweltschutz, über die Fragen des Datenschutzes und der Datensicherheit –

Öffentliche Aufgaben

aber auch über die Kontrolle von Kommunikationswegen und der Abwehr von oder aktiven Beteiligung an *Cyber Wars* – bis hin zu regulierenden Eingriffen im wirtschaftlichen oder zwischenmenschlichen Bereich reichen (z.B. mit Blick auf Verbraucher- und Arbeitsschutzvorschriften, aber auch in Hinsicht auf Gleichstellungsfragen oder auf die Rechte von religiösen und kulturellen Minderheiten, ihre Sitten und Gebräuche in der Mehrheitsgesellschaft zu leben). Hält man sich den Aufstieg des „Regulierungsstaates" vor Augen, dann kommen generell zunehmend Zweifel daran auf, ob die aufgeführten Kennzahlen zum Umfang öffentlicher Ausgaben und Beschäftigung ausreichend oder überhaupt angemessen sein können, um die absolute und relative Bedeutung von Aufgabenkategorien sinnvoll zu erfassen. Ist es doch gerade die Besonderheit staatlicher Regulierung, dass – trotz des Aufstiegs einer neuen Aufsichts- und Regulierungsbürokratie – im Unterschied zum direkten „Leistungsstaat" mit vergleichsweise geringem Personal- und Finanzaufwand weitreichende und langfristige Wirkungen erreicht werden können. Ein weiterer Typ öffentlicher Aufgaben entzieht sich noch stärker der Beurteilung anhand der bislang zu Grunde gelegten Indikatoren: die Planungsaufgaben. In den letzten Jahrzehnten haben sich diese Funktionen erheblich ausgeweitet, mit deren Hilfe der Staat planend und steuernd in das gesellschaftliche und wirtschaftliche Geschehen eingreift und dasselbe in politisch gewollte Bahnen lenken will. In Ausgaben- und Personalzuwächsen schlägt sich dieser Aufgabenwandel allerdings nur begrenzt nieder.[2]

4. Aufgabenwachstum: Wie kann man die Dynamik der Aufgabenentwicklung erklären?

Wie konnte es soweit kommen, ist man geneigt zu fragen: Soweit, dass im Durchschnitt der entwickelten Industrienationen nahezu die Hälfte der volkswirtschaftlichen Gesamtleistung durch den öffentlichen Sektor konsumiert wird und sich nicht weniger als ein Fünftel aller Erwerbstätigen in einem öffentlichen Beschäftigungsverhältnis befinden. Wahrscheinlich kommt man der Antwort am nächsten, wenn man sich ihr aus zwei entgegengesetzten Richtungen nähert: Die eine Perspektive sieht im öffentlichen Sektor die abhängige Variable. Aus dieser Sicht wird vom öffentlichen Sektor auf strukturelle Veränderungen im Umfeld oder auf von außen herangetragene Forderungen reagiert. Die andere Sichtweise gibt den Blick auf die öffentliche Verwaltung als unabhängige Variable frei. In diesem Bild agieren öffentliche

---

2 Im Rückgriff auf Manfred Röbers eigene Forschungsarbeiten wäre daher auf Studien zur Planungsorganisation zu verweisen (Röber 1981), die viel eher in der Lage sind, diesen Aufgabenwandel und seine Bedeutung für das politisch-administrative System zu erfassen.

Organisationen – vom institutionellen Eigensinn und den eigennützigen Akteursinteressen getrieben – selbst als Treiber und Schöpfer neuen Aufgabenwachstums.

Richten wir zunächst den Blick auf die prägenden Umfeldbedingungen, denen eine treibende Kraft bei der Entwicklung des öffentlichen Aufgabenbestandes zugeschrieben werden kann. Schnell stehen uns Bilder vor dem geistigen Auge, die einen Zusammenhang zwischen Wirtschaftswachstum und Aufgabenwachstum skizzieren. Der vielleicht schlichteste, doch keineswegs unwichtigste Erklärungsansatz bezieht sich dabei auf die zunehmenden Gelegenheiten und „Anknüpfungspunkte", um Steuern einzutreiben und damit die finanziellen Ressourcen für die Wahrnehmung öffentlicher Aufgaben bereit zu stellen und auszubauen: neue Aufgaben und damit Ausgaben entstehen damit – nach dieser Logik –, weil man sie sich leisten kann (vgl. Musgrave u.a. 1975: 188). Aus dieser Sicht vermehrt das Wirtschaftswachstum die grundsätzliche Steuerbasis; überall dort, wo über den Eigenbedarf hinaus gewirtschaftet wird, entsteht Handel, dessen Markttransaktionen besteuert werden können. Diese Gelegenheit wächst noch mit fortschreitendem Außenhandel, dessen Im- und Exporte gute Quellen der Steuererhebung bieten. Erst recht können neue Verkehrs-, Kommunikations- und Kontrollmittel – zu denen nicht zuletzt die Buchführung als moderne Kulturtechnik zählt – den Steuerinspekteuren dazu dienen, all jene Quellen besser auszuschöpfen. Und wenn die meisten der steuerrelevanten Vorgänge nun noch in Großunternehmen anstelle von privaten Haushalten oder Kleinbetrieben abgewickelt werden, steht einer effektiven Einkommens-, Gewinn- und Verbrauchsbesteuerung noch weniger im Wege. Die – zumindest strukturellen – Grundlagen für den vollentwickelten Steuerstaat wären damit gelegt.

Doch reicht die (finanzielle) Gelegenheit allein aus, um die Ausweitung der Staatstätigkeit zu begründen? Klingen nicht zwischen den Zeilen auch Hinweise auf andere, strukturelle Rahmenbedingungen an? Tatsächlich führt ein abzweigender Argumentationsgang vom bloßen Ressourcenwachstum in öffentlichen Kassen zur Diskussion besonderer sozio-ökonomischer Strukturen und technologischer Entwicklungen, die ursächlich für den wachsenden Aufgabenkatalog sein können (vgl. zu einer Übersicht über Theorien des Aufgabenwachstums auch Hood 1996). Von solch einer Warte aus betrachtet erscheint die immer länger werdende Liste der von der „öffentlichen Hand" zu erledigenden Aufgaben als eine notwendige Form des kollektiven Risikomanagements. Ökonomische und soziostrukturelle Umwälzungen – meist am Beispiel der Industrialisierung und Urbanisierung diskutiert – sind (nach dieser Lesart der historischen Entwicklungen) mit Auswirkungen solchen Ausmaßes verbunden, dass kleinräumige Lösungen zunehmend ungeeignet und private bzw. zivilgesellschaftliche (Klein-)Gruppen tendenziell überfordert sind (vgl. dazu auch Brecht 1932). Die Risiken neuer Technologien (spätestens angefangen bei der Dampfmaschine bis hin zur zivilen Nutzung der

Nuklearkraft, der Gentechnik oder digitaler Kommunikation) führen damit zu öffentlichen Regulierungen und Leistungsprogrammen (von der unmittelbaren Gefahrenabwehr über die Gewerbeaufsicht, den Arbeitsschutz, der Unfallversicherung und Altersversorgung bis hin zu Fragen der Lebensmittelkontrolle oder des Datenschutzes). Nicht minder tiefgreifend sind die Folgen soziodemographischer Veränderungen: die Auflösung großfamiliärer Strukturen im Verbund mit regionaler und sozialer Mobilität fördert die „Sozialisierung" der meisten über eine Lebensspanne unvermeidlichen Risiken, wie Alter, Krankheit, Pflege und – wenn auch in geringerem Maße – Arbeitslosigkeit. Die urbanen Lebensverhältnisse – in den europäischen Anfängen und noch heute in vielen Regionen der Welt stark durch Verarmungstendenzen geprägt – gaben ebenso Anlass für eine ganze Reihe heute etablierter öffentlicher Aufgaben, die sich z.B. mit öffentlicher Gefahrenabwehr, Bauordnungen, dem öffentlichen Hygiene- und Gesundheitswesen und insbesondere mit infrastrukturellen Ver- und Entsorgungseinrichtungen beschäftigen. Ähnliche Argumente werden in Hinsicht auf den ökonomischen Strukturwandel vorgebracht. Nicht nur, dass die industrialisierten und komplexer werdenden Volkswirtschaften von öffentlicher Seite nach vermehrten Infrastrukturleistungen und verbesserter Unterstützung durch (Aus-)Bildungssysteme verlangen. Der Konzentrationsprozess der Wirtschaft selbst macht im „new industrial state" (Galbraith 1967) den Anstieg der Staatstätigkeit unausweichlich, da das Risiko institutioneller Instabilität, das durch die Konzentration auf eine kleine Zahl dominierender Großunternehmen im Wirtschaftsleben entsteht, durch vermehrte Staatstätigkeit aufgefangen werden muss – ein frühes „*too big to fail*"-Argument also, das uns in Zeiten der internationalen Bankenkrise wiederbegegnet. Ebenfalls aus makroökonomischer Sicht präsentierte Keynes (1936) sein Argument, dass wachsender Wohlstand zu wachsender Staatstätigkeit führe, da darin ein „wirtschaftlicher Stabilisierungsfaktor" zu sehen sei (als Reaktion auf die – so seine Annahme – sinkende marginale Konsumquote bei wachsendem Wohlstand). Die Forderung nach expansiver Staatstätigkeit als „Stabilisierungsfaktor" spielt gerade bei kleinen Staaten mit offenen Volkswirtschaften eine Rolle, indem diese versuchen, die möglichen Schwankungen des Weltmarktes durch vermehrte öffentliche Ausgaben auszugleichen (vgl. Katzenstein 1985).

In einer Untergruppe dieser Kategorie von Wachstumserklärungen lassen sich zudem jene zugespitzten Fälle zusammenführen, die auf den Folgen extremer Krisensituationen beruhen. Nach dieser Überlegung könnten besonders risikoreiche oder katastrophale Umstände (z.B. die militärische Mobilisierung Großbritanniens im Zweiten Weltkrieg, die Nachkriegserfahrungen im zerstörten Deutschland, die Gefahr sich ausbreitender Unruhen in den US-Städten der 1960er Jahre oder – wenn auch in anderer Hinsicht risikoreich – die Notwendigkeit, ganz Ostdeutschland nach dem Regimefall zu stabilisieren) dazu führen, dass ein besonderes Ausmaß an staatlicher Intervention akzeptiert und gar verlangt wird, was in der Folge – selbst bei wieder normalisierten Bedingungen – zu langfristig erhöhten Ausgabenniveaus führt (Peacock und Wiseman 1961). Insgesamt scheint diese Argumentationsfigur dann einen stabilen Stand zu haben, wenn man voraussetzt, dass der staatliche Sektor als ultimative Rückfalloption dient. Dementsprechend ist das Wachstum der Staatsaufgaben auch davon abhängig, welche anderen Akteure und Institutionen alternativ zur Verfügung stehen, um die „Sozialisierung von Risiken" zu übernehmen. Dort, wo nicht mehr die Kirche allein oder überwiegend wichtige caritative und ordnende Aufgaben (z.B. in der Krankenpflege, beim Personenstandsregister oder der Friedhofsverwaltung) übernimmt, fallen diese tendenziell der öffentlichen Verwaltung zu (vgl. Ellwein und Zoll 1973). In anderen Fällen werden umfangreiche Sozial- und Betreuungsleistungen, die ansonsten dem Wohlfahrtsstaat zuzuschreiben wären, auf Grund verwandtschaftlicher Verpflichtungen (wie z.B. in mediterranen Staaten) oder als Teil einer umfassenden Loyalitätsbeziehung von Großbetrieben für ihre Arbeitnehmer (wie z.B. von japanischen Konzernen, aber historisch auch von deutschen Industrieunternehmen) erbracht – und entlasten damit den Aufgabendruck auf den Staat.

Nach den bisher umrissenen Vorstellungen ist Aufgabenwachstum also in erster Linie eine Funktion veränderter struktureller Rahmenbedingungen und technologischer Chancen und Risiken. Oder kurz zusammengefasst: „more problems are dumped in government's lap" (Self 1985: 30). Doch wer sind die Handelnden? Welche Dynamik entfaltet sich durch den politischen Wettbewerb, der in demokratischen Gemeinwesen doch gerade um die Fragen, welche inhaltliche Ausrichtung und welchen Umfang die Staatstätigkeit annehmen soll, geführt wird? Welche Akteure bestimmen mit welchen Ideen, Interessen und Forderungen die Nachfrageseite der Staatstätigkeit? Ein klassischer Erklärungsansatz verweist auch hier auf die Wohlstandsfolgen für die Empfänger öffentlicher Güter und Dienstleistungen. Sobald materielle Grundbedürfnisse befriedigt sind, steigen die Nachfrage nach „Luxusgütern" und der Anspruch an die Leistungsqualität. Nach dieser Argumentation verdienen auch viele öffentliche Leistungen und Ausgabenprogramme dieses Etikett, sei es der Anspruch an höhere Bildung, hochwertige Freizeit- und Kultureinrichtungen, stets verbesserte Gesundheitsdienstleistungen oder Prestigeprojekte wie das Streben nach besonders markanten öffentlichen Bauwerken, schnellstmöglichen Verkehrsverbindungen und neuen Grenzerfahrungen durch die bemannte Raumfahrt – wie immer man darüber im Einzelfall denken mag, sie gehen vermutlich alle über die Notwendigkeiten eines Existenzminimums hinaus (Musgrave u.a. 1975: 182). Mit steigendem Einkommen verändert sich aber vor allem die Einstellung zum Risiko. Anders als in der Subsistenzwirtschaft haben moderne Wirtschafts- und Staatsbürger schlicht mehr zu verlieren und historisch erstmals auch in ausreichender Zahl die finanziellen Mittel, um sich dagegen zu „versichern" – nämlich mit den

Öffentliche Aufgaben

bereits oben angesprochenen öffentlichen Leistungen zur Gefahrenabwehr und zur Sicherung des Lebensunterhalts (Greene 1973).

All diese Bedürfnisse und Forderungen könnten jedoch auf der Nachfrageseite ihre treibende Kraft kaum entwickeln, wäre diese Bürgerschaft nicht zugleich auch Stimmbürgerschaft im politischen Willensbildungs- und Entscheidungsprozess. Der erste Hinweis auf diese Triebfeder kam bereits von Alexis de Toqueville, der im Verhältnis von ungleicher Einkommensverteilung und gleichem (massenhaften) Stimmrecht die eigentliche Spannkraft dieser Feder suchte und fand. Es würden sich stets Abstimmungskoalitionen von jenen Wählergruppen bilden, die über weniger als das Durchschnittseinkommen verfügen, um für eine höhere Besteuerung überdurchschnittlicher Einkommen und daraus finanzierte Ausgaben für die eigene Mehrheit zu fordern (Tocqueville 1946/1835: 152). Zu späterer Zeit wurde beobachtet, dass die Einführung des Frauenwahlrechts zu einem starken Nachfrageschub für sozialstaatliche Leistungen geführt hat, was dem größeren Risiko dieser Wählergruppe zugeschrieben wurde, nach Verlust des Partners für die hinterbliebenen Kinder sorgen zu müssen (vgl. Husted und Kenny 1997; Lott und Kenny 1999). Diese – und andere – Forderungen aus der allgemeinen Wählerschaft sind jedoch nur *ein* Teil der wichtigen Faktoren auf der Input-Seite des Policy-Making Prozesses, gut organisierte Partikularinteressen, die ihren privaten Nutzen aus öffentlichen Ausgaben ziehen wollen, stellen den anderen, möglicherweise gar wirkungsmächtigeren Faktor dar (Deutsch 1961; Rose und Peters 1978; Olson 1982). Das Ausmaß gesellschaftlicher Interessenmobilisierung bestimmt nach dieser Lesart des politisch-administrativen Entscheidungsprozesses wesentlich das Profil staatlicher Leistungsprogramme und insbesondere den Umfang klientelorientierter öffentlicher Regulierung (Wilson 1980).

Dieser Nachfrageseite für öffentliche Aufgaben steht eine Angebotsseite gegenüber, die im Wesentlichen von politischen Mandatsträgern, Regierungsmitgliedern, den Funktionsträgern der Mehrheitsparteien und nicht zuletzt von den Führungskräften der öffentlichen Verwaltung geprägt wird. Selbst in besonders zugespitzten „*Public Interest*-Modellen", die den Katalog öffentlicher Aufgaben aus dem gesellschaftlich-politischen Kräfteparallelogramm ableiten, bleibt Raum dafür, die politisch-administrativen Anbieter nicht allein als Auftragsempfänger zu sehen. Wirken sie als filternd und ausgleichend, indem sie als „Hüter des Gemeinwohls" auftreten – wie es vor allem in „staatstragenden" Rechtfertigungen einer selbständigen Rolle für Fachlichkeit, Neutralität und langfristige Gesamtverantwortung fordernd und hoffend zugleich formuliert wird? Oder verstärken sie eher gezielt bestimmte Strömungen, die ihrer eigenen Ideologie, Weltanschauung und Interessenlage entsprechen – wie es Elitentheoretiker, aber auch politikökonomische Erklärungen voraussetzen? Alle Wahrscheinlichkeit spricht jedoch dafür, dass es noch eine andere, stärker auf die Anbieterfunktion fixierte Rolle von politisch-administrativen Führungskräften zu beachten gilt: das Streben nach Selbst- und Machterhalt und Eigennutzmaximierung als Produzenten öffentlicher Güter und Leistungen. Dieser Gedanke muss für die längste Zeit der Herrschaftsgeschichte so selbstverständlich gewesen sein, dass es bis in die zweite Hälfte der letzten Jahrhunderts dauerte, ihn in formalisierten Modellen ökonomischer Demokratie- und Bürokratietheorie zu artikulieren. Staatstätigkeit kann damit als Ganzes betrachtet Regierungen Legitimation verschaffen, ihren Führungskräften vermehrte Patronagechancen einräumen und politische Macht zementieren helfen. Für die Verwaltungseliten führen diese Anreize nach William Niskanen zu einem Verhaltensmuster, das für unsere Fragestellung besonders relevant ist: die Neigung, öffentliche Budgets soweit aufzublähen, dass die Menge der angebotenen Leistung bis zum Zweifachen des nach Wohlfahrtskriterien optimalen Umfangs erhöht wird (Niskanen 1971; zu ähnlichen Argumentationsfiguren vgl. Borcherding 1977; Meltzer und Richard 1981; Bendor und Moe 1986).

Dass sich die Befürworter neuen Aufgaben- und Ausgabenzuwachses von Nachfrage- und Angebotsseite dabei so häufig gegenseitig in die Hände spielen können, ist nicht zuletzt den institutionellen Eigenheiten des repräsentativ-verfassten Rechtsstaats samt seines bürokratisch geprägten Verwaltungsstabes zuzuschreiben. Sind Leistungsansprüche erst einmal gesetzlich verankert, setzt eine „institutionelle Trägheit" ein, da Änderungen langfristige Abstimmungsverfahren voraussetzen und rückwirkende Kürzungen nahezu ausgeschlossen sind. Die Zuständigkeit staatlicher Behörden mit Monopolcharakter für die Leistungserbringung hat traditionell die oben unterstellten Verhaltensmuster der Bürokraten weiter verstärkt und die grundsätzliche Finanzierung öffentlicher Programme aus dem allgemeinen Steueraufkommen kann – zusammen mit dem „Stimmentausch" bei offenen Parlamentsabstimmungen – als Voraussetzung für eine Klientelpolitik zu Lasten der Mehrheit gelten. Kommt dazu eine Interessengemeinschaft von ressortzuständigen Exekutivpolitikern, ihren nachgeordneten Behördenleitern und den – eigentlich zur Kontrolle eingesetzten – legislativen Fachausschüssen, dann ist die Tendenz zur zunehmenden Staatstätigkeit kaum aufzuhalten.

Es muss vor diesem Hintergrund geradezu verwundern, dass genau diese Tendenz eben doch – wenn auch meist auf bestimmte Zeitphasen und Staaten begrenzt – aufgehalten, wenn nicht gar umgekehrt wurde. Manchen der zuvor genannten Theoretiker, sofern sie – nicht verwunderlich für die längste Zeit im vergangenen Jahrhundert – ein stetes und unumkehrbares Wachstum des öffentlichen Sektors annahmen – fehlte dafür tatsächlich die Vorstellungskraft. Aus der Sicht anderer Modelle scheinen dagegen genau die gleichen Kräfte am Werk zu sein, die – mit umgekehrten Vorzeichen – für die Expansion verantwortlich gemacht werden: das Pendel politischer Ideen und Ideologien scheint von Staatsfixierung zeitweise in Richtung neo-liberaler Modelle umgeschlagen zu sein; die Einnahmeseite ist grundsätzlich und dauerhaft eingebrochen; neue Produktionsregime im dienstleistungs- und wissensorientierten Post-Fordismus fördern neue politische Koalitionen und schließlich hat sich durch Reorganisationen und Strukturreformen auch die Architektur des Staates verändert – mit möglichen Folgen für die Anreizstrukturen auf Anbieter- und Nachfrager-Seite öffentlicher Leistungen (vgl. zur ausführlicheren Diskussion Hood 1996).

5. Erfüllungsinstanz: Wer nimmt öffentliche Aufgaben wahr?

Traditionell herrscht im Sinne des „produzierenden Sozialstaates" die Vorstellung vor, dass öffentliche Aufgaben auch von öffentlichen Einrichtungen erbracht und erfüllt werden. Dies war empirisch zwar niemals völlig zutreffend, weil – mit mehr oder minder großer Intensität – etliche öffentliche Aufgaben auf private Erfüllungseinheiten wie bspw. „beliehene Unternehmer" oder Wohlfahrtsverbände ausgelagert waren. Dennoch kann man sagen, dass klassischerweise ein großer Teil öffentlicher Aufgaben auch durch öffentliche Einrichtungen erfüllt worden sind. Hierzu rechnen auf den verschiedenen staatlichen Ebenen zunächst die Organisationen der unmittelbaren Staatsverwaltung (Ministerien und nachgeordnete Behörden sowie Kommunalverwaltungen), die man auch als „Kernverwaltung" bezeichnen kann. Hinzu kommen verschiedene Formen ausgegliederter öffentlicher Einrichtungen, die man z.B. als mittelbare Bundes- oder Landesbehörden oder auch als Unternehmen im staatlichen Eigentum vorfindet. Für all diese öffentlichen Organisationen gilt, dass sie – in mehr oder minder strikter Orientierung – zum einen auf die Erfüllung eines „öffentlichen Ziels/Auftrags" resp. die Erreichung von gemeinwohlbezogenen Policy-Zielen ausgerichtet sind und zum anderen sich ganz oder mehrheitlich in öffentlichem Eigentum befinden.

Obwohl es wie erwähnt schon lange in Deutschland ausgegliederte und damit tendenziell verselbständigte öffentliche Einrichtungen gab, hat es im Zuge der New Public Management-Bewegung in den letzten 30 Jahren eine deutliche Verstärkung des Ausgliederungs- und Autonomisierungstrends gegeben (siehe Beitrag Jann in diesem Band; vgl. ferner z.B. Verhoest u.a. 2012, Reichard und Röber 2011, verschiedene Beiträge in Röber 2012 sowie Reichard 2012). Auf allen staatlichen Ebenen haben eine zunehmend große Zahl öffentlicher Einrichtungen erweiterte Handlungsspielräume erhalten und erfüllen ihre öffentlichen Aufgaben mit z.T. beachtlicher Autonomie. Über die Wirkungen solcher Autonomisierungen auf Effektivität und Effizienz der Aufgabenerfüllung gibt es – bei begrenzter Empirie – einige Befunde, die erkennen lassen, dasss neben positiven Effizienzimpulsen auch etliche kritische Nebeneffekte aufgetreten sind (vgl. die oben genannten Quellen). Unter anderem hat sich gezeigt, dass die staatlichen Trägerbehörden (Ministerien, Stadtverwaltungen usw.) teilweise mit der Steuerung der zahlreichen Ausgliederungen überfordert sind und dass es eine Reihe riskanter zentrifugaler Tendenzen gibt.

Eine weitere Organisationsform der Erfüllung öffentlicher Aufgaben besteht in Kooperationen, die sich zum einen zwischen verschiedenen staatlichen Organisationen wie auch zwischen staatlichen und privaten Organisationen abspielen können. Ersteres ist altbekannt, bspw. als interkommunale Zusammenarbeit zur effektiveren Aufgabenerledigung (etwa Abwasserverbände). Auch zwischen verschiedenen staatlichen Ebenen gibt es vielfältige Kooperationsmuster, die seit einiger Zeit in ihrer Intensität zugenommen haben.

Auch staatlich-private Kooperationen sind altbekannt, man kennt sie vor allem als „gemischtwirtschaftliche Unternehmen", d.h. Unternehmen, an denen sowohl der Staat wie auch Private beteiligt sind (Beispiele dafür sind Infrastruktur- und Versorgungsunternehmen wie die Deutsche Telekom). In jüngerer Zeit haben projektbezogene Kooperationen – vor allem im Infrastruktursektor – unter dem Begriff „Public-Private-Partnership" (PPP) an Bedeutung gewonnen. Hierbei versuchen staatliche Aufgabenträger, private Unternehmen zur Realisierung von Infrastrukturinvestitionen sowie deren Finanzierung heranzuziehen, um dadurch u.a. neue Finanzquellen zu erschließen und evtl. Effizienzvorteile zu sichern (s. dazu den Beitrag von Beckers u.a. in diesem Band). Auch bei dieser Organisationsform öffentlicher Aufgaben gibt es – zumindest in Deutschland – erst begrenzte empirische Erfahrungen, die noch dazu sehr unterschiedlich ausfallen. Offenbar sind jedoch die erhofften Effizienzvorteile nicht generell realisierbar und es treten eine Reihe unerwarteter kritischer Nebeneffekte auf.

Eine weitere Form der Erbringung öffentlicher Aufgaben besteht schließlich in der Auslagerung der Aufgabenerfüllung auf Private. Dies kann zum einen per Vertrag mit einem privaten Dienstleister unter Beibehaltung der Gewährleistungsverantwortung beim staatlichen Aufgabenträger erfolgen (= funktionale Privatisierung). Zum anderen kann eine Aufgabe dauerhaft unter Wegfall jeglicher staatlicher Verantwortung auf Private übertragen werden (= materielle Privatisierung). Im letzten Fall kann sodann der Staat nur noch regulierend eingreifen (s. dazu verschiedene Beispiele im Ver- und Entsorgungssektor). Inwieweit bei privatisierten öffentlichen Aufgaben dann überhaupt noch der Charakter einer „öffentlichen" Aufgabe bestehen bleibt, erscheint diskussionswürdig (vgl. z.B. Hodge 2000, Weizsäcker u.a. 2006). Zu den Ergebnissen von Auslagerungen und Privatisierungen gibt es zahlreiche empirische Befunde, die nicht überraschend zeigen, dass es neben etlichen positiven Wirkungen auch vielfältige kritische Nebenwirkungen vor allem für die Empfänger solcher Aufgaben gibt.

In jüngerer Zeit scheint das Pendel institutioneller Varianten öffentlicher Aufgabenerbringung wieder in Richtung Staat zurückzuschlagen (Röber

Öffentliche Aufgaben

2009). Vor allem auf kommunaler Ebene gibt es einige Anzeichen dafür, dass öffentliche Aufgabenträger ausgelagerte resp. privatisierte Aufgabenbereiche wieder „zurückholen" („Rekommunalisierung"). Dies hat u.a. mit kritischen Privatisierungserfahrungen, mit gewachsenem Selbstbewusstsein der Kommunen und auch mit in Richtung „pro Staat" tendierenden Bürgermeinungen zu tun. Inwieweit diese Tendenz indes nachhaltig ist und inwiefern ein solcher Kurswandel normativ auch gerechtfertigt ist, bleibt gegenwärtig eine offene Frage.

6. Aufgabenerfüllungund ihre Bewertung: Nach welchen Kriterien beurteilen wir die Qualität?

Von wem auch immer öffentliche Güter oder Dienstleistungen erbracht wurden, es stellt sich im Anschluss die Frage, nach welchen Maßstäben diese Aufgabenerledigung zu beurteilen ist. Woran erkennt man, dass „gute Qualität" geliefert wurde? Vielleicht daran, dass nur wenig öffentliche Mittel ausgegeben wurden? Reicht es, danach zu streben, dass die getroffenen Entscheidungen und veranlassten Maßnahmen rechtlich korrekt und unanfechtbar sind? Oder muss vor allem auf die Wirkungen der erbrachten Leistungen auf die jeweiligen Zielgruppen resp. Politikbereiche geachtet werden? Inwieweit verbessert es die Güte der erbrachten Leistungen, wenn möglichst viele unterschiedliche Interessen und Sichtweisen bei der Aufgabenerledigung berücksichtigt werden? Oder zählt als Maßstab letztendlich nicht doch vor allem jener Beitrag, den die Aufgabenerledigung dazu leisten kann, um die Verwaltungsspitzen und die politisch Verantwortlichen in ihren jeweiligen Positionen zu bestätigen? Diese Fragenreihe zeigt nicht nur auf, aus welchen unterschiedlichen Richtungen man auf die Qualität einer öffentlichen Dienstleistung blicken kann. Vielmehr werden auch die möglichen Konfliktlinien zwischen den jeweiligen Anspruchsgruppen deutlich. Nicht nur, dass zwischen „Produzenten" und „Konsumenten" unterschieden werden kann, auch innerhalb dieser Gruppen muss zwischen verschiedenen Interessenlagen differenziert werden. Unter den „Produzenten" öffentlicher Güter und Dienstleistungen gelten auf Seiten gewählter Politiker zumeist andere Handlungslogiken als bei Verwaltungsangehörigen. Darüber hinaus sind die professionell bedingten Perspektivenwechsel zwischen Juristen, Ökonomen oder den für die jeweilige Leistung einschlägigen Fachdisziplinen zu bedenken. Auf der Konsumentenseite sorgen die verschiedenen Grade der Betroffenheit (als direkter Leistungsempfänger, positiv bzw. negativ Betroffener oder Mitglied einer allenfalls latenten Klientelgruppe) und differenzierenden Rollenzuschreibungen (als Wähler, Steuerzahler, Mitglied von Interessengruppen oder politischer Aktivist etc.) für erhebliche Varianz. Wessen Ansprüche und Erwartungen an die Leistungsqualität sollen zuvörderst ernstgenommen und erfüllt werden?

Um sich in dieser Gemengelage zu Recht zu finden, hilft es, einen ersten Orientierungspflock einzuschlagen, der zwischen Bewertungskriterien unterscheidet, die sich in erster Linie auf das „Wie" der Leistungserstellung beziehen, und solchen, welche auf das „Was", die konkreten Ergebnisse und vor allem die Wirkungen erbrachter öffentlicher Leistungen und Güter abzielen (siehe dazu auch den Beitrag von Patrick von Maravic in diesem Band). Die erstgenannte Kategorie wird in erster Linie mit der „Input"-Orientierung des klassischen öffentlichen Managements in Verbindung gebracht, die eine „gute Verwaltungsleistung" insbesondere dadurch definiert, dass alle zuvor festgelegten Regeln und Verfahren eingehalten wurden. Dieses besondere Augenmerk für die formale Richtigkeit einer Maßnahme wird regelmäßig den tradierten Prinzipien rechtsstaatlicher Verwaltungsbindung zugeschrieben, die über die reine Prozessorientierung hinaus jedoch auch wesentliche inhaltliche Kriterien, wie den Grundsatz der Verhältnismäßigkeit, zur Beurteilung öffentlichen Handelns beinhalten können. Dass die Verfahrensgerechtigkeit eine große Rolle für die Qualität – nicht zuletzt auch im Sinne der Legitimität – der öffentlichen Aufgabenerfüllung spielt, ist allerdings auch in der angelsächsischen Vorstellung von *„due process"* tief verwurzelt, so wie auch aus politikwissenschaftlicher Sicht die „Legitimation durch Verfahren" (Luhmann 1971) zu den zentralen Erkenntnissen gehört – gerade, wenn in politisch und/oder fachlich umstrittenen Fragen nicht mit konsensfähigen Entscheidungen zu rechnen ist und man – wie in allen aufgeklärten Gesellschaften – nicht von einer einzigen, allgemeingültigen Deutung des Gemeinwohles ausgehen kann.

Über diese tradierte, eher formale, Deutung von verfahrensorientierten Kriterien wird jedoch oft übersehen, wie sehr Organisationen, die mit öffentlichen Aufgaben betraut sind, sich bei der Art und Weise, wie sie ihre Aufträge wahrnehmen, auch stets – und zunehmend – daran messen lassen müssen (und mussten), was für den privaten Sektor erst neuerdings als „Moralisierung der Märkte" (Stehr 2007) beschrieben wird. Nicht allein die Effektivität und Effizienz der Aufgabenerfüllung, die fachlich zu bewertende Qualität eines Produkts oder einer Dienstleistung werden zum (mit-)entscheidenden Kriterium, sondern die politisierende und moralisierende Bewertung der Umstände bei der Leistungserfüllung rückt in den Vordergrund. Ist es nicht noch in lebhafter Erinnerung, wie der öffentliche Dienst danach strebte, sich als „model employer" in besseres Licht zu setzen, um als arbeitsmarktpolitisches Vorbild für gute und „politisch korrekte" Beschäftigungsbedingungen zu wirken? Ist es nicht aktuell ein besonderes Anliegen, für die Wahrnehmung öffentlicher Aufgaben Qualitätsstandards in Hinsicht auf die Tarifbindung, die Einhaltung umwelt- und energiepolitisch „nachhaltiger" Vorgaben, aber auch mit Blick auf Nicht-Diskriminierungs- bzw. Gleichstel-

Öffentliche Aufgaben

lungsfragen oder die Integration von Minderheiten (z.B. im Zusammenhang mit der Debatte um „repräsentative Bürokratie", Schröter und von Maravic 2012) zu definieren? Die Frage nach den dominierenden Maßstäben, an denen die Qualität der Aufgabenwahrnehmung zu messen ist, ist eng damit verbunden, welche Akteure und Institutionen diese Maßstäbe anlegen werden. Wem gegenüber sind Leistungserbringer Rechenschaft schuldig? Wer nimmt die Rolle des Kontrolleurs wahr? Oder besser (weil dadurch auch die begleitende und gar vorausschauende Aufsicht im Gegensatz zur allenfalls rückwirkenden „Vorher-Nachher-Kontrolle" erfasst wird): Wer hat die Kontrollmaßstäbe *samt* der Steuerungshebel in der Hand? Und wie hat sich die gesamte Architektur einer Kontroll- und Führungsstruktur im Laufe der Verwaltungsentwicklung verändert? Beim Versuch einer Antwort auf diese weitgefassten Fragen fallendrei besonders prägnante Trends auf: Erstens verliert die klassische Vorstellung einer „Verantwortlichkeit nach oben", die am rechtlich und politisch definierten Legitimationsstrang von der demokratischen Wahl über politische Repräsentanten zu administrativen Führungskräften und ihren Mitarbeitern entlang läuft, an Bedeutung. Sie konkurriert zunehmend mit dem Modell und der Praxis fragmentierter Aufsichts- und Kontrollformen, die sich stärker „seitwärts" und/oder „nach unten" orientieren: die Verantwortlichkeit gegenüber autonomen Regulierungs-, Akkreditierungs- und Aufsichtsbehörden, die Aufmerksamkeit gegenüber „peer reviews" und „benchmarks", die Rechenschaft gegenüber der (organisierten und medial vermittelten) Öffentlichkeit, die Orientierung auf Ziel- und Anspruchsgruppen als wesentliche Bezugspunkte der Verantwortlichkeitsstruktur (vgl. hierzu auch Beitrag von Patrick von Maravic in diesem Band). Zweitens nehmen – gemessen an den Standards rechtsstaatlicher Kontrolle und repräsentativ-demokratischer Legitimation – weniger institutionalisierte und formalisierte Verfahren einen breiteren Raum ein: vielfältige Formen des Kontraktmanagements und der Zielvereinbarungen, „weiche" Regulierung über Benchmarking oder Anreizsysteme, konsultative und diskursive Instrumente wie Befragungen von Mitarbeitern und der Klientel, Foren mit Fokusgruppen – sowohl im realen als auch im virtuellen Raum – gehören zum Maßnahmenkatalog. Drittens schwindet die Grenzziehung zwischen interner Organisation und ihrer Außenwelt, wodurch insbesondere auch die Autonomie sogenannter Expertenorganisationen zunimmt, zu denen sich typischerweise auch Fachverwaltungen und viele spezialisierte Betreuungs- und Versorgungseinrichtungen (z.B. aus den Bereichen Bildung, Gesundheit, Infrastruktur) rechnen können. Im Verbund mit sozio-kulturellen Veränderungen (wie der abnehmenden Vertrauensbasis von öffentlichen Institutionen) nährt auch der technologische Wandel – allein durch die Chance auf orts- und zeitunabhängigen Informationszugang – Forderungen nach mehr Transparenz, Beteiligung sowie Erwartungen gegenüber möglichst responsiven öffentlichen Organisationen. Im Ergebnis können auch hier die Grenzen zwischen Produzent, Ko-

Produzent und Konsument mehr und mehr verwischen – eine Entwicklung, die bereits bei der Diskussion der zunehmend differenzierten institutionellen Arrangements zur Aufgabenwahrnehmung sichtbar wurde.diese Veränderungen sind nicht nur für neue Prozesse und Strukturen wichtig, mit denen öffentliche Verantwortlichkeit zu organisieren ist. In der Summe führen solche Trends vor allem zu Machtverschiebungen zwischen den Beteiligten und zu einer Neuordnung von Werten: Das kann man sowohl im Außenverhältnis öffentlicher Organisationen zu ihren Klientelgruppen und Aufsichtsbehörden, als auch in der Binnenorganisation (Zentral- oder Controlling-Abteilungen vs. Fachabteilungen, „Experten" vs. „Manager" etc.) – und nicht zuletzt am relativen Gewicht der wissenschaftlichen Disziplinen beobachten, die den Diskurs um öffentliche Aufgaben prägen.

7. Öffentliche Aufgabe: Ausgangs- oder Endpunkt der Debatte?

Am Ende dieses Versuchs, über die Erledigung öffentlicher Aufgaben zu reflektieren, bietet es sich an, den Kreis zu schließen, indem ein Gedankengang aus dem einleitenden Abschnitt aufgegriffen und, soweit an dieser Stelle möglich, weiter geführt wird: Mit welchem Recht stehen die „Aufgaben" am Anfang einer langen Debatte, wie sie in diesem Band mit Vertretern der Betriebs- und Volkswirtschaftslehre, der Politik- und Verwaltungswissenschaften, der Organisationssoziologie und des öffentlichen Rechts geführt wird?

Eine Begründung könnte darin liegen, dass ein bestimmter Aufgabenkatalog als vorgegeben und gesetzt angenommen wird. Ginge man von einem solchen „Gebot" aus, dann ließen sich daraus die weiteren Konsequenzen für die Organisation öffentlicher Aufgaben ableiten. Tatsächlich, so haben wir einleitend aufgezeigt, neigen verschiedene überlieferte Argumentationsstränge, insbesondere im deutschsprachigen Raum, einem solchen Verständnis öffentlicher Aufgaben zu. In der Regel ist damit auch eine normative Hierarchisierung von Aufgabentypen verbunden, in welcher sich – eingebettet in verschiedene akademische Disziplinen – unterschiedliche Wertvorstellungen und „Rationalitäten" manifestieren. Aus der staatsphilosophischen und insbesondere rechtswissenschaftlichen Tradition ist die Vorstellung der „hoheitlichen Aufgaben" überliefert, später kam – mit nicht minder weitreichenden Nachwirkungen – der Begriff der „Daseinsvorsorge" hinzu. Die wirtschaftswissenschaftliche Diskussion kreist dagegen eher um die Definition von „Kernaufgaben" oder – im Kontext der Wohlfahrtsökonomie – von „öffentlichen" und „meritorischen Gütern". So verschieden diese Ansätze sein mögen, so haben sie doch gemeinsam, dass sie für umfassende normative Staats- und Verwaltungsverständnisse stehen, von denen eine enorme Suggestivkraft

Öffentliche Aufgaben

ausgeht. Aus rechtswissenschaftlicher Sicht wird deutlich auf das Über- und Unterordnungsverhältnis zwischen Staat und Gesellschaft verwiesen, in welchem „hoheitliches" Handeln staatlichen Akteuren vorbehalten bleiben muss. Im weitgefassten Begriff der Daseinsvorsorge bleiben – aus normativer Sicht – die Leistungsaufgaben ebenfalls in staatlicher bzw. öffentlicher Hand, da nur auf diese Weise den zunehmend instabilen und unsicheren Verhältnissen in privater Wirtschaft und Bürgergesellschaft entgegengewirkt werden kann. Aus ökonomischer Perspektive erscheint der öffentliche Sektor hingegen als ein möglicher Anbieter von Gütern und Dienstleistungen unter vielen – als einer zumal, der keineswegs in der ersten Reihe steht, wenn es um die Aufgabenzuweisung geht. Nur dort, wo Märkte „versagen", d.h. aus strukturellen Gründen nachweislich nicht zur Aufgabenwahrnehmung in der Lage sind, sollen öffentliche Anbieter – quasi aushilfsweise – in die Güterproduktion und Leistungserstellung eintreten. Dass diese dem Staat gesetzten engen Zuständigkeitsgrenzen regelmäßig und weithin überschritten werden, suggeriert die oft gehörte Rede von der Zurückführung auf die „Kernaufgaben". Auf den Kern der öffentlichen Aufgaben ist man offensichtlich bislang noch nicht gestoßen, so dass weiterhin vom vorhandenen Aufgabenbestand „abgeschält" werden kann.

Diese knappen – und zugegeben: polemisierenden – Skizzen lassen ansatzweise zugleich erkennen, welche weiteren Schlüsse diese vom Aufgabenbestand ausgehenden Leitbilder für die präferierten Organisationsstrukturen und die vorrangigen Bewertungskriterien für öffentliche Aufgaben nahelegen: monolithische Bürokratien in staatlicher Kontrolle vs. dezentralisierte und durch Kontraktmanagement geführte Ergebniszentren in überwiegend privater Trägerschaft; Verfahrens- und Rechtssicherheit zur Legitimation und Stabilisierung staatlicher Herrschaft vs. Effizienz- und Ergebnisorientierung im Kundeninteresse. Von dieser Warte aus betrachtet, ist die Aufgabendebatte der entscheidende Ausgangspunkt, der den gesamten Pfad durch die weiteren – in den vorangegangenen Abschnitten nur angedeuteten – Fragenkomplexe zur Erledigung öffentlicher Aufgaben definiert.

Diese Blickrichtung lässt sich jedoch auch umkehren – mit dem Ergebnis, dass „öffentliche Aufgaben" nicht als exogene, bereits vorbestimmte Größe erscheinen, sondern selbst als Resultat von komplexen politisch-administrativen Willensbildungs- und Entscheidungsprozessen zu gelten haben. Für diese Perspektive steht in der Hauptsache die Public-Policy-Analyse Pate. Nicht zufällig erinnert die weiter oben verwendete Formaldefinition einer „öffentlichen Aufgabe" als politisch legitimierter Aktionsplan mit den entsprechend zugewiesenen Ressourcen (wie rechtliche Ermächtigung, finanzielle und personelle Mittel) an die Definitionsmerkmale „politischer Programme" oder *Public Policies*. In dieser Forschungsrichtung geht es somit um die Analyse der Staatstätigkeit, wie sie sich in Gesetzen, Verordnungen, Haushalts- und Personalplänen, Transferleistungen, Investitionsvorhaben,

Rahmenplanungen – um nur Beispiele zu nennen – manifestiert. Die öffentlichen Aufgaben sind in diesem Bild folgerichtig das Ergebnis des Policy-Making-Prozesses, sie markieren eher einen End- als einen Ausgangspunkt, sie werden nicht vorausgesetzt, sondern als abhängige Variable behandelt.

Literatur

Bendor, Jonathan/Moe, Terry M., 1986: Agenda Control, Committee Capture and the Dynamics of Institutional Politics, in: American Political Science Review, Jg. 80, Nr. 4, 1187-1207.

Bogumil, Jörg/Jann, Werner, 2009: Verwaltung und Verwaltungswissenschaft in Deutschland, Wiesbaden: VS Verlag für Sozialwissenschaften.

Borcherding, Thomas E. (Hrsg.), 1977: Budgets and Bureaucrats: The Sources of Government Growth. Durham: Duke University Press.

Bovaird, Tony, 2007: Beyond engagement and participation – user and community co-production of public services, in: Public Administration Review, Jg. 67, Nr. 5, 846-860.

Brecht, Arnold, 1932: Internationaler Vergleich der öffentlichen Ausgaben. Leipzig und Berlin: Teubner.

Buchanan, James M., 1968: The demand and supply of public goods. Chicago: Rand McNally & Company.

Budäus, Dietrich/Grüning, Gernod, 1997: Kommunitarismus – eine Reformperspektive? Berlin: Edition Sigma.

Bundesministerium der Finanzen, 2012: Datensammlung zur Steuerpolitik. Berlin.

Derlien, Hans-Ulrich, 2002: Öffentlicher Dienst im Wandel, in: König, Klaus (Hrsg.), Deutsche Verwaltung an der Wende zum 21. Jahrhundert. Baden-Baden: Nomos, 229-254.

Deutsch, Karl, 1961: Social Mobilization and Political Development, in: American Political Science Review, Jg. 55, Nr. 3, 493-514.

Cullity, John P., 1964: The Growth of Public Employment in Germany, Dissertation. New York: Columbia University.

Forsthoff, Ernst, 1938: Die Verwaltung als Leistungsträger. Stuttgart: Kohlhammer.

Galbraith, John K., 1967: The New Industrial State. London: Hamish Hamilton.

Greene, Kenneth V., 1973: Attitudes Towards Risk and the Relative Size of the Public Sector, in: Public Finance Quarterly, Jg. 1, 205-218.

Haus, Michael, 2003: Kommunitarismus. Einführung und Analyse. Wiesbaden: Westdeutscher Verlag.

Hodge, Graeme A., 2000: Privatization. An international review of performance. Boulder: Westview Press.

Hood, Christopher, 1996: Umkehrung der Theorie wachsender Staatstätigkeit, in: Grimm, Dieter (Hrsg.), Staatsaufgaben. Frankfurt am Main: Suhrkamp, 93-124.

Husted, Thomas A./Kenny, Lawrence W., 1997: The effect of the expansion of the franchise on the size of government, in: Journal of Political Economy, Jg. 105, Nr. 1, 54-82.

Katzenstein, Peter J., 1985: Small States in World Markets. New York: Cornell University Press.
Keynes, John Maynard, 1936: The General Theory of Employment, Interest and Money. London: Macmillan.
König, Klaus, 1995: Prozedurale Rationalität – Zur kontraktiven Aufgabenpolitik der achtziger Jahre, in: Verwaltungsarchiv, Jg. 86, Nr. 1, 1-31.
Kosiol, Erich, 1962: Organisation der Unternehmung. Wiesbaden: Gabler.
Löffler, Elke/Birk, Florian, 2011: Ko-Produktion, in: Blanke, Bernhard/Nullmeier, Frank/Reichard, Christoph und Göttrik Wewer (Hrsg.), Handbuch zur Verwaltungsreform. 4. Aufl. Wiesbaden: VS Verlag für Sozialwissenschaften, 510-516.
Lott Jr., John R./Kenny, Lawrence W., 1999: Did women's suffrage change the size and scope of government?, in: Journal of Political Economy, Jg. 107, Nr. 6, 1163-1198.
Light, Paul C., 1999: The true size of government. Washington: Brookings Institution Press.
Luhmann, Niklas, 1971: Politische Planung. Aufsätze zur Soziologie von Politik und Verwaltung. Opladen: Westdeutscher Verlag.
Mayntz, Renate, 1978: Soziologie der öffentlichen Verwaltung. Heidelberg: C.F. Müller.
Meltzer, Allan H./Richard, Scott F., 1981: A rational theory of the size of government, in: Journal of Political Economy, Jg. 89, Nr. 5, 914-927.
Musgrave, Richard A., 1969: Provision for social goods, in: Margolis, Julius und Henry Guitton (Hrsg.), Public economics. An analysis of public production and consumption and their relations to the private sectors. New York: Macmillan, 124-144.
Musgrave, Richard A./Musgrave, Peggy B./Kullmer, Lore, 1975: Die öffentlichen Finanzen in Theorie und Praxis. Bd. 1. Tübingen: J. C. B. Mohr.
Naschold, Frieder, 1994: Modernisierung des Staates. Zur Ordnungs- und Innovationspolitik des öffentlichen Sektors. Berlin: Edition Sigma
Niskanen, William A., 1971: Bureaucracy and Representative Government. Chicago: Aldine Atherton.
Olson, Mancur, 1982: The Rise and Decline of Nations. New Haven: Yale University Press.
Peacock, Alan T./Wiseman, Jack, 1961: The Growth of Public Expenditure in the United Kingdom. Princeton: Princeton University Press.
Reese-Schäfer, Walter, 1994: Was ist Kommunitarismus? Frankfurt am Main: Suhrkamp.
Reichard, Christoph, 2001: Gemeinden als Marktteilnehmer. Wettbewerb zwischen öffentlichen und privaten Anbietern, in: Reichard, Christoph (Hrsg.), Kommunen am Markt. Aktuelle Fragen der wirtschaftlichen Betätigung von Kommunen. Berlin: Duncker & Humblot, 61-79.
Reichard, Christoph, 2004: Das Konzept des Gewährleistungsstaates, in: Wissenschaftlicher Beirat der GÖW (Hrsg.), Neue Institutionenökonomie, Public Private Partnership, Gewährleistungsstaat. Berlin: Gesellschaft für öffentliche Wirtschaft, 48-60.
Reichard, Christoph, 2012: Neue institutionelle Varianten öffentlicher Leistungserbringung, in: Schröter, Eckhard/von Maravic, Patrick und Jörg Röber (Hrsg.), Zukunftsfähige Verwaltung? Herausforderungen und Lösungsstrategien in Deutschland, Österreich und der Schweiz. Opladen: Barbara Budrich, 187-214.

Reichard, Christoph/Röber, Manfred, 2011: Verselbständigung, Auslagerung und Privatisierung, in: Blanke, Bernhard/Nullmeier, Frank/Reichard, Christoph und Göttrik Wewer (Hrsg), Handbuch zur Verwaltungsreform. 4. Aufl. Wiesbaden: VS Verlag für Sozialwissenschaften, 168-176.

Reinke, Herbert, 1979: Bürokratie im politischen System Deutschlands. Studien zur Ausdifferenzierung der Verwaltung aus dem ‚ganzen Haus', Dissertation. Köln: Universität zu Köln.

Röber, Manfred, 1981: Organisationsstruktur und Planungsorganisation. Konzept und Ergebnisse einer empirischen Untersuchung in Regierungsverwaltungen. Frankfurt am Main: Peter Lang.

Röber, Manfred, 2009: Privatisierung adé? Rekommunalisierung öffentlicher Dienstleistungen im Lichte des Public Managements, in: Verwaltung & Management, Jg. 15, Nr. 5, 227-240.

Röber, Manfred, 2011: Aufgabenplanung und Aufgabenkritik, in: Blanke, Bernhard/Nullmeier, Frank/Reichard, Christoph und Göttrik Wewer (Hrsg), Handbuch zur Verwaltungsreform. 4. Aufl. Wiesbaden: VS Verlag für Sozialwissenschaften, 108-117.

Röber, Manfred (Hrsg.), 2012: Institutionelle Vielfalt und neue Unübersichtlichkeit. Berlin: Berliner Wissenschafts-Verlag (im Erscheinen).

Rose, Richard/Peters, B. Guy, 1978: Can Government Go Bankrupt? New York: Basic Books.

Stehr, Nico, 2007: Die Moralisierung der Märkte. Frankfurt am Main: Suhrkamp.

Sturm, Eckart, 1961: Entwicklung des öffentlichen Dienstes in Deutschland, in: Ule, Carl Hermann (Hrsg.), Die Entwicklung des öffentlichen Dienstes. Köln: Heymann.

Schröter, Eckhard/von Maravic, Patrick, 2012: Verspricht größere Nähe auch bessere Leistung? Über die Leistungserwartungen einer repräsentativen Bürokratie, in: Jansen, Stephan A./Stehr, Nico und Eckhard Schröter (Hrsg.), Positive Distanz? Wiesbaden: Springer VS, 269-300.

Schröter, Eckhard/von Maravic, Patrick/Röber, Jörg (Hrsg.), 2012: Zukunftsfähige Verwaltung? Herausforderungen und Lösungsstrategien in Deutschland, Österreich und der Schweiz. Opladen: Barbara Budrich.

Schuppert, Gunnar Folke, 1980: Die öffentliche Aufgabe als Schlüsselbegriff der Verwaltungswissenschaft, in: Verwaltungsarchiv, Jg. 71, Nr. 4, 309-344.

Self, Peter, 1985: Political Theories of Government: Its Role and Reform. London: Allen & Unwin.

Tocqueville, Alexis de, 1946 [1835]: Democracy in America. London: Oxford University Press.

Verhoest, Koen/Van Thiel, Sandra/Bouckaert, Geert/Laegreid, Per (Hrsg), 2012: Government Agencies. Practices and Lessons from 30 Countries. Houndmills: Palgrave Macmillan.

Wagener, Frido, 1977: Entwicklung der Personalzahlen im öffentlichen Dienst, in: König, Klaus/Laubinger, Hans-Werner und Frido Wagner (Hrsg.), Öffentlicher Dienst. Festschrift für Carl Hermann Ule. Köln: Heymann.

Weizsäcker, Ernst Ulrich von/Young, Oran, R./Finger, Matthias (Hrsg:), 2006: Grenzen der Privatisierung. Wann ist des Guten zu viel? Bericht an den Club of Rome. Stuttgart: Hirzel.

Wilson, James Q., 1980: The Politics of Regulation. New York: Basic Books.

Kommunale Aufgabenkritik – unverändert aktuell?

Heinrich Mäding

1. Das Grundproblem

Die deutschen Kommunen haben – im internationalen Vergleich (Wollmann 2008) – eine erhebliche Aufgabenfülle. Staatsrechtlich sind sie Teile der Länder und eingebettet in ein komplexes asymmetrisches Entscheidungs- und Finanzierungssystem. Sie besitzen zwar einen verfassungsrechtlich abgesicherten Anspruch (auch eine Pflicht? Tomerius und Breitkreuz 2003) auf Kommunale Selbstverwaltung (Art. 28 Abs. 2 GG) und darin das Recht, „alle Angelegenheiten der örtlichen Gemeinschaft im Rahmen der Gesetze in eigener Verantwortung zu regeln", was die autonome Bestimmung über eigene Aufgaben umschließt. Sie müssen im Mehr-Ebenen-System aber auch damit rechnen, dass ihnen die Länder (und über sie auch der Bund oder die Europäische Union) Aufgaben zuweisen, sowie Standards der Aufgabenerfüllung rechtlich verbindlich festlegen und Weisungs- und Aufsichtsrechte ausüben. Darauf gründet eine Systematik kommunaler Aufgaben, die zwischen freiwilligen und pflichtigen Selbstverwaltungsaufgaben, Weisungsaufgaben und Auftragsangelegenheiten unterscheidet. Rechtlich gibt es keinen Vorrang der übertragenen vor den freiwilligen Aufgaben, faktisch bei Finanznot schon.

Zur Aufgabenerfüllung sind Finanzmittel notwendig. Die tatsächliche Höhe der Einnahmen ergibt sich aus einem Zusammenspiel von örtlichen sozioökonomischen Voraussetzungen und von rechtlich-politischen Setzungen, die in Entscheidungsprozessen festgelegt werden, die von der Aufgabenbestimmung getrennt sind. Bei den Einnahmeentscheidungen ist zwischen staatlichen Rahmenentscheidungen (z.b. über die Steuerverteilung) und Einzelentscheidungen (z.B. über die Verbundquote im kommunalen Finanzausgleich), zwischen kommunalen Rahmenentscheidungen (z.B. über Privatisierungen) und Einzelentscheidungen (z.B. über Hebesätze oder Gebührensätze) zu unterscheiden. Ein Gleichlauf von Ausgabebedarfen und finanziellen Ressourcen wird angestrebt, ist aber nicht garantiert. Beide werden kommunal beeinflusst, aber nicht bestimmt. Das in den Landesverfassungen verankerte Prinzip der Konnexität soll sicherstellen, dass *neue* staatliche Aufgabenzuweisungen von *neuen* Finanzmitteln in angemessenem Umfang begleitet werden. Doch erstens bleiben die bestehenden Aufgaben mit ihren Bedarfsschwankungen von dieser Bindung unberührt und zweitens ist es schwierig, die Angemessenheit im örtlichen Einzelfall zu sichern. Die Auffassungsunterschiede hierüber zwischen dem Land und seinen Kommunen sind Quelle politischer Konflikte und wiederkehrender Rechtsstreitigkeiten. Das Spannungsverhältnis zwischen Ausgabebedarfen und finanziellen Mitteln unterliegt einem permanenten Wandel. Die langfristigen globalen, europäischen oder nationalen „großen Trends", aber auch wichtige Einzelereignisse (deutsche Vereinigung, europäische Erweiterung, Wirtschafts- und Finanzkrisen) produzieren immer wieder neue Herausforderungen („Probleme") auch für Kommunalpolitik und -verwaltung und – zusammen mit wachsenden Anspruchsniveaus – erhebliche Anforderungen an die kommunale Problemlösungsfähigkeit. Das gilt in vergleichbarer Weise für ökonomische (Globalisierung, Strukturwandel, Arbeitslosigkeit), demographische (Schrumpfung, Alterung, Zuwanderung), soziale (Disparitäten, Integration, Armut) und ökologische Trends (Klimawandel). Zugleich senken einige Trends, z.B. die Globalisierung über den intensivierten Standort- und Steuerwettbewerb, die Ressourcen zur Problemlösung. Der „fiscal stress" wird aber nicht nur außerhalb des Staates, „extern", generiert, er ist auch „intern", in den Mechanismen von Parteienwettbewerb, Bürokratie oder Föderalismus angelegt (H. Mäding 1983, 1987).

Die Anläufe zur Problemlösung in den einzelnen Politikfeldern orientieren sich an Zielen, über deren Definition und Systematik kein wissenschaftlicher Konsens und über deren Gewichtung kein politischer Konsens erreichbar ist. Ältere Begriffe für ein gemeinsames Dach („Wohlfahrt", „Gemeinwohl") wurden in den letzten zwei Jahrzehnten zunehmend von dem inzwischen allgemein anerkannten Leitkonzept Nachhaltigkeit (*sustainability*) abgelöst (Grunwald und Kopfmüller 2006). Ausgehend vom Konzept der Nachhaltigkeit in der Forstwirtschaft („Nicht mehr schlagen als nachwächst!") stand von Anfang an der zeitliche Aspekt im Vordergrund: Es geht um die langfristige Sicherung der Lebensgrundlagen, die durch wirtschaftliche, soziale oder ökologische Gefährdungen bedroht sein können. Dabei sollte jeder Akteur stets auch die Interessen anderer in die Betrachtung einbeziehen, global ist also „Our Common Future"[1] im Blick. Dieses sehr breite Verständnis von Nachhaltigkeit wird im Folgenden zugrunde gelegt. Auch für die Kommunalpolitik soll gelten, dass sie fachpolitisch breit und ausgewogen ist, im Blick auf zukünftige Generationen (d.h. temporal) fair ist und im Blick auf interne Teilräume und auf Nachbarn (d.h. regional) fair ist. Hinzu treten die generellen Handlungsmaximen der Wirksamkeit (Effektivität) und Wirtschaftlichkeit (Effizienz). Dies nenne ich „materielle Nachhaltigkeit" (H. Mäding 2009).

Die Aufgabenerfüllung und die Wirtschaftsentwicklung spiegeln sich in den öffentlichen Finanzen, bzw. dem öffentlichen Haushalt auf seiner Ausgabe- und Einnahmeseite wider, der seinerseits fachpolitisch ausgewogen,

---

1 So der Titel des für die Debatte bahnbrechenden Brundtland-Reports aus dem Jahre 1987.

Kommunale Aufgabenkritik – unverändert aktuell? 39

regional und temporal fair sein soll. Vor allem der Aspekt der temporalen Fairness auf der Einnahmeseite tritt aktuell in den Debatten um die öffentliche Verschuldung stark nach vorn und kann als „fiskalische Nachhaltigkeit" bezeichnet werden (H. Mäding 2009). Die beiden klassischen Rechtfertigungen für die öffentliche Kreditaufnahme (intergenerationelle Lastenverteilung und konjunkturelle Stabilisierung) haben sich im politischen Alltag als Einfallstore für durch sie nicht gedeckte Neuverschuldung und für wachsende Schuldenstände auf allen Ebenen erwiesen. Die Maastricht-Kriterien und die neue „Schuldenbremse" im Grundgesetz[2] sind Anzeichen eines ernstlichen Kurswechsels auf der staatlichen Ebene, der seine Bewährungsprobe allerdings noch vor sich hat. Materielle und fiskalische Nachhaltigkeit gehen nicht zwingend Hand in Hand, sie stehen vielmehr – vor allem bei knappen Kassen – in einem grundlegenden Spannungsverhältnis: Je kritischer die kommunale Finanzsituation ist, umso schwieriger ist es die kommunalen Beiträge zur materiellen Nachhaltigkeit zu leisten und umso größer sind die Gefahren für die fiskalische Nachhaltigkeit (H. Mäding 2009).

2. Rückblick

Die Spannung zwischen Ausgabewünschen und Einnahmerestriktionen ist nicht neu. Sie prägt öffentliche Haushalte seit je. Aber je nach der Finanzlage werden „fiscal stress" und seine Bekämpfung via Haushaltskonsolidierung nur gelegentlich und vorübergehend Thema in der (kommunal-)politischen Praxis und (eventuell) in der wissenschaftlichen Diskussion. Zyklische Schwerpunkte der Debatten fallen deutlich, wenn auch mit leichtem *time-lag*, mit den Tiefpunkten des kommunalen Finanzierungssaldos (1975, 1981, 1995, 2003 und 2010) zusammen. Dann entstehen materielle Vorschläge für die Einnahme- oder die Ausgabeseite des Haushalts und prozedurale Vorschläge zur Haushaltkonsolidierung. Ein solcher prozeduraler Vorschlag aus den 1970er Jahren, von Praktikern für Praktiker entworfen, lautet „Aufgabenkritik". Er ist „der Klassiker der strategisch orientierten Sparkonzepte der Verwaltungswissenschaft" (Holtkamp 2010: 51).

Das Ursprungskonzept findet sich in Publikationen von Erhard Mäding (1974, 1976, 1978), der den Begriff m. W. in die Diskussion einführte, und der Kommunalen Gemeinschaftsstelle für Verwaltungsvereinfachung (KGSt 1974, 1975, 1976 und später). Beide sind inhaltlich weitgehend identisch, was nicht verwundert, da E. Mäding bis 1974 Vorstand der KGSt und auch Bearbeiter ihres ersten Berichtes zum Thema (KGSt 1974) war. In das Kon-

---

2 Als Ergebnis der Föderalismuskommission II wurde ein Gesetz zur Änderung des Grundgesetzes verabschiedet, das Änderungen u.a. in Art. 109 und 115 vorsieht und einen neuen Art. 143d einfügt; BGBl I: 2248, in Kraft 1.8.2009.

zept sind auch Erfahrungen mehrerer Stadtverwaltungen eingeflossen, die an der Erstellung der KGSt-Berichte mitwirkten. Begriff und Konzept wurden zwar in der kommunalen Praxis „von einer größeren Anzahl von Kommunalverwaltungen aufgegriffen" (E. Mäding 1978: 218; KGSt 1976), konnten sich aber nicht allgemein durchsetzen.[3]

Es ist hier nicht erforderlich, das Ursprungskonzept in aller Breite vorzustellen. Erstens habe ich das schon vor über 20 Jahren einmal für ein „Handbuch Verwaltungsmanagement" getan (H. Mäding 1990)[4] und zweitens ist Manfred Röber selbst mit seinen Publikationen als Experte ausgewiesen, hat er doch u. a. in der dritten und vierten Auflage des „Handbuchs zur Verwaltungsreform" (Röber 2005a: 84ff., 2011: 108ff.) zuletzt unter der Überschrift „Aufgabenplanung und Aufgabenkritik" maßgebliche Resümees der Debatte gezogen. Es sollen hier auch nicht die verschiedenen Reformulierungen und Korrekturen in nachfolgenden KGSt-Berichten oder die Abwandlungen bei der Implementation in der Verwaltungspraxis nachgezeichnet werden. Zielführender erscheint es mir, nach einer kurzen Skizze des Konzepts und seines Kontexts systematisch der Frage nachzugehen, was sich seit der „Erfindung" der Aufgabenkritik geändert hat und welche Konsequenzen sich aus diesen Befunden ziehen lassen.

Aufgabenkritik, vor allem als „permanente und umfassende Aufgabenkritik" ist ein „Postulat" (E. Mäding 1978: 223), eine staats- und verwaltungspolitisch ausgerichtete normative Forderung mit dem Ziel, den sog. „naturwüchsigen", in Wirklichkeit aber von Bürgern, Politik und Verwaltung betriebenen expansiven Kräften auf der Ausgabenseite öffentlicher Haushalte[5] eine kontraktive, mittel- und langfristig wirksame, prioritätsorientierte[6] Überprüfung entgegenzusetzen. Die Einschränkung von Aufgaben und damit Ausgaben dient nicht einer vorübergehenden konjunkturpolitischen Stabilisierung oder einer akuten Haushaltskonsolidierung, sondern der präventiven (Wieder-)Gewinnung von Handlungsspielraum für neue, schon bekannte oder noch unbekannte Aufgaben. Sie ist primär finanzwirtschaftlich motiviert, wobei die Haushaltsentlastung über die Ausgaben verfolgt wird, nicht über die Einnahmen. Sekundär ist Aufgabenkritik auch verwaltungspolitisch motiviert.

---

3 Ältere Erfahrungsberichte liegen vor allem aus Hamburg vor: Becker und Dieckmann 1976; Dieckmann 1977, 1984; Lange 1985, kritisch dazu auch Beneke 1983; jüngere beispielsweise aus Dortmund (Koch 1995), Berlin (Jordan 2002, 2003) oder Köln (Balk 2007).
4 Darin u.a. auch die Abgrenzung zu Aufgabenplanung, Haushaltskonsolidierung, Sparpolitik, Rationalisierung und Erfolgskontrolle.
5 Diese Kräfte sind seit Wagners „Gesetz der wachsenden Staatstätigkeit" ein zentrales Thema der erfahrungswissenschaftlichen Finanzwissenschaft. Auch Lange (1985: 169) konstatiert in seinem gesellschafts- und staatstheoretischen Blick auf die Aufgabenkritik, dass die Aufgabenentwicklung nicht durch Verfahren und Instrumente „auf eine einfache Weise umgekehrt werden kann".
6 Zur grundlegenden Unterscheidung von linearem, flexibilitätsorientiertem und prioritätsorientiertem Sparen vgl. H. Mäding 1983.

Kommunale Aufgabenkritik – unverändert aktuell?

Weil die säkulare Aufgabenausweitung zur „Überlastung der politischen Führung und der Verwaltungsführung mit Einzelfragen", zur „Tendenz zur Selbstbestimmung der öffentlichen Bediensteten" und zur „Selbststeuerung des Vollzugsgrades" führt (Dieckmann 1983: 98), ist Aufgabenkritik stets auch Erleichterung der Steuerung der Verwaltung. Das ursprüngliche Konzept ist aber nicht bürokratiekritisch oder ordnungspolitisch motiviert gewesen. Es wurde mit ihm nicht die These verbunden, der Staatssektor sei zurückzuschneiden zugunsten einer Marktsteuerung und eines Vorrangs privater Leistungsanbieter, wie spätere Postulate in der Privatisierungsdiskussion oder beim politischen Hin und Her auf Länderebene um die verschiedenen „Subsidiaritätsklauseln" im Gemeindewirtschaftsrecht.

Definitorisch wird unterschieden zwischen der Zweckkritik, die die Aufgabe selbst, ihren Umfang, ihre Notwendigkeit und Wirksamkeit (Effektivität) prüft, das „Was?", und der Vollzugskritik, die die Durchführung der Aufgabe und ihre Wirtschaftlichkeit (Effizienz) prüft, das „Wie?" (KGSt 1974)[7]. Zwei später in der Kritik des „Neuen Steuerungsmodells" (NSM) aufgeworfene Fragen fehlen noch: ob man diese Unterscheidung konzeptionell überhaupt treffen kann und ob sie politisch vom Rat, der sich im NSM weitgehend auf das Was beschränken soll, akzeptiert werden wird. Adressaten des Postulats Aufgabenkritik sind zwar alle Akteure im politisch-administrativen System, aber primär die Verwaltungsleute, vor allem die Verwaltungsführung, d.h. die typische Zielgruppe der KGSt. Ihre Aufmerksamkeit sollte dabei nicht nur der Kernverwaltung sondern auch den kommunalen Unternehmen oder den Zuwendungsempfängern gelten (Arbeitsgruppe 1984: 169).

Aus der Perspektive der Kommunalverwaltung wird aber hinsichtlich der Zweckkritik eine doppelte Einschränkung notwendig: Zwecke, die durch staatliche Normen gesetzt werden, können von den einzelnen Kommunen nicht wirksam geprüft und autonom revidiert werden, es bleibt nur die Möglichkeit, „höheren Orts" – etwa mit Unterstützung der kommunaler Spitzenverbände – für eine Normrevision einzutreten. Doch auch die lokalen Zwecke werden nicht durch die Verwaltung sondern durch die Vertretungskörperschaft, den Rat, gesetzt. Verwaltungsinitiativen sind auf die Zustimmung der Ratsmehrheit angewiesen, allerdings sind hier die Erfolgsaussichten höher als im ersten Fall. Relativ „frei" ist die Verwaltung in der Vollzugskritik. Diese hat zwar den „Vorteil geräuschloser verwaltungsinterner Einführung" (KGSt 1974: 9), demokratietheoretisch ein fragwürdiger „Vorteil", ist aber nichts wirklich Neues, sondern als „Rationalisierung" oder „Verwaltungsvereinfachung", z.B. auf der Basis von Organisationsuntersuchungen, ein traditioneller Baustein der (internen) Verwaltungspolitik.

---

7 Vgl. aber KGSt 1989: „Die bisher übliche Unterscheidung von Zweckkritik (…) und Vollzugskritik (…) wird aufgegeben. Sie führt zu einer Verwässerung des Begriffs Aufgabenkritik, wenn (was häufig geschieht) Vollzugskritik mit Rationalisierung gleichgesetzt wird." Dies tat aber auch die KGSt zuvor selbst: Bericht 21/74: 7 oder 25/76: 5.

Die entworfenen Verfahren der Aufgabenkritik sind konsensorientiert. Die Rollenverteilung zwischen Verwaltungsführung, Kämmerer, Fachdezernenten, Querschnitts- und Fachämtern, Amtsleitern und Mitarbeitern und eventuell ergänzenden Gremien aus ihnen wird in den Texten im Einzelnen analysiert.[8] Eine zentrale Rolle wird 1974 zunächst einer Arbeitsgruppe der Querschnittsämter, ab 1976 einer aus Mitgliedern des Rates und Mitarbeitern der Verwaltung zusammengesetzten „gemischten Kommission" zugeordnet. Für die Zweck- und Vollzugskritik bei den Aufgabenbeständen und bei neuen Aufgaben werden detaillierte und differierende Verfahrensabläufe vorgeschlagen. In Anerkennung der Unterschiedlichkeit der lokalen Ausgangslagen und politischen Präferenzen und in Beschränkung auf die Funktion der KGSt werden inhaltliche Aussagen, wo denn konkret Aufgabenabbau sinnvoll wäre, vermieden. Weder werden Aufgabenfelder hervorgehoben (z.B. Wirtschaftsförderung vs. Umweltschutz) noch Handlungsformen (z.B. Beratung vs. finanzielle Förderung).[9] Aufgabenkritik sei kein „Ansatz zur Durchsetzung bestimmter inhaltlicher oder ideologischer Wertentscheidungen über Verwaltungsaufgaben" (E. Mäding 1978: 215; KGSt 1976: 7).

Der Kontext, in dem das Postulat Aufgabenkritik entstand, lässt sich in mehrfacher Hinsicht entfalten:

Ökonomisch befand sich Deutschland 1974/75 in seiner zweiten Wachstumsstockung, die sich in stagnierenden öffentlichen Einnahmen bei fortgesetztem Ausgabenwachstum (nicht zuletzt durch heute unvorstellbare, zweistellige Tarifsteigerungen im öffentlichen Dienst) niederschlug. Der Finanzierungssaldo im öffentlichen Gesamthaushalt erreichte 1975 mit einem Defizit von 63,8 Mrd. DM oder 6,2% des BSP einen Höhepunkt (H. Mäding 1983: 12ff.). Nach über 20 Jahren kontinuierlichen Haushaltswachstums wurden erstmals auch auf der kommunalen Ebene Begriffe wie „Ressourcenkrise" zur Kennzeichnung der schwierigen aktuellen Finanzlage verwendet.

Im staats- und verwaltungspolitischen Diskurs (theoretisch wie praktisch) kann Aufgabenkritik als ein Kind der ausklingenden Planungsdebatten der „Phase der intensiven Planungsbemühungen: 1970-1974" (H. Mäding 1987: 1049ff.) eingestuft werden. Nochmals finden wir hier – nun in kontraktiver Richtung – die Forderung nach einem alle Aufgaben umfassenden, querschnittsorientierten (d.h. Sektoren vergleichenden), integrierten (d.h. Perspektiven zusammenführenden) ex ante-Durchdenken von Handlungsalternativen. Es war die Zeit, in der Sachplanung und Finanzplanung nicht nur auf einander bezogen, sondern „aus einem Guss" sein sollten, in der unter dem Terminus „Entwicklungsplanung" vom Bund über die Länder bis zu den Kommunen jeder Aufgabenträger seine politischen „Programme" sachlich und finanziell, zeitlich und räumlich konkretisieren, untereinander abwägen

---

8   Ebd. 206-211. Originaltexte und meine Darstellung verwenden bei Rollenbezeichnungen durchgängig nur die männliche Form.
9   Vgl. die 28 Aufgabenbereiche und sieben Leistungsbereiche bei Hesse 2007: 47, 54f.

und mit anderen Akteuren abstimmen sollte. Wichtig dazu waren systematische Verfahren der (auch langfristigen) Informationsgewinnung unter Einsatz von Prognose- und Bewertungsmethoden und belastbare Verfahren der inneradministrativen und der politischen Konfliktverarbeitung. Das Heraufziehen großer öffentlicher „Zukunftsaufgaben" (Umweltpolitik, Bildungspolitik) erforderte fiskalisches „Platz-Schaffen" bei den alten Aufgaben. Die Verwaltung als Dolmetscher zwischen Wissenschaftssystem und politischem System, als Bürge für rationales Vorgehen in der Entscheidungsvorbereitung und für loyales Vorgehen in der Entscheidungsausführung gewann von außen an Aufmerksamkeit[10] und von innen an Selbstbewusstsein. Die interne Differenzierung der Verwaltung wurde überwiegend – umweltbezogen – als Vorteil (Arbeitsteilung, „requisite variety") wahrgenommen, weniger als Quelle von Spaltung und Fragmentierung (H. Mäding 1983: 19ff.; 1987: 3ff.)[11], von mikro-politischen Machtspielen und Blockaden.

3. Aufgabenkritik – 35 Jahre später

Als Element in Themen- und Forderungslisten für Verwaltungsmodernisierung oder Haushaltskonsolidierung auf der staatlichen und kommunalen Ebene, in Koalitionsvereinbarungen und Regierungserklärungen, ja in Gesetzen (Westphal 2004) tauchen Begriff und Konzept der Aufgabenkritik zwar bis heute mit großer Regelmäßigkeit („Dauervokabular", Winkel 2007: 29) und Selbstverständlichkeit („Urelement der Verwaltungsreform", Jordan 2002: 359) auf, andererseits sprechen Autoren aber auch von einem „bereits in Vergessenheit geratenen Instrument der Verwaltungsmodernisierung" (Balk 2007: 86) und nehmen dessen „Wiederbelebung und Neukonzipierung" für sich in Anspruch. Hin und wieder erscheinen Erfahrungsberichte, doch über die tatsächliche Verbreitung fehlen m. W. aktuelle empirische Untersuchungen.[12] Diese Lücke ist hier nicht zu schließen.

Es kann aber festgehalten werden, dass das Thema nicht mehr auf die kommunale Ebene begrenzt ist. Heute besteht ein allgemeiner, Ebenen und Parteien übergreifender rhetorischer Konsens, der in die Formel gefasst werden kann: „Es muss eine erhebliche Rückführung öffentlicher Aufgaben auf

---

10 Es ist kein Zufall, dass zu dieser Zeit an der Universität Konstanz erstmals in Deutschland ein eigenständiger sozialwissenschaftlich orientierter, aber interdisziplinärer Studiengang zum Diplom-Verwaltungswissenschaftler konzipiert und realisiert wurde.
11 Banner (2001: 287) spricht vom „zählebigen Schisma Finanzverwaltung – allgemeine Verwaltung".
12 Diese werden auch durch eine unscharfe Begriffsverwendung erschwert, die z.B. Rationalisierung oder Privatisierung teils einschließt, teils ausschließt und keine Grenze zu Organisationsentwicklung oder Personalentwicklung zieht.

allen Ebenen stattfinden" (Kuban 1998). Unter den zunehmenden Aktivitäten und Publikationen zur Aufgabenkritik auf der Landesebene (vgl. Hill 2004) sei nur beispielhaft auf eine Studie aus dem Jahre 2007 von Hesse über das Saarland verwiesen, der für sich in Anspruch nimmt, „erstmals in der Geschichte der Bundesrepublik eine flächendeckende Aufgabenkritik für ein ... Bundesland" durchgeführt zu haben (Hess 2007: 5). Darin wird allerdings ein anderes, engeres Verständnis von Aufgabenkritik deutlich: Es geht nämlich vorwiegend um die „Optimierung der Zuständigkeitsverteilung", nicht aber um quantitative oder qualitative Leistungskürzungen oder Aufgabenabbau. Aufgabenkritik deckt sich hier also weitgehend mit Funktionalreform[13], d.h. der Frage nach einer besseren Aufgabenverteilung zwischen Land, Kreis und Gemeinde, zwischen allgemeiner Verwaltung und Sonderverwaltungen, sowie zwischen öffentlicher Verwaltung und freie Trägern oder privaten Unternehmen.

Bevor abschließend danach gefragt werden soll, ob das Postulat Aufgabenkritik auch nach 35 Jahren aufrechterhalten werden sollte, sollen zunächst einige wichtige Befunde zu Kontinuitäten und Veränderungen zusammengetragen werden um zu bilanzieren, wie die Chancen seiner Umsetzung sich in diesem Zeitraum verändert haben. Fragt man danach, welche für die Aufgabenkritik wichtigen Entwicklungslinien sich zwischen dem Impuls des Jahres 1974 und der Situation um 2010 zeigen, so lassen sich diese drei Feldern zuordnen:

a. Externe Rahmenbedingungen

Die objektiven ökonomischen Notwendigkeiten für eine Aufgabenkritik haben sich nicht vermindert. Die „Finanznot" des Staates und seiner Kommunen ist seit 1974 nicht kleiner geworden. 2010 lag die Neuverschuldung im öffentlichen Gesamthaushalt wegen der Konjunkturpakete zur Bekämpfung der internationalen Wirtschafts- und Finanzkrise 2008/2009 bei 3,3% des BIP, zwar prozentual deutlich niedriger als 1975 (6,2%). Aber in absoluten Zahlen entsprechen die ca. 82,5 Mrd. Euro etwa 165 Mrd. DM. Verglichen mit den 63,8 Mrd. DM des Jahres 1975 ist der Saldo (nominal, also ohne Beachtung der Inflation) auf das 2,5-fache gewachsen (FAZ 2011b und H. Mäding 1983: 14).

Auf der kommunalen Ebene erreichten 2009 die Folgen der Krise die Haushalte. Der Finanzierungssaldo brach um 15 Mrd. Euro (von 2008 +7,7 Mrd. Euro Überschuss auf 2009 – 7,2 Mrd. Euro Defizit) ein (Anton und Diemert 2010: 79). Er beläuft sich 2010 auf etwa -7,7 Mrd. Euro Defizit (FAZ 2011a). Das sind ca. 4,3% des Ausgabevolumens. Es gibt daher wei-

---

13 In einem der Szenarien wird auch eine Kreisgebietsreform vorausgesetzt.

terhin unstreitig einen fiskalischen Bedarf an Haushaltskonsolidierung und dabei an kommunaler Aufgabenkritik als Element.

Dieser Befund wird durch die Trends der kommenden Jahre bestärkt werden. Auf der Ausgabenseite sind zukünftig neue Aufgaben und wachsende Aufgaben mit erheblichem Ausgabenbedarf absehbar. Dafür nur zwei Beispiele: Unter den ökologischen Herausforderungen wird die Klimaschutzpolitik mit ihren Konsequenzen für die Energiepolitik uns dauerhaft beschäftigen. Aus dem hohen Gewicht der Gebäude an allen CO_2-Emissionen wurde die Dringlichkeit der energetischen Sanierung abgeleitet und für die öffentlichen Gebäude – nach Planungen der EU – eine Sanierungsrate von drei Prozent p.a. gefordert, die weit über der bisherigen Rate liegt (FAZ 2011c). Unter den demographischen Herausforderungen werden die Alterung der Bevölkerung und die Integration von Zuwanderern zusätzliche kommunale Ausgaben pro Einwohner erforderlich machen (H. Mäding 2004).

Auf der Einnahmenseite werden langfristig niedrige Wachstumsraten des BSP die Steuerbasis ebenso begrenzen wie der intensivierte Standort- und Steuerwettbewerb die Steuersätze als Instrument zur Einnahmesteigerung für Staat und Kommune faktisch weitgehend neutralisiert. Trotz der aktuell günstigen Entwicklung der Steuereinnahmen (Steuerschätzung Mai 2011) sollte sich die öffentliche Hand keinen Illusionen hingeben: erstens handelt es sich nur um die Rückkehr zu einem längerfristigen Entwicklungspfad (den Ausgleich der „Delle") und zweitens werden politische Kräfte ein Steuerwachstum limitieren. „Frisches Geld von außen", von Haushalten oder Unternehmen, für eine höhere Steuerquote wird es kaum geben.

Für die Kommunen gibt es auch keine Hoffnung auf frisches Geld von oben via Finanzausgleich. Der Staat hat sich mit der neuen Schuldenbremse im Grundgesetz zu Recht („fiskalische Nachhaltigkeit") die Hände gebunden. Die Länder, die die neue Restriktion – mit oder ohne Änderung ihrer Landesverfassungen – nun umsetzen müssen, haben alle Hände voll zu tun, ihre eigenen Haushalte (bei wachsenden Bildungsausgaben und Pensionslasten) in ein neues Gleichgewicht zu bringen. Auf der Basis alter Erfahrungen fürchten die Städte auf der Hauptversammlung des Deutschen Städtetages 2011, dass die Schuldenbremse sogar zur Verlagerung von Konsolidierungslasten nach unten führen könnte. Schließlich haben Bund und Länder lange Jahre – unter Missachtung des Konnexitätsprinzips – Aufgaben ohne Zusatzeinnahmen nach unten verlagert, bzw. Einnahmekürzungen bei den Kommunen veranlasst.[14] Hesse formuliert, was davon zu halten ist: „Als inakzeptabel und langfristig staatsgefährdend erweist es sich ..., wenn Kosten nach unten umverteilt und die Deckung der regulären Aufgabenerledigung in die Kreditfinanzierung abgedrängt wird" (Hesse 2007: 335).

---

14 Nach einer Schätzung (Landsberg 2010) entfallen 50% der aktuellen kommunalen Finanzprobleme auf die Krise und 50% auf geänderte, die Kommunen belastende Gesetze. Vgl. dazu im einzelnen Anton und Diemert 2010.

b. Interne Handlungsbedingungen

Während die 1980er Jahre hinsichtlich der strategischen Ausrichtung kommunaler Verwaltungspolitik wenig Bewegung zeigten, sind seit 1990 inzwischen 20 Jahre einer intensiven Reformdebatte und Reformaktivität zur kommunalen Verwaltungsmodernisierung vergangen. Unter dem Label „Neues Steuerungsmodell" ging der Impuls in Deutschland erneut vor allem von der KGSt unter ihrem Vorstand G. Banner aus (Banner 1991; KGSt 1993a). Anregungen aus der Theorie des New Public Management mit ihrer ausgeprägten Parallelisierung von privaten Unternehmen und öffentlichen Verwaltungen („Unternehmen Stadt") und Anregungen aus Erfahrungen des Auslandes (vor allem des „Tilburger Modells") wurden zu einem grundsätzlichen Reformansatz fortentwickelt. Dieser fand nicht nur breite Resonanz in der kommunalen Verwaltungspraxis, sondern auch eine rasche und breite verwaltungswissenschaftliche Aufnahme und Debatte (vgl. z.B. Reichard 1994; Wollmann 1996). Ein Kernpunkt der Reformen, die „Konzentration auf Kernaufgaben durch Aufgabenreduzierung und Ausgliederung" (Fiedler 2001: 119ff.), deckt sich mit der strategischen Ausrichtung der Aufgabenkritik, doch ist der Ansatz des NSM wesentlich umfassender und tiefgreifender. Der Stand dieser Reformen, die in vielen Ländern mit Veränderungen in der Verwaltungsführung (gewählter Bürgermeister) und der Bürgerbeteiligung zeitlich parallel liefen, ist weiterhin unübersichtlich trotz erster zusammenfassender Analysen und Bewertungen (vgl. Banner 2001; Jann u.a. 2004; KGSt 2007; Bogumil u.a. 2007)[15]. Dasselbe gilt m. E. auch für das Verhältnis zwischen Änderungen in Struktur und Verfahren der Verwaltung und den mentalen Dispositionen der leitenden Mitarbeiter. Hier kann man sich gelegentlich des Eindrucks nicht erwehren, als steigere die neoliberal (Nullmeier 2010) angehauchte Aufforderung an die öffentliche Verwaltung zu unternehmerischem Denken dort – gerade unter „fiscal stress" – auch die Bereitschaft zu riskantem, spekulativem, ja teilweise illegalem Spielen mit fremdem Geld (Derivate, Cross Border Leasing, privatwirtschaftliche Betätigung von öffentlichen Bediensteten, Vergabe an „Freunde" etc.) (vgl. dazu auch Röber 2005b).

Die Relevanz dieser Richtung der Verwaltungsmodernisierung für Aufgabenkritik ist m.E. ambivalent: Einerseits stärken das Produkt-, Output- und Wirkungsdenken oder auch Verfahrensinnovationen wie Controlling, Berichtswesen, Kosten-Leistungs-Rechnung oder interkommunale Vergleichsringe die informationelle Basis für eine Aufgabenkritik, andererseits wurden Illusionen über den Konsolidierungsbeitrag dieser Informationen enttäuscht, weil die „Datenfriedhöfe" oft nicht steuerungsrelevant gemacht werden konnten. Schließlich schwächt die angestrebte dezentrale Ressourcenverantwor-

---

15 Vgl. auch Holtkamp 2008 und Banner 2008.

Kommunale Aufgabenkritik – unverändert aktuell? 47

tung im NSM den querschnittsorientierten, integrativen Ansatz der Aufgabenkritik, für den im Konzept der 1970er Jahre die Arbeitsgruppe Aufgabenkritik als institutioneller Garant galt. „Für eine solche Durchforstung (des Aufgabenbestandes, HM) stellte das Neue Steuerungsmodell keinen konzeptionellen Bezugsrahmen bereit." (Röber 2011: 112)

Von besonderer, aber ebenfalls ambivalenter Bedeutung scheint mir das neue Haushaltsplanungsverfahren der Budgetierung (KGSt 1993b; Frischmuth 2001) in seinem Verhältnis zur Aufgabenkritik zu sein. Beide teilen die Intention der Haushaltskonsolidierung. Einerseits erzwingen die restriktiven Budgets, die den Facheinheiten in Eckwerte-Beschlüssen nunmehr frühzeitig im jährlichen Budgetprozess vorgegeben werden sollen, aufgabenkritische Analysen und Planungen durch Ämter und Dezernate. Andererseits wird – wie betont – der querschnittsorientierte Ansatz der Aufgabenkritik durch solche sektoralen Bemühungen nicht mehr eingelöst. Prioritätenbildung beschränkt sich dann auf Prioritäten im Amt/Dezernat. Übergreifende Schwerpunktverlagerung kann zwar in den Eckwertbeschlüssen vorgegeben werden (Koch 1995), sie ist aber eben gerade nicht Ergebnis aufgabenkritischer Ansätze.

Neu sind auch die breiteren Erfahrungen mit Privatisierungen[16], Public Private Partnerships und Rekommunalisierungen, die jenseits der früheren verhärteten ordnungspolitischen Debatte neue Fakten und erweiterte organisatorische Optionen aufgezeigt haben. Vor allem die neue Unterscheidung von Gewährleistungsverantwortung, Vollzugsverantwortung, Finanzierungsverantwortung und Auffangverantwortung und ihre Kombination in unterschiedlichen „institutionellen Arrangements" eröffnet hier erweiterte Perspektiven (vgl. u.a. Reichard 1994: 41; Fiedler 2001; Röber 2009, 2011: 114). Die Festlegung der optimalen Wertschöpfungstiefe ist geradezu als „Kern" der Aufgabenkritik bezeichnet worden (Jordan 2003: 45).

Neu sind die erweiterten Möglichkeiten, die die Informations- und Kommunikationstechnologie (IKT) heute bietet. Sie gestatten jedem Aufgabenträger eine Informationsverarbeitung auf einem Niveau, das vor 35 Jahren noch als illusionär gegolten hat. Sie machen außerdem die Aufspaltung der Wertschöpfungskette bei öffentlichen Aufgaben auf verschiedene öffentliche und private Träger leichter und erleichtern daher auch die Kooperation vertikal zwischen Bund, Land, Kreis und Gemeinde, horizontal in der interkommunalen Zusammenarbeit oder schließlich auch zwischen öffentlichen und privaten Trägern. Doch muss hier festgehalten werden, dass diese neuen Möglichkeiten nur für den Vollzug und die Vollzugskritik relevant werden, für die Zweckkritik und die Bestimmung der Intensität der Aufgabenerfüllung aber nicht.

Neu ist die generelle Einführung der Doppik auf der kommunalen Ebene (Beschluss der Innenminister vom 21.11.2003). „Es war schlicht nicht akzep-

---

16 Doch hatte etwa Dieckmann 1983: 100ff. schon Verselbständigung und Privatisierung als Teile von Aufgabenkritik diskutiert.

tabel, dass öffentliche Verwaltungen keine Aussagen zu ihrem vollständigen Ressourcenverbrauch (einschließlich Abschreibungen für den Werteverzehr und anstehenden Pensionslasten) oder zu ihrem Vermögen treffen können."[17] Eine gewisse Vorreiterrolle hat hier das Land Nordrhein-Westfalen mit seinem Modell „Neues Kommunales Finanzmanagement (NKF)" gespielt (Quasdorff 2005). Für die Aufgabenkritik sind dabei folgende Aspekte relevant: „Klassische" Kernverwaltung, ausgelagerte Betriebe und Beteiligungen sind nun gesamthaft im „Konzernbudget" zu betrachten und lassen sich über die Doppik leichter komparativ einem kritischen Prüfungsprozess unterziehen; mit dem zugrundeliegenden Ressourcenverbrauchskonzept wird ein umfassenderes, zutreffenderes Rechnungswesen der Aufwandseite zugrunde gelegt, als es zuvor die periodenbezogenen Ausgaben der Kameralistik geboten haben. Hatte Dieckmann noch 1984 moniert, „dass nur für wenige Verwaltungsbereiche betriebswirtschaftliche Daten und Kostenrechnungen vorliegen" (Dieckmann 1984: 191), so wird man nun von einer besseren Ausgangslage ausgehen können, die sogar eine (maßvolle) Verwendung interner Verrechnungen umfasst (Bals 2011).

c. Erfahrungen

Von zentraler Bedeutung für eine gegenwärtige Einschätzung der Aufgabenkritik sind die Erfahrungen der Vergangenheit („Pfadabhängigkeit"). Zunächst einmal ist festzuhalten, dass sich in den zurückliegenden 35 Jahren aufgabenkritische Aktivitäten mit Wellen der Haushaltskonsolidierung und Sparpolitik überlagerten. Wissenschaftlich erschwert dies ein isolierendes Urteil über Aufgabenkritik.[18] Verwaltungspraktisch sinken die objektiven Möglichkeiten, „Speck" zu entdecken und zu entfernen und eine „Effizienzrendite" zu erzielen.

Zum anderen ist mit jeder Sparrunde die subjektive Motivation der Verwaltungsmitarbeiter, sich bereitwillig und unvoreingenommen, aktiv und kreativ in aufgabenkritische Entscheidungsprozesse einzubringen, bis heute sicherlich geringer geworden. Die ursprünglich geforderte „Behutsamkeit" bei den freiwilligen Aufgaben als dem „Kernbereich der Kommunalpolitik" (Arbeitsgruppe 1984: 193) hat schwerwiegende Eingriffe gerade hier nicht verhindern können. Mit der zunehmenden Verbreitung (etwa in Nordrhein-

---

17 Vorwort zu Deutscher Städtetag und PricewaterhouseCoopers 2011: 6. Zum Verhältnis zwischen Doppik und Steuerung vgl. dort vor allem auch Kap. H „Bewertung der Evaluierungsergebnisse", S. 59ff. Auf der Tatsache, dass in der Kameralistik zukünftige Zahlungsverpflichtungen nicht verbucht werden, basiert auch die riskante Attraktivität vieler neuer Typen von Finanzgeschäften für die öffentliche Hand.

18 So betont beispielsweise König 1989, dass die Aufgabenentwicklung wesentlich mehr von der Sparpolitik der vergangenen Jahre als von einer prinzipiell begründeten Aufgabenkritik geprägt war.

Kommunale Aufgabenkritik – unverändert aktuell?

Westfalen) von Haushaltssicherungskonzepten trotz mehrerer sparpolitischer Wellen in der Vergangenheit wird die Position immer häufiger vertreten und auch immer verständlicher, die Verantwortlichkeit für die Misere liege außerhalb der Verantwortung der Kommunalverwaltung. Dazu haben die langjährigen Verstöße von Bund und Ländern gegen das Konnexitätsprinzip beigetragen, die die Einstellung verfestigten, „dass die Erfolge konsequenten Sparens sofort durch externe Verschlechterungen, meist durch Veränderung des gesetzlichen Rahmens, aufgefressen werden" (Zierold 2002: 45).

Diese Effekte auf der Motivationsebene sind wiederholt als „Vergeblichkeitsfalle" beschrieben worden (z.B. Kuban 1998; Zierold 2002; Junkernheinrich 2010). Dieses Gefühl der Vergeblichkeit tritt nicht nur in den Kommunen im Verhältnis zum Staat auf, sondern auch in den Fachämtern, wenn innerhalb der Gemeinde Verwaltungsführung und Kämmerer unter dem Primat der Haushaltskonsolidierung die Sparerfolge der Fachämter diesen nicht – wie versprochen – wenigstens teilweise belassen (können), sondern vollständig „einkassieren" oder wenn Zielvereinbarungen im Rahmen des Kontraktmanagements von einem Tag zum nächsten Makulatur werden.

Wenn man heute die alten Texte kritisch Revue passieren lässt, fallen zwei Annahmen auf, die aus heutiger Sicht als zu optimistisch, härter: als „Illusionen", charakterisiert werden müssen und die der Informationsverarbeitung und der Konfliktregelung zugeordnet werden können:

1) Hinsichtlich der Konfliktregelung leidet das ursprüngliche Konzept an einer doppelten Autonomieillusion: bezüglich der Stellung der Kommunen im Staat, sowie der Spielräume der kommunalen Verwaltungsführung gegenüber Politik, Mitarbeitern und Bürgern. Es erweckt den Eindruck, in den Kommunen käme es vor allem darauf an, die Ärmel hochzukrempeln. Doch diese können ihre „Hausaufgaben" nicht allein lösen. Ihre Steuerungsressource Macht zur Gestaltung ihres Handlungsrahmens ist dazu auf der Einnahme- und Ausgabeseite zu begrenzt: Sie sind auf den Staat angewiesen.
Innerhalb der Kommune wurde die Abhängigkeit der Kommunalverwaltung von der Kommunalpolitik zwar schon im ursprünglichen Konzept, wenn auch eher zaghaft, angesprochen. Zu den durchgängigen Erfahrungen der Vergangenheit zählt aber der Widerstand des Rates im allgemeinen, der betroffenen Fachpolitiker im Besonderen differenzierte, d.h. nicht-lineare Sparergebnisse mit zu entwickeln.
Ähnlich zurückhaltend waren die alten Kommentare zur Rolle der Mitarbeiter, denen meist nur eine ausführende Funktion zugesprochen wurde. Doch sind vom allgemeinen Widerstand gegen alle Veränderungen bis zur konkreten Angst um den Arbeitsplatz zahllose Motive der Mitarbeiter wirksam, die eine reibungslose Umsetzung aufgabenkritischer Kampagnen der Verwaltungsführung blockieren können. Dabei haben sich Bündnisse der Fachpolitik (im Namen der Bürger) mit den Personalräten (im

Namen der Mitarbeiter) als besonders retardierend erwiesen. Der realistisch eingeschätzte „Tanzboden" für eine autonom zu gestaltende kommunale Aufgabenkritik ist folglich enger begrenzt als ursprünglich ausgesprochen wurde.

2) Hinsichtlich der Informationsverarbeitung leidet das ursprüngliche Konzept an einer Kapazitäts- und einer Rationalitätsillusion. Holtkamp verweist zu Recht auf das gleichzeitige Auftreten von Informationslücken und -überlastungen bei Ansätzen primär hierarchischer Budgetsteuerung (Holtkamp 2010: 52). Zwar wurden mit dem Siegeszug der IKT Möglichkeiten der Informationsverarbeitung erschlossen, die 1974 noch undenkbar oder viel zu teuer und zu langsam waren. Dies führte (verführte?) teilweise dazu, die Differenzierung bei den Aufgaben- und Produktkatalogen sehr weit zu treiben. Mehrere tausend Produkte[19] lassen sich zwar noch benennen (bis hin zu „Babyschwimmen im Hallenbad X"), aber schon die Kostenzurechnung bleibt notwendigerweise strittig (Wie sollen Gemeinkosten geschlüsselt werden? Sind Grenz- oder Durchschnittskosten wichtig?) und erst recht betritt man bei der Ziel- und Wirkungsermittlung mit ihren theoretischen Unterscheidungen in Outputs, Impacts und Outcomes schwankenden Boden (dient Babyschwimmen der Unfallvermeidung, der Gesundheitsvorsorge, dem Breitensport oder „nur" der Lebensqualität?). Ernstliche Analysen sind mit großem Aufwand verbunden, die Ergebnisse des kostenträchtigen Perfektionismus dennoch oft unbefriedigend (vgl. Kuhlmann u.a. 2004).[20] Die Steuerungsressource Wissen bleibt – im Vergleich zum Risiko – oft sehr begrenzt: Können wir uns als einzelne Kommune im Standortwettbewerb den Besuch der Immobilienmesse MIPIM in Cannes sparen? Können wir uns das „leisten"?

Schließlich war 1974 das Haushaltsgrundsätzegesetz von 1969 noch neu. Da hatte man noch die Hoffnung, mit „modernen" Methoden wie Kosten-Nutzen-Analysen etc. sektorübergreifend Prioritäten ableiten zu können. Diese Erwartung hat sich weder methodisch noch politisch erfüllen lassen. Die Frage nach dem intersektoralen Prioritätsvergleich fällt zurück ins verminte

---

19 Für die Stadt Dortmund verweist Koch (1995: 101) auf „2500 Einzelaufgaben mit detaillierter Beschreibung". Auf Länderebene berichten Graf und Rohn (2004: 319) von ihrem aufgabenkritischen Ansatz für NRW mit 4000 Fachaufgaben und kritisieren die 1100 Produkte Baden-Württembergs als zu wenige.

20 Als ein aktuelles Beispiel für die Probleme der Wirkungsmessung vgl. Schulz 2009 (hier: 1118). Im OECD-Bericht „Regierung im Überblick" „rangiert Deutschland beim Kriterium des ‚perfomance budgeting' nur auf dem fünftletzten Platz ... Deutschland würde zwar Evaluierungen seiner Staatsausgaben vornehmen, diese aber nicht an festgesetzten Zielen ausrichten..." (FAZ 2009). Beim Bertelsmann-Ranking „Sustainable Governance Indicators" (www.sgi-network.org) wird Deutschland bei der „Reformfähigkeit" mit dem Argument kritisiert: „Ein systematisches ‚Monitoring' eigener Abläufe findet kaum statt" (FAZ 2011d).

Kommunale Aufgabenkritik – unverändert aktuell?

politische Gelände mit den Eigeninteressen des „iron triangle" aus Fachpolitik, Fachverwaltung und organisierten Interessen, also ins Feld der schon erwähnten Machtfragen.

4. Lehren für die Zukunft

Abschließend stellt sich die klassische Frage „Was tun?" in Form verschiedener Teilfragen:

1) Sollte Aufgabenkritik heute als eine Episode der Vergangenheit angesehen werden, interessant allein für die Verwaltungsgeschichte, oder sollte Aufgabenkritik aktiv betrieben werden?
2) Wenn letzteres: Welche „Lehren aus der Geschichte" sind zu ziehen? Wie sollte heute ein erneuertes Konzept der Aufgabenkritik aussehen? Können „Fehler" bei der Implementation vermieden werden, schließlich liegt zwischen 1974 und 2010 die „Erfindung" der Implementationsforschung?

Beide Fragenkomplexe sind im Übrigen nicht voneinander unabhängig, da der fröhliche Impuls zur Reaktivierung durch die „Mühen der Ebene" (konzeptionelle Anpassung, Implementation) relativiert und letztlich – nicht aus Trägheit, sondern aus Vernunft – auch wieder ad acta gelegt werden kann.

zu (1): Zum ersten Fragenkomplex fällt mir die Antwort eher leicht: Die Aufdeckung der dem Zeitgeist geschuldeten „Illusionen", die ernüchternden Ergebnisse[21], ja das nachweisliche Scheitern aufgabenkritischer Bemühungen in einzelnen Kommunen in der Vergangenheit sollten nicht dazu führen, Aufgabenkritik deswegen heute nun einzustellen und sich quasi vom Platz zu stehlen.[22]

Die Intention war und ist richtig. Die objektive Lage der Kommunalfinanzen hat sich eher verdüstert als aufgeheitert. Mehr und mehr Kommunen unterliegen Haushaltssicherungs- oder Nothaushaltsregimen. Die Instrumente der Rationalisierung reichen zur Entlastung nicht aus. Es müssen weiterhin Aufgaben auch auf ihre Zwecke hin geprüft werden: Was kann entfallen (keine Gewährleistungsverantwortung)? Was ist zu gewährleisten, auf welchem quantitativ-qualitativen Anspruchsniveau („Intensität der Aufgabenerfüllung": Zahl der Stadtteilbibliotheken, Reaktionszeit der Feuerwehr) und in welchem „instituti-

---

21 „Die Erfolge der Aufgabenkritik stehen in einem erstaunlichen Missverhältnis zu ihrer Anpreisung zur Verschlankung des Staates", Schuppert 1998, zit. nach Jordan 2002: 359, der allerdings zu Recht darauf hinweist, dass „die Kritik an ausbleibenden Erfolgen der Aufgabenkritik häufig eher eine Kritik an den zu hohen Erwartungen sein müsste", ebd.
22 Holtkamp 2010: 51f. erweckt diesen Eindruck.

onellen Arrangement" (durch die Kernverwaltung, durch ausgegliederte Einrichtungen/Betriebe, in Kooperation mit Nachbarn, der Wirtschaft, privaten Trägern?). Dieckmann hat auf der Basis vor allem Hamburger Erfahrungen drei Verfahren der Aufgabenkritik unterschieden: Integration in die jährliche Haushalts- und Finanzplanung, gesondertes Verfahren der Aufgabenkritik oder „Systematische Einbeziehung aufgabenkritischer Fragestellungen in die verschiedensten herkömmlichen Verfahren". Nur das dritte Vorgehen erschien ihm nach diesen Erfahrungen realistisch. So hat er in seiner „Bilanz der Aufgabenkritik..." dargestellt, wie jedes „Scheitern" auch als Schritt in einem Lernprozess in Richtung auf ein „Gesamtkonzept der Aufgabenkritik" aufgefasst und fruchtbar gemacht werden kann (Dieckmann 1983: 103ff., 1984: 193ff.).[23] Die Lehren aus den Schwächen sollten in eine Verbesserung und nicht in eine Beendigung der Aktivitäten rückgekoppelt werden.

zu (2): Das eigentliche Problem liegt im zweiten Fragenkomplex. Dabei wäre es ein Trugschluss, würde man aus der Tatsache, dass die objektive Lage heute nicht besser ist als früher, folgern, dass alle bisherigen aufgabenkritischen Anläufe vergeblich waren. Denn: Wie sähe die Lage ohne die Bemühungen aus? Aus der Evaluationsforschung ist bekannt: Es geht nicht um den Vergleich *before/after*, sondern um den Vergleich *with/without*.

(a) Aufgaben des Staates:
Aufgabenkritik braucht einen adäquaten Rahmen. Notwendig ist eine Gemeindefinanzreform, deren neuerlicher Anlauf (2010/2011) wie schon der erste Anlauf (2002/2003) schlicht versandete. Vor allem die Konzentration auf das Thema Gemeindesteuern, konkreter: auf die Reform der Gewerbesteuer, ist aus der Perspektive der Aufgabenkritik unergiebig. Wichtiger wäre eine vertikale Neuverteilung der Aufgaben, speziell der Finanzierungspflichten für öffentliche Aufgaben (Niveauziel), dann aber auch ein ernstliches Einhalten der Konnexität durch die staatlichen Ebenen im Alltagsgeschäft. Mit der Übernahme der Ausgaben für die Grundsicherung durch den Bund zeichnet sich hier inzwischen ein Hoffnung erweckendes Umdenken ab. Wichtig ist auch die langfristige Sicherung eines Korridors für freiwillige Aufgaben[24] über eine finanzielle Mindestausstattung im kommunalen Finanzausgleich der einzelnen Länder, gerade auch für die finanzschwächsten Gemeinden (Strukturziel). Wichtig ist schließlich ein neuer Respekt vor der kommunalen Selbstverwaltung bei der Aufgabenerfüllung (Autonomieziel). Deren Achtung verbietet z.B. eine Detailsteuerung durch Ministerien bei der Standardsetzung.[25]

---

23 Schon in KGSt 1976: 3 wird erwähnt, dass die Städte in der Umsetzung das KGSt-Konzept „abgewandelt und fortentwickelt" haben.
24 So fordert Schoch 1997, zitiert in Hesse 2007: 333, jeder Kommune müssten wenigstens fünf Prozent ihrer Haushaltsmittel für freiwillige Selbstverwaltungsaufgaben übrig bleiben.
25 Vgl. zu diesen und weiteren Forderungen an eine Gemeindefinanzreform ARL/DASL 2010.

Eine solche Zurückhaltung der staatlichen Exekutive hilft allerdings wenig, wenn die Gerichte die „Lücken" prompt füllen und immer weiter auf dem Pfad der Rechtsetzung durch (Grund-)Rechtsauslegung voranschreiten und politische Freiräume und Ermessensentscheidungen auf allen Ebenen Schritt für Schritt zurückschneiden.

(b) Kommunale Aufgabenkritik 2010:
Für die konzeptionelle Anpassung hin zu einer „Kommunalen Aufgabenkritik 2010" wird hier abschließend ein flexibles Rahmenkonzept vorgeschlagen, das auf den Erfahrungen basiert, aber stadtindividuell noch anzupassen ist. Denn: „Die verwaltungswissenschaftliche Forschung ist nicht so weit, dass sie, will man einen bestimmten Outcome erreichen, eine bestimmte Struktur der öffentlichen Verwaltung als den einen richtigen Weg empfehlen könnte" (Mehde 2009: 32).

aa. Aufgabentypen und Stufen der Aufgabenkritik
Grundlegend bleibt eine Klassifikation der Aufgaben in freiwillige Selbstverwaltungsaufgaben, bei denen das Ob zur Debatte steht, in pflichtige Selbstverwaltungsaufgaben, bei denen die Ausrichtung, Intensität und Qualität der Aufgabenerfüllung lokal gestaltet werden kann, und in übertragene Aufgaben, bei denen nur „Vollzugskritik" betrieben werden kann.

Vollzugskritik, die bei allen Aufgabentypen ansetzen kann, gliedert sich in zwei Stufen sehr unterschiedlicher Bedeutsamkeit. Bei der Vollzugskritik 1 geht es um „bit decisions", um traditionelle Rationalisierung in der Organisationsgewalt der Verwaltungsführung, bei der Vollzugskritik 2 um „contextuating decisions", nämlich einen Prozess der Organisationsoptimierung (welches institutionelle Arrangement?), bei dem regelmäßig der Rat zu beteiligen ist. Hier soll nur auf die Bedeutung der interkommunalen Kooperation als einen beispielhaften Merkposten hingewiesen werden. Ihr aufgabenkritisches Potential scheint immer noch unzureichend gehoben.[26]

Auch die Zweckkritik bei Selbstverwaltungsaufgaben kann in zwei Stufen gegliedert werden: Zweckkritik 1 kennt viele Formen: Ausrichtungsprüfung (z.B. stationäre vs. ambulante Pflege), Qualitätsanpassung (z.B. Gruppengröße im Kindergarten), Intensitätsanpassung (z.B. Öffnungszeiten); Aufgabenkritik als Prüfung des Ob (Zweckkritik 2) ist ein Ausnahmephänomen[27], sie ist eher Ergebnis der Zweckkritik 1, nämlich eine Intensitätsanpassung auf Null, als ein eigenständiger Prozess.

---

26 Auf der abschließenden (unpublizierten) Podiumsdiskussion der Wissenschaftlichen Plenarsitzung der ARL 2008 schätzte der Kämmerer einer süddeutschen Großstadt das Sparpotential einer „zielkonformen regionalen Zusammenarbeit" auf fünf bis zehn Prozent der kommunalen Ausgaben. Vgl. auch den Hinweis bei Zierold 2002: 46.
27 Das zeigen auch die wenigen Erfolgsmeldungen über Beispiele echter Aufgabenstreichung: so bei einem städtischen Obstanbaubetrieb (KGSt 1975: 16) oder bei einem Röhricht-Schutzprogramm (Jordan 2002: 362).

bb. Reichweite und Rhythmus
Die routinemäßige Vollzugskritik als Optimierung der Einzelaufgabe sollte flächendeckend[28] für alle Aufgaben stattfinden. „Eine Vorabselektion nach pflichtigen und freiwilligen Aufgaben sollte zukünftig ... unterbleiben" (Balk 2007: 87).[29] Für die Motivation ist es wichtig, dass es keine Schonbereiche gibt. Für die jeweilige Einzelaufgabe wird Vollzugskritik periodisch in größeren zeitlichen Abständen (alle fünf Jahre?) durchgeführt, für die Gesamtverwaltung ist sie ein permanenter Prozess, also nicht „zeitlich gerafft" (KGSt 1976: 4). Aufgabenkritik als Zweckkritik sollte vor allem bei möglichem Politikwechsel (z.b. nach der Wahl eines neuen Bürgermeisters oder des Gemeinderates) praktiziert werden. Bei bestimmten Anlässen (z.b. bei einer kritischen Veränderung des Umfeldes oder bei einer normativen Re-Programmierung der Aufgabe durch Gesetze etc.) wird die Prüfung zeitlich vorgezogen. Die Auswahl der Aufgaben folgt politischen Schwerpunktsetzungen.

cc. Aufgabenkritik und Budget
Aufgabenkritik ist „mehr als Kürzungsmanagement" (H. Mäding 1990), wie es jährlich im Budgetprozess praktiziert wird, sondern ein Durchdenken der Aufgabenerledigung von Grund auf. Daher sind ihr „von der Idee her Vorgaben fremd" (Hack 1987: 128).[30] Insofern ergänzt sie sich mit – linearen oder nicht-linearen – Sparvorgaben im Kontext der Budgetierung.[31] Auch die konzeptionell überzeugende Idee, die Aufgabenkritik mit einer Niveaubudgetierung (vgl. H. Mäding 1983: 28ff.; Dieckmann 1984: 201f.) zu verzahnen, würde ich heute als zu aufwendig und mikropolitisch nicht umsetzbar ansehen und nicht weiter verfolgen.

dd. Akteure
Auch für die Aufgabenkritik gilt die allgemeinste Erfolgsbedingung jeder Verwaltungsmodernisierung oder Kommunalpolitik: Je mehr sich die Verwaltungsführung und der Rat einig sind und engagieren, umso besser. Konkrete Prozessverantwortung und –unterstützung liegen bei der zentralen Steuerung, die inhaltliche Verantwortung aus Informations- und Motivationsgründen[32] aber ganz überwiegend beim betroffenen Fachbereich. Wie dessen

---

28 So etwa der Dortmunder Ansatz (Koch 1995: 102ff.) und auch jüngst der Kölner Ansatz (Balk 2007: 89ff.).
29 „Aufgabenkritik diskutiert Standards ohne Rücksicht auf den Rechtscharakter der Aufgabe." (Koch 1995: 98).
30 Allerdings zeigt das Beispiel Dortmund, dass dort der Prozess der Aufgabenkritik erfolgreich mit einem Einsparziel von 150 Mio. DM begonnen wurde, die nicht-linear auf Dezernate verteilt wurden, Koch 1995: 99.
31 „Die politisch festgesetzten Stelleneinsparungen sind sodann aufgabenkritisch zu untersetzen", Westphal 2004: 31.
32 „Wenn wir schon sparen müssen, dann wollen wir selbst entscheiden, wo dies zu geschehen hat" lautete die Devise schon bei Dieckmann 1984: 203. „Überall dort, wo Mitarbeiterinnen

Interesse geweckt werden kann, ist strittig. Pessimisten fürchten: gar nicht, Optimisten setzen auf Ethos oder Führung, Commitment oder Vorgaben, Teamgeist oder Quasi-Wettbewerbe und deren Mischung in einem „System von Zwängen und Anreizen" (KGSt 1982: 5). Aufgabenkritische Prozesse müssen jedenfalls immer von einer engen Kooperation mit dem Personalrat und von Informations-, Motivations- und Kompensationsstrategien begleitet sein, also mit der Personalentwicklung abgestimmt sein (vgl. Jordan 2003).[33] Der Vorschlag, eine sektorübergreifende Querschnittsorientierung durch Arbeitsgruppen oder Projektprüfungskommissionen der Verwaltung oder gar durch gemischte Kommissionen aus Rat und Verwaltung sichern zu wollen, sollte nicht als Definitionsbestandteil von Aufgabenkritik missverstanden werden. Er wird sich nur in Kampagnen, aber nicht dauerhaft realisieren lassen.

ee. Rolle der Bürger
Gründlicher als anfangs wird man heute vor dem Hintergrund des Zielkonzepts „Bürgerkommune" auch die Bürgerrollen prüfen müssen. Skeptisch bin ich hinsichtlich der Frage, ob eine Einbeziehung der Bürger einen nennenswerten Beitrag zur Aufgabenkritik leisten könnte. Hier muss man vor allem deutlich unterscheiden zwischen der Bürgerrolle als Mitentscheider etwa in einem Prozess des „Bürgerhaushalts"[34] und der Bürgerrolle als neuer Leistungsproduzent bei der Aufgabendelegation in solchen Feldern, die die Kommune (ganz oder teilweise) verlassen kann.[35] Je größer die lokalen Sparnotwendigkeiten sind, umso demotivierender sind die Bürgererfahrungen in der ersten Rolle (der Bürger als Sparkommissar?). Und auch in der zweiten Rolle werden die Felder der Leistungsbereitschaft und –möglichkeit (etwa von Vereinen oder Initiativen, von Mäzenen oder Stiftungen) nicht mit den Feldern des dringlichsten Bedarfs harmonieren.

ff. Strategiekritik
Schließlich ist auf eine sehr relevante Begrenztheit der bisherigen Debatten zur Aufgabenkritik hinzuweisen, die im Rahmen dieser „Kommunalen Aufgabenkritik 2010" unbedingt überwunden werden sollte: Die „klassische" Aufgabenkritik ist bei den inhaltlich gestaltbaren Aufgaben zu erweitern um

---

und Mitarbeiter nicht oder nicht genügend einbezogen wurden, stieß die Aufgabenkritik auf eine Abwehrhaltung", Koch 1995: 104.

33 Hill (2010: 11) resümiert seinen Eindruck, „dass es bei den Verwaltungsreformen in den letzten 20 Jahren vor allem um die Einführung neuer Instrumente ging, und die Beschäftigung mit den Menschen, die diese umsetzen sollten, eher vernachlässigt wurde."
34 Vgl. Röber 2006 und eine inzwischen rasch wachsende Literatur.
35 „Viele Aufgaben, die die Kommunen von den Bürgern einmal übernommen haben, wird (der Bürger, HM) künftig wieder selbst in die Hand nehmen müssen, während sich die Kommunen auf die zentralen Aufgaben zur Daseinsvorsorge konzentrieren müssen." Junkernheinrich 2010: 25.

eine Strategiekritik, die die Inhalte (Ziele, Instrumente) der *policies* thematisiert. Beispiel: Das Amt Stadtentwicklung sollte sein knappes Personal weniger dazu einsetzen, um zu berechnen, ob ein Outsourcing der Kartographie jährlich einige tausend Euro einsparen könnte, sondern sich darauf konzentrieren überzeugend zu begründen und in jedem Einzelfall nach draußen zu vermitteln, wieso gegenüber der traditionellen Siedlungsentwicklung „auf der grünen Wiese" eine Strategie „Innenentwicklung vor Außenentwicklung" durch Einsparungen bei der Infrastruktur (Investition, Betrieb) viele Millionen Euro spart. Die relevante Einsparung liegt hier nicht im Verwaltungsvollzug des räumlichen Planens und Bauens sondern in dessen inhaltlicher Ausrichtung. Während in diesem Fall sogar die direkten Haushaltseffekte zu einer positiven Bilanz führen, wird in anderen Fällen die Analyse und Argumentation aufwendiger und schwieriger zu bewerkstelligen sein und „Umwegrentabilitäten" einbeziehen müssen.[36] Personaleinsparungen der Vergangenheit haben allerdings teilweise die Zeitressourcen und das Know-How für die überzeugende Bearbeitung solcher vorrangigen Fragestellungen übermäßig reduziert.

gg. Konsequenzen für die Wissenschaft
Mit dieser Forderung wandert der Staffelstab der Aufgabenkritik von der Verwaltungslehre („wie verwalte ich richtig?", Effizienz) zu den einzelnen Politikfeldern mit ihren Fachdisziplinen („wie erfülle ich meine Aufgaben richtig?", Effektivität). Er verlässt dabei das traditionelle Arbeitsfeld der KGSt und des Public Management und vervielfältigt sich im Dschungel der Fachaufgaben, die alle gefordert sind, jenseits von Haushaltskonsolidierung und Verwaltungsmodernisierung, von Organisationsentwicklung und Personalführung in einem transdisziplinären Theorie-Praxis-Dialog auch ihre Strategieinhalte aufgabenkritisch zu bewerten. Dazu können Verwaltungslehre und Verwaltungswissenschaft nur wenig beitragen. Nachdem die Verwaltungslehre im Wettbewerb der Professionen zunächst einen Aufmerksamkeitsvorsprung für ihre generellen Strategien gewinnen konnte, muss nun – gleichsam in der zweiten Runde – das fachwissenschaftliche und -politische Potential stärker für die Ziele der Aufgabenkritik mobilisiert werden. Allgemeine Aussagen, wie solche „Kommunale Aufgabenkritik 2010" richtig anzupacken sei, werden mit dieser Ergänzung aber immer schwieriger. Zur Sisyphos-Arbeit der Verwaltung gesellt sich die der Wissenschaft, aber: „Wir müssen uns Sisyphos als einen glücklichen Menschen vorstellen" (Camus 1959: 101).

---

36 So argumentiert inzwischen sogar ein Berliner Staatssekretär, dass die der Berliner Kultur zurechenbaren Tourismuseffekte und die dem Tourismus zurechenbaren Steuererträge die Berliner Kulturausgaben schon haushaltswirtschaftlich „rentabel" machen (Zawatka-Gerlach 2011).

Literatur

Akademie für Raumforschung und Landesplanung/Deutsche Akademie für Städtebau und Landesplanung (ARL/DASL), 2010: Gemeindefinanzreform – Empfehlungen aus raumwissenschaftlicher Sicht. Positionspapier aus der ARL 83. Hannover.

Anton, Stefan/Diemert, Dörte, 2010: Kommunale Finanzen: Kein Licht am Ende des Tunnels! Gemeindefinanzbericht 2010, in: Der Städtetag, Jg. 63, Nr. 5, 5-85.

Arbeitsgruppe Aufgabenkritik, 1984: Ansätze und Verfahren der Aufgabenkritik, in: Hellstern, Gerd-Michael und Hellmut Wollmann (Hrsg.), Evaluierung und Erfolgskontrolle in Kommunalpolitik und -verwaltung. Basel: Birkhäuser, 166-178.

Balk, Verena, 2007: Alte Zöpfe neu geflochten? Bericht aus der Stadt Köln zur flächendeckenden Aufgabenkritik in der Stadtverwaltung, in: Verwaltung & Management, Jg. 13, Nr. 2, 86-93.

Bals, Hansjürgen, 2011: Neue Haushaltssteuerung, in: Blanke, Bernhard/Nullmeier, Frank/Reichard, Christoph und Göttrik Wewer (Hrsg.), Handbuch zur Verwaltungsreform. 4.Aufl. Wiesbaden: VS Verlag für Sozialwissenschaften, 395-407.

Banner, Gerhard, 1991: Von der Behörde zum Dienstleistungsunternehmen, in: Verwaltung, Organisation, Personal, Jg. 13, Nr. 1, 6-11.

Banner, Gerhard, 2001: Kommunale Verwaltungsmodernisierung: Wie erfolgreich waren die letzten zehn Jahre? in: Schröter, Eckhard (Hrsg.), Empirische Policy- und Verwaltungsforschung: Lokale, nationale und internationale Perspektiven. Opladen: Leske + Budrich, 279-303.

Banner, Gerhard, 2008: Logik des Scheiterns oder Scheitern an der Logik? in: Der Moderne Staat, Jg. 1, Nr. 2, 447-455.

Becker, Ulrich/Dieckmann, Rudolf, 1976: Aufgabenkritik – am Beispiel der Freien und Hansestadt Hamburg, in: Joosten, Piet und Karl-Heinz van Kaldenkerken (Hrsg.), Organisation und Effizienz der öffentlichen Verwaltung II. Köln: KGSt, 146-180.

Beneke, Klaus-Michael, 1983: Aufgabenkritik als (Teil-)Antwort der Bürokratiekritik, in: Lölhöffel, Dieter von und Dieter Schimanke (Hrsg.), Kommunalplanung vor neuen Herausforderungen. Basel: Birkhäuser, 271-295.

Bogumil, Jörg/Grohs, Stephan/Kuhlmann, Sabine/Ohm, Anna K., 2007: Zehn Jahre Neues Steuerungsmodell. Eine Bilanz kommunaler Verwaltungsmodernisierung. Berlin: Edition Sigma.

Camus, Albert, 1959: Der Mythos von Sisyphos. Ein Versuch über das Absurde. Hamburg: Rowohlt.

Deutscher Städtetag/PricewaterhouseCoopers, 2011: Evaluierung der Reform des kommunalen Haushalts- und Rechnungswesens. o.O., URL: http://www.thueringen.de/imperia/md/content/nkfthueringen/evaluierung_pwc.pdf.

Dieckmann, Rudolf, 1977: Aufgabenkritik in einer Großstadtverwaltung unter besonderer Berücksichtigung Hamburgs. Berlin: Duncker & Humblot.

Dieckmann, Rudolf, 1983: Aufgabenkritik und Privatisierungsproblem, in: Püttner, Günter (Hrsg.), Handbuch der kommunalen Wissenschaft und Praxis, Band. 3. 2. Aufl. Berlin: Springer, 96-106.

Dieckmann, Rudolf, 1984: Bilanz der Aufgabenkritik und Sparmaßnahmen in der Hamburger Verwaltung, in: Wollmann, Hellmut und Gerd-Michael Hellstern (Hrsg.), Evaluierung und Erfolgskontrolle in Kommunalpolitik und -verwaltung. Basel: Birkhäuser, 179-214.

FAZ, 2009: Deutscher Staat überprüft Ausgaben zu wenig. Leistungskontrolle mangelhaft / OECD-Studie über die Staatstätigkeit, in Frankfurter Allgemeine Zeitung, 23.10.2009, 13.

FAZ, 2011a: Städtetags-Präsidentin Roth: Lage bleibt sehr ernst, in Frankfurter Allgemeine Zeitung, 23.03.2011, 11.

FAZ, 2011b: Mehr als zwei Billionen Schulden, in Frankfurter Allgemeine Zeitung, 14.04.2011, 12.

FAZ, 2011c: Öttinger hält an strikten Energiesparzielen fest, in Frankfurter Allgemeine Zeitung, 10.05.2011, 10.

FAZ, 2011d: Mehr Licht als Schatten, in Frankfurter Allgemeine Zeitung, 24.05.2011, B3.

Fiedler, Jobst, 2001: Aufgabenkritik und Konzentration auf Kernaufgaben, in: Blanke, Bernhard/von Bandemer, Stephan/Nullmeier, Frank und Göttrik Wewer (Hrsg.), Handbuch zur Verwaltungsreform. 2. Aufl. Wiesbaden: Leske + Budrich, 105-118.

Frischmuth, Birgit (Hrsg.), 2001: Budgetierung in der Stadtverwaltung. Difu-Arbeitshilfe. Berlin: Deutsches Institut für Urbanistik.

Graf, Rainer/Rohn, Stephan, 2004: Erfolgreiche Aufgabenkritik in der Landesverwaltung, in: Verwaltung & Management, Jg. 10, Nr. 6, 317-323.

Grunwald, Armin/Kopfmüller, Jürgen, 2006: Nachhaltigkeit. Frankfurt am Main: Campus.

Hack, Hans, 1987: Bedingungen erfolgreicher kommunaler Sparstrategien, in: Mäding, Heinrich (Hrsg.), Haushaltsplanung – Haushaltsvollzug – Haushaltskontrolle. Baden-Baden: Nomos, 125-131.

Hesse, Joachim Jens, 2007: Aufgabenkritik, Funktional- und Strukturreform in den Flächenländern – das Beispiel Saarland. Baden-Baden: Nomos.

Hill, Hermann (Hrsg.), 2004: Aufgabenkritik, Privatisierung und Neue Verwaltungssteuerung. Baden-Baden: Nomos.

Hill, Hermann, 2004: Aufgabenkritik, Privatisierung und Neue Verwaltungssteueruzng – Einführung und Bilanz, in: Hill, Hermann (Hrsg.), Aufgabenkritik, Privatisierung und Neue Verwaltungssteuerung. Baden-Baden: Nomos, 9-17.

Holtkamp, Lars, 2008: Das Scheitern des Neuen Steuerungsmodells, in: Der Moderne Staat, Jg. 1, Nr. 2, 423-446.

Holtkamp, Lars, 2010: Kommunale Haushaltspolitik bei leeren Kassen. Berlin: Edition Sigma.

Jann, Werner/Bogumil, Jörg/Bouckaert, Geert/Budäus, Dieter/Holtkamp, Lars/Kißler, Leo/Kuhlmann, Sabine/Mezger, Erika/Reichard, Christoph/Wollmann, Hellmut, 2004: Status-Report Verwaltungsreform. Eine Zwischenbilanz nach zehn Jahren. Berlin: Edition Sigma.

Jordan, Dirk, 2002: Aufgabenkritik braucht Personalentwicklung, in: Verwaltung & Management, Jg. 8, Nr. 6, 359-362.

Jordan, Dirk, 2003: Aufgabenkritik braucht Personalentwicklung, in: Verwaltung & Management, Jg. 9, Nr. 1, 45-48.

Junkernheinrich, Martin, 2010: Gemeindefinanzen – quo vadis?, in: Komba Gewerkschaft und Bertelsmann Stiftung (Hrsg.), Symposium Kommunale Selbstverwaltung vor dem Aus? Veranstaltungsdokumentation vom 17. Mai 2010. o.O., 22-26, URL: http://www.bertelsmann-stiftung.de/bst/de/media/xcms_bst_dms_33144_33145_2.pdf.

Kommunale Aufgabenkritik – unverändert aktuell?

Koch, Wolfgang, 1995: Aufgabenkritik – zur Vorgehensweise der Stadt Dortmund, in: Frischmuth, Birgit (Hrsg.), Sparstrategien. Dokumentation einer gemeinsamen Fachtagung des Deutschen Instituts für Urbanistik und der Kommunalen Gemeinschaftsstelle vom 15. bis 17. Mai 1995 in Berlin. Difu-Materialien 14/95. Berlin: Deutsches Institut für Urbanistik, 98-119.

König, Klaus, 1989: Kritik öffentlicher Aufgaben. Baden-Baden: Nomos.

Kommunale Gemeinschaftsstelle für Verwaltungsvereinfachung (KGSt), 1974: Aufgabenkritik. Bericht Nr. 21/74. Köln: KGSt.

Kommunale Gemeinschaftsstelle für Verwaltungsvereinfachung (KGSt), 1975: Stand der Aufgabenkritik; Sparmaßnahmen – Auswertung einer Umfrage. Bericht Nr. 16/75. Köln: KGSt.

Kommunale Gemeinschaftsstelle für Verwaltungsvereinfachung (KGSt), 1976: Verfahren der Aufgabenkritik. Bericht Nr. 25/76. Köln: KGSt.

Kommunale Gemeinschaftsstelle für Verwaltungsvereinfachung (KGSt), 1982: Haushaltskonsolidierung durch Aufgabenkritik und Sparmaßnahmen. Bericht Nr. 14/82. Köln: KGSt.

Kommunale Gemeinschaftsstelle für Verwaltungsvereinfachung (KGST), 1989: Aufgabenkritik – Neue Perspektiven auf der Grundlage von Erfahrungen. Bericht Nr. 9/89. Köln: KGSt.

Kommunale Gemeinschaftsstelle für Verwaltungsvereinfachung (KGSt), 1993a: Das Neue Steuerungsmodell. Bericht Nr. 5/93. Köln: KGSt.

Kommunale Gemeinschaftsstelle für Verwaltungsvereinfachung (KGSt), 1993b: Budgetierung: Ansätze für ein neues Verfahren der Steuerung kommunaler Haushalte. Bericht Nr. 6/93. Köln.

Kommunale Gemeinschaftsstelle für Verwaltungsmanagement (KGSt), 2007: Das Neue Steuerungsmodell. Bilanz der Umsetzung. Bericht Nr. 2/2007. Köln: KGSt.

Kuban, Monika, 1998: Städte können die Finanzkrise nicht mehr aus eigener Kraft meistern, in: Frankfurter Rundschau, 21.9.1998, 219.

Kuhlmann, Sabine/Bogumil, Jörg/Wollmann, Hellmut (Hrsg.), 2004: Leistungsmessung und –vergleich in Politik und Verwaltung. Konzepte und Praxis. Wiesbaden: VS Verlag für Sozialwissenschaften.

Landsberg, Gerg, 2010: Städte und Gemeinden im Sog der Rezession, in: Wirtschaftsdienst, Jg. 90, Nr. 5, 283-285.

Lange, Hermann, 1985: Aufgabenkritik und Entbürokratisierung – berechtigte Hoffnung oder Selbsttäuschung? in: Die Öffentliche Verwaltung, Jg. 38, Nr. 5, 169-178.

Mäding, Erhard, 1974: Aufgabenkritik, in: Bauer, Helfried/Knöpfle, Franz und Erhard Mäding (Hrsg.), Aufgabenplanung und Finanzplanung. Wien: KDZ, 27-31.

Mäding, Erhard, 1976: Zwecke und Verfahren der Aufgabenkritik – Sachstandsbericht, in: Joosten, Piet/Kaldenkerken, Karl-Heinz van (Hrsg.), Organisation und Effizienz der öffentlichen Verwaltung II, Köln/Eindhoven: KGSt, 181-184.

Mäding, Erhard, 1978: Aufgabenkritik, in: Institut für Kommunalwissenschaften der Konrad-Adenauer-Stiftung (Hrsg.), Reform kommunaler Aufgaben. Bonn: Eichholz, 196-228.

Mäding, Heinrich, 1983: Sparpolitik: theoretische Forderungen und politische Praxis, in: Mäding, Heinrich (Hrsg.), Sparpolitik: ökonomische Zwänge und politische Spielräume. Opladen: Westdeutscher Verlag, 11-35.

Mäding, Heinrich, 1987a: Verwaltung und Planung, in: Jeserich, Kurt G.A./Pohl, Hans und Georg-Christoph von Unruh (Hrsg.), Deutsche Verwaltungsgeschichte,

Band 5: Die Bundesrepublik Deutschland. Stuttgart: Deutsche Verlags-Anstalt, 1043-1067.

Mäding, Heinrich, 1987b: Öffentlicher Haushalt und Verwaltungswissenschaft: Ein Überblick, in: Mäding, Heinrich (Hrsg.), Haushaltsplanung – Haushaltsvollzug – Haushaltskontrolle. Baden-Baden: Nomos, 29-49.

Mäding, Heinrich, 1990: Aufgabenkritik – Mehr als nur Kürzungs-Management, in: Goller, Jost/Maack, Heinrich und Bernd W. Müller-Hedrich (Hrsg.), Verwaltungsmanagement: Handbuch für öffentliche Verwaltungen und öffentliche Verwaltungen und Betriebe. Teil F 5.1, Stuttgart: Raabe/Giesel, 1-16.

Mäding, Heinrich, 2004: Demographischer Wandel und Kommunalfinanzen – einige Trends und Erwartungen, in: Deutsche Zeitschrift für Kommunalwissenschaften, Jg. 43, Nr. 1, 84-102.

Mäding, Heinrich, 2009: Kommunale Daseinsvorsorge und nachhaltige Kommunalfinanzen in: Hauff, Michael von und Bülent Tarkan (Hrsg.), Nachhaltige kommunale Finanzpolitik für eine intergenerationelle Gerechtigkeit. Baden-Baden: Nomos, 41-51.

Mehde, Veith, 2009: Aktuelle Entwicklungslinien der Verwaltungsreform: Prinzipien, Folgen, Probleme, in: Verwaltung & Management, Jg. 15, Nr. 1, 19-33.

Nullmeier, Frank, 2010: Kritik neoliberaler Menschen- und Gesellschaftsbilder und Konsequenzen für ein neues Verständnis von sozialer Gerechtigkeit. Berlin: Friedrich-Ebert-Stiftung.

Quasdorff, Edgar, 2005: Neues kommunales Finanzmanagement (NKF) in Nordrhein-Westfalen, in: Hill, Hermann (Hrsg.), Bestandsaufnahme und Perspektiven des Haushalts- und Finanzmanagements. Baden-Baden: Nomos, 107-116.

Reichard, Christoph, 1994: Umdenken im Rathaus. Neue Steuerungsmodelle in der deutschen Kommunalverwaltung. Berlin: Edition Sigma.

Röber, Manfred, 2005a: Aufgabenkritik im Gewährleistungsstaat, in: Blanke, Bernhard/von Bandemer, Stephan/Nullmeier, Frank und Göttrik Wewer (Hrsg.), Handbuch zur Verwaltungsreform. 3. Aufl. Wiesbaden: VS Verlag für Sozialwissenschaften, 84-94.

Röber, Manfred, 2005b: „Managerialisierung" als Herausforderung für die Integrität der öffentlichen Verwaltung, in: Maravic, Patrick von und Christoph Reichard (Hrsg.), Ethik, Integrität und Korruption – Neue Herausforderungen im sich wandelnden öffentlichen Sektor? Potsdam: Universitätsverlag Potsdam, 1-24.

Röber, Manfred, 2006: Der „Bürgerhaushalt" – ein Instrument zur Demokratisierung der Haushaltsplanung? in: Deutsches Institut für Urbanistik (Hrsg.), Brennpunkt Stadt. Festschrift für Heinrich Mäding. Berlin: Deutsches Institut für Urbanistik, 455-466.

Röber, Manfred, 2009: Privatisierung ade? Rekommunalisierung öffentlicher Dienstleistungen im Lichte des Public Management, in: Verwaltung & Management, Jg. 15, Nr. 5, 227-240.

Röber, Manfred, 2011: Aufgabenplanung und Aufgabenkritik, in: Blanke, Bernhard/Nullmeier, Frank/Reichard, Christoph und Göttrik Wewer (Hrsg.), Handbuch zur Verwaltungsreform. 4. Aufl. Wiesbaden: VS Verlag für Sozialwissenschaften, S. 108-117.

Schulz, Wolfgang, 2009: Alles verändert Gesetze – Gesetze verändern nichts? Zur Evaluation der Wirkung komplexer gesetzlicher Steuerungsprogramme, in: Die Öffentliche Verwaltung, Jg. 62, Nr. 24, 1113-1121.

Kommunale Aufgabenkritik – unverändert aktuell?

Tomerius, Stephan/Breitkreuz, Tilman, 2003: Selbstverwaltungsrecht und ‚Selbstverwaltungspflicht' – verfassungsrechtliche Überlegungen zur Rolle von Art. 28 Abs.2 Satz 1 GG bei der Privatisierung kommunaler Aufgaben, in: Deutsches Verwaltungsblatt, Jg. 118, Nr. 7, 426-435.

Westphal, Volker-Gerd, 2004: Aufgabenkritik in Brandenburg, in: Hill, Hermann (Hrsg.), Aufgabenkritik, Privatisierung und Neue Verwaltungssteuerung. Baden-Baden: Nomos, 27-35.

Winkel, Johannes, 2007: Strategien zur Haushaltskonsolidierung, in: Verwaltung & Management, Jg. 13, Nr. 1, 28-34.

Wollmann, Hellmut, 1996: Verwaltungsmodernisierung: Ausgangsbedingungen, Reformanläufe und aktuelle Modenisierungsdiskurse, in: Reichard, Christoph und Hellmut Wollmann (Hrsg.), Kommunalverwaltung im Modernisierungsschub? Basel: Birkhäuser, 1-49.

Wollmann, Hellmut, 2008: Reformen in Kommunalpolitik und -verwaltung. England, Schweden, Frankreich und Deutschland im Vergleich. Wiesbaden: VS Verlag für Sozialwissenschaften.

Zawatka-Gerlach, Ulrich, 2011: „Die Berliner Kultur rechnet sich", in: Der Tagesspiegel, 31.03.2011, URL: http://www.tagesspiegel.de/berlin/foerderpolitik-die-berliner-kultur-rechnet-sich/4006644.html.

Zierold, Horst, 2002: Was tun beim x-ten Haushaltssicherungskonzept und wachsenden Defiziten – Das Essener Beispiel, in: Alternative Kommunalpolitik, Jg. 23, Nr. 4, 45-46.

Organisationswandel öffentlicher Aufgaben. Eine (neo)institutionalistische Perspektive

Thomas Edeling

1. Von der bürokratischen Verwaltung zum New Public Management

Nicht nur in den letzten einhundert Jahren, in diesen aber wohl am heftigsten, waren die Grenzen zwischen Staat und Privatwirtschaft, Bürokratie und Markt, Wettbewerb und Hierarchie umstritten. Max Weber sah die Bürokratisierung der Gesellschaft – des Staates, der Verwaltung, aber auch der Großunternehmen oder Parteien – als Ausdruck und Teilprozess okzidentaler Rationalisierung", als Herausbildung einer legalen, unpersönlichen Herrschaftsordnung, deren Überlegenheit zumindest gegenüber allen vorbürokratischen Herrschaftsformen auf Wissen, Professionalität und Loyalität beruht (Weber 1985: 551ff.). Zugleich fürchtete Weber jedoch auf der anderen Seite eine mit zunehmender Sozialisierung der Wirtschaft einhergehende wachsende Bürokratisierung der Gesellschaft, die gänzliche Ausschaltung des Privatkapitals und dessen Ersetzung durch die bürokratische Verwaltung und warnte vor einem „stählernen Gehäuse" der Bürokratie, letztlich sogar dem Verschmelzen von staatlicher und wirtschaftlicher Bürokratie in einer einzigen, nun überhaupt nicht mehr kontrollierbaren Beamten- und Managerherrschaft (Weber 1924; 1988). Ein Gegengewicht zur Übermacht der Bürokratie schien ihm angesichts dieser Lage nur aus dem Unternehmer der freien Wirtschaft einerseits und charismatischen Führungsgestalten unter den Politikern andererseits zu erwachsen.

Eine Generation später stellt Ludwig v. Mises wiederum die Systemfrage – Marktwirtschaft oder Sozialismus – und zeigt wenig Begeisterung für Lenins Idee, „die gesamte Volkswirtschaft nach dem Vorbild der Post zu organisieren" (Mises 1997: 11). Mises trennt allerdings klar zwischen der privaten Wirtschaft und der öffentlichen Verwaltung und wäre wohl zu seiner Zeit kaum auf den Gedanken gekommen, die staatliche Verwaltung als Dienstleistungsunternehmen anzusprechen: Während Privatunternehmen sich über Preise steuern und unter der Voraussetzung von Markt und Wettbewerb nicht dazu neigten, bürokratisch zu werden (ebenda: 29), steuere sich die öffentliche Verwaltung bürokratisch, weil öffentliche Leistungen keine Marktpreise hätten. „Ein Amt ist kein gewinnorientiertes Unternehmen"; seine Leistung könne „unmöglich verbessert werden, indem man es nach dem Vorbild der Privatwirtschaft umformt"; es sei deshalb eine „Illusion, die Leistungsfähigkeit der Staatsämter durch Betriebswirte und deren Methoden der wissenschaftlichen Geschäftsführung zu verbessern" (ebenda: 74).

Seit Mises aber, wird man zurecht einwenden, haben sich die Verhältnisse geändert. Wo zu seiner Zeit Markt und Wettbewerb fehlten, hat in den vergangenen dreißig Jahren weltweit und seit den 90er Jahren des letzten Jahrzehnts auch in Deutschland ein Prozess eingesetzt, der zum einen die klassischen Felder öffentlicher Versorgungswirtschaft für Markt und Wettbewerb geöffnet hat, zum anderen und darüber hinaus auch die öffentliche Verwaltung in ihrem Kern zu verändern beginnt. Unter dem Druck offener Märkte haben sich öffentliche Unternehmen – Bahn, Post, Telekommunikation – in private Kapitalgesellschaften verwandelt oder – insbesondere auf kommunaler Ebene – in gemischtwirtschaftlichen Eigentümerstrukturen, privaten Rechtsformen und nicht zuletzt in ihrem faktisch immer weniger „bedarfswirtschaftlichen" und zunehmend „erwerbswirtschaftlichen" Agieren an Unternehmen der Privatwirtschaft angeglichen (Edeling u.a. 2004). Demgegenüber muten Veränderungen im Kern der öffentlichen Verwaltung eher bescheiden an. Die Ablösung des Bürokratiemodells der Verwaltung durch ein „New Public Management" (Schröter und Wollmann 2005), das die Verwaltung als „Dienstleistungsunternehmen" mit Blick auf den Bürger als Kunden, durch Kontraktmanagement, durch die Definition von Verwaltungsleistungen als Produkte, durch Kosten- und Leistungsrechnung, Markttests oder quasi-marktliche Wettbewerbsstrukturen innerhalb der Verwaltung gleichsam neu erfinden wollte, ist über die kommunale Ebene kaum hinausgelangt und selbst dort „weit hinter den Reformabsichten zurückgeblieben" (Jann u.a. 2004: 58).

Immerhin hat sich aber auch die überkommene Kernverwaltung durch Aufgabenausgliederungen, Aufgabenprivatisierungen, formale und echte Vermögensprivatisierungen und die damit einhergehende Schwächung der politischen und bürokratischen Steuerung erheblich und durchaus nicht nur in ihrem äußeren Organisationsbild gewandelt (Killian u.a. 2006). Was als „*Entbürokratisierung*" seinen Anfang genommen hatte und mitunter euphorisch begrüßt worden war, hat im Verlauf der letzten zwei Jahrzehnte zu einer inzwischen kritisch diskutierten „*Ökonomisierung*" der Verwaltung geführt (Harms und Reichard 2003; Czerwick 2007; Richter 2009), die die öffentliche Verwaltung über ihre Organisation hinaus in ihrer sinnhaften Identität als Institution verändert hat. Am Anfang dieses Wandels stand die Hoffnung auf höhere Effizienz der Verwaltung auf dem Wege einer Ökonomisierung der Verwaltung. Sollte dieses Versprechen sich am Ende nicht erfüllen, kann es nicht verwundern, wenn sich unüberhörbar die Frage nach der Rationalität des Wandels im Feld öffentlicher Aufgaben und öffentlicher Betriebe erhebt.

2. Die Ökonomisierung der öffentlichen Verwaltung

Die Ökonomisierung der öffentlichen Verwaltung im Zuge des Neuen Steuerungsmodells, durch Ausgliederungen und Privatisierungen öffentlicher Aufgaben bzw. öffentlicher Unternehmen hat über die Eigentümerstrukturen, Rechts- und Organisationsformen von Verwaltungen und öffentlichen Betrieben einen *institutionellen* Wandel in diesen Feldern eingeleitet, der über ihre formalen Strukturen und Erscheinungsbilder hinausreicht. Das zu behaupten verlangt zunächst und zumindest, einen knappen Blick auf den Begriff „Institution" zu werfen, zumal im deutschen wie im englischen Sprachgebrauch die Begriffe „Institution" und „Organisation" oft synonym und keinesfalls einheitlich gebraucht werden. Vorherrschend ist heute – überwiegend außerhalb der Soziologie – ein aus der Wirtschaftswissenschaft stammender Begriff, der Institution „...als ein System formgebundener (formaler) und formungebundener (informeller) Regeln einschließlich der Vorkehrungen zu deren Durchsetzung" versteht (Richter und Furubotn 1996: 7). Organisationen hingegen seien „Institutionen einschließlich der daran beteiligten Personen" oder (unter Bezug auf Arrow) „eine Gruppe von Personen, die gemeinsame Ziele zu erreichen oder eine Zielfunktion zu maximieren suchen" (ebenda: 8). Organisationen erscheinen so als Ausdruck und Ergebnis der Intentionen individueller Akteure, die ihre Ressourcen an Fähigkeiten oder Kapital in einer Organisation bündeln (Coleman 1992), und deren Handlungsmöglichkeiten als korporative Akteure durch Institutionen, die Regeln setzen oder Anreize liefern, begrenzt und gesteuert werden. In der Konsequenz dieses Bildes stehen sich dann freie, eigeninteressierte, nutzenmaximierende Akteure auf der einen und „die Gesellschaft" in Gestalt regelsetzender Institutionen gegenüber.

Im Unterschied zur ökonomischen Theorie der Institution, wie sie nicht zuletzt für die Verwaltungswissenschaft der letzten beiden Jahrzehnte theoretisch – und für die Verwaltungsreform auch sehr praktisch – prägend gewesen ist, versuchen der „alte", erst recht auch der sogenannte „neue" Soziologische Institutionalismus nicht individuelle oder korporative Akteure (als Organisationen) der Gesellschaft gegenüberzustellen, sondern individuelle Akteure, vor allem aber auch Organisationen als durch die Gesellschaft konstituiert zu begreifen. Im älteren soziologischen Institutionalismus bedeutet Institutionalisierung „infusion with value" (Selznick 1996: 271). Organisationen werden dann dadurch zu Institutionen, dass sich in ihnen bestimmte Werte, Ideen, Wissensmuster oder taken-for-granted-Annahmen manifestieren. So steckt in der bürokratischen Organisation der Verwaltung seit Weber die Idee einer unpersönlichen, legalen Herrschaftsordnung, im öffentlichen Unternehmen die Idee der „Bedarfswirtschaftlichkeit" und des öffentlichen Interesses, die öffentliches Wirtschaften von der „Erwerbswirtschaftlichkeit" privaten Wirtschaftens unterscheidet.

Im älteren deutschen Institutionalismus werden Institutionen ganz in diesem Sinne als „objektivierter Sinn" (Schelsky 1970: 10) verstanden, als die Verkörperung von Ideen, Werten oder Handlungsrationalitäten, die erst dadurch, dass sie in den Zielen und Strukturen von Organisationen verankert sind, über ihre Bedeutung für das Individuum hinaus Geltung erlangen: „Meine These ist, dass Ideensysteme jeder Art ihre Stabilität, ihren zeitüberdauernden Geltungsrang, ja ihre Überlebenschance den Institutionen verdanken, in denen sie inkorporiert sind" (Gehlen 1993: 76).

Die Vorstellung von „Bedarfswirtschaft" etwa bliebe folgenlos, sofern sie sich nicht in Organisationen – den öffentlichen Unternehmen – manifestierte und in den Zielen, Satzungen, Kontrollstrukturen, Mitgliedsrollen und vor allem in der Praxis öffentlicher Unternehmen ausdrückten. „Je weniger die Institutionen durch und mittels Organisationen repräsentiert werden, desto mehr sind sie abhängig von Personen, die die Leitidee verinnerlicht haben und sie individuell vertreten" (Lepsius 1995: 399). Insofern kann es durchaus von Belang sein, wenn der Geschäftsführer eines öffentlichen Unternehmens das politisch definierte öffentliche Interesse, das die Existenz öffentlicher Unternehmen ja erst legitimiert, als Person ernstnimmt; wenn dieses öffentliche Interesse jedoch nicht zugleich auch in den Eigentümerstrukturen, Rechtsformen, Unternehmenssatzungen usw. seinen Niederschlag findet, also sich in Struktur und Praxis des Wirtschaftens im öffentlichen Unternehmen manifestiert, steht die Idee öffentlichen Wirtschaftens auf unter Umständen sehr tönernen Füßen.

Sinn und organisatorische Form des öffentlichen Unternehmens fallen mit der Aufnahme privater Kapitalanteile oder der Übernahme privater Rechtsformen auseinander; „Sinn" und „Gestalt" des Unternehmens stimmen nicht mehr überein. In dem heute – vielleicht zu Unrecht – vergessenen Konzept Gerhard Weissers zur „Morphologie" öffentlicher Unternehmen (Weisser 1978; neuerlich wieder: Linnemann 2010) wird gerade auf diesen Zusammenhang von Sinn (öffentlichen Wirtschaftens) und Form (Ziele und Strukturen öffentlicher Unternehmen) hingewiesen: „Kein Manager weiß, was er im Unternehmen zu tun hat, wenn ihm nicht der letzte, notwendig außerökonomische Sinn des Gebildes (hier: des öffentlichen Unternehmens [TE]) – sein Zielsystem – klar ist." Und weiter: „Soll das Gebilde einen eindeutigen und äußerlich erkennbaren Sinn haben, so muß dieser Sinn institutionell durch Satzung, Vertrag, Gesetz oder andere äußerlich erkennbare Merkmale festgelegt sein. Dann erhält das Gebilde in der Tat so etwas wie einen objektiven Geist, an dem alle Gestalter und besonders seine jeweiligen Manager gebunden sind" (Weisser 1978: 758).

Für Weisser mündet das Auseinandertreten von Sinn und organisatorischer Form des öffentlichen Unternehmens oder auch der öffentlichen Verwaltung in einen „Managerialismus", der in der Konsequenz zur De-Institutionalisierung des öffentlichen Interesses in Verwaltung und öffentlicher Wirtschaft führt. „Sinn" und „Gestalt" korrespondieren in dieser Lage erst dann wieder, wenn es zur Rückbesinnung auf die korrodierenden Formen öffentlicher Aufgabenerfüllung kommt oder wenn im Organisationswandel die privatwirtschaftlichen Formen öffentlicher Aufgabenerfüllung schließlich den Sinn öffentlichen Handelns verkehren und privatwirtschaftlichen Rationalitäten entsprechen. Eben das scheint der Fall, wenn etwa öffentliche Aufgaben aus der Verwaltung ausgelagert und in privatwirtschaftlichen Organisationsformen erfüllt werden oder wenn öffentliche Unternehmen mit mehr- oder minderheitlich privaten Anteilseignern in privaten Rechtsformen geführt werden. Die Orientierung am öffentlichen Interesse wie auch die Bestimmung des öffentlichen Interesses im politischen Aushandlungsprozeß gehen verloren und werden durch die Ausrichtung des Handelns auf den Markt und auf privatwirtschaftliche Ziele und ihre Verwirklichung über privatwirtschaftliche Rechts- und Organisationsformen ersetzt. Genau das vollzieht sich im gegenwärtigen Organisationswandel öffentlicher Aufgaben, und genau das heißt „Ökonomisierung"!

3. Die Rationalität des Organisationswandels

Solange eine Organisation nicht durch Veränderungen in ihrer politischen, wirtschaftlichen oder kulturellen Umwelt herausgefordert wird, bleiben Sinn, Ziele, Strukturen und Routinen unhinterfragt gültig. Zwar lässt sich auch hier kontinuierlich über Reformen reden, die die immer unvollkommene Ordnung des Bestehenden in Frage stellen, inkrementellen Wandel auf dem laufenden halten und durch die Demonstration von Reformbereitschaft Erwartungen in der Umwelt erfüllen, im wesentlichen aber bleibt der Kern der Organisation unangetastet (Thompson 1967), bleiben Reformdiskurs und Reformverwirklichung in der Organisationspraxis entkoppelt und oft zwei sehr verschiedene Dinge (Brunsson 1994). Weder der Reformdiskurs noch das Festhalten an bislang bewährten Routinen rufen nach Entscheidungen. Entscheidungen werden erst dann nötig, wenn Sinn, Ziele, Strukturen und Routinen einer Organisation in Zweifel gezogen werden, Effizienz und Akzeptanz der institutionalisierten Ordnung abnehmen (Quack 2006), vor allem aber durch „die Institutionalisierung eines Gegenprinzips" (Lepsius 1999: 122) herausgefordert werden.

Aus der Perspektive der Weltbank etwa gerät das „alte Paradigma" der Organisation öffentlicher Aufgaben über Staat, Verwaltung und öffentliche Betriebe im Angesicht staatlicher Monopole, verstanden als Wettbewerbshindernisse im internationalen Austausch von Gütern und Dienstleistungen, im Angesicht der Finanzkrise des Staates und eines vermeintlichen Missmanagements im öffentlichen Sektor ins Wanken. Markt, Wettbewerb und Privatisierung öffentlicher Aufgaben und Unternehmen bieten sich als „neues Paradigma" an und führen – wenn auch zugestandenermaßen nicht überall und nicht unter allen Voraussetzungen – zu mehr Effizienz (Kessides 2004:

Organisationswandel öffentlicher Aufgaben

29ff.). Konkreter auf die Verwaltung in Deutschland bezogen, werden in der Frühzeit des „Neuen Steuerungsmodells" der Verwaltung Strategie-, Legitimations-, Management-, Motivations- und Attraktivitätslücken als Defizite der öffentlichen Verwaltung identifiziert, denen durch neue, an Markt, Wettbewerb und Privatwirtschaft orientierte Organisationsmodelle begegnet werden soll (Reichard 1994).

Organisationswandel erscheint bis hierher als rationale Antwort auf reale Probleme. Aber schon die Problemdiagnose, erst recht die vorgeschlagene „Therapie" zur Behebung des Problems verstehen sich nicht von selbst und sind umstritten. Ein Problem zu identifizieren heißt, dem Problem aus einer bestimmten Beobachtungsperspektive heraus einen Namen zu geben – als Effizienzproblem, als Anreizproblem, als Steuerungsproblem etwa. Schon die Benennung des Problems geschieht damit in Abhängigkeit vom wissenschaftlichen oder praktischen Beobachter und ist an dessen Beobachtungsperspektive gebunden: Aus dem Blickwinkel einer „individualistischen" Kultur wird das Problem unzureichender Effizienz bürokratischen Verwaltungshandelns leicht als Problem mangelnden Wettbewerbs oder fehlender Anreize bezeichnet, während es in einer „hierarchischen" Kultur eher als Problem unzureichender Organisation, unzweckmäßiger Verfahren oder missglückter Steuerung gesehen wird. Ganz entsprechend fallen dann die Antworten darauf aus, wie dem Problem zu begegnen sei – etwa durch mehr Markt oder verbesserte bürokratische Steuerung (vgl. Hood 1998: 23ff.).

Die Problemdefinition wie auch die Richtung, in der nach einer Lösung des Problems gesucht wird, sind auf diese Weise an einen Denkstil gebunden, von dem es abhängig ist, was überhaupt beobachtet wird und nach welchen Kriterien ein Sachverhalt bewertet und beurteilt wird. „Denkstile" – lernen wir von Mary Douglas (1991: 31ff.) – bleiben ohnmächtig und folgenlos, wenn sie sich nicht auf „Denkkollektive" stützen können, die einem bestimmten Denkstil Anerkennung und Geltung verschaffen und ihn aus u.U. ganz gruppenspezifischen Interessen gegenüber konkurrierenden Denkstilen durchsetzen. Vorstellbar sind solche Denkkollektive auch im Feld des Organisationswandels der öffentlichen Verwaltung ohne weiteres, z.B. als Interessengruppen, die aus der Öffnung nationaler oder lokaler Versorgungsmärkte ihren Vorteil ziehen, „think tanks", die um Einfluss und Anerkennung ringen, oder Beratungsfirmen, die vom Transport von Lösungsideen existieren. Eine Analyse, die nach der „Rationalität" des Organisationswandels öffentlicher Aufgabenerfüllung fragt, kann deshalb nicht umstandslos bei einem vermeintlich „gegebenen" Problem ansetzen, sondern muß zuvor klären, wie das Problem beschrieben und benannt wird, und wer ein Interesse daran hat, es so zu bezeichnen und auf eine bestimmte Weise und nicht auf eine andere Art zu lösen.

Zu einfach wäre es allerdings, wollte man aus der Abhängigkeit der Definition der Probleme und Lösungsvorschläge von „Denkstilen" und „Denkkollektiven" lediglich auf mangelhafte Vernunft, Sachkenntnis oder Professionalität individueller Akteure in Politik und Verwaltung schließen, die den Organisationswandel vorantreiben. Vielmehr geht es um eine Erinnerung daran, dass Entscheidungen generell in einer Situation unvollständiger wie mehrdeutiger Informationen über die Voraussetzungen und Folgen der Entscheidung getroffen werden, mithin prinzipiell als Entscheidungen unter der Bedingung begrenzter Rationalität und Unsicherheit anzusehen sind (vgl. grundlegend dazu March 1994). Entscheidungen werden dadurch zwar nicht beliebig, willkürlich oder gar irrational, sie können in Abhängigkeit davon, wie viel Zeit oder Geld in die Beschaffung von Informationen, ihre Auswahl und Bewertung investiert werden, mehr oder weniger qualifizierte, mehr oder weniger rationale Entscheidungen darstellen. Nur eines jedoch bleibt bestehen: Entscheidungen können nicht durch Berechnungen ersetzt werden. Denn ließe sich eine Entscheidung als die richtige berechnen, brauchte nichts entschieden zu werden! Angesichts gerade aber der Unvollständigkeit und Mehrdeutigkeit der Informationen, mit denen wir rechnen, betont Luhmann im unmittelbaren Anschluß an die Entscheidungstheorie im allgemeinen und an Heinz v. Foerster im besonderen, „only those questions that are in principle undecidable, we can decide" (Luhmann 1993: 289).

Ein Blick auf die Risiken einer Privatisierung staatlicher Aufgaben und ihrer Ablösung in „Public Private Partnerships", auf die Unsicherheiten, die aus der Privatisierung – umgekehrt aber auch aus der Rekommunalisierung (Röber 2009) – kommunaler Unternehmen erwachsen, oder gar eine Erinnerung an die Überraschungen, die aus sog. „cross border leasing"-Geschäften zu erleben waren, illustriert Entscheidungen unter Unsicherheit. Dass manche dieser Entscheidungen auch richtig waren, ändert nichts an der Tatsache, dass sie auch in diesen Fällen unter der Voraussetzung begrenzter Rationalität getroffen und mit Unsicherheit behaftet waren und unsicher bleiben werden.

Wenn sich Entscheidungen nicht ausrechnen, nicht berechnen lassen, bleibt die Frage offen, wie sich angesichts von Unsicherheit und Mehrdeutigkeit überhaupt etwas entscheiden lässt. Der einfachste und wohl auch im ökonomischen Sinne am ehesten Informationskosten sparende Weg bestünde darin, die Komplexität des Entscheidungsproblems zu verringern und es so zu machen, wie andere es vorgemacht haben. „Benchmarking" oder die Erinnerung an die Vorreiterrolle, die Städte wie Tilburg oder Christchurch seinerzeit als Modelle für die Reform der Kommunalverwaltung und die Einführung des Neuen Steuerungsmodells gehabt haben, sind Beispiele für diesen Weg der Entscheidungsfindung. Wenn darüber hinaus professionelle Denkfabriken – in Deutschland etwa die Bertelsmann-Stiftung oder namhafte Beratungsfirmen – als „Denkkollektive" solche Modelle favorisieren, fällt es schwer, sich eine Verwaltung vorzustellen, die sich einer „Modernisierung" auf dem Pfad der favorisierten Modelle verweigern könnte. Als modernisierungsresistente Verwaltung verlöre sie Legitimität und Unterstützung in den Feldern, auf denen sie auf Unterstützung und auf Ressourcen angewiesen ist.

Nachahmung („Mimesis") und normativer Druck, verstärkt etwa durch politisch auf nationaler oder europäischer Ebene ausgeübten Zwang, führen zu einem zumindest in seinen Grundzügen uniformen Wandel der öffentlichen Verwaltung und zu neuen, „isomorphen" Organisationsformen im öffentlichen Sektor. Diese zuerst von DiMaggio und Powell (1991) aufgestellte Hypothese eines „Isomorphismus" des Organisationswandels ist wenig später im sog. „World Polity-Ansatz" noch ausgeweitet worden, indem von einer weltweit beobachtbaren Angleichung der Organisationsformen in den verschiedenen „organisationalen Feldern" – etwa der öffentlichen Verwaltung – ausgegangen wird (Meyer 2005). Diese Isomorphie des Organisationswandels durch Nachahmung, normativen Druck oder politischen Zwang nimmt zu, wenn etwa exakte Kriterien zur Leistungsbestimmung einer Organisation fehlen, Organisationen in Verbände oder Verbünde eingegliedert sind und externen Bewertungen, z.B. durch Lizenzierungen oder Akkreditierungen unterliegen (Frumkin und Galaskiewicz 2004), wie das gerade im Feld der öffentlichen Verwaltung häufig der Fall ist.

Reformmodelle der öffentlichen Verwaltung, wie sie weltweit etwa im New Public Management, in Deutschland in Gestalt des Neuen Steuerungsmodells oder – umfassender – im Konzept des „Gewährleistungsstaates" zum Ausdruck kommen, entfalten als Leitideen des Organisationswandels dadurch ihre Kraft, dass sie zum einen von einflussreichen „Denkkollektiven" getragen werden, zum anderen aber als „Master Ideas" der Reform quasi-religiöse Gewalt gewinnen (Hodge 2000: 230) und im Moment ihrer Implementation in die Praxis alternativlos scheinen, weil ihre Annahmen, Grundsätze etc. als „taken for granted" gelten (Czarniawska und Joerges 1996: 37).

Sicherlich werden im Prozess ihrer Implementation Reformmodelle, Master Ideas oder Leitideen nicht überall völlig gleichförmig und in allen ihren Merkmalen übereinstimmend praktisch umgesetzt, sondern im jeweiligen Anwendungskontext konkretisiert, präzisiert und an die jeweiligen lokalen und situativen Bedingungen angepasst (Boxenbaum und Jonsson 2008). Wie und mit welchem Ergebnis diese situative Übersetzung genereller Modelle geschieht, bleibt angesichts der heterogenen Umsetzung des Neuen Steuerungsmodells auf verschiedenen Verwaltungsebenen, einzelnen Behörden oder Kommunen eine interessante Forschungsfrage, deren Offenheit jedoch die Generalhypothese isomorphen Organisationswandels in ganzen organisationalen Feldern, wie eben der öffentlichen Verwaltung, nur umso herausfordernder macht: Der Organisationswandel folgt nicht einer Effizienzlogik, sondern einer *„Logik der Angemessenheit"*, nämlich der Angemessenheit des Wandels gegenüber Reformmodellen, Leitideen, Master Ideas, Ideologien oder Moden sogar, die in der relevanten Umwelt der Organisation vorherrschend sind, die zugleich eine Brücke über die Kluft einer von Unsicherheit und Unberechenbarkeit bestimmten Entscheidungssituation schlagen und nicht zuletzt Entscheidungen legitimieren, die durch zweifelsfrei sicheres

Wissen nicht legitimiert werden können, weil über dieses Wissen niemand verfügt. Organisationswandel enthält so immer ideologische Momente und ist von daher immer auch von gegensätzlichen Positionen aus ideologisch kritisierbar. Nur *dass* der Wandel nie ideologiefrei ist, lässt sich nicht kritisieren: „Ideologie gibt es überall..., und die Vorstellung vom ‚falschen Bewußtsein' ist irrelevant, weil sie irgendein ‚richtiges' Bewußtsein unterstellt, das niemand hat" (North 1988: 50).

Ideologien, Modelle, Leitideen oder Leitbilder dieser Art, die die Richtung des Organisationswandels in Staat und Verwaltung prägen, sind, wie Voßkuhle (2001) am Leitbild des „Dienstleistungsstaates" klarmacht, übergreifende Ordnungsideen, als Staatsbilder aber weder verifizierbar noch falsifizierbar und im Fall des Leitbilds „Dienstleistungsstaat" nicht einmal angemessen. Dennoch seien aber gerade solche Leitbilder des Staates „in der Gesellschaft präsent und damit realitätsprägend" (ebenda: 497). In einer Mischung aus Realitätserfahrung und Fiktion (wie auch immer das Mischungsverhältnis beschaffen sein mag) stellen Reformmodelle oder „Master Ideas" des Organisationswandels *„Rationalitätsmythen"* dar, die sich gleichwohl in realen Strukturen des Organisationswandels manifestieren. „Myths are constructed to provide broad explanations of life and models for behavior" (March 1994: 209). Vor allem: Die Orientierung an Rationalitätsmythen verschafft einem ja immer umstrittenen Organisationswandel *Legitimität*, verstanden als „a generalized perception or assumption that the actions of an entity are desirable, proper, or appropriate within some socially constructed system of norms, values, beliefs, and definitions" (Suchman 1995: 574).

All das bedeutet, nota bene, *keine* Absage an die Rationalität des Organisationswandels, wohl aber eine Absage an einen leeren Begriff von Rationalität, der nicht danach fragt, *welcher* Rationalität ein Organisationswandel folgt. Dazu muß man wissen, wie Menschen das Wissen erlangen, auf das sie sich in ihren Entscheidungen stützen, und muß die Programme kennen, die hypothetisches Wissen über die Situation, die Strategien und wahrscheinlichen Konsequenzen einer Entscheidung enthalten (Vanberg 2005: 55ff.). Eben das gerade liefern Rationalitätsmythen in Gestalt von Modellen, Mustern oder Leitideen des Organisationswandels. Ein Organisationswandel, der sich nicht zuletzt auch bei der Reform der öffentlichen Verwaltung auf Rationalitätsmythen stützt, stellt dann zwar keine „rationale" Entscheidung der Art dar, die Kosten und Nutzen verschiedener Entscheidungsvarianten abzuwägen in der Lage wäre, er wird aber dennoch als „sinnhaftes Handeln" (Mayntz 2009: 73) verständlich und nachvollziehbar, wenn der Beobachter dieses Wandels in der Lage ist, die in diesem Wandel verborgenen Mythen und Moden, Muster und Modelle zu entdecken. In der *Angemessenheit* des Organisationswandels gegenüber solchen Rationalitätsmythen liegt die Rationalität eines Wandels, der sich eine als „modern" gelten wollende Verwaltung kaum entziehen kann, will sie nicht Legitimation und Unterstützung in ihrer Umwelt verlieren.

4. Die Effizienz des Wandels

Die Rationalität des Organisationswandels im öffentlichen Sektor in einer „Logik der Angemessenheit" gegenüber kulturell geprägten Werten, Ideen, Mustern oder sogar Moden zu vermuten, die dem Wandel in einer Umwelt, in der entsprechende Modernisierungserwartungen bestehen und von deren Unterstützung und Ressourcen auch und gerade öffentliche Organisationen abhängig sind, Legitimation verschaffen, scheint auf den ersten Blick mit einer anderen, gleichsam selbstverständlichen Annahme zu kollidieren: der Annahme der Effizienz des Organisationswandels. Diese Effizienzvermutung im Organisationswandel kann sich auf sehr verschiedene Kriterien beziehen, z.B. Kosteneffizienz, darunter auch Transaktionskosteneffizienz, Steuerungseffizienz oder eine effiziente Allokation der Verfügungsrechte etwa in einem öffentlichen Unternehmen. Als Hypothese unterstellt die Effizienzvermutung nicht, dass jede Aufgabenprivatisierung, jeder Übergang von der hierarchischen zur (gar nicht so machtfreien) Kontraktsteuerung oder jede Teilprivatisierung eines kommunalen Betriebes im Ergebnis auch tatsächlich hinsichtlich der Kosteneffizienz bzw. der Steuerungseffizienz oder der Verteilung der Verfügungsrechte effizient ist, wohl aber, dass der jeweilige Organisationswandel von seiner Intention her auf eine Effizienzerhöhung gerichtet war. In diesem Sinne scheint der Organisationswandel aus einer Logik der Angemessenheit gegenüber Umwelterwartungen und den Wandel legitimierenden Werten seine Grenze zu finden: Er darf nicht gegen Effizienzkriterien verstoßen oder muß zumindest neben anderen Zielen auch Effizienzerwartungen erfüllen.

Ebenso wenig wie in der Wirtschaftswissenschaft besteht allerdings auch in der stark institutionalistisch geprägten Wirtschaftssoziologie Übereinstimmung darüber, welche Institutionen beanspruchen können, „effizient" zu sein (Fligstein 2002: 61ff.). Ähnlich der „Rationalität" des Organisationswandels ist auch die „Effizienz" dieses Wandels weniger eine Annahme als eine „Variable" (Smelser und Swedberg 2005: 4). Mit anderen Worten: „Effizienz" ist ein *soziales Konstrukt* (Fligstein 1990: 295ff.), abhängig davon, was beobachtet wird und was als gültige Messlatte von „Effizienz" anerkannt wird. Effizienzmessungen – insbesondere wenn sie sich in scheinbar objektiven Zahlen ausdrücken – suggerieren daher lediglich eine Objektivität, hinter der sich aber wiederum nichts anderes verbirgt als eine „Logik der Angemessenheit", der Angemessenheit der Kriterien nämlich, die zur Bestimmung und Messung von Effizienz auf der Kosten- oder Ertragsseite herangezogen werden.

Angesichts des engen Zusammenhangs von Effektivität und Effizienz ist das nicht sonderlich überraschend, weil sich ja der Zielerreichungsgrad des Organisationswandels auch auf der Ertragsseite von Effizienzanalysen widerspiegeln muß. Explizit mit dem Blick auf die Privatisierung öffentlicher Unternehmen (als „echte" Privatisierung durch vollständigen oder anteiligen

Verkauf dieser Unternehmen) hat Hodge (2000) nicht nur gezeigt, dass die Ergebnisse dieser Privatisierungen hinsichtlich der Effektivitäts- und Effizienzentwicklung ambivalent bleiben, sondern vor allem, dass sich diese Ergebnisse ganz unterschiedlich darstellen lassen, je nachdem welche Kriterien dazu herangezogen werden (Hodge 2000: 173ff.).

Die Frage also, ob der Organisationswandel im öffentlichen Sektor – etwa durch Aufgaben- oder Vermögensprivatisierungen – die Erfüllung dieser Aufgaben „effizienter" gemacht hat, läßt sich nicht entscheiden, solange nicht konkret angegeben wird, hinsichtlich welcher Kriterien der Wandel untersucht wird, hinsichtlich welcher Kriterien die Effizienz der Aufgabenerfüllung gewachsen ist und hinsichtlich welcher sie sich verringert hat. Das muß kaum betont werden, denn es ist eigentlich selbstverständlich und erklärt nicht zuletzt die sehr widersprüchlichen empirischen Befunde über die Ergebnisse von Privatisierungen. Nicht selbstverständlich ist jedoch die kritische Nachfrage, wovon die niemals vollständige und stets *selektive* Bestimmung der Kriterien und Verfahren abhängt, anhand derer Effizienzmessungen angestellt werden. Hier vollzieht sich – und das allein wäre eine eigene gründliche empirische Analyse wert – allem Anschein nach eine Verschiebung zugunsten wirtschaftlicher auf Kosten politischer Kriterien.

Eine Befragung brandenburgischer Kommunen nach den Erfolgen ihrer wirtschaftlichen Beteiligungen (Richter 2007: 43) zeigt eine ganze Reihe politischer Ziele der wirtschaftlichen Betätigung von Städten und Gemeinden, die zwar verfolgt und auch erreicht werden, wohl aber kaum über ein rein betriebswirtschaftlich ausgerichtetes Controlling zur Steuerung dieser Beteiligungen abgebildet werden. Dazu gehören neben Investitionen vor Ort (die sich noch am ehesten messen lassen) vor allem Ziele, wie die Rolle kommunaler Unternehmen bei der Stadt- und Regionalentwicklung, die Stärkung der örtlichen Wirtschaftskraft durch kommunale Unternehmen als Auftraggeber oder die Erhaltung politischer Einfluss- und Gestaltungsmöglichkeiten. Trotz mancher Ansätze zur Ermittlung der „Stadtrendite" (Schwalbach u.a. 2009) lässt sich der Nutzen, der einer Stadt oder Gemeinde durch die Erfüllung solcher politischen Ziele entsteht, schwer quantifizieren und geht meist nur als „weicher" Ertragsfaktor, kaum aber in Gestalt „harter" Zahlen in eine Entscheidung über die Erhaltung oder Veräußerung kommunaler Unternehmen ein. Effizienzberechnungen spiegeln deshalb wiederum nur sehr selektiv wider, was sich in Zahlen ausdrücken und berechnen lässt. Auf Grund ihres selektiven Charakters gleichen sie Bildern, die scheinbar objektiv die Realität abbilden, dabei aber in Vergessenheit geraten lassen, dass sie als immer beobachtungsabhängig gewonnene Konstruktionen interpretationsbedürftig und durch andere Bilder bestreitbar sind.

Controllingsysteme, die Auskunft über die Effizienz von Organisationsveränderungen geben sollen, werden damit als mehr oder weniger beschränkte Entscheidungshilfen nicht überflüssig, machen aber wiederum Entscheidungen nicht durch Berechnungen ersetzbar. Zahlen sprechen deshalb *nicht* für sich; schon ihre Auswahl ist ebenso wie die Bedeutung, die einzelnen Zahlen beigemessen wird, sozial konstruiert, mithin abhängig vom Beobachter bzw. dem Verfahren, das auch hier wiederum als angemessen gilt. Eben das aber lässt in der Regel „das als unwesentlich zurück, was sich nicht in Zahlen ausdrücken lässt" (Messner u.a. 2007: 95; vgl. grundsätzlich dazu auch Heintz 2007).

Die Hoffnung, einem Organisationswandel, dessen Richtung und Verlauf einer „Logik der Angemessenheit" gegenüber den in einer Gesellschaft zu einem bestimmten Zeitpunkt vorherrschenden Rationalitätsmythen folgt, aus einer „Effizienzlogik" widersprechen zu können, bleibt trügerisch, weil auch die Konstruktion von „Effizienz" wie die Verfahren zu ihrer Berechnung vom Beobachter abhängig sind. Immerhin aber verweisen konkurrierende „Logiken", konkurrierende Beobachtungsweisen unhintergehbar auf eine Politisierung von Entscheidungen über Organisationsveränderungen, die durch Berechnungen wohl beeinflusst, aber nicht ersetzt werden können.

5. Die Politisierung des Organisationswandels

Die zunehmende Politisierung von Verwaltungsentscheidungen – von „Stuttgart 21" bis zu Bürgerbegehren gegen die Privatisierung kommunaler Unternehmen – kündigt an, dass zumindest öffentlich bedeutsame und öffentlich wahrgenommene Veränderungen in der Organisation staatlicher Aufgabenerfüllung weder unter Verweis auf eindeutig ausrechenbare Effizienzvorteile noch unter Berufung auf „angemessene" Muster einer „modernen" Verwaltung widerstandslos um- oder durchgesetzt werden können. Effizienzberechnungen bleiben Hilfsmittel zur Vorbereitung von Entscheidungen, können aber die Entscheidung selbst nicht ersetzen. Ideologien, Werte, Rationalitätsmythen und normative Muster liefern zwar generelle Richtungsangaben für den Organisationswandel der öffentlichen Verwaltung und verschaffen diesem Wandel Legitimation, bleiben aber in ihrer konkreten Umsetzung in jedem Einzelfall umstritten. Sowohl die Erklärung von Organisationsveränderungen in der öffentlichen Verwaltung als auch die Kritik dieses Wandels verlangen deshalb zunächst und zuerst Aufklärung darüber, von welchen Rationalitätsvorstellungen der Reformanspruch getragen und an welchen Kriterien die Einlösung dieses Anspruchs gemessen wird.

Gleich anderen Feldern institutionellen Wandels erscheint aber auch der Wandel der öffentlichen Verwaltung als „continously created and recreated by a great number of actors with divergent interests, varying normative commitments, different powers and limited cognitions" (Streeck und Thelen 2005: 16). Auf einen zweiten Blick werden deshalb auch und gerade in institutionalistischen Ansätzen zur Erklärung und Kritik des Organisationswandels der Verwaltung *politische* Ansätze, die Interessen und Macht von Akteursgruppen in den Vordergrund rücken, nicht überflüssig, solange dabei nicht – wie häufig in ökonomischen Modellen – aus den Augen verloren wird, dass auch die Strategien von Akteuren ebenso wie die Chancen ihrer Realisierbarkeit und Legitimierbarkeit in ein gesellschaftliches und kulturelles Umfeld der Organisation eingebettet sind und ihrerseits erklärungsbedürftig sind. An der Einbettung des Organisationswandels in gesellschaftliche Interessen- und Machtkonstellationen wie in kulturell verankerte Wertvorstellungen und Wissensschichten finden dann auch Tendenzen einer einseitigen Ökonomisierung der öffentlichen Verwaltung ihre Grenzen, formiert sich in der Öffentlichkeit eine „politische Widerständigkeit" gegen institutionelle Veränderungen, die den Institutionenwandel auf „ökonomische Effizienzanforderungen reduzieren" wollen (Beckert 2009: 194). In der Reaktion auf über zwei Jahrzehnte von Entstaatlichung und Privatisierung bestimmten Veränderungen der öffentlichen Verwaltung erhalten so inzwischen vor dreißig Jahren formulierte Auffassungen wieder Gewicht und Zustimmung, die von einer wieder wachsenden Bedeutung des Staates ausgehen: „Die politische Situation ist dadurch gekennzeichnet, dass sich der Staat angesichts der aus dem Wirtschafts- und Gesellschaftssystem resultierenden Probleme mehr und mehr gezwungen sieht, in die wirtschaftliche und soziale Entwicklung steuernd einzugreifen" (Röber 1981: 17).

An welchen Stellen, in welchem Umfang und in welcher Weise Politik und Staat gegenüber Markt und Wettbewerb ein größeres Gewicht erhalten, wird stets umstritten bleiben und insbesondere bei Ausgliederungen und Privatisierungen wie bei Re-Verstaatlichungen bzw. Kommunalisierungen öffentlicher Aufgaben oder Betriebe (vgl. Röber 2009) nur politisch entschieden, nicht aber ausgerechnet werden können. Der Wissenschaftler kann in diesem politischen Entscheidungsprozeß durchaus eine aktive Rolle einnehmen: nicht in dem Sinne, daß Wissenschaft die „richtige" Antwort parat hätte, wohl aber in einem Verständnis von Wissenschaft, das zumindest in anwendungsnahen Bereichen wieder stärker Intervention und Veränderung durch den Wissenschaftler als gleichrangigen Akteur im politischen Diskussions- und Aushandlungsprozess praktischer Entscheidungen betont. Angesichts konkurrierender und häufig umkämpfter institutioneller Lösungen zwischen Markt und Staat „the nucleus of the scientific activity is deliberative, democratic sensemaking among professional researchers and local stakeholders and ... linked to solutions tested in action" (Levin und Greenwood 2001: 105).

Literatur

Beckert, Jens, 2009: Wirtschaftssoziologie als Gesellschaftstheorie, in: Zeitschrift für Soziologie, Jg. 38, Nr. 3, 182-197.

Boxenbaum, Eva/Jonsson, Stefan, 2008: Isomorphism, Diffusion and Decoupling, in: Greenwood, Royston/Oliver, Christine/Sahlin, Kerstin und Roy Suddaby (Hrsg.), The Sage Handbook of Organizational Institutionalism. Los Angeles: Sage, 78-98.

Brunsson, Nils, 1994: The Organization of Hypocrisy: Talk, Decisions and Actions. Organization. Chichester: Wiley.

Coleman, James S., 1992: Grundlagen der Sozialtheorie, Band 2, Körperschaften und die moderne Gesellschaft. München: Oldenbourg.

Czarniawska, Barbara/Joerges, Bernward, 1996: Travels of Ideas, in: Czarniawska, Barbara und Guje Sevón (Hrsg.), Translating Organizational Change. Berlin: de Gruyter, 13-48.

Czerwick, Edwin, 2007: Die Ökonomisierung des öffentlichen Dienstes. Dienstrechtsreformen und Beschäftigungsstrukturen seit 1991. Wiesbaden: VS Verlag für Sozialwissenschaften.

DiMaggio, Paul J./Powell, Walter W., 1991: The Iron Cage Revisited, in: Powell, Walter W. und Paul J. DiMaggio (Hrsg.), The New Institutionalism in Organizational Analysis. Chicago: University of Chicago Press, 63-82.

Douglas, Mary, 1991: Wie Institutionen denken. Frankfurt am Main: Suhrkamp.

Edeling, Thomas/Stölting, Erhard/Wagner, Dieter, 2004: Öffentliche Unternehmen zwischen Privatwirtschaft und öffentlicher Verwaltung. Eine empirische Studie im Feld kommunaler Versorgungsunternehmen. Wiesbaden: VS Verlag für Sozialwissenschaften.

Fligstein, Neil, 1990: The Transformation of Corporate Control. Cambridge: Harvard University Press.

Fligstein, Neil, 2002: Agreements, Disagreements, and Opportunities in the New Sociology of the Markets, in: Guillén, Mauro F./Collins, Randall/England, Paula und Marshall Meyer (Hrsg.), The New Economic Sociology. Developments in an Emerging Field. New York: Russell Sage Foundation, 61-78.

Frumkin, Peter/Galaskiewicz, Joseph, 2004: Institutional Isomorphism and Public Sector Organizations, in: Journal of Public Administration Research and Theory, Jg. 14, Nr. 3, 283-307.

Gehlen, Arnold, 1993 [1960]: Mensch und Institutionen, in: Gehlen, Arnold (Hrsg.), Anthropologische und sozialpsychologische Untersuchungen. Mit einem Nachwort von Herbert Schnädelbach. Reinbek: Rowohlt, 69-77.

Harms, Jens/Reichard, Christoph (Hrsg.), 2003: Die Ökonomisierung des öffentlichen Sektors. Instrumente und Trends. Baden-Baden: Nomos.

Heintz, Bettina, 2007: Zahlen, Wissen, Objektivität. Wissenschaftssoziologische Perspektiven, in: Mennicken, Andrea und Hendrik Vollmer (Hrsg.), Zahlenwerk. Kalkulation, Organisation und Geschlecht. Wiesbaden: VS Verlag für Sozialwissenschaften, 65-85.

Hodge, Graeme A., 2000: Privatization. An International Review of Performance. Oxford: Westview Press.

Hood, Christopher, 1998: The Art of the State. Culture, Rhetoric, and Public Management. New York: Oxford University Press.

Jann, Werner/Bogumil, Jörg/Bouckaert, Geert/Budäus, Dietrich/Holtkamp, Lars/Kißler, Leo/Kuhlmann, Sabine/Mezger, Erika/Reichard, Christoph/Wollmann, Hellmut, 2004: Status-Report Verwaltungsreform. Eine Zwischenbilanz nach 10 Jahren. Berlin: Edition Sigma.

Kessides, Joannis N., 2004: Reforming Infrastructure. Privatization, Regulation, and Competition. New York: Oxford University Press.

Killian, Werner/Richter, Peter/Trapp, Jan Hendrik (Hrsg.), 2006: Ausgliederung und Privatisierung in Kommunen. Empirische Befunde zur Struktur kommunaler Aufgabenwahrnehmung. Berlin: Edition Sigma.

Lepsius, Mario R., 1995: Institutionenanalyse und Institutionenpolitik, in: Nedelmann, Birgitta (Hrsg.), Politische Institutionen im Wandel. Sonderheft 35/1995. Kölner Zeitschrift für Soziologie und Sozialpsychologie. Opladen: Westdeutscher Verlag, 392-403.

Lepsius, Mario R., 1999: Die ‚Moral' der Institutionen, in: Gerhards, Jürgen und Ronald Hitzler (Hrsg.), Eigenwilligkeit und Rationalität sozialer Prozesse. Festschrift zum 65. Geburtstag von Friedhelm Neidhardt. Opladen: Westdeutscher Verlag, 113-126.

Levin, Morton/Greenwood, Davydd, 2001: Pragmatic Action Research and the Struggle to Transform Universities into Learning Communities, in: Reason, Peter und Hilary Bradbury (Hrsg.), The Sage Handbook of Action Research. Participative Inquiry and Practice. London: Sage, 103-113.

Linnemann, Thomas, 2010: Strukturveränderungen im Stadtwerkeumfeld seit dem Jahre 1998. Dissertationsschrift, Wirtschafts- und Sozialwissenschaftliche Fakultät. Potsdam: Universität Potsdam.

Luhmann, Niklas, 1993: Die Paradoxie des Entscheidens, in: Verwaltungsarchiv, Jg. 84, Nr. 3, 287-310.

March, James G., 1994: A Primer on Decision Making. How Decisions Happen. New York: Free Press.

Mayntz, Renate, 2009: Rationalität in sozialwissenschaftlicher Perspektive, in: Mayntz, Renate (Hrsg.), Sozialwissenschaftliches Erklären. Probleme der Theoriebildung und Methodologie. Frankfurt am Main: Campus, 67-81.

Messner, Martin/Scheytt, Tobias/Becker, Albrecht, 2007: Messen und Managen. Controlling und die (Un)Berechenbarkeit des Managements, in: Mennicken, Andrea und Hendrik Vollmer (Hrsg.), Zahlenwerk. Kalkulation, Organisation und Geschlecht. Wiesbaden: VS Verlag für Sozialwissenschaften, 87-104.

Meyer, John W., 2005: Weltkultur. Wie die westlichen Prinzipien die Welt durchdringen. Frankfurt am Main: Suhrkamp.

Mises, Ludwig v. 1997 [1944]: Die Bürokratie. St. Augustin: Academia Verlag.

North, Douglass C., 1988: Theorie des institutionellen Wandels. Eine neue Sicht der Wirtschaftsgeschichte. Tübingen: Mohr.

Quack, Sigrid, 2006: Institutioneller Wandel. Institutionalisierung und Deinstitutionalisierung, in: Senge, Konstanze und Kai-Uwe Hellmann (Hrsg.), Einführung in den Neo-Institutionalismus. Wiesbaden: VS Verlag für Sozialwissenschaften, 172-184.

Reichard, Christoph, 1994: Umdenken im Rathaus. Neue Steuerungsmodelle in der deutschen Kommunalverwaltung. Berlin: Edition Sigma.

Richter, Peter, 2007: Die Bedeutung der kommunalen Wirtschaft. Eine vergleichende Ost-West-Analyse. Berlin: Edition Sigma.

Organisationswandel öffentlicher Aufgaben

Richter, Peter, 2009: Ökonomisierung als gesellschaftliche Entdifferenzierung. Eine Soziologie zum Wandel des öffentlichen Sektors. Konstanz: UVK.

Richter, Rudolf/Furubotn, Eirik G., 1996: Neue Institutionenökonomik. Tübingen: Mohr Siebeck.

Röber, Manfred, 1981: Organisationsstruktur und Planungsorganisation. Frankfurt am Main: Lang.

Röber, Manfred, 2009: Privatisierung adé? Rekommunalisierung öffentlicher Dienstleistungen im Lichte des Public Managements, in: Verwaltung und Management, Jg. 15, Nr. 3, 227-240.

Schelsky, Helmut, 1970: Zur soziologischen Theorie der Institution, in: Schelsky, Helmut (Hrsg.), Zur Theorie der Institution. Düsseldorf: Bertelsmann Universitäts-Verlag, 9-26.

Schröter, Eckhard/Wollmann, Hellmut, 2005: New Public Management, in: Blanke, Bernhard/von Bandemer, Stephan/Nullmeier, Frank und Göttrik Wewer (Hrsg.), Handbuch zur Verwaltungsreform. 3. Aufl. Wiesbaden: VS Verlag für Sozialwissenschaften, 84-94.

Schwalbach, Joachim/Schwerk, Anja/Smuda, Daniel, 2009: Stadtrendite, in: Haug, Peter und Martin T. Rosenfeld (Hrsg.), Neue Grenzen städtischer Wirtschaftstätigkeit. Ausweitung versus Abbau? Baden-Baden: Nomos, 137-148.

Selznick, Philipp, 1996: Institutionalism ‚Old' and ‚New', in: Administrative Science Quarterly, Jg. 41, Nr. 2, 270-277.

Smelser, Neil J./Swedberg, Richard, 2005: Introducing Economic Sociology, in: Smelser, Neil und Richard Swedberg (Hrsg.), The Handbook of Economic Sociology. 2. Aufl. New York: Russell Sage Foundation, 3-25.

Streeck, Wolfgang/Thelen, Kathleen, 2005: Introduction. Institutional Change in Advanced Political Economies, in: Streeck, Wolfgang und Kathleen Thelen (Hrsg.), Beyond continuity: Institutional change in advanced political economies. New York: Oxford University Press, 1-39.

Suchman, Mark C., 1995: Managing Legitimacy: Strategic and Institutional Approaches, in: Academy of Management Review, Jg. 20, Nr. 3, 571-610.

Thompson, James D., 1967: Organizations in Action. Social Science Bases of Administrative Theory. New York: McGraw-Hill.

Vanberg, Victor, 2005: Rationalitätsprinzip und Rationalitätshypothesen. Zum methodologischen Status der Theorie rationalen Handelns, in: Siegenthaler, Hansjörg (Hrsg.), Rationalität im Prozeß kultureller Evolution. Tübingen: Mohr Siebeck, 33-63.

Voßkuhle, Andreas, 2001: Der Dienstleistungsstaat. Über Nutzen und Gefahren von Staatsbildern, in: Der Staat, Jg. 40, Nr. 1/4, 495-523.

Weber, Max, 1924: Der Sozialismus, in: Weber, Max (Hrsg.): Gesammelte Aufsätze zur Soziologie und Sozialpolitik. Tübingen: Mohr, 492-518.

Weber, Max, 1985 [1922]: Wirtschaft und Gesellschaft. Tübingen: Mohr.

Weber, Max, 1988 [1918]: Beamtenherrschaft und politisches Führertum, in: Weber, Max (Hrsg.): Gesammelte Aufsätze, Band 7. Tübingen: Mohr, 320-350.

Weisser, Gerhard, 1978 [1954]: Axiomatik der Einzelwirtschaftspolitik, in: Katterle, Siegfried/Mudra, Wolfgang und Lothar F. Neumann (Hrsg.), Gerhard Weisser: Beiträge zur Gesellschaftspolitik. Göttingen: Otto Schwartz & Co., 692-763.

Ministerien und verselbstständigte Behörden in Deutschland: Lehren aus der internationalen Diskussion über ‚*Agencification*'

Werner Jann

1. Einleitung: Worum geht es?

Die Organisation und vor allem Reorganisation der Wahrnehmung öffentlicher Aufgaben, und die dabei mögliche und tatsächlich realisierte Vielfalt der organisatorischen und institutionellen Varianten, ist ein klassisches Thema im wissenschaftlichen Oeuvre von Manfred Röber (vgl. zuletzt Röber 2011). Während dieses Thema in Deutschland, und auch von Manfred Röber (vgl. Reichard und Röber 2010), vorzugsweise in Bezug auf die Aufgabenwahrnehmung auf der kommunalen Ebene diskutiert wurde und wird, hat es international unter dem Label der ‚*Agencification*' vor allem auf zentralstaatlicher Ebene Furore gemacht. Im Folgenden soll es darum gehen herauszuarbeiten, ob und wie diese Diskussion bei uns auf der Ebene der Bundesverwaltung verarbeitet wurde und wird.[1]

Agencification ist eine der großen Moden der Verwaltungspolitik aber auch der Verwaltungswissenschaft der letzten zwanzig Jahre. Tatsächlich gibt es keinen Zweifel, dass in dieser Zeit insbesondere in den OECD-Ländern, aber auch darüber hinaus, neue und neuartige Exekutivagenturen für die verschiedensten Funktionen von Regierung und Verwaltung geschaffen und gleichzeitig bereits bestehende Behörden und Agenturen umorganisiert und reformiert wurden. Doch dieses allgemeine Bild eines scheinbar einheitlichen Trends zur *Agencification* der klassischen öffentlichen Verwaltung ist hochgradig kontingent und zeichnet sich durch erhebliche Variationen von *Agencies*, Agenturen und anderen öffentlichen Behörden und Organisationen aus, sowohl innerhalb als auch zwischen unterschiedlichen Ländern (Greve u.a. 1999; Pollitt u.a. 2001, 2004; Döhler 2007a, 2007b; Jann u.a. 2008; Bach und Jann 2010).

In dieser gelegentlich überbordenden politischen und akademischen Debatte hat Deutschland bisher eher eine untergeordnete Rolle gespielt. Insbesondere die Bundesverwaltung gilt in der internationalen Debatte als Reform-Nachzügler oder allenfalls als Bewahrer (Pollitt und Bouckaert 2004), in der die meisten Verwaltungsreformen, wenn sie überhaupt stattfinden, einen überaus pragmatischen und inkrementellen Charakter haben und internationale Verwaltungsmoden allenfalls nur sehr zögerlich mitgemacht werden.

---

[1] Für hilfreiche Kommentare danke ich Tobias Bach.

Aber wie sieht es eigentlich in Deutschland in Bezug auf den behaupteten ubiquitären Trend der „Agencification" aus? Hat die deutsche Verwaltung diese Reformbewegung mitgemacht, gibt es überhaupt Agencies in Deutschland, und was können wir ggfs. aus der internationalen Diskussion lernen? Diese Fragen sollen im Folgenden am Beispiel der Bundesverwaltung beantwortet werden, d.h. anhand der Beziehungen zwischen Bundesministerien und ihrem sog. „nachgeordneten Bereich".

In diesem Beitrag soll es daher zunächst darum gehen zu klären, was zum einen *konzeptionell* in der internationalen Diskussion überhaupt unter „Agencies" und „Agencification" verstanden wird, und zum zweiten, inwieweit es diese Phänomene *empirisch* in Deutschland gibt oder vielleicht sogar schon länger gegeben hat, bzw. was ggfs. das Besondere der deutschen Verwaltungsstrukturen und -entwicklung ist. Dabei werde ich argumentieren, dass das Konzept von Agencies in Deutschland überhaupt nicht neu ist, dass es aber gleichzeitig in den letzten Jahren auch kaum eine Bewegung hin zu einer Vergrößerung ihrer Anzahl und damit zu einer allgemeinen *Agencification* gegeben hat. Zweitens wird gefragt, ob sich die Organisation und Steuerung der vorhandenen Behörden in diesem Zeitraum verändert hat? Grundlage der Darstellung sind u.a. Daten aus einer umfassenden Befragung von Bundesbehörden aus dem Jahr 2008, die an der Universität Potsdam von Tobias Bach durchgeführt wurde (vgl. Bach 2010; Bach und Jann 2010; Bach u.a. 2010; Bach 2011; Bach 2012 i.E.). Diese Umfrage war wiederum Teil eines umfassenden internationalen Forschungsverbundes im Rahmen einer von der EU geförderten sog. COST-Action mit dem Titel ‚Comparative Research into Current Trends in Public Sector Organization'.[2] Inzwischen liegen die ersten gemeinsamen Ergebnisse dieses internationalen Forschungsverbundes vor (Verhoest u.a. 2011a, 2011b). Im letzten Teil des Beitrages soll daher schließlich gefragt werden, inwieweit die dort im Rahmen eines „Policy Briefs" identifizierten ‚Lessons and Recommendations for the Practice of Agencification' (van Thiel u.a. 2011) relevant für die deutsche Diskussion sind.

2. Agency Fever: Was sind Agencies?

Der Terminus „Agency" ist in der angelsächsischen Verwaltungswissenschaft alles andere als neu und wurde schon lange vor dem in der internationalen Diskussion ausgemachten ‚agency fever' (Pollitt u.a. 2001) vielfach verwendet. Er bezeichnet zunächst nichts anderes als eine öffentliche Behörde oder ein Amt (oder eine andere Organisation), die eine öffentliche Aufgabe für ei-

---

2 http://soc.kuleuven.be/io/cost/

ne höhere Ebene wahrnimmt, etwa ein Ministerium. Eine weitere und umfassendere Bedeutung hat der Begriff durch die *Principal-Agent-Theory* erhalten, in der alle Beziehungen, in denen ein Auftraggeber/Auftragnehmer-Verhältnis konstruiert werden kann, unter den klassischen Annahmen der Institutionentheorie (Informationsasymmetrie, opportunistisches Verhalten etc.) zusammengefasst werden. Im Folgenden werden die Begriffe „*Agency*' und das deutsche Pendant ‚Agentur' synonym verwendet, wenn es sich um öffentlich-rechtliche Agenturen handelt auch der Begriff ‚Behörde'.

International ist die Popularität von *Agencies* mit zwei durchaus unterschiedlichen Diskursen verbunden. Zum einen waren und sind *Agencies* ein Reformelement im Rahmen des *New Public Managements* (NPM), insbesondere seitdem ‚Next Steps Agencies' in Großbritannien in den achtziger Jahren als zentrales Element der ‚nächsten Schritte' der Verwaltungsmodernisierung im Sinne von NPM identifiziert wurden (Efficiency Unit 1988). Gleichzeitig spielt der Terminus aber auch in dem etwa zur gleichen Zeit beginnenden Diskurs über ‚independent regulatory agencies', also im Rahmen des *regulatory state* eine wichtige Rolle (Majone 2001).

Wie so oft, gibt es in der internationalen verwaltungswissenschaftlichen Diskussion keine eindeutige engere Definition des Terminus *Agency*. Seit Jahren werden eine Vielzahl von Begriffen und Akronymen in diesem Zusammenhang verwendet, ohne dass vollständig klar wäre, was sie jeweils im Detail umfassen, und worin sie sich etwa unterscheiden würden. Genannt werden z.B.:

- QUAGO: Quasi-Governmental Organization
- QUANGO: Quasi-Autonomous Non-Governmental Organisation
- NDPB: Non-Departmental Public Body
- EGO: Extra-Governmental Organisation
- QAO: Quasi-Autonomous Organisation.

Um etwas Ordnung in diese Verwirrung zu bringen, können im Prinzip zunächst eine engere Definition (*Agencies* i.e.S.), die von Pollitt et al. vorgeschlagen wurde (Pollitt u.a. 2004; Talbot 2004), und eine weitere Definition (*Agencies* i.w.S., Quangos) unterschieden werden (Greve u.a. 1999).

Pollitt u.a. (2004: 10) definieren Agencies als Organisationen mit folgenden Merkmalen (siehe hierzu auch ausführlich Bach u.a. 2010: 12ff.):

- eine Organisation des öffentlichen Rechts (*public law legal status*), auch wenn dies in den angelsächsischen Ländern anders definiert wird als in der kontinental-europäischen Tradition,
- mit einer gewissen Kapazität für autonome Entscheidungen,
- strukturell disaggregiert, also kein Teil eines Ministeriums,
- aber unter einer gewissen Kontrolle durch Ministerien und/oder Politiker,
- mit einer gewissen Kontinuität,
- und mit der Verfügungsgewalt über gewisse eigene Ressourcen.

Dies ist offensichtlich eine typisch angelsächsische Definition, die sehr viele Fragen offen lässt, denn was gemeint ist, wenn von gewisser Autonomie (*some autonomy*), gewissen Kontrollen und gewissen Ressourcen gesprochen wird, ist natürlich umstritten und vage. Damit wird aber auch deutlich, dass es hier i.d.R. nicht um dichotome Phänomene geht (Autonomie ja/nein; *Agency* ja/nein), sondern um verschiedene Formen und Dimensionen gradueller Verselbständigung. Es gibt sehr viele unterschiedliche Tiere in diesem ‚Verwaltungszoo', und der Versuch, sie bestimmten Familien, Gattungen oder Arten von öffentlichen Organisationen zuzuordnen, ist alles andere als trivial (Bach und Jann 2010). *Agencies* haben sich, und das gilt für alle untersuchten Länder, eher ‚naturwüchsig' entwickelt, sie gehorchen eher evolutionären als etwa architektonischen oder ‚Design'-Prinzipien.

Neben dieser eher engen Definition von *Agencies* gibt es ein weiteres Konzept, wie es etwa von Greve u.a. (1999) vorgeschlagen wird. Hier sind *Agencies* nur eine bestimmte Form von Quangos. Quangos umfassen in dieser Definition also alle Organisationen, die

- eine öffentliche Aufgabe erfüllen,
- öffentliches Geld ausgeben,
- in einer gewissen Abhängigkeit von Ministerien stehen,
- und entweder öffentlich-rechtlich aber vor allem auch privatrechtlich organisiert sind.

Anhand der deutschen Beispiele und Erfahrungen, können diese unterschiedlichen Konzepte und Auffassungen von Agencies gut illustriert werden, d.h. zum einen *Agencies* im Sinne der bekannten Unterscheidung zwischen unmittelbarer und mittelbarer Bundesverwaltung, zum anderen im Sinne von Bundesverwaltung in Privatrechtsform bzw. privatrechtlicher Auftragsverwaltung.

3. Warum Agencies: NPM und Regulation

Agencies sind in der internationalen Diskussion zunächst vor allem als Reformelement im Rahmen des *New Public Management* propagiert worden. Sie sind ein Element der in diesem Reformkonzept angestrebten Dezentralisierung und Autonomisierung von öffentlichen Behörden. Ziel ist, die Leistungsfähigkeit von Behörden und öffentlichen Einrichtungen zu stärken, in dem der als über-komplex und über-bürokratisiert angesehene öffentliche Sektor zum einen strukturell disaggregiert wird, und zum anderen die Beziehungen innerhalb des öffentlichen Sektors, also zwischen *Agencies* und ihren vorgeordneten Behörden (ihren ‚*principals*'), neu geordnet werden.

Die ‚moderne Agentur' zeichnet sich also dadurch aus, dass sie nicht mehr untergeordneter Teil einer großen bürokratisch integrierten Einheit ist, sondern als eigenständige Organisation agieren kann (*structural disaggregation*), dass sie nicht allein klassisch bürokratisch durch ‚inputs' und detaillierte Weisungen gesteuert wird, sondern möglichst unter Berücksichtigung ihrer ‚outputs' und ‚outcomes' (*performance contracting*), und dass sie möglichst nur für eine Art von Aufgaben zuständig sein soll (*single purpose organisation*).

Ziel dieser Art der organisatorischen Verselbständigung bei gleichzeitig veränderter Steuerung sind u.a. eine höhere Flexibilität bei der Aufgabenerfüllung, eine bessere Qualität der Aufgabenerfüllung durch Professionalisierung und Spezialisierung, eine stärkere Identifikation der MitarbeiterInnen mit der Aufgabe der Behörde und damit eine stärkere Kunden- und Serviceorientierung und gleichzeitig eine Verringerung von kurzfristigen und erratischen hierarchischen und/oder politischen Interventionen. Insbesondere durch Kontraktsteuerung soll die Verantwortlichkeit und Rechenschaftspflicht der Behörde gestärkt werden, Kosten und Leistungen sollen transparent werden, und insgesamt soll die Leistungsorientierung der Behörde angeregt und gefördert werden.

Es ist offensichtlich, dass diese ‚Output-orientierte Steuerung auf Abstand' beinahe idealtypisch die klassischen Elemente und Annahmen des NPM integriert, d.h. institutionentheoretische (Interessengegensatz zwischen Prinzipal und Agent) mit managerialistischen Annahmen (*let the managers manage*) kombiniert. Und es ist auch offensichtlich, warum diese Annahmen für Praktiker der Verwaltungsreform ausgesprochen attraktiv waren und sind. Die ‚practitioner's theories', das sog. Praktiker-Modell (Pollitt u.a. 2004: 30ff.) der *Agencification,* versprechen gleichzeitig alle möglichen Vorteile durch veränderte Organisations- und Steuerungsformen: schnellere und bessere Entscheidungen, größere Kunden- und Serviceorientierung und vor allem auch intern weniger Frustration durch weniger bürokratische Regelungen und Interventionen, größere Freiheiten bei der Personalrekrutierung, Bezahlung und Beförderung, dadurch bessere interne Leistungsanreize, mehr Verantwortung, leistungsgerechte Bezahlung usw. usf..

In der Literatur werden diese unterschiedlichen Begründungen für die Etablierung von *Agencies* auch als Dreibein-Modell (*tripod-model*; Pollitt u.a. 2001; Bach u.a. 2010: 16f.) zugespitzt und zusammengefasst, d.h. moderne Agenturen stützen sich auf

- strukturelle Auslagerung,
- Leistungsvereinbarungen und
- erweiterte interne manageriale Handlungsspielräume.

Dabei ist zu betonen, dass es bei diesem Modell, entgegen populistischen Interpretationen des NPM, gerade nicht darum geht, die politische Unabhängigkeit von *Agencies* zu erhöhen. Ganz im Gegenteil geht es darum, durch Kontraktsteuerung Agenturen stärker politisch verantwortlich zu machen und zu steuern. Es geht um eine „stärkere Berücksichtigung politischer Vorgaben durch die Behörden bei einer gleichzeitigen Erweiterung operativer Handlungsspielräume" (Bach 2012: 7 i.E.).

Es soll und kann hier nicht darum gehen zu untersuchen, ob diese Annahmen tatsächlich erfüllt werden konnten, denn tatsächlich sind die Erfahrungen allenfalls gemischt (als Übersicht Pollitt u.a. 2004; Verhoest u.a. 2011a). Wichtig ist hier zunächst nur die eindeutig management-orientierte Begründung für die Etablierung von *Agencies*, die gleichzeitig vorgibt, wie diese neuen *Agencies* organisiert und gesteuert werden sollen.

Weitgehend unabhängig von diesem Diskurs gibt es allerdings eine andere Begründung für die Einführung und die Verbreitung von staatlichen Agenturen, die auf die seit einigen Jahren aktuelle Debatte des Regulierungsstaates zurückgeht (Majone 1994; Döhler 2006; zusammenfassend Bach u.a. 2010: 20ff.). Hier geht es viel weniger um größere Leistungsfähigkeit und Serviceorientierung durch interne manageriale Unabhängigkeit, und auch nicht um bessere Steuerung durch Kontraktmanagement, sondern im Gegenteil um eine größere politische Unabhängigkeit dieser Behörden, einschließlich ihrer Fähigkeit, eigenständig Regeln zu setzen und durchzusetzen.

Ausgangspunkt ist die Entwicklung des modernen Regulierungsstaates, in dem öffentliche Leistungen immer weniger durch direkte staatliche Organisationen und staatliche Monopole produziert und verteilt werden, sondern viel mehr durch private Unternehmen, die allerdings einer umfassenden staatlichen Regulierung unterzogen werden. Diese Regulierung ist notwendig, weil durch sie nicht nur das Verhalten dieser privaten Akteure im Markt mit öffentlichen Zielen in Übereinstimmung gebracht werden soll, sondern zum Teil diese Märkte erst durch staatliche Regulierung geschaffen und stabilisiert werden müssen. Klassische Beispiele sind die überkommenen staatlichen Monopole in den Bereichen Post, Telekommunikation, Verkehr, Energie usw., aber inzwischen wird diese Art der ökonomischen Regulierung auch auf andere Bereiche der sozialen Regulierung ausgeweitet, etwa in den Bereichen Arzneimittel, Umweltschutz oder Lebensmittelsicherheit.

Um diese Ziele zu erreichen, werden daher seit einigen Jahren auch in Westeuropa sog *‚independent regulatory agencies'* (IRAs) propagiert und etabliert. Im Gegensatz zu den managerialen Agencies stehen sie aber auf etwas anderen drei Beinen. Neben der auch hier grundlegenden strukturellen Disaggregation von Ministerien sind sie idealtypisch charakterisiert durch

- Unabhängigkeit von politischer Einflussnahme,
- eine hohe technische und professionelle Expertise
- und eigenständige inhaltliche Kompetenzen der Rechtsetzung und -durchsetzung.

Die in Deutschland etablierte ‚Bundesnetzagentur' ist dafür ein Beispiel.

IRAs zeichnen sich also aus durch ihre besondere technische und professionelle Expertise, d.h. durch unvermeidbare Informationsasymmetrien zwischen Ministerium und Agentur, durch ihre Möglichkeit der eigenständigen Regulierung und nicht zuletzt durch die formale Einschränkung direkter politischer Eingriffsmöglichkeiten, die das für Märkte als unverzichtbar eingeschätzte ‚credible commitment' garantieren sollen. Unabhängige Regulierungsbehörden verfügen über ein eigenständiges Gestaltungsmandat, d.h. sie setzen nicht nur Recht um, sondern schaffen und definieren eigene Standards, und diese Regulierung erfolgt in der Regel im engen Kontakt mit den betroffenen Akteuren, d.h. ist verhandelte Regulierung. Ihre Legitimation erhalten sie nicht allein durch ihre rechtliche Ausgestaltung, sondern nicht zuletzt auch durch ihre eigene Expertise und Unabhängigkeit (ausführlich Döhler 2006).

IRAs sind in Europa vor allem nach dem US-amerikanischen Vorbild eingerichtet worden, wo es diese Art von *Agencies* seit langem gibt, und wo sie sich u.a. dadurch auszeichnen, dass sie sowohl dem Kongress wie der Administration unterstellt sind, dadurch aber auch von keinem der Prinzipale kontrolliert werden können. Während in Europa die Diskussion der letzten Jahre vor allem darum ging, eine ähnliche politische Unabhängigkeit auch in den klassischen europäischen parlamentarischen Demokratien zu etablieren, in denen in der Regel eigentlich das Prinzip der uneingeschränkten Ministerverantwortlichkeit gilt, dreht sich die Diskussion in den USA seit vielen Jahren genau gegenteilig darum, die ‚*capture*' dieser Agenturen durch die durch sie regulierten Industrien zu verhindern (Bernstein 1955; Stigler 1971).

Auch hier kann und soll es nicht darum gehen zu untersuchen, inwieweit und in welchem Umfang es solche Agenturen gibt, und ob sie tatsächlich diesen Ansprüchen genügen. Wichtig ist hier vor allem festzuhalten, dass die Begründungen für die Etablierung von ‚neuartigen' Agenturen, also für *Agencification*, sehr unterschiedlich sein können und sind. Es gibt nicht nur einen Typ von Agenturen, sondern idealtypisch sowohl *Public Management Agencies* (PMAs) als auch *Independent Regulatory Agencies* (IRAs), und es gibt nicht nur eine Begründung für die Etablierung von Agenturen. Die tatsächlichen Motive zur Gründung von Agenturen können sehr vielfältig sein, und können sich auch durchaus von diesen Reformdiskursen unterscheiden (etwa Abschichtung nicht-ministerieller Aufgaben durch *bureau shaping*, externer Anpassungsdruck durch die EU, Vermeidung politischer Verantwortlichkeit usw.; vgl. dazu Bach 2011 und Pollitt u.a. 2004: 19f., der ‚noble' and ‚less noble' motives unterscheidet).

4. *Agencies* in Deutschland: Was ist neu?

4.1 Welche Agencies in Deutschland?

Als nächstes ist daher zu fragen, ob es diese Typen von neuartigen Agenturen auch in Deutschland gibt, und inwieweit dabei in den letzten Jahren signifikante Veränderungen zu erkennen sind. Ausgangspunkt soll dabei zunächst die oben vorgenommene Unterscheidung zwischen Agenturen im engeren und im weiteren Sinne sein, bevor nach etwaigen Veränderungen und deren Begründungen gesucht wird. Gefragt wird also: wie sieht es überhaupt mit *Agencies* in Deutschland aus, und entsprechen die, die man finden kann, den Vorstellungen von managerialen (PMAs) oder regulativen *Agencies* (IRAs).

Der wichtigste Befund ist zunächst, dass es in Deutschland schon immer Behörden und Einrichtungen gegeben hat, die man als *Agencies* im engeren oder weiteren Sinne bezeichnen kann. *Agencies* und Agenturen sind in Deutschland alles andere als neu, man hat sie bisher nur nicht so bezeichnet.

Wenn man nach Agencies im o.a. engeren Sinne sucht, also nach Organisationen des öffentlichen Rechts mit einer gewissen Befähigung für eigenständige Entscheidungen, strukturell disaggregiert aber kontrolliert durch Ministerien und mit der Verfügungsgewalt über gewisse eigene Ressourcen, wird man in der klassischen deutschen Verwaltung sofort fündig. Sowohl die unmittelbare wie die mittelbare Bundesverwaltung entsprechen genau diesen Kriterien. Man könnte hier also von klassischen bürokratischen Agenturen sprechen (KBAs).

Insgesamt gibt es ca. 50 ‚Obere Bundesbehörden', vom Statistischen Bundesamt über das Bundesverwaltungsamt bis hin zum Umweltbundesamt und dem Bundesamt für Migration und Flüchtlinge. Aber etwa auch die Bundesnetzagentur und der Bundesbeauftragte für die Unterlagen der Staatssicherheit gehören dazu. Prinzipiell verfügen diese Behörden über einen eigenen Haushalt und eine eigene, beschränkte Personalhoheit, aber sie unterliegen sowohl der Fach- wie der Rechtsaufsicht ihres jeweiligen Ministeriums. Diese Art von Agenturen verfügen über eine lange Geschichte, die ersten wurden kurz nach Etablierung des Deutschen Reichs nach 1870 gegründet (u.a. Reichseisenbahnamt und Reichsversicherungsamt), und ihre Errichtung ist im GG geregelt (Art. 87 Abs. 3 GG).

Aber auch die mittelbare Bundesverwaltung, die aus etwa 15 Anstalten, 180 Körperschaften und 16 Stiftungen jeweils des öffentlichen Rechts besteht (es ist immer noch nicht ganz einfach, eine Übersicht zu erlangen, und tatsächlich gibt es ständige Veränderungen), entspricht im Prinzip der o.a. allgemeinen Definition von *Agencies* i.e.S. Im Gegensatz zur unmittelbaren Bundesverwaltung sind diese Behörden allerdings i.d.R. nur der Rechtsaufsicht durch das Ministerium unterstellt. Hier findet man z.B. die Bundesagentur für Arbeit (die tatsächlich eine Körperschaft ist), die Bundesanstalt für Finanzdienstleistungsaufsicht (eine Anstalt, die allerdings auch der Fachaufsicht unterliegt), die Deutsche Rentenversicherung und eine Vielzahl weiterer öffentlich-rechtlicher Körperschaften im Bereich der Sozialversicherung (bis hin zu den verschiedensten Kammern), aber auch die Bundesstiftung Mutter und Kind oder die Stiftung Preußischer Kulturbesitz. Entscheidend ist für diesen Bereich das spezifisch deutsche Konstrukt der körperschaftlichen Selbstverwaltung (Schuppert 1981). Insgesamt gibt es hier einen ziemlichen Wildwuchs, zumindest deutet der Name einer Behörde nicht immer eindeutig darauf hin, um welche Rechtsform es sich handelt (so gehören z.b. einige Forschungsanstalten des Bundes zur unmittelbaren Bundesverwaltung, sind also eigentlich Bundesoberbehörden). Insgesamt ist offenkundig, dass dieser Bereich nicht systematisch konstruiert wurde, sondern sich über viele Jahre evolutionär entwickelt hat.

Als erstes Fazit kann also festgehalten werden, dass Agencies in Deutschland eine lange Tradition haben, und zwar in den unterschiedlichsten Formen. Tatsächlich zeichnet sich die deutsche Verwaltung gerade durch eher kleine Ministerien ohne eigenen Verwaltungsunterbau aus. Eine andere Frage ist, ob diese Agenturen dem Bild der modernen managerialen oder regulativen *Agency* entsprechen? Bevor diese Frage beantwortet werden kann soll kurz diskutiert werden, wie es eigentlich mit *Agencies* i.w.S. in Deutschland aussieht, also um Organisationen, die unbestreitbar eine öffentliche Aufgabe erfüllen, öffentliches Geld ausgeben, aber nicht öffentlich-rechtlich organisiert sind und dennoch eine gewisse Abhängigkeit von Ministerien aufweisen.

Auch hier gibt es eine Fülle von Beispielen in Deutschland, von öffentlich kontrollierten GmbHs über Aktiengesellschaften, eingetragenen Vereinen bis hin zu Stiftungen des privaten Rechts. So ist z.B. neben der Deutschen Flugsicherung und der Kreditanstalt für Wiederaufbau praktisch der gesamte Bereich der Forschungsförderung privatrechtlich organisiert, von der Max-Planck-Gesellschaft bis hin zur Deutschen Forschungsgesellschaft und dem DAAD (alles eingetragene Vereine), aber auch die auswärtige Politik und die Entwicklungspolitik benützen in aller Regel diese Rechtsformen, vom Goethe-Institut bis hin zur Gesellschaft für Internationale Zusammenarbeit (GIZ). Es gibt wohl keinen Zweifel, dass alle diese Organisationen wichtige öffentliche Aufgaben wahrnehmen und öffentliches Geld ausgeben, zum Teil in erheblichem Umfang.

Aber auch darüber hinaus gibt es Organisationen, die rein privatrechtlich organisiert sind, sich eindeutig im privaten Eigentum befinden, und dennoch öffentliche Aufgaben wahrnehmen. Das sind neben den bekannten ‚Beliehenen' (z.B. Schornsteinfeger) der TÜV oder etwa der Deutsche Motoryachtverband, der für die Prüfung und Ausstellung von Fahrerlaubnissen auf den deutschen Gewässern zuständig ist. Ein weiteres Beispiel ist die ‚Toll Collect

GmbH', eine vollkommen in privatem Eigentum befindliche Gesellschaft, die im Auftrag des Bundesamtes für Güterverkehr das Mautsystem betreibt. Wenn man darüber hinaus auch Bundesunternehmen und -beteiligungen zu den ‚Agencies' rechnet (wobei hier die öffentliche Aufgabe nicht immer besonders deutlich ist), ist bemerkenswert, dass der Bund trotz erheblicher Privatisierungen immer noch große Beteiligungen hält (insgesamt 107 Mehrheits- und 500 Minderheitsbeteiligungen laut BMF-Beteiligungsbericht 2010, BMF 2011).

Im Prinzip müsste jede umfassende Diskussion über *Agencification* in Deutschland daher nicht nur die mittelbare und unmittelbare Bundesverwaltung umfassen, sondern auch die Bundesverwaltung in Privatrechtsform und die privatrechtliche Auftragsverwaltung, denn im Prinzip gibt es nur graduelle Übergänge zwischen diesen Organisationsformen, und es bestehen erhebliche funktionale Äquivalente (als Übersicht Bogumil und Jann 2009: 95; umfassend Döhler 2007a, 2007b). Tatsächlich hat sich die deutsche und internationale Diskussion aber bisher vorrangig mit *Agencies* i.e.S. beschäftigt, also öffentlich-rechtliche Agenturen, und die folgende Diskussion muss sich daher auf diesen Ausschnitt begrenzen.

4.2 Moderne oder klassische Agenturen?

Offenbar gibt es also auch in Deutschland viele Agenturen oder *Agencies i.e.S.*, die mehr oder weniger autonom öffentliche Aufgaben wahrnehmen, und dies schon seit geraumer Zeit. Die Frage ist allerdings, ob und inwieweit diese Organisationen dem Bild der ‚*modern Agency'* entsprechen, entweder als manageriale (PMA) oder als regulative *Agencies* (IRAs), und ob ihre Anzahl in den letzten Jahren zugenommen hat, wir also auch in Deutschland von einem Prozess der *Agencification* sprechen können? Genau diese Fragen hat Tobias Bach in seiner Potsdamer Studie untersucht (zu den genauen Zahlen und zur Begründung der Auswahl Bach und Jann 2010: 453ff.), und die vorläufigen Ergebnisse sind ausgesprochen bemerkenswert.

Das erste Ergebnis ist, dass man in Deutschland in den letzten zwanzig Jahren nicht von einem Prozess der *Agencification* sprechen kann. Tatsächlich hat es immer wieder organisatorische Veränderungen gegeben, sowohl horizontale wie vertikale Ausdifferenzierungen, aber gleichzeitig auch die Integration und Fusionierung von Agenturen, und insgesamt keinen auffälligen Zuwachs.

Im Prinzip kann man vier unterschiedliche inter-organisatorische Veränderungen zwischen Ministerien und Agenturen unterscheiden (vgl. Tabelle 1).

Tabelle 1: Typen organisatorischer Veränderungen

	vertikale Arbeitsteilung	horizontale Arbeitsteilung
Spezialisierung	Abspaltung (*Hiving-off*) von ministeriellen Aufgaben und Personal in Agenturen	Aufspaltung (*Splitting*) von bestehenden Behörden und Agenturen
Ent-Spezialisierung	Re-Integration von Aufgaben von Agenturen in Ministerien	Fusionierung (*Merging*) von bestehenden Agenturen

Quelle: Bach und Jann 2010: 454

Tatsächlich gab es in Deutschland nur einige wenige Ab- und Aufspaltungen von bestehenden Behörden, statt dessen viele Zusammenlegungen im Bereich der unmittelbaren Bundesverwaltung und einige Rechtsformenänderungen von unmittelbarer zu mittelbarer Bundesverwaltung, und es gab mit ganz wenigen Ausnahmen keine umfangreichen Auslagerungen von ministerialen Aufgaben auf Agenturen oder Gründungen vollständig neuer Behörden. Die einzig wirklich vollkommen neue Behörde dieser Zeit ist die Bundesnetzagentur, die nach und nach aus dem ehemaligen Ministerium für Post und Telekommunikation und dem Wirtschaftsministerium gebildet wurde. Die Bundesverwaltung hat sich durchaus verändert, aber die klassischen Merkmale der *Agencification*, also die Ausgliederung von größeren Aufgabenbereichen aus einem Ministerium oder auch die Schaffung von speziellen ‚single purpose agencies' spielt bei uns keine entscheidende Rolle.

Die nächste Frage ist, ob die vorhandenen Behörden vielleicht dennoch in Richtung des Typus einer ‚modernen Agency' im Sinne einer PMA umgewandelt oder verändert wurden, in dem z.b. die Merkmale einer eigenständigen managerialen Steuerung auf Abstand, z.B. Kontraktmanagement und umfangreichere personelle und finanzielle Autonomie eingeführt wurden. Auch hier sind die Ergebnisse überraschend und ernüchternd. Tatsächlich beschwert sich die Mehrzahl der befragten Behörden über sehr hohe oder hohe verwaltungsmäßige Einschränkungen durch das geltende Haushalts- und Personalrecht, aber offenbar hat es in diesem Bereich in den letzten Jahren keine größeren Änderungen gegeben. Gleichzeitig werden aber verhältnismäßig geringe direkte inhaltliche Interventionen durch das aufsichtsführende Ministerium gemeldet. M.a.W. wird das interne Management der Behörden durch vorhandene rechtliche Regelungen und auch durch die ministerielle Aufsicht stark beeinflusst und, zumindest aus der Sicht der Behörden, eher behindert, während die Durchführung der Fachaufgaben als weitgehend autonom wahrgenommen wird. Die ministerielle Einflussnahme konzentriert sich auf die interne Steuerung der Behörden, nicht auf die Inhalte (Bach 2010). Auch dieses Ergebnis entspricht nicht den Erwartungen an eine PMA.

Das Verhältnis zwischen Ministerien und Behörden ist i.d.R. immer noch durch eine hierarchische Fachaufsicht gekennzeichnet (bei der unmittelbaren Bundesverwaltung), obwohl die in aller Regel als eher vertrauensvoll und konsensual bezeichnet wird (Döhler 2007a). Tatsächlich scheint diese Fachaufsicht sehr unterschiedlich ausgeübt zu werden, was durch den Bundesrechnungshof kritisiert wurde, und zu einer Initiative der Bestandsaufnahme und der Vereinheitlichung des Konzepts der Fachaufsicht geführt hat (Bundesrechnungshof 2007). Gleichzeitig gibt es zwar gelegentlich Zielvereinbarungen und Kontraktmanagement zwischen Ministerium und Behörde, aber nur in weniger als 38% der Fälle, und weniger als die Hälfte davon verfügen dabei über messbare Ziele. Auch hier ist eine Steuerung im Sinne einer ‚modernen Agency' allenfalls in Ansätzen erkennbar (vgl. hierzu und zum Folgenden Bach und Jann 2010: 461ff.).

Nach öffentlichen Aussagen hat die Zahl der Zielvereinbarungen dennoch erheblich zugenommen. Im Jahr 1998 hatten 38 Bundesbehörden Zielvereinbarungen mit ihrer Aufsichtsbehörde (Bundesregierung 2002), während 2005 die Bundesregierung berichtete, dass 203 von 429 Bundesbehörden (darunter allerdings 324 untere und mittlere Bundesbehörden) über Zielvereinbarungen mit ihren jeweiligen Aufsichtsbehörde verfügten (BT-Drs. 15/5111), während überdies 37 Prozent der Bundesbehörden intern Zielvereinbarungen verwendeten (Schröter 2007).

Das sind zwar insgesamt beeindruckende Zahlen, aber die Potsdamer Studie deutet eindeutig darauf hin, dass die Zielvereinbarungen meistens keine messbaren Ziele enthalten, und dass Leistungsindikatoren allenfalls eine untergeordnete Rolle für die Aufsicht der Ministerien spielen. In der deutschen Verwaltungstradition und -kultur sind Fragen der Rechtmäßigkeit offenbar immer noch von viel größerer Bedeutung als Probleme der Effizienz oder Effektivität. Die vorherrschende Meinung ist, dass der gesetzliche Auftrag der Behörde ausreicht, um eine angemessene Leistung zu gewährleisten (Döhler 2007a). Trotz dieser offiziellen Angaben ist also offenkundig, dass Performanz- und Ziel-orientierte Steuerung in Deutschland kein etabliertes Instrument der ministeriellen Steuerung ist, und auch in den letzten Jahren die traditionelle hierarchischen Kontrollmechanismen nicht ersetzt hat (Döhler 2007a, 2007b; Schröter 2007).

Insgesamt hat es in Deutschland also weder einen Trend zur *Agencification*, noch hin zu mehr managerialen, NPM-type *Agencies* gegeben. Mit Ausnahme eines allgemeinen Reform-Programms zur Vereinfachung der Verwaltungsstrukturen in den 1990er Jahren, hat es auch keine mit den angelsächsischen Ländern vergleichbare sektorübergreifende Politik der *Agencification* oder überhaupt der Strukturreform im deutschen Kontext gegeben (Pollitt und Bouckaert 2004; Jann u.a. 2008). Bei näherer Betrachtung ist dies auch kaum verwunderlich, da Deutschland seit jeher über eine eher große Anzahl von verschiedenen Arten von nachgeordneten Behörden und eine starke Arbeitsteilung zwischen Ministerien und nachgeordnetem Bereich verfügt. Insgesamt verstärkt das Ressortprinzip ohnehin eher sektor-orientierte, unkoordinierte Reformen.

Die strukturellen Veränderungen in der Bundesverwaltung in den vergangenen zwei Jahrzehnten sind daher insgesamt als Konsolidierung und vertikale Spezialisierung zu charakterisieren, gelegentlich auch als horizontale De-Spezialisierung durch Fusionen, aber insgesamt nicht als umfassende Abspaltung ministerieller Aufgaben (Zahlen in Bach und Jann 2010: 455ff.). Das vorhandene Repertoire von rechtlichen Organisationsformen ermöglicht offenkundig eine große Anzahl von organisatorischen Alternativen und die Schaffung von neuartigen, hybriden Organisationstypen (Döhler 2007b). Daher gab es offenbar keinerlei Anreize, irgendwelche neuen Typen von Behörden oder Agencies zu schaffen, wie dies in anderen Ländern der Fall war. Zudem gibt es in Deutschland ja auch ‚alte' Regulierungsbehörden bzw. IRAs, die im Ausland immer wieder als Vorbilder herangezogen werden (etwa Kartellamt und Bundesbank).

Wenn es strukturelle Veränderungen gab, wurden diese in Deutschland i.d.R. durch sektorale Anforderungen angestoßen und vorangetrieben (etwa im Bereich der Privatisierung der alten Staatsmonopole), und nicht durch sektor-übergreifende administrative Reformpolitiken. Dies hängt offenkundig mit dem heftig verteidigten bundesdeutschen Ressortprinzip zusammen, das allgemeine Reformpolitiken in der Bundesverwaltung extrem erschwert.

Tatsächlich hat es daher verschiedene und zum Teil durchaus umfangreiche Organisationsänderungen gegeben, neben dem vielfach erwähnten Beispiel der Netzindustrien etwa in den Bereichen Arzneimittel, Lebensmittelsicherheit, Finanzregulierung oder Flugsicherung, aber diese Reformen sind nicht durch den NPM-Diskurs angetrieben, sondern eher durch allgemeine Veränderungen und Entwicklungen in Richtung des Regulierungsstaates. Aber auch diese Veränderungen sind vorrangig sektoral und problem-getrieben (etwa durch verschiedene Skandale oder auch durch Vorgaben der EU), und nicht durch eine allgemeine Politik zur Etablierung unabhängiger Regulierungsbehörden.

Insgesamt ist aber deutlich, dass in Deutschland die idealen *NPM-Agencies* und der damit verbundene Diskurs eine geringere Rolle gespielt haben, als der Diskurs über *Independent Regulatory Agencies* und die damit verbundenen Erwartungen an ‚*credible commitment*', Expertise und politische Unabhängigkeit. Der Status und die Organisationsformen des nachgeordneten Bereichs verändern sich offenbar auch in Deutschland, aber wie immer eher inkrementell, sektoral, und eher beeinflusst durch die allgemeine Entwicklung vom Leistungs- zum Regulierungsstaat, und viel weniger durch die managerialen Reformen und Diskussionen der letzten 20 Jahre.

Ministerien und verselbstständigte Behörden in Deutschland 91

5. Wie geht es weiter: Lehren aus der internationalen Diskussion

Aber wie sieht es generell mit der Entwicklung von Agencies in Europa aus? Ist Deutschland tatsächlich ein Außenseiter und Nachzügler der internationalen Entwicklung, weil wir zwar vielleicht Regierungsbehörden haben, die den allgemeinen Merkmalen von Agencies i.e.S. entsprechen, aber weder ‚moderne' PMAs oder IRAs? Erste Anhaltspunkte zur Beantwortung dieser Frage geben die Ergebnisse der erwähnten COST-Action on ‚Comparative Research into Current Trends in Public Sector Organization' (CRIPO), die im Rahmen des umfassenden Forschungsnetzwerkes ‚Comparative Public Organization Data Base for Research and Analysis' (COBRA) stattfand und an der u.a. der Verfasser und Tobias Bach beteiligt waren. Die an diesem umfangreichen vergleichenden Projekt beteiligten Wissenschaftler (aus insgesamt 24 europäischen Ländern) haben die wichtigsten Ergebnisse und Lehren aus ihrer gemeinsamen Bestandsaufnahme in einer Broschüre veröffentlicht (van Thiel u.a. 2011), und im Folgenden sollen die dort thesenartig zusammengefassten ‚lessons' kurz mit den Erfahrungen in Deutschland konfrontiert werden.

5.1 Errichtung von Agencies

Ein zentrales Ergebnis des internationalen Vergleichs, das sehr gut mit den deutschen Erfahrungen übereinstimmt, ist die unglaublich große Varianz von Typen von Agencies, und den damit verbundenen Erfahrungen: „... public administration systems actually are a mixed order of partly overlapping, partly contradicting supplementing and competing organizational forms, and they have in that respect a compound nature" (van Thiel u.a. 2011: 10 m.w.A.).

Insgesamt lautet das Ergebnis, „no one single best agency model ... can be uniformly applied across countries" (ebda), und Agencies, die dem Idealbild der PMA entsprechen, sind außerordentlich schwer zu finden. In einzelnen Organisationen findet man daher Elemente sowohl klassisch, NPM aber auch post-NPM organisierter Verwaltungen, und Elemente verweisen gleichzeitig in unterschiedliche Richtungen. Es geht also nicht darum, ein Modell zu verabsolutieren und durchzusetzen, sondern wir brauchen, so die Autoren, im Gegenteil ein Repertoire von unterschiedlichen Modellen, um zukünftigen Herausforderungen entsprechen zu können. Ein weiteres Ergebnis des Vergleichs ist, dass die meisten Regierungen bisher nicht in der Lage oder willens waren, aus den Erfahrungen vergangener Reformen zu lernen.

Zusammengefasst lauten die ‚lessons' des Vergleichs für die Schaffung von Agenturen durch CRIPO daher (van Thiel u.a. 2010: 17):

„1. Agencies are not new.
2. There is not one (best) agency model. Agencies that are actually governed according to the NPM prescriptions are hard to find in international practice.
3. The choice of agencies as organizational form for public tasks happens in many countries in a rather ad hoc or unsystematic way."

Diese Erfahrungen entsprechen genau dem, was in Deutschland zu beobachten ist. Deutschland ist also offenkundig, zumindest was die Schaffung von Agencies angeht, kein Sonderfall.

5.2 Autonomie von Agencies

Bezüglich der Autonomie von Agencies ist ein zentrales Ergebnis des Vergleichs, dass Autonomie ein multi-dimensionales Konzept ist. Es umfasst sowohl Aspekte der politischen Unabhängigkeit im Sinne des ‚credible commitment' der IRAs, aber auch rechtliche, finanzielle, manageriale oder Policy-Unabhängigkeit. Und auch hier zeigt sich, dass alle möglichen Kombinationen dieser Arten von Autonomie zu beobachten sind, und dies sogar in Agencies gleicher rechtlicher Konstruktion.

Insgesamt lautet hier das Fazit (van Thiel u.a. 2011: 22):

„4. The overall autonomy of an agency is actually a product of balancing managerial, policy, financial and legal autonomy. There are however no straightforward relationships between these different kinds of autonomy (legal, financial, managerial and policy autonomy).
5. The formal autonomy as stated in the legal basis of an agency and the actual degrees of freedom of an agency (...), as perceived by the senior management of the agencies, may differ considerably. Moreover, the autonomy and control of agencies is dynamic: it can change over time.
6. While the level of perceived managerial autonomy of agencies differs considerably between countries and within countries, the level of policy autonomy of agencies in many countries seems to be rather substantial."

Auch diese Bilanz stimmt eindeutig mit den Einschätzungen der Situation in Deutschland überein. Auch hier ist also nicht erkennbar, dass Deutschland ein Sonderfall sein sollte. Auch in Deutschland gibt es in den Bundesoberbehörden nach den vorläufigen Ergebnissen von Bach eher eine Policy-Autonomie, als manageriale Handlungsspielräume, und auch die rechtliche Ausgestaltung ist überaus flexibel und nicht eindeutig mit Autonomie verknüpft, wenn auch die mittelbare Bundesverwaltung tendenziell über umfangreichere manageriale Unabhängigkeit verfügt, aber eben nicht prinzipiell über mehr Policy-Autonomie.

5.3 Steuerung und Kontrolle von Agencies

Auch bei der zentralen Fragen der Steuerung von Agencies durch ihre ‚Prinzipale', also in aller Regel die Ministerien, kommt der internationale Vergleich zu ambivalenten Ergebnissen. Es gibt auch international sowohl Formen der klassischen ‚ex ante' bürokratischen Steuerung durch Inputs, aber durchaus auch einer modernen ‚ex post' angelegten Steuerung durch Outputs und Outcomes, also durch Resultate und Leistungen im Sinne der Ziel- und Kontraktsteuerung. Bei der Bewertung dieser möglichen Formen der Steuerung kommt der Vergleich aufgrund von Erfahrungen in Schweden, den Niederlanden und Großbritannien zu dem Ergebnis, dass ‚Kontraktsteuerung' aber vorrangig als ein Instrument zur Verbesserung der Kommunikation zwischen Prinzipal und Agentur genutzt werden sollte, um den Austausch von Informationen und Verhandlungen zu erleichtern, und nicht zuletzt gemeinsames Lernen zu ermöglichen. Damit werden die Ergebnisse einer früheren vergleichenden Untersuchung, die für das Europäische Parlament durchgeführt worden war, und in der statt ‚Kontraktsteuerung' eine eher weiche Form der ‚Kontaktsteuerung' empfohlen wurde, bestätigt und übernommen (Jann u.a. 2008).

Insgesamt lautet das Fazit hier (van Thiel u.a. 2011: 27):

„7. Agencies can be controlled by a range of mechanisms, and the interaction of these mechanisms determines whether agencies are under- or over-controlled. The extent and level of the actually exercised political control may differ substantially from the formally prescribed control mechanisms.
8. Shifting control systems from mainly ex ante input oriented to predominantly ex post result oriented controls, proves to be a challenging task. However, excessive ex ante input control makes ex post result-oriented control rather ineffective, as ex ante control stifles managerial flexibility as well as blurs accountability on results.
9. The crucial role for parent ministries is to provide clear lines of accountability (...). However, parent ministries are not always aware of or neglect their control function, or lack capacity to do so.
10. Steering and control of agencies requires new skills and competencies of parent ministries and other principals, which fit with a more horizontal, contractual relationship.
11. Steering agencies at arm's length requires the development of new instruments and organizational arrangements, which fit with a more horizontal relationship."

Auch diese Ergebnisse erscheinen für die deutschen Erfahrungen hochgradig plausibel, auch wenn die endgültigen Ergebnisse der Untersuchungen von Bach noch nicht vorliegen. Die vorliegenden Ergebnisse unterstützen die

These (zu 8. siehe Bach und Jann 2010; Bach u.a. 2010; zu 9. Döhler 2007a, BRH 2007). Diese Punkte sind allerdings mithilfe des COBRA-Surveys nur teilweise zu beantworten, weil es dabei vor allem um die Ministerien geht. Die Kritik des Bundesrechnungshofs an der sehr unterschiedlich ausgestalteten Fachaufsicht unterstreicht diese Ergebnisse.

5.4 Interne Steuerung von Agencies

In diesem Bereich geht es darum, wie die Leistungsfähigkeit von Agenturen durch interne Mechanismen und Prozesse der Steuerung und Überwachung verbessert werden können. Auch hier sind die Ergebnisse des internationalen Vergleichs ernüchternd und eindeutig. Es gibt offenbar keinerlei Hinweise dafür, dass eine umfangreichere Autonomie von *Agencies* automatisch zu einer höheren internen Leistungsfähigkeit führen würde. Gleichzeitig wird darauf hingewiesen, dass die Festlegung und Messung der Leistungsfähigkeit oder Leistungsverbesserung von Agenturen nicht nur auf einfache Definitionen von *Efficiency* und *Economy* beschränkt werden dürfe, sondern komplexere Dimensionen wie Qualität, Effektivität, Fairness, Responsivität, Gleichbehandlung etc. umfassen müsse. Insgesamt müssten zu enge Konzepte von Performanz und Leistungsfähigkeit überwunden werden. Nicht zuletzt die Legitimität und Rechenschaftspflicht von Agenturen nicht nur gegenüber dem übergeordneten Ministerium, sondern insgesamt gegenüber *Stakeholders* und der gesamten Gesellschaft seien dabei von erheblicher Bedeutung.

Insgesamt lautet das Fazit (von Thiel u.a. 2011: 33):

„12. Knowledge of agency performance is (too) limited. Agency performance is not only about efficiency and effectiveness.
13. Autonomy in itself is not sufficient to ensure a good performance of agencies. For instance, the quality of the leadership and management skills of agency CEOs and their board members is crucial.
14. Agencies are in most countries not a well-known ‚species' with the general public, MPs and the media.
15. The legitimacy and accountability of agencies is a matter of importance for agencies and governments alike."

Auch hier gilt wieder, dass nicht erkennbar ist, wie sich die deutsche Szenerie und Entwicklung von staatlichen und auch privaten *Agencies* und Agenturen von diesen Ergebnissen unterscheiden sollte. Auch bei uns gibt es zu wenig Wissen über die Leistungen von *Agencies*. Agencies sind in der Öffentlichkeit eher wenig bekannt und präsent, sind aber gleichzeitig immer auf die öffentliche Legitimation angewiesen. Dabei ist gerade für Deutschland bisher nicht genauer untersucht, ob das Ergebnis der geringen Bekanntheit wirklich für alle Bundesoberbehörden zutrifft, denn einige von Ihnen, und auch deren

Präsidenten, sind seit einigen Jahren durchaus in den Medien präsent. Auch hier sind wir auf weitere Untersuchungen dringend angewiesen.

5.5 Rationalisierung, Koordination und Zusammenarbeit von Agencies

Im letzten Abschnitt geht es schließlich um die Frage, inwieweit die sich in den letzten Jahren entwickelnde *Agency*-Szenerie inzwischen schon wieder der Rationalisierung bedarf, also der besseren Strukturierung, der Fusionierung, der Kooperation, Vereinheitlichung oder auch Abschaffung von *Agencies*. Beobachtet werden im Rahmen des internationalen Vergleichs kontinuierliche strukturelle Veränderungen in fast allen Ländern, aber insbesondere in den Ländern, in denen eindeutige Prozesse der *Agencification* eines ansonsten zu hierarchisch und zentralistisch integrierten öffentlichen Sektors zu beobachten waren, wie etwa in Großbritannien. Dabei ergibt die vergleichende Betrachtung, dass die Kosten dieser kontinuierlichen Veränderungen vermutlich unterschätzt werden, während gleichzeitig nichts dafür spricht, dass strukturelle Veränderungen notwendigerweise zu Performanzverbesserungen führen.

Zumindest in einigen Ländern, so wird befürchtet, hat der umfassende Prozess der *Agencification* zu einem Verlust von politischer Transparenz und Verantwortlichkeit geführt, und damit an politischer Legitimation, und gleichzeitig auch zu Bedenken, was die letztendliche Effizienz und Effektivität dieser Veränderungen angeht. Kritisiert werden eine zunehmende Fragmentierung des öffentlichen Sektors, und eine Zunahme von Koordinations- und Transaktionskosten. Die Schlussfolgerungen daraus lauten (van Thiel u.a. 2010: 37):

„16. Extensive agencification in systems with weak coordination capacity may endanger system effectiveness.
17. Rationalization of agencies is not an absolute guarantee for better performance or more coordination; the approach and criteria for the rationalization matter.
18. Whole-of-government, post-NPM reforms seems to supplement rather than to replace NPM reforms."

Tatsächlich erscheinen diese Schlussfolgerungen für Deutschland am wenigsten einschlägig. Es hat bei uns keine extensiven Prozesse der *Agencification* gegeben, und diejenigen Rationalisierungsprozesse und Fusionen, die es in Deutschland durchaus gab, können daher nicht als *Backlash* gegenüber Agencification oder auch als neuartige Reformstrategie einer ‚whole-of-government' Reform interpretiert werden. Sie sind eher Anpassungsprozesse beim Übergang vom Leistungs- zum Regulierungsstaat.

6. Schlussfolgerungen: Ein deutscher Sonderweg?

Die Organisation und Reorganisation der Wahrnehmung öffentlicher Aufgaben ist ein Dauerthema der Verwaltungswissenschaft und Verwaltungspolitik. Während in Deutschland seit langer Zeit vor allem die verschiedenen Möglichkeiten und Varianten der Organisation der Aufgabenwahrnehmung auf der kommunalen Ebene und deren mögliche und tatsächliche Vor- und Nachteile intensiv diskutiert werden (Reichard und Röber 2010), hat sich die internationale Diskussion vorrangig mit Organisationsveränderungen auf der zentralstaatlichen Ebene beschäftigt, die vor allem unter der Überschrift Agencification diskutiert wurden.

Ziel des vorliegenden Beitrages war es, die deutsche Entwicklung der letzten zwanzig Jahre in diesen vermutlich ubiquitären Trend der *Agencification* einzuordnen. Dazu wurde zunächst diskutiert, was in der internationalen Diskussion unter *Agencies* und *Agencification* verstanden wird, und es wurden *Agencies* i.e.S. (in öffentlich-rechtlicher Organisationsform, also als Teil des öffentlichen Sektors) von solchen i.w.S. (privatrechtliche Organisationen, die öffentliche Aufgaben wahrnehmen und öffentliche Gelde verteilen) unterschieden. Weiter wurde argumentiert, dass die überaus intensive Beschäftigung mit *Agencies* in den letzten zwanzig Jahren durch zwei unterschiedliche Reformdiskurse angestoßen wurde. Zum einen wurden Agencies als zentrales Element von *New-Public-Management*-Reformen propagiert, deren Leistungsfähigkeit durch strukturelle Verselbständigung, Kontraktmanagement und erweiterte interne manageriale Handlungsspielräume erheblich gesteigert werden sollte (Public Management Agencies, PMAs). Zum anderen spielen *Agencies* im Rahmen neuartiger Regulierungen, und damit in Verbindung mit den Reformdiskursen bezüglich einer veränderten staatlichen Leistungserstellung, d.h. beim Übergang vom Leistungs- zum Regulierungsstaat eine wichtige Rolle. Die in diesem Zusammenhang propagierten unabhängigen Regulierungsbehörden (*Independent Regulatory Agencies*, IRAs) zeichnen sich nicht nur durch strukturelle Disaggregation aus, sondern zudem durch eine hohe technische und professionelle Expertise und ausdrückliche eigene Kompetenzen, die der politischen Einflussnahme entzogen werden sollen.

Weiter wurde argumentiert, dass es in Deutschland eine lange Tradition von *Agencies* i.e.S. gibt, die bereits auf die Kaiserzeit zurückgeht, und dass Deutschland insgesamt im internationalen Vergleich durch eher kleine Ministerien ohne eigenen Verwaltungsunterbau und eine Vielzahl von Agenturen in den unterschiedlichsten Rechtsformen charakterisiert ist (unmittelbare und mittelbare Bundesverwaltung, dazu verschiedenste Agenturen in privater Rechtsform). Auf der Grundlage neuerer empirischer Erhebungen wurde weiter gezeigt, dass es in Deutschland, im Gegensatz zu vielen anderen Ländern, in diesem Zusammenhang keine einheitliche Reformstrategie in Bezug auf *Agencies* und *Agencification* gegeben hat, und dass insgesamt die Zahl der Agenturen i.e.S. in Deutschland sogar gesunken ist. Die Ursache dafür ist, dass die meisten Reorganisationen Zusammenschlüsse vorhandener Behörden waren und allenfalls unmittelbare in mittelbare Behörden verwandelt wurden. Gleichzeitig ist auch deutlich, dass diese deutschen *Agencies* in aller Regel nicht dem Bild einer modernen, managerialen *Agency* (PMA) entsprechen. Nur in Ausnahmefällen gibt es eindeutige Zielvereinbarungen zwischen Ministerien und Agenturen, die internen Handlungsspielräume in den Bereichen Personal und Haushalt sind eher eng, aber insgesamt besteht dennoch eine erhebliche Autonomie bei der Wahrnehmung der fachlichen Aufgaben. Die strukturellen Veränderungen in der Bundesverwaltung sind daher eher als Konsolidierung anzusehen, und eher durch Merkmale regulatorischer Agenturen und Reformen gekennzeichnet, als durch managerialistische Veränderungen.

Abschließend wurden diese Befunde mit den ersten Ergebnissen einer umfassenden Bestandsaufnahme von Agenturen im europäischen Vergleich abgeglichen. Das vielleicht überraschende Ergebnis ist, dass Deutschland sich keineswegs grundsätzlich von seinen europäischen Nachbarn unterscheidet. Sowohl was die Errichtung von Agencies angeht, die Ausgestaltung von Autonomie und die Merkmale externer und interner Steuerung und Kontrolle, ist das europäische Bild keineswegs einheitlich und eindeutig. Die vergleichende europäische Betrachtung verdeutlicht, wie in Deutschland, eine große Vielzahl von unterschiedlichen Agenturen, die auf eine lange Geschichte zurückblicken können, und dabei unterschiedliche Dimensionen von organisatorischer Autonomie (die keineswegs eindeutig miteinander korrelieren) und erhebliche Policy-Autonomie aufweisen. Gleichzeitig gibt es auch bei unseren europäischen Nachbarn kaum Beispiele für die Etablierung idealtypischer Public-Management-Agencies, und, wie bei uns, erhebliche Defizite bei der internen wie externen Steuerung von *Agencies*.

Insgesamt ist das Ergebnis für Deutschland daher eher überraschend positiv. Wir unterscheiden uns nicht prinzipiell von unseren Nachbarn, auch wir verfügen über eine große Vielzahl von unterschiedlichen öffentlichen Agenturen, mit sehr unterschiedlich ausgeprägten Merkmalen von Autonomie und Steuerung. Deutschland hat den Trend, oder die Mode der *Agencification* der letzten Jahre nicht mitgemacht, daher ist auch die neue Mode der Restrukturierung und Rationalisierung unter der Überschrift des ‚joined-up-government' bei uns nicht besonders stark ausgeprägt. Allerdings bedeutet alles dies nicht, dass die Organisation der Wahrnehmung öffentlicher Aufgaben auf Bundesebene reformresistent und statisch sei. Tatsächlich gibt es eine Reihe von graduellen Entwicklungen, die zum Teil in die Richtung einer stärkeren managerialen Unabhängigkeit von Agenturen gehen, aber noch stärker in Richtung einer stärkeren politischen Unabhängigkeit im Sinne des Regulierungsstaates. Auch hier spielt Deutschland offensichtlich keine Sonderrolle.

Literatur

Bach, Tobias, 2012: Autonomie und Steuerung verselbständigter Behörden. Management, Regulierung und die Bedeutung formaler Strukturen, in: Politische Vierteljahresschrift (zur Veröffentlichung angenommen).

Bach, Tobias, 2011: Germany, in: Verhoest, Koen/van Thiel, Sandra/Bouckaert, Geert und Per Lægreid (Hrsg.), Government Agencies. Practices and Lessons from 30 Countries. Basingstoke: Palgrave, 166-178.

Bach, Tobias, 2010: Policy and Management Autonomy of Federal Agencies in Germany, in: Lægreid, Per und Koen Verhoest (Hrsg.), Governance of Public Sector Organizations. Proliferation, Autonomy and Performance. Hampshire: Palgrave, 89-110.

Bach, Tobias/Fleischer, Julia/Hustedt, Thurid, 2010: Organisation und Steuerung zentralstaatlicher Behörden. Agenturen im westeuropäischen Vergleich. Berlin: Edition Sigma.

Bach, Tobias/Jann, Werner, 2010: Animals in the Administrative Zoo. Organizational Change and Agency Autonomy in Germany, in: International Review of Administrative Sciences, Jg. 76, Nr. 3, 443-468.

Bernstein, Marver H., 1955: Regulating Business by Independent Commission. Princeton: Greenwood.

Bogumil, Jörg/Jann, Werner, 2009: Verwaltung und Verwaltungswissenschaft in Deutschland. Einführung in die Verwaltungswissenschaft. Wiesbaden: VS Verlag für Sozialwissenschaften.

Deutscher Bundestag, 2005: Moderne Managementmethoden für eine moderne Verwaltung. Antwort der Bundesregierung vom 16.03.2005 auf die Große Anfrage der Abgeordneten Dr. Volker Wissing, Otto Fricke, Jürgen Koppelin, weiterer Abgeordneter und der Fraktion der FDP, BT-Drs 15/5111.

Bundesministerium der Finanzen (BMF), 2011: Beteiligungsbericht 2010. Berlin.

Bundesrechnungshof, 2007: Bemerkungen zur Wirtschafts- und Haushaltsführung des Bundes. Bonn.

Bundesregierung, 2002: Moderner Staat – Moderne Verwaltung. Bilanz 2002. Berlin.

Döhler, Marian, 2006: Regulative Politik und die Transformation der klassischen Verwaltung, in: Bogumil, Jörg/Jann, Werner und Frank Nullmeier (Hrsg.), Politik und Verwaltung. Auf dem Weg zu einer postmanagerialen Verwaltungsforschung. Politische Vierteljahresschrift, Sonderheft 37, 208-227.

Döhler, Marian, 2007a: Die politische Steuerung der Verwaltung. Eine empirische Studie über politisch-administrative Interaktionen auf der Bundesebene. Baden-Baden: Nomos.

Döhler, Marian, 2007b: Vom Amt zur Agentur?. Organisationsvielfalt, Anpassungsdruck und institutionelle Wandlungsprozesse im deutschen Verwaltungsmodell, in: Jann, Werner und Marian Döhler (Hrsg.), Agencies in Westeuropa. Wiesbaden: VS Verlag für Sozialwissenschaften, 12-47.

Efficiency Unit, 1988: Improving management in government: the next steps. Report to the Prime Minister. London.

Greve, Carsten/Flinders, Matthew/van Thiel, Sandra, 1999: Quangos – What's in a name? Defining quangos from a comparative perspective, in: Governance, Jg. 12, Nr. 2, 129-146.

Jann, Werner/Bach, Tobias/Fleischer, Julia/Hustedt, Thurid, 2008: Best Practice in Governance of Agencies. A Comparative Study in View of Identifying Best Practice for Governing Agencies Carrying Out Activities on Behalf of the European Union. Brüssel: Europäisches Parlament.

Majone, Giandomenico, 2001: Two Logics of Delegation. Agency and Fiduciary Relations in EU Governance, in: European Union Politics, Jg. 2, Nr. 1, 103-122.

Majone, Giandomenico, 1994: The Rise of the Regulatory State in Europe, in: West European Politics, Jg. 17, Nr. 3, 77-101.

Pollitt, Christopher/Bathgate, Karen/Caulfield, Janice/Smullen, Amanda/Talbot, Colin, 2001: Agency fever? Analysis of an international policy fashion, in: Journal of Comparative Policy Analysis, Jg. 3, Nr. 3, 271-290.

Pollitt, Christopher/Bouckaert, Geert, 2004: Public Management Reform. A Comparative Analysis. 2. Aufl. Oxford: Oxford University Press.

Pollitt, Christopher/Colin, Talbot/Janice, Caulfield/Smullen, Amanda, 2004: Agencies. How Governments do Things through Semi-autonomous Organizations. London: Palgrave.

Reichard, Christoph/Röber, Manfred, 2011: Verselbständigung, Auslagerung und Privatisierung, in: Blanke, Bernhard/Nullmeier, Frank/Reichard, Christoph und Göttrik Wewer (Hrsg.), Handbuch zur Verwaltungsreform. 4. Aufl. Wiesbaden: VS Verlag für Sozialwissenschaften, 168-176.

Röber, Manfred (Hrsg.), 2011: Institutionelle Vielfalt und neue Unübersichtlichkeit. Zukunftsperspektiven effizienter Steuerung öffentlicher Aufgaben zwischen Public Management und Public Governance. Berlin: Berliner Wissenschafts-Verlag (im Erscheinen).

Schröter, Eckhard, 2007: Reforming the machinery of government. The case of the German federal bureaucracy, in: Koch, Rainer und John Dixon (Hrsg.), Public Governance and Leadership. Wiesbaden: Deutscher Universitätsverlag, 251-271.

Schuppert, Gunnar F., 1981: Die Erfüllung öffentlicher Aufgaben durch verselbständigte Verwaltungseinheiten. Eine verwaltungswissenschaftliche Untersuchung. Göttingen: Otto Schwartz.

Stigler, George J., 1971: The Theory of Economic Regulation, in: The Bell Journal of Economics and Management Science, Jg. 2, Nr. 1, 3-21.

Talbot, Colin, 2004: The agency idea, in: Pollitt, Christopher und Colin Talbot (Hrsg.), Unbundled Government. A Critical Analysis of the Global Trend to Agencies, Quangos and Contractualisation. London: Routledge Chapman, 3-21.

van Thiel, Sandra/Verhoest, Koen//Bouckaert, Geert/Lægreid, Per, 2011: Lessons and Recommendations for the Practice of Agencification. A Policy Brief for Governments in Europe and Beyond, in: Verhoest, Koen/Sandra van Thiel/Geert Bouckaert und Per Lægreid (Hrsg.), COST Action IS0601 – Governing Public Agencies in the 21st Century. International lessons and policy recommendations by the COST Action IS0601 on Comparative Research into Current Trends in Public Sector Organization – CRIPO/COBRA'. Leuven: KU Leuven, 10-40.

Verhoest, Koen/van Thiel, Sandra/Bouckaert, Geert/Laegreid, Per (Hrsg.), 2011a: Government Agencies. Practices and Lessons from 30 Countries. Basingstoke: Palgrave.

Verhoest, Koen/van Thiel, Sandra/Bouckaert, Geert/Laegreid, Per (Hrsg.), 2011b: COST Action IS0601 – Governing Public Agencies in the 21st Century. International lessons and policy recommendations by the COST Action IS0601 on ‚Comparative Research into Current Trends in Public Sector Organization CRIPO/COBRA'. Leuven: KU Leuven.

Wandel lokaler Aufgabenwahrnehmung im föderalen Staat: Macht Kommunalisierung einen Unterschied?

Sabine Kuhlmann

1. Einleitung

Das deutsche kommunale Aufgabenmodell hat im vergangenen Jahrzehnt erhebliche Veränderungen durchlaufen. Durch Funktional- und Verwaltungsstrukturreformen, Kommunalisierung und Gebietsreform, aber auch Privatisierung und Re-Kommunalisierung (vgl. Röber 2009) hat die ohnehin vielgestaltige föderale Verwaltungsorganisation und Vollzugspraxis weiter an Varianz gewonnen (Bogumil und Kuhlmann 2010: 347; Röber 2011). Der vorliegende Beitrag greift aus der Bandbreite von Reformen und Modernisierungsmaßnahmen, die die kommunale Aufgabenwahrnehmung im föderalen Staat veränderten, den Bereich der Verwaltungsstruktur- und Funktionalreform, insbesondere die Kommunalisierung von landesstaatlichen Aufgaben, heraus. Diese ist in vielen Bundesländern zu einem zentralen Reformelement bei der Neujustierung der Aufgabenorganisation im Verhältnis von Landes- und Kommunalebene geworden (vgl. Ebinger 2010). Dabei werden Kommunalisierungen zum einen mit dem Ziel der funktionalen Optimierung und in der Überzeugung vorgenommen, dass bestimmte lokal wirksame Politiken effektiver von kommunalen als von staatlichen Institutionen gesteuert und implementiert werden können. Sie erfolgen in der Erwartung, dass die multifunktional gebietsbezogen agierende Kommune besser in der Lage ist, bestimmte Aufgaben wahrzunehmen, als etwa eine staatliche Sonderbehörde oder ein Regierungspräsidium. Zum anderen verspricht man sich von Kommunalisierungsmaßnahmen Einspareffekte in der Annahme, dass die Kommunen die betreffenden Aufgaben mit weniger Ressourcen erbringen können (Einspar-/Effizienzrendite). Kommunalisierung kann aber auch von der Absicht geleitet sein, politisch-demokratische Legitimitätsgewinne dadurch zu erzielen, dass den gewählten Kommunalvertretern neue politische Beschlussrechte im Hinblick auf die betreffenden Aufgaben eingeräumt werden, um so die demokratische Kontrolle vor Ort zu verbessern.

Vor diesem Hintergrund sollen im Folgenden, nach einer kurzen Vorstellung des theoretischen Rahmens, zunächst die institutionellen und funktionalen Veränderungen auf der sub-staatlichen Verwaltungsebene betrachtet werden. Sodann werden die Auswirkungen der Reformen auf die Leistung der Kommunalverwaltung am Beispiel konkreter Aufgabenbereiche untersucht.

Indem die Effekte der Reformen auf die Performanz der Verwaltung in den Blick genommen werden sollen und es somit um eine institutionenevaluative Betrachtung geht, unterscheidet sich die Analyseperspektive von der in der Verwaltungsforschung dominierenden (institutionengenetischen) Sichtweise, bei der überwiegend die Beschreibung und Erklärung des institutionellen Wandels im Mittelpunkt stehen.

2. Theoretischer Rahmen

Um die Wirkungen von Aufgabenkommunalisierungen zu untersuchen, kann auf die idealtypisierende Unterscheidung von Gebietsorganisationsmodell (*multi purpose model*) auf der einen und Aufgabenorganisationsmodell (*single purpose model*) auf der anderen Seite zurückgegriffen werden (vgl. Wagener 1979; Wagener und Blümel 1998; Benz 2002; Wollmann 2004; Bogumil und Jann 2009; Kuhlmann und Wollmann 2011). Das Gebietsorganisationsmodell ist durch eine horizontale, gebietsbezogene Verwaltungsorganisation bestimmt, in welcher die Kommune als territoriale Einheit alle auf dieser Ebene anfallenden Aufgaben bündelt und in eigener politischer Verantwortlichkeit erfüllt. Das Aufgabenorganisationsmodell dagegen zielt auf eine vertikale, funktionsbezogene Verwaltungsorganisation, in welcher für abgrenzbare Fachaufgaben jeweils ein spartenhaft ausgerichteter Behördenapparat von der (zentral)staatlichen bis auf die lokale Ebene existiert und die politische Verantwortlichkeit außerhalb der betreffenden Instanz liegt.

In der Verwaltungswissenschaft werden diesen beiden idealtypischen Konfigurationen spezifische Auswirkungen auf die lokale Aufgabenerbringung und Performanz zugeschrieben. Demnach begünstigt das Gebietsorganisationsmodell einerseits die horizontale Koordination unterschiedlicher Fachpolitiken und den Ausgleich zwischen Politiksektoren. Außerdem wird vermutet, dass das Gebietsorganisationsmodell die Möglichkeiten demokratischer Kontrolle vor Ort stärkt, da ein breiteres Spektrum an Aufgaben lokalpolitisch unmittelbar von den Bürgern bzw. ihren Ratsvertretern kontrolliert und mitgestaltet werden kann. Allerdings lässt das Gebietsorganisationsmodell – so die Vermutung – geringere Spielräume für die fachliche Spezialisierung der Akteure zu und bringt aufgrund schwindender Größeneffekte Effizienz- und Effektivitätsdefizite mit sich (vgl. Wagener 1979; Wollmann 1997, 2004; Banner 2005). Die vertikale Koordination zwischen den Verwaltungsebenen und innerhalb einzelner Verwaltungssektoren wird tendenziell erschwert und die Einheitlichkeit des Vollzugs nimmt ab. Die vermuteten Effekte des Aufgabenorganisationsmodells stellen sich entsprechend spiegelbildlich dar (vgl. Kuhlmann u.a. 2011).

Die Kommunalisierung von öffentlichen Aufgaben wirkt grundsätzlich in Richtung einer Stärkung der Gebietsorganisation. Somit wäre zu vermuten, dass sich die horizontale Koordination erhöht, während Effektivität, Effizienz und vertikale Koordinationsfähigkeit abnehmen. Allerdings kann Kommunalisierung unterschiedliche institutionelle Facetten und rechtliche Formen annehmen (siehe auch Benz 2002; Wollmann 2008; Kuhlmann 2009a). Sie kann einerseits als „echte Kommunalisierung" (Wollmann 1997: 106) oder auch „politische Dezentralisierung" erfolgen, womit die Aufgabenübertragung von der Staats-/Landesverwaltung, in der Regel von nachgeordneten (Sonder-) Behörden der unteren Vollzugsebene oder aus einer mittleren Instanz (z.b. Regierungspräsidien), auf die Kommunalverwaltung angesprochen ist. Von „politischer" Dezentralisierung ist deshalb die Rede, weil neben der Verwaltungszuständigkeit auch politische Entscheidungsrechte, insbesondere ein Beschluss- und Kontrollrecht des Rates, im Hinblick auf die jeweilige Aufgabe eingeräumt werden und eine direkte Intervention der Staatsverwaltung in Form der Fachaufsicht ausgeschlossen ist. Andererseits kann sie in Form der „administrativen Dezentralisierung" auftreten, für die sich auch der Begriff der „kupierten" oder „unechten Kommunalisierung" eingeprägt hat (ebd.), und den Selbstverwaltungsinstanzen zwar staatliche Aufgaben zum Vollzug übertragen. Ein politisches Mitspracherecht der Kommunalvertretung im Hinblick auf diese Aufgaben bleibt jedoch ausgeschlossen. Somit wäre zu vermuten, dass die demokratische Kontrolle der Aufgabenwahrnehmung im Zuge der „echten Kommunalisierung" (politischen Dezentralisierung) gestärkt wird, während die „unechte Kommunalisierung" (administrative Dezentralisierung) aufgrund der fehlenden formalen Mitwirkungsrechte der Kommunalvertretungen keine oder gar negative Auswirkungen auf die lokale Demokratie hat.

3. Reform der lokalen Aufgabenwahrnehmung: Kommunalisierung, Dekonzentration, Regionalisierung

Seit Beginn der 2000er Jahre wurden in fast allen Bundesländern Kommunalisierungs- und Strukturreformen in Angriff genommen, die allerdings in den konkreten Strategien und Maßnahmen eine erhebliche verwaltungsföderale Varianz aufweisen (vgl. Kuhlmann 2009a).

Überwiegend erfolgte die Aufgabenabschichtung dabei im Wege der unechten Kommunalisierung, bei der den demokratisch gewählten Kreis- und Gemeindevertretungen keine formalen Mitwirkungsrechte im Hinblick auf die übertragenen landesstaatlichen Aufgaben eingeräumt werden. Damit dominiert in Deutschland der Modus einer administrativen (unpolitischen) Dezentralisierung unter Beibehaltung eines dualistischen Aufgabenverständnisses (übertragene staatliche vs. eigene Selbstverwaltungsaufgaben), was überspitzt auch als „Verstaatlichung" der Kommunen interpretiert worden ist (Wollmann 2010). Allerdings gab es in einigen Aufgabenfeldern (z.B. Eingliederungshilfe für Behinderte) auch echte Kommunalisierungen, die den lokalen Räten formale Mitwirkungsrechte einräumten (siehe weiter unten). Betrachtet man die deutschen Bundesländer im Vergleich, so lassen sich im Hinblick auf die Re-Organisation der sub-staatlichen Verwaltung im Wesentlichen drei verschiedene Reformpfade unterscheiden, wobei die Reformen teils mit und teils unter Verzicht auf Kreisgebietsreformen durchgeführt werden (vgl. Kuhlmann 2009a: 119ff., 2010: 111ff.):

(1) Kommunalisierung und Re-Konzentration: Zum einen gibt es die Variante einer umfassenden Dezentralisierung (unechten Kommunalisierung) von staatlichen Sonderbehörden bei gleichzeitiger funktionaler Aufwertung und Stärkung der allgemeinen Staatsverwaltung auf der mittleren Ebene (Regierungspräsidien). Paradebeispiel für diese Parallelstrategie von Dezentralisierung und Re-Konzentration (Stärkung der Mittelinstanzen) ist das Land Baden-Württemberg[1], wo am 1. Januar 2005 eine umfassende „Verwaltungsstrukturreform" (sog. „Teufel-Reform") in Kraft trat. Das Kernelement der Reform bildete die komplette Auflösung von 350 der insgesamt 450 bestehenden staatlichen Sonderbehörden, deren Aufgaben- und Personalbestand in die vier Regierungspräsidien und in die 35 Landratsämter sowie neun kreisfreien Städte integriert wurde (Bogumil und Ebinger 2005). Territoriale Veränderungen (etwa eine denkbare Kreisgebietsreform) waren mit dem Reformvorstoß in Baden-Württemberg nicht verbunden, da dies die dortigen Landräte auch zur Bedingung für ihre Unterstützung der Reform gegenüber der Landesregierung gemacht hatten. Der Aufgaben- und Personaltransfer auf die Kommunen wurde zunächst vollständig aus dem Landeshaushalt beglichen. Daraus jedoch, dass diese staatlichen Transferzahlungen jährlich um drei Prozent reduziert werden sollten, erhoffte sich die Landesregierung eine sog. „Effizienzrendite" von ca. 20% innerhalb von fünf bis sieben Jahren, deren Erwirtschaftung den Kommunalverwaltungen auferlegt worden ist (vgl. auch Bogumil 2010).

(2) Dekonzentration: Ein zweiter Reformweg läuft im Wesentlichen auf eine Dekonzentration der bisher „gebündelten" territorialen Staatsverwaltung (Bezirksregierungen) bei nur minimalen Kommunalisierungseffekten hinaus. In diesem, bislang auf Niedersachsen beschränkten Reformansatz steht von vornherein weniger eine subsidiär inspirierte Kommunalisierungsoffensive

---

1 Diesem Reformtypus sind außerdem die Länder Nordrhein-Westfalen, Rheinland-Pfalz, Hessen und Sachsen zuzuordnen (vgl. Bogumil und Kottmann 2006: 62f.). Eine Sonderrolle nehmen Thüringen und Sachsen-Anhalt ein, die jeweils ein Landesverwaltungsamt mit den Aufgaben einer Mittelbehörde betraut haben (in Sachsen-Anhalt seit dem 1.1.2004). Hier ist die Funktionalreform allerdings – im Unterschied zu Baden-Württemberg – darauf gerichtet, den Aufgabenbestand dieser Behörde zu reduzieren, indem Aufgaben kommunalisiert und privatisiert werden sollen.

nach baden-württembergischen Beispiel als vielmehr das Ziel im Vordergrund, von der dreistufigen zur zweistufigen Landesverwaltung überzugehen und die Mittelinstanzen (Bezirksregierungen) abzuschaffen (Reiners 2008). Zwar wurde in Niedersachsen zunächst angestrebt, 70% der „freiwerdenden" Aufgaben den Landkreisen und kreisfreien Städten zu übertragen. Tatsächlich sind jedoch die Dezentralisierungseffekte minimal geblieben. Nach Abschaffung der vier Bezirksregierungen zum 1.1.2005[2] wurden nur knapp 10% ihrer bisherigen Aufgaben kommunalisiert, wohingegen das Zuständigkeitsprofil der staatlichen Sonderbehörden ausgebaut worden ist. Zwar sind im Zuge der Reform immerhin 121 Landesbehörden (einschließlich der vier Bezirksregierungen) abgeschafft worden. Jedoch ist darin, dass 21 Sonderbehörden neu geschaffen wurden und der Aufgabenbestand der Bezirksregierungen zum weit überwiegenden Teil (90%) nicht kommunalisiert, sondern staatlichen Sonderbehörden oder der Ministerialverwaltung übertragen worden ist, eine erhebliche Aufwertung der sektoral organisierten Staatsverwaltung (*single purpose model*) zu erkennen.

(3) Kommunalisierung und Quasi-Regionalisierung: Eine dritte Dezentralisierungsoption hat sich in Ostdeutschland mit der Regionalisierungsoffensive des Landes Mecklenburg-Vorpommern eröffnet, die vor dem Hintergrund dramatischer demographischer und finanzieller Probleme in diesem Bundesland gestartet worden ist. Mit dem im April 2006 verabschiedeten Gesetz verfolgte die Landesregierung eine Neugliederung der Kreisebene in Richtung eines Regionalkreismodells. Damit sollten die Voraussetzungen für eine umfassende Abschichtung staatlicher Vollzugs- und Koordinierungsaufgaben auf die regionale Ebene von Großkreisen geschaffen werden, um auf staatliche Sonderbehörden möglichst vollständig zu verzichten und nichtministeriale Aufgaben weitgehend den Kommunen zu übertragen. Das Gesetz sah vor, fünf Regionalkreise unter Auflösung der bisherigen zwölf Landkreise zu bilden, wobei die bisherigen sechs kreisfreien Städte allesamt „eingekreist" werden und damit ihre Kreisfreiheit verlieren sollten. Die geplante Kreisneugliederung zielte auf eine Einwohnerzahl der Regionalkreise von zwischen ca. 300.000 und 500.000 und eine Flächenausdehnung von zwischen 3.000 und 7.000 km^2, womit Mecklenburg-Vorpommern weit über dem Durchschnitt der Kreise in den alten Bundesländern gelegen hätte (180.000 EW, 997 km^2). Das In-Kraft-Treten der geplanten Kreisgebietsreform wurde allerdings mit der Entscheidung des Landesverfassungsgerichts vom 26. Juli 2007 gestoppt, wobei das Urteil auf ein formales Argument

---

2   In Niedersachsen wurde als einziges deutsches Bundesland der „Systemwechsel" von der Drei- zur Zweistufigkeit vollzogen (Bogumil und Kottmann 2006: 63). Mit dem Gesetz zur Modernisierung der Verwaltung in Niedersachsen vom 5.11.2004, dessen Maßnahmen überwiegend zum 1.1.2005 in Kraft traten, wurden die vier Bezirksregierungen Braunschweig, Hannover, Lüneburg und Weser-Ems aufgelöst und die Regierungsbezirke aufgehoben.

(Abwägungsfehler bzw. Ermessensdefizit der Landesregierung im Gesetzgebungsprozess) gestützt wurde (vgl. Mehde 2007). Vor diesem Hintergrund bereitete die Landesregierung einen neuen Reformvorstoß vor, der im November 2007 der Öffentlichkeit vorgestellt wurde und in welchem hinsichtlich der Kreisfusionen einige Abstriche vorgenommen worden sind, wobei grundsätzlich an der Territorialreform festgehalten wird. Beschlossen wurde nunmehr die Bildung von sechs Kreisen bei Wahrung der Kreisfreiheit der Städte Rostock und Schwerin (sog. „6+2-Modell"). Dadurch entstanden im September 2011 Kreise, die überwiegend nicht mehr als 4.000 km² Fläche umfassen und (bis 2020) eine Mindesteinwohnerzahl von 175.000 haben sollen. Zudem wurde an der Auflösung zahlreicher unterer Sonderbehörden und deren Eingliederung in die Landkreise festgehalten, wobei einige Aufgaben, wie die Straßenbauverwaltung und die Flurneuordnung, beim Land verbleiben. Im Gegensatz zu Baden-Württemberg wurde den Kommunen in Mecklenburg-Vorpommern von der Landesregierung zugesichert, dass die ihnen übertragenen Aufgaben „vollständig und dauerhaft" aus dem Landeshaushalt ausgeglichen werden und etwa erzielte Einsparungen (Effizienzrenditen) nur in geringem Umfange abgeschöpft werden sollen, um so den Haushalt der Kommunen zu entlasten.

Insgesamt laufen die Funktional- und Verwaltungsstrukturreformen in Deutschland auf eine Bekräftigung der Gebietsorganisation (*multi purpose model*) hinaus. Dem Prinzip der Territorialität wird damit zunehmend Bedeutung eingeräumt, während einzelsektoral organisierte staatliche Verwaltungsvertikalen zurückgebaut und Sonderbehörden in die Kommunen oder in multifunktionale Mittelinstanzen der landesstaatlichen Verwaltung integriert werden.

4. Reformwirkungen

Welche Auswirkungen hat die Kommunalisierung auf die Aufgabenerledigung und die Leistung der Verwaltung? Die Beantwortung dieser Frage stößt zunächst auf eine Reihe von konzeptionellen und methodischen Schwierigkeiten, die für die Evaluation institutioneller Politik insgesamt charakteristisch sind (vgl. Kuhlmann 2009b; Wollmann und Kuhlmann 2010; Boyne u.a. 2003: 13f.). Aufgrund der Vielschichtigkeit der Interventionsziele, die mit Verwaltungspolitik – und hier speziell mit Aufgabenkommunalisierung – verbunden sind, muss ein mehrdimensionaler Bewertungsrahmen verwendet werden, der es ermöglicht, multiple Leistungserwartungen und -effekte zu erfassen. Anknüpfend an ein Forschungsprojekt über Dezentralisierungswirkungen im internationalen Vergleich (vgl. Connolly u.a. 1980; Boyne u.a.

2003: 14; Enticott 2004) wird im Folgenden zur Systematisierung von Reformeffekten zwischen drei Wirkungsdimensionen unterschieden[3]:

a) Effekte im Bereich der Input-Legitimität: demokratische Kontrolle und Verantwortlichkeit,
b) Effekte im Bereich von Steuerung und Koordination („Throughput-Legitimität"),
c) Effekte im Bereich der Output-Legitimität: Effizienz, Effektivität.

Im Folgenden soll für diese Wirkungsdimensionen aufgezeigt werden, wie sich die Leistung der Kommunalverwaltung im Zuge der Aufgabenübertragung veränderte. Zur Veranschaulichung wird dabei auf ausgewählte Fallstudienbefunde aus dem besagten Forschungsprojekt Bezug genommen (vgl. Kuhlmann u.a. 2011: 55ff.), die sich mit den Aufgabenbereichen der Eingliederungshilfe für Menschen mit Behinderung (als echte Kommunalisierung/ politische Dezentralisierung) und der Gewerbeaufsichts- und Immissionsschutzverwaltung (als unechte Kommunalisierung/administrative Dezentralisierung) befassten. Darüber hinaus fließen einige Fallstudienbefunde aus der Versorgungsverwaltung in Baden-Württemberg mit ein (vgl. Richter 2009; Richter und Kuhlmann 2010).

4.1 Effekte im Bereich der Input-Legitimität

Folgt man den oben formulierten Theorieannahmen, so stärken Dezentralisierungsreformen die demokratische Kontrolle vor Ort und die politische Verantwortlichkeit (*accountability*), weil durch die Eingliederung von staatlichen Aufgaben in die lokale Gebietskörperschaft die Zurechenbarkeit von Politikergebnissen und die Sichtbarkeit politischer Verantwortung erhöht sowie unmittelbare politische Mitwirkungsmöglichkeiten vermehrt werden. Bei näherem Hinsehen sind in dieser Wirkungsdimension jedoch erhebliche Abstriche vorzunehmen. Zum einen geht die unechte Kommunalisierung, bei der die Kommunen lediglich als Ausführungsorgane der Staatsverwaltung angesehen werden, an den politischen Vertretungskörperschaften – formell besehen – vorbei. Zwar gibt es auch neuere Beispiele einer echten Kommunalisierung/politischen Dezentralisierung, etwa den Bereich der Eingliederungshilfe für Behinderte. Allerdings dominiert in den deutschen Bundesländern insgesamt die Variante der unechten Kommunalisierung. Soweit die Landratsämter, wie im Falle Baden-Württembergs, bei der Durchführung der neuen Aufgaben ausdrücklich als untere Verwaltungsbehörden des Staates agieren, bleibt der „verstaatlichende Prägestempel" der deutschen Kommunalisie-

---

3   Zur Operationalisierung der Performanzdimensionen wurden im Forschungsprojekt qualitative Indikatoren definiert, die in den Fallstudien jeweils einheitlich erhoben wurden (Details bei Kuhlmann u.a. 2011: 51ff.).

Wandel lokaler Aufgabenwahrnehmung im föderalen Staat

rungspolitik wirksam (Wollmann 2008: 262). Da somit administrative Zuständigkeit und politische Verantwortlichkeit unterschiedlichen Ebenen zugeordnet sind, schafft die Aufgabenübertragung nur scheinbar mehr Transparenz und Zurechenbarkeit. Stattdessen führt die „unpolitische" Kommunalisierung dazu, dass die politische Verantwortung für kommunal erbrachte Aufgaben noch viel weniger erkennbar wird und für den Bürger kaum durchschaubar ist.

Zum anderen führt die Kommunalisierung zur Privilegierung der lokalen Exekutiven, und dies in ihrer Funktion als „Agenten des Staates". Durch die unechte Kommunalisierung werden in erste Linie die Landräte und Bürgermeister funktional aufgewertet, da sie für die übertragenen staatlichen Aufgaben zuständig sind, wohingegen die lokalen Parlamente kaum neue Mitwirkungsmöglichkeiten erhalten, da sie im Bereich des „übertragenen Wirkungskreises" formell keinerlei Beschlusskompetenz besitzen (Wollmann 1997: 106). Die (ohnedies starken) lokalen Exekutiven gewinnen somit weiter an Einfluss und die – schon für andere Politikebenen festgestellte – Tendenz einer Deparlamentarisierung (vgl. Kropp 2003) nimmt zu.

„Hier wird die Axt an die kommunale Selbstverwaltung in den Kreisen gelegt (...). Bei den neuen Aufgaben bestehen keine Mitwirkungsmöglichkeiten der Kreistage; nur die Stellung der Landräte wird verbessert. Eine Stärkung des Ehrenamtes kann ich darin nicht erkennen" (Born, Kreistagspräsident des Landkreises Nordwestmecklenburg; www.landkreistag-mv.de, 18.7.2006).

Dieser Bilanz im Bereich der „Input-Legitimität", die sich vor allem auf die *formalen* Mitwirkungsrechte der Lokalpolitik stützt, ist allerdings ein wichtiger Punkt, nämlich die *faktische* Lokalpolitisierung von übertragenen staatlichen Aufgaben, entgegenzuhalten. Unsere Fallstudien haben gezeigt, dass allein die Eingliederung einer Aufgabe in die kommunale Entscheidungsarena, selbst dann, wenn formell keine „kommunalparlamentarische" Zuständigkeit eingeräumt wird, zu einer Politisierung der Aufgabe führen kann und damit *faktisch* kommunalpolitische Einflussmöglichkeiten auch im „übertragenen Wirkungskreis" bestehen[4]. Bei der Kommunalisierung der Gewerbeaufsicht in Baden-Württemberg fanden trotz fehlender formaler Mitwirkungsrechte der Kommunalvertretungen erhebliche Politisierungsprozesse statt. Obwohl eine hohe bürokratische Professionalität des Personals, ein formell gebundenes Entscheidungsverfahren und eine intakte staatliche Aufsicht vorhanden waren, konnten die Kommunalpolitiker beträchtlichen Einfluss auf die anhängigen Einzelverfahren ausüben. Dabei musste oftmals die Fachverwaltung quasi als „Clearing-Stelle" den Zielkonflikt zwischen dem Anspruch, einerseits staatliche Regulierungsvorgaben durchzusetzen, und andererseits der kommunalpolitischen Forderung, lokale Unternehmen zu fördern und hierfür

---

4 Die lokale Baugenehmigungspraxis, die eine übertragene staatliche Aufgabe ist, bietet hierfür schon seit langem ein Anschauungsbeispiel (Wollmann u.a. 1985; Kuhlmann 2003).

möglichst Auflagen und Kontrollen zu minimieren, bewältigen. Im Bereich der (echt kommunalisierten) Eingliederungshilfe für Behinderte war zu beobachten, dass sich – trotz formal bestehender Mitwirkungsrechte des Rates – das lokalpolitische Interesse an diesem Aufgabenfeld stark in Grenzen hielt. Dies ist damit zu begründen, dass weder auf der Einzelfallebene noch bei der Steuerung des Aufgabenbereichs insgesamt nennenswerte politische Gestaltungs- und Handlungsspielräume bestehen. Politischer Einfluss kann allenfalls fiskalisch ausgeübt werden, indem Sparverantwortung an die Verwaltung weitergereicht wird. Allerdings haben sich die Möglichkeiten der Behinderten, ihre Interessen zu artikulieren, allein durch die räumliche Nähe und größere politische Sensibilität der Entscheidungsträger verbessert. Auch der direkte Zugang von Leistungsanbietern zur Kommunalpolitik und ihr verstärkter Einfluss auf grundsätzliche Fragen der Infrastruktur- und Angebotsentwicklung markieren eine Aufwertung von „kooperativer Demokratie" und „Input-Legitimität".

Insgesamt zeigt sich, dass die Intensität kommunalpolitischer Einflussnahme auf die lokale Aufgabenerledigung weniger von formalen Mitwirkungsrechten als von der politischen „Salienz" der Aufgabe oder Einzelentscheidung bestimmt wird. Lokalpolitische Mitwirkung und Kontrolle können – wie das Beispiel der Umweltverwaltung/Gewerbeaufsicht nahelegt – in unecht kommunalisierten Aufgabenfeldern sogar größer sein als in Fällen echter Kommunalisierung/politischer Dezentralisierung. Die unechte Kommunalisierung hat also durchaus echte politische Effekte und eröffnet den lokalen Politikakteuren bedeutsame informale Handlungsspielräume. Allerdings hat die Politisierung teils negative Auswirkungen auf die Fach- und Vollzugsqualität öffentlicher Aufgabenerledigung (siehe weiter unten).

4.2 Effekte im Bereich der Steuerung und Koordination („Throughput-Legitimität")

Koordination soll hier einerseits dahingehend untersucht werden, inwieweit die Kommunen in der Lage sind, sektorenübergreifende integrierte Lösungen für bestimmte öffentliche Probleme auf lokaler Ebene zu entwickeln. Andererseits wird die Fähigkeit zur interkommunalen Abstimmung und „Harmonisierung" des Verwaltungshandelns betrachtet. Für die Kommunalisierung der Eingliederungshilfe in Baden-Württemberg ist festzustellen, dass nach einigen Anfangsschwierigkeiten bemerkenswerte Verbesserungen in der ämterübergreifenden Zusammenarbeit erzielt wurden. Erstmals sind die sozialen Dienstleistungen nahezu vollständig auf der lokalen Ebene unter einem Dach gebündelt worden, so dass die Abstimmung mit dem Sozialamt, dem Gesundheitsamt und mit der Jugendhilfe deutlich reibungsloser erfolgte. Das Fallmanagement wurde ausgeweitet und die Kooperation mit den lokalen Dienstleistungsanbietern konnte intensiviert werden, da Beziehungen zwischen

Fallmanagern, Leistungsanbietern und Adressaten verstetigt wurden und das Verwaltungswissen über die lokalen Problemstrukturen infolge größerer geographische Nähe wuchs (territoriale Spezialisierung), was sich wiederum positiv auf die Leistungsqualität auswirkte (siehe weiter unten). Auch im Falle der (unecht) kommunalisierten Gewerbeaufsicht in Baden-Württemberg sowie in der Versorgungsverwaltung, deren untere Behörden den 35 Landratsämtern übertragen worden waren, wurden (zumindest in einem Teil der Landkreise) horizontale Koordinationsgewinne innerhalb der Landratsämter konstatiert. In der Versorgungsverwaltung konnten beispielsweise Kooperationsvorteile dadurch erzielt werden, dass die gutachterliche Erfahrung des versorgungsärztlichen Dienstes nun auch auf die Amtsärzte des Gesundheitsamtes übertragen wurde (etwa bei der Erstellung von Gutachten zur Beurteilung der Dienstunfähigkeit von Beamten). Zudem setzt sich die kommunalisierte Versorgungsverwaltung bei Informationsbedarf nun häufiger und schneller mit den zuständigen Stellen des Sozialamts in Verbindung; die Kontakte laufen reibungsloser und die Abstimmung erfolgt zügiger:

„Dann kann es sein, wenn bei uns ein Antrag eingeht, dass wir von dort mal einen Bericht anfordern. (...) Beim Versorgungsamt hätte man sich in diesen Fällen (...) an das Landratsamt oder den Landeswohlfahrtsverband gewendet und die Unterlagen angefordert. Hier sind halt die Wege schon kürzer." (Sachgebietsleiter „Großkreis"; zitiert aus Richter und Kuhlmann 2010: 400).

Insgesamt hat die verbesserte horizontale Koordination zwischen unterschiedlichen beteiligten Verwaltungsstellen auf lokaler Ebene zur Verfahrensbeschleunigung in der Versorgungsverwaltung beigetragen, weil die vormals behördenübergreifende Zusammenarbeit nun intern abläuft. Zudem gab es qualitative Verbesserungen, da zuvor bisweilen materiell-rechtlich bestehende Leistungsansprüche „nur" aus formal-rechtlichen Gründen abgelehnt wurden; dies konnte im Rahmen der kommunalen Aufgabenwahrnehmung nun korrigiert werden. Allerdings ist eine substanziell-inhaltliche Zusammenarbeit zwischen verschiedenen Fachsektoren oder eine „Harmonisierung" von sich potenziell störenden Fachinteressen nur begrenzt festzustellen. Dies hängt damit zusammen, dass die Verwaltungsverfahren (z.B. das Schwerbehindertenfeststellungsverfahren) nur geringe Entscheidungs- und Gestaltungsspielräume eröffnen und somit wenig Platz für eine gegenstandsbezogene (positive) Koordination gegeben ist (Richter und Kuhlmann 2010). Außerdem war sowohl für die Eingliederungshilfe als auch die Gewerbeaufsicht festzustellen, dass sich die horizontale Koordination zwischen den lokalen Einheiten, also die interkommunale Kooperation, eher verschlechterte, da die Abstimmung der Positionen und Vorgehensweisen zwischen den Landkreisen mit aufwändigen Verhandlungen verbunden war. Dies ist insbesondere in der Gewerbeaufsichtsverwaltung prekär, da diese eine Harmonisierung des Verwaltungshandelns erfordert. Nach der Aufteilung der neun staatlichen Gewerbeaufsichtsämter auf alle Stadt- und Landkreise in Baden-Württemberg ist hierzu eine intensive Kooperation zwischen den Kommunen und die Weitergabe von Know-how nötig, die allerdings nicht formal institutionalisiert ist, sondern größtenteils über informelle Netzwerke und gewachsene persönliche Kontakte erfolgt. Für diejenigen Kommunen, die in solche Netzwerke nicht hinreichend eingebunden sind, ergibt sich ein klarer Nachteil, der letztlich auch zu Vollzugsdefiziten führen kann (siehe weiter unten).

4.3 Effekte im Bereich der Output-Legitimität

Reformeffekte, die sich auf die „Output-Legitimität" beziehen, betreffen einerseits Fragen der Ressourcenentwicklung, Effizienz und eventuell erzielten Einsparungen, andererseits die professionelle und legale Qualität sowie Effektivität der Leistungsproduktion.

Effizienz, Einsparungen, Ressourcenaufwand

Zunächst fällt auf, dass die deutschen Kommunen die ihnen übertragenen Staatsaufgaben mit deutlich weniger Ressourcen bewältigen müssen. Betrachtet man die Personalentwicklung der deutschen Kommunen im vergangenen Jahrzehnt, so zeigt sich, dass die kommunale Ebene tatsächlich in der Lage gewesen ist, erhebliche Personaleinsparungen herbeizuführen. Das Kommunalpersonal ist zwischen 1991 und 2009 um fast 40% zurückgegangen (vgl. Statistisches Bundesamt 2009; ferner Kuhlmann und Röber 2006). Hierin unterscheidet sich Deutschland markant von anderen europäischen Dezentralisierungsfällen (etwa Frankreich; vgl. Kuhlmann 2009a), wo kommunaler Aufgabenzuwachs auch mit Personal- und Ressourcenzuwachs einherging. Somit ist zu schlussfolgern, dass die Kommunen die Aufgaben, die sie im Zuge von Kommunalisierung, Funktional- und Verwaltungsstrukturreform dazu gewonnen haben, mit drastisch schrumpfenden personellen Ressourcen bewältigen. Obwohl der Bestand an pflichtigen Aufgaben in den letzten Jahren expandiert ist, haben die Kommunen ihre Personalzahlen deutlich reduziert, was für bemerkenswerte Produktivitätsgewinne auf der lokalen Ebene spricht.

In allen Bundesländern, die Funktionalreformen durchgeführt haben, spielte das Ziel, den Ressourcenaufwand zu verringern und Einsparungen zu erwirtschaften, eine zentrale Rolle. Gerade angesichts einer sich dramatisch verschlechternden Haushaltslage in den Ländern und Kommunen ist dieses Ziel zur wichtigsten Antriebsfeder der Reformen geworden und führte teils zu stark politisch motivierten Kommunalisierungsmaßnahmen (etwa im Bereich der Gewerbeaufsicht). In Baden-Württemberg beispielsweise prognostizierte die Landesregierung eine quasi „automatische" Einsparung, die sich daraus ergäbe, dass sie ihre Zuwendungen an die Kommunen bis 2011

Wandel lokaler Aufgabenwahrnehmung im föderalen Staat

schrittweise um 20% senkt. Dass den Kommunen die Erwirtschaftung dieser „Effizienzrendite" in Höhe von jährlich 75,2 Mio. Euro auch gelingen kann, wurde damit begründet, dass durch die Bündelung von bislang verstreuten Aufgaben staatlicher Sonderbehörden und deren Integration in die Kommunalverwaltung Personal- und Sachkosten eingespart werden können (Verbundeffekte). Auch in Sachsen geht man von einer Einsparrendite in Höhe von 29% bis 2014 für die den Landkreisen übertragenen Aufgaben im Bereich der Umweltverwaltung aus (Bogumil 2010: 83).

Resümiert man die bisher vorliegenden empirischen Befunde am Beispiel Baden-Württembergs, so ergibt sich allerdings ein etwas differenzierteres Bild. Die versprochenen oder eingeforderten Effizienzrenditen lassen sich durch „Verbundeffekte" und „territoriale Spezialisierung" allein nicht erreichen, sondern verlangen eine strikte kommunale Sparpolitik. Diese wird im Wesentlichen dadurch bewerkstelligt, dass die Kommunen die neuen Behördenteile der ehemals staatlichen Verwaltung personell schrumpfen und weniger (fachlich qualifiziertes) Personal für die übertragenen Aufgaben einsetzen. Nur eine Minderheit der Kreise strebt einen Stellenabbau in der Gesamtverwaltung an, so dass die Sparmaßnahmen sich vor allem auf den ehemals staatlichen Bereich der Verwaltung beziehen. Am Beispiel der Gewerbeaufsicht in Baden-Württemberg, bei der die Kommunen eine 20-prozentige Kürzung der staatlichen Kostendeckung hinnehmen, zeigte sich, dass die ihnen auferlegte Einsparung zwar durchaus erfüllt oder gar übererfüllt wurde. Die Landkreise übernahmen schlicht weniger als die ihnen rechnerisch zustehenden Fachmitarbeiter und sparten dadurch Personalkosten. In einigen Gebietskörperschaften wurden binnen vier Jahren nach der Kommunalisierung bis zu 30% des Personals in den Gewerbeaufsichtseinheiten eingespart (Kuhlmann u.a. 2011: 110ff.). Während große Verwaltungen dies noch „verkraften" konnten, sahen sich kleinere Kreise mit anhaltenden strukturellen Problemen konfrontiert (siehe weiter unten). Aufgrund fehlender Routine und mangelnder Fachkenntnis arbeitete das noch verbleibende Personal ineffizienter als die staatliche Gewerbeaufsicht, was bisweilen zu fehlerhaften oder verzögerten Entscheidungen sowie auch Rechtsstreitigkeiten führte. Dies wiederum gibt Anlass zu der Schlussfolgerung, dass die kommunalisierungsbedingten Einspareffekte im Bereich der Gewerbeaufsicht durch negative Folgekosten, etwa aufgrund zunehmender Kontrolllücken in Prüfverfahren oder defizitärer Beratungsleistungen, zumindest teilweise wieder kompensiert worden sind (vgl. Kuhlmann u.a. 2011: 113). Bei den personenbezogenen Verwaltungsaufgaben, beispielsweise im Bereich der Eingliederungshilfe für Behinderte in Baden-Württemberg, fällt die Bilanz allerdings positiver aus. Zwar kam es zunächst aufgrund des Verlusts an zentral bereitgestellten Querschnittsaufgaben und infolge nötiger Investitionen in den Aufbau von Fall-Management-Kapazitäten zu einem Mehraufwand an Ressourcen. Allerdings ist inzwischen unumstritten, dass nur durch den Ausbau des kommunalen Fall-Managements eine weitere Kostenexplosion in diesem Aufgabenfeld verhindert werden kann. Zudem sind erste Effizienzverbesserungen durch eine bessere Koordination zwischen den lokalen Dienstleistungen inzwischen bereits erkennbar (Kuhlmann u.a. 2011: 77ff.).

Insgesamt zeigt sich, dass die Auswirkungen von Kommunalisierungsmaßnahmen auf die Effizienz der Aufgabenerledigung stark von der Art der übertragenen Aufgaben abhängen. Während im Bereich der Gewerbeaufsicht Einsparungen vielfach auf Kosten der professionellen und teils auch legalen Qualität des Verwaltungsvollzugs erwirtschaftet wurden, zeichnen sich bei den personenbezogenen sozialen Aufgaben (Eingliederungshilfe) eher positive Effekte ab und es kommt zu einer mittelfristigen Kostenreduktion bei gleichbleibender oder auch steigender Vollzugsqualität.

Effektivität und Qualität

Auch hinsichtlich der Qualität und Effektivität der Aufgabenerledigung wird deutlich, dass der Performanzgewinn oder -verlust in Folge von Kommunalisierungen stark vom Politikfeld bzw. von der einzelnen Aufgabe abhängt. Ausweislich unserer Fallstudienbefunde in Baden-Württemberg erfolgte die kommunale Aufgabenerledigung im Bereich der Leistungsverwaltung (Eingliederungshilfe für Behinderte) zweifelsohne bürgernäher, adressatenorientierter und responsiver. Zwar war zu beobachten, dass Qualitäts- und Effektivitätsgewinne einerseits stark von der lokalen politischen Unterstützung im Aufgabenfeld und andererseits von der kommunalen Finanzsituation abhängen. War beispielsweise ein hoher politischer Druck zur Kosteneinsparung vorhanden, so führte dies dazu, dass „kostengünstige", aber ineffektive Vollzugsstrukturen aufgebaut und qualitative Leistungsverbesserungen nicht erzielt wurden. Gab es jedoch eine politische Unterstützung für Qualitätsverbesserungen sowie die Bereitschaft und den finanziellen Spielraum, um in Fallmanagementkapazitäten zu investieren, so waren auch effektivere Organisationsstrukturen im Aufgabenfeld und ein verbessertes Leistungsniveau für die Adressaten festzustellen. Örtliche Nähe und konstruktive Zusammenarbeit mit den externen Leistungsanbietern ermöglichten in diesen Fällen eine Optimierung der Angebotsstruktur und der Leistungsqualität. Ähnliches wurde für den Bereich des Schwerbehindertenfeststellungsverfahrens festgestellt. Auch dort ist es zu Effektivitätsgewinnen und Verfahrensbeschleunigungen infolge besserer horizontaler Abstimmung zwischen lokalen Behörden und den ortsansässigen Haus- und Fachärzten sowie, in Fragen des Widerspruchverfahrens, mit den Anwälten gekommen (vgl. Richter 2009: 51ff.).

Dagegen kam es in der Umweltverwaltung zu zahlreichen Negativeffekten, da das Bestreben der Kommunen, unterschiedliche sektorale Interessen in einen Abgleich zu bringen, teilweise prekäre Folgen für die Durchsetzung umwelt- und naturschutzrechtlicher Ziele hatte (etwa im Hochwasserschutz,

Naturschutz, Immissionsschutz; vgl. Bauer u.a. 2007: 206ff.). Da sie diesen Belangen – teils aus Ressourcenknappheit, teils aus politischen Erwägungen heraus – weniger Priorität einräumten, als dies in der staatlichen Umweltverwaltung der Fall war, hat sich die Kommunalisierung im Umweltbereich eher negativ auf die fachliche Qualität und Effektivität ausgewirkt. Zudem ist es durch die Kommunalisierung von staatlichen Verwaltungsaufgaben zu qualifikatorischen Problemen gekommen. In Baden-Württemberg wurden ehemals hocharbeitsteilige Verwaltungseinheiten von staatlichen Sonderbehörden „zerschlagen" und ihr Personalbestand auf eine Vielzahl von (teils sehr kleinen) Kreisverwaltungen verteilt. Die Folge waren erhebliche „Know-How-Lücken" und ein Defizit an Fachpersonal auf der unteren Verwaltungsebene (Ebinger und Bogumil 2008). Da das zugeteilte Personal aus den Sonderbehörden[5] in seiner bisherigen Spezialisierung mit dem allergrößten Teil der ihnen nun übertragenen Aufgaben zuvor nicht betraut gewesen war, kam es im Zuge der Verwaltungsstrukturreform in Baden-Württemberg zu erheblichen Qualifikationslücken in den Kommunen. Der beträchtliche Verlust von Fachwissen und das Unterschreiten kritischer Organisations- und (Kreis)Gebietsgrößen, die für einen effektiven Verwaltungsvollzug in diesem (über-lokalen) Aufgabenfeld erforderlich wären, führten zu Vollzugsdefiziten und Qualitätseinbußen. So beschäftigen die 44 kommunalen Einheiten jeweils nur zwischen drei und 15 Fachmitarbeiter, anstelle von etwa 50 bis 70 Experten in den ehemals neun staatlichen Immissionsschutz- und Gewerbeaufsichtsbehörden (Kuhlmann u.a. 2011: 98ff.). Diese sind nun häufig für bis zu zehn Branchen verantwortlich – eine Kompetenzspanne, in der kaum das notwendige profunde Wissen vorgehalten werden kann. Interviewpartner berichteten von gestiegenen Bearbeitungszeiten oder „fachlicher Verflachung" der Arbeit, abnehmender Servicequalität und einem Reputationsverlust bei den „Kunden" der Verwaltung. Auch für den Bereich der Versorgungsverwaltung wurde festgestellt, dass die Prüfungs- und Auslegungspraxis von rechtlichen Anspruchsvoraussetzungen seit der Kommunalisierung teilweise Defizite aufweist (Richter und Kuhlmann 2010). So hat in Baden-Württemberg nach der Reform die Quote der Abhilfen bei Widersprüchen gegen Bescheide der Ausgangsbehörde im Bereich des SGB IX, wenn auch moderat, zugenommen (von 28% in 2003 auf 31% in 2007), was als Indikator für rückläufige legale Korrektheit der Bescheide angesehen werden könnte und unter anderem in der mangelnden Beweiserhebung während des Feststellungsverfahrens begründet liegt (Richter 2009: 66ff.).

---

5 Die Anzahl der zur Verfügung gestellten Mitarbeiter errechneten sich aus der Kreisgröße, der Einwohnerzahl und der zu erwartenden Fallhäufigkeit.

5. Zusammenfassung und Ausblick

Die Funktional-, Gebiets- und Verwaltungsstrukturreformen haben in Deutschland zweifelsohne zu einer weiteren Bekräftigung des multifunktionalen, breiten Aufgabenprofils der Kommunen geführt und die Gebietsorganisation (*multi purpose model*) als Modus öffentlicher Aufgabenerledigung gestärkt. Dies kann in international vergleichender Perspektive als eine weitere Konvergenz des deutschen Kommunalsystems in Richtung des nord-mitteleuropäischen Modells der funktional starken, leistungsorientierten kommunalen Selbstverwaltung angesehen werden (Kuhlmann und Wollmann 2011). Durch den Rückzug der sektoral organisierten Staatsverwaltung aus der unteren Verwaltungsebene konnten die mancherorts überzogene „administrative Kopflastigkeit" der subnationalen Behördenorganisation korrigiert und das kommunale Zuständigkeitsprofil (im übertragenen Wirkungskreis) gestärkt werden. Inwieweit durch die jüngeren Vorstöße in Richtung einer Re-Kommunalisierung der Daseinsvorsorge (Röber 2009) dieser Trend weiter zunimmt, bleibt näherer empirischer Prüfung vorbehalten. Zweifelsohne hat sich aber die institutionelle Varianz im deutschen Verwaltungsföderalismus verstärkt, was man in Anlehnung an Manfred Röber auch als neue institutionelle „Unübersichtlichkeit" bezeichnen könnte (Röber 2011).

Die hier vorgestellte Analyse hat gezeigt, dass die Wirkungen der vertikalen Aufgabenverschiebung sehr unterschiedlich ausgefallen sind. Dabei wurde deutlich, dass vor allem die Art der transferierten Aufgabe eine wesentliche Rolle für die zu erwartende Leistungsbilanz spielt. Bei den sozialen Aufgaben und in der Leistungsverwaltung ergeben sich aufgrund des unmittelbaren Gebiets- und Bürgerbezugs klare Effektivitätsgewinne und eine Steigerung der professionellen Qualität, während in Aufgabenbereichen mit weiterreichenden überlokalen Wirkungsketten, hohem (technischen) Spezialisierungsgrad und geringer Frequenz, teils Qualitäts- und Effektivitätsverluste zu konstatieren sind. Darüber hinaus erweisen sich das interessengeleitete Handeln der lokalen Politikakteure und die kommunale Ressourcenlage als wichtige Erklärungsfaktoren (Kuhlmann u.a. 2011: 279). Dass als „Preis" für die Kommunalisierung von Staatsaufgaben teilweise sachliche und rechtliche Qualitätsdefizite aufgrund von Know-How-Lücken, Sparmaßnahmen und Politisierungstendenzen hingenommen werden, hängt vielfach weniger mit der Kommunalisierung an sich oder einer abstrakten „Grenze der Subsidiarität" (Ebinger und Bogumil 2008) zusammen, als vielmehr damit, dass die deutschen Kommunen unter kontinuierlichem Ressourcenentzug stehen und einem Zwang zur Prioritätensetzung unterliegen, dem fachpolitische Belange dann zum Opfer fallen.

Diese Unterschiede in den Kontextbedingungen kommunaler Aufgabenerfüllung – die fiskalische Situation einerseits und die politischen Präferenzentscheidungen andererseits – erklären einen Großteil der Vollzugsvarianz, die im Zuge der Kommunalisierung erheblich zugenommen hat – ein Befund, der im Übrigen nicht nur für den deutschen Bundesstaat, sondern auch für unitarische Länder, etwa Frankreich und England, gilt (vgl. Kuhlmann u.a. 2011: 272ff.). Aufgrund der unterschiedlichen Ressourcensituation in den Kommunen werden die übertragenen Aufgaben unter ungleichen Bedingungen erbracht, was sich in mehr oder weniger effizienten Organisationsformen, in der uneinheitlichen Fachqualifikation des Personals oder in der variierenden Qualität des Vollzugs zeigt. Leistungsvarianz ergibt sich ferner aus unterschiedlichen lokalen Politikpräferenzen und Prioritätensetzungen im Zusammenspiel mit der Bereitschaft zur interkommunalen Abstimmung des Verwaltungshandelns in „harmonisierungsbedürftigen" Aufgabenbereichen, die einen über-lokalen Wirkungsradius haben (z.B. Umwelt, Wirtschaftsförderung etc.), vor allem in Bundesländern (etwa Baden-Württemberg) mit nach wie vor zu kleinteiligen (Kreis-) Gebietsstrukturen. Allerdings ist wachsende interkommunale Vollzugsvarianz bei der Aufgabenerfüllung nicht automatisch ein Indikator für den Verlust an Leistungsqualität. Vielmehr kann sie gerade auf einen Gewinn an lokaler Responsivität der Aufgabenträger gegenüber Adressaten und Nutzergruppen sowie auf eine höhere Anpassungsfähigkeit der kommunalen Vollzugsinstrumente (etwa bei Planungsaufgaben) an lokal-spezifische Problemlagen hinweisen. Es wäre also angezeigt, diesen Zusammenhang zwischen Verwaltungsvarianz und Vollzugsqualität genauer in den Blick zu nehmen und in zukünftigen Forschungsvorhaben der Frage nachzugehen, wie sich unterschiedliche Vollzugslösungen im Bundesstaat („Verwaltungskonfigurationen") auf die Leistung der Verwaltung in spezifischen Aufgabenfeldern auswirken (hierzu Bogumil und Kuhlmann 2010: 348ff.).

Literatur

Banner, Gerhard, 2005: Local Government: A Strategic Resource in German Public Sector Reform, in: Hoffmann-Martinot, Vincent und Hellmut Wollmann (Hrsg.), Comparing Public Sector Reforms in France and Germany. Wiesbaden: VS Verlag für Sozialwissenschaften, 125-144.

Bauer, Michael W./Bogumil, Jörg/Knill, Christoph/Ebinger, Falk/Krapf, Sandra/Reißig, Kirsten, 2007: Modernisierung der Umweltverwaltungen. Reformstrategien und Effekte in den Bundesländern. Berlin: Edition Sigma.

Benz, Arthur, 2002: Die territoriale Dimension von Verwaltung, in: König, Klaus (Hrsg.), Verwaltung am Beginn des 21. Jahrhunderts. Baden-Baden: Nomos, 207-228.

Bogumil, Jörg, 2010: Die Ebenen der Verwaltung, die Verteilung der Aufgaben und die Realität der Verwaltungspolitik, in: Schimanke, Dieter (Hrsg.), Verwaltung und Raum. Zur Diskussion um Leistungsfähigkeit und Integrationsfunktion von Verwaltungseinheiten. Baden-Baden: Nomos, 77-88.

Bogumil, Jörg/Ebinger, Falk, 2005: Die Große Verwaltungsstrukturreform in Baden-Württemberg. Erste Umsetzungsanalyse und Überlegungen zur Übertragbarkeit der Ergebnisse auf NRW. Ibbenbüren: Stiftung Westfalen-Initiative.

Bogumil, Jörg/Jann, Werner, 2009: Verwaltung und Verwaltungswissenschaft in Deutschland. Einführung in die Verwaltungswissenschaft. Wiesbaden: VS Verlag für Sozialwissenschaften.

Bogumil, Jörg/Kottmann, Steffen, 2006: Verwaltungsstrukturreform – die Abschaffung der Bezirksregierungen in Niedersachsen. Ibbenbüren: Stiftung Westfalen-Initiative.

Bogumil, Jörg/Kuhlmann, Sabine, 2010: Kommunalisierung und Regionalisierung – Perspektiven der Verwaltungsforschung, in: Kuhlmann, Sabine und Jörg Bogumil (Hrsg.), Kommunale Aufgabenwahrnehmung im Wandel: Kommunalisierung, Regionalisierung und Territorialreform in Deutschland und Europa. Wiesbaden: VS Verlag für Sozialwissenschaften, 347-352.

Enticott, Gareth, 2004: Multiple Voices of Modernization: Some methodological Implications, in: Public Administration, Jg. 82, Nr. 3, 743-756.

Boyne, George A./Farrell, Catherine/Law, Jennifer/Powell, Martin/Walker, Richard M., 2003: Evaluating Public Management Reforms. Principles and Practice. Philadelphia: Open University Press.

Connolly, Terry/Conlon, Edward J./Deutsch, Stuart J., 1980: Organizational Effectiveness: A Multiple Constituency Approach, in: Academy of Management Review, Jg. 5, Nr. 2, 211-217.

Ebinger, Falk, 2010: Aufgabenkommunalisierungen in den Ländern. Legitim – Erfolgreich – Gescheitert?, in: Kuhlmann, Sabine und Jörg Bogumil (Hrsg.), Kommunale Aufgabenwahrnehmung im Wandel: Kommunalisierung, Regionalisierung und Territorialreform in Deutschland und Europa. Wiesbaden: VS Verlag für Sozialwissenschaften, 47-65.

Ebinger, Falk/Bogumil, Jörg, 2008: Grenzen der Subsidiarität – Verwaltungsreform und Kommunalisierung in den Ländern, in: Vetter, Angelika und Hubert Heinelt (Hrsg.), Lokale Politikforschung heute. Wiesbaden: VS Verlag für Sozialwissenschaften, 165-196.

Kropp, Sabine, 2003: Deparlamentarisierung als Regierungsstil?, in: Gohr, Antonia und Martin Seeleib-Kaiser (Hrsg.), Wirtschafts- und Sozialpolitik unter Rot-Grün. Wiesbaden: Westdeutscher Verlag, 329-344.

Kuhlmann, Sabine, 2003: Rechtsstaatliches Verwaltungshandeln in Ostdeutschland. Eine Studie zum Gesetzesvollzug in der lokalen Bauverwaltung. Opladen: Leske + Budrich.

Kuhlmann, Sabine, 2009a: Politik- und Verwaltungsreform in Kontinentaleuropa. Subnationaler Institutionenwandel im deutsch-französischen Vergleich. Baden-Baden: Nomos.

Kuhlmann, Sabine, 2009b: Die Evaluation von Institutionenpolitik in Deutschland: Verwaltungsmodernisierung und Wirkungsanalyse im föderalen System, in: Widmer, Thomas/Beywl, Wolfgang und Fabian Carlo (Hrsg.), Evaluation. Ein systematisches Handbuch. Wiesbaden: VS Verlag für Sozialwissenschaften, 371-380.

Kuhlmann, Sabine/Bogumil, Jörg/Ebinger, Falk/Grohs, Stephan/Reiter, Renate, 2011: Dezentralisierung des Staates in Europa. Auswirkungen auf die kommunale Aufgabenerfüllung in Deutschland, Frankreich und Großbritannien. Wiesbaden: VS Verlag für Sozialwissenschaften.

Kuhlmann, Sabine/Röber, Manfred, 2006: Civil Service in Germany: Between Cutback Management and Modernization, in: Hoffmann-Martinot, Vincent und Hellmut Wollmann (Hrsg.), Modernization of State and Administration in Europe. A France-German Competition. Wiesbaden: VS Verlag für Sozialwissenschaften, 89-110.

Kuhlmann, Sabine/Wollmann, Hellmut, 2011: Verwaltung in Europa: Verwaltungssysteme und Verwaltungsreformen in vergleichender Perspektive. Studienkurs an der FernUniversität, Kurs-Nr. 33904. Hagen: Fernuniversität Hagen.

Mehde, Veith, 2007: Das Ende der Regionalkreise? – zur Entscheidung des Landesverfassungsgerichts Mecklenburg-Vorpommern, in: Zeitschrift für Öffentliches Recht in Norddeutschland, Jg. 10, Nr. 9, 331-337.

Reiners, Markus, 2008: Verwaltungsstrukturreformen in den deutschen Bundesländern. Radikale Reformen auf der Ebene der staatlichen Mittelinstanz. Wiesbaden: VS Verlag für Sozialwissenschaften.

Richter, Philipp, 2009: Auswirkungen der baden-württembergischen Verwaltungsstrukturreform am Beispiel des versorgungsamtlichen Schwerbehindertenfeststellungsverfahrens mit vergleichender Perspektive zur Schulaufsichtsverwaltung. Unveröffentlichte Diplomarbeit. Potsdam: Universität Potsdam.

Richter, Philipp/Kuhlmann, Sabine, 2010: Bessere Leistung mit weniger Ressourcen? Auswirkungen der Dezentralisierung am Beispiel der Versorgungsverwaltung in Baden-Württemberg, in: Der Moderne Staat, Jg. 3, Nr. 2, 393-412.

Röber, Manfred, 2009: Privatisierung adé? Rekommunalisierung öffentlicher Dienstleistungen im Lichte des Public Managements, in: Verwaltung & Management, Jg. 15, Nr. 5, 227-240.

Röber, Manfred (Hrsg.), 2011: Institutionelle Vielfalt und Neue Unübersichtlichkeit – Zukunftsperspektiven effizienter Steuerung öffentlicher Aufgaben zwischen Public Management und Public Governance. Berlin: Berliner Wissenschafts-Verlag (im Erscheinen).

Statistisches Bundesamt, 2009: Personal des öffentlichen Dienstes. Ergebnisse der Personalstandsstatistik 2009. Fachserie 14, Reihe 6. Wiesbaden.

Wagener, Frido, 1979: Der öffentliche Dienst im Staat der Gegenwart, in: Veröffentlichungen der Vereinigung der Deutschen Staatsrechtslehrer, Heft 37, 215-266.

Wagener, Frido/Blümel, Willi, 1998: Staatsaufbau und Verwaltungsterritorien, in: König, Klaus und Heinrich Siedentopf (Hrsg.), Öffentliche Verwaltung in Deutschland. Baden-Baden: Nomos, 109-123.

Wollmann, Hellmut, 1997: „Echte Kommunalisierung" der Verwaltungsaufgaben: Innovatives Leitbild für umfassende Funktionalreform?, in: Landes- und Kommunalverwaltung, Jg. 7, Nr. 4, 105-109.

Wollmann, Hellmut, 2004: Local Government Reforms in Great Britain, Sweden, Germany and France: between Multi-function and Single Purpose Organisations, in: Local Government Studies, Jg. 30, Nr. 4, 639-665.

Wollmann, Hellmut, 2008: Reformen in Kommunalpolitik und -verwaltung. England, Schweden, Deutschland und Frankreich im Vergleich. Wiesbaden: VS Verlag für Sozialwissenschaften.

Wollmann Hellmut, 2010: Das deutsche Kommunalsystem im europäischen Vergleich – Zwischen kommunaler Autonomie und „Verstaatlichung"?, in: Kuhlmann, Sabine und Jörg Bogumil (Hrsg.), Kommunale Aufgabenwahrnehmung im Wandel:

Kommunalisierung, Regionalisierung und Territorialreform in Deutschland und Europa. Wiesbaden: VS Verlag für Sozialwissenschaften, 223-252.

Wollmann, Hellmut/Kuhlmann, Sabine, 2011: Evaluierung von Verwaltungsmodernisierung, in: Blanke, Bernhard/Nullmeier, Frank/Reichard, Christoph und Göttrik Wewer (Hrsg.), Handbuch zur Verwaltungsreform. 4. Aufl. Wiesbaden: VS Verlag für Sozialwissenschaften, 563-571.

Wollmann, Hellmut/Scharmer, Eckart/Argast, Michael, 1985: Rechtstatsachenuntersuchung zur Baugenehmigungspraxis. Schriftenreihe des Bundesministeriums für Raumordnung, Bauwesen und Städtebau (BMRBS). Bonn: BMRBS.

Re-Kommunalisierung öffentlicher Aufgaben

Matthias Redlich

1. Einleitung

Die Verlagerung von Leistungen und Aufgaben aus der öffentlichen in die private Verantwortung ist seit Mitte der 1980er Jahre auch in Deutschland immer populärer geworden. Privatisierung, Liberalisierung und Deregulierung sind die Hauptschlagworte dieses Prozesses, der immer mehr Kommunen und staatliche Aufgabenbereiche erfasst: Energie- und Wasserversorgung, Abwasser- und Abfallentsorgung, der öffentliche Personennahverkehr (ÖPNV), soziale Dienstleistungen wie kommunale Krankenhäuser und sogar die staatliche Hoheitsverwaltung wurden einbezogen (vgl. Beckers in diesem Band; Candeias 2009; Engartner 2008; Frese und Zeppenfeld 2000; Gröger 2010; Proeller 2002; Reichard 2008; Schmid 2006; Weiner 2001; Reichard und Röber 2011).

In den letzten Jahren ist dieser Prozess allerdings ins Stocken geraten. Insbesondere in Bereichen, die existenzielle Grundbedürfnisse der Bürger – also Daseinsvorsorgeleistungen – berühren, wird der öffentliche Widerstand gegen jegliche Form der Einbeziehung von Privaten immer deutlicher und stärker (vgl. Candeias 2009: 13f.; Der Tagesspiegel 2010; Heitmann 2009; Janzing 2010).

Doch nicht nur in der öffentlichen Meinung, sondern auch im kommunalpolitischen Denken und Handeln scheint ein Wandel spürbar (vgl. Theuvsen und Zschache 2011). Früher beherrschten Privatisierungsgroßprojekte wie beispielsweise eine Teilveräußerung der Berliner Wasserbetriebe (1999) oder der Verkauf des gesamten städtischen Wohnungsbestandes an einen privaten Investor in Dresden (2005) die Schlagzeilen. Heute hingegen sorgen gegensätzliche öffentliche Überlegungen und Maßnahmen für ein mediales Echo: Kommunen und öffentliche Unternehmen holen ausgelagerte Leistungen aus der privaten Erfüllung zurück. Um die operative Dienstleistung (wieder) in Eigenwahrnehmung erbringen zu können, werden private Beteiligungen ausgelöst, ganze Unternehmen zurückgekauft oder neu gegründet, Konzessionen nicht verlängert und interkommunale Kooperationen eingegangen (vgl. dazu Beck 2011; Büschemann 2010; Difu 2011; Geiger 2009; Preuß 2009; SZ 2010; Szymanski 2010; Uttich 2011; Venn 2009; Ver.di 2010). ‚Rekommunalisierung' ist dabei der Trendbegriff, unter dem diese Prozesse zusammengefasst werden und mit dem im „Meinungskampf der öffentlichen Diskussion" bereits die Trendwende hin zur staatlichen Aufgabenerfüllung vollzogen wurde. Ist der Zenit privater Beteiligung und Verantwortung folglich überschritten?

Es darf nicht übersehen werden, dass keinesfalls vollständig auf private Beteiligungen – auch nicht im Bereich der Daseinsvorsorgeleistungen – verzichtet wird. Debatten der öffentlichen Aufgabenerfüllung kreisen, nicht zuletzt auf Grund der finanziellen Lage vieler Kommunen, nach wie vor um Themen wie Effizienz, marktwirtschaftliche Lösungsansätze und Aufgabenausgliederung. In vielen Städten und Gemeinden existieren deshalb weiterhin Privatisierungsbestrebungen (vgl. Ergebnisse Lenk u.a. 2011 sowie Reichard 2006: 55). Die Stadt Leipzig bereitet so beispielsweise den Verkauf von 49,9% ihrer Anteile der kommunalen IT-Dienstleister HL Komm und Perdata vor (Iven 2011; MZ 2011).

Es stellen sich also die Fragen, ob ein signifikanter und sektorenübergreifender Trend zur Rekommunalisierung vorhanden ist oder ob es sich nur um einzelne (branchenabhängige) Rückkäufe handelt. Vor diesem Hintergrund wird dargestellt, warum Aufgaben aus der kommunalen Verantwortung ausgelagert wurden und worin Gründe und Ziele eines erneuten kommunalen Engagements bestehen. Dahingehend wird untersucht, in welchem Umfang Rekommunalisierungsprozesse stattfinden und was diese bedeuten: Kommt es zu einer öffentlichen Wahrnehmung im engeren Sinn, also mit Eigentum, Durchführung, Kontrolle und Verantwortung in öffentlicher Hand? Findet eine Deprivatisierung statt bzw. wie kommt eine Rekommunalisierung zustande (Freiwilligkeit, Enteignung, Durchsetzung im Wettbewerb)? Bedeutet diese ein „Zurück auf Los" – also eine Rückkehr zur früheren Art und Weise der öffentlichen Aufgabenwahrnehmung?

2. Rekommunalisierung – ein unscharfer Begriff

‚Rekommunalisierung' beschreibt einen Prozess des Zurückholens von Aufgaben und Vermögenswerten zum Staat. Das charakteristische Merkmal einer Rekommunalisierung ist, dass es sich nicht um eine einfache Verlagerung von privat zu öffentlich handelt – in diesem Fall wäre der Begriff Kommunalisierung[1] ausreichend – sondern, dass Aufgaben und Vermögenswerte zunächst einmal in Teilen oder vollständig aus der öffentlichen Erfüllung an einen Privaten abgegeben (privatisiert) und danach wieder von der Kommune selbst wahr-

---

1 Der Begriff ‚Kommunalisierung' kommt allerdings ebenso für Prozesse der Aufgabenverlagerung von höheren Staatsebenen auf die kommunale Ebene zur Anwendung (vgl. Budäus 1998; Bogumil und Kuhlmann 2010).

genommen – also *re*-kommunalisiert – werden. Eine Rekommunalisierung besteht folglich aus den Teilprozessen Privatisierung und Kommunalisierung, wobei deren zeitliche Abfolge begrifflich festgelegt wird. Im Unterschied zu einer (Re-) Privatisierung steht am Ende eine öffentliche Aufgabenwahrnehmung (vgl. Röber 2009a, 2009b; Schorsch und Faber 2010).

Die generelle Begriffsverwendung ist aber keinesfalls so klar wie diese Definition suggeriert und hat neben begrifflichen Abgrenzungsproblemen zu einer teilweise inkonsistenten Verwendung geführt. ‚Rekommunalisierung' wird so teilweise als Synonym für ‚Kommunalisierung' gebraucht, also wenn eine Leistung erstmalig (öffentlich) angeboten bzw. ohne das Vorhandensein eines privaten Angebots aufgenommen wird. Darüber hinaus bezeichnet man Neugründungen öffentlicher Einrichtungen, unabhängig davon, ob überhaupt einer der definierten Teilprozesse stattgefunden hat, pauschal als Rekommunalisierung. Ebenso werden organisatorische Veränderungen der kommunalen Aufgabenwahrnehmung damit in Verbindung gebracht und deshalb beispielsweise auch interkommunale Kooperationen und Zusammenschlüsse zu kommunalen Zweckverbänden unter dem Begriff ‚Rekommunalisierung' zusammengefasst (vgl. Röber 2009a; Lenk u.a. 2010; Lenk u.a. 2011). Als Protagonisten treten oft nicht die Kommunen selbst, sondern vor allem ihre öffentlichen Unternehmen auf. Diese Einrichtungen gehören zwar mehrheitlich staatlichen Trägern, doch sind sie eigenständig und privat-rechtlich formiert, weshalb sie streng genommen als private Akteure gelten (vgl. Maravic 2005; Statistisches Bundesamt 2010: 303). Zur ‚Rekommunalisierung' im engeren Sinn – einer Rückverlagerung von Aufgaben und Vermögenswerten – ist so ein Begriffsverständnis im weiteren Sinn dazugekommen, das den Prozess der Bestandsfähigkeit und die Wiederbelebung öffentlicher Ansprüche der Leistungserfüllung unter Beachtung marktwirtschaftlicher Leistungsansprüche betont (vgl. Röber 2009b; Lenk u.a. 2010; Lenk u.a. 2011; Schorsch und Faber 2010; Krock und Schwarz 2011).

In beiden Begriffsverständnissen wird die Rückverlagerung der Steuerung und Eigentümerschaft zur öffentlichen Hand nicht daraufhin hinterfragt, ob überhaupt eine ausreichende öffentliche Steuerungsfähigkeit vorhanden ist oder unter welcher Organisationsform die beste Leistungserbringung erfolgen kann. Der Begriff ‚Rekommunalisierung' wird deshalb von Verbänden, Experten und der Versorgungswirtschaft teilweise bewusst forciert (vgl. Schorsch und Faber 2010), um in der öffentlichen Diskussion einen „Kampfbegriff" gegen Privatisierung und private Leistungserbringung zu generieren. Damit wird vielfach eine „Rückabwicklung der Privatisierung" mit einer vollständigen Rückübertragung der Leistungserfüllung auf öffentliche Einrichtungen suggeriert (vgl. Hoering 2009; Geiger 2009; Gröger 2010). Diese findet in der praktischen Anwendung aber gar nicht zwangsläufig statt (vgl. Difu 2011). Ein öffentliches Unternehmen tritt hier oft mit seinem Leistungsangebot lediglich in Konkurrenz zu einem existierenden privaten Angebot

(Wettbewerbssituation) oder übernimmt die Aufgabenverantwortung, während private (Sub-) Unternehmen weiterhin für die Leistungserbringung zuständig sind. ‚Rekommunalisierung' ist folglich zu einem unscharfen Begriff geworden, dessen „Qualitätsmerkmale" unklar bleiben. Ohne genauere Betrachtungen des jeweiligen Einzelfalls sind kaum Aussagen über die Zielsetzungen, die Veränderungen der Leistungserbringung und die Art und Weise der kommunalen Aufgabenwahrnehmung (vollständig kommunal/gemischtwirtschaftlich/wettbewerbliche Konkurrenz) möglich. Ebenso bleiben die meisten Management- und Steuerungsfragen weitestgehend offen und ungeklärt. ‚Rekommunalisierung' wird so lediglich zur begrifflichen Vergegenwärtigung einer Rückbesinnung auf öffentliche Leistungserfüllung, ohne dass vollständig klar ist, worin dieser Prozess besteht.

3. Das Verhältnis von öffentlich und privat

Im Übergang zur arbeitsteiligen Industriegesellschaft entwickelte sich ein Verantwortungsverständnis, bei dem die Sicherstellung für das Leben notwendiger Aufgaben und Dienstleistungen immer stärker in den Aufgabenbereich des Staates bzw. dessen Teileinheiten, Städte und Gemeinden, gerückt ist. Ursächlich dafür war, dass eine Grundversorgung nicht mehr von jedem Menschen für sich selbst gewährleistet und/oder erbracht werden konnte.

„Denn der moderne Mensch ist nicht mehr im Besitze der elementarsten Lebensgüter, ohne die sein physisches Dasein auch nicht einen Tag denkbar ist [...]. Man braucht sich nur die Gegebenheiten einer städtischen Lebensweise zu vergegenwärtigen, um den hohen Grad der Vorsorgebedürftigkeit des heutigen Stadtmenschen zu erkennen. Sie geht weit über das hinaus, was die sogenannten Versorgungsbetriebe leisten. Hierin ist nicht nur die Versorgung mit Wasser, Gas und Elektrizität zu rechnen, sondern auch die Bereitstellung der Verkehrsmittel jeder Art, die Post, Telephonie und Telegraphie, die hygienische Sicherung, die Vorsorge für Alter, Invalidität, Krankheit, Arbeitslosigkeit und vieles andere mehr. Man kann sich über die Ausdehnung dieser verwaltungsmäßigen Daseinsvorsorge vielleicht eine gewisse Vorstellung machen [...]." (Forsthoff 1938: 7).

Mit dieser Formulierung hat Ernst Forsthoff im Jahr 1938 alle für ein geordnetes Gemeinwesen notwendigen Aufgaben unter einem Begriff – ‚Daseinsvorsorge' – subsumiert und diese zugleich im Verantwortungsbereich des Staates verortet (vgl. Brucksch 2010; Klein 2009). Dieses Verständnis hat sich im Kern bis heute kaum verändert und spiegelt sich im moderneren und etwas weiter gefassten Begriff ‚öffentliche Aufgabe' wieder. Es geht dabei um die Grundversorgung der Bevölkerung mit (über-)lebensnotwendigen Leistungen und Gütern sowie die staatliche Verantwortung für deren Sicherstellung. Im Gegensatz zu ‚Daseinsvorsorge' fokussiert ‚öffentliche Aufgabe'

Re-Kommunalisierung öffentlicher Aufgaben

stärker den Gemeinwohlcharakter einer Dienstleistung (Reichard 2006). Eine Aufgabe ist nämlich nicht öffentlich, weil sie vom Staat erbracht wird, sondern weil die Bürger ein elementares Interesse an deren ordnungsgemäßer Erfüllung haben (Gemeinwohlcharakter). Eine allgemeingültige und abgeschlossene Aufzählung der öffentlichen Aufgaben existiert deshalb ebenso wenig wie ein generelles Verständnis darüber, welche Schlussfolgerungen aus der damit verbundenen staatlichen Aufgabenverantwortung gezogen werden müssen. Beides ist Teil andauernder politischer Auseinandersetzungen und obliegt letztlich gesellschaftlichen Entscheidungsprozessen (vgl. Püttner 2007: 30f.). Im Umkehrschluss bedeutet dies, dass jede existierende Aufgabe zu einer öffentlichen Aufgabe werden kann, ohne dass diese zwangsläufig vom Staat erbracht werden muss. Um allerdings den gesellschaftlichen Bedürfnissen und Ansprüchen an die Leistungserbringung gerecht zu werden, sind diese Aufgaben mit einer besonderen staatlichen Verantwortung verbunden. Der etwas antiquiert anmutende Begriff ‚Daseinsvorsorge' wird in diesem Zusammenhang vor allem dann verwendet, wenn es darum geht, bei einer öffentlichen Aufgabe die *Notwendigkeit einer Leistungserbringung* durch den Staat herauszustellen (vgl. Reichard 2006, 2008; Weiner 2001). ‚Daseinsvorsorge' wird dabei vielfach auf die Kernbereiche öffentlicher Versorgung wie Wasser, Strom und Energie sowie Abfallentsorgung und ÖPNV verengt, obwohl grundsätzlich alle öffentlichen Aufgaben zugleich Daseinsvorsorgeleistungen darstellen (vgl. Forsthoff 1938; Engartner 2008: 124ff.; Müller 2009; Stölting 2001; siehe auch Beiträge in diesem Band).

In den vergangenen 150 Jahren kam es immer wieder zu Verschiebungen der Verantwortung und der Leistungserbringung zwischen staatlichen Einrichtungen und privaten Unternehmen (vgl. Röber 2009a; siehe dazu genauer Frese und Zeppenfeld 2000: 13ff.; Püttner 2007: 33ff.). Zu deren visueller Illustration wird auf wiederkehrende Wellenbewegungen oder ein von einem zum anderen Pol schwingendes Pendel Bezug genommen (vgl. Röber 2009a; Reichard 2008; Wollmann 2011a). Viele Aufgaben, die heute in Deutschland als so elementar öffentlich erscheinen, dass diese ganz selbstverständlich von öffentlichen Einrichtungen erbracht werden und bei denen schon geringste Privatisierungsüberlegungen[2] heftige gesellschaftliche Diskussionen auslösen, sind nicht nur in vielen anderen Ländern, sondern waren auch einstmals in Deutschland nicht ausschließlich in öffentlicher Hand (vgl. Röber 2009a; Frese und Zeppenfeld 2000: 13ff.; Püttner 2007: 33ff.; Wollmann 2011a).

Die moderne öffentliche Wasserversorgung hat sich durch private Unternehmen entscheidend mit entwickelt. Das steigende Bedürfnis nach einfach

---

2 Privatisierung wird im Folgenden als private Beteiligung an der Aufgabenerfüllung verstanden. Dies schließt materielle Privatisierungsformen, wie private Beteiligungen an Unternehmen (Teil- oder Vermögensprivatisierungen) oder deren vollständige Übernahme (materielle Vollprivatisierung) sowie ebenso formale Privatisierungsformen wie z.B. die funktionale Privatisierung (Aufgabenausgliederung) mit ein.

und schnell verfügbarem, sauberem Wasser ließ einen lukrativen Markt für eine solche Dienstleistung entstehen, der von öffentlichen Einrichtungen nicht bzw. nicht vollständig abgedeckt wurde. Mit privatem Risiko und Kapital wurden so insbesondere die Versorgungssysteme der Städte entwickelt, auf- und ausgebaut. Erst in der Folge erlangten öffentliche Einrichtungen eine Monopolstellung. Dies lag vor allem daran, dass sie für alle Bürger ein flächendeckendes Versorgungsnetz aufbauten und ihnen eine qualitativ und quantitativ bessere Versorgungsleistung zur Verfügung stellen konnten (vgl. Röber 2009a; BMU und UBA 2006; Feist 2009; Frese und Zeppenfeld 2000: 13ff.).

Ähnliche Entwicklungen lassen sich in vielen anderen Bereichen aufzeigen. Das Verhältnis beider Zweige ist dabei nicht nur von Konkurrenz geprägt. Immer wieder kam es im Bereich der öffentlichen Aufgaben ebenso zu privaten und öffentlichen Kooperationen. Samuel F. B. Morse legte mit der Entwicklung der Übertragungstechnologie den Grundstein für den Aufbau eines staatlichen Telegrafennetzes. Eine Sprachübertragung in diesem Netz wurde allerdings erst durch eine private Innovation von Alexander Graham Bell möglich. Seine Erfindung, das Telefon, wurde in der Folge von verschiedenen privaten Unternehmen vertrieben und weiterentwickelt. Allerdings zählten neben großen Unternehmen vor allem staatliche Einrichtungen – nicht zuletzt auf Grund eines weitgehenden Leitungsmonopols – zu den (Haupt-) Abnehmern der neuen Geräte. Um eine flächendeckende Verbreitung der Technologie mit gleicher Nutzungsmöglichkeit für alle Bevölkerungsschichten und einheitliche Qualitätsstandards zu ermöglichen, investierten öffentliche Einrichtungen in die Entwicklung eigener Telefonapparate und bauten Marktzugangsschranken für andere Anbieter auf. Erst mit der Marktliberalisierung Anfang der 1990er Jahre wurde für den Nutzer eine freie Auswahl der Endgeräte bezüglich Design, Leistungsmerkmalen und Preis möglich (vgl. Thomas 1995; vgl. Baier 2005).

Diese Beispiele illustrieren, was in vielen öffentlichen Aufgabenfeldern bisher geschehen ist: Zur Erfüllung der öffentlichen Aufgabe und zur Verbesserung der Leistungserbringung wurde auch auf private Innovationen, kunden- und leistungsorientierte Lösungsansätze sowie deren betriebswirtschaftliches Know-how zurückgegriffen. Je nach Handlungszweig, Ziel und vorherrschender gesellschaftlicher Einstellung variierten die genutzten institutionellen Arrangements. Staatliche Einrichtungen haben dabei vielfach die Lasten übernommen, die mit der Ausweitung der wirtschaftlichen Tätigkeit verbunden sind. Hierzu zählen u.a. die Bereitstellung von Infrastruktur und das Angebot von sozialen Dienstleistungen wie die Bereitstellung von Bildung, Krankenversorgung und Wohnraum. Im Laufe der Zeit ist eine „wechselseitige Aufeinanderangewiesenheit von Staat und Wirtschaft" (Klein 2009: 23) entstanden, die auch zukünftig fortbestehen wird (vgl. ebd.; Frese und Zeppenfeld 2000: 13ff.). Allerdings kann ebenso festgestellt werden, dass, wenn ein Tätigkeitsgebiet erst einmal in der Hand öffentlicher Einrichtungen war, diese, vor allem bei lukrativen Einnahmequellen wie Energie- und Wasserversorgung, nicht freiwillig bereit waren, dieses einem privaten Engagement zu öffnen oder abzutreten. Damit waren Konflikte mit der Privatwirtschaft vorprogrammiert. Gerade in wirtschaftlichen Krisenzeiten, wenn private Unternehmen nach neuen Märkten und gewinnbringenden Aktionsfeldern suchen, kam so immer wieder Kritik an öffentlicher Aufgabenerfüllung verbunden mit den Forderungen „nach weniger Staat" und einer Abgabenentlastung auf. (vgl. Baier 2005; Frese und Zeppenfeld 2000: 13ff.; Klein 2009; Thomas 1995).

4. Von öffentlicher zu privater Aufgabenerledigung

Der Entstehungshintergrund vieler existierender öffentlicher Unternehmen ist eng mit Problemen und Folgen der industriellen Urbanisierung im 19. Jahrhundert verbunden (vgl. Röber 2009a; Edeling 2003; Engartner 2008; Wollmann 2011a, 2011b). Die Kommunen haben nämlich nicht nur aus finanziellen Überlegungen heraus mit einer eigenen Leistungserbringung begonnen, sondern ebenso, um den gesellschaftlichen Anforderungen an eine sachgerechte Erfüllung gerecht zu werden. Letztere gehen bei öffentlichen Aufgaben weit über Kosten-Nutzen- und Gewinnmaximierungsüberlegungen hinaus und bedürfen differenzierter Zielsetzungen. Im Nah- und Fernverkehr sowie bei der Energie- und Wasserversorgung wird beispielsweise trotz hoher Fix- und Bereitstellungskosten eine für alle Bevölkerungsschichten erschwingliche, flächendeckend verfügbare und qualitativ gleichwertige Leistungserbringung erwartet, bei der gleichzeitig ökologische Ansprüche an einen sparsamen Ressourceneinsatz erfüllt werden müssen. Je größer das öffentliche Interesse an der Leistungserfüllung ist und je mehr Anforderungen dabei an die Versorgungsleistung gestellt werden, desto größer ist der Druck auf staatliche Instanzen, diese durch geeignete Maßnahmen zu gewährleisten. Bei der Erledigung öffentlicher Aufgaben unter marktwirtschaftlichen Bedingungen ist es allerdings immer wieder zu Fehlallokationen gekommen, die zu Lasten schwacher Marktteilnehmer gingen und der Herausbildung privater Monopole führten (vgl. Lenk u.a. 2010; Mühlenkamp 2006; Naßmacher und Naßmacher 1999; Püttner 2007; Stölting 2001; Wollmann 2011a). Qualitative und quantitative Versorgungsunterschiede und -defizite sowie überhöhte Preise waren dabei die Folge. Dies führte zu der Annahme, dass die Versorgungsansprüche bei öffentlichen Aufgaben über die Marktmechanismen gar nicht, nicht in ausreichendem Umfang oder in wünschenswerter Qualität sichergestellt werden können (ebd.). Die Zielvorgaben sollten deshalb nicht über die Marktmechanismen, sondern durch politische Entscheidungsprozesse bestimmt werden (vgl. Röber 2008; Edeling 2001; Engartner 2008). Im Gegensatz zu privaten Unternehmen müssen öffentliche Einrichtungen auch keine Gewinne erwirtschaften, sondern lediglich ihre Kosten decken (Bedarfswirtschaftlichkeit). Eine wirtschaftliche Leistungserbringung ist aber dabei die Voraussetzung, um möglichst vielen Nutzern qualitativ hochwertige Leistungen zur Verfügung stellen zu können und eine langfristige Sicherstellung der Versorgungsleistung zu erreichen (vgl. u.a. Edeling 2001; Fuchs 2008).

Aus diesen Erkenntnissen wurde vielfach abgeleitet, dass Bereitstellung, Steuerung und Kontrolle einer öffentlichen Aufgabe im Sinne des Gemeinwohls besser über gewählte Repräsentanten und die staatliche Verwaltung gewährleistet werden kann. Im Zuge der staatlichen Daseinsverantwortung wurden deshalb immer mehr öffentliche Aufgaben identifiziert, für die die öffentliche Hand die vollständige Aufgabenverantwortung, das heißt neben der Auffangverantwortung auch die Verantwortung für Gewährleistung, Finanzierung Erfüllung und Vollzug der eigentlichen Leistungserbringung, übernahm (vgl. Röber 2009a; Wollmann 2011a). Die Staatsbürger haben diese Entwicklung weitestgehend hingenommen, da ihnen dadurch immer mehr Leistungen scheinbar kostenlos bereitgestellt wurden. Fiskalische Probleme führten hin und wieder zu Kritik an der Erfüllung einzelner Aufgaben, doch eine darüber hinausreichende Aufgabenkritik einerseits der Aufgabe selbst – verstanden als politisch-gesellschaftliche Debatte, welche Aufgaben als elementar öffentlich anzusehen sind – als auch andererseits der damit verbundenen Leistungen – verstanden als politische Auseinandersetzung über Leistungsart und -umfang – fand nicht statt. Seit der Blütezeit der öffentlichen Aufgabenwahrnehmung, den 1960er und 1970er Jahren, gab es deshalb kaum mehr einen Aufgabenbereich, in dem keine staatliche Einrichtung tätig war (vgl. Frese und Zeppenfeld 2000: 13ff.; Engartner 2008; Mäding in diesem Band; Wollmann 2011b).

Die politische Möglichkeit zur strategischen Steuerung der öffentlichen Einrichtungen wurde allerdings weitestgehend nicht genutzt. Es fehlte vielfach an klaren Zielvorgaben und -stellungen. Bis auf „populistische ad-hoc-Interventionen" und parteipolitische Einflussnahme bei der Stellenbesetzung blieben öffentliche Einrichtungen weitestgehend sich selbst überlassen (Röber 2001; 2009a). Eine wirksame Steuerung und Kontrolle der Einrichtungen fand dabei zumeist nicht statt. Vielmehr entstanden durch Gebietsmonopole geschützte, staatliche Alleinanbieter, die zumindest dem Anschein der öffentlichen Wahrnehmung nach mehr mit sich selbst als mit den Anforderungen und Leistungsinteressen der Bürger beschäftigt waren. Immer wieder kam es zu unternehmerischen Fehlentscheidungen mit gravierenden Auswirkungen auf die öffentlichen Haushalte (vgl. Röber 2008). Sanierungsbedürftige Schulgebäude, geschlossene oder mit privaten Spenden notdürftig weiterbetriebene Theater, Museen und Schwimmbäder sowie die existierenden „Monopolrenten in Form von ‚organizational slack' und Privilegien der in diesen Unternehmen Beschäftigten" (ders. 2009b: 228), die parteipolitische Einflussnahme auf Stellenbesetzungen (Patronagepolitik) und das offensichtliche Missmanagement führten zu einem sinkenden Vertrauen der Bürger in die politischen Kontroll- und Steuerungsfähigkeiten (vgl. ebd. 2005, 2008, 2009b; Herbing 2008; Proeller 2002). Gleichzeitig hatten sich die Anforderungen der Bürger an eine adäquate Leistungserbringung geändert. Sie wollten viel stärker als Kunden wahrgenommen und behandelt werden und waren deshalb mit den bürokratischen Verfahrensabläufen sowie langen Warte- und Bearbeitungszeiten unzufrieden (siehe dazu genauer Röber und Redlich 2011; vgl. Reichard 2006). Die öffentlichen Einrichtungen gerieten deshalb zunehmend unter den Generalverdacht der Ineffizienz und damit einhergehend unter Legitimationsdruck (vgl. exemplarisch Röber 2009b).

Angesichts einer solchen Entwicklung musste es zu gravierenden Änderungen bei der Erledigung öffentlicher Aufgaben kommen. Bis in die 1990er Jahre wurde dabei zunächst an mehr Bürgerorientierung des Verwaltungshandelns mit u.a. effizienten Arbeitsabläufen und kundenfreundlichen Öffnungszeiten gearbeitet (vgl. Röber 2005; Röber und Redlich 2011; Banner 1995; Bogumil und Holtkamp 2002; Grunow 1982; Herbing 2008). Da die Kommunen insbesondere in finanziell lukrativen Tätigkeitsfelder nicht freiwillig bereit waren, diese einem privaten Engagement zu öffnen, gerieten zunächst das Management, die Steuerung und die Organisation der öffentlichen Einrichtungen in den Blick von Verwaltungsreformen (vgl. Röber 2008, 2009b; Frese und Zeppenfeld 2000: 13ff.; KGSt 2010; Theuvsen 2009).

Unter dem Einfluss eines weltweiten Siegeszuges neoliberaler wirtschaftspolitischer Konzepte, eines zunehmenden Liberalisierungsdrucks der europäischen Binnenmarktpolitik und einer steigenden Verschuldung der öffentlichen Hand, die sich durch ein verlangsamtes Wirtschaftswachstum verstärkte, kam es auch in Deutschland zu einer Privatisierungswelle (vgl. Röber 2009a; Bogumil 2009; Engartner 2008; Geiger 2009; Lenk u.a. 2010; Wollmann 2011b). Neben dem Verkauf von öffentlichen Einrichtungen, die keinen eindeutigen öffentlichen Zweck erfüllen, wie z.B. Industriebeteiligungen oder Grundstücke (Vermögensprivatisierung), wurde unter dem Begriff Contracting-out die zeitweise und vertraglich geregelte Übertragung der Durchführung einzelner (Teil-) Leistungen auf private Anbieter (funktionale Privatisierungen) diskutiert. Die politische Auseinandersetzung verlief in diesem Prozess – wie auch bei anderen Privatisierungsformen – zwischen den beiden ideologisierten Positionen privater Effizienz und öffentlicher Ineffizienz auf der einen sowie öffentlicher Gemeinwohlverantwortung und privater Insuffizienz in diesem Bereich auf der anderen Seite (vgl. Röber 2008). Um private Beteiligungen und die Übertragung der Leistungserbringung oder Kooperationen zu ermöglichen, war vielfach ein Zwischenschritt notwendig (vgl. Wollmann 2011a): Die öffentlichen Einrichtungen mussten in privatrechtlich organisierte (öffentliche) Unternehmen umgewandelt werden (formale Privatisierung). Mit einer solchen Rechtsformänderung erhöhte sich die Steuerungsfähigkeit des Unternehmens, da sie zugleich mit der Reduktion von Intransparenz und Komplexität auf Grund zentraler Verwaltungseinheiten und der Befreiung von den Zwängen des öffentlichen Besoldungs-, Haushalts- und Dienstrechts einherging (ähnlich Maravic 2005; Schmidt 2011). Die Erwartung bestand vielfach darin, mit einer derartigen Umgestaltung gleichzeitig die Unternehmenskultur zu ändern und per se mehr Effizienz, Wirtschaftlichkeit und Kundenorientierung zu erzielen, um weitere Schritte obsolet werden zu lassen (vgl. Röber 2008; Maravic 2005). Dass dafür weitere Reformen notwendig sind, mahnte u.a. die Kommunale Gemeinschaftsstelle für Verwaltungsmanagement (KGSt) bereits frühzeitig an. Unter einer maßgeblichen Beteiligung von Gerhard Banner hat sie deshalb ein „Neues Steuerungsmodell" entwickelt, um Binnenreformen der öffentlichen Unternehmen voran zu bringen (siehe dazu exemplarisch Banner 1993, 1995; Theuvsen und Zschache 2011).

Der Post- und Telekommunikationsmarkt wurde als einer der ersten Bereiche liberalisiert und dem Wettbewerb geöffnet. Neben einer faktischen Notwendigkeit zur Änderung des Status Quo, war mit einer privaten Beteiligung und steigendem Wettbewerb – nicht nur bei den Fürsprechern – die Hoffnung verbunden, angespannte kommunale Haushalte zu entlasten und gleichzeitig neue Einnahmefelder zu erschließen. Gerade im Telekommunikationsmarkt stellten sich – flankiert von technischen Innovationen, z.B. der mobilen Telefonie und neuer Datentransfertechnologien – schnell sichtbare Erfolge ein: ein breiteres Angebot, steigender Service und Kundenorientierung bei zugleich sinkenden Preisen und einer finanziellen Entlastung der defizitären öffentlichen Haushalte (vgl. Baier 2005). Die Verheißungen des wirtschaftsliberalen Denkens, dass Leistungen nicht nur besser, sondern gleichzeitig billiger durch private Unternehmen erbracht werden können, schienen sich zu erfüllen.

Von diesen Entwicklungen im Post- und Telekommunikationsmarkt beflügelt, wurde begonnen, alle Gebiete staatlicher Tätigkeiten für private Beteiligungen zu öffnen. Über die freiwilligen Selbstverwaltungsaufgaben der Kommunen wie Energieversorgung, Kultur- und Bildungsangebote, ÖPNV und Wohnungsbau und über die Pflichtaufgaben in deren eigenem Wirkungskreis wie Abfall- und Abwasserentsorgung, Kinderbetreuung und Wasserversorgung bis hin zum elementaren Kernbereich der hoheitlichen Leistungserbringung bei Ordnungs- und Sicherheitsaufgaben wie z.B. bei der Betreuung von Strafgefangenen und der Aufnahme von Ordnungswidrigkeiten wurde über Privatisierungen nachgedacht. Das Meinungsbild war dabei keineswegs einheitlich, denn je nach Typ der öffentlichen Aufgabe variieren die Anforderungen an die Leistungserfüllung und die staatliche Verantwortung. Während Politik, Medien und Wissenschaft zu den Befürwortern zählten, konnte in der

Bevölkerung eine grundsätzlich skeptische Einstellung ausgemacht werden (vgl. Theuvsen und Zschache 2011). Widerstand entstand vielfach erst gegen ein Fortschreiten der Privatisierung in die Bereiche, in denen die Leistung für die Bürger gesichert sein muss (Kern- und Pflichtaufgaben). Aufkommende negative Berichte aus anderen Ländern und die ersten negativen Erfahrungen in Deutschland führten ab der Jahrtausendwende zu einem fortschreitenden Meinungswandel. Immer stärker standen die Einbeziehung privaten Kapitals und die Verlagerung der gesamten Aufgabenverantwortung in den privaten Bereich – materielle Privatisierungen – sowie die vielfältigen Misch-, Überschneidungs- und Ergänzungsmöglichkeiten bei der Leistungserbringung in der Kritik (vgl. ebd.; Röber 2009a; Beckers u.a. in diesem Band; Candeias 2009; Engartner 2008: 88; Frese und Zeppenfeld 2000; Proeller 2002; Schmid 2006;).

5. Rekommunalisierung: Alles wieder auf Anfang?

a. Die Krux des Rekommunalisierungstrends – alle 20 Jahre dieselben Fragen

Rekommunalisierung ist derzeit nicht in allen Bereichen der öffentlichen Aufgaben gleichermaßen ein Thema. Untersuchungen und Zeitungsberichte legen vielmehr nahe, dass sich die Aktivitäten zumeist auf den Energie-, Entsorgungs- und Wassermarkt konzentrieren (vgl. Beck 2011; Büschemann 2010; Geiger 2009; Lenk u.a. 2011; Preuß 2009; SZ 2010; Szymanski 2010; Theuvsen und Zschache 2011; Uttich 2011; Venn 2009; Ver.di 2010). Auf den ersten Blick kann festgestellt werden, dass damit gerade jene Bereiche betroffen sind, die zum elementaren Kern der Daseinsvorsorge gehören und die mit besonderen öffentlichen Interessen verbunden sind. Entsorgung und Wasser gehören dabei zu den Pflichtaufgaben der Kommunen. Dies könnte die Vermutung nahe legen, dass hier Unzufriedenheit und schlechte Leistungserfüllung privater Anbieter sowie überhöhte Preise die Auslöser von Rekommunalisierungen sind. Ein genauerer Blick offenbart allerdings, dass es sich auch um die Bereiche handelt, die auf Grund eines vorhandenen natürlichen Monopols nur jeweils einen Anbieter zulassen. Der Markteintritt eines konkurrierenden Unternehmens ist dabei aus technischen, qualitativen und finanziellen Gesichtspunkten nicht möglich, da wie z.B. im Wassermarkt eigene parallele Leitungen verlegt werden und endverbrauchernahe Aufbereitungsanlagen vorhanden sein müssten. Existieren solche netzgebundenen Markteintrittsbarrieren, ist meist nur ein Wettbewerb um den Markt (zur Versorgung eines Gebietes) und nicht im Markt (um Abnehmer/Endkunden) möglich. Beim Wettbewerb um den Markt werden vielfach Konzessionen vergeben, die einem Konzessionsnehmer (öffentliches oder privates Unternehmen) gegen eine Konzessionsgebühr das volle Nutzungsrecht an einer öffentlichen Einrichtung und Sache für eine bestimmte Zeitspanne garantieren (vgl. Lenk u.a. 2010; Venn 2009).

Die derzeitige Diskussion um Rekommunalisierungen ist zum überwiegenden Teil durch die Neuvergabe von Konzessionen im Energiemarkt motiviert. Intersektorale Studien bestätigen dies, indem sie zeigen, dass viele Kommunen für den Energiesektor häufiger als für andere Sektoren angeben, Bestrebungen, Planungen und Maßnahmen zur Veränderung der Organisations- und Gesellschafterstruktur zu haben (vgl. Lenk u.a. 2011). Damit in regelmäßigen Abständen die Möglichkeit zu einem Betreiberwechsel besteht, ist im Energiewirtschaftsgesetz (EnWG) deren Laufzeit auf maximal 20 Jahre beschränkt. Die überwiegende Mehrheit der Verträge wurde im Zuge der Marktliberalisierung seit Mitte der 1990er Jahre geschlossen. Fast alle dieser Konzessionen laufen demzufolge in den nächsten Jahren aus. Bis zum Jahr 2017 werden so nach Angaben des Verbandes kommunaler Unternehmen bundesweit jährlich ca. 1000 Konzessionsverträge enden. Zumeist handelt es sich um Konzessionen im Bereich der Verteilnetze. Bei diesen geht es vor allem um den Betrieb von Strom-, Gas- und Wärmenetzen und das Recht zum Verlegen von Leitungen (vgl. Gröger 2010; Preuß 2009; Schorsch und Faber 2010; SGK 2010; VKU u.a. 2009). Dies führt in zahlreichen Städten, Gemeinden und Kreisen zu der Frage, wie diese Aufgabe zukünftig wahrgenommen werden soll. Grundsätzlich ergeben sich dabei verschiedene Möglichkeiten, die geprüft werden müssen:

- Neuabschluss mit dem bisherigen Betreiber,
- Neuabschluss mit einem anderen privaten Betreiber,
- Neuabschluss im Rahmen einer horizontalen Kooperation mit einer kommunalwirtschaftlichen Einrichtung,
- Neuabschluss mit einer neu gegründeten oder bereits bestehenden eigenen kommunalen Einrichtung (vgl. SGK 2010; VKU u.a. 2009).

Gerade bei der Energieversorgung spielen strategische Überlegungen derzeit eine besondere Rolle. Bisher gab es zwar sehr viele Versorgungsunternehmen, doch rund 80% der verteilten Energie stammte von einem der vier großen Energieerzeuger (E.on, RWE, EnBW, Vattenfall), die auf Grund von Skaleneffekten kostengünstigeren Strom herstellen konnten (vgl. Basler und Büschemann 2011; Wollmann 2011a). Hohe Anschaffungs- und politischgesellschaftliche Transaktionskosten beim Bau von Atom-, Kohle- und Wasserkraftwerken sowie die für einen effizienten Betrieb notwendigen Absatzzahlen wirken dabei als gravierende Markteintrittsbarriere für weitere potenzielle Erzeuger. Der geförderte Ausbau der Nutzung regenerativer Energiequellen wie Biomasse, Erdwärme, Sonne und Wind hat diese Barriere gemindert. Eine verbrauchsnahe Erzeugung und gesetzlich geregelte Absatzsicherheit bei verhältnismäßig geringen Anschaffungskosten ermöglichen nun auch kleinen Versorgungsunternehmen eine wirtschaftlich rentable Stromerzeugung (ähnlich Wollmann 2011a). Verheerende Erdrutsche in ehemaligen Kohleabbaugebieten, ungeklärte Endlagerfragen und Reaktorkatastrophen haben in letzter Zeit ein immer positiveres Grundklima für die Nutzung alternativer Energie entstehen lassen. Zudem soll – so die politische Zielsetzung – bis 2020 der kommunale Anteil an der Energieerzeugung verdoppelt werden (Theuvsen und Zschache 2011). Dabei sorgen der von der Bundesregierung beschlossene Ausstieg aus der Atomenergie inklusive der Abschaltung aller Atomkraftwerke bis 2022 sowie steigende Öl- und Gaspreise für zusätzliche Absatzpotentiale. Um diese gewinnbringend nutzen zu können, muss der Aus- und Umbau der lokalen Leitungsnetze entsprechend vorangetrieben werden. Dies widerspricht den Interessen der vier großen Erzeuger. Sie fürchten um ihr Kerngeschäft und versuchen, zur Marktpositionssicherung große zentrale Solar- und Windparks zu errichten und dafür das überalterte Fernleitungsnetz zu modernisieren (vgl. Basler und Büschemann 2011).

Anders gestaltet sich die Problematik auf dem Entsorgungsmarkt. Kommunale Unternehmen treten hier in Konkurrenz zu privaten und versuchen, diese mit niedrigen Preisen aus dem Markt zu verdrängen (vgl. Brucksch 2011). Dabei geht es nicht vordergründig um die Sicherung der Leistungserfüllung bei einer Pflichtaufgabe, sondern um finanzielle Überlegungen (vgl. Brucksch 2011; gegensätzlich Röber 2009a). In den 1990er Jahren sind auf Grund falscher Prognosen, z.B. zur Bevölkerungs- und Bedarfsentwicklung, vielfach zu große kommunale Entsorgungsanlagen entstanden. Sinkende Einnahmen und Auslastungsgrade führen derzeit zu steigenden Instandhaltungskosten bzw. zu kostenintensiven Stilllegungen. Angesichts der bereits bestehenden finanziellen Probleme vieler Kommunen versuchen diese durch eine Ausweitung des Angebotes (Konzessionen für weitere Gebiete), Kostensteigerungen, Preiserhöhungen und sinkende Leistungsqualitäten zu vermeiden (vgl. Brucksch 2011).

b. Ursachen, Gründe und Ziele von Rekommunalisierungen

Die Ursachensuche von Problemen öffentlicher Aufgabenerfüllung führt in letzter Zeit oft nicht über eine Kritik privater Beteiligung und Leistungserbringung hinaus (vgl. exemplarisch Gröger 2010; Hoering 2009). Daraus abgeleitet werden vielfältige Gründe für eine Rekommunalisierung, die allerdings nur sehr selten die Perspektive der privaten Unternehmen berücksichtigen. Doch jeder Käufer braucht auch einen Verkäufer. RWE unterbreitete so dem Berliner Senat das Angebot, seine Beteiligung an den Berliner Wasserbetrieben (24,95%) für einen Rückkaufpreis von 800.000 € abzugeben. Für den Verkauf von 49,9% der Unternehmensanteile, die zu gleichen Teilen an RWE und Veolia gingen, hatte Berlin zuvor 1,7 Mrd. € erhalten. Auch andere private Unternehmen wie Vattenfall sind seit längerem dabei, Anteile an kommunalen Unternehmen zu verkaufen (vgl. Thomsen und Zylka 2011; Schorsch und Faber 2010). Eine Analyse der Gründe hat bisher nur unzureichend stattgefunden. Allgemein wird dabei auf

- nicht erfüllte Gewinnerwartungen,
- divergierende Unternehmensinteressen,
- Konzentration auf andere Geschäftszweige,
- Angst vor bzw. Vermeidung von Imageschäden sowie
- einen ruinösen Verdrängungswettbewerb

Bezug genommen (vgl. Thomsen und Zylka 2011). Mit ihrem flächendeckenden, freiwilligen Rückzug ist deshalb aber nicht zu rechnen. Dies gilt insbesondere in den Bereichen, in denen wie auf dem Energie- und Wassermarkt durch langfristig sichere Abgabemengen oder Gebietsmonopole viel Geld verdient werden kann. Veolia hat so beispielsweise bereits Interesse an einem Kauf der RWE-Anteile der Wasserbetriebe Berlin signalisiert und plant derzeit keinen Verkauf seiner Beteiligungen.

Insgesamt kann festgestellt werden, dass private Unternehmen nicht bereit sind, über wichtige unternehmerische Entscheidungen wie Umfang und Qualität der Leistungserbringung sowie dafür angemessene Preise gesellschaftliche Debatten und Auseinandersetzungen zu führen und sich diesen zu unterwerfen. Doch gerade dies ist in den als noch immer als lebenswichtig empfundenen Bereichen der Daseinsvorsorge von besonderer Bedeutung. Wohl auch aus diesem Grund vertraut die Mehrheit der Bevölkerung öffentlichen Unternehmen mehr, wenn es um Qualität, Versorgungssicherheit und angemessene Preise geht (vgl. Forsa und DBB Beamtenbund und Tarifunion 2007, 2008; Müller 2009; Schulz-Nieswandt 2010; Theuvsen 2009).

Zeitungsberichte und Umfragen deuten darauf hin, dass sich das Meinungsbild und die Einstellung der Bevölkerung im Verlauf der Umstrukturierung der öffentlichen Einrichtungen von einer insgesamt neutralen bis zögerlichen Position gegenüber einer stärkeren privaten Einbeziehung in eine skeptische bis ablehnende gewandelt haben (Candeias 2009; Der Tagesspiegel 2010; Heitmann 2009; Janzing 2010; vgl. Fuchs 2008: 21; Theuvsen und Zschache 2011). Immobilien-, Banken- und Finanzmarktkrisen und nicht zuletzt immer neue Lebensmittelskandale haben Zweifel an der Überlegenheit privater Steuerung und Ängste in der Bevölkerung aufkommen lassen. Die positiven Verheißungen der Einbeziehung privaten Kapitals und Know-hows sind vielfach gar nicht bzw. für die Bürger nicht greifbar eingetreten, während negative Folgen wie Preiserhöhungen, Personalabbau, Qualitäts- und Serviceverschlechterungen sowie schwindende regionale Bindungen wesentlich stärker wahrgenommen und sichtbar werden (vgl. Röber 2009a, 2009b; Candeias 2009: 13f.; Forsa und DBB Beamtenbund und Tarifunion 2007, 2008; Gerstlberger und Siegel 2009: 16; Heitmann 2009; Theuvsen und

Zschache 2011; Venn 2009; Wollmann 2011a). Eine steigende Zahl prekärer Beschäftigungen – also jener Arbeitsverhältnisse, die mit geringem arbeitsrechtlichem Schutz, niedrigen Löhnen und Unsicherheiten bezüglich Dauer und Kontinuität sowie bei der sozialen Absicherung einhergehen – lassen immer häufiger Fragen zur Einhaltung und Einbeziehung ethischer Grundsätze und zur Sicherstellung sozialer Verantwortung aufkommen (vgl. exemplarisch Greife und Turzer 2009; Gröger 2010; Wollmann 2011a). Die Bürger sind dabei mit der privaten Leistungserbringung durchaus zufrieden (vgl. Institut für Demoskopie Allensbach 2011), doch gerade in Krisenzeiten wird ihnen deutlich, dass öffentliche und private Unternehmen unterschiedliche Zielsetzungen verfolgen und bei der Leistungserbringung umsetzen wollen. Die Ängste und Befürchtungen der Bevölkerung lassen dabei ein latentes Unbehagen und diffuses Misstrauen gengenüber einer privaten Leistungserbringung entstehen, die sich auch in Meinungsäußerungen und Umfrageergebnissen widerspiegeln. Regelmäßig bestätigt eine deutliche Mehrheit der Bürger, dass sie, vor allem im Kernbereich der Daseinsvorsorgeleistungen, bei Energie, Wasser und ÖPNV, ein alternatives kommunales Angebot begrüßt und diesem ein größeres Vertrauen entgegenbringt bzw. es sogar bevorzugt (vgl. Dimap und BVÖD 2008; Dimap und VKU 2008; Forsa und DBB Beamtenbund und Tarifunion 2007, 2008; Fuchs 2008; Heitmann 2009; Müller 2009; Theuvsen 2009; Theuvsen und Zschache 2011; VKU u.a. 2009). Deshalb erhoffen sich die Bürger von Rekommunalisierungen (vgl. Bringmann 2010; Fuchs 2008; Gerstlberger 2009; Gröger 2010; Schulz-Nieswandt 2010; SGK 2010):

- eine stärkere Berücksichtigung der Gemeinwohlinteressen bei der Aufgabenerfüllung,
- eine bessere politische Steuerbarkeit der Arbeitsmarkt- und Umweltpolitik,
- eine gesellschaftliche Nutzung von Renditen mit einer regionalen Bindung dieser Wertschöpfung,
- eine regionale Bindung der Unternehmen (Kundennähe),
- langfristig stabile Preise sowie
- eine qualitativ hochwertige und zuverlässige Leistungserbringung.

Das Hauptmotiv der Bürger ist somit in ihrem höheren Vertrauen in öffentliche Unternehmen bei der Erfüllung öffentlicher Aufgaben zu sehen. Studien bestätigen diesbezüglich, dass Unterschiede vor allem bei der Gemeinwohlorientierung, im Preis-Leistungsverhältnis und beim Gewinnstreben sowie der Flexibilität und nicht bei Zuverlässigkeit, Qualität und Kundenorientierung gesehen werden (vgl. Dimap und BVÖD 2008; Dimap und VKU 2008; Forsa und DBB Beamtenbund und Tarifunion 2007, 2008; vgl. Schulz-Nieswandt 2010; Müller 2009: 7).

Auf kommunaler Ebene wäre zu vermuten, dass als Hauptgrund für Rekommunalisierungen schlechte Erfahrungen und Unzufriedenheit mit vorhandenen privaten Partnern angeführt werden. Doch beides spielt nur eine untergeordnete Rolle (vgl. Lenk u.a. 2011). Vordergründiges Ziel der Kommunen bei Rekommunalisierungen ist es nicht, (Teil-) Privatisierungen rückgängig zu machen, sondern strategische Entscheidungen, durch die sie sich wirtschaftliche Vorteile und mehr Gestaltungsmöglichkeiten versprechen, umzusetzen. Als Hauptgründe für Rekommunalisierungen werden deshalb

- die zielgenauere Steuerung,
- die Wahrung des kommunalen Einflusses (der kommunalen Selbstverwaltung) sowie
- die Stärkung der kommunalen Finanzlage durch die Generierung von Einnahmen im Zeitverlauf

gesehen. Daneben spielen

- eine stärkere Einbeziehung ökologischer, wirtschaftspolitischer und sozialpolitischer Zielsetzungen und
- strategische Überlegungen u.a. bei der Absicherung von regionalen Arbeitsplätzen und bei der Aufrechterhaltung eines kommunalen Knowhows,
- eine Stärkung der Wettbewerbssituation durch alternative Angebote,
- eine bessere Marktpositionssicherung und -stärkung durch Kooperationen mit anderen Gemeinden,
- ein einheitliches (kommunales) Infrastrukturmanagement,
- eine langfristige Planungssicherheit sowie
- Bürgernähe und regionale Bindung und
- eine Verhinderung der Abhängigkeit von marktbeherrschenden Unternehmen

eine wesentliche Rolle (vgl. Röber 2009; Gerstlberge 2009; Heitmann 2009; Krock und Schwarz 2011; Lenk u.a. 2010; Lenk u.a. 2011; Schorsch und Faber 2010; SGK 2010).

c. *Öffentliche Steuerung + private Erfüllung = Rekommunalisierung*

In der öffentlichen Diskussion wird der Rückzug eines privaten Unternehmens aus der Erfüllung einer öffentlichen Aufgabe oft als Erfolg dargestellt. Dabei wird angeführt, dass es dem Privaten offensichtlich nicht gelungen sei, Preiserhöhungen, Personalkürzungen und Leistungseinschränkungen aus Rendite- und Gewinnbestrebungen zu Lasten der Bürger durchzusetzen (vgl. u.a. Ver.di 2010). Vielfach wird dabei nicht hinterfragt, ob Preiserhöhungen, Personalkürzungen und Leistungseinschränkungen aus sachlichen Gründen notwendig waren. Die Preisgestaltung bei einer öffentlichen Leistungserbringung wird vielfach weniger kritisch begutachtet. Doch gerade die öffentliche

Hand hat in der Vergangenheit durch mangelnde Sanierungsaufwendungen einen Investitionsstau entstehen lassen. Ebenso sind zukünftig weitere finanzielle Mehraufwendungen notwendig, um notwendige Anpassungen der Versorgungsleistungen an die sich vollziehenden demographischen Veränderungen zu gewährleisten (ähnlich Bringmann 2010). Zur Sicherstellung einer qualitativ und quantitativ guten Versorgung sind deshalb dringend erhöhte Investitionen in die Infrastruktur notwendig. Öffentliche Ausgabensteigerungen sind vor dem Hintergrund der fortdauernden fiskalischen Probleme der meisten Kommunen allerdings unwahrscheinlich. Um eine nachhaltige Leistungserbringung sicherzustellen, müssen folglich auch öffentliche Einrichtungen wirtschaftlichen Zielsetzungen eine stärkere Gewichtung geben. Den Veränderungen im Management, bei der Unternehmenskultur und beim Personalbestand werden deshalb neue Lösungsansätze sowie Einschnitte und Kürzungen im Leistungsangebot oder/und Preiserhöhungen folgen müssen (vgl. Berliner Morgenpost 2011).

Die meisten öffentlichen Unternehmen haben nicht mehr viel mit den ineffizienten, subventionsbedürftigen, rückständigen und auf sich selbst konzentrierten öffentlichen Einrichtungen der 1980er Jahre zu tun. Viele öffentliche Unternehmen trauen sich nicht nur zu, sondern können belegen, dass sie im Wettbewerb mit privaten Anbietern Leistungen weder schlechter, noch teurer erbringen (vgl. Röber 2009a; Fuchs 2008; Gröger 2010). Gleiches gilt allerdings umgekehrt für private Unternehmen. Hier konnten bisher keine eindeutigen Nachweise erbracht werden (vgl. Röber 2009a).

Die Wahl der Rechtsform wurde in der Vergangenheit als maßgebliches Moment angesehen, da diese die Rechte des Eigentümers festlegt und somit über die politischen Kontroll- und Steuerungsmöglichkeiten eines öffentlichen Unternehmens wesentlich mitentscheidet (Trapp 2006, Wohlfahrt und Zühlke 1999). Doch die überwiegende Mehrheit der öffentlichen Einrichtungen agiert mittlerweile bereits aus einer privat-rechtlichen Rechtsform. Die Gesellschaft mit beschränkter Haftung (GmbH) ist die am häufigsten verwendete Gesellschaftsform aller öffentlichen Unternehmen (Edeling 2003; Schmidt 2011; Statistisches Bundesamt 2010; VKU u.a. 2009: 51). Auf Grund zahlreicher gegenseitiger Beteiligungen (kommunal-kommunal/privatkommunal) mit jeweils weiteren Verflechtungen ergibt vielfach erst eine genaue Analyse der Gesellschafterstrukturen, ob ein Unternehmen mehrheitlich staatlichen Einrichtungen gehört und deshalb als öffentlich bezeichnet wird. Die Eigentümerschaft (mehrheitlich kommunal oder mehrheitlich privat) ist folglich der maßgebliche Faktor, doch gibt diese über die Zielsetzungen bei der Aufgabenerfüllung nur noch sehr wenig Aufschluss. (vgl. Bringmann 2010: 16; Edeling 2003; Maravic 2005; Statistisches Bundesamt 2010: 303).

Als privatrechtliche Unternehmen verfolgen auch öffentliche grundsätzlich eine Gewinnerzielungsabsicht. Kostenbewusstsein sowie private Bilanzierungs-, Management- und Steuerungskonzepte werden dafür von ihnen gezielt genutzt (vgl. Gröger 2010). Als öffentliche Einrichtungen müssen sie aber in besonderem Maße Daseinsverantwortung übernehmen und sich demokratischer Legitimation und Kontrolle unterwerfen (vgl. Maravic 2005; Schulz-Nieswandt 2010). „Die vormals strikt gezogene Grenze zwischen öffentlichen und privaten Werten verschwimmt [...]" (Maravic 2005: 34). Öffentliche Unternehmen und deren Leitung geraten immer mehr in einen Zielkonflikt zwischen Effizienz und Gewinnerwartung auf der einen Seite, und Bedarfswirtschaftlichkeit und Gemeinwohlanspruch auf der anderen (Edeling 2003; vgl. Trapp 2006). Viele öffentliche Unternehmen agieren dabei immer stärker wie private. Konflikte zwischen privaten und öffentlichen Unternehmen werden deshalb zunehmen. Wirtschaftsverbände fordern so schon jetzt, die private Wirtschaft besser vor einer Beeinträchtigung durch kommunale Konkurrenz zu schützen und die wirtschaftliche Tätigkeit der Kommunen stärker zu begrenzen sowie Clearingstellen zur Klärung von Streitfragen einzurichten (vgl. Ostseeblick 2011; Preuß 2009). Es wird die Gefahr gesehen, dass öffentliche Unternehmen unter dem „Deckmantel Daseinsvorsorge" ihre Geschäftstätigkeit immer mehr ausweiten und private Unternehmen verdrängen, aber dabei keinen gesellschaftlichen Mehrwert schaffen (vgl. Brucksch 2011: 43). Die Frage, was denn eigentlich „das Öffentliche an öffentlichen Unternehmen" ist, wird deshalb wieder mehr Bedeutung erlangen (Stölting 2001; vgl. Edeling 2001, 2003, sowie in diesem Band; Greiling 1998).

Rechtsform und Eigentümerschaft können nicht länger als klare Unterscheidungsmaßstäbe genutzt werden, denn die öffentliche Aufgabenerfüllung findet bereits abseits einer klaren institutionellen Trennung zwischen öffentlich und privat statt. Röber stellt deshalb fest, dass ein wichtiger Ansatzpunkt darin liegt,

„dass die bislang dominierende institutionelle Betrachtungsweise (‚öffentliche versus private Unternehmen') zugunsten einer funktionalen Perspektive aufgegeben wird, die an den öffentlichen Aufgaben ansetzt und bei der die Frage im Mittelpunkt steht, mit welchen institutionellen Arrangements und mit welchen Organisations- und Rechtsformen öffentliche Aufgaben am besten gesteuert und erledigt werden können" (Röber 2009b: 233; vgl. auch Edeling 2003; Schulz-Nieswandt 2006).

Ein Rekommunalisierungsverständnis, das sich lediglich auf den Eigentumsaspekt beschränkt, greift deshalb zu kurz. Rekommunalisierungen weisen vielmehr die Verantwortung der Steuerung und korrekten Ausführung einer öffentlichen Aufgabe (Vollzugsverantwortung) wieder öffentlichen Trägern zu. Ob diese Verantwortung erfüllt wurde, ist im Wesentlichen nicht nur von der Organisation der Aufgabenerfüllung, sondern vor allem von der Umsetzung und der Ausgestaltung nach Maßgabe der öffentlichen Zielsetzungen abhängig. Kommunale Unternehmen können dabei eine Möglichkeit sein (vgl. KGSt 2010). Im Spektrum der institutionellen Wahlmöglichkeiten viel entscheidender ist aber die Frage,

Re-Kommunalisierung öffentlicher Aufgaben

„wie Wettbewerbsstrukturen und Regulierungsregime geschaffen werden können, in denen öffentliche und private Unternehmen bei der Wahrnehmung öffentlicher Aufgaben zum Wohle der Gesellschaft und der Bürger (,citizen value') arbeiten können, ohne dass es dabei zu Fehlallokationen, Effizienzeinbußen oder Machtmissbrauch kommt." (Röber 2009a: 77).

d. Voraussetzungen und Erfolgsbedingungen einer dauerhaften Renaissance der öffentlichen Leistungserbringung

Die auslaufenden Konzessionsverträge bieten den Kommunen vielfältige Möglichkeiten, die zukünftige strategische Ausrichtung in ihrer Region zu beeinflussen und für diese positive Effekte zu generieren. Vorschnell handeln sollten sie jedoch nicht. Dies gilt einerseits für eine Verlängerung der Konzession mit einem privaten Unternehmen, andererseits aber gleichfalls für den Übergang zur Eigenrealisierung. Bei letzterer sollte eine Machbarkeitsstudie zuvor die demografische und wirtschaftliche Struktur der Gemeinde, die Siedlungsdichte und Siedlungsstruktur, die Struktur des Energienetzes, die Kundenstruktur, sowie finanzielle Aspekte analysieren. Bevor sich eine Kommune für eine der denkbaren Varianten entscheidet, sollten Möglichkeiten und Risiken der strategischen Alternativen gründlich abgewogen werden. Diesbezüglich muss geklärt werden, welche Ziele mit der Leistungserbringung verfolgt werden sollen und welche Funktion der Kommunalverwaltung dabei zukommt (vgl. KGSt 2010; SGK 2010; VKU und Deutscher Städtetag 2009; ähnlich Reichard 2009).

Konzessionsvergaben sind langfristige Entscheidungen. Bei diesen muss sichergestellt werden, dass Steuerungskompetenzen und Verantwortlichkeiten weitestgehend deckungsgleich gestaltet werden. Die Gründung eines öffentlichen Unternehmens kann dies ermöglichen. Eine zielgenauere Steuerung ist dabei aber nur möglich, wenn weitgehende Einigkeit der Entscheider in Politik und Verwaltung über das Vorgehen herrscht. Sofern eine Kommune nicht selbst über ausreichend energiewirtschaftliche Kompetenz verfügt, da sie beispielsweise bisher kein Stadtwerk hatte bzw. dieses nicht das notwendige Know-how bereitstellen kann, benötigt sie einen Partner. Doch selbst bei horizontalen Kooperationen mit anderen kommunalwirtschaftlichen Einrichtungen sind dabei die Ziele, die die jeweiligen Partner verfolgen und erreichen wollen, nicht immer kongruent. Die jeweiligen Steuerungs-, Mitgestaltungs- und Einflussmöglichkeiten der Partner bei gemeinsamen Unternehmen hängen vielfach wesentlich von Verteilung und Ausgestaltung der Mitbestimmungsmöglichkeiten ab (vgl. Schorsch und Faber 2010; VKU u.a. 2009; ähnlich Greiling 1998).

Eine Kommune, die keine finanziellen Mittel hat, kann wenig steuern. Insofern ist die Generierung von kommunalen Einnahmen eine gute Zielsetzung. Doch muss sichergestellt werden, dass sie diese über die getroffene Maßnahme erreichen kann. Zur Gewährleistung einer ordnungsgemäßen

Aufgabenerfüllung sind gerade bei der Eigenrealisierung in der Kommune und im Unternehmen ein entsprechendes Know-how und ausreichende finanzielle und personelle Ressourcen notwendig.

Die aus wirtschaftlicher Sicht attraktiven Renditen werden dabei zumeist im Endkundengeschäft und im Erzeugungsbereich verdient. Die Konzessionen im Energiemarkt beziehen sich aber lediglich auf die Verteilnetze und deren Betrieb. Ein ausschließliches Recht der Belieferung von Endkunden in einem Gemeindegebiet sieht das EnWG ausdrücklich nicht vor. Aus diesem Grund gehen zwar die Netzkunden auf den Konzessionsinhaber über, nicht aber die Vertriebskunden. Die Refinanzierung des Kaufpreises und der Betriebskosten durch Netznutzungsentgelte muss vorab geprüft werden, denn diese ist keinesfalls garantiert (gegensätzlich dazu Szymanski 2010).

Ein darüber hinausgehendes Endkundengeschäft muss gegebenenfalls parallel dazu aufgebaut werden. Dieses unterliegt dann aber dem freien Wettbewerb. Die Präferenzen der Bürger liegen im Augenblick klar bei einer öffentlichen Leistungserbringung. Wohl auch aus diesem Grund haben sich im Jahr 2009 60 Stadtwerke zusammengeschlossen, um gemeinsam die Thüga AG von E.on abzukaufen (vgl. Gröger 2010). Damit diese Präferenz zukünftig bestand hat, muss es den öffentlichen Unternehmen dauerhaft gelingen, günstige Preise und die erwarteten Serviceleistungen zu erbringen sowie einen darüber hinausreichenden Mehrwert für die Bürger (Sozialrendite) zu generieren. Letzterer muss, um gesellschaftlich anerkannt zu werden, vermarktet und den Bürgern vermittelt werden, denn nicht notwendige Mehrleistungen öffentlicher Unternehmen, könnten Kritik hervorrufen. Erhebliche Potentiale bieten dabei die Einbindung erneuerbarer Energien und die ökologische Ressourcennutzung. Eine Steuerung in diese Richtung ist allerdings nicht ohne finanzielle Aufwendungen möglich. Inwiefern die kommunalpolitische Haushaltslage weitreichende Investitionen zulässt, ist vorher zu prüfen.

Bei der Übernahme der Konzessionen können zugleich unerwartete Transaktionskosten entstehen. Eine rekommunalisierte Infrastruktur ist nicht per se bürgernäher, effizienter und wirtschaftlicher. Vielmehr wird dafür unternehmerisches Denken und betriebswirtschaftliches Handeln vorausgesetzt. Dieses kann politischen Zielen wie beispielsweise der Aufrechterhaltung regionaler Arbeitsplätze entgegenstehen und mit zusätzlichen Ausgaben verbunden sein (vgl. Schorsch und Faber 2010). Unerwartete Kosten können ebenso bei den Preisverhandlungen entstehen. Die Preisvorstellungen beim bisherigen Besitzer und der Kommune können dabei sehr unterschiedlich sein. Sowohl bei der Übernahme bzw. Übergabe des Leitungsnetzes an einen neuen Betreiber als auch bei der Fortsetzung der Konzession kommt dieser zur Beurteilung der notwendigen Leistungen eine erhebliche Bedeutung zu. Aus diesem Grund kann es zu langwierigen und schwierigen Verhandlungen kommen, bei denen gegebenenfalls auf die fachliche Unterstützung von externen Beratern zurückgegriffen werden muss (vgl. Preuß 2009).

Die Übernahme der Netze und die Fortführung von Konzession ist mit Risiken verbunden, die es sorgfältig abzuwägen gilt. Eine Erfolgsgarantie für kommunale Unternehmen gibt es dabei nicht. Ebenso wenig kann allein durch die Ablösung eines privaten Monopols durch ein kommunales sichergestellt werden, dass damit bereits günstigere Preise, eine sichere Ver- und Entsorgung sowie Umwelt- und Ressourcenschonung erreicht werden. Kommunale und private Unternehmen müssen gleichermaßen darlegen, wie sie eine öffentliche Aufgabenerfüllung sicherstellen. Bei beiden besteht die Gefahr mangelhafter Investitionsaufwendungen und überhöhter Preise (vgl. Engartner 2008; SGK 2010). Es muss folglich im Einzelfall abgewogen werden, welcher Weg für die Bürgerinnen und Bürger unter den regionalen Bedingungen am vorteilhaftesten ist. Die Kommunen sollten daher prüfen, welches Konzept und welche Strukturen unter ihren jeweiligen Rahmenbedingungen am besten geeignet sind. Dabei dürfen nicht nur finanzielle Überlegungen eine Rolle spielen, sondern es müssen auch die Steuerungsmöglichkeiten und Verantwortlichkeiten bedacht werden.

6. Fazit

Es hat in der Geschichte der öffentlichen Aufgabenerfüllung immer wieder Phasen der Verschiebung zwischen öffentlich und privat gegeben. Während das ideale mathematische Pendel zwischen den Polen immer wieder hin und her schwingt, verliert es außerhalb des theoretischen Konstrukts auf Grund von Reibung nach und nach an Höhe oder gerät auf Grund äußerer Einflüsse in Unruhe. Mit der Pendelbewegung von öffentlich zu privat und vice versa ist es ähnlich. Öffentliche Einrichtungen agieren mittlerweile ganz selbstverständlich aus privatrechtlichen Organisationen heraus. Bei der Aufgabenerfüllung entscheiden sie sich nach Möglichkeit und Bedarf zur Kooperation mit oder Beauftragung von privaten (Sub-) Unternehmen oder treten in Konkurrenz mit deren Angeboten. Rekommunalisierung ist in diesem Zusammenhang weniger ein Trend als der sichtbare Ausdruck einer institutionellen Vielfalt, die zur Konkurrenz unterschiedlicher Angebote führt (vgl. Röber 2009; Reichard 2006).

Das Thema Rekommunalisierung wird allerdings in den kommenden Jahren nicht an Aktualität verlieren. Die wesentliche Ursache ist aber nicht eine Unzufriedenheit mit der privaten Erfüllung, sondern das Auslaufen tausender Konzessionsverträge. Rekommunalisierung ist deshalb vor allem im Energie-, Entsorgungs- und Wasserbereich ein Thema. Viele Kommunen erwägen, in diesen Bereichen hauptsächlich aus strategischen und finanziellen Überlegungen wieder stärker selbst tätig zu werden. Doch ihre zumeist ungünstige fiskalische Ausgangssituation begünstigt diese Entscheidung nicht, denn Rekommunalisierungen kosten zunächst Geld. Um den Rückkauf von Unternehmensanteilen, Leitungsnetzen oder die Neugründung finanzieren zu können, müssen die meisten Kommunen und ihre Unternehmen Kredite aufnehmen. Die daraus entstehenden Finanzierungskosten könnten durch zusätzliche Gewinne bei einer Eigenrealisierung langfristig mehr als nur gedeckt werden. Allerdings ist diese zudem auch mit höheren wirtschaftlichen Risiken verbunden. Seit dem Jahr 1999 sind bereits über 2000 Konzessionen ausgelaufen. Doch trotz einiger Akzentverschiebungen bei den institutionellen Arrangements ist von einer flächendeckenden Übernahme durch öffentliche Einrichtungen nichts bekannt geworden. Inwiefern den Rekommunalisierungsüberlegungen im großen Umfang konkrete Aktivitäten folgen, bleibt abzuwarten.

Der im Energie-, Entsorgungs- und Wasserbereich durchaus vorhandenen Tendenz zur Rekommunalisierung steht aber noch immer eine große institutionelle Vielfalt gegenüber, die von privater Erfüllung über unterschiedliche Partnerschaften und Kooperationen bis hin zu öffentlicher Erfüllung reicht (vgl. Röber 2009). Bei den Versorgungsleistungen kann der Verbraucher so zwischen Angeboten wählen, die sich auf einem Wettbewerbsmarkt gegenüber stehen. Eine Unterscheidung der Unternehmen auf Grund der Rechtsform ist dabei vielfach nicht möglich. Hinzu kommt, dass auch hundertprozentige kommunale Unternehmen Aufträge an private Dritte vergeben und Leistungen damit teilweise auslagern. Genau hierin besteht die Schwierigkeit bei der Identifikation eines generellen Rekommunalisierungstrends: Die Debatte um öffentliche oder private Aufgabenerfüllung ist vielfach bereits obsolet geworden.

Der Begriff ‚Rekommunalisierung' ist Teil dieser von öffentlicher versus privater Erfüllung geprägten Denkweise. Doch sein weites Begriffsverständnis zeigt bereits, dass er nicht auf diese begrenzt bleiben muss. Die Debatte um Rekommunalisierungen muss sich deshalb Fragestellungen und Aspekten öffnen, die bei einer Aufgabenkritik anfangen und bis hin zu Finanzierungfragen öffentlicher Leistungen reichen. ‚Rekommunalisierung' könnte so letztlich stärker differenziert werden und nicht nur die formale Eigentümerschaft, sondern stattdessen Unternehmensziele, Entscheidungsstrukturen sowie demokratische Einflussmöglichkeiten bei der Aufgabenerfüllung in den Fokus nehmen und unterscheiden. Unterschiedliche Einordnungen könnten dabei verschiedene „Qualitätsmerkmale" und Aspekte wie beispielsweise formale, materielle, finanzielle und strukturelle Rekommunalisierung hervorheben. Dies würde den Begriff schärfen, da Aussagen über Zielsetzungen, Veränderungen der Leistungserbringung sowie Art und Weise der Aufgabenwahrnehmung möglich werden.

Abschließend kann festgestellt werden, dass noch ein erheblicher Forschungsbedarf im Bereich Rekommunalisierung besteht. Untersuchungen konzentrieren sich oft auf infrastrukturelle Kernbereiche der Daseinsvorsorge wie Abfallentsorgung, Energie, ÖPNV und Wasser, die im gesellschaftlichen Bewusstsein ohnehin mit einer staatlichen Aufgabenerfüllung verbunden sind. Um Rekommunalisierung aus allen Perspektiven betrachten zu können, werden zudem wissenschaftliche Studien und Analysen zum Ausstieg privater Unternehmen aus der öffentlichen Leistungserbringung benötigt. Insbesondere aber fehlen Studien- und Befragungsergebnisse, die die Präferenzen und das reale Handeln der Bürger zusammenführen. Ein Sektor übergreifender Trend zur Rekommunalisierung kann bisher nicht festgestellt werden. Doch die Debatte um Kommunalisierung, Privatisierung und zahlreiche Zwischenvarianten der öffentlichen Aufgabenerfüllung wird wohl auch in 20 Jahren noch fortgesetzt werden.

Literatur

Baier, Antje, 2005: Der Telekommunikationsmarkt in Deutschland. Regulierung und Wettbewerb auf dem Call-by-Call-Markt für Inlandsferngespräche. Berlin: Logos.

Banner, Gerhard, 1993: Von der Behörde zum Dienstleistungsunternehmen – ein neues Steuerungsmodell für Städte. Göttingen: Schwartz.

Banner, Gerhard, 1995: Neue Organisationsmodelle auf dem Prüfstand – Leistungsanreize um jene Preis?, in: Banner, Gerhard und Deutscher Beamtenbund (DBB) (Hrsg.), Reformmodell Verwaltung. Bad Kissingen: DBB-Verlag.

Basler, Markus/Büschemann, Karl-Heinz, 2011: Die letzten ihrer Art. Sie zählten zu den mächtigsten Konzernen des Landes – seit dem Atomausstieg kämpfen die Energieversorger ums Überleben, in: Süddeutsche Zeitung, 02.08.2011, 2.

Bauer, Hartmut/Büchner, Christiane/Brosius-Gersdorf, Frauke (Hrsg.), 2008: Verwaltungskooperation. Public Private Partnerships und Public Public Partnerships. Potsdam: Universitätsverlag.

Beck, Mario, 2011: Privatisierungsdrand passé, in: Leipziger Volkszeitung, 9.-10.07.2011, 18.

Berliner Morgenpost, 2011: Wasserbetriebe – Rechnungshof warnt vor Rückkauf, in: Berliner Morgenpost, 19.05.2011, URL: http://www.morgenpost.de/berlin-aktuell/article1645326/Wasserbetriebe-Rechnungshof-warnt-vor-Rueckkauf.html.

Bogumil, Jörg, 2009: Kommunale Selbstverwaltung unter Reformdruck – Aktuelle Partizipations- und Ökonomisierungstrends in Deutschland, in: Foljanty-Jost, Gesine (Hrsg.), Kommunalreform in Deutschland und Japan. Ökonomisierung und Demokratisierung in vergleichender Perspektive. Wiesbaden: VS Verlag für Sozialwissenschaften, 17-30.

Bundesministerium für Umwelt, Naturschutz und Reaktorsicherheit (BMU)/Umweltbundesamt (UBA) (Hrsg.), 2006: Wasserwirtschaft in Deutschland. Teil 1: Grundlagen. Dessau-Roßlau: UBA, URL: http://www.umweltdaten.de/publikationen/fpdf-l/3469.pdf.

Bogumil, Jörg/Holtkamp, Lars, 2002: Liberalisierung und Privatisierung kommunaler Aufgaben – Auswirkungen auf das kommunale Entscheidungssysten, in: Libbe,

Jens/Tomerius, Stephan und Jan Hendrik Trapp (Hrsg.), Liberalisierung und Privatisierung kommunaler Aufgabenerfüllung. Berlin: Deutsches Institut für Urbanistik, 71-87.

Bogumil, Jörg/Kuhlmann, Sabine, 2010: Kommunalisierung und Regionalisierung. Perspektiven der Verwaltungsforschung, in: Bogumil, Jörg und Sabine Kuhlmann (Hrsg.), Kommunale Aufgabenwahrnehmung im Wandel. Kommunalisierung, Regionalisierung und Territorialreform in Deutschland und Europa. Wiesbaden: VS Verlag für Sozialwissenschaften, 347-352.

Bringmann, Tobias, 2010: Daseinsvorsorge heute und morgen. Zukunftsmodell Stadtwerke, in: Sander, Gerald G. (Hrsg.), Wasser, Strom, Gas: Kommunale Daseinsvorsorge im Umbruch. Zum Spannungsfeld von öffentlicher Daseinsvorsorge und EU-rechtlichen Vorgaben. Hamburg: Kovač, 9-32.

Brucksch, Simone, 2010: Gemeinwohlorientierung in der Marktwirtschaft. Zur Renaissance der Daseinsvorsorge am Praxisbeispiel Hausmüllentsorgung. Hamburg: Diplomica.

Budäus, Dietrich/Günter, Bayer (Hrsg.), 1998: Organisationswandel öffentlicher Aufgabenwahrnehmung. Baden-Baden: Nomos.

Büschemann, Karl-Heinz, 2010: Stadtwerke bilden neuen Energiekonzern, in: Süddeutsche Zeitung, 20.12.2010, 21.

Candeias, Mario, 2009: Krise der Privatisierung, in: Candeias, Mario/Rilling, Rainer und Katharina Weise (Hrsg.), Krise der Privatisierung. Rückkehr des Öffentlichen. Berlin: Dietz, 9-24.

Der Tagesspiegel, 2010: Volksbegehren gegen Wasserprivatisierung gestartet, in: Der Tagesspiegel, 28.06.2010, URL: http://www.tagesspiegel.de/berlin/volksbegehren-gegen-wasserprivatisierung-gestartet/1870548.html.

Die Linke, 2010: Für starke Kommuen und leistungsfähige Betriebe in öffentlicher Hand. Leitfaden zur Rekommunalisierung. Berlin: Fraktion Die Linke im Deutschen Bundestag, URL: http://dokumente.linksfraktion.de/download/7763556908.pdf.

Deutsches Institut für Urbanistik (Difu), 2011: Rekommunalisierung. Eine Bestandsaufnahme, Difu-Paper. Berlin: Deutsches Institut für Urbanistik.

Dimap/Bundesverband Öffentliche Dienstleistungen (BVÖD), 2008: BVÖD-Haushaltsbefragung. Dimap im Auftrag des Bundesverbandes Öffentliche Dienstleistungen. Berlin.

Dimap/Verband kommunaler Unternehmen (VKU), 2008: VKU-Haushaltsbefragung. Dimap im Auftrag des Verbandes kommunaler Unternehmen. Berlin.

Edeling, Thomas, 2001: Grenze als Problem: Öffentliche Unternehmen zwischen Markt und Politik, in: Edeling, Thomas/Reichard, Christoph/ Jann, Werner und Dieter Wagner (Hrsg.), Öffentliche Unternehmen. Entstaatlichung und Privatisierung? Opladen: Leske + Budrich, 9-16.

Edeling, Thomas, 2003: Rollenverständnis des Managements im kommunalen Unternehmen, in: Harms, Jens und Christoph Reichard (Hrsg.), Die Ökonomisierung des öffentlichen Sektors. Instrumente und Trends. Baden-Baden: Nomos, 235-254.

Engartner, Tim, 2008: Privatisierung und Liberalisierung – Strategien zur Selbstentmachtung des öffentlichen Sektors, in: Butterwegge, Christoph/Lösch, Bettina und Ralf Ptak (Hrsg.), Kritik des Neoliberalismus. Wiesbaden: VS Verlag für Sozialwissenschaften, 87-133.

Feist, Silvia (Hrsg.), 2009: Weltmacht Wasser. Weltreporter berichten. München: Herbig.
Forsthoff, Ernst, 1938: Die Verwaltung als Leistungsträger. Stuttgart: Kohlhammer.
Forsa/DBB Beamtenbund und Tarifunion, 2007: Bürgerbefragung öffentlicher Dienst 2007. Einschätzungen, Erfahrungen und Erwartungen. Forsa im Auftrag des DBB Beamtenbund und Tarifunion. Berlin: DBB Beamtenbund und Tarifunion.
Forsa/DBB Beamtenbund und Tarifunion, 2008: Bürgerbefragung öffentlicher Dienst 2008. Einschätzungen, Erfahrungen und Erwartungen. Forsa im Auftrag des DBB Beamtenbund und Tarifunion. Berlin: DBB Beamtenbund und Tarifunion.
Frese, Matthias/Zeppenfeld, Burkhard, 2000: Kommunen und Unternehmen im 20. Jahrhundert. Fragestellungen und Ergebnisse, in: Frese, Matthias und Burkhard Zeppenfeld (Hrsg.), Kommunen und Unternehmen im 20. Jahrhundert. Wechselwirkungen zwischen öffentlicher und privater Wirtschaft. Essen: Klartext, 9-22.
Fuchs, Timm, 2008: Wenn die Stadt Gebühren sparen hilft, in: Lasch, Hendrick (Hrsg.), Daseinsvorsorge – Privatisierung oder Re-Kommunalisierung? Dresden: KFS, 22-26.
Geiger, Klaus, 2009: Die Renaissance der Stadtwerke, in: Hamburger Abendblatt, 12.08.2009, URL: http://www.abendblatt.de/wirtschaft/article1136819/Die-Renaissance-der-Stadtwerke.html.
Gerstlberger, Wolfgang, 2009: Zwei Jahrzehnte Privatisierung in deutschen Kommunen. Herausforderungen und Argumente für den Erhalt der Stadtwerke. Wiso direkt. Bonn: Friedrich-Ebert-Stiftung.
Gerstlberger, Wolfgang/Siegl, Michael, 2009: Öffentliche Dienstleistungen: Unverzichtbarer Baustein der Daseinsvorsorge! Zwei Jahrzehnte Privatisierung: Bilanz und Ausblick. Wiso Diskurs. Bonn: Friedrich-Ebert-Stiftung.
Greife, Martin/Turzer, Caroline, 2009: Armutsrisiko in Deutschland steigt trotz Arbeit, in: Die Welt, 19.08.2009, URL: http://www.welt.de/wirtschaft/article4355980/Armutsrisiko-in-Deutschland-steigt-trotz-Arbeit.html.
Greiling, Dorothea, 1998: Öffentliche und private Unternehmen im Dienste öffentlicher Aufgabenwahrnehmung, in: Budäus, Dietrich (Hrsg.), Organisationswandel öffentlicher Aufgabenwahrnehmung. Baden-Baden: Nomos, 235–256.
Gröger, Jens, 2010: Quo Vadis Privatisierung?! Rekommunalisierung kommunaler Leistungen Königsweg oder Sackgasse?, in: Mager, Thomas J. (Hrsg.), Quo Vadis Privatisierung?! Rekommunalisierung kommunaler Leistungen Königsweg oder Sackgasse?! Beiträge zur Verkehrspraxis. Köln: KSV-Verlag, 55-65.
Grunow, Dieter, 1982: Bürgernähe der Verwaltung als Qualtitätsmaßstab und Zielbezug alltäglichen Verwaltungshandelns, in: Hesse, Joachim Jens (Hrsg.), Politikwissenschaft und Verwaltungswissenschaft. Opladen: Westdeutscher Verlag, 237-253.
Heitmann, Jens, 2009: Wir stehen vor einer Renaissance der Stadtwerke, in: Hannoversche Allgemeine, 11.03.2009, URL: http://www.haz.de/Nachrichten/Politik/Themen/Archiv/Zur-Person-Stephan-Weil/Wir-stehen-vor-einer-Renaissance-der-Stadtwerke.
Herbing, Thomas, 2008: Daseinsvorsorge ist kein Katalog, sondern ein Prozess, in: Lasch, Hendrick (Hrsg.), Daseinsvorsorge – Privatisierung oder Re-Kommunalisierung? Dresden: KFS, 31-39.
Hoering, Uwe, 2009: First, we retake Paris, then we take Berlin?, URL: http://www.globe-spotting.de/fileadmin/user_upload/globe-spotting/water/Rekommunalisierung.pdf.

Institut für Demoskopie Allensbach, 2011: Die Zufriedenheit mit ÖPP-Projekten im Schulbereich aus Sicht von Auftraggebern,Schulleitern und Elternvertretern. Ergebnisse einer repräsentativen Umfrage. Allensbach: Institut für Demoskopie Allensbach, URL: http://www.oepp-plattform.de/media/uploads/Pdfs/allensbach_studie_final.pdf.

Iven, Jan, 2011: Leipziger Stadtrat ebnet Weg für Privatisierung von HL Komm und Perdata, in: Leipziger Volkszeitung, 09.02.2011, URL: http://nachrichten.lvz-online.de/nachrichten/aktuell_themen/privatisierung/leipziger-stadtrat-entscheidet-ueber-privatisierung-von-hl-komm-und-perdata/r-privatisierung-a-74280.html.

Janzing, Bernward, 2010: Genossenschaft plant Stadtwerkekauf, in: Die Tageszeitung, 03.11.2010, URL: http://www.taz.de/!60712.

Kommunale Gemeinschaftsstelle für Verwaltungsmanagement (KGSt), 2010: Kommunale Organisationspolitik. Entwicklungslinien, Konzepte, Erscheinungsformen. KGSt- Gutachten 1/2010. Köln: KGSt.

Klein, Hans Hugo, 2009: Markt und Staat – res publica rediviva?, in: Magiera, Siegfried (Hrsg.), Daseinsvorsorge und Infrastrukturgewährleistung. Berlin: Duncker & Humblot, 17-26.

Koenen, Jens, 2007: Kommunen setzen auf Privatisierung, in: Handelsblatt, 30.08.2007, URL: http://www.handelsblatt.com/politik/deutschland/kommunen-setzen-auf-privatisierung/v_detail_tab_print,2854798.html.

Krock, Robert/Schwarz, Sascha, 2011: Rekommunalisierungsmodelle in deutschen Städten und Gemeinden. o.O.: SNPC, URL: http://www.snpc.de/wp-content/uploads/RekommunalisierungsmodelleJuli-2011.pdf.

Lenk, Thomas/Hesse, Mario/Rottmann, Oliver, 2010: Privatisierung und Rekommunalisierung der Wasserversorgung aus theoretischer und emirischer Perspektive, in: Infrastruktur Recht, Jg. 7, Nr. 11, 293-296.

Lenk, Thomas/Rottmann, Oliver/Albrecht, Romy, 2011: Rekommunalisierung der Energieversorgung, in: Public Governance, Jg. 8, Nr. 1 (Frühjahr 2011), 6-11.

Machura, Stefan, 2001: Was begrenzt, begründet auch: Bedarfswirtschaftliche Ziele kommunaler Unternehmen, in: Edeling, Thomas/Reichard, Christoph/Jann, Werner und Dieter Wagner (Hrsg.), Öffentliche Unternehmen. Entstaatlichung und Privatisierung? Opladen: Leske + Budrich, 95-112.

Maravic, Patrick von, 2005: Dezentrale Korruptionsrisiken als Folge der Transformation des öffentlichen Sektors?, in: Maravic, Patrick von und Christoph Reichard (Hrsg.), Ethik, Integrität und Korruption – Neue Herausforderungen im sich wandelnden öffentlichen Sektor? Potsdam: Universitätsverlag, 25-74.

Mühlenkamp, Holger, 2006: Wege zu Wirtschaftlichkeit (Effizienz), Qualität und niedrigen Preisen bei der Leistungserstellung durch öffentliche Unternehmen, in: Gesellschaft für öffentliche Wirtschaft (Hrsg.), Öffentliche Dienstleistungen für die Bürger. Wege zu Effizienz, Qualität und günstigen Preisen. Berlin: Gesellschaft für öffentliche Wirtschaft, 9-42.

Müller, Herbert, 2009: Europa kommunal. Präsentation neuer Umfrageergebnisse zur Einstellung der Bevölkerung zur kommunalen Wirtschaft, in: Bundesverband Öffentliche Dienstleistung (Hrsg.), Renaissance der Kommunalwirtschaft? Beiträge zur öffentlichen Wirtschaft, Nr. 30, 5-10.

MZ, 2011: Leipzig privatisiert IT-Unternehmen, in: Mitteldeutsche Zeitung, 10.02.2011, URL: http://www.mz-web.de/servlet/ContentServer?pagename=ksta/page&atype=ksArtikel&aid=1297103586836.

Naßmacher, Hiltrud/Naßmacher, Karl-Heinz, 1999: Kommunalpolitik in Deutschland. Opladen: Leske + Budrich.
Ostseeblick, 2011: Privatwirtschaft fordert besseren Schutz vor kommunaler Konkurrenz, in: Ostseeblick, 11.03.2011, URL: http://www.ostseeblick-nienhagen.de/news/1299849580-privatwirtschaft-fordert-besseren-schutz-vor-kommunaler-konkurrenz.
Preuß, Olaf, 2009: Energie: Nach der Privatisierungswelle. Stadtwerke in Deutschland erleben Renaissance, in: Hamburger Abendblatt, 02.11.2009, URL: http://www.abendblatt.de/wirtschaft/article1254040/Stadtwerke-in-Deutschland-erleben-Renaissance.html.
Proeller, Isabella, 2002: Auslagerung in der hoheitlichen Verwaltung. Interdisziplinäre Entwicklung einer Entscheidungsheuristik. Bern: Haupt.
Püttner, Günter, 2007: Verwaltungslehre. München: C.H. Beck.
Reichard, Christoph, 2006: Öffentliche Dienstleistungen im gewährleistenden Staat, in: Gesellschaft für öffentliche Wirtschaft (Hrsg.), Öffentliche Dienstleistungen für die Bürger. Wege zu Effizienz, Qualität und günstigen Preisen. Berlin: Bundesverband Öffentliche Dienstleistung, 53-79.
Reichard, Christoph, 2008: Institutionelle Alternativen zu Public-Private-Partnerships. Kummunale Eigenleistung, Public-Public-Partnerships und Contracting-Out, in: Bauer, Hartmut/Büchner, Christiane und Frauke Brosius-Gersdorf (Hrsg.), Verwaltungskooperation. Public Private Partnerships und Public Public Partnerships. Potsdam: Universitätsverlag, 61-72.
Reichard, Christoph/Röber, Manfred, 2011: Verselbständigung, Auslagerung und Privatisierung, in: Blanke, Bernhard/Nullmeier, Frank/Reichard, Christoph und Göttrik Wewer (Hrsg.), Handbuch zur Verwaltungsreform. 4. Aufl. Wiesbaden: VS Verlag für Sozialwissenschaften, 168-176.
Röber, Manfred, 2001: Das Parteibuch – Schattenwirtschaft der besonderen Art?, in: Aus Politik und Zeitgeschichte, Jg. 51, Nr. 32/33, 6-14.
Röber, Manfred, 2005: „Managerialisierung" als Herausforderung für die Integrität der öffentlichen Verwaltung, in: Maravic, Patrick von und Christoph Reichard (Hrsg.), Ethik, Integrität und Korruption – Neue Herausforderungen im sich wandelnden öffentlichen Sektor? Potsdam: Universitätsverlag, 1-24.
Röber, Manfred, 2008: Die Sphäre des Politischen – ein blinder Fleck in der Public Corporate Governance?, in: Schaefer, Christina und Ludwig Theuvsen (Hrsg.), Public Corporate Governance – Rahmenbedingungen, Instrumente, Wirkungen, Beiheft 36 der Zeitschrift für öffentliche und gemeinwirtschaftliche Unternehmen, 57-68.
Röber, Manfred, 2009a: Daseinsvorsorge zwischen Privatisierung und Kommunalisierung – Anmerkungen aus der Perspektive des Public Management, in: Bundesverband öffentliche Dienstleistungen (BVöD) (Hrsg.), Zukunft der öffentlichen Wirtschaft. Referate einer vom Wissenschaftlichen Beirat des Bundesverbandes Öffentliche Dienstleistungen am 25./26. Februar 2009 in Eppstein (Taunus) veranstalteten Tagung. Beiträge zur öffentlichen Wirtschaft, Nr. 31. Berlin: Gesellschaft für öffentliche Wirtschaft, 74-101.
Röber, Manfred, 2009b: Privatisierung adé? Rekommunalisierung öffentlicher Dienstleistungen im Lichte des Public Management, in: Verwaltung & Management, Jg. 15, Nr. 5, 227-240.
Röber, Manfred, 2011: Aufgabenplanung und Aufgabenkritik, in: Blanke, Bernhard/Nullmeier, Frank/Reichard, Christoph und Göttrik Wewer (Hrsg.), Hand-

buch zur Verwaltungsreform. 4. Aufl. Wiesbaden: VS Verlag für Sozialwissenschaften, 108-117.

Röber, Manfred/Redlich, Matthias, 2012: Bürgerbeteiligung und Bürgerhaushalte in Deutschland, Österreich und der Schweiz – auf dem Weg vom Staatsbürger über den Kunden zum Mitentscheider und Koproduzenten?, in: Schröter, Eckhard/Maravic, Patrick von und Jörg Röber (Hrsg.), Zukunftsfähige Verwaltung? Herausforderungen und Lösungsstrategien in Deutschland, Österreich und der Schweiz. Opladen: Barbara Budrich, 165-186.

Schmid, Klaus-Peter, 2006: Schrumpft sich der Staat gesund? Die deutschen Städte und Gemeinden privatisieren, was das Zeug hält – nicht aus ökonomischer Vernunft, sondern aus reiner Finanznot, in: Die Zeit, Nr. 26, 25.06.2006, URL: http://pdf.zeit.de/2006/26/Priv-Flucht-ins-Private.pdf.

Schmidt, Nora, 2011: Ausgliederungen aus den Kernhaushalten: öffentliche Fonds, Einrichtungen und Unternehmen. Auszug aus Wirtschaft und Statistik. Wiesbaden: Statistisches Bundesamt, URL: http://www.destatis.de/jetspeed/portal/cms/Sites/destatis/Internet/DE/Content/Publikationen/Querschnittsveroeffentlichungen/WirtschaftStatistik/FinanzenSteuern/Kernhaushalte0211,property=file.pd.

Schorsch, Christof/Faber, Jessica, 2010: Rekommunalisierung der Energieversorgung – Chancen und Risiken, in: Demo, Jg. 62, Nr. 2, URL: http://www.demo-online.de/content/rekommunalisierung-der-energieversorgung-ae-chancen-und-risiken.

Schulz-Nieswandt, Frank, 2006: Öffentliche Dienstleistungen für die Bürger. Wege zu Effizienz, Qualität und günstigen Preisen. Eine kurze Einführung, in: Gesellschaft für öffentliche Wirtschaft (Hrsg.), Öffentliche Dienstleistungen für die Bürger. Wege zu Effizienz, Qualität und günstigen Preisen. Berlin: Gesellschaft für öffentliche Wirtschaft, 7-8.

Schulz-Nieswandt, Frank (Hrsg.), 2010: Öffentliche Daseinsvorsorge und Existenzialismus. Eine gouvernementale Analyse unter besoderer Berücksichtigung der Wasserversorgung, in: Zeitschrift für öffentliche und gemeinwirtschaftliche Unternehmen, Jg. 33, Nr. 39, 1-48.

Sozialdemokratische Gemeinschaft für Kommunalpolitik in der Bundesrepublik Deutschland (SGK), 2010: Kommunalisierung von Strom- und Gasverteilnetzen. Berlin: Bundes-SGK, URL: http://www.bundes-sgk.de/sgk/pdf/Dokumente/100315_Argumente_Kommunalisierung_Energienetze_SGK.pdf.

Statistisches Bundesamt, 2010: Statistisches Jahrbuch 2010 für die Bundesrepublik Deutschland. Wiesbaden: Statistisches Bundesamt, URL: http://www.destatis.de/jetspeed/portal/cms/Sites/destatis/SharedContent/Oeffentlich/B3/Publikation/Jahrbuch/StatistischesJahrbuch,property=file.pdf.

Stölting, Erhard, 2001: Das Öffentliche an öffentlichen Unternehmen, in: Edeling, Thomas/Reichard, Christoph/Jann, Werner und Dieter Wagner (Hrsg.), Öffentliche Unternehmen. Entstaatlichung und Privatisierung? Opladen: Leske + Budrich, 17-34.

SZ, 2010: Stadtwerke wollen bei Steag einsteigen, in: Süddeutsche Zeitung, 10.07.2010, 26.

Szymanski, Mike, 2010: Kommunal ist wieder in. Der Verkauf von Stadtwerken und Stromnetzen hat sich als Irrweg erwiesen, in: Süddeutsche Zeitung, 20.02.2011, 26.

Theuvsen, Ludwig, 2009: Präferenzen der Bevölkerung für öffentliche Wirtschaft. Wissenschaftliche Erkenntnisse und Methoden, in: Bundesverband Öffentliche

Dienstleistung (Hrsg.), Renaissance der Kommunalwirtschaft? Beiträge zur öffentlichen Wirtschaft, Nr. 30, 18-41.

Theuvsen, Ludwig/Zscache, Ulrike, 2011: Die Privatisierung kommunaler Unternehmen im Spiegel massenmedialer Diskurse, in: Zeitschrift für öffentliche und gemeinwirtschaftliche Unternehmen, Jg. 34, Nr. 1, 3-24.

Thomas, Frank, 1995: Telefonieren in Deutschland. Organisatorische, technische und räumliche Entwicklung eines grosstechnischen Systems. Frankfurt am Main: Campus.

Thomsen, Jan/Zykla, Regina, 2011: Eine Einkaufstour lässt der Haushalt nicht zu, in: Berliner Zeitung, 08.04.2011, URL: http://www.berlinonline.de/berliner-zeitung/archiv/.bin/dump.fcgi/2011/0408/berlin/0006/index.html.

Trapp, Jan Hendrik, 2006: Ausgliederung und Privatisierung in den dreißig größten deutschen Städten, in: Killian, Werner/Richter, Peter und Jan Hendrik Trapp (Hrsg.), Ausgliederung und Privatisierung in Kommunen. Empirische Befunde zur Struktur kommunaler Aufgabenwahrnehmung. Berlin: Edition Sigma, 85-110.

Uttich, Stefan, 2011: Kommunen halten an ihren Wohnungen fest, in: Frakfurter Allgemeine Zeitung, 13.06.2011, URL: http://www.faz.net/artikel/C30275/privatisierung-kommunen-halten-an-ihren-wohnungen-fest-30458477.html.

Venn, Alexander, 2009: Rekommunalisierung als Stabilisator für die Wirtschaft. o.O., URL: http://www.cireview.de/leitlinien/rekommunalisierung-als-stabilisator-fur-die-wirtschaft.

Ver.di, 2010: Wieder unter das kommunale Dach: Immer mehr Städte und Gemeinden holen Dienstleistungen zurück, URL: http://www.verdi.de/kommunalverwaltung/themen/rekommunalisierung.

Verband kommunaler Unternehmen (VKU)/ Deutscher Städtetag/Deutscher Städte und Gemeindebund (DStGB), 2009: Konzessionsverträge. Handlungsoptionen für Kommunen und Stadtwerke. Berlin: VKU, URL: http://www.staedtetag.de/imperia/md/content/pressedien/2009/10.pdf.

Weiner, Bernhard, 2001: Privatisierung von staatlichen Sicherheitsaufgaben. Eine Untersuchung mit verfassungsrechtlichem Schwerpunkt. Frankfurt am Main: Peter Lang, 27-40.

Die Welt, 2011: Volksentscheid über Wasser wird Schlappe für Senat, in: Die Welt, 13.02.2011, URL: http://www.welt.de/politik/deutschland/article12533803/Volksentscheid-ueber-Wasser-wird-Schlappe-fuer-Senat.html.

Wohlfahrt, Norbert/Zühlke, Werner, 1999: Von der Gemeinde zum Konzern – Auswirkungen von Ausgliederungen und Privatisierung für die politische Steuerung auf kommunaler Ebene. Dortmund: Institut für Landes- und Stadtentwicklungsforschung und Bauwesen des Landes Nordrhein-Westfalen.

Wollmann, Helmut, 2011a: From public sector-based to privatized service provision – and reverse? Service provision in European countries between State, local government and market. Arbeitspapier vorgestellt auf der APPAM Conference vom 27.-29.06.2011.

Wollmann, Helmut, 2011b: From public to private and return? Discourse swings forth and back on public service provision. Arbeitspapier vorgestellt beim Congress of the French Poitical Science Association vom 01.-02.09.2011.

Wollmann, Hellmut/Marcou, Gérard, 2010: The provision of public services in Europe. Between state, local government and market. Cheltenham: Edward Elgar.

Wirtschaftlichkeitsuntersuchungen bei PPP-Vorhaben: Herausforderungen und Lösungsoptionen

Thorsten Beckers, Felix Wagemann und Jan Peter Klatt

1. Einleitung[1]

Manfred Röber beschäftigt sich seit vielen Jahren in Forschung und Lehre intensiv mit institutionellen Arrangements zur Wahrnehmung öffentlicher Aufgaben. Vor diesem Hintergrund wird in diesem Beitrag der Public-Private-Partnership-Ansatz (PPP-Ansatz) als institutionelles Arrangement für die Beschaffung durch die öffentliche Hand betrachtet.[2]

In Deutschland hat in den vergangenen Jahren der PPP-Ansatz als Alternative zur konventionellen Beschaffungsvariante (KBV) bei der Realisierung von öffentlichen Infrastrukturprojekten erheblich an Bedeutung gewonnen.[3] Nach der in diesem Beitrag zugrunde gelegten Definition werden bei einer PPP Teilbereiche der Planung, der Bau und die Erhaltung sowie gegebenenfalls der Betrieb einer Infrastruktur mithilfe eines langfristigen Vertrags gebündelt an ein privates Unternehmen übertragen. Nach (BMF 2011b) sind seit dem Jahre 2002 bis Mitte 2011 insgesamt 166 Projekte mithilfe des PPP-Ansatzes realisiert worden. Die Mehrheit davon ist im Hochbau angesiedelt (152 Projekte mit einem Gesamtinvestitionsvolumen von ca. 4,4 Mrd. €). Die übrigen Projekte entfallen auf den Tiefbau (zum damaligen Zeitpunkt 14 Projekte mit einem Gesamtinvestitionsvolumen von ca. 2,4 Mrd. €).

---

1 Der vorliegende Beitrag greift Zwischenergebnisse aus dem Forschungsprojekt LV-Bau („Ermittlung von Lebenszykluskosten und Vergleich verschiedener Beschaffungsvarianten im Hochbau unter Berücksichtigung institutionenökonomischer Erkenntnisse") auf, welches mit Förderung des Bundesministeriums für Verkehr, Bau und Stadtentwicklung (BMVBS) im Rahmen der Forschungsinitiative „Zukunft Bau" durchgeführt wird. Die Autoren bedanken sich für inhaltliche Diskussionen und wertvolle Hinweise bei Love Edquist, Laura Wenzel und Tobias Zimmermann.

2 Zwischen diesem Beitrag und Manfred Röber besteht insofern noch eine weitere Beziehung, als dass Thorsten Beckers als einer der Autoren dieses Beitrags im Jahr 2008 von Manfred Röber kontaktiert und zu einem Vortrag zum Thema PPP auf die Konferenz „Institutionelle Vielfalt und Neue Unübersichtlichkeit – Zukunftsperspektiven effizienter Steuerung öffentlicher Aufgaben zwischen Public Management und Public Governance" an die Universität Leipzig eingeladen worden ist und dort dann die Ergebnisse seiner Forschungsarbeiten einem breiteren Expertenkreis vorstellen konnte.

3 In Deutschland wird auch die Bezeichnung Öffentlich-Private-Partnerschaft (ÖPP) verwendet.

Wirtschaftlichkeitsuntersuchungen bei PPP-Vorhaben

Grundsätzlich sollte die Entscheidung der öffentlichen Hand zwischen verschiedenen Beschaffungsvarianten von dem Ziel geleitet sein, die Ausgaben der öffentlichen Hand zu minimieren, wodurch das Kriterium der Wirtschaftlichkeit erfüllt wird. Im Hinblick auf diese Auswahlentscheidung sind Analysen in Form sogenannter „Wirtschaftlichkeitsuntersuchungen" (WU) durchzuführen. Der Grundsatz der Wirtschaftlichkeit und die Pflicht zur Durchführung von WU sind in Deutschland in den haushaltsrechtlichen Vorgaben verankert. Die Vorgaben zur Erstellung von WU sind in allgemeinen Arbeitsanweisungen für die öffentliche Verwaltung sowie außerdem in speziellen Leitfäden zu PPP-Vorhaben konkretisiert. Allerdings weisen sowohl die Darstellungen in diesen Leitfäden als auch die bei konkreten PPP-Vorhaben erstellten WU methodische Defizite auf. Probleme mit der Qualität von WU dürften weiterhin auch damit in Verbindung stehen, dass die mit der Erstellung befassten Akteure regelmäßig erheblichen Fehlanreizen unterliegen.

Der vorliegende Beitrag befasst sich vor diesem Hintergrund schwerpunktmäßig mit der Methodik von WU bei einem (Beschaffungs-)Variantenvergleich zwischen einer Realisierung eines Hochbauprojektes nach der konventionellen Beschaffungsvariante und nach dem PPP-Ansatz. Neben den methodischen Herausforderungen besteht bei der Erstellung von WU ein hoher Wissensbedarf, womit einhergehend – speziell bedeutsam in Verbindung mit der Vielzahl an Fehlanreizen von involvierten Akteuren – sich ein großes Potential für opportunistisches Verhalten eröffnet. In diesem Beitrag werden daher weiterhin Ansätze zur Begrenzung von Opportunismusproblemen betrachtet, wobei insbesondere die Bedeutung von Wissen thematisiert wird.

Bei den Analysen in diesem Beitrag wird vornehmlich auf die Neue Institutionenökonomik (NIÖ) zurückgegriffen, insbesondere auf die Transaktionskostentheorie, aber auch (zumindest implizit) auf die positive Prinzipal-Agent-Theorie und die Theorie unvollständiger Verträge. In dem vorliegenden Beitrag erfolgt eine Fokussierung auf den einzelwirtschaftlichen Vergleich zwischen verschiedenen Beschaffungsvarianten, insbesondere einer konventionellen Realisierung und einer Umsetzung nach dem PPP-Ansatz. Besonderes Augenmerk wird auf ex ante WU gelegt, die im Vorfeld der Entscheidung für eine Realisierungsalternative stattfindet. Dabei wird – sofern nicht anders angegeben – angenommen, dass zwischen den verschiedenen Beschaffungsvarianten keine für die öffentliche Hand relevanten Unterschiede hinsichtlich von Effekten bestehen, die nicht zu Haushaltsauszahlungen führen. Sofern bei den Realisierungsvarianten entscheidende Unterschiede hinsichtlich des Outputs vorliegen, z.B. Qualitätsunterschiede, kann es sinnvoll sein – sofern der diesbezügliche Aufwand die Durchführung einer Kosten-Nutzen-Analyse nicht rechtfertigt – bei einem einzelwirtschaftlichen Variantenvergleich die entsprechenden Unterschiede ergänzend zu berücksichtigen (Beckers u.a. 2009: 30).

Grundsätzlich können bei Hochbauprojekten die Wertschöpfungsstufen der Planung, des Baus, der Erhaltung und des Betriebs sowie die Aufgabe des wertschöpfungsübergreifenden Managements unterschieden werden. Beim konventionellen Ansatz werden der Bau und größere Erhaltungsarbeiten i.d.R. im Rahmen eines Contracting-Out durch die öffentliche Hand ausgeschrieben, während der Betrieb sowie kleinere Erhaltungsarbeiten entweder ebenfalls ausgeschrieben oder in Eigenerstellung durch die öffentliche Hand erbracht werden. Das wertschöpfungsstufenübergreifende Management erfolgt durch die öffentliche Hand, wobei diese im Rahmen eines Contracting-Out das Know-how von privaten Unternehmen (z.b. Ingenieurbüros oder Beratungsunternehmen) einbeziehen kann.

Bei einem PPP-Projekt dagegen kauft die öffentliche Hand bei dem privaten Partner einen wertschöpfungsstufenübergreifenden Service ein.[4] Der Service-Einkauf basiert auf einer outputorientierten Leistungsbeschreibung. Entscheidender Unterschied gegenüber der konventionellen Realisierung ist, dass bei PPP-Projekten langfristige Vertragsbeziehungen zwischen der öffentlichen Hand und dem privaten Partner eingegangen werden, die üblicherweise Laufzeiten von 20 bis 30 Jahren haben. In diesen Verträgen werden i.d.r. neben Planungsaufgaben die Wertschöpfungsstufen des Baus und der Erhaltung sowie die Aufgabe des wertschöpfungsstufenübergreifenden Managements dem privaten Partner zugeordnet; darüber hinaus wird häufig der Betrieb in die Serviceleistung integriert.

Prinzipiell sollten beim einzelwirtschaftlichen Variantenvergleich alle Alternativen zur Bedarfsdeckung (wie Eigenbau, Kauf, Miete usw.) berücksichtigt werden (BMVBS 2009: Abschnitt E.2.3). Es gibt jedoch Indikationen, dass derartig umfassende WU, die eine systematische Berücksichtigung aller Alternativen beinhalten, in der Praxis regelmäßig nicht erstellt werden.[5] Bei WU von PPP-Vorhaben beschränkt sich die Analyse meist auf den Vergleich von KBV und PPP-Ansatz, was als Defizit einzuordnen ist.[6] Der vorliegende Beitrag fokussiert sich dennoch auf genau diesen Vergleich, um Kernprobleme bei WU im Rahmen des Beschaffungsvariantenvergleichs herauszuarbeiten.

---

4 Zu bemerken ist, dass es trotz breiter Anwendung des Begriffes PPP keine einheitliche Definition gibt. Neben sehr breiten Definitionen wie z.B. bei (PWC 2003: 2f.), findet die in diesem Beitrag herangezogene, engere Definition häufig Verwendung (z.B. in Beckers und Klatt 2008: 3). Für ähnliche Definitionen vgl. (Engel u.a. 2011: 12) und (BMVBS 2007: 4).
5 Dabei ist anzumerken, dass nach dem Kenntnisstand der Autoren auf Basis von Expertengesprächen die bevorstehende Überarbeitung der RBBau durch das BMVBS auf derartige Mängel einzugehen beabsichtigt.
6 Eingrenzung auf diese beiden Alternativen steht möglicherweise damit in Verbindung, dass bei anderen Alternativen zum PPP-Ansatz im Regelfall keine Vorfinanzierungsmöglichkeit besteht (siehe dazu auch Abschnitt 5).

2. Der PPP-Ansatz im Vergleich zur konventionellen Beschaffungsvariante

In diesem Abschnitt wird unter Rückgriff auf theoretische Erkenntnisse und anhand Projekterfahrungen die Eignung des PPP-Ansatzes im Vergleich zur KBV diskutiert. Dabei wird eine komprimierte Darstellungsform gewählt, weshalb für eine detaillierte Betrachtung auf (Beckers und Klatt 2008: 7ff.) und (Beckers u.a. 2010: 15ff.) verwiesen wird.

Die abstrakte Diskussion in diesem Abschnitt kann die Analyse der Eignung des PPP-Ansatzes im Rahmen von WU bei einem bestimmten Projekt im Einzelfall, welche in den darauffolgenden Abschnitten erfolgt, keinesfalls ersetzen. Allerdings sind die in diesem Abschnitt allgemein diskutierten Stärken und Schwächen des PPP-Ansatzes sowie in diesem Zusammenhang auch die bislang vorliegenden Erfahrungen aus der Praxis wichtige Erkenntnisse, die auch bei der in den späteren Abschnitten betrachteten Erstellung von WU zu berücksichtigen sind (siehe dazu auch Abschnitt 4.3.).

Stärken und Schwächen des PPP-Ansatzes

Der PPP-Ansatz geht nach (Beckers u.a. 2010: 15ff.) mit folgenden Stärken einher, die auch als kostensenkende Effekte im Vergleich zu einer konventionellen Realisierung angesehen werden können:

- *Wertschöpfungsstufenübergreifendes Management:* Der PPP-Ansatz bietet die Möglichkeit des wertschöpfungsstufenübergreifenden Managements. Infolge dessen bestehen für den privaten Betreiber grundsätzlich Anreize, bereits in der Bauphase (und ggf. – sofern in das PPP-Projekt einbezogen – auch bereits in der Planungsphase) Investitionen zu tätigen, die zu einer Reduzierung der Erhaltungs- und Betriebskosten – und damit zu einer Minimierung der Gesamtkosten – führen können. Damit PPP gegenüber der konventionellen Realisierung diesen Vorteil ausspielen kann, muss gem. Hart (2003) eine gute (outputorientierte) Beschreibbarkeit des bereitzustellenden Service im ursprünglichen Vertrag gegeben sein, während gleichzeitig die Qualität des Baus (Substanzqualität) nur schwer zu spezifizieren ist.
Dabei ist jedoch zu beachten, dass die während der Vertragslaufzeit anfallenden Kosten in der Regel nicht deckungsgleich mit den Gesamtlebenszykluskosten des Bauwerks sind. Vor dem Hintergrund von Bauwerkslebensdauern von bis zu 100 Jahren kann bei zu kurzen Vertragslaufzeiten die Betreiberstrategie von dem Ziel der Lebenszykluskostenminimierung abweichen. Längere Vertragslaufzeiten, die Übertragung der Verwertung des Bauwerks an den Privaten und/oder die Gewährung

von Restwertzahlungen bei Vertragsende auf Basis der Substanzqualität können dieses Problem begrenzen, jedoch sind diese Maßnahmen selbst wiederum mit Problemen verbunden (Beckers u.a. 2010: 16, 26ff.).

- *Nutzung von privatem Know-How bezüglich des wertschöpfungsstufenübergreifenden Managements:* Ein weiterer Vorteil des PPP-Ansatzes kann insofern in der Nutzung von privatem Know-How gesehen werden, als dass der private Partner möglicherweise besser einschätzen kann, zu welchen Zeitpunkten Finanzmittel auf die Planungs-, Bau-, Erhaltungs- und Betriebsphase allokiert werden sollten, um die Gesamtkosten zu minimieren (Beckers und Klatt 2009b). Darüber hinaus wird durch die Ausschreibung des Service-Einkaufs die Aufgabe des wertschöpfungsstufenübergreifenden Managements dem Wettbewerb ausgesetzt, wodurch die besten Lösungen identifiziert werden können (de Bettignies und Ross 2004: 144; Beckers u.a. 2010: 15ff.).
Der Einbezug privaten Know-Hows zum wertschöpfungsstufenübergreifenden Managements ist bei konventioneller Realisierung zwar durch den Einkauf entsprechender Beratungsleistungen möglich, jedoch treten dabei regelmäßig Kontrahierungsprobleme auf, da die Qualität der Beratungsleistungen nur langfristig – zumindest jedoch nicht bei Abnahme der Leistung – beurteilbar ist.
- *Effizienteres Finanzmanagement / geringere kurzfristig orientierte politische Einflussnahme:* Weiterhin ist ein PPP-Projekt i.d.R. mit einem effizienteren Finanzmanagement verbunden. Gegenüber dem haushaltsrechtlich beschränkten, öffentlichen Finanzmanagement besitzt der Private bessere Möglichkeiten, Finanzmittel flexibel zu den „richtigen" Zeitpunkten einzusetzen, da es aufgrund der Ausgestaltung des öffentlichen Haushaltssystems sein kann, dass die bereitstehenden Finanzmittel zu bestimmten Zeitpunkten höher oder niedriger sind als zur Minimierung der Gesamtkosten erforderlich. In diesem Zusammenhang ist auch die bei PPP-Realisierung geringere kurzfristig orientierte politische Einflussnahme zu sehen, die durch die langfristige vertragliche Bindung zu einer Selbstbeschränkung der Politik in Hinblick auf das Finanzmanagement führen kann, so dass es z.B. nicht zu kurzfristigen Kürzungen von Erhaltungsmitteln kommt, die langfristig höhere Kosten verursachen.[7]

Allerdings weist der PPP-Ansatz auch Schwächen im Vergleich zu einer konventionellen Realisierung auf, die als kostensteigernde Effekte eingestuft werden können:

- *Höhere Transaktionskosten und geringere Flexibilität:* Ein Nachteil der PPP-Realisierung besteht in den höheren Transaktionskosten, die mit dem langfristigen Vertrag einhergehen. Aufgrund der vertraglichen Fi-

---

[7] Jedoch entstehen auch Probleme aus der Selbstbindung, vgl. u.a. (Shaoul u.a. 2008), die hier jedoch nicht weiter erläutert werden sollen.

xierung gehen bei einem PPP Anpassungen infolge von Leistungsänderungen oder von geänderten Umweltbedingungen mit hohen Kosten einher. Die vertragliche ex-ante Regelung aller Kontingenzen ist nicht möglich, da i.d.R. nicht alle möglichen Entwicklungen durch die Vertragspartner vorausgesehen werden können oder dies nur zu prohibitiv hohen Kosten stattfinden könnte. Somit wird es im Laufe des Projektes zu Nachverhandlungen kommen, die Transaktionskosten mit sich bringen. Zum einen entsteht aufgrund der langfristigen vertraglichen Bindung ein bilaterales Monopol zwischen ÖH und dem Privaten, welches eine Hold-Up Gefahr birgt, bei der die spezifischen Investitionen des schwächeren Vertragspartners durch den stärkeren angeeignet werden können (Engel u.a. 2011; Williamson 1983). Dass insbesondere der Private hierzu Anreize besitzt wird durch empirische Ergebnisse bestätigt.[8] Zum anderen kann der Private regelmäßig Anreize besitzen, unter Ausnutzung von Informationsasymmetrien sein Kostenniveau zu seinen Gunsten auszuweisen oder sein Leistungsniveau zu reduzieren (Beckers und Klatt 2009a). Daher werden bereits vor Vertragsschluss regelmäßig hohe Transaktionskosten in Kauf genommen, um den Umfang der Nachverhandlungen möglichst zu begrenzen. Dies schlägt sich vor allem in umfangreichen Ausschreibungs- und Vertragsunterlagen nieder, die zum Teil beträchtlichen Anteil an den Gesamtkosten ausmachen können.[9]

Zwar wird es auch bei der konventionellen Realisierung aufgrund von Änderungen der Leistungsanforderungen oder geänderten Umweltbedingungen zu Anpassungen kommen, jedoch werden diese bei den relativ „kurzen" und „kleinen" (konventionellen) Verträgen ein geringeres Ausmaß aufweisen.

- *Höhere Risiko- und Kapitalkosten:* Weiterhin wird die PPP-Realisierung mit grundsätzlich höheren Kapitalkosten verbunden sein, da die Übernahme von Risiko bei privaten Wirtschaftssubjekten grundsätzlich zu höheren Kosten erfolgt, als dies bei der öffentlichen Hand der Fall ist.[10] Dabei ist anzumerken, dass die häufig in der Praxis anzufindende Finanzierungsform der Forfaitierung mit Einredeverzicht, die in ähnlichen Finanzierungskonditionen wie bei der öffentlichen Hand resultiert, aus

---

8 Siehe dazu z.B. die Studie von (Guasch 2004) bei der mehr als 1.000 Infrastrukturprojekte (nicht nur PPP) in Lateinamerika zwischen 1985 und 2000 analysiert wurden; mehr als die Hälfte der Projekte enthielt Nachverhandlungen, wobei die durchschnittliche Zeit zwischen Vergabe und erster Nachverhandlung weniger als drei Jahre betrug und mehrheitlich durch den privaten Partner initiiert wurde.

9 Vgl. die Erkenntnisse aus der Studie von (Dudkin und Välilä 2005): Bei den dort betrachteten Projekten betragen die TAK zum Zeitpunkt der Vergabe 12% des Projektkapitalwertes, dabei entfallen 3,5% auf öffentliche Hand, 3,7% auf den Auftragnehmer, und 5% auf die erfolglosen Bieter.

10 Zur Risikoeinstellung von öffentlichen Hand und Privaten vgl. die Darstellungen bei Beckers u.a. 2009.

Anreizgesichtspunkten grundsätzlich abzulehnen ist (Gehrt 2009). Kapitalkosten werden bei PPP-Projekten auch deshalb höher als bei einer konventionellen Realisierung sein, weil auch in der Beziehung zu den Kapitalgebern recht hohe Transaktionskosten aufgrund der Langfristigkeit und Unvollständigkeit der Verträge anfallen werden.

Neben den genannten kostensteigernden und -senkenden Effekten sind einige nicht-eindeutige Effekte zu identifizieren, die je nach Ausgestaltung der Rahmenbedingungen des Projektes für bzw. gegen die Vorteilhaftigkeit von PPP sprechen können. Hier sind insbesondere Wettbewerbseffekte sowie Auswirkungen des Vergaberechts und von Personalkosten zu nennen, die in diesem Beitrag jedoch nicht weiter betrachtet werden.

1.1.1 Ex-post Erkenntnisse zur Wirtschaftlichkeit von PPP-Projekten

Für die Analyse abgeschlossener Projekte müssen die Ist-Kosten des PPP-Projektes mit seinen ursprünglich vertraglich vereinbarten Kosten oder den Plan-Kosten der konventionellen Realisierung verglichen werden. Um dabei Vergleichbarkeit sicherzustellen, müssen die Plan-Kosten hinsichtlich gegebenenfalls aufgetretener Leistungsanpassungen im Projektverlauf und möglicher Umwelteinflüsse angepasst werden. Dies erscheint jedoch aufgrund der methodischen Komplexität und des Erfassungsaufwandes über zahlreiche Kostendimensionen unrealistisch. Im Falle des Vergleichs der Ist-Kosten des PPP-Projektes mit den Plan-Kosten der konventionellen Realisierung stellt sich zudem die Frage, wie belastbar die lediglich hypothetisch ermittelten Kosten der konventionellen Realisierungsvariante sind.

Alternativ könnten die Ist-Kosten des PPP-Projektes mit den Ist-Kosten eines vergleichbaren, konventionellen Projektes verglichen werden. Es erscheint jedoch sehr unwahrscheinlich, dass – abgesehen von Ausnahmefällen – Konstellationen vorliegen, die einen derartigen Vergleich ermöglichen. Selbst wenn die Vergleichbarkeit herstellbar ist, kann zumindest für die heutige Situation konstatiert werden, dass keine ausreichende Zahl abgeschlossener Projekte vorliegt, um übergreifende quantitative Aussagen zur Wirtschaftlichkeit von PPP zu treffen.

Darüber hinaus kann die Analyse laufender Projekte (ex-post im weiteren Sinne) in Betracht gezogen werden, wobei hier analog die bisher angefallenen Ist-Kosten des PPP-Projektes mit den vertraglich vereinbarten Plan-Kosten des PPP-Projektes oder den Plan-Kosten der konventionellen Realisierung verglichen werden können. Grundsätzlich stellt sich auch hier das Problem bzgl. der Notwendigkeit von Anpassungen aufgrund von Leistungsanpassungen. Außerdem müsste bei einem Vergleich der laufenden Ist-Kosten des PPP mit den Plan-Kosten der KBV die unterschiedliche zeitliche Kostenstruktur der Realisierungsvarianten berücksichtigt werden.

Wenngleich vereinzelte Analysen zu spezifischen Kostenaspekten vorliegen, so z.b. von Dudkin und Välilä (2005) zur Bedeutung von Transaktionskosten während der Vergabe oder von Shaoul u.a. (2006) und Shaoul u.a. (2008) zur Ist-Kostenentwicklung gegenüber den geplanten Kosten, ist es zum heutigen Zeitpunkt nicht möglich, allgemeingültige ex-post Aussagen zur Wirtschaftlichkeit des PPP-Ansatzes zu treffen (Beckers und Klatt 2009b; Mühlenkamp 2009: 25ff.). Neben den zuvor dargestellten Problemen ist die Anzahl der abgeschlossenen Projekte derzeit zu klein, dass keine repräsentative Aussage möglich ist.[11] Länderübergreifende Analysen, die sich auf eine breitere Projektbasis stützen, sind wiederum häufig problematisch, da zentrale Projektparameter sich deutlich unterscheiden können oder nicht bekannt sind (EIB 2005). Es erscheint weiterhin plausibel, dass sich die Verfügbarkeit detaillierter, quantitativer ex-post Aussagen auch in Zukunft aufgrund der Komplexität der Analyseaufgabe, insbesondere hinsichtlich des Erfassungsaufwandes über die gesamte Laufzeit und derzeit nicht ausreichender Anreize und Kapazitäten zur Durchführung, nur in sehr eingeschränktem Maße verbessern wird.

Es ist jedoch darauf hinzuweisen, dass es zunehmende Hinweise auf Probleme mit der Wirtschaftlichkeit von PPP-Projekten in der Praxis gibt. Hierbei sind insbesondere die Erfahrungen in Großbritannien zu nennen, bei denen der britische Rechnungshof (National Audit Office, kurz: NAO) und – auf diesen Erkenntnissen und weiteren Quellen aufbauend – auch das britische Unterhaus (House of Commons, kurz: HoC) sehr kritisch die postulierten Effizienzvorteile und damit auch die grundsätzliche Wirtschaftlichkeit von PPP gegenüber der konventionellen Realisierung in Frage stellen. Ähnliche Einschätzungen – wenngleich auf nicht so breiter Basis – sind in Deutschland zu finden; insbesondere ist hier auf den kürzlich veröffentlichten Erfahrungsbericht der Rechnungshöfe des Bundes und der Länder zu 30 geprüften PPP-Projekten zu verweisen, der, auch wenn er sich im Wesentlichen auf die Kritik der WU konzentriert, zumindest Hinweise enthält, dass die berechneten Effizienzvorteile von PPP-Projekten häufig nicht mit der Realität korrespondieren (siehe dazu auch Abschnitt 6).

1.1.2 Erfolgsfaktoren

Aus den theoriegeleiteten Überlegungen und den empirischen Erkenntnissen kann keine eindeutige Aussage zu der Vorteilhaftigkeit des PPP-Ansatzes gegenüber der konventionellen Realisierung abgeleitet werden. Vielmehr wird die Vorteilhaftigkeit von den Spezifika des einzelnen Projektes abhängen. Aufbauend auf den vorigen Überlegungen lassen sich jedoch zumindest Erfolgsfaktoren definieren, die erfüllt sein sollten, um Wirtschaftlichkeit durch die Anwendung des PPP-Ansatzes erreichen zu können:

---

11 Vgl. zu den Mängel der Vertragsgestaltung u.a. (NAO 1999a, 1999b).

- Auswahl von geeigneten Projekten, d.h. vor allem Projekte mit
  - hohem Potential zur Optimierung der Kosten über den gesamten Lebenszyklus, was tendenziell vor allem bei hohen Anfangsinvestitionen für Neubau oder umfassende Erneuerung gegeben ist,
  - guter Kontrahierbarkeit der (Service-)Leistung, d.h. einerseits einer guten Beschreib- und Messbarkeit der Leistung und zum anderen einer geringen Umweltunsicherheit über den Projektzeitraum, sowie außerdem der Möglichkeit, geeignete (Bewertungs-) Regeln für die Übergabe von Assets am Vertragsende festzulegen,
  - geringem Ausmaß an nicht-beeinflussbarem Risiko, welches an den Privaten übertragen wird, bzw. der Möglichkeit der Rückübertragung dieses Risikos an die öffentliche Hand zu relativ geringen (Transaktions-)Kosten und
  - ausreichendem Projektvolumen, um die vergleichsweise hohen und zum Teil fixen Transaktionskosten für das Aufsetzen eines PPP-Projektes zu rechtfertigen.[12]
- Adäquate Projektausgestaltung, d.h.
  - geeignete Ausgestaltung des Vertragswerkes, so dass Kosten infolge von Nachverhandlungen gering gehalten werden können, und
  - eine effiziente Risikoverteilung, die insbesondere Anreizwirkungen, Kosten der Risikoübernahme sowie die Transaktionskosten des Risikotransfers berücksichtigt.
- Sicherstellung eines effizienten Wettbewerbs während des Vergabeprozesses, wobei vor allem auf ein effizientes Ausschreibungsdesign zu achten ist.

Im Übrigen ist die sinnvolle Gestaltung übergeordneter Rahmenbedingungen zu beachten. Insbesondere (Fehl-)Anreize bezüglich Vorfinanzierungsmöglichkeiten von Projekten und Know-How-Probleme auf Seiten der öffentlichen Hand können dazu führen, dass die Wirtschaftlichkeit nicht adäquat geprüft wird und keine sinnvolle Projektausgestaltung erfolgt.

---

12 Dies wird teilweise auch in den Leitfäden berücksichtigt; beispielsweise schreibt der Value-For-Money-Leitfaden des HMT vor, dass PPP-Realisierung nur für Projekte mit einem Investitionsvolumen von über GBP 20 M erwogen werden soll (vgl. HMT 2006).

2. Wirtschaftlichkeitsuntersuchungen bei PPP-Projekten im Hochbau

2.1 Phasen der Wirtschaftlichkeitsuntersuchung

Für die Darstellung des Vorgehens bei WU in Deutschland wird folgend insbesondere auf die Vorgaben des Leitfadens zu WU bei PPP-Vorhaben der Arbeitsgemeinschaft der Finanzministerkonferenz (AGFMK 2006) Bezug genommen, der sich an den größten Adressatenkreis richtet und die größte Wirkung entfaltet haben dürfte. Es gibt darüber hinaus noch weitere Leitfäden, die teilweise länderbezogene Anpassungen enthalten (z.B. Berliner Senatsverwaltung 2007), die jedoch im Allgemeinen konsistent mit den Vorgaben der AGFMK sind. Grundsätzlich werden vier Phasen der WU unterschieden, welche sich auch weitestgehend in der Praxis wiederfinden. Diese sind Abbildung 1 dargestellt.

Abbildung 1: Phasen der Wirtschaftlichkeitsuntersuchung,

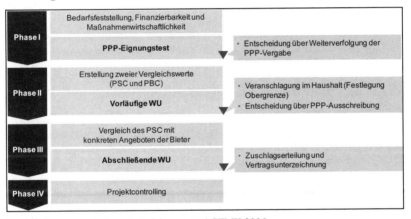

Quelle: Eigene Darstellung in Anlehnung an AGFMK 2006

Bei den Phasen 1 bis 3 handelt es sich um ex-ante Betrachtungen, die im Vorfeld der Vergabe stattfinden. In Phase 1, dem Eignungstest, sollen über mehrheitlich qualitative Betrachtungen Aussagen getroffen werden zur potentiellen Eignung des vorliegenden Projektes für eine Vergabe nach dem PPP-Ansatz. Dabei wird nicht angestrebt zu klären, ob der PPP-Ansatz der konventionellen Realisierungsvariante überlegen ist, sondern vielmehr wird geprüft, ob eine relevante Wahrscheinlichkeit dafür vorliegt, dass sich der PPP-Ansatz bei genauerer Betrachtung in den folgenden (Planungs-)Phasen als die wirtschaftlichere Realisierungsvariante herausstellt.

Wenn in Phase 1 die potentielle PPP-Eignung bejaht wird, schließt sich in Phase 2 die vorläufige WU an. In dieser Phase sind zwei quantitative Vergleichswerte zu erstellen, mit Hilfe derer die erwarteten Kosten der konventionellen Realisierung, welche vom sogenannten „Public Sector Comparator" (PSC) abgebildet werden, und die erwarteten Kosten der PPP-Realisierung, welche im sogenannten „Private Bid Comparator" (PBC) enthalten sind, gegenübergestellt werden.[13] Dabei sind umfangreiche Annahmen und Abschätzungen bzgl. der Höhe und zeitlichen Verteilung der Zahlungsströme der beiden Varianten zu treffen. Falls sich in dieser Phase herausstellt, dass die erwarteten Gesamtkosten der PPP-Realisierung niedriger sind als die der konventionellen Realisierung, wird mit der Ausschreibung des Projektes nach dem PPP-Ansatz begonnen. Hierbei ist anzumerken, dass diese Phase der WU in einem sehr frühen Stadium der Planung stattfindet. Üblicherweise sind Planungen in einem derartig frühen Stadium mit erheblichen Unsicherheiten verbunden, was in Abschnitt 4 vertieft diskutiert wird.

Die Phase 3 findet ausschreibungsbegleitend statt. Nach Eintreffen der Angebote der Bieter werden diese dem PSC gegenübergestellt. Sollte sich in dieser Phase die relative Wirtschaftlichkeit der PPP-Realisierung im Rahmen des Vergleichs des günstigsten Angebotes mit dem PSC bestätigen, wird der Zuschlag erteilt und der Vertrag unterzeichnet.

Die sich anschließende Phase 4 dient als ex-post Betrachtung dem Monitoring des Projektes. Dabei sollen relevante Kosten und Leistungsdaten (z.B. Qualitätsniveaus) während der Laufzeit und nach Abschluss des Projektes erfasst werden. Im weiteren Verlauf werden insbesondere Probleme bei WU in den Phasen 1 bis 3 betrachtet, die auch als ex-ante WU bezeichnet werden.

2.2 Vergleichsansätze für Wirtschaftlichkeitsuntersuchungen

Vergleichende Analysen von Beschaffungsvarianten können in qualitativer und in quantitativer Form durchgeführt werden. Bei quantitativen Untersuchungen, die in der Praxis insbesondere in Phase 2 (vorläufige WU) und auch Phase 3 (abschließende WU) stattfinden, kann zunächst nach dem *Umfang der Kostenbetrachtung* differenziert werden.

- Bei *„Gesamtkostenbetrachtungen"* wird versucht, möglichst alle Kostenelemente einer Realisierungsvariante über die Projektlaufzeit abzuschätzen.
- Bei *„Kostenschwerpunktbetrachtungen"* werden vor allem die für den Vergleich der Realisierungsvarianten als besonders relevant erachtete

---

13 Vgl. für den Begriff des PSC z.B. AGFMK (2006) und für den Begriff PBC z.B. Offergeld (2011).

Wirtschaftlichkeitsuntersuchungen bei PPP-Vorhaben

Kostenelemente betrachtet (wie z.B. Baukosten, Erhaltungskosten, Betriebskosten, Finanzierungskosten, Transaktionskosten usw.).

In den Leitfäden und in der Praxis findet sich diese Differenzierung regelmäßig nicht wieder und es wird von Gesamtkostenbetrachtungen ausgegangen. Hinsichtlich des *Vorgehens zur Kostenermittlung der PPP-Variante* kann – insbesondere in Phase 2 vor Verfügbarkeit von konkreten Angeboten der Bieter – wie folgt unterschieden werden in:

- *Die unabhängige Ermittlung der Kosten von konventioneller und PPP-Variante*, bei der auf Basis separater Daten und Planungen für die verschiedenen Beschaffungsvarianten die Kosten geschätzt werden.
- *Die relative Ermittlung der Kosten der PPP-Variante auf Basis der für die konventionelle Realisierung abgeschätzten Kosten*, bei der sich die Kosten der PPP-Variante aus Zu-/Abschlägen auf die zuvor ermittelten Kosten der konventionellen Realisierungsvariante ergeben.

Die Leitfäden sehen dabei vor, dass die Kosten der PPP-Variante regelmäßig unabhängig von den Kosten der konventionellen Realisierung zu schätzen sind. Wenn dies nicht möglich ist, sollen ersatzweise Relativbetrachtungen auf Basis der einzelnen Kostenelemente bzw. pauschal auf Basis der gesamten Kosten erfolgen, wobei letzteres nach (AGFMK 2006) nur in Ausnahmefällen und bei Fehlen konkreter Daten anzuwenden ist.

3. Methodische Probleme und mögliche Lösungsansätze

3.1 Quantitative Vergleichsanalysen

3.1.1 *Allgemeine Herausforderungen der ex-ante Kostenermittlung*

3.1.1.1 Grundsätzliches Vorgehen

Im Folgenden wird von derartigen Unterschieden abstrahiert und das grundsätzliche Konzept vorgestellt, das dem Vorgehen in unterschiedlichen Kontexten zugrunde liegt.

1. *Beschreibung des Projektes bzw. der Leistung:* Für die Realisierung eines Projektes und die Erbringung der dafür erforderlichen Leistungen sind die dabei vorliegenden Eigenschaften (als endogene Faktoren) und Hemmnisse (als exogene Faktoren) des Projektes von Relevanz. *Eigenschaften* definieren, was realisiert werden soll. Dies sind insbesondere die Eigenschaften des Bauwerks, des Betriebs oder der Nutzung. Eine spezifische Eigenschaft einer Leistung ist die Qualität. *Hemmnisse* beschreiben, was die ge-

wünschte Realisierung beeinflussen bzw. beeinträchtigen kann. Dies sind insbesondere die physischen Charakteristika des Standortes, wie z.b. der Baugrund oder die Nachbarbebauung, und darüber hinaus weitere externe Faktoren, wie z.B. klimatische Bedingungen. Hemmnisse sind während der Planung regelmäßig mit Unsicherheit verbunden und können dann – sofern sie erkannt worden sind – als risikobehaftete Größe bzw. Zufallsvariable berücksichtigt werden. Bei der Beschreibung der Leistung ist zu beachten, dass die Eigenschaften i.d.R. nicht unabhängig von den Hemmnissen gewählt werden, beispielsweise können widrige Baugrundeigenschaften unter gewissen Umständen die angestrebte Realisierung, und damit die Eigenschaften, beeinflussen. Die Eigenschaften und Hemmnisse sind zentrale Bestimmungsgrößen der Projektkosten. Daneben existieren – wie in Abschnitt 3 dargestellt – noch weitere Einflussgrößen auf die Kosten, wie z.B. die institutionelle Lösung, welche an dieser Stelle jedoch zunächst als konstant angenommen werden.

Die Eigenschaften (E) und Hemmnisse (H) eines Projektes können auch als Vektor *(E, H)* verstanden werden mit $E = (e_1, ..., e_m)$ und $H = (h_1, ..., h_n)$. Entscheidendes Charakteristikum des Vektors *(E, H)* – und damit auch für die Beschreibung des Projektes – ist der Detailierungsgrad. Dieser misst, wie viele Einzelheiten des Projektes durch die Beschreibung erfasst werden. Je mehr e_k und h_l der Vektor enthält desto größer ist der Detailierungsgrad. Grundsätzlich steigt mit zunehmender Detailierung des Vektors die Eindeutigkeit der Projektbeschreibung, was im Rahmen der Kostenermittlung für die Genauigkeit des Ergebnisses von Bedeutung ist. Gerade jedoch in frühen Planungsphasen ist es schwer, einen hohen Detailierungsgrad des Vektors zu erreichen, da bestimmte Eigenschaften noch nicht festgelegt und / oder Hemmnisse noch nicht identifiziert worden sind. Bei aggregierter Betrachtung des Projektes besteht – gerade auch, wenn ein hoher Detailierungsgrad des Vektors *(E, H)* erreicht werden könnte, – das Problem, dass wenige Projekte mit genau diesem (detaillierten) Vektor und damit wenige Vergleichsdaten vorhanden sind, was für die Kostenermittlung ein wesentliches Problem darstellt. Weiterhin ist die Informationsmenge bei aggregierter Betrachtung und hohem Detailierungsgrad schwer handhabbar, was gerade für die Betrachtung großer Leistungen (sowohl bezüglich der Projektlaufzeit als des Projektvolumens) gilt. Aus diesem Grund wird das Projekt bzw. die Leistung disaggregiert, d.h. in einzelne Leistungsbereiche geschnitten, was im folgenden Schritt betrachtet wird. Für die aggregierte Betrachtung ist anzumerken, dass die Planung des Projektes auf aggregierter Ebene – insbesondere zu Beginn der Planung – eine hypothetische Überlegung ist. Die detaillierte Planung und Beschreibung des Projektes findet in der Praxis vielmehr im Zuge der fortschreitenden Disaggregierung des Projektes in einzelne Leistungsbereiche statt.

2. *Abgrenzung und Beschreibung von Leistungsbereichen (inkl. Definition von Schnittstellen):* Das Vorgehen hierbei ist analog zum ersten Schritt mit dem Unterschied, dass die Beschreibung von E und H nun auf disaggregierter Ebene für einzelne Leistungsbereiche des Projektes stattfindet. Die Definition von Leistungsbereichen (inkl. der Definition von Schnittstellen zwischen diesen) kann zum einen entlang der einzelnen Phasen des Projektes (Planung, Bau, Erhaltung, Betrieb) erfolgen und zum anderen innerhalb dieser.
Durch das „Kleinschneiden" in Leistungsbereiche und ihre getrennte Beschreibung verbessert sich die Handhabbarkeit der Informationen, d.h. in einem einzelnen Leistungsbereich sind insgesamt weniger e_k und h_l zu erfassen. Weiterhin existieren für standardisierte Leistungsbereiche regelmäßig mehr abgerechnete Leistungen, so dass sich die Verfügbarkeit von Vergleichsdaten verbessert. Die Disaggregierung kann aber auch mit Problemen verbunden sein, da durch sie unter gewissen Umständen kostenrelevante Informationen verloren gehen können. Durch das Kleinschneiden können Lücken oder Redundanzen zwischen den Leistungsbereichen in Hinblick auf die Gesamtprojektbeschreibung entstehen, so dass gewisse e_k und/oder h_l entweder unberücksichtigt bleiben oder mehrfach berücksichtigt werden. Dies gilt insbesondere dann, wenn Schnittstellenprobleme zwischen Leistungsbereichen existieren, so dass bei separater Betrachtung der Leistungsbereiche diese Hemmnisse unberücksichtigt bleiben. Insoweit ist hierbei besonderes Augenmerk auf die Leistungsabgrenzung, die Schnittstellendefinition und -beschreibung zu legen, um etwaige Lücken und Redundanzen zwischen den Leistungsbereichen zu vermeiden bzw. zu minimieren.
Dabei sind sowohl der Grad der Disaggregierung als auch damit einhergehend die Detaillierung von E und H abhängig von der Planungstiefe, welche wiederum durch den zeitlichen Fortschritt der Planung des Projektes bedingt ist.
3. *Bestimmung von geeigneten Kostensätzen auf Basis empirischer Daten und Schätzung der Kosten:* Hierbei werden aus einer Menge bereits realisierter Leistungen diejenigen identifiziert, die mit den Eigenschaften und Hemmnissen des vorliegenden Projektes bzw. Leistungsbereiches vergleichbar sind. Üblicherweise werden dazu Datenbanken abgerechneter Projekte bzw. spezifischer Leistungen, Erfahrungswerte aus laufenden Projekten oder im Zuge des Projektes eigens abgefragte Marktpreise genutzt. Auf Basis der Kosteninformationen dieser Vergleichsgruppe werden anschließend die Kosten des vorliegenden Projektes geschätzt.
In diesem Zusammenhang ist zu beachten, dass derartige Kostensätze Gesamtkosten aus institutionenökonomischer Sicht darstellen, d.h. sowohl Produktions- als auch Transaktionskosten beinhalten, deren Höhe und Zusammensetzung sich in Abhängigkeit der institutionellen Lösung

unterscheidet. Dieser Umstand ist insbesondere dann von Bedeutung, wenn es um die Frage der Anwendbarkeit von Kostensätzen auf spezifische Realisierungsvarianten geht, was in Abschnitt 4.1.2 betrachtet wird. Anzumerken ist, dass auf diesem Weg Erwartungswerte für die Realisierungskosten von Projekten abgeschätzt werden. Risiko besteht insofern, als dass die Realisierungskosten eine Zufallsvariable darstellen, welche eine Varianz um den abgeschätzten Erwartungswert aufweist. Dieses Risiko ist nicht zu verwechseln mit dem Problem der Kostenunterschätzungen, insbesondere in frühen Planungsphasen, auf welches gesondert in Abschnitt 4.1.1.3 eingegangen wird. Im Übrigen ist zu berücksichtigen, dass Risiko – wie bereits in Abschnitt 2.1 dargestellt – auf Seiten der öffentlichen Hand aufgrund von deren (regelmäßig bestehender) Risikoneutralität grundsätzlich kein Problem darstellt.

3.1.1.2 Allgemeine Probleme bei der Anwendung von Kostensätzen

Ein wesentliches Problem bei der ex-ante Kostenermittlung unter Rückgriff auf empirisch ermittelte Kostensätze ist die Verfügbarkeit vergleichbarer Projekte bzw. Leistungsbereiche. Im Folgenden wird deshalb diskutiert, welche Ansätze zur Anwendung von Kostensätzen bestehen. Dabei wird zunächst auf die Kostenermittlung auf Basis disaggregierter Leistungsbereiche und dann auf die aggregierte Betrachtungsweise eingegangen. Für die Diskussion wird vorerst angenommen, dass eine korrekte Einschätzung der Eigenschaften und Hemmnisse des betrachteten Projektes (E*, H*) erfolgt. Probleme bei abweichenden Schätzungen, insbesondere aus Unterschätzungen, werden separat in Abschnitt 4.1.1.3 erörtert.

Für die Diskussion bietet es sich an, einige Begriffe formal zu beschreiben:
- *(E, H)ges:* Beschreibung des Gesamtprojektes,
- *(E, H)j:* Beschreibung des Leistungsbereiches j,
- *aKS = KS (E, H)ges:* Kostensatz für ein Projekt mit Vektor (E, H)ges (aggregierte Ebene),
- *dKSj = KS (E, H)j:* Kostensatz für einen Leistungsbereich mit Vektor (E, H)j (disaggregierte Ebene),
- **:* Bezeichnung des Projektes, dessen Kosten zu schätzen sind,
- *+:* Bezeichnung eines anderen Projektes bzw. Durchschnitt aus einer Menge von Projekten.

Disaggregierter Ansatz (D)
Bei der Betrachtung des disaggregierten Ansatzes wird davon ausgegangen, dass zwar grundsätzlich empirische Kosteninformationen zu den Leistungsbereichen aus anderen, bereits realisierten Projekten vorliegen, sich jedoch bei diesen die Frage stellt, ob die daraus ermittelbaren Kostensätze auf die

Wirtschaftlichkeitsuntersuchungen bei PPP-Vorhaben

Leistungsbereiche anwendbar sind, für die die Kosten abzuschätzen sind. Diesbezüglich können folgende zwei Fälle unterschieden werden:

(D.1) $dKS_j^+ = dKS_j^*$ vorhanden: Sofern Kostensätze für die Leistungsbereiche existieren, deren Eigenschaften und Hemmnisse $(E^+, H^+)_j$ denen des zu schätzenden Leistungsbereiches $(E^*, H^*)_j$ entsprechen, ist das Vorgehen vergleichsweise einfach. Es erfolgt die Abschätzung der Kosten der Leistungsbereiche auf Basis dieser Kostensätze und anschließend die Aggregierung der einzelnen Kosten zu den geschätzten Gesamtkosten des Projektes. Die Genauigkeit des Ergebnisses wird gegenüber der aggregierten Betrachtung tendenziell höher sein, da durch die Trennung der Leistungsbereiche – wie bereits in Abschnitt 4.1.1.1 erläutert – genauer beschrieben werden kann und i.d.R. mehr Vergleichsdaten vorliegen.

(D.2) $dKS_j^+ = dKS_j^*$ nicht vorhanden: Sofern keine (unmittelbar) geeigneten Kostensätze vorliegen, kann ersatzweise auf Kostensätze von Leistungsbereichen zurückgegriffen werden, deren zugrundeliegende Eigenschaften und Hemmnisse sich mehr oder weniger erheblich von denen des zu schätzenden Leistungsbereiches unterscheiden. Dadurch ist jedoch zu erwarten, dass die Kosten des Projektes falsch geschätzt werden. Die Korrektur dieses systematischen Fehlers kann mit Hilfe empirischer Beobachtungen auf Gesamtkostenebene erfolgen. In diesem Zusammenhang ist die Betrachtung eines Projektcharakteristikums erforderlich, welches im Folgenden als *technische Komplexität* bezeichnet wird. Die technische Komplexität beschreibt auf Gesamtprojektebene in reduzierter Form die Summe der Eigenschaften und Hemmnisse eines Projektes.[14] Sofern bereits in der Vergangenheit Projekte mit der gleichen technischen Komplexität (wie das vorliegende Projekt) mit Kostensätzen dKS^+ geplant wurden, kann bei diesen Projekten die Abweichung zwischen der (Gesamt-)Kostenschätzung und den tatsächlich realisierten (Gesamt-)Kosten ermittelt werden. Auf Basis der Abweichungen kann sodann eine Korrektur der vorliegenden Kostenschätzung vorgenommen werden. Es ist jedoch zu erwarten, dass dies in der Praxis sehr hohe Voraussetzungen an die Datenerfassung und -aufbereitung stellt, so dass dieser Weg nur in Einzelfällen gangbar sein wird. Alternativ kann versucht werden, den Schätzfehler mit Hilfe von Annahmen bzw. Expertenschätzungen zu korrigieren.

Im Übrigen kann eine Korrektur der Kostenschätzung auf Basis disaggregierter Leistungsbereiche auch dann angebracht sein, wenn durch das „Kleinschneiden" – wie oben bereits angesprochen – kostenrelevante Informationen an den Schnittstellen der Leistungsbereiche verloren gehen. In diesem Falle kann die zusätzliche Berücksichtigung aggregierter Kosteninformationen von Projekten gleicher technischer Komplexität dazu dienen, den resultierenden Fehler zu ermitteln und zu korrigieren.

---

14 Insofern kann die technische Komplexität auch als eine – hier nicht näher spezifizierte – Transformation des Vektors (E, H) mit dem Ziel der Informationsreduktion verstanden werden.

Aggregierter Ansatz (A)

(A.1) $aKS^+ = aKS^*$ vorhanden: Die Verfügbarkeit von aggregierten Kostensätzen kann einerseits dann gegeben sein, wenn die den Kostensätzen zugrundeliegenden Projekte tatsächlich vollkommen vergleichbar mit dem zu schätzenden Projekt sind (in diesem Falle gilt *(E^*, $H^*)_{ges} = (E^+, H^+)_{ges}$)*. Wenngleich in diesem Falle die Kostenschätzung vergleichsweise einfach durchzuführen wäre, ist dies in der Praxis jedoch ein kaum relevanter Fall.[15]

Aggregierte Kostensätze können andererseits auch dann verfügbar sein, wenn abgerechneten Projekte mit der gleichen technischen Komplexität wie das zu schätzende Projekt existieren. Sofern Kostensätze aus diesen Projekten angewendet werden ist jedoch davon auszugehen, dass das Ergebnis der Kostenschätzung eine vergleichsweise hohe Varianz aufweist, da die technische Komplexität als Vergleichskriterium eine geringere Eindeutigkeit besitzt als der Vektor $(E, H)_{ges}$.

(A.2) $aKS^+ = aKS^*$ nicht vorhanden: Dieser Fall verhält sich analog zu (D.2), d.h. die Kosten können durch Rückgriff auf aKS^+ geschätzt werden. Im Gegensatz zu (D.2) besteht hier jedoch nur die Möglichkeit, den Schätzfehler durch Annahmen bzw. Expertenschätzungen zu korrigieren, da man sich bereits auf aggregierter Ebene befindet und daher nicht auf empirische Beobachtungen einer übergeordneten Ebene zurückgreifen kann.

Kombination aggregierter und disaggregierter Betrachtung
Bei der ex-ante Kostenermittlung sollten der disaggregierte und der aggregierte Ansatz grundsätzlich nicht isoliert voneinander angewendet werden. Vielmehr sollten beide Ansätze dort, wo es die Datenverfügbarkeit erlaubt, zum Einsatz kommen, um sich die Ergebnisse im Vergleich zueinander zu plausibilisieren und die Qualität der Kostenschätzung zu verbessern.

Bezüglich der Datenverfügbarkeit ist dabei davon auszugehen, dass gerade zu Beginn der Planungen nur vergleichsweise aggregierte Betrachtungen möglich sein werden, was im wesentlichen darauf zurückzuführen ist, dass zu so frühen Zeitpunkten die Disaggregierung in Leistungsbereiche und die darauf aufbauende Beschreibung der leistungsbereichsspezifischen Eigenschaften und Hemmnisse noch nicht weit genug entwickelt sein wird.[16] Sobald jedoch detailliertere Planungen zu Verfügung stehen, sollte die Kostenermittlung diese auch durch Anwendung des disaggregierten Ansatzes berücksichtigen.

---

15 Dies könnte man allenfalls bei extrem standardisierten Leistungen annehmen, z.B. der Errichtung eines Containergebäudes auf einer Baustelle.
16 Dies findet sich im Übrigen auch in der Praxis wieder: Beispielsweise erfolgt die Ermittlung der ersten Kostenschätzung im Zuge der Planung von Bundeshochbauten auf Basis der ES-Bau, welche vergleichsweise grob die Eigenschaften des Bauwerks definiert (Raumbedarfsplanung).

3.1.1.3 Spezielle (vornehmlich in frühen Planungsphasen vorliegende) Probleme infolge von irrtümlichen Annahmen

In frühen Phasen sind die Planung des Projektes und damit auch die Kostenermittlung mit hoher Unsicherheit verbunden. Unsicherheit besteht sowohl bei der Beschreibung der Eigenschaften und Hemmnisse, die entweder noch nicht vollständig erfasst oder, im Falle der Hemmnisse, noch mit Risiko verbunden sind, als auch bezogen auf die Einschätzung der technischen Komplexität. Damit einhergehend besteht Unsicherheit auch bezüglich der Anwendbarkeit von Kostensätzen. Diese Unsicherheiten erfordern im Zusammenhang mit mathematischen Berechnungen wie der Kostenermittlung, dass Annahmen zu einzelnen Größen zu treffen sind (Wachs 1989: 477). Dabei sind umso mehr Annahmen zu treffen, je früher der Zeitpunkt der Kostenermittlung liegt. Dies gilt insbesondere für die in diesem Beitrag betrachteten WU, die ja üblicherweise in einer sehr frühen Phase der Planung stattfinden.

Das Treffen von Annahmen ist dabei besonders anfällig für Fehler. Erkenntnisse der Entscheidungstheorie zeigen, dass neben echten bzw. ehrlichen Fehlern vor allem psychologische Fehler aufgrund eines sog. „Optimism Bias" eine wesentliche Rolle bei Fehleinschätzungen spielen. Gemäß der Erkenntnisse zum „Optimism Bias" resultieren fehlerhafte Schätzungen vor allem daraus, dass unmittelbar in das Projekt involvierte Planer dazu tendieren, zu optimistische Annahmen zu treffen, oder sich zu stark bei der Planung an bereits getroffenen – aber irrtümlichen – Schätzungen zu orientieren (Lovallo und Kahnemann 2003).

Zur Korrektur bzw. Begrenzung von ehrlichen Fehlern und Fehlern psychologischer Natur kann ein als „Outside View" bezeichnetes Verfahren angewendet werden. Bei diesem Ansatz wird versucht, die Auswirkungen von wahrscheinlichen – aber zum vorliegenden Zeitpunkt unbekannten – Ereignissen auf eine bestimmte Zufallsvariable (Projektkosten, Fertigstellungszeitpunkt) vorherzusagen, indem Informationen aus einer Klasse von vergleichbaren Projekten hinzugezogen werden. Es werden dabei keine spezifischen Ereignisse vorhergesagt, sondern stattdessen versucht, über Korrekturaufschläge die statistisch belegbaren Kostenüberschreitungen der Vergleichsprojekte zwischen ihrer Genehmigung und Fertigstellung zu berücksichtigen.

Insofern korrespondiert der „Outside View" mit dem in 4.1.1.2 (D.2) vorgeschlagenen Ansatz zur Korrektur von Fehlern, die aus der Anwendung von Kostensätzen resultieren, welche aus nicht unmittelbar vergleichbaren Projekten stammen. Die wesentliche Erweiterung an dieser Stelle ist jedoch, dass zur Korrektur der fehlerhaften Annahmen eine unabhängige Instanz einzusetzen ist. Im Übrigen entspricht dieser Ansatz auch dem von Flyvbjerg (2007) verfolgten Verfahren zur Korrektur der Kostenunterschätzungen bei Infrastrukturprojekten (Flyvbjerg 2007: 579; Flyvbjerg und COWI 2004: 5).

3.1.2 Spezielle Probleme bei komplexen institutionellen Lösungen

Neben den oben beschriebenen Herausforderungen der ex-ante Kostenermittlung, insbesondere bei der Anwendung von empirisch ermittelten Kostensätzen, bestehen weiterhin besondere Probleme bei der Kalkulation der erwarteten Kosten bei hoher Komplexität der gewählten institutionellen Lösung. Wesentliche Einflussfaktoren auf die Komplexität einer institutionellen Lösung sind dabei – bezogen auf ein bestimmtes Projekt – zunächst die Laufzeit des Projektes und die Anzahl der integrierten Wertschöpfungsstufen, und damit wiederum eng verbunden der Vertragsumfang, der durch die Vertragsbreite und die Vertragstiefe definiert ist.[17] Weiterhin sind die institutionellen Rahmenbedingungen (wie z.B. Standardisierung von Verträgen) von Bedeutung, die an dieser Stelle jedoch nicht vertieft betrachtet werden. Dabei handelt es sich bei dem PPP-Ansatz aufgrund der in Abschnitt 2.2 beschriebenen Eigenschaften um eine deutlich komplexere institutionelle Lösung im Vergleich zur konventionellen Lösung.

Je komplexer eine institutionelle Lösung ist, desto höher ist die relative Bedeutung von Transaktionskosten (TAK) an den Gesamtkosten (vgl. dazu auch Abschnitt 2.4). Zunächst ist zu erwarten, dass höhere (ex-ante) TAK für die Gestaltung des umfangreicheren Vertrages anfallen. Weiterhin wird auch die Durchsetzung dieses Vertrages tendenziell höhere (ex-post) TAK verursachen. TAK sind vergleichsweise schlecht quantifizierbar, was darauf zurückzuführen ist, dass nicht in ausreichendem Maße empirische Daten vorhanden sind. Die mangelnde Verfügbarkeit wiederum lässt sich durch den relativ hohen Erfassungsaufwand erklären. Relevante Daten müssen zum einen über den gesamten Vertragszeitraum erfasst werden. Zeitlich punktuell bzw. sehr fokussiert anfallende TAK (z.B. ex-ante TAK für Vertragsgestaltung) sind dabei noch vergleichsweise gut quantifizierbar. Gerade jedoch ex-post TAK (z.B. für Nachverhandlungen) können über die gesamte Vertragslaufzeit anfallen (müssen dies jedoch nicht zwangsläufig) und sind daher deutlich schwerer erfassbar. Darüber hinaus muss die Erfassung aufgrund des großen Vertragsumfangs sehr umfassend sein und zahlreiche Kostendimensionen abdecken, was die Aufgabe zusätzlich erschwert.

Im Rahmen der Kostenermittlung der konventionellen Beschaffungsvariante ist das Problem der Quantifizierung von TAK vergleichsweise begrenzt. Dies ist vor allem darauf zurückzuführen, dass gegenüber dem PPP-Ansatz eine relativ breite empirische Datenbasis existiert, aus der Kostensätze für die jeweiligen Leistungsbereiche ermittelt werden können. Diese Daten liegen dabei auf Gesamtkostenebene vor, d.h. die daraus ermittelten Kostensätze beinhalten auch TAK. Da der Einfluss der spezifischen Projektausgestaltung auf die Höhe und Zusammensetzung der TAK bei konventionellen Projekten

---

17 Analog stellt sich im konventionellen Hochbau – bezogen auf die Bauphase – die Frage der Komplexität bei der Entscheidung über Einzellos- oder Generalunternehmervergabe.

– insbesondere aufgrund der hohen Standardisierung der Verträge – als relativ klein angenommen werden kann, ist bei Anwendung derartiger Kostensätze der Verzicht auf eine Differenzierung nach TAK und Produktionskosten nicht oder nur begrenzt problematisch.

Für die Kostenermittlung im Zuge des PPP-Ansatzes stellen TAK jedoch ein besonderes Problem dar. Zunächst ist ihre relative Bedeutung an den Gesamtkosten im Vergleich zur konventionellen Realisierung aufgrund der höheren Komplexität der institutionellen Lösung deutlich höher. Weiterhin existieren derzeit kaum empirische Daten aus PPP-Projekten, die für die Kostenermittlung genutzt werden könnten (vgl. dazu auch Abschnitt 2.3.2). Aufgrund der langen Laufzeit der Projekte wird sich die Datenlage voraussichtlich nicht wesentlich verbessern. Außerdem erscheint es mit Blick auf die derzeitige Praxis fraglich, ob die an der Kostenermittlung beteiligten Akteure selbst nach Abschluss der Projekte Zugang zu den relevanten Daten haben werden. Hier sind vor allem rechtliche Fragen bezogen auf die Veröffentlichung der Daten und die ausreichende Verfügbarkeit von Ressourcen zur Datensammlung als hinderlich zu sehen. Weiterhin erscheint plausibel, dass selbst bei Vorliegen einer größeren Zahl abgeschlossener PPP-Projekte die Vergleichbarkeit der empirischen Daten – und damit die Anwendbarkeit auf das vorliegende Projekt – aufgrund der sehr projektspezifischen Vertragsgestaltung eingeschränkt sein würde. Aktivitäten, die zu einer Verbesserung der Datenlage führen, sind grundsätzlich zu begrüßen, jedoch sollte auch beachtet werden, welche Kosten damit verbunden sind.

Um dem Problem der mangelnden Datenverfügbarkeit zu begegnen, kann überlegt werden, empirische Daten von konventionell realisierten Projekten bei der Kostenermittlung der PPP-Variante zu verwenden (relative Ermittlung der Kosten des PPP-Ansatzes, vgl. dazu Abschnitt 3.2). Hierbei ist jedoch zu beachten, dass aus konventionell realisierten Projekten ermittelte Kalkulationssätze nicht ohne weiteres für die Kostenermittlung bei PPP-Vorhaben geeignet sind. Institutionelle Lösungen unterscheiden sich sowohl in der absoluten Höhe der Produktionskosten und TAK als auch in ihrer Zusammensetzung. Um empirisch gewonnene Daten auf eine andere institutionelle Lösung anwenden zu können, müssen daher Annahmen zu den Unterschieden bei Produktionskosten und TAK geschätzt werden, was aufgrund der Datenprobleme bei PPP und mangelndem Know-How über die Interdependenzen der einzelnen Kosten großes Potential für Unschärfen bzw. Fehler birgt (siehe hierzu auch Abschnitt 4.3 zu Kostenschwerpunktsbetrachtungen). Erschwerend kommt hinzu, dass abgerechnete Projekte zwar regelmäßig über die GK sowohl PK als auch TAK erfassen, die Erfassung jedoch nicht ausreichend detailliert genug ist, um eine anschließende Differenzierung zwischen TAK und PK zu ermöglichen.

Damit stellt sich nunmehr die Frage, welche Ansätze bestehen, um diese Probleme zu begrenzen. Einerseits kann versucht werden, die quantitativen

Analysen durch adäquaten Einsatz bestimmter Methoden zu verbessern, z.B. indem versucht wird, durch Kostenschwerpunktbetrachtungen den gegebenen Problemen der Datenverfügbarkeit zu begegnen, oder die Analysen auf ein dem inhärent gegebenen Unschärfegrad entsprechendes Detailniveau zu bringen (vgl. dazu im Folgenden Abschnitt 4.3). Andererseits sollte überlegt werden, welches Potential qualitative Analysen im Zuge von WU bieten. Dies wird im folgenden Abschnitt kurz beleuchtet.

3.2 Qualitative Vergleichsanalysen

Motive für Anwendung qualitativer Vergleichsanalysen
Aussagen zur relativen Eignung der Beschaffungsalternativen PPP und KBV können auch auf qualitativen Analysen beruhen. Die Durchführung qualitativer Analysen kann dabei verschiedene Motive haben:

1. *Alternative zu quantitativen Analysen bei schlechter Quantifizierbarkeit:* Da in frühen Phasen des Projektes, insbesondere im Zuge des PPP-Eignungstests und der vorläufigen WU, die Beschreibung der Leistungsbereiche noch besonders unpräzise ist, sind die Probleme bei der Erstellung quantitativer Vergleichsanalysen entsprechend groß. In dieser Situation können qualitative Analysen daher adäquater sein. Außerdem kann es bei Fortschreiten der Planung ggf. sinnvoll sein, qualitative Analysen durchzuführen, um schwer quantifizierbare Effekte, insbesondere TAK, zu bewerten, die nicht in den quantitativen Untersuchungen Berücksichtigung finden.
2. *Ergänzung von quantitativen Analysen zur Verbesserung der Nachvollziehbarkeit:* Weiterhin können qualitative Analysen zur besseren Fundierung quantitativer Analysen eingesetzt werden. Regelmäßig sind bei quantitativen Vergleichsanalysen umfangreiche Annahmen notwendig (wie z.B. zur Anwendung empirischer Daten aus konventionellen Projekten auf die PPP-Realisierung). Qualitative Analysen können hierbei zur Generierung und Plausibilisierung dieser Annahmen dienen.
3. *Im Zuge und zur Vorbereitung von Kostenschwerpunktsbetrachtungen:* Insbesondere wenn keine Gesamtkostenbetrachtung durchgeführt, sondern nur für die Entscheidung besonders relevante Kosteneffekte betrachtet werden, können qualitative Analysen von Nutzen sein, um diese Kostenschwerpunkte zu identifizieren und die Auswahl zu begründen (vgl. dazu die Übersicht in Abschnitt 3.2).

Insofern können qualitative Vergleichsanalysen nicht nur ein Substitut sondern auch eine Ergänzung zu quantitativen Untersuchungen sein, wobei dann eine enge Verzahnung der Analyseansätze anzustreben ist.

Herausforderungen bei der Erstellung qualitativer Analysen
Eine erste wesentliche Herausforderung bei der Erstellung qualitativer Vergleichsanalysen besteht in deren Strukturierung. Für die Durchführung der Analysen ist die Entwicklung geeigneter Prüfkataloge notwendig, in denen die relevanten Prüfkriterien konkretisiert werden, wozu umfangreiches Know-How erforderlich ist.[18] Für die Entwicklung dieser Prüfkataloge kann in einem ersten Schritt auf die in Abschnitt 2.3 dargestellten kostensteigernden und -senkenden Effekte (Abschnitt 2.3.1) sowie die Erfolgsfaktoren (Abschnitt 2.3.3) verwiesen werden. Allerdings bietet es sich an, diese allgemeinen Überlegungen sektorspezifisch zu konkretisieren, wozu noch Forschungsbedarf bestehen dürfte. Es erscheint darüber hinaus plausibel, dass der Detaillierungsgrad der Prüfkriterien von der Phase der WU abhängig sein sollte, da im Laufe der Planung zunehmend Informationen zu den Projektspezifika vorliegen, die berücksichtigt werden können (siehe hierzu auch den folgenden Abschnitt 4.3).[19]

Eine zweite Herausforderung wird darin bestehen zu gewährleisten, dass bei der Anwendung der Prüfkriterien bei einem konkreten Projekt das dafür erforderliche Know-How zur Verfügung steht.

3.3 Optionen zur Handhabung der methodischen Probleme in Abhängigkeit der Phase der WU

Unter Berücksichtigung der in den vorangegangenen zwei Abschnitten aufgezeigten methodischen Optionen und der mit diesen jeweils einhergehenden Probleme sowie mit Bezug zu den einzelnen Phasen der WU stellt sich zum einen die Frage, in welchem Ausmaß in den einzelnen Phasen qualitative und / oder quantitative Vergleichsanalysen durchgeführt werden sollten, und zum anderen, welcher spezifische Vergleichsansatz bei den quantitativen Betrachtungen zu wählen ist (vgl. dazu Abschnitt 3.2).

Dabei ist auch die Funktion der WU in den einzelnen Phasen zu berücksichtigen. Folgend werden die aufgeworfenen Fragen kurz diskutiert und es werden (vorläufige) Vorschläge zum Vorgehen unterbreitet, die zunächst unabhängig von der im darauffolgenden Abschnitt geführten Diskussion der Opportunismusprobleme sowie der Optionen zum Umgang mit diesen gelten:

Phase 0 (Bedarfsfeststellung)
Im Vorfeld der eigentlichen WU ist die grundsätzliche Finanzierbarkeit der Maßnahme durch den Haushalt abzuschätzen. Hierzu sollte eine (zunächst

---

18 Zur Bedeutung von Know-How auf der Projekt- und Programmebene vgl. auch Abschnitt 5.4.
19 Als interessantes Beispiel an dieser Stelle ist die Entwicklung der Leitfäden in UK zu sehen (vgl. HMT 2006); im Zuge der Überarbeitung der VFM-Leitfäden im Jahre 2006 wurde die Detailtiefe der quantitativen Betrachtung deutlich reduziert – auch als Reaktion auf die Kritik aus der Wissenschaft – und mit umfangreichen und verbindlichen qualitativen Analysen ergänzt.

grobe) Gesamtkostenbetrachtung durchgeführt werden. In der Regel besteht dabei kein Bedarf für einen Variantenvergleich, sofern nicht von beträchtlichen Effizienzunterschieden auszugehen ist.

Phase 1 (PPP-Eignungstest)
In dieser Phase ist die grundsätzliche Eignung des Projektes für eine PPP-Realisierung („PPP-Eignung") zu prüfen. Dies sollte vornehmlich anhand der Erfolgsfaktoren (vgl. dazu Abschnitt 2.3.3) sowie – wenn zu diesem Planungsstand bereits möglich – anhand von Überlegungen zu den projektspezifisch relevanten kostensteigernden und -reduzierenden Effekten des PPP-Ansatzes (vgl. dazu Abschnitt 2.3.1) erfolgen. Da die Planung noch nicht weit fortgeschritten ist, sind quantitative Analysen aufgrund mangelnder Datenverfügbarkeit noch nicht sinnvoll möglich bzw. können allenfalls eine zusätzliche Informationsquelle darstellen. Insofern sollte die grundsätzliche PPP-Eignung mit Hilfe von qualitativen Analysen ermitteln werden. Im Übrigen können derartige qualitative Analysen ergänzt werden durch überschlägige Kalkulationen zu wesentlichen Kostenbestandteilen und -wirkungen, bei denen typischerweise Unterschiede zwischen den Beschaffungsvarianten zu beobachten sind. Bei den Analysen ist darauf zu achten, dass spezifische Ausgestaltungen des Projektes, wie z.B. die Frage, welche Wertschöpfungsstufen mit einbezogen werden, Auswirkungen auf die Eignung haben können. Vor diesem Hintergrund sollte der Eignungstest möglichst alle in Frage kommen Alternativen prüfen, also auch Optionen, die in diesem Beitrag ausgeklammert worden sind (wie z.B. die alternative Beschaffungsvariante, bei der nach einer konventionellen Baudurchführung langfristige Facility-Management-Verträge mit privaten Dienstleistern abgeschlossen werden).

Phase 2 (vorläufige WU)
In dieser Phase ist die Überprüfung der PPP-Eignung zu detaillieren. Zu diesem Zeitpunkt ist das Projekt genauer beschrieben (so sind beispielsweise Planungen weiter vorangeschritten, weitere Designentscheidungen getroffen usw.).

Es sollten nun die für eine Entscheidung relevanten Kosteneffekte identifiziert und mit Hilfe von Kostenschwerpunktsbetrachtungen analysiert werden (vgl. dazu 3.2). Durch die systematische Isolierung einzelner Kostenkomponenten können relative Kostenermittlungen, wie sie in Abschnitt 3.2 beschrieben wurden, besser eingesetzt werden. Die Relativbetrachtungen können zum einen unter Rückgriff auf die (wenigen) bereits vorliegenden empirischen Erkenntnisse wie beispielsweise von (Blanc-Brude u.a. 2006; Dudkin und Välilä 2005; Shaoul 2005) zu einzelnen Kosteneffekten bei PPP-Vorhaben erfolgen.[20] Zum anderen können Expertenschätzungen erfolgen,

---

20 Darüber hinaus erscheint es plausibel, dass empirische Analysen zu ausgewählten Kostenelementen auch in Zukunft leichter zu erstellen sein werden als Analysen auf Gesamtkostenebene, so dass sich hier im Laufe der Zeit die Datenbasis tendenziell eher verbessern wird.

welche sicherlich auch empirische Erkenntnisse berücksichtigt werden. Dabei sollten auch Bandbreiten zu einzelnen Effekten abgeschätzt und transparent dargestellt werden.

Es bietet sich zudem an, die qualitativen Analysen aus Phase 1 zu vertiefen und die nun vorliegenden Erkenntnisse zum Projekt insbesondere bei der vertieften Analyse der kostensteigernden und -senkenden Effekte (vgl. Abschnitt 2.3.1) zu berücksichtigen sowie die Ergebnisse der quantitativen und qualitativen Analysen abzugleichen. Die qualitativen Untersuchungen sind im Rahmen der Kostenschwerpunktsbetrachtungen weiterhin hilfreich, um in einem ersten Schritt die relevanten Kostenelemente für eine derartige Betrachtung zu identifizieren. Eine wesentliche Herausforderung bei Kostenschwerpunktsbetrachtungen wird sein, die „richtigen" Kostenelemente zu identifizieren, die für eine Analyse heranzuziehen sind. Grundsätzlich sollten dabei – wie in Abbildung 2 dargestellt – diejenigen Kostenelemente identifiziert werden, die zum einen den höchsten absoluten Anteil an den erwarteten Projektkosten (a) und andererseits die größten Differenzen bei konventioneller und PPP-Realisierung (b) besitzen (siehe dazu die folgende Abbildung). Zudem korrespondieren die qualitativen Analysen damit, dass die im Rahmen der relativen Kostenermittlung zu treffenden Annahmen detailliert begründet werden sollten.

Abbildung 2: Identifikation von relevanten Kostenelementen für die Kostenschwerpunktsbetrachtung

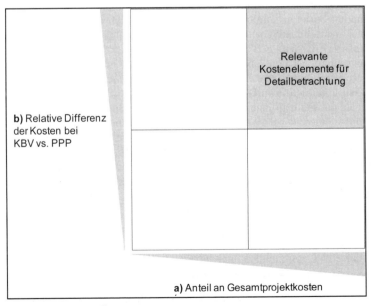

Quelle: eigene Darstellung

Ein zentrales Problem bei der Kostenschwerpunktsbetrachtung ergibt sich aus den vielzähligen Interdependenzen zwischen den einzelnen Kostenelementen. Wie bei der theoriegeleiteten Diskussion der Kosteneffekte bei konventioneller und PPP-Realisierung dargestellt wurde, könnten evtl. bei einem PPP-Projekt höhere Investitionen bei den Baukosten vorgenommen werden, um die Erhaltungs- und Betriebskosten (und damit die Gesamtkosten) über den gesamten Lebenszyklus zu reduzieren. Weiterhin könnten bei PPP-Realisierung höhere Finanzierungskosten unter gewissen Bedingungen mit einer Reduzierung von Bau- und Folgekosten einhergehen. Dies wiederum ist darauf zurückzuführen, dass das Monitoring durch externe Finanzmittelgeber zu einer höheren Effizienz der Leistungserstellung führen könnte. Derartige Analysen erfordern somit ein hohes Maß an Wissen des Erstellers. Auf die damit in Verbindung stehenden Probleme wird im folgenden Abschnitt 5 noch näher eingegangen.

Für Vergleiche auf Gesamtkostenbasis besteht in dieser Phase im Zuge der eigentlichen Prüfung der PPP-Eignung kein Bedarf, jedoch gibt es darüber hinaus einige Gründe, die die Erstellung eines konventionellen Vergleichswertes auf Gesamtkostenbasis, zumindest zum Ende der Phase 2, sinnvoll erscheinen lassen. Zunächst ist für die haushalterische Veranschlagung des Projektes vor Beginn der Vergabe im Sinne einer Kostenobergrenze eine Detaillierung der in Phase 0 durchgeführten Gesamtkostenschätzung ohnehin erforderlich. Weiterhin ist zu berücksichtigen, dass durch die gesamthafte Betrachtung der Kosten bestimmte Entscheidungen in der Ausgestaltung des Projektes (z.B. hinsichtlich des Projektumfangs oder der Anzahl der integrierten Wertschöpfungsstufen) evtl. besser plausibilisiert werden können, so dass auch zu diesem Zweck die Erstellung eines konventionellen Vergleichswertes auf Gesamtkostenbasis sinnvoll erscheint. Für die Erstellung kann und sollte auf die zuvor durchgeführten qualitativen und quantitativen Analysen zurückgegriffen werden.

Phase 3 (abschließende WU)
In dieser Phase ist über die Vergabe des Projektes an einen konkreten Bieter zu entscheiden. Neben dem Vergleich der Realisierungsvarianten schließt dies zusätzlich die Plausibilisierung der eingegangenen PPP-Angebote ein, z.B. um Hinweise auf strategisches Verhalten einzelner Bieter, welches sich ggf. aus einem (besonders) unvollständigen Vertrag ergeben könnte, oder Kollusion zwischen Bietern zu identifizieren.[21]

Zunächst sollte wiederum eine weitere Vertiefung der qualitativen Analysen aus der vorherigen Phase erfolgen, um zusätzliche Erkenntnisse zum

---

21 Die Kostenobergrenze kann in diesem Zusammenhang auch eine vergaberechtliche Bedeutung haben, und zwar insbesondere für den Fall, dass die Vergabe nach Eintreffen von Bieterangeboten abgebrochen wird. Dies wird an dieser Stelle jedoch nicht vertieft diskutiert.

Projekt in die Analysen einfließen zu lassen und Änderungen im Leistungsumfang, die regelmäßig im Zuge der Vergabeverhandlungen entstehen, entsprechend zu berücksichtigen.

Insbesondere sollten die quantitativen Vergleichsanalysen in dieser Phase erweitert werden. Dabei sollten als erstes die Kostenschwerpunktsbetrachtungen vertieft werden, in dem die zuvor in Phase 2 getroffenen Annahmen und Begründungen zu den Kosteneffekten anhand der eingegangenen Angebote analysiert und plausibilisiert werden. Um eine Vergleichbarkeit zwischen den Analysen aus Phase 2 und den Angeboten sicherzustellen, ist es notwendig, saubere Schnittstellen zwischen den Leistungs- und Kostenbereichen zu definieren. Die Komplexität dieser Aufgabe wird dabei neben dem Aggregationsniveau der Betrachtung insbesondere von den vorliegenden Projektcharakteristika abhängig sein. So erscheint es z.B. plausibel, dass in vergleichsweise hoch standardisierten Projekten wie dem Straßenbau eine eindeutige Differenzierung zwischen einzelnen Kosteneffekten einfacher möglich sein wird als in IT- oder Dienstleistungsprojekten.

Als zweites sind in dieser Phase nunmehr Gesamtkostenbetrachtungen erforderlich. Diese sind notwendig, um die auch auf Gesamtkostenbasis eingegangenen Angebote, die auf Basis der Leistungsbeschreibung von den Bietern unabhängig erstellt wurden, analysieren und vergleichen zu können und dabei gegebenenfalls Hinweise auf strategisches Verhalten oder abweichende Annahmen der Bieter zu erhalten. Dabei sollten die aus dem Gesamtkostenvergleich gewonnenen Erkenntnisse genutzt werden, den konventionellen Vergleichswert zu optimieren und mögliche Planungsmängel zu korrigieren, wobei darauf geachtet werden sollte, keine bieterspezifischen Innovationen zu übernehmen. Darüber hinaus sollten die hierbei gewonnenen Erkenntnisse auch in die Kostenschwerpunktbetrachtungen einfließen. In Abbildung 3 sind die vorgeschlagenen Analysen nochmals dargestellt.

Abbildung 3: Übersicht der Vergleichsanalysen in Abhängigkeit der WU-Phase

	Kostenermittlung / -vergleich		
	Qualitativ	Quantitativ	
		Kostenschwerpunkte	Gesamtkosten
Phase 0 Bedarfsfeststellung			(x) kein Variantenvergleich - Abschätzung Finanzierbarkeit ohne Differenzierung nach IL
Phase 1 Eignungstest	x		
Phase 2 vorläufige WU	x	x	(x) kein Variantenvergleich – Detaillierung Gesamtkosten des Projektes bei konventioneller Realisierung für Phase 3
Phase 3 abschließende WU	x	x	x

Quelle: eigene Darstellung

4. Anreiz- und Know-How-Probleme bei der Erstellung von WU und mögliche Lösungsansätze

Charakteristika der beteiligten Akteure und potenzielle Fehlanreize
An der Erstellung der WU ist eine Vielzahl von Akteuren beteiligt, insbesondere in die Entscheidung über die Beschaffungsvariante und ggf. auch in die Vergabe involvierte Politiker, die öffentliche Verwaltung sowie die regelmäßig beteiligten (privaten) Berater bzw. Planer. Darüber hinaus existieren noch weitere Stakeholder, wie z.b. die Öffentlichkeit und die Steuerzahler, deren Rolle hier jedoch nicht weiter bzw. nur am Rande diskutiert wird.[22] Für eine Analyse von Opportunismuspotenzialen und Know-How-Problemen bei WU bietet es sich nach (Klatt 2011) an, zunächst die Charakteristika der zentral beteiligten Akteure zu betrachten:

---

22 Vgl. auch für ähnliche Überlegungen (Flyvbjerg u.a. 2009), die in ihrer Arbeit eine komplexe „Multi-Tier Prinzipal-Agent" Konstellation bei der Vergabe von Infrastrukturprojekten, jedoch ohne Berücksichtigung von PPP-Spezifika, analysieren.

Wirtschaftlichkeitsuntersuchungen bei PPP-Vorhaben 175

- *Ressourcenausstattung:* Der Handlungsspielraum der Akteure wird durch ihre beschränkte Ressourcenausstattung beeinflusst. Sie betrifft zum einen zeitliche Ressourcen und Finanzmittel, jedoch insbesondere auch die Wissensausstattung. Wissen wird heute als zentraler Produktionsfaktor eingeordnet, wobei eine allgemein akzeptierte Definition nicht erkennbar ist. Im Folgenden wird Wissen als Oberbegriff verwendet, der die Unterformen Daten, Informationen sowie explizites Know-How (als kodifiziertes Wissen) und implizites Know-How (auch als Expertise bezeichnet) umschließt.
- *Zentrale Verhaltensannahmen:* Die Akteure handeln grundsätzlich opportunistisch und setzen die ihnen zu Verfügung stehenden Ressourcen zur Maximierung ihres individuellen Nutzens ein. Die diesbezüglichen Ziele können dabei vielfältiger Art sein, so können sie nicht nur monetären Nutzen umschließen, sondern auch andere Dimensionen wie z.B. Ansehen oder Macht. Weiterhin entscheiden sie unter imperfekter Vorausschau infolge von unvollständigen bzw. unvollkommenen Informationen.[23]

Vor diesem Hintergrund werden bei der Erstellung von WU bei den einzelnen Akteuren regelmäßig Fehlanreize existieren, die im Folgenden kurz erläutert werden:

- *Politiker:* Diese sind aufgrund Ihres Interesses an einer Wiederwahl grundsätzlich an der Realisierung von Hochbauvorhaben interessiert, da die Genehmigung und Bereitstellung von Infrastruktur die dazu notwendigen Wählerstimmen verspricht. Eine Realisierung als PPP kann vor dem Hintergrund etwaiger Budgetrestriktionen besonders attraktiv erscheinen, da durch die zeitliche Nivellierung der Zahlungsströme die Grundgedanken der Schuldenregeln umgangen werden können.[24] Erfahrungen aus der Praxis bestätigen durchaus die Relevanz dieses Fehlanreizes (Quiggin 2004; HoC 2011). Daneben sind aber auch andere Einflussfaktoren möglich, wie z.B. eine pauschale (im Sinne von kritikloser) Befürwortung oder Ablehnung von PPP.
- *Öffentliche Verwaltung:* Tendenziell kann gemäß (Niskanen 1971) davon ausgegangen werden, dass die Verwaltung bestrebt ist, ihren Kompetenzbereich auszuweiten. Eine PPP-Realisierung führt üblicherweise zur

---

23 Dies korrespondiert mit der aus der Transaktionskostentheorie stammenden Annahme der beschränkten Rationalität der Individuen.
24 Die Budgetrestriktionen greifen seit der Abschaffung der „Goldenen Regel" zur Haushaltsverschuldung im Jahre 2010 in noch stärkerem Maße. Vor der Reform des Artikels 115 des Grundgesetzes war eine Verschuldung in Höhe der Investitionen erlaubt. Die neue Version folgt nunmehr „der Philosophie des Europäischen Stabilitäts-und Wachstumspakts, wonach die Haushalte der Mitgliedstaaten annähernd ausgeglichen sein oder einen Überschuss aufweisen sollen" und damit einhergehend Investitionen nicht mehr durch Kreditaufnahme im Haushaltssystem finanziert werden dürfen (vgl. BMF 2010).

Verschiebung von Kompetenzen aus „klassischen" Verwaltungsbereichen in die Privatwirtschaft, z.B. von der Bauverwaltung zu externen privaten Beratern, so dass es zu Widerständen gegenüber PPP kommen kann. Andererseits kann eine PPP-Realisierung eine Aufwertung bestimmter Positionen und Akteure in der Verwaltung bewirken, z.b. durch die Verwaltung größerer Projektvolumen oder durch die Involvierung in Aktivitäten, bei denen Wissensmonopole aufgebaut werden.

- *Berater bzw. Planer:* Aufgrund des höheren externen Beratungsbedarfs bei PPP-Projekten und der Aussicht auf Folgeaufträge bei Fortschritt der PPP-Vergabe (z.B. für die Erstellung weiterer Gutachten oder für Beratungsleistungen im Zuge der Verhandlungsphase) kann davon ausgegangen werden, dass im Regelfall mit der Erstellung einer WU beauftragte externe Berater tendenziell an einer (zu) positiven Bewertung von PPP interessiert sein werden. Darüber hinaus wird kritisiert, dass sich Berater häufig in einem Spannungsfeld befinden, einerseits objektive und technisch korrekte Analysen zu erstellen und andererseits häufig von ihrem Auftraggeber bereits getroffene Entscheidungen lediglich zielgerichtet zu rechtfertigen (Wachs 1989, 1990).

Manipulationspotential infolge von methodischen Problemen und die Bedeutung von Know-How-Defiziten
Da es sich bei der Erstellung von WU um komplexe Leistungen handelt, bei denen – wie in Abschnitt 4 dargestellt – große methodische Herausforderungen vorliegen, bestehen für die involvierten Akteure zum Teil erhebliche (Gestaltungs-)Spielräume. Die Qualität von WU lässt sich outputorientiert nur vergleichsweise schlecht beschreiben. Qualitätsvorgaben sind entweder zu aggregiert für eine sinnvolle Anwendung (z.B. „es sollen die erwarteten Zahlungsströme möglichst präzise geschätzt werden") oder unterliegen dem Problem, dass der Auftraggeber bereits selber einen relevanten Anteil der für die eigentliche Analyse erforderlichen Ressourcen vorhalten müsste, um sinnvolle Vorgaben aufstellen und deren Einhaltung kontrollieren zu können.[25] Die Messung der Qualität der WU im Sinne einer ex-post Beurteilung der Prognosegenauigkeit ist ein kaum gangbarer Weg, was bei der Diskussion der empirischen Analysen bei bereits gestarteten PPP-Projekten in Abschnitt 2.4.2 ja bereits thematisiert worden ist. Das inputorientierte Nachvollziehen einer WU scheint besser geeignet zu sein, Opportunismusprobleme zu begrenzen, allerdings dürften auch hierfür erhebliche Ressourcen auf Auftraggeberseite erforderlich sein.

Im Endeffekt kann festgehalten werden, dass eine WU Elemente eines so genannten „Vertrauensguts" aufweist, bei dem der Empfänger die Qualität

---

25 Zwar können und werden in den Leitfäden Vorgaben zur Struktur der WU und den Methoden gemacht, jedoch besteht ein nicht unwesentlicher Teil der Leistung aus zu treffenden Annahmen und Abschätzungen.

eines Gutes auch nach dessen Erhalt nicht eindeutig beurteilen kann. Nichtsdestotrotz ist das Ausmaß der dargestellten (Kontrahierungs-)Probleme nicht feststehend, sondern kann vielmehr durch den Wissensstand des Auftraggebers bzw. Prinzipals wesentlich beeinflusst werden. Umfangreiches Wissen, insbesondere Know-How führt dazu, dass der Auftraggeber die Qualität der ihm übermittelten Arbeitsergebnisse und Leistungen besser beurteilen kann. Dabei gibt es Hinweise, dass dieses Know-How seitens der öffentlichen Hand in nicht ausreichendem Maße vorliegt (vgl. dazu Abschnitt 3.2).

Folglich entfalten die bei den Akteuren bestehenden Fehlanreize in Verbindung mit der hohen Komplexität der „Leistung WU" und den regelmäßig vorhandenen Know-How-Defiziten der Auftraggeber eine hohe Gefahr für Manipulationen bei der Erstellung der WU.

Lösungsansätze zur Begrenzung von Manipulationsgefahren
Um Manipulationsgefahren zu begrenzen, können unterschiedliche Ansätze verfolgt werden. Zunächst kann versucht werden, einzelnen Realisierungsvarianten ihre besondere politische Attraktivität zu nehmen (Beckers und Klatt 2008: 12; Engel u.a. 2011: 3). Dieser Ansatz zielt insbesondere auf eine Anpassung der haushalterischen Berücksichtigung zukünftiger Zahlungsverpflichtungen bei PPP ab, wird jedoch an dieser Stelle nicht vertieft diskutiert. Eine nähere Auseinandersetzung findet u.a. in (Beckers und Klatt 2008: 28ff.) und (Mühlenkamp 2009) statt.

Weiterhin kann versucht werden, die Auswirkungen von Kontrahierungsproblemen im Zusammenhang mit der Erstellung der WU zu begrenzen. Dies kann dadurch erfolgen, indem die Nachvollziehbarkeit der Erstellung aus Sicht des Auftraggebers erhöht wird, z.B. durch strengere Vorgaben bzgl. der Darlegung und Begründung der Annahmen, detailliertere Entscheidungsregeln oder Prüflisten. Besonders effektiv wären diese Maßnahmen, wenn sie auf einer den einzelnen Projekten übergeordneten „Programmebene" durchgeführt würden, also z.B. in Leitfäden oder übergeordneten verbindlichen Vorgaben. Auf diesem Wege könnten Opportunismuspotentiale im Rahmen verschiedener hintereinanderliegender Prinzipal-Agent-Beziehungen reduziert werden, insbesondere in den Beziehungen Steuerzahler-Politiker, Legislative-Exekutive, Politiker-Verwaltung und zuletzt Verwaltung-Berater. Zu beachten ist, dass die Probleme aufgrund von Kontrahierungsproblemen durch derartige Maßnahmen nicht vollkommen gelöst werden können. Ein gewisser methodischer Spielraum, insbesondere hinsichtlich der zu treffenden Annahmen infolge individueller Projekteigenschaften, wird immer zu verbleiben und kann auch nicht vollkommen reduziert werden.

Ein wesentlicher Hebel zur Begrenzung des Manipulationspotentials bei WU besteht im Wissensaufbau auf Seiten der Auftraggeber, wobei sich die folgenden Überlegungen vor allem auf die (Auftraggeber-Auftragnehmer-)Beziehung Verwaltung-Beratungsunternehmen beziehen. Auf der Projektebene ist Know-How Grundlage für eigene Aktivitäten der Verwaltung bei der Erstellung von WU sowie für die Überprüfung der Qualität der Arbeit von Beratungsunternehmen. Der Know-How-Aufbau auf Projektebene ist jedoch mit hohen Kosten verbunden und die Bauhäufigkeit von für den PPP-Ansatz in Frage kommenden Projekten ist – insbesondere auf kommunaler Ebene – nicht ausreichend hoch, so dass dann keine Skaleneffekte realisiert werden können.

Auf der Programmebene kann explizites Know-How in Form von quantitativen und qualitativen Methoden bereitgestellt werden, z.B. als Leitfäden für die Erstellung von WU, Prüfkatalogen bzw. Check-Listen oder Kalkulationstools. Der Vorteil des Aufbaus von Know-How auf Programmebene besteht zum einen darin, dass Skaleneffekte realisiert werden können, wenn diese von mehreren Gebietskörperschaften und bei mehreren Projekten angewendet werden. Zum anderen erfolgt eine Standardisierung der WU über die Projekte hinweg, wodurch indirekte Netzwerkeffekte generiert und Opportunismusgefahren reduziert werden können. Jedoch ist zu beachten, dass der Generierung von explizitem Know-How auf Programmebene Grenzen gesetzt sind. Know-How ist in der Regel nicht vollständig kodifizierbar und selbst wenn aus implizitem Know-How explizites gemacht wird, besteht bei der Anwendung bzw. Auslegung dieser Standards immer noch hoher Spielraum. Für den Aufbau von Wissen in jedem Falle erforderlich ist die systematische Erfassung von Lerneffekten auf der Projektebene. Hierzu ist es wichtig, dass insbesondere Erkenntnisse, die im Laufe der abschließenden WU zu den zuvor getroffenen Annahmen und Abschätzungen gesammelt werden, systematisch erfasst und etwaigen Folgeprojekten bzw. der Programmebene zu Verfügung gestellt werden.[26] Grundsätzlich stellt sich im Zusammenhang mit dem Aufbau von Wissen die Frage, wie die Erstellung erfolgen soll. Hierbei kommen mehrere institutionelle Lösungen in Betracht, die wiederum spezifische Vor- und Nachteile besitzen, jedoch im Rahmen dieses Beitrags nicht vertieft untersucht werden können.

Nicht zuletzt ist zu diskutieren, ob und wie durch mehr Transparenz bei oder nach der Erstellung von WU das in der Öffentlichkeit vorhandene Wissen besser genutzt werden kann, um die Qualität von WU zu beurteilen. Sofern Transparenz bezüglich relevanter Dokumente bei PPP bestünde, hätte dies zunächst den Vorteil, dass in der Gesellschaft vorhandenes Know-How (z.B. bei Wissenschaftlern, in Parteien bzw. diesen nahestehenden Organisationen wie Stiftungen, Gewerkschaften, Verbänden etc.) von den in der Legislative tätigen Politikern (und ggf. auch an objektiven Bewertungen interessierten Politikern der Exekutive) genutzt werden könnte, wenn sie über die

---

26 Die kritische Auseinandersetzung mit den Ergebnissen der abschließenden WU, insbesondere der Vergleich der Annahmen zur PPP-Realisierungsvariante aus der vorläufigen WU mit den eingegangenen Angeboten der Bieter, kann eine Ergänzung zu ex-post WU darstellen.

Realisierung von Projekten nach dem PPP-Ansatz zu entscheiden haben. Eine Erhöhung der Transparenz kann jedoch auch mit Nachteilen einhergehen, besonders hinsichtlich der Effizienz des Wettbewerbs und möglicher Innovationsanreize bei potentiellen Bietern. Aus diesem Grunde sollte eine detaillierte Abwägung der Vor- und Nachteile der Veröffentlichung entsprechender Dokumente und Untersuchungen erfolgen. Dabei ist dann auch zu prüfen, welche vergabe- und wettbewerbsrechtlichen Rahmenbedingungen existieren bzw. möglicherweise zu ändern sind. Derzeit ist allerdings festzustellen, dass in der Praxis vielfach nur eine begrenzte Bereitschaft der Exekutive und der Verwaltung besteht, für höhere Transparenz bei PPP-Vorhaben zu sorgen. Neben den gerade genannten Gründen dürfte dies sicherlich auch durch die aufgezeigten Fehlanreize bei der Beschaffungsvariantenauswahl bedingt sein. Insgesamt kann daher festgehalten werden, dass noch ein ökonomischer und juristischer Forschungsbedarf zur Bedeutung und dem sinnvollen Umfang an Transparenz bei PPP-Projekten besteht.

5. Fazit und Ausblick

In diesem Beitrag sind methodische und institutionelle Herausforderungen bei der Erstellung von WU bei PPP-Vorhaben untersucht worden. Die Realisierung eines Hochbauprojektes als PPP kann unter bestimmten Voraussetzungen aus Sicht der öffentlichen Hand zum Ziel der Kosteneffizienz beitragen. In der Praxis gibt es jedoch zunehmend Hinweise auf Probleme mit der Wirtschaftlichkeit bei PPP-Projekten. Dies unterstreicht die Bedeutung der Durchführung von adäquaten ex-ante WU zur Prüfung der Wirtschaftlichkeit der einzelnen Realisierungsvarianten vor der Vergabeentscheidung.

Die Erstellung von WU, die mit Hilfe quantitativer und qualitativer Ansätze erfolgen kann, ist mit zahlreichen methodischen Problemen verbunden. Beim quantitativen Ansatz stellt sich insbesondere die Abschätzung der Kosten unter Rückgriff auf empirische Kostendaten, die sogenannte ex-ante Kostenermittlung, als schwierig dar. Zum einen ist die Kostenermittlung grundsätzlich aufgrund der Frühzeitigkeit ihrer Durchführung anfällig für Fehler, da aufgrund der zu diesem Zeitpunkt noch bestehenden Unsicherheiten das Treffen zahlreicher Annahmen erforderlich ist. Zum anderen ist die Abschätzung komplexer institutioneller Lösungen problematisch, da für diese häufig keine geeigneten Kosteninformationen vorliegen und Kostensätze aus konventionell realisierten Projekten aufgrund ihrer anderen Struktur der Produktions- und Transaktionskosten nicht ohne weiteres anwendbar sind. Beim qualitativen Ansatz, der insbesondere bei schlechter empirischer Datenlage, aber auch als Ergänzung und Vorbereitung von quantitativen Analysen relevant ist, stellt sich das Problem der geeigneten Strukturierung der Analysen.

Hierbei sollte auf eine systematische Untersuchung der kostensteigernden und -senkenden Effekte auf Basis institutionenökonomischer Erkenntnisse geachtet werden, wie sie in Abschnitt 2.4.1 skizziert wurde.

Auf Basis dieser methodischen Probleme sind Optionen zur Handhabung der methodischen Probleme in Abhängigkeit von der Phase der WU entwickelt worden. Gerade in frühen Phasen der WU sollte dabei auf gut strukturierte qualitative Analysen geachtet werden, die bei zunehmendem Planungsfortschritt durch Kostenschwerpunktsbetrachtungen und zuletzt auch Gesamtkostenbetrachtungen zu ergänzen sind. Die Beurteilung der Wirtschaftlichkeit der unterschiedlichen Realisierungsvarianten sollte jedoch in erster Linie auf Basis von Relativbetrachtungen erfolgen.

Die methodischen Probleme können nicht vollkommen losgelöst von den Charakteristika der an der WU beteiligten Akteure, und dabei insbesondere ihren (Fehl-)Anreizen, diskutiert werden. Da es sich bei WU um komplexe Leistungen handelt, bei denen zahlreiche Annahmen zu treffen sind, bietet sich erheblicher Spielraum und somit auch Manipulationspotential bei ihrer Erstellung. Gerade vor dem Hintergrund der divergierenden Anreizstrukturen der Akteure stellt dies ein erhebliches Problem dar. Um dieses Problem zu reduzieren, sollte zunächst versucht werden, die Nachvollziehbarkeit der WU zu erhöhen, in dem beispielsweise auf der Programmebene im Rahmen von Leitfäden strengere Vorgaben zu der Darlegung und Begründung der Annahmen gemacht werden. Besonders wichtig erscheint im Zusammenhang mit der Begrenzung der Kontrahierungsprobleme weiterhin der Aufbau von ausreichend Know-How auf Seiten der Auftraggeber, insbesondere der öffentlichen Verwaltung. Darüber hinaus sollte die Transparenz bei und nach der Erstellung von WU erhöht werden, um potentiell in der Öffentlichkeit vorhandenes Wissen bei der Beurteilung der WU-Qualität zu nutzen.

Literatur

Arbeitsgemeinschaft Finanzministerkonferenz (AGFMK), 2006: Leitfaden Wirtschaftlichkeitsberechnung bei PPP-Projekten. Düsseldorf.

Beckers, Thorsten/Klatt, Jan P., 2008: Potenziale und Erfolgsfaktoren des PPP-Ansatzes. Studie im Auftrag der Initiative Finanzstandort Deutschland (IFD), Berlin: Technische Universität Berlin, URL: http://www.wip.tu-berlin.de/fileadmin/fg280/forschung/publikationen/2009/potenziale_und_erfolgsfaktoren_des_ppp-ansatzes.pdf.

Beckers, Thorsten/Brenck, Andreas/Gehrt, Jirka/ Klatt, Jan P., 2008: Rationalität und Ausgestaltung privater Finanzierung in PPP-Projekten. Studie im Auftrag der Initiative Finanzstandort Deutschland (IFD). Berlin: Technische Universität Berlin, URL: www.wip.tu-berlin.de/typo3/fileadmin/documents/wip-de/forschung/publikationen/2009/private_finanzierung_in_ppp-projekten.pdf.

Beckers, Thorsten/Corneo, Giacomo/Klatt, Jan P./ Mühlenkamp, Holger, 2009: Zeitliche Homogenisierung und Berücksichtigung von Risiko im Rahmen von Wirtschaftlichkeitsuntersuchungen. Studie im Auftrag des Bundesrechnungshofs. Berlin: Technische Universität Berlin, URL: www.wip.tu-berlin.de/typo3/fileadmin/documents/wip-de/forschung/publikationen/2009/zeitliche_homogenisierung_und_beruecksichtigung_von_risiko_im_rahmen_von_wirtschaftlichkeitsuntersuchungen---v09.00_2009nov.pdf.

Beckers, Thorsten/Klatt, Jan P./Zimmermann, Tobias, 2010: Eignung des PPP-Ansatzes zur Realisierung von Projekten im Bahnsektor sowie zur (Vor-) Finanzierung von ZEB-und Bahn 2030-Projekten. Studie im Auftrag des Eidgenössisches Departement für Umwelt, Verkehr, Energie und Kommunikation sowie des Bundesamtes für Verkehr. Berlin: Technische Universität Berlin, URL: www.wip.tu-berlin.de/typo3/fileadmin/documents/wip-de/forschung/publikationen/2010/eignung_ppp-ansatz_bahnsektor_bahn2030-v70_07.10.2010.pdf.

Beckers, Thorsten/Klatt, Jan P., 2009a: Eine institutionenökonomische Analyse der Kosteneffizienz des PPP-Ansatzes, in: Zeitschrift für öffentliche und gemeinwirtschaftliche Unternehmen, Jg. 4, Nr. 32, 325-338.

Beckers, Thorsten/Klatt, Jan. P., 2009b: Kosteneffizienz von Public-Private-Partnerships, in: Wirtschaftsdienst, Jg. 89, Nr. 3, 176-183.

de Bettignies, Jean-Etienne/Ross, Thomas W., 2004: The economics of public-private part-nerships, in: Canadian Public Policy, Jg. 30, Nr. 2, 135-154.

Blanc-Brude, Frédéric/Goldsmith, Hugh/Välilä, Timo, 2006: Ex-ante Construction Costs in the European Road Sector. A Comparison of Public-Private Partnerships and Traditional Public Procurement. Luxemburg: Europäische Investitionsbank.

Bundesministerium der Finanzen (BMF), 2001: Allgemeine Verwaltungsvorschriften zur Bundeshaushaltsordnung (VV-BHO). Bonn, URL: www.verwaltungsvorschriften-im-internet.de/bsvwvbund_14032001_II.htm.

Bundesministerium der Finanzen (BMF), 2010: Kompendium zur Verschuldungsregel des Bundes gemäß Artikel 115 Grundgesetz. o. O.

Bundesministerium der Finanzen (BMF) 2011a: Arbeitsanleitung Einführung in Wirtschaftlichkeitsuntersuchungen. Bonn, URL: http://www.olev.de/w/BMF-Arbeitsanleitung.pdf.

Bundesministerium der Finanzen (BMF), 2011b: Entwicklung und Perspektiven von Öffentlich-Privaten Partnerschaften (ÖPP) in Deutschland. Eine Zwischenbilanz. o. O., URL: http://www.bundesfinanzministerium.de/nn_17844/DE/BMF__Startseite/Publikationen/Monatsbericht__des__BMF/2011/07/analysen-und-berichte/b03-Entwicklung-Perspektiven-Oeffentlich-Privaten-Partnerschaften/node.html?__nnn=true.

Bundesministerium für Verkehr, Bau und Stadtentwicklung (BMVBS), 2007: Erfahrungsbericht Öffentlich-Private Partnerschaften in Deutschland. Berlin, URL: www.oepp-plattform.de/media/attachments/Erfahrungsbericht-PPP_-04.-April-20071.pdf.

Bundesministerium für Verkehr, Bau und Stadtentwicklung (BMVBS), 2009: Richtlinien für die Durchführung von Bauaufgaben des Bundes. Berlin, URL: www.bbr.bund.de/DE/BaufachlicherService/RBBau,templateId=raw,property=publicationFile.pdf/RBBau.pdf.

Bundesrechnungshof (BRH), 2010: Prüfung der Verfahren und Methodik von ÖPP-Eignungstests. Bonn.

Bundesbeauftragter für Wirtschaftlichkeit in der Verwaltung (BWV), 2009: Gutachten zu Öffentlich-Privaten Partnerschaften im Bundesfernstraßenbau. Bonn.

Coulson, Andrew, 2008: Value for Money in PFI Proposals: A Commentary on the 2004 UK Treasury Guidelines for Public Sector Comparators, in: Public Administration, Jg. 86, Nr. 2, 483-498.

Dudkin, Gerti/Välilä, Timo, 2005: Transaction costs in Public-Private Partnership, in: Competition and regulation in network industries, Jg. 6, Nr. 1, 307-330.

Europäische Investitionsbank (EIB), 2005: Evaluation of PPP Projects Financed by EIB. Luxembourg.

Engel, Eduardo/Fischer, Ronald/Galetovic, Alexander, 2008: Infrastructure PPPs: When and How. unveröffentlichtes Manuskript, New Haven: Yale University, URL: http://cowles.econ.yale.edu/~engel/pubs/efg_public-private.pdf.

Flyvbjerg, Bent, 2007: Policy and Planning for Large-Infrastructure Projects: Problems, Causes, Cures, in: Environment and Planning: Planning and Design, Jg. 34, Nr. 4, 578-597.

Flyvbjerg, Bent/COWI, 2004: Procedures for Dealing with Optimism Bias in Transport Planning. Guidance Document. London: The British Department for Transport.

Flyvbjerg, Bent/Garbuio, Massimo/Lovallo, Dan, 2009: Delusion and Deception in Large Infrastructure Projects, in: California Management Review, Jg. 51, Nr. 2, 170-193.

Gehrt, Jirka, 2009: Flexibilität in langfristigen Verträgen. Eine ökonomische Analyse des vertraglichen Nachverhandlungsdesigns bei PPP-Projekten. Berlin: Gabler.

Guasch, José L., 2004: Granting and renegotiating infrastructure concessions. Doing it right. Washington: World Bank Publications.

Hart, Oliver, 2003: Incomplete Contracts and Public Ownership, in: The Economic Journal, Jg. 113, Nr. 486, C69-C76.

Heald, David, 2003: Value for money tests and accounting treatment in PFI schemes, in: Accounting, Auditing & Accountability Journal, Jg. 16, Nr. 3, 342-371.

Her Majesty's Treasury (HMT), 2006: Value for Money Assessment Guidance. London.

House of Commons (HoC), 2011: Private Finance Initiative: Report, Together with Formal Minutes, Oral and Written Evidence. London.

Klatt, Jan P., 2011: Eine institutionenökonomische Analyse von Finanzierungslösungen für die Bundesfernstraßen. Baden-Baden: Nomos.

Lovallo, Dan/Kahnemann, Daniel, 2003: Delusions of Success: How Optimism Undermines Executives' Decisions, in: Harvard Business Review, Jg. 81, Nr. 7: 56-63.

Mühlenkamp, Holger, 2010: Ökonomische Analyse von Public Private Partnerships (PPP). PPP als Instrument zur Steigerung der Effizienz der Wahrnehmung öffentlicher Aufgaben oder als Weg zur Umgehung von Budgetbeschränkungen? FÖV Discussion Papers Nr. 55. Speyer: Deutsches Forschungsinstitut für öffentliche Verwaltung Speyer (FÖV).

National Audit Office (NAO), 1999a: PFI and PPP/Privatisation Recommendations. The Private Finance Initiative: The Contract to Complete and Operate the A74(M)/M74 in Scotland. London.

National Audit Office (NAO), 1999b: The Private Finance Initiative: The First Four Design, Build, Finance and Operate Roads Contracts. London.

National Audit Office (NAO), 2009: Private Finance Projects. London.
National Audit Office (NAO), 2010: PFI in Housing. London.
Niskanen, William A., 1971: Bureaucracy and Representative Government. Chicago: Aldine, Atherton.
Offergeld, Torsten, 2011: Wirtschaftlichkeit von Immobilien im Lebenszyklus. Eine programmierte Entscheidungshilfe mit dem Fokus auf konventionelle und PPP-Projekte. Wiesbaden: Gabler.
Pollock, Allyson M./Price, David/Player, Stewart, 2007: An Examination of the UK Treasury's Evidence Base for Cost and Time Overrun Data in UK Value-for-Money Policy and Appraisal, in: Public Money & Management, Jg. 27, Nr. 2, 127-134.
PricewaterhouseCoopers (PWC), 2003: PPP im öffentlichen Hochbau – Band 1: Leitfaden. Berlin: PWC.
Quiggin, John, 2004: Risk, PPPs and the Public Sector Comparator, in: Australian Accounting Review, Jg. 14, Nr. 33, 51-61.
Rechnungshöfe des Bundes und der Länder 2011: Gemeinsamer Erfahrungsbericht der Rechnungshöfe des Bundes und der Länder zur Wirtschaftlichkeit von ÖPP-Projekten. Wiesbaden.
Rechnungshof Baden-Württemberg (RHBW), 2009: Wirtschaftlichkeitsanalyse von ÖPP-Projekten der ersten und zweiten Generation bei Hochbaumaßnahmen des Landes. Karlsruhe.
Shaoul, Jean, 2005: A critical financial analysis of the Private Finance Initiative: selecting a financing method or allocating economic wealth?, in: Critical Perspectives on Accounting, Jg. 16, Nr. 4, 441-471.
Shaoul, Jean/Stafford, Anne/Stapleton, Pam, 2006: Highway Robbery? A Financial Analysis of Design, Build, Finance and Operate (DBFO) in UK Roads, in: Transport Reviews, Jg. 26, Nr. 3, 257-274.
Shaoul, Jean/Stafford, Anne/Stapleton, Pam, 2008: The Cost of Using Private Finance to Build, Finance and Operate Hospitals, in: Public Money & Management, Jg. 28, Nr. 2, 101-108.
Spackman, Michael, 2002: Public-private partnerships: lessons from the British approach, in: Economic Systems, Jg. 26, Nr. 3, 283-301.
Stolze, Simon-Finn, 2007: Keine Regeln für die Risiken: PPP-Wirtschaftlichkeitsuntersuchungen: Können die Resultate beeinflusst werden?, in: Deutsches Ingenieurblatt, Nr. 7-8, 32-35.
Wachs, Martin, 1989: When Planners Lie with Numbers, in: Journal of the American Planning Association, Jg. 55, Nr. 4, 476-479.
Wachs, Martin, 1990: Ethics and Advocacy in Forecasting for Public Policy, in: Business & Professional Ethics Journal, Jg. 9, Nr. 1-2, 141-157.
Williamson, Oliver E., 1983: Credible Commitments: Using Hostages to Support Exchange, in: American Economic Review, Jg. 73, Nr. 4, 519-540.

Vom korporatistischen Partner zum Subunternehmer – Nonprofit-Organisationen als verlängerter Arm der öffentlichen Hand

Berit Sandberg

1. Nonprofit-Organisationen als Träger öffentlicher Aufgaben: eine Problemstellung

Manfred Röbers Beiträge zur Diskussion um das Verhältnis von öffentlichem und privatem Sektor zeichnen sich nicht nur durch analytischen Scharfsinn, sondern auch durch launige Bonmots aus. Eine seiner Arbeiten versah er mit dem Titel „Auf dem Weg zwischen wilder Ehe und Vernunftehe" (Röber 1996). Gemeint waren Beziehungen zwischen Verwaltungen, doch die Umschreibung passt ebenso gut auf den Wandel im Verhältnis zwischen Staat und Nonprofit-Organisationen (NPOs), die neben Initiativen, Selbsthilfegruppen und anderen Vereinigungen mit geringem Formalisierungsgrad den Dritten Sektor zwischen Markt und Staat ausmachen.[1]

Nonprofit-Organisationen sind im Zuge des New Public Management zu Instrumenten der Reform des öffentlichen Sektors geworden (Anheier 2010: 6). Die historisch gewachsene „wilde Ehe" zwischen Staat und Nonprofit-Organisationen wird nun über wohl kalkulierte Kontrakte als feste Public-Private-Partnership „legalisiert". Eingebettet in neo-liberale Ideologien taucht der Ansatz, öffentliche Aufgaben von Nonprofit-Organisationen erfüllen zu lassen, immer öfter auf der politischen Agenda und im administrativen Handeln auf. Öffentliche Dienste in der Hand von Nonprofit-Organisationen gelten als ernstzunehmende Alternative zu einer Bereitstellung durch den Wohlfahrtsstaat. Formen von Public-Nonprofit-Partnership bzw. Public-Social-Partnership werden als wichtiges Element eines „Dritten Weges" zwischen einer rein staatlichen und einer rein marktlichen Lösung für die Erfüllung öffentlicher Aufgaben propagiert (Giddens 1998). Die Dichotomie von „for profit" und „public" wird mit der „Entdeckung" eines „Dritten Sektors" aufgelöst, deren Akteure „not for profit" handeln. Es ist kein Zufall, dass die „Konjunktur" des Begriffes „Dritter Sektor" mit der Entwicklung normativer Vorstellungen über eine Arbeitsteilung zwischen dem Staat und privaten Akteuren zusammenfällt (Seibel und Anheier 1990: 7-8 m.w.N.).

---

[1] Die Begriffe Dritter Sektor und Nonprofit-Sektor werden im Folgenden vereinfachend synonym gebraucht. Ferner wird nicht zwischen staatlicher und kommunaler Ebene differenziert.

Vom korporatistischen Partner zum Subunternehmer

Der deutsche Wohlfahrts*staat* war und ist keineswegs eine ausschließlich staatliche Angelegenheit, sondern eng mit dem Nonprofit-Sektor verflochten. Die institutionellen Beziehungen zwischen Nonprofit-Organisationen und öffentlichen Institutionen aller staatlichen Ebenen prägen nicht nur den Dritten Sektor selbst, sondern auch dessen Umfang und Bedeutung für die Gesellschaft insgesamt (Anheier 2005: 282). Diese historisch gewachsenen Beziehungen führen allerdings auch zu begrifflichen Unschärfen, die die Grenzen zwischen öffentlichem und Drittem Sektor verwischen und die Bestimmung und Zuweisung öffentlicher Aufgaben erschweren.

Warum erfüllen Nonprofit-Organisationen öffentliche Aufgaben? Das ist die Kernfrage dieses Beitrages. Die Antworten führen über die Abgrenzung der Nonprofit-Organisation als Untersuchungsgegenstand und der Entwicklung des Verhältnisses zwischen Staat und Drittem Sektor zu Fragen der Institutional Choice. Welche Rolle spielen Nonprofit-Organisationen im sozialen Wohlfahrtsstaat? Wie verändert sich diese Rolle vor dem Hintergrund eines veränderten Leitbildes, das den Staat als Gewährleistungsstaat entwirft? Wie sehen die institutionellen Arrangements aus, in die Nonprofit-Organisationen eingebunden werden? Wie lassen sich diese Erscheinungsformen der Wahrnehmung öffentlicher Aufgaben theoretisch begründen? Ist die Wahrnehmung staatlicher Aufgaben durch Organisationen, zu deren Strukturmerkmalen Staatsferne gehört, ein unauflösbarer Widerspruch oder eine Chance für den Dritten Sektor?

2. „Nonprofit" und „öffentlich" als begriffliche Grauzone

Nonprofit-Organisationen wurden bis in das späte 19. Jahrhundert als Teil des öffentlichen Sektors angesehen, da sie im Wesentlichen öffentliche Zwecke verfolgten (Salamon 1995: 38). In Deutschland wurden Nonprofit-Organisationen noch bis weit in die zweite Hälfte des vergangenen Jahrhunderts als freigemeinwirtschaftliche Unternehmen bezeichnet und z.T. im staatlichen Umfeld verortet (Eichhorn 1986: 18f.). Heute wird der Begriff „Nonprofit-Organisation" unterschiedlich interpretiert. Im deutschsprachigen Raum wird eher die Staatsnähe betont, im anglo-amerikanischen Raum ist das Gegenteil der Fall.

Die weit gefasste Definition, die auf das Kriterium Gemeinwohlorientierung abstellt, unterscheidet nicht zwischen Einrichtungen der mittelbaren Verwaltung und privaten Organisationen ohne Erwerbszweck. Einrichtungen wie öffentliche Hochschulen und Kulturbetriebe werden insofern als (staatliche) Nonprofit-Organisationen verstanden.

Ein etwas engeres Begriffsverständnis grenzt halbstaatliche Organisationen aus. Aufgrund des Merkmals der Zwangsmitgliedschaft und ihrer Staatsnähe werden Parafisci von einer engen Definition von Nonprofit-Organisation nicht erfasst. Beispiele sind die Sozialversicherungen und die als Körperschaften öffentlichen Rechts verfassten berufsständischen Kammern, die durch Selbstverwaltung gekennzeichnet, aber in staatliche Verwaltungszusammenhänge eingebunden sind.

Durchgesetzt hat sich ein enges Begriffsverständnis, das Nonprofit-Organisationen von (halb-)staatlichen Einrichtungen abgrenzt. Nach einer häufig zitierten Definition aus dem Johns Hopkins Comparative Nonprofit Sector Project sind kollektive Akteure als Nonprofit-Organisationen einzuordnen, wenn sie „formell strukturiert, organisatorisch unabhängig vom Staat und nicht gewinnorientiert sind, eigenständig verwaltet werden, sowie keine Zwangsverbände darstellen" (Priller u.a. 1999: 13). Nonprofit-Organisationen, die vom Staat kontrolliert werden, sind ebenso wenig in diese Definition eingeschlossen wie Behörden und andere staatliche Aufgabenträger.

Die definitorischen Unschärfen werden dadurch gefördert, dass sich ungeachtet aller strukturellen Unterschiede öffentliche Einrichtungen und Nonprofit-Organisationen in Bezug auf ihren Zweck und ihr Zielsystem ähneln. In beiden Sphären dominiert die Deckung fremden Bedarfs das privatnützige Interesse an der Maximierung des persönlichen Einkommens. Allerdings ist der Existenzzweck einer Nonprofit-Organisation nicht mit dem einer öffentlichen Verwaltung oder dem eines öffentlichen Unternehmens gleichzusetzen und umgekehrt. „Echte" Nonprofit-Organisationen – gemeint sind nicht staatliche – werden nicht gegründet, um öffentliche Aufgaben zu erfüllen.

Öffentliche Aufgaben sind definitionsgemäß staatliche Aufgaben, und zwar nicht, weil sie zwingend vom Staat wahrgenommen werden, sondern aus der Natur der Sache heraus. Öffentliche Aufgaben leiten sich aus einem öffentlichen Interesse ab, das privaten Interessen übergeordnet ist. Statt der Maximierung des individuellen Nutzens stehen die Verwirklichung eines öffentlichen Interesses und damit die unmittelbare Förderung des Gemeinwohls im Vordergrund.

Aufgaben, die Nonprofit-Organisationen wahrnehmen, können durchaus im öffentlichen Interesse liegen und sich auf das Wohl der Allgemeinheit richten. Nonprofit-Organisationen werden jedoch meistens gegründet, um Interessen zu vertreten, die in einem Gemeinwesen eben gerade nicht mehrheitsfähig sind oder mit anderen Interessen ausgeglichen werden müssen, wie z.B. die Belange der Mitglieder eines Schachvereins oder die eines Wirtschaftsverbandes. Solche Interessen können einen Gemeinwohlbezug aufweisen und dementsprechend als gemeinnützig im steuerrechtlichen Sinne anerkannt sein. Trotzdem sind sie nicht unbedingt Gegenstand eines öffentlichen Interesses.

Besonders deutlich wird dies bei Stiftungen. Stiftungen agieren in einem permanenten Spannungsverhältnis von Gemeinwohlorientierung und Partikularinteresse, dem in der Stiftungsverfassung (Satzung) perpetuierten Stifterwillen, der für das Handeln der Stiftung oberstes Gebot ist. Die Mittelverwendung privatrechtlicher Stiftungen ist jeder parlamentarischen Entscheidung und Kontrolle entzogen und unterliegt aufgrund des fehlenden korporativen Elements dieser Organisationsform keinem demokratischen Entscheidungsprozess. Die Errichtung einer Yak-Kamel-Stiftung wäre in der politischen Arena bereits am Agenda Setting gescheitert. Ebenso wenig wäre die in Vereinsform organisierte Notmeerschweinchen-Vermittlung als öffentliche Anstalt denkbar.

Öffentliche Interessen werden durch die politischen Instanzen, die dazu legitimiert sind, wahrgenommen, artikuliert und durchgesetzt. Öffentliche Aufgaben werden durch Legislative, Exekutive und Administration formuliert und sind als Handlungsanweisung an einen Aufgabenträger zu verstehen. Anders als öffentliche Einrichtungen sind Nonprofit-Organisationen, die auf private Initiative hin errichtet werden, grundsätzlich nicht durch einen parlamentarischen Beschluss legitimiert. Sie handeln ohne öffentlichen Auftrag. Nonprofit-Organisationen agieren erst dann zweifelsfrei im öffentlichen Interesse, wenn dieses öffentliche Interesse im politischen Prozess aufgegriffen wurde und ihnen die politisch-administrativen Instanzen explizit eine öffentliche Aufgabe zuweisen.

3. Nonprofit-Organisationen im korporatistischen Wohlfahrtsstaat

3.1 Das Modell des kooperativen Staates

In der europäischen Tradition des Wohlfahrtsstaates herrscht das Leitbild des starken Staates vor. Bei einem solchen Staatsverständnis dominieren staatliche Einrichtungen private Organisationen und Initiativen. Gesellschaftliche Probleme zu lösen und entsprechende Leistungen zu erbringen, wird in erster Linie als Aufgabe des Staates angesehen, was zu einer Ausdehnung staatlicher Aktivitäten vor allem in den Bereichen Gesundheit und Soziales führt.

In der intensivsten Form entspricht dies einem Staatsverständnis, in dem ein hierarchisch handelnder Staat die Wahrnehmung öffentlicher Aufgaben vollständig durch politisch-administrative Prozesse steuert und selbst als Produzent reiner, gemischt-öffentlicher und meritorischer Güter auftritt. In diesem klassisch liberalen Modell ergänzen Nonprofit-Organisationen staatliches Handeln oder wirken ihm möglicherweise sogar entgegen (Anheier 2005: 294). Das ist die Rolle von Nonprofit-Organisationen im klassischen Wohlfahrtsstaat (Anheier und Toepler 2005: 30).

Der kooperative Staat dagegen steuert die Bereitstellung solcher Güter in enger Zusammenarbeit mit privaten Anbietern und lässt Programme auf der Basis vertraglicher Vereinbarungen umsetzen. Manche Nonprofit-Organisationen werden so zu Akteuren in Public Private Partnerships (Anheier 2005: 294). Die Entwicklung des Nonprofit-Sektors in Deutschland ist vom Handlungsmuster eines solchen kooperativen Staates geprägt.

Die ausgeprägte Staatsnähe, die den Dritten Sektor hierzulande kennzeichnet, hat historische Wurzeln (Anheier und Seibel 2001: 30-70; Priller 2005: 328f.; Zimmer und Priller 2007: 45-54; Seckelmann 2008: 276). Charakteristisch sind staatliche Genehmigungsvorbehalte bei der Errichtung von Vereinen und Stiftungen und die Einbindung von Nonprofit-Organisationen in Verwaltungszusammenhänge bei gleichzeitiger Selbstverwaltungsgarantie (Zimmer und Priller 2007: 45). Eine wichtige Grundlage für die Entstehung von Public Private Partnerships zwischen dem öffentlichen und dem Dritten Sektor ist das Subsidiaritätsprinzip (Anheier 2005: 299). Größere, zentrale Einheiten – hier der Staat – kümmern sich nur um solche Aufgaben, die kleinere, dezentrale Einheiten nicht aus eigener Kraft in der gesellschaftlich erwünschten Form erfüllen können.

In diesem Zusammenhang sind vor allem die Spitzenverbände der Wohlfahrtspflege zu nennen – Arbeiterwohlfahrt, Deutscher Caritasverband, Deutscher Paritätischer Wohlfahrtsverband, Deutsches Rotes Kreuz, Diakonisches Werk und die Zentralwohlfahrtsstelle der Juden in Deutschland –, die im deutschen wohlfahrtsstaatlichen System eine maßgebliche Rolle spielen. Die Wohlfahrtsverbände werden durch das Subsidiaritätsprinzip gegenüber öffentlichen und nicht organisierten Trägern privilegiert und zugleich von der Aufgabenerfüllung im öffentlichen Auftrag geprägt. Der Staat ist verpflichtet, gesetzlich vorgeschriebene soziale Dienstleistungen zu erbringen, muss die (von öffentlich-rechtlichen Rechten und Pflichten) freien Träger aber beteiligen. Die freien Träger nehmen auf der Grundlage vertraglicher Vereinbarungen mit dem öffentlichen Leistungsträger entsprechende Aufgaben wahr und sind als Intermediäre an der Umsetzung staatlicher Förderprogramme beteiligt (Anheier und Seibel 2001: 72; Zimmer und Priller 2007: 50, 61; Falterbaum 2009: 136-138).[2]

Beispiele für Nonprofit-Organisationen als Träger öffentlicher Aufgaben gibt es aber nicht nur im Bereich Soziale Dienste. Weniger bekannt ist die Tatsache, dass der Technische Überwachungs-Verein, eine als gemeinnützig anerkannte Selbsthilfe-Organisation der deutschen Wirtschaft, vom Staat mit ho-

---

2   Beispielsweise war die LIGA der Landesverbände der Freien Wohlfahrtspflege in Berlin 16 Jahre lang mit hoheitlichen Befugnissen zur Vergabe staatlicher Zuwendungen beliehen (LIGA-Vertrag). Nach dem Auslaufen der Treuhandverträge Ende 2010 wurde die technische Abwicklung in die Kernverwaltung rückgeführt. Die Verbände sind auf der Basis eines Rahmenfördervertrages nach wie vor an der Planung und Steuerung der Förderprogramme beteiligt.

heitlichen Aufgaben der Kfz-Überwachung, des Fahrerlaubniswesens und der Produktsicherheit beliehen ist. Dieses Beispiel zeigt, dass die Übertragung öffentlicher Aufgaben auf Nonprofit-Organisationen weder vor staatlichen Kernaufgaben Halt macht noch auf soziale Dienstleistungen beschränkt ist.

3.2 Nonprofit-Organisationen als Verhandlungspartner

Die Rolle des Staates korrespondiert stets mit einer bestimmten Position des Dritten Sektors innerhalb des Gemeinwesens und reflektiert eine bestimmte Kräfteverteilung (Anheier 2005: 135). Für den kooperativen Staat ist typisch, dass der Dritte Sektor zu einem hohen Anteil staatlich finanziert wird. In Deutschland ist der Staat die Haupteinkommensquelle des Sektors. Trotz rückläufiger staatlicher Zuwendungen werden die Ausgaben von Nonprofit-Organisationen zu fast zwei Dritteln direkt oder indirekt aus öffentlichen Haushalten finanziert. Die Bereiche Gesundheitswesen, Bildung und Forschung sowie Soziale Dienste hängen überwiegend bis vollständig von öffentlichen Geldern ab (Anheier und Seibel 2001: 98-102; Zimmer und Priller 2007: 60f.).

Formen direkter staatlicher Finanzierung subventionieren das Leistungsangebot von Nonprofit-Organisationen. Zuwendungen werden für Aufgaben vergeben, die über staatliche Pflichtleistungen hinausgehen. Die Mittelbemessung beruht überwiegend auf dem Prinzip der Selbstkostendeckung. Zuwendungen werden entweder auf gesetzlicher Grundlage oder auf vertraglicher Basis gewährt und sind mit umfangreichen Rechenschaftspflichten der Zuwendungsempfänger verbunden. Die Mittelvergabe erfolgt z. T. über intermediäre Organisationen (Anheier und Seibel 2001: 104f.). Während ein Zuwendungsbescheid nichts anderes ist als ein Verwaltungsakt, mit dem eine einseitige Förderung bewilligt wird, beziehen sich öffentlich-rechtliche Verträge auf übertragene Aufgaben. Soweit zwischen öffentlichen und privaten Trägern entsprechende Leistungsvereinbarungen bestehen, werden die Angebote über Entgeltzahlungen der öffentlichen Hand finanziert, was in der Vergangenheit meist gleichbedeutend mit einer Kostenerstattung war. Übernehmen freie Träger hoheitliche Aufgaben, haben sie Anspruch auf Aufwendungsersatz (Falterbaum 2009: 143-150).

Eine staatliche Subvention der Nachfrage nach sozialen Leistungen – etwa durch die Vergabe von sogenannten Persönlichen Budgets oder von Gutscheinen für bestimmte Leistungen – begünstigt Nonprofit-Organisationen indirekt. Nonprofit-Organisationen werden außerdem durch das Gemeinnützigkeitsrecht steuerlich privilegiert. Wenn Einrichtungen die entsprechenden Kriterien erfüllen, profitieren sie sowohl von Steuerbefreiungen als auch von der steuerlichen Abzugsfähigkeit von Spenden und (Zu-)Stiftungen. Darüber hinaus wird Nonprofit-Organisationen mitunter die unentgeltliche Nutzung öffentlicher Infrastruktureinrichtungen eingeräumt.

Bei umfangreicher staatlicher Finanzierung hat der Dritte Sektor in Deutschland im internationalen Vergleich einen großen Anteil an der Volkswirtschaft. Aufgrund dieser beiden Faktoren wird das deutsche Erscheinungsbild des Nonprofit-Sektors als korporatistisches Modell charakterisiert (Anheier 2005: 136). Der Staat begegnet Forderungen nach Wohlfahrtsleistungen, indem er als zentrale Instanz die Produktion öffentlicher Dienste steuert. Er tritt aber weder als alleiniger Anbieter von Wohlfahrtsleistungen auf noch gewährt er eine egalitäre steuerfinanzierte Grundsicherung. Vielmehr arbeitet er mit gesellschaftlichen Interessenverbänden, Gewerkschaften und Kirchen zusammen, räumt ihnen Mitgestaltungsrechte ein und macht sie zu Intermediären, indem er ihre Fürsorge- und Wohlfahrtseinrichtungen in ein „sozialrechtliches Dreiecksverhältnis" aus Staat, Leistungsberechtigten und freien Trägern einbindet (vgl. dazu Falterbaum 2009: 138-141). Die institutionalisierte Teilhabe von Organisationen und Interessengruppen an der Politikformulierung macht die (neo-)korporatistischen Strukturen des deutschen Wohlfahrtsstaates aus.

Aus einer verhandlungstheoretischen Perspektive[3] ist der Staat nicht mit pluralistischen Interessen konfrontiert, die um eine Berücksichtigung im politisch-administrativen Prozess miteinander konkurrieren, sondern geht wechselseitige Organisationsbeziehungen mit einzelnen Interessengruppen ein. Dadurch werden insbesondere die Wohlfahrtsverbände als Vertreter kollektiver Interessen privilegiert und zugleich mehr oder weniger intensiv in die Wahrnehmung staatlicher Aufgaben eingebunden (Grohs 2009: 114).

Die Verbände haben sich mit dem Staat in einer Form arrangiert, die als „korporatistisches Paktieren" (Bauer 1997: 149) erscheint. Als subsidiäres Element zum kooperativen Staat erscheint der Dritte Sektor daher „als wertegebundenes und wertebündelndes Kartell staatlich beliehener Mitverantwortung" (Anheier und Toepler 2005: 30).[4] Er beheimatet Hybride, die einerseits in der Sphäre des Privatrechts angesiedelt und insofern nicht-staatlich sind, andererseits aber staatliche Aufgaben erfüllen und insofern maßgeblich unter staatlichem Einfluss stehen. Der Ausdruck Quango (Quasi-Non-Governmental Organization) bringt die Pseudo-Unabhängigkeit dieser Organisationen auf den Punkt. Allerdings ist die Staatsnähe bei Fremdleistungsorganisationen in den Bereichen Gesundheit und Soziale Dienste stärker ausgeprägt als bei Mitgliedsorganisationen im Freizeitsektor wie Sportvereinen, die stärker in der Zivilgesellschaft verankert sind.

---

3   Zur Theorie des Neokorporatismus s. Abschnitt 5.2.
4   Zur Entwicklung und Funktion der Wohlfahrtsverbände in der Bundesrepublik s. Zimmer 1999.

4. Nonprofit-Organisationen im postkorporatistischen Wohlfahrtsstaat

4.1 Das Leitbild des Gewährleistungsstaates

Unabhängig von der oben beschriebenen neokorporatistischen Konstellation, die auf einer „etatistischen Interpretation des Subsidiaritätsprinzips" (Priller 2005: 330) basiert, verbindet das Subsidiaritätsprinzip als ordnungspolitischer Leitbegriff und Handlungsmaxime die Privatisierung und die Dezentralisierung öffentlicher Aufgabenwahrnehmung. Daher spielt es in der politischen Diskussion um das Verhältnis von Staat und Gesellschaft eine wichtige Rolle. In manchen Politikfeldern, wie der Entwicklungszusammenarbeit, unterstützt der Staat den Nonprofit-Sektor und fördert seine Ausdehnung, ohne dass dies als systematisch angelegte Zusammenarbeit im Sinne einer Public-Private-Partnership gedeutet werden könnte. Bei den Sozialen Diensten herrscht teilweise Wettbewerb zwischen staatlichen Anbietern, Nonprofit-Organisationen und privaten Unternehmen, seitdem der Vorrang der Verbände der freien Wohlfahrtspflege gegenüber anderen Anbietern weitgehend aufgehoben wurde (Grohs 2010: 415f.).

Dies ist das Ergebnis von Einflüssen, die die Sonderrolle der Wohlfahrtsverbände in Frage stellten und Nonprofit-Organisationen wie auch dem Bereich der Familie und der sozialen Netze im Verhältnis zu den Sektoren Staat und Markt neue Positionen zuwiesen. Forderungen nach einer „neuen Subsidiarität" und die gesellschaftspolitische Leitidee des Wohlfahrtspluralismus, die in den 1980er Jahren populär wurde, lösten Anpassungsprozesse im Welfare Mix aus (Evers und Olk 1996). Diese Entwicklungen fielen mit der Konjunktur eines anderen Staatsverständnisses zusammen, das zugleich einen Wandel im Verhältnis zwischen Staat und Nonprofit-Sektor markiert. Mit dem damit verbundenen Konzept des New Public Management, das eine Auslagerung staatlicher Funktionen aus dem öffentlichen Sektor und Markt- bzw. Wettbewerbsmechanismen propagierte, veränderte sich auch die Rolle der Nonprofit-Organisationen im Wohlfahrtsstaat.

Sozial- und wohlfahrtsstaatliche wurden nunmehr mit neo-liberalen Vorstellungen zum Konzept des Gewährleistungsstaates kombiniert. Dieses Staatsverständnis postuliert eine Beschränkung des Staates auf Kernaufgaben, was – ohne Wohlfahrtsverlust – durch das Konzept der Verantwortungsstufung und Verantwortungsteilung möglich werden soll, das der staatlichen Aufgabenwahrnehmung verschiedene Intensitätsgrade zuordnet (Reichard 1994: 40f.; Schuppert 1998, 2003: 291; Röber 2005: 89). Der Staat hält öffentliche Dienste selbst nur noch mit eingeschränkter Leistungstiefe vor, bleibt aber für bestimmte gemeinwohlrelevante Aufgabenfelder insofern verantwortlich, als er die Erbringung dieser Aufgaben sicherstellen und bei erheblichen Leistungsdefiziten ggf. durch Eigenproduktion abfangen muss (Gewährleistungsverantwortung, Auffangverantwortung). Die Durchführungsverantwortung und – sofern eine Finanzierung über einen Markt möglich ist – auch die Verantwortung für die Finanzierung öffentlicher Aufgaben, werden in Bezug auf die öffentliche Aufgabe insgesamt oder in Bezug auf Teilaufgaben auf private Akteure delegiert. Im Ergebnis ist staatliches Handeln weniger auf Leistungserstellung ausgerichtet als auf gewährleistende und regulierende Funktionen.

Im Gewährleistungsstaat werden öffentliche Dienste arbeitsteilig von staatlichen und privaten Anbietern erbracht, allerdings nach staatlichen Maßgaben und überwiegend staatlich finanziert (Anheier 2005: 294). Öffentliche und private Anbieter teilen sich die Verantwortung für die Erbringung staatlich finanzierter Leistungen, während die öffentliche Hand den Rahmen definiert und die Aufgabenverteilung steuert.

Nonprofit-Organisationen geraten damit in die Rolle des Auftragnehmers öffentlicher Leistungsaufträge. Sie übernehmen die Durchführungsverantwortung für die Erfüllung bestimmter Aufgaben, die öffentlich finanziert werden. Ihr Auftraggeber ist der Staat bzw. die öffentliche Verwaltung, die sich dem Idealbild nach von der Vollzugs- zur Gewährleistungsverwaltung wandelt. Die Aufgabe dieser Verwaltung besteht darin, mit internen und externen Auftragnehmern Kontrakte über die Leistungserbringung und deren Finanzierung abzuschließen. Der Wohlfahrtsstaat wird zum Enabling State (Gilbert und Gilbert 1989).[5]

Das Leitbild des Aktivierenden Staates weist Nonprofit-Organisationen als organisiertem Teil der Zivilgesellschaft eine Rolle zu, die von der Erledigung staatlicher Aufträge zu einem staatlich unabhängigen, eigenverantwortlichen Angebot führt. Jenseits staatlicher Kernaufgaben bleibt in diesem Konzept wenig Raum für staatliche Betätigung. Private Akteure, darunter auch Nonprofit-Organisationen, sollen maßgebliche Beiträge zum Gemeinwohl leisten (Anheier 2005: 294). Die Bürgerinnen und Bürger sollen dazu animiert und befähigt werden, öffentliche Leistungen selbst zu erbringen bzw. sich daran zu beteiligen (*Empowerment*).

Obwohl der Begriff „Aktivierender Staat" aus den politischen Programmen verschwunden ist, bleibt das Leitbild populär. Ein Indiz ist die Forderung nach und die Förderung des zivilgesellschaftlichen Engagements, die gegenwärtig mehr oder weniger erfolgreich politisch vorangetrieben werden (z.B. BMFSFJ 2010). Sie erwecken den Verdacht, dass der Dritte Sektor vereinnahmt werden soll, um einen überforderten Staat von nicht mehr zu bewältigenden Aufgaben zu entlasten.

---

5   Zu Unterschieden zwischen dem neokorporatistischen und dem marktlichen Steuerungsregime am Beispiel lokaler Wohlfahrtsarrangements s. ausführlich Grohs 2010: 415f.

4.2 Nonprofit-Organisationen als Subunternehmer

Die Leitbild-Rhetorik vom Aktivierenden Staat verschleiert die Tatsache, dass derzeit drei politische Strategien zu beobachten sind, die darauf hinauslaufen, die Verwendung von Ressourcen für öffentliche Aufgaben innerhalb politisch-administrativer Entscheidungsprozesse zu belassen und damit unter staatlicher Kontrolle zu halten: Agenturbildung, Quangoisierung und – für Nonprofit-Organisationen als Aufgabenträger maßgeblich – Contracting Out.

Agenturbildung (*Agencification*) bezeichnet den Trend zur Aufgabenwahrnehmung durch teilselbstständige Einheiten der öffentlichen Verwaltung. Ein Beispiel: 2011 wurde das ehemalige Bundesamt für den Zivildienst (BAZ) zum Bundesamt für Familie und zivilgesellschaftliche Aufgaben (BAFzA) umfunktioniert. Es ist zuständig für den nach dem Ende der Wehrpflicht eingeführten staatlichen Bundesfreiwilligendienst, der mit den bestehenden Freiwilligendiensten im Dritten Sektor konkurriert.

Ähnlich wirkt die gezielte Gründung staatlicher „Nonprofit-Organisationen", denen öffentliche Aufgaben übertragen werden (Quangoisierung). Die 2000 gegründete Landesstiftung Baden-Württemberg gGmbH, die heute als Baden-Württemberg Stiftung gGmbH firmiert, ist eine solche Quango. Mit einem Vermögen von ca. 2,5 Mrd. Euro, dessen Verwaltung das Finanzministerium übernommen hat, gehört sie zu den größten deutschen Stiftungen privaten Rechts. Als operativ und fördernd tätige Stiftung bedient die Baden-Württemberg Stiftung klassische staatliche Aufgabenfelder, die von Kriminalprävention über Bildung bis hin zu Kinder-, Jugend- und Altenhilfe reichen.

Das Entstehen institutioneller Mischformen und der Trend zu neuartigen „verwaltungsnahen" Nonprofit-Organisationen werden durch die Tendenz zu Partnerschafts- und Kooperationsmodellen begünstigt. Public Nonprofit Partnerships entstehen u.a. dann, wenn staatliche Aufgaben durch Contracting Out – genauer: durch Submission bzw. Konzession – auf Fremdleistungs-NPOs übertragen werden.

Während Mitte der 1990er Jahre Leistungs- und Entgeltvereinbarungen zwischen Staat und Nonprofit-Organisationen seltene Ausnahmen waren (Zimmer 2000: 27), werden sektorenübergreifende Leistungsbeziehungen heute immer häufiger kontraktbasiert gestaltet (Zimmer 2007: 148-152; Grohs 2010: 415; Smith und Smyth 2010: 273-276). Beispiele für Contracting Out bzw. kontraktbasierte Beziehungen zwischen der öffentlichen Hand und Nonprofit-Organisationen finden sich vor allem im kommunalen Bereich (Zimmer 2007: 137-179).

Das sieht dann bei Angeboten der Tagesbetreuung von Kindern – eine kommunale Pflichtaufgabe – zum Beispiel folgendermaßen aus. Das Land Berlin vergibt Aufträge an Kita-Eigenbetriebe und freie Träger von Kindertagesstätten, die sich aus öffentlichen Mitteln über ein Gutschein-System refinanzieren. Dazu hat das Land mit der Liga der Wohlfahrtsverbände eine Rahmenvereinbarung über die Finanzierung abgeschlossen. In diesem Fall wird die Durchführungsverantwortung für die öffentliche Aufgabe teilweise auf Nonprofit-Organisationen verlagert. Die Finanzierungsverantwortung im Sinne der Entscheidung über den Zahlungsempfänger wird über das Gutschein-System ebenfalls privatisiert, auch wenn eine staatliche Finanzierung unverändert dahintersteht.

Die Bereitstellung öffentlicher Leistungen dem Wettbewerb zu unterwerfen und auf der Basis von Kontrakten zwischen dem staatlichen Auftraggeber und privaten Auftragnehmern erfüllen zu lassen, ist einer der Kerngedanken des New Public Management. Vertraglich abgesicherte Arrangements und eine kontraktgebundene Steuerung sind nichts anderes als die „Übertragung der binnenorientierten Modernisierungslogik auf die Steuerung freier Träger" (Grohs 2010: 414).

Konkret bedeutet das, dass Formen der Zuwendungsfinanzierung von Leistungsvereinbarungen abgelöst werden. Das Verhältnis von Leistung und Gegenleistung unterscheidet sich deutlich von einer staatlichen Förderung durch inputorientierte Vergabe direkter Subventionen, weil das Prinzip der Kostenerstattung durch marktähnliche Preisbildungs- und Finanzierungsmechanismen ersetzt wird. Die auf den Ressourceneinsatz bezogene Erstattung der Selbstkosten der Leistungserbringung wird im Sinne einer output- bzw. leistungsorientierten Steuerung durch Entgelte für definierte und messbare Leistungen (Outputs) ersetzt. Contracting Out ermöglicht es dem Staat, Funktionen zu privatisieren, ohne den Einfluss auf die Qualität und Quantität der Leistung vollständig aufzugeben. Durch eine ergebnisorientierte Steuerung soll die Leistungstransparenz der Auftragnehmer erhöht und die Effizienz der Aufgabenwahrnehmung verbessert werden. Aus diesem Grund werden Leistungsvereinbarungen von Wettbewerbsmechanismen flankiert, indem Leistungen nach den Modalitäten des Vergaberechts ausgeschrieben werden (vgl. kritisch dazu u.a. Falterbaum 2009: 145). Ein solcher Wettbewerb um den Markt führt tendenziell zu einer Pluralisierung des Anbieterspektrums – kommerzielle Anbieter sind gemeinnützigen gleichgestellt –, eröffnet dem Staat jedoch gleichzeitig die Möglichkeit, die Anzahl der potenziellen Anbieter in einem bestimmten Feld zu regulieren.

Kontraktmanagement erhöht das Steuerungspotenzial des Staates gegenüber dem Dritten Sektor, denn Nonprofit-Organisationen werden „quasi als ‚kommunale Subunternehmer' eingesetzt" (Zimmer 2007: 155). In solchen Arrangements vertreten Nonprofit-Organisationen nicht mehr nur die Interessen ihrer Mitglieder und Klienten, sondern werden zum „verlängerten Arm" des Staates (Smith und Lipsky 1993: 72f., 94f.). Indem der Staat auf diese Weise den Steuerungsmodus definiert, nimmt der Einfluss der freien Träger auf die Politikgestaltung ab – eine Verschiebung im Kräfteverhältnis, die die Ära des Postkorporatismus einläutet (von Winter 2010: 125).

5. Erklärungsansätze für intersektorale institutionelle Arrangements

5.1 Theorieansätze zur Existenz von Nonprofit-Organisationen

Theorien, die versuchen, die Existenz des Nonprofit-Sektors zu erklären, beinhalten zugleich Institutional Choice-Überlegungen.[6] Zu den wichtigsten Ansätzen gehören diejenigen Theorien, die ein Staatsversagen oder ein Marktversagen annehmen (*Failure Performance Approach*).

Staatsversagen wird konstatiert, wenn bestimmte Nachfragen vom Staat nicht hinreichend befriedigt werden. Angesichts der Heterogenität der Nachfrage nach (quasi-)öffentlichen Gütern werden politische Entscheidungen, sofern sie sich am Medianwähler orientieren, nicht allen Bedürfnissen gerecht. Nonprofit-Organisationen decken diese Nische ab und fungieren bei einer quantitativen und/oder qualitativen Unterversorgung als Lückenfüller (Unterversorgungsthese).

Marktversagen beruht auf Informationsasymmetrien zwischen Anbietern und Nachfragern (Kontraktversagen). Aus der Sicht der Nachfrager sind Nonprofit-Organisationen im Vergleich zu kommerziellen Unternehmen die vertrauenswürdigeren Anbieter, da sie keinen Anreiz haben, die Qualität ihres Leistungsangebotes zu verschlechtern (Vertrauenshypothese). Letzteres ist auf ein konstitutives Merkmal von Nonprofit-Organisationen zurückzuführen: Anfallende Überschüsse werden nicht an interne Stakeholder ausgeschüttet (*Nondistribution Constraint*).

Beide Theorieansätze sind unbefriedigend. Sie erklären nicht, warum bei Marktversagen nicht der Staat und bei Staatsversagen nicht private Unternehmen die beste institutionelle Lösung sind, sondern Nonprofit-Organisationen. Sie vernachlässigen politische Einflüsse auf die Wahl institutioneller Arrangements, so etwa die Tatsache, dass eine staatliche Produktion oder zumindest Finanzierung meritorischer (Individual-)Güter z.B. in den Bereichen Bildung und Kultur, die durchaus Marktmechanismen unterworfen werden könnten, auf politischen Werturteilen beruht (Badelt 1990: 57). Und schließlich liefern sie keine Erklärung für Kooperationen zwischen Staat und Nonprofit-Sektor.

Wenn Nonprofit-Organisationen im staatlichen Auftrag Leistungen anbieten, widerspricht das ihrer Funktion, Lücken im staatlichen Angebot zu schließen. Auch die Vertrauenshypothese vermag eine Zusammenarbeit zwischen Staat und Nonprofit-Organisationen anstelle einer rein staatlichen Lösung nicht zu rechtfertigen. Da Regierungsprogramme hochgradig reguliert

---

6   Für eine Übersicht über die Theorieansätze mit Nennung der Primärliteratur s. James 1990; Anheier 2005: 120-137; Badelt 2007: 104-107.

sind, besitzen staatliche Einrichtungen einen mindestens ebenso großen Vertrauensvorsprung gegenüber privaten kommerziellen Anbietern wie ihre potenziellen Konkurrenten aus dem Dritten Sektor (Salamon 1995: 39f.)

Intersektorale institutionelle Arrangements können nur mit Theorieansätzen erklärt werden, die den Nonprofit-Sektor nicht als Ergänzung oder gar Ersatz für eine staatliche Aufgabenwahrnehmung sehen, sondern als deren Gegenstück. Es geht also nicht um ein „Entweder oder", sondern um ein „Sowohl als auch" von staatlicher und privater Aufgabenzuständigkeit.

5.2 Theorieansätze zur Wahrnehmung öffentlicher Aufgaben durch Nonprofit-Organisationen

Theorieansätze in dieser Richtung liefern die Neue Institutionenökonomie mit dem Transaktionskostenansatz sowie die Interdependenztheorie und die Theorie des Neokorporatismus, die beide politikwissenschaftliche Wurzeln haben.

Bei Aufgaben, die nicht zum Kernbestand staatlicher Aufgaben gehören, greift der Staat auf den Dritten Sektor zurück, wenn (partielles) Marktversagen vorliegt und eine Aufgabenerfüllung durch Nonprofit-Organisationen effizienter erscheint als staatliche Eigenleistung. Angesichts des Vorwurfs struktureller Ineffizienz, dem der öffentliche Sektor ausgesetzt ist, erscheint eine solche Lösung auch dann attraktiv, wenn Effizienznachweise fehlen (Krashinsky 2003: 131). Der Vermeidung von Start up-Kosten und der erhöhten Flexibilität bei der Programmentwicklung und -umsetzung stehen qualitätsbezogene Standardisierungsprobleme, Kontrollverlust und Überwachungskosten gegenüber. Überwiegen die Vorteile, bestehen Anreize für eine sektorenübergreifende Zusammenarbeit (Anheier 2005: 283f.).

Politische Präferenzen für bestimmte institutionelle Arrangements beruhen allerdings nicht allein auf einem Transaktionskostenkalkül. Insofern sind politische Entscheidungskriterien in Erklärungsmodelle einzubeziehen (Badelt 1990: 62). Argumente für eine staatliche Finanzierung von Nonprofit-Organisationen bzw. deren Leistungen, die über Effizienzüberlegungen hinausgehen, beziehen sich auf das Problemlösungspotenzial von Nonprofit-Organisationen. Sie betreffen u.a. Überlegungen zu Konsumentensouveränität und Pluralismus, eine vermutete besondere Innovationsfähigkeit von Nonprofit-Organisationen, Interessenvertretung (*Advocacy*) sowie Partizipation und Demokratisierung.[7]

Die Interdependenz-Theorie zählt zu den Erklärungsansätzen, die solche Überlegungen aufgreifen. Durch sektorenübergreifende institutionelle Arrangements entsteht sowohl eine partnerschaftliche Zusammenarbeit als auch ei-

---

[7] S. dazu im Einzelnen Knapp u.a.:1990: 201-210; zu den Aspekten Innovationsfähigkeit und Partizipation siehe Pestov und Brandsen 2010.

ne wechselseitige Abhängigkeit zwischen staatlichen Akteuren und Nonprofit-Organisationen, die für beide Seiten von Nutzen ist (Salomon 1987). Die Logik der Theorie der öffentlichen Güter wird umgedreht und staatliche Aufgabenwahrnehmung als Reaktion auf Defizite des Nonprofit-Sektors (Voluntary Failure) gedeutet. Marktversagen ruft zunächst Nonprofit-Organisationen auf den Plan; dem folgen unter Umständen komplementäre staatliche Aktivitäten wie z.B. Zuwendungen (Salomon 1995: 44-48). Diese Überlegung impliziert eine Rollenverteilung hinsichtlich der Finanzierung (Staat) und der Produktion (NPOs) von Leistungen (Anheier 2005: 283).

Wenn der Staat Förderprogramme nicht allein umsetzen kann, wird die Entscheidung darüber, für welche Leistungen staatliche Gelder ausgegeben werden, z. T. auf andere Akteure verlagert, die öffentliche Zwecke verfolgen. Direkte wird zu indirekter Regierung. Das Ergebnis ist ein System von „Third Party Government", das einen erheblichen Einfluss auf die Verwendung öffentlicher Gelder hat (Salomon 1981, 1995: 19, 21).

Die Interdependenztheorie, die auf die Verhältnisse in den USA verweist, beantwortet allerdings nicht, warum Nonprofit-Organisationen in der für Deutschland typischen korporatistischen Konstellation an der Politikformulierung beteiligt sind (Zimmer 1999: 37). Der Neokorporatismus erklärt dieses Phänomen damit, dass Nonprofit-Organisationen Aufgaben übernehmen, die der Staat weder selbst wahrnehmen noch an private Unternehmen delegieren kann: Sie schwächen soziale Spannungen und politische Konflikte ab (Heinze und Olk 1981). Der Dritte Sektor bildet einen Puffer zwischen Staat und Gesellschaft, auf den der Staat politisch sensible Entscheidungen über das Wie der Leistungserbringung abwälzen kann (Krashinsky 2003: 131). Die primäre Funktion des Nonprofit-Sektors liegt also nicht in der Bereitstellung von Leistungen, sondern in der Reduktion politischer Risiken. Kann der Staat widersprüchliche soziale und politische Ansprüche seiner Bürgerinnen und Bürger nicht erfüllen und gesellschaftliche Problemlagen innerhalb der bestehenden Ordnung nicht lösen, delegiert er dies an den Dritten Sektor. Nonprofit-Organisationen leisten einen wichtigen Beitrag zur Stabilisierung des Staates, indem sie ihn bei unlösbaren Konflikten entlasten (Seibel 1990: 113f., 1994: 278).

6. Steuerungswandel und sektorale Entwicklungsperspektiven

Wenn der Staat im Zuge eines anhaltenden Downsizing des öffentlichen Sektors Nonprofit-Organisationen in die Rolle von Dienstleistern drängt, die ihm Aufgaben abnehmen, ist damit nicht nur der Verdacht verbunden, es handele sich um eine groß angelegte Sparmaßnahme, sondern auch Kritik an einer Instrumentalisierung des Nonprofit-Sektors für politische Ziele. Die These, dass der Staat die Abhängigkeit der Nonprofit-Organisationen von staatlicher Finanzierung und wohlwollender Regulierung ausnutzt, um den Sektor in seinem Interesse indirekt zu steuern (Seibel 1994: 278), greift vor allem bei sozialen Dienstleistungen. Wie frei sind sogenannte freie Träger, die nur als „‚Trabanten' staatlicher Sozialpolitik" (Grunow 1995: 262) funktionieren? Organisationen, die ohne staatliche Finanzierung nicht überlebensfähig sind, laufen nicht erst unter Wettbewerbsdruck Gefahr, Opfer staatlicher Einflussnahme zu werden und ihre Identität zu verlieren.

Institutionelle Arrangements mit staatlicher Beteiligung haben Folgen für den Dritten Sektor, die sich in drei Problembereiche einordnen lassen und von anderen Faktoren verstärkt werden, die zum Wandel des Sektors beitragen: Bürokratisierung und Professionalisierung, eine mit einer Verkaufsorientierung verbundene Polarisierung des gesamten Sektors und Autonomieverlust (Salamon 1995: 104-108; Anheier 2005: 289). Dabei handelt es sich um Tendenzen, die kompetitive Vorteile von Nonprofit-Organisationen bei einer Übertragung öffentlicher Aufgaben teilweise konterkarieren (Smith und Smyth 2010: 277-297).

6.1 Bürokratisierung und Professionalisierung

Sowohl bei Formen der Zuwendungsfinanzierung als auch bei Contracting Out werden Nonprofit-Organisationen in Verwaltungsstrukturen eingebunden. Bei der Kontrolle der Verwendung der öffentlichen Gelder werden sie z.B. gezwungen, Budgetierungs- und Abrechnungspraktiken zu übernehmen (Smith und Lipsky 1993: 89f.), die noch nicht durchweg dem kaufmännischen Rechnungswesen entsprechen. Durch die Nähe zur öffentlichen Hand werden Organisationsmuster staatsähnlich (Anheier und Seibel 2001: 107); Nonprofit-Organisationen passen sich staatlichen Bürokratien an.

Als Auftragnehmer müssen Nonprofit-Organisationen vorgegebenen Leistungsstandards genügen und Strukturen entwickeln, die die Akquisition von öffentlichen Aufträgen ermöglichen. Öffentliche Auftraggeber setzen sie sowohl in Bezug auf das Finanzmanagement als auch in Bezug auf eine Wirkungsmessung unter Erfolgsdruck (Smith und Lipsky 1993: 101, 106; Anheier 2010: 11). Dieser Effizienz- und Professionalisierungsdruck, dem vor allem große Nonprofit-Organisationen ausgesetzt sind, wird durch staatliche Versuche, zwar die Ausgaben für den Dritten Sektor, aber nicht das Leistungsniveau bei übertragenen Aufgaben zu senken, noch verstärkt.

Die möglichen Steuerungsmechanismen haben unterschiedliche Effekte. Eine direkte staatliche Finanzierung führt einerseits dazu, dass die geförderten Organisationen eine mehr oder weniger sichere Finanzierungsquelle haben, andererseits beeinträchtigt die damit verbundene Planungssicherheit die Klientenorientierung und die Reaktionsfähigkeit in Bezug auf Marktveränderungen (Anheier und Seibel 2001: 99). Das ist bei kontraktbasierten und damit ergebnisorientierten Finanzierungsmodalitäten und wettbewerbsbasierten Vergabemechanismen anders. Nonprofit-Organisationen, die im öffentlichen Auftrag als Leistungsanbieter am Markt auftreten, zeigen einen Hang zur Über-Professionalisierung. Zusammen mit anderen Faktoren führt dies dazu, dass Organisations- und Rechtsformen von Nonprofit-Organisationen in Frage gestellt und die Grenzen zu For Profit-Organisationen durchlässiger werden (Smith und Lipsky 1993: 72, 84, 100ff.; Anheier 2010: 11).

6.2 Polarisierung

Dies ist Teil einer Verkäufermentalität, die maßgeblich auf eine Abhängigkeit von staatlichen Geldern zurückzuführen ist. Nonprofit-Organisationen passen sich mit ihrem Leistungsangebot und ihren Strukturen an staatliche Erwartungshaltungen an, um ihre Finanzierung zu sichern, auch auf die Gefahr hin, dass ihr ursprünglicher Zweck, ihre Mission, und ihre Identität darunter leiden (Salamon 1995: 104-108). Mit einem Contracting Out an Nonprofit-Organisationen sind Erwartungen an eine kostengünstigere Erstellung von Leistungen verbunden, die zum Teil auf dem Einsatz von Freiwilligen beruhen. Aufgrund anspruchsvollerer Management-Aufgaben führt eine Zusammenarbeit mit dem Staat jedoch tendenziell zu einer Verdrängung von Freiwilligen und damit zu einer Verdrängung eines für Nonprofit-Organisationen konstitutiven Merkmals (Badelt 2007: 638).

Neben die sektorspezifische Handlungslogik der Solidarität (Birkhölzer u.a. 2005: 10) tritt das Effizienz-Postulat des New Public Management. Ob Nonprofit-Organisationen in der Lage sind, das Spannungsverhältnis von Werteorientierung und Managementrationalität – Mission vs. Ökonomie – zu bewältigen, wird bezweifelt (Frumkin und Andre-Clark 2000). Die Fähigkeit, beide Ansprüche zu integrieren, wird ihnen in Arrangements mit dem Staat jedoch in besonderem Maße abverlangt.

Eine kontraktbasierte Einbindung von Nonprofit-Organisationen in die Erfüllung staatlicher Aufgaben verstärkt die Polarisierung des Sektors in Dienstleistungsunternehmen und alternative Basisorganisationen (Badelt 2007: 629; Anheier 2010: 11). Organisationen, die als „staatliche Subunternehmer" auftreten, stehen Zusammenschlüssen gegenüber, die stärker in der Zivilgesellschaft verankert sind und vom Staat ggf. mit klassischen Fördermechanismen bedient werden.

6.3 Autonomieverlust

Die Warnung vor einem Autonomieverlust von Nonprofit-Organisationen bezieht sich nicht nur auf die Anpassung an einen staatlichen Leistungsauftrag, sondern auf die gesellschaftspolitische Funktion des Dritten Sektors. Durch eine Anpassung an politische Prioritäten wird dessen Rolle als Interessenvertretung für bestimmte Anliegen verwässert (Salamon 1995: 104-108). Wenn die sektoralen Grenzen durchlässig und Nonprofit-Organisationen zu Dienstleistern im staatlichen Auftrag werden, gerät ihre Identität als organisierter Teil der Zivilgesellschaft und ihre Funktion für die Herausbildung von gesellschaftlichem Zusammenhalt, von Sozialkapital (Birkhölzer u.a. 2005: 11) in den Hintergrund.

Die Suche nach Lösungen für eine Reform des öffentlichen Sektors, die primär ökonomisch motiviert ist, führt also nicht zwangsläufig zu den gleichen Governance-Mustern wie die Suche nach gesellschaftspolitischen Reformpotenzialen, die in den stärker zivilgesellschaftlich verwurzelten Bereichen des Dritten Sektors eher zu finden sind als bei Fremdleistungsorganisationen auf dem Professionalisierungspfad.

Die Intention, mit neuen Steuerungsmodi wie Kontraktmanagement Marktmechanismen zu etablieren und das Aufgabenspektrum des Staates zu verkleinern, wird pervertiert (Smith und Lipsky 1993: 204). „Eine solche ‚Globalsteuerung' des Dritten Sektors durch das politische System" (Seibel 1994: 278) erhöht den Einfluss des Staates anstatt ihn zu verringern.

7. (New) Public Governance und „alter" Korporatismus

Diagnosen, die einen Wandel des Dritten Sektors als Reaktion auf veränderte Governance-Mechanismen konstatieren, steht als Antithese die Vermutung gegenüber, dass insbesondere die Verflechtungen der Wohlfahrtsverbände mit dem politisch-administrativen System Beharrungskräfte bergen, die das System eher stabilisieren und quasi-marktliche Mechanismen konterkarieren (Grohs 2010: 417 m.w.N.). „Nach dieser These werden zwar die Spielregeln geändert, die Spieler bleiben jedoch dieselben" (Grohs 2010: 417). Die Leistungserstellung im staatlichen Auftrag wird zu Verhandlungsprozessen zwischen staatlichen Nachfragern und Anbietern führen und – vor allem im Hinblick auf die Wohlfahrtsverbände und andere Organisationen mit nationalem Aktionsradius – die für Deutschland typische korporatistische Ausprägung des Nonprofit-Sektors zementieren – so die Prognose (Smith und Lipsky 1993: 171-187).

Empirische Befunde aus dem Bereich der kommunalen Kinder- und Jugendhilfe, die zeigen, dass sich die Trägerstrukturen trotz der Einführung von Kontraktmanagement im Zeitverlauf nicht verändert haben, stützen diese „Beharrungsthese" (Grohs 2010: 419-422). Die Ergebnisse werden dadurch relativiert, dass die neuen Steuerungs- und Vertragsinstrumente (Leistungsvereinbarungen) offenbar nicht konsequent umgesetzt wurden. Das ändert jedoch nichts daran, dass Ökonomisierungs- und Pluralisierungsimpulse verpuffen. Eine größere Vielfalt der Anbieter und eine stärkere Leistungsorientierung in den Vertragsbeziehungen sind nur selten zu beobachten (Grohs 2010: 422-424). Andere Studien kommen zu ähnlichen Ergebnissen (Grohs 2010: 424 m.w.N.).

Fallstudien zeigen, dass die Verhandlungsposition von Basisorganisationen und Fremdleistungs-NPOs gegenüber dem Staat als potenziellem Subventions- oder Auftraggeber unterschiedlich stark ausfallen kann. Abgesehen von der Relevanz des Leistungsangebotes der betreffenden Organisationen hängt sie von den politischen Motiven ab, mit denen die neuen Steuerungsinstrumente eingesetzt werden (Zimmer 2007: 155f.). Dies dürfte vor allem den etablierten Wohlfahrtsorganisationen zugutekommen, denn „offensichtlich wird ... Kontraktmanagement zur Stabilisierung etablierter und noch häufig zur weiteren Stärkung korporatistischer Arrangements eingesetzt" (Grohs 2010: 422).

Die Partner sind also zur Vernunft gekommen, heiraten und schließen einen Ehevertrag. Selbstverständlich werden die Partner nicht getauscht, und beide verhalten sich in der Beziehung genauso wie vorher, auch wenn ab und zu mit anderen geflirtet wird.

Literatur

Bundesministerium für Familie, Senioren, Frauen und Jugend (BMFSFJ), 2010: Nationale Engagementstrategie der Bundesregierung, in: Bundesnetzwerk für Bürgerschaftliches Engagement (BBE) (Hrsg.), Engagementpolitik im Dialog. Kommentare und Stellungnahmen zur Engagementstrategie der Bundesregierung. Berlin, 6-42, URL: http://www.engagementzweinull.de.
Anheier, Helmut K., 2005: Nonprofit Organizations. Theory, Management, Policy. London: Routledge.
Anheier, Helmut K., 2010: What kind of nonprofit sector, what kind of society? Comparative policy reflections, in: Hopt, Klaus J. und Thomas von Hippel (Hrsg.), Comparative corporate governance of non-profit organizations. Cambridge: Cambridge University Press, 3-19.
Anheier, Helmut K./Seibel, Wolfgang, 2001: The Nonprofit Sector in Germany. Between State, Economy and Society. Manchester: Manchester University Press.
Anheier, Helmut K./Toepler, Stefan, 2005: Definition und Phänomenologie der Nonprofit-Organisation, in: Hopt, Klaus J./von Hippel, Thomas und Wolfgang Rainer Walz (Hrsg.), Nonprofit Organisationen in Recht, Wirtschaft und Gesellschaft. Tübingen: Mohr Siebeck, 17-33.
Badelt, Christoph, 1990: Institutional Choice and the Nonprofit Sector, in: Anheier, Helmut K. und Wolfgang Seibel (Hrsg.), The Third Sector. Comparative Studies in Nonprofit Organizations. Berlin: Walter de Gruyter & Co, 53-63.
Badelt, Christoph, 2007: Zwischen Marktversagen und Staatsversagen? Nonprofit Organisationen aus sozioökonomischer Sicht, in: Badelt, Christoph/Meye, Michael

und Ruth Simsa (Hrsg.), Handbuch der Nonprofit Organisation. Strukturen und Management. 4. Aufl. Stuttgart: Schäffer-Poeschel, 98-119.

Badelt, Christoph/Meyer, Michael/Simsa, Ruth, 2007: Ausblick. Entwicklungsperspektiven des Nonprofit Sektors, in: Badelt, Christoph/Meye, Michael und Ruth Simsa (Hrsg.), Handbuch der Nonprofit Organisation. Strukturen und Management. 4. Aufl. Stuttgart: Schäffer-Poeschel, 620-642.

Bauer, Rudolf, 1997: Zivilgesellschaftliche Gestaltung in der Bundesrepublik. Möglichkeiten und Grenzen? Skeptische Anmerkungen aus der Sicht der Nonprofit-Forschung, in: Schmals, Klaus M. und Hubert Heinelt (Hrsg.), Zivile Gesellschaft. Opladen: Leske + Budrich, 133-153.

Birkhölzer, Karl/Klein, Ansgar/Priller, Eckhard/Zimmer, Annette, 2005: Theorie, Funktionswandel und zivilgesellschaftliche Perspektiven des Dritten Sektors/ Dritten Systems. Eine Einleitung, in: Birkhölzer, Karl/ Klein, Ansgar/Priller, Eckhard und Annette Zimmer (Hrsg.), Dritter Sektor/Drittes System. Theorie, Funktionswandel und zivilgesellschaftliche Perspektiven. Wiesbaden: VS Verlag für Sozialwissenschaften, 9-15.

Eichhorn, Peter, 1986: Begriff, Bedeutung und Besonderheiten der öffentlichen Wirtschaft und Gemeinwirtschaft, in: Brede, Helmut und Achim von Loesch (Hrsg.), Die Unternehmen der öffentlichen Wirtschaft in der Bundesrepublik Deutschland. Baden-Baden: Nomos, 13-29.

Evers, Adalbert/Olk, Thomas, 1996: Wohlfahrtspluralismus. Analytische und normativ-politische Dimensionen eines Leitbegriffs, in: Evers, Adalbert und Thomas Olk (Hrsg.), Wohlfahrtspluralismus. Vom Wohlfahrtsstat zur Wohlfahrtsgesellschaft. Opladen: VS Verlag für Sozialwissenschaften, 9-60.

Falterbaum, Johannes, 2009: Rechtliche Grundlagen Sozialer Arbeit. Eine praxisorientierte Einführung. 3. Aufl. Stuttgart: Kohlhammer.

Frumkin, Peter/Andre-Clark, Alice, 2000: When Missions, Markets, and Politics Collide. Values and Strategy in the Nonprofit Human Services, in: Nonprofit and Voluntary Sector Quarterly, Jg. 29, Nr. 1 (Supplement), 141-164.

Giddens, Anthony, 1998: The Third Way. The Renewal of Social Democracy. Cambridge: Polity Press.

Gilbert, Neil/Gilbert, Barbara, 1989: The Enabling State. Modern Welfare Capitalism in America. New York: Oxford University Press.

Grohs, Stephan, 2009: Modernisierung kommunaler Sozialpolitik. Anpassungsstrategien im Wohlfahrtskorporatismus. Wiesbaden: VS Verlag für Sozialwissenschaften.

Grohs, Stephan, 2010: Lokale Wohlfahrtsarrangements zwischen Beharrung und Wandel. Die widersprüchlichen Effekte von Ökonomisierung und Kontraktmanagement, in: Der Moderne Staat, Jg. 3, Nr. 2, 413-432.

Grunow Dieter, 1995: Organisierte Solidarität. Organisationsprobleme von Wohlfahrtsverbänden, in: Rauschenbach, Thomas/Sachße, Christoph und Thomas Olk (Hrsg.), Von der Wertgemeinschaft zum Dienstleistungsunternehmen. Jugend- und Wohlfahrtsverbände im Umbruch. Frankfurt am Main: Suhrkamp, 253-279.

Heinze, Rolf G./Olk, Thomas, 1981: Die Wohlfahrtsverbände im System sozialer Dienstleistungsproduktion. Zur Entstehung und Struktur der bundesrepublikanischen Verbändewohlfahrt, in: Kölner Zeitschrift für Soziologie und Sozialpsychologie, Jg. 33, Nr. 1, 94-114.

James, Estelle, 1990: Economic Theories of the Nonprofit-Sector. A Comparative Perspective, in: Anheier, Helmut K. und Wolfgang Seibel (Hrsg.), The Third

Sector. Comparative Studies in Nonprofit Organizations. Berlin: Walter de Gruyter & Co, 21-29.

Knapp, Martin/Robertson, Eileen/Thomason, Corinne, 1990: Public Money, Voluntary Action. Whose Welfare?, in: Anheier, Helmut K. und Wolfgang Seibel (Hrsg.), The Third Sector. Comparative Studies in Nonprofit Organizations. Berlin: Walter de Gruyter & Co, 183- 218.

Krashinsky, Michael, 2003: Stakeholder theories of the nonprofit sector. One cut of the economic literature, in: Anheier, Helmut K. und Anver Ben-Ner (Hrsg.), The Study of Nonprofit Enterprises. New York: Springer, 125-136.

Pestoff, Victor/Brandsen, Taco, 2010: Public governance and the third sector. Opportunities for coproduction and innovation?, in: Osborne, Stephen P. (Hrsg.), The new public governance? Emerging perspectives on the theory and practice of public governance. London: Routledge, 223-236.

Priller, Eckhard, 2005: Nonprofit-Organisationen als Partner und „verlängerter Arm" des Staates, in: Hopt, Klaus J./von Hippel, Thomas und Wolfgang Rainer Walz (Hrsg.), Nonprofit Organisationen in Recht, Wirtschaft und Gesellschaft. Tübingen: Mohr Siebeck, 325-343.

Priller, Eckhard/Zimmer, Annette/Anheier, Helmut K., 1999: Der Dritte Sektor in Deutschland. Entwicklungen, Potentiale, Erwartungen, in: Aus Politik und Zeitgeschichte, Jg. 49, Nr. 9, 12-21.

Reichard, Christoph, 1994: Umdenken im Rathaus. Neue Steuerungsmodelle in der deutschen Kommunalverwaltung. Berlin: Edition Sigma.

Röber, Manfred, 1996: Auf dem Weg zwischen wilder Ehe und Vernunftehe. Verwaltungsbeziehungen zwischen Stadt und Umland in der Region Berlin-Brandenburg, in: Bufalica, Andreas und Manfred Röber (Hrsg.), Der schwere Abschied von der Insel. Die Verwaltungsbeziehungen zwischen Stadt und Umland im Ballungsraum Berlin vor dem Hintergrund der Erfahrungen aus den Stadtstaatenregionen Hamburg und Bremen. Berlin: Hitit, 13-32.

Röber, Manfred, 2005: Aufgabenkritik im Gewährleistungsstaat, in: Blanke, Bernhard/von Bandemer, Stephan/Nullmeier, Frank und Göttrick Wewer (Hrsg.), Handbuch zur Verwaltungsreform. 3.Aufl. Wiesbaden: VS Verlag für Sozialwissenschaften, 84-94.

Salamon, Lester M., 1981: Rethinking Public Management. Third-Party Government and the Changing Forms of Government Action, in: Public Policy, Jg. 29, Nr. 3, 255-257.

Salamon, Lester M., 1987: Partners in Public Service. The Scope and Theory of Government-Nonprofit Relations, in: Powell, Walter W. (Hrsg.), The Nonprofit Sector. A Research Handbook. New Haven: Yale University Press, 99-177.

Salamon, Lester M., 1995: Partners in Public Service. Government-Nonprofit Relations in the Modern Welfare State. Baltimore: Johns Hopkins University Press.

Schuppert, Gunnar Folke, 1998: Die öffentliche Verwaltung im Kooperationsspektrum staatlicher und privater Aufgabenerfüllung. Zum Denken in Verantwortungsstufen, in: Die Verwaltung, Jg. 31, Nr. 2, 415-447.

Schuppert, Gunnar Folke, 2003: Staatswissenschaft. Baden-Baden: Nomos.

Seckelmann, Margrit, 2008: Die historische Entwicklung kommunaler Aufgaben, in: Der Moderne Staat, Jg. 1, Nr. 2, 267-284.

Seibel, Wolfgang, 1990: Organizational Behavior and Organizational Function. Toward a Micro-Macro Theory of the Third Sector, in: Anheier, Helmut K. und

Wolfgang Seibel (Hrsg.), The Third Sector. Comparative Studies in Nonprofit Organizations. Berlin: Walter de Gruyter & Co, 106-121.

Seibel, Wolfgang, 1994: Funktionaler Dilettantismus. Erfolgreich scheiternde Organisationen im „Dritten Sektor" zwischen Markt und Staat. 2. Aufl. Baden-Baden: Nomos.

Seibel, Wolfgang/Anheier, Helmut K., 1990: Sociological and Political Science Approaches to the Third Sector, in: Anheier, Helmut K. und Wolfgang Seibel (Hrsg.), The Third Sector. Comparative Studies in Nonprofit Organizations. Berlin: Walter de Gruyter & Co, 7-20.

Smith, Steven Rathgeb/Lipsky, Michael, 1993: Nonprofits for Hire. The Welfare State in the Age of Contracting. Cambridge: Harvard University Press.

Smith, Steven Rathgeb/Smyth, Judith, 2010: The governance of contracting relationships: „Killing the golden goose". A third-sector perspective, in: Osborne, Stephen P. (Hrsg.), The new public governance? Emerging perspectives on the theory and practice of public governance. London: Routledge, 270-300.

von Winter, Thomas, 2010: Interessengruppen und Demokratie im Wandel verbändetheoretischer Paradigmen, in: Schrenk, Klemens H. und Markus Soldner (Hrsg.), Analyse demokratischer Regierungssysteme. Wiesbaden: VS Verlag für Sozialwissenschaften, 115-127.

Zimmer, Annette, 1999: Corporatism Revisited. The Legacy of History and the German Nonprofit-Sector, in: Voluntas, Jg. 10, Nr. 1, 37-49.

Zimmer, Annette, 2007: Vereine. Zivilgesellschaft konkret. 2. Aufl. Wiesbaden: VS Verlag für Sozialwissenschaften.

Zimmer, Annette/Priller, Eckhard, 2007: Gemeinnützige Organisationen im gesellschaftlichen Wandel. Ergebnisse der Dritte-Sektor-Forschung. Wiesbaden: VS Verlag für Sozialwissenschaften.

Zimmer, Annette/Toepler, Stefan, 2000: Government Policy and Future Issues, in: Zimmer, Annette (Hrsg.), The Third Sector in Germany. Münsteraner Diskussionspapiere zum Nonprofit-Sektor. Sonderband 3. Münster: Westfälische Wilhelms-Universität Münster, URL: http://www.aktive-buergerschaft.de/fp_files/Diskussionspapiere/2002wp-sband03.pdf, 23-79.

Ressourcensteuerung mittels Kosten- und Leistungsrechnung – Eine empirische Studie zur Nutzung und Einsatzintensität der KLR in Kommunen

Christina Schaefer

1. Problemstellung

Auslagerungsprozesse, (Teil-)Privatisierungen, Öffentlich-Private-Partnerschaften (ÖPP) etc. zum einen, die Rückführung von Aufgabenbereichen in die öffentliche Hand (Rekommunalisierung[1]), Formen der interkommunalen Zusammenarbeit etc. zum anderen (Röber 2009: 227, 2011: 115), zeigen, dass die in der Praxis anzutreffenden institutionellen Arrangements der öffentlichen Aufgabenwahrnehmung vielfältig sind, sich nach Art und Umfang der öffentlichen Aufgabe sowie rechtlichen, finanziellen und organisatorischen Rahmenbedingungen richten und letztlich das Ergebnis eines politischen Aushandlungs- und Entscheidungsprozesses sind. Öffentliche Aufgaben werden folglich nicht mehr überwiegend von der Kernverwaltung, sondern in netzwerkartigen, sich dynamisch verändernden Organisationsstrukturen wahrgenommen. Zudem hat die in der Reformpraxis geführte Diskussion über dezentrale Haushaltsverfahren zur Stärkung der Zusammenführung von Fach- und Ressourcenverantwortung die Notwendigkeit geeigneter Kontroll- und Steuerungsinstrumente aufgezeigt.

Wie gut der Haushalt als das zentrale Steuerungs- und Rechenschaftsinstrument vom Bund, Ländern und Gemeinden seine verschiedenen Funktionen vor diesem Hintergrund erfüllen kann, hängt von der Steuerung ab. Dabei spielt das jeweils gewählte Rechnungswesensystem eine bedeutsame Rolle, weil es die Informationen für die Steuerung bereitstellt und ggf. auch den Erfolg bzw. die Wirkung der Steuerung messbar machen kann (Heller 2010: Rdnr. 404).

Will man sich der aus diesen Entwicklungen resultierenden Herausforderungen annehmen, wird das Gelingen insbesondere und maßgeblich davon ab-

---

1 Nach einer in Kooperation des Instituts für den öffentlichen Sektor e.V. und des Kompetenzzentrums für Öffentliche Wirtschaft und Daseinsvorsorge der Universität Leipzig durchgeführten Studie „Rekommunalisierung der Energieversorgung" verstand die Mehrheit (92,1%) der befragten Kommunen über 20.000 Einwohner die Rückübertragung von bereits privatisierten, ehemals öffentlich erstellten Leistungen als Rekommunalisierung (Lenk u.a. 2011: 7)

hängen, ob die Informationssysteme, aus denen Daten und Kennzahlen bezogen werden, dem Grundsatz der Wahrheit und Klarheit genügen und ein den tatsächlichen Verhältnissen entsprechendes Bild der Vermögens-, Finanz- und Ertragslage vermitteln, und ob die zur Ressourcensteuerung zur Verfügung stehenden betriebswirtschaftlichen Instrumente hinsichtlich ihres Potentials (und ggf. vorzunehmender Anpassungen) für die öffentliche Verwaltungssteuerung geprüft und – sofern als geeignet beurteilt – tatsächlich genutzt werden.

In diesem Beitrag wird vor diesem Hintergrund und dem formulierten Erkenntnisinteresse folgend das Informationssystem „öffentliches Rechnungswesen" einer kritischen Analyse unterzogen, da aus diesem der Haushalt als das zentrale Steuerungs- und Rechenschaftsinstrument der öffentlichen Verwaltung wesentliche Informationen bezieht und die Qualität der Informationen des öffentlichen Rechnungswesens einen maßgeblichen Einfluss auf politische Entscheidungen und das Verwaltungshandeln, zusammengefasst eine effektive und effiziente Ressourcensteuerung, besitzen.

Nach einer kurzen Darlegung der Ziele des öffentlichen Rechnungswesens wird im Folgenden am Beispiel der Kosten- und Leistungsrechnung (KLR) der Frage nach dem aktuellen Stand der vor mehr als zwei Jahrzehnten eingeleiteten Reformen des öffentlichen Rechnungswesens nachgegangen. Da Aufgabe der KLR die Ermittlung des tatsächlichen Ressourcenverbrauchs ist und deren Ausgestaltung folglich einen maßgeblichen Einfluss auf die Ressourcensteuerung besitzt, setzt sich der Beitrag zum Ziel, die Nutzung und Einsatzintensität der KLR zu thematisieren, in diesem Zusammenhang stehende Defizite herauszuarbeiten, exemplarisch deren Folgewirkungen aufzuzeigen und Handlungsempfehlungen für einen Abbau dieser Defizite abzugeben.

Lag im „alten Steuerungsdenken" die Aufgabe der KLR vorrangig in der Gebührenkalkulation und ließ die Formulierung „in geeigneten Bereichen" in den entsprechenden Haushaltsordnungen eine fast beliebige Interpretation ihrer Einsatzbereiche zu, kommt der KLR im neuen Steuerungsverständnis, der integrierten Finanz- und Leistungs-/Ressourcensteuerung im Rahmen einer integrierten Verbundrechnung eine zentrale Rolle im modernen öffentlichen Rechnungswesen zu – ob deren Ausgestaltung mit den neuen Anforderungen Schritt gehalten hat, ist daher von hohem Erkenntnisinteresse.

2. Ziele des öffentlichen Rechnungswesens

Der Haushalt ist das zentrale Steuerungs- und Rechenschaftsinstrument in der öffentlichen Verwaltung („Regierungsprogramm in Zahlen") (Bals 2004: 9) und bezieht wesentliche entscheidungsrelevante Information aus dem öffentlichen Rechnungswesen. Lüder (2007) leitet die grundlegenden Anforderungen an das Haushalts- und Rechnungswesen aus dem Informationsbedarf für

Ressourcensteuerung mittels Kosten- und Leistungsrechnung

die neue Steuerung des modernen Staates und für Rechenschaftslegungszwecke ab. Voraussetzung für ein effektives und effizientes Verwaltungshandeln ist ein Haushalts- und Rechnungswesen, das Anreize für ein solches Handeln bietet und Informationen dafür bereitstellt. Um dieser Anforderung für Steuerungszwecke gerecht zu werden, muss das Rechnungswesen Kosten und Leistungen in bestimmter Strukturierung nachweisen. Voraussetzung für Transparenz der Rechnungslegung und damit der finanziellen Rechenschaftslegung gegenüber Parlament und Bürgern ist die Vollständigkeit der Rechnungslegung bei Staat und Kommunen.

Im Allgemeinen werden mit der (finanziellen) Rechnungslegung zwei Zwecke, der Informationszweck in Form einer wahrheitsgemäßen Rechenschaftslegung über die Verwendung der finanziellen Ressourcen gegenüber denjenigen, die diese zur Verfügung stellen, und der Schutzzweck in Form eines Schutzes der Ressourcengeber vor Vermögensverlusten verfolgt. Beide Zwecke erfordern „nach herrschender Meinung eine Rechnungslegung, die ein den tatsächlichen Verhältnissen entsprechendes Bild der Vermögens-, Finanz- und Ertragslage vermittelt. (§ 264 Abs. 2 HGB: „true and fair view", „fair presentation")" (Lüder 2007: 18). Und dies unabhängig davon, ob es sich um eine öffentliche oder privatwirtschaftliche Organisation handelt.

Grundlegende Anforderungen an den Einzelabschluss sind folglich die Darstellung des gesamten Ressourcenaufkommens (Erträge) und -verbrauchs (Aufwendungen), die Herstellung von Transparenz über die Ergebnisse der Verwaltungstätigkeit, die Darstellung der Vermögen (Aktiva) und der Schulden einschließlich Rückstellungen (Passiva), die Darstellung der Einzahlungen und Auszahlungen aus laufender Tätigkeit sowie die Herstellung von Transparenz über die Entwicklungen der Zahlungsmittel. Der Grundsatz der Haushaltswahrheit und Haushaltsklarheit zur Erreichung von Glaubwürdigkeit und Transparenz der finanziellen Rechenschaftslegung setzt allerdings, insbesondere mit Blick auf die durch die institutionelle Differenzierung entstandenen intransparenten und verschachtelten Beteiligungsstrukturen im öffentlichen Sektor (Zypries 2006), nicht nur die Vollständigkeit der Informationen über Vermögen und Schulden der Kernverwaltung, sondern auch eine Gesamtrechnungslegung über alle Aktivitäten einer Gebietskörperschaft unter Einbeziehung der organisatorisch und ggf. auch rechtlich ausgegliederten Einrichtungen voraus.[2]

Hieraus lassen sich zwei grundlegende Anforderungen an den konsolidierten Abschluss ableiten: Zum einen müssen eindeutige Kriterien zur Bestimmung des Konsolidierungskreises festgelegt werden und die Rechenwerke der in den Konsolidierungskreis einzubeziehenden Organisationen konsolidierbar sein, wenn Rechnung über die finanzielle Lage einer Gebietskörperschaft unter Einbeziehung aller ihrer Aktivitäten gelegt und eine Erhö-

---

2 Diese Sichtweise entspricht auch dem Verständnis des Begriffs „öffentlicher Sektor", wie es den IPSAS zugrunde liegt (Bolsenkötter 2007: 13).

hung der Transparenz im Sinne einer Vergleichbarkeit von Aussagen erzielt werden soll. Zum anderen sind Erfassung und Nachweis der Kosten und Leistungen in bestimmter Strukturierung Voraussetzung für eine effektive und effiziente Ressourcensteuerung. Eine pauschale Übertragung des privatwirtschaftlichen Instrumentariums durch nur rhetorische Verweise auf die öffentliche Verwaltung oder der nur begriffliche Austausch von „Unternehmen" durch „Verwaltung" mit Blick auf die Besonderheiten der eingangs dargelegten Strukturen öffentlichen Verwaltungshandelns wäre nicht zielführend. Vielmehr gilt es, die Besonderheiten der öffentlichen Verwaltungssteuerung im Auge zu behalten, Einsatz- und Übertragungsmöglichkeiten der Verfahren und Methoden der KLR kritisch zu reflektieren, situationsgerecht nach dem „wofür und wie viel" zu fragen und Hinweise für die Ausgestaltung und Nutzung zu geben (Müller u. a. 2009a: Vorwort).

3. Anspruch und Wirklichkeit – Eine Bestandsaufnahme am Beispiel der Kosten- und Leistungsrechnung

3.1 Motivation, Abgrenzung zu anderen Studien und Untersuchungsdesign

In doppisch basierten Haushalten ist die KLR Grundlage für die Planung, Ausführung und Kontrolle des Haushalts (Heller 2010: Rdnr. 469). Sie ermöglicht die umfassende Ermittlung des tatsächlichen Ressourcenverbrauchs, lenkt den Blick auf die Verwaltungsleistungen, schafft dadurch eine verbesserte Steuerungsgrundlage und ermöglicht eine detailgenaue Darstellung, wo Kosten in welcher Höhe für welche Leistungen angefallen sind (Heller 2010: Rdnr. 472-473). Da die Ressourcensteuerung auf den von der KLR generierten Informationen beruht, kommt ihr eine zentrale Rolle bei der bestmöglichen, d.h. effektiven und effizienten Allokation der Ressourcen über den Haushalt zu. Damit verbunden stellt sich die Frage, ob die KLR in der Praxis diesen Rollenwandel tatsächlich vollzogen hat. Im Folgenden soll daher mit Fokus auf die kommunale Verwaltungssteuerung der Blick in die Praxis gerichtet werden: Wie gestaltet sich der Status Quo der KLR vor dem Hintergrund der aufgezeigten Anforderungen in den Kommunen hinsichtlich Einsatzzweck und Einsatzintensität?

Eine KGSt-Studie aus dem Jahre 2008 (KGSt-Materialien 4/2008) liefert Ergebnisse zu Stand und Problemen der Doppik-Einführung, aber keine Erkenntnisse zum Einsatz und zur Einschätzung von einzelnen Controlling-Instrumenten, hier der KLR, in den Kommunen. Die letzte Studie zur Gestaltung und Nutzung der kommunalen Kostenrechnung wurde von Weber/Hunold

Ressourcensteuerung mittels Kosten- und Leistungsrechnung

durchgeführt und stammt aus dem Jahr 2001 (Weber und Hunold 2002). Bei dieser wurden in einem dynamischen Verfahren Kämmerer und Kostenrechner aller Mitgliedskommunen der KGSt (Stand 2001: 1520 Kommunen) getrennt voneinander befragt. Insgesamt konnten von 228 Kommunen, die beide Fragebögen zurückgesandt haben, 201 Kommunen (13,22%) ausgewertet werden. Zu den wesentlichen Ergebnissen dieser Studie zählt, dass

- in knapp 40% der Kommunen die Kostenrechnung noch so gut wie keinen Eingang in die zentralen Dienste und Hilfsbetriebe gefunden hat,
- die Kommunen in der Regel mit Ist-Kosten rechnen und die Kostenrechnung damit vorrangig für die Nachkalkulation einsetzen,
- auf eine regelmäßige Prozesskostenrechnung verzichtet wird,
- oft eine zu hohe Systemkomplexität bemängelt wird,
- über 60% der Kommunen noch über kein standardisiertes Berichtswesen verfügen, die Kostenrechner einen hohen weiteren Fortbildungsbedarf sehen,
- 74% der Kommunen keine Abstimmungen mit anderen Kommunen durchführen und damit auch keine Wirtschaftlichkeitsvergleiche stattfinden sowie
- Kostenrechner die Nutzung der von ihnen gelieferten Daten durch die Verwaltungsführung (Kämmerer) bemängeln und damit der Nutzen der KLR noch nicht bzw. noch nicht voll ausgeschöpft wird.

Vor diesem Hintergrund scheint es aufschlussreich zu sein, einen aktuellen und empirisch fundierten Überblick über den Einsatz der KLR im kommunalen Verwaltungsmanagement aus Sicht der direkt betroffenen Finanzdezernentinnen und Finanzdezernenten zu erhalten und einen Eindruck zu gewinnen, ob die KLR in den vergangenen Jahren ihre zentrale Rolle im neuen Steuerungsverständnis verstärkt wahrnehmen und ausbauen konnte. Im Frühjahr 2008 wurde daher im Rahmen einer empirischen Studie des Lehrstuhls für Allgemeine Betriebswirtschaftslehre der Helmut-Schmidt-Universität und Universität der Bundeswehr Hamburg, in Zusammenarbeit mit Steria Mummert Consulting AG Hamburg, eine bundesweite Vollerhebung durchgeführt und 454 Finanzdezernentinnen und Finanzdezernenten der Gemeinden mit mehr als 30.000 Einwohnern angeschrieben. Die Rücklaufquote betrug 36,5%, was 166 verwertbar ausgefüllten Fragebögen entsprach. Im Folgenden werden ausgewählte Ergebnisse zusammengefasst dargestellt (Für eine ausführliche Darstellung vgl. Müller u.a. 2009a: Kapitel 4.2; Müller u.a. 2009b).

3.2 Ausgewählte Ergebnisse der Studie

Eine *umfassende Einführung der KLR* ist nach Einschätzung der Antwortenden der Studie sowohl in Kernverwaltung als auch Beteiligungen erst bei vier Prozent erfolgt. In der Kernverwaltung liegt die umfassende Einführung aktuell bei nur 25%. Unter den antwortenden Kommunen haben 65% eine KLR bislang lediglich punktuell und sechs Prozent noch gar nicht eingeführt.

Aufschlussreiche Erkenntnisse liefert darüber hinaus eine differenzierte Betrachtung, für welche *Zwecke* die KLR eingesetzt wird. Dabei wurde die *Einsatzintensität* der KLR von den Befragten auf einer Skala von 1 (gar nicht) bis 5 (sehr intensiv) eingeschätzt. Hier zeigt sich, dass die KLR für die *Unterstützung politischer Entscheidungen* von 17%, für den *Zielvereinbarungsprozess* von sieben Prozent, für den *Planungs- und Budgetierungsprozess* von 22% und für den *Steuerungsprozess* von 16% intensiv bis sehr intensiv genutzt wird. Die Einsatzintensität der KLR für die *Unterstützung strategischer Entscheidungen* liegt damit auf einem niedrigen Intensitätsniveau. Auffällig ist, dass die KLR nach wie vor lediglich für den gesetzlich vorgeschriebenen Zweck der Gebührenkalkulation sehr intensiv eingesetzt wird, was bei 56% der antwortenden Kommunen der Fall ist.

Vielversprechend und erkenntnisleitend ist darüber hinaus, Aufschluss über die Einschätzungen der Finanzdezernenten hinsichtlich der *Potentiale und Notwendigkeit und der Ausgestaltung* der KLR zu erhalten sowie Erkenntnisse über den Umsetzungsprozess, das *Change Management* zu gewinnen. Dies bietet insbesondere die Möglichkeit der Überprüfung, ob die gewonnenen Erkenntnisse zu den Einsatzintensitäten sich in den Einschätzungen bestätigen.

50% der Antwortenden lehnen die Aussage ab, dass der KLR eine zu hohe *Bedeutung* beigemessen wird, 21% stimmen dieser zu. Ganz deutlich fallen die Einschätzungen zu den Potentialen der KLR aus. Über 70% glauben, dass die KLR die Verwaltungsführung noch erheblich intensiver unterstützen kann und halten sie notwendig für die Vorbereitung von Entscheidungen.

Mit Blick auf die gewonnenen Erkenntnisse zu den Einsatzintensitäten kann festgehalten werden, dass das *Potential* der KLR insbesondere für *strategische Planungs- und Steuerungsentscheidungen* noch *nicht ausgeschöpft* ist: So liegt z.B. die *Einsatzintensität* der KLR beim *Planungs- und Budgetierungsprozess* bei der angesetzten Skala von 1 (gar nicht) bis 5 (sehr intensiv) bei 2,5 und beim *Steuerungsprozess* bei 2,4. Demgegenüber wird jeweils mit einem Zustimmungsgrad von 3,8 konstatiert, dass die KLR die Verwaltungsführung noch intensiver unterstützen kann und für die Entscheidungsvorbereitung notwendig ist.

Interessant ist auch der Vergleich der gewonnenen Ergebnisse zum Themenbereich *Zielvereinbarungen*: Während die Einsatzintensität für den Zielvereinbarungsprozess bei 1,6 liegt und über 60% der Antwortenden die KLR hierfür gar nicht einsetzen, liegt der Mittelwert bei der Einschätzung der KLR als notwendige Voraussetzung für den Zielvereinbarungsprozess bei immerhin 2,5 und nur 28% stimmen dieser Aussage nicht zu. Die Verortung der Ursachen, die diese offensichtlich bestehende *Erkenntnis-Umsetzungs-Lücke* begründen, stellt einen vielversprechenden weiterführenden Forschungsansatz dar, um in der Praxis vorhandene Reform- und Umsetzungsprozesse aktiv zu unterstützen.

Skeptischer wird in den Antworten die Möglichkeit zur *Verhaltenssteuerung* der Beschäftigten gesehen. Dies kann darauf zurückzuführen sein, dass die KLR vorrangig als Instrument zur Entscheidungsunterstützung gesehen wird, z.b. zur Kalkulation von Gebühren und Preisen. Dass z.b. Verrechnungspreise auch eine Verhaltenssteuerungsfunktion besitzen und mit diesen z.b. ein *ressourcensparendes Verbrauchsverhalten* innerhalb der Verwaltung unterstützt werden kann, ist vielfach nicht bekannt. Mit entsprechenden Schulungen könnten diese Steuerungspotentiale der KLR, die über die traditionelle Entscheidungsunterstützung hinausgehen, aufgezeigt und für die Steigerung der Effektivität und Effizienz der Aufgabenwahrnehmung genutzt werden.

Bei den Einschätzungen zur *Ausgestaltung* der KLR fällt auf den ersten Blick positiv auf, dass fast 70% der Antwortenden kalkulatorische Zinsen und ähnliche Anderskosten verwenden und der Mittelwert bei 4,1 liegt. Allerdings bewegt sich dieser Wert in etwa auf demselben Niveau wie der Mittelwert zur Einsatzintensität der KLR bei der Gebührenkalkulation. Dass kalkulatorische und damit nicht aus einer Überleitungsrechnung im Rahmen der erweiterten Kameralistik zu gewinnende Kosten auch für andere Zwecke als die Gebührenkalkulation eingesetzt werden, scheint daher eher unwahrscheinlich.

Die Antworten auf die Ausgestaltung der Kostenstellen gleichen einer Normalverteilung und lassen zu diesem Zeitpunkt keine erkenntnisleitenden Aussagen zu. Durchaus interessant sind die Einschätzungen der Antwortenden zur *Differenziertheit der Produktkalkulation*. Fast 50% der Antwortenden geben an, dass ihre Produkte nicht bzw. eher wenig differenziert kalkuliert werden. Dies kann verschiedene Ursachen haben, die es in weiterführenden Forschungsprojekten zu klären gilt: Eine positive Interpretation wäre, dass die Kommunen im Sinne eines Change Managements vor Einführung der KLR ihre Organisationsstruktur überdacht und optimiert haben. Eine eher negative Interpretation könnte dahingehend lauten, dass die Kommunen die sehr detaillierten Haushaltstitel in Produkte überführt haben und damit aufgrund der gewohnten, nicht veränderten Strukturen die Differenziertheit nicht als solche empfunden wird.

Die eher negativ ausfallenden Einschätzungen zur *Prozesskostenrechnung* sollten ebenfalls weiter nach Ursachen hinterfragt werden. Eine auf der Hand liegende Interpretation ist die, dass ein Instrument erst dann eingesetzt und hinsichtlich seiner Leistungsfähigkeit eingeschätzt werden kann, wenn die beteiligten Akteure dieses in Schulungen vermittelt und deren Potentiale schätzen gelernt haben. Wieder eine Frage der Ausgestaltung des *Change Managements*: Erst wenn die Inhalte der Prozesskostenrechnung vermittelt und insbesondere deren Potentiale für das in der öffentlichen Verwaltung ohne Frage wichtige

Gemeinkostenmanagement aufgezeigt worden sind, können Kosten und Nutzen der Prozesskostenrechnung sinnvoll diskutiert werden.

Insbesondere mit Blick auf die Einsatzintensitäten der KLR sind die Erkenntnisse zu den *Einschätzungen zum Umsetzungsprozess* sehr interessant. Nur acht Prozent der Antwortenden geben an, dass sie sich nicht ausreichend über die Möglichkeiten der KLR informiert fühlen. Die eindeutige Mehrheit fühlt sich ausreichend informiert, d.h. ist nach eigener Einschätzung mit Möglichkeiten und Potentialen vertraut – die Einsatzintensitäten geben ein gänzlich anderes Bild: Bis auf die Einsatzintensität der KLR für die Gebührenkalkulation liegen alle anderen Mittelwerte unter 2,5. Eine klare Abweichung zwischen eingeschätztem Informationsgrad und Anwendung dieser Information im konkreten Einsatz. Hier stellen sich z.B. Fragen nach Art, Ausgestaltung und Häufigkeit der Informationsvermittlung sowie der laufenden Unterstützung in der tagtäglichen Arbeit. In dieselbe Richtung zielen die Fragen hinsichtlich des erzielten Mittelwerts von 3,4 auf die Frage nach der *Veränderung der KLR im Rahmen des Reformprozesses*: Bei der Anpassung der KLR an die im neuen Steuerungsverständnis an sie gestellten Anforderungen besteht noch Handlungsbedarf.

Die Ergebnisse der Studie zeigen deutlich, dass noch erhebliche Probleme bei der Umsetzung und dem Einsatz der KLR liegen. Obwohl Potentiale und Notwendigkeiten durchaus erkannt werden und man sich durchaus ausreichend über die KLR informiert fühlt, entsprechen die Einsatzintensitäten der KLR in der Praxis den erkannten Möglichkeiten nicht. Der folgende Abschnitt geht kurz auf mögliche Erklärungsansätze für die bestehenden Defizite in der Nutzung der KLR ein.

3.3 Erklärungsansätze für das Nutzungsdefizit

Ursachen für die erheblichen praktischen Umsetzungsprobleme bei der Entwicklung und der Nutzung der kommunalen KLR werden seit geraumer Zeit thematisiert und diskutiert. Czap (1997) führt als wesentliche Gründe die primär juristisch und meistens nicht kaufmännisch ausgebildete Verwaltungsspitze sowie die kaum vorhandene Präsenz der KLR in den Ausbildungsinhalten an den Verwaltungsfachhochschulen an. Des Weiteren weist er auf die oftmals unterschätzte Aufgabe der Definition von messbaren Leistungseinheiten, deren Kosten verursachungsgemäß ermittelt werden können, hin. Die Analyse von Budäus (2003) liegt auf einer ähnlichen Argumentationslinie. In seinen Augen liegt das Problem weniger in der Verfügbarkeit von konzeptionell geeigneten Kostenrechnungssystemen, sondern in deren Umsetzungs-, Auswertungs- und Integrationsdefizit. Konkret bemängelt er, dass Entscheidungen im Wechselspiel zwischen Politik und Verwaltung immer noch zu wenig unter Einbeziehung von Wirtschaftlichkeitsüberlegungen getroffen werden und die Verknüpfung der einzelnen neuen Steuerungsinstrumente noch zu wenig oder gar nicht entwickelt ist, z.B. die Verknüpfung von Budgetierung und Kostenrechnung oder von leistungsorientierter Entlohnung und Kostenrechnung. Weber und Hunold (2002) führen als wesentliche Kernthesen für die niedrige Nutzungsintensität der KLR an, dass ein fehlendes standardisiertes Berichtswesen die wahrgenommene Qualität der Kostenrechnung durch die Verwaltungsführung sowie die Nutzung der Kosteninformationen verringert. Des Weiteren verbessern ihrer Einschätzung nach zu komplexe Kostenrechnungssysteme die Qualität der KLR nicht, vielmehr schrecken sie die Verwaltungsführung eher von deren Nutzung ab. Um die Qualität und Nutzung der KLR zu verbessern, fordern sie eine stärkere Zusammenarbeit zwischen Kostenrechnern und Verwaltungsführung ein. In der hier vorgestellten aktuellen empirischen Studie aus dem Jahr 2008 finden sich im Ergebnis viele dieser Argumente bei der Auswertung der Antworten der direkt betroffenen Finanzdezernentinnen und Finanzdezernenten wieder. Die eingangs formulierte Frage, ob die KLR in den vergangenen Jahren ihre zentrale Rolle im neuen Steuerungsverständnis verstärkt wahrnehmen und ausbauen konnte, kann damit nicht positiv beantwortet werden: Potential und Notwendigkeit einer KLR sind erkannt, an einem konsequenten Einsatz und der Nutzung der Informationen für die Verwaltungssteuerung mangelt es weiterhin.

4. Fazit und Ausblick

Das in der Studie bescheinigte Potential und die erkannte Notwendigkeit einer die veränderten Anforderungen erfüllenden KLR für die kommunale Verwaltungssteuerung zeigt sich bislang noch nicht durch einen konsequenten Einsatz in der Praxis bestätigt. Dieses Ergebnis ist insbesondere deswegen bemerkenswert, da – ergänzend zu der Forderung in den Haushaltsvorschriften von Bund, Ländern und Kommunen, die öffentliche Ressourcenverwendung dem Wirtschaftlichkeitsprinzip zu unterwerfen und die KLR in „geeigneten" Bereichen einzuführen – das neue Steuerungsverständnis die KLR als Komponente einer integrierten Verbundrechnung und als Grundlage für das externe Rechnungswesen sowie das Management öffentlicher Finanzen versteht und dieser eine zentrale Rolle bei der Ressourcensteuerung zuweist.

Insbesondere mit Blick auf die vielfältigen institutionellen Arrangements der öffentlichen Aufgabenwahrnehmung und der entstandenen konzernartigen Strukturen gilt es, die Potentiale der KLR für die Verwaltungssteuerung, z.B. für die Analyse und ggf. Neubestimmung der Organisationsstrukturen, gezielt zu nutzen. Die Erfassung der Organisationsstruktur bietet insbesondere die Möglichkeit, vorhandene Strukturen zu überdenken, Umstrukturierungen zur

Erzielung reibungsloser Prozessabläufe und/oder der Schaffung klarer Verantwortungsbereiche vorzunehmen und so einen Beitrag zur Schaffung von mehr Transparenz als Grundlage für eine bestmögliche Ressourcensteuerung zu leisten. Aufgrund des hohen Gemeinkostenanteils einer vorrangig Dienstleistungen erbringenden öffentlichen Verwaltung und des damit verbundenen hohen Anteils nicht direkt zurechenbarer Kosten kommt der Kostenstellenrechnung eine große Bedeutung zu. Mit der KLR können z.b. die Kosten für Verwaltungsleisten kalkuliert, den erhobenen Gebühren gegenübergestellt und die notwendigen Voraussetzungen für Benchmarking geschaffen werden. Zudem sollte eine enge Verknüpfung der KLR mit der Budgetierung erfolgen, um z.b. die Voraussetzungen für eine verhaltensorientierte Steuerung zu schaffen. Insellösungen sind zu vermeiden, um die notwendigen Voraussetzungen z.b. für Steuerung über globale Budgets zu schaffen.

Letztlich und endlich müssen die Voraussetzungen für die Umsetzung und Nutzung der dargelegten Potentiale durch z.B. Schulungen, Erarbeitung von Broschüren und Checklisten im Sinne eines Change Managements geschaffen werden – ein Reformprozess ohne die Mitnahme der Beteiligten und von den Umstellungsmaßnahmen Betroffenen wird zwangsläufig nur wenig zufriedenstellende Ergebnisse vorweisen können.

Literatur

Bals, Hansjürgen, 2004: Neues kommunales Finanz- und Produktmanagement. Erfolgreich steuern und budgetieren. Heidelberg: Jehle.

Bolsenkötter, Heinz (Hrsg.), 2007: Die Zukunft des Öffentlichen Rechnungswesen. Reformtendenzen und internationale Entwicklung. Baden-Baden: Nomos.

Budäus, Dietrich, 2003: Public Management. Grundlagen für die Reform des öffentlichen Sektors aus ökonomischer Sicht, in: Küting, Karlheinz und Hans-Christoph Noack (Hrsg.), Der große BWL-Führer. Die 50 wichtigsten Strategien und Instrumente zur Unternehmensführung. Frankfurt am Main: F.A.Z.-Institut für Management-, Markt- und Medieninformationen, 327-333.

Czap, Hans, 1997: Kostenrechnung und Qualitätsmanagement bei Kommunen. Das Reformkonzept der KGSt im Hinblick auf die Unterstützung amtsübergreifender Vorgänge, in: Kahler, Helge/Mambrey, Peter und Volker Wulf (Hrsg.), Computerunterstützte Gruppenarbeit und Verwaltungsreform. Proceedings zum GI-Workshop. Bonn: Institut für Informatik III, URL: http://www.cs.uni-bonn.de/~prosec/ws_harburg/WORKSHOP.html.

Heller, Robert F., 2010: Haushaltsgrundsätze für Bund, Länder und Gemeinden. Handbuch zum Management der öffentlichen Finanzen. 2. Aufl. Heidelberg: R. v. Decker.

Kommunale Gemeinschaftsstelle für Verwaltungsmanagement (KGSt), 2008: Stand der Einführung des neuen Haushalts- und Rechnungswesens. Ergebnisse einer bundesweiten Umfrage, KGSt-Materialien Nr. 4/2008. Köln: KGSt.

Lenk, Thomas/Rottmann, Oliver/Albrecht, Romy, 2011: Rekommunalisierung der Energieversorgung, in: Public Governance, Jg. 8, Nr. 1 (Frühjahr 2011), 6-11.

Lüder, Klaus, 2007: Beiträge zum öffentlichen Rechnungswesen. Öffentliche Bilanz und Entwicklungsperspektiven. Speyerer Arbeitshefte Nr. 194. Speyer: Hochschule für Verwaltungswissenschaft Speyer (DHV).

Müller, Stefan/Papenfuß, Ulf/Schaefer, Christina, 2009a: Kommunale Verwaltungssteuerung (KVS): Rechnungslegung und Controlling in Kommunen. Status Quo und Reformansätze. Berlin: Erich Schmidt Verlag.

Müller, Stefan/Papenfuß, Ulf/Schaefer, Christina, 2009b: Grundsachverhalte und empirische Analyse zur instrumentellen Ausgestaltung des kommunalen Verwaltungscontrollings, in: Verwaltung & Management, Jg. 15, Nr. 1, 13-18.

Röber, Manfred, 2009: Privatisierung adé? Rekommunalisierung öffentlicher Dienstleistungen im Lichte des Public Management, in: Verwaltung & Management, 2009, Jg. 15, Nr. 5, 227-240.

Röber, Manfred, 2011: Aufgabenplanung und Aufgabenkritik, in: Blanke, Bernhard/ Nullmeier, Frank/Reichard, Christoph und Göttrik Wewer (Hrsg.), Handbuch zur Verwaltungsreform. 4. Aufl. Wiesbaden: VS Verlag für Sozialwissenschaften, 108-117.

Weber, Jürgen/Hunold, Claus, 2002: Gestaltung und Nutzung der kommunalen Kostenrechnung. Eine empirische Studie, in: krp-Kostenrechnungspraxis, Jg. 46, Nr. 1, 37-45.

Zypries, Brigitte, 2006: Public Corporate Governance Kodex, URL: http://www.bmj.bund.de.

Flexible Ressourcensteuerung – Erfahrungen aus Österreich

Kurt Promberger

1. Von der zentralen zur dezentralen Ressourcensteuerung

Die Erstellung von öffentlichen Leistungen erfordert den Einsatz von personellen, sachlichen und finanziellen Ressourcen, die den öffentlichen Dienstleistungseinrichtungen meist im Rahmen eines formalisierten Verfahrens von Zentralstellen (beispielsweise Bundeskanzleramt, Bundesministerium für Finanzen, Fachressorts) mit hohem Detaillierungsgrad zugewiesen werden. Beispielsweise besteht der Bundeshaushalt aus weit über 1.000 finanzgesetzlichen Ansätzen (Steger 2010: 459). Ähnliches trifft auch auf den Stellenplan des Bundes zu. Diese zentralisierten und normierten Prozeduren engen vielfach den Handlungsspielraum der Dienststellen ein und sind einem „sparsamen, wirtschaftlichen und zweckmäßigen" Ressourceneinsatz nicht immer sehr förderlich (Csoka 1998: 398ff.).

2. Flexible Ressourcensteuerung durch Ausgliederung

Eine sehr radikale Form der Ressourcenflexibilisierung stellt – abgesehen von Privatisierungen – die Ausgliederung von Verwaltungseinheiten aus dem Bundeshaushalt dar, mit der versucht wird, das enge Korsett der haushalts-, dienst-, besoldungs- und organisationsrechtlichen Bestimmungen auf Bundesebene abzuschütteln. Sie erfolgen auf der Grundlage von speziellen Ausgliederungsgesetzen, mittels derer Einrichtungen des Bundes (in der Regel den Bundesministerien nachgeordnete Dienststellen) in Kapitalgesellschaften privaten oder öffentlichen Rechts umgewandelt werden.

Ausgliederungen werden von der Bundesregierung als ein wesentliches Element der Reform der staatlichen Aufgabenerfüllung betrachtet, mit denen Effizienzsteigerungen und Budgetentlastungen bewirkt werden sollen (Bundesministerium für Finanzen 2011: 4). Sie haben zur Folge, dass die finanziellen Vergütungen, die der Bund dem neuen Rechtsträger für die Aufgabenerfüllung leistet, im Bundeshaushalt nur mehr Sachausgaben darstellen. Die Planstellen der Vertragsbediensteten, die zu Angestellten des neuen Rechtsträgers werden, entfallen und die Planstellen der Beamten, die dem neuen

Rechtsträger dienstzugeteilt werden, entfallen bei deren Ausscheiden. Die Personalausgaben für diese Beamten trägt der Bund und der ausgegliederte Rechtsträger hat die Personalausgaben (inklusive eines Zuschlages für die zukünftigen Pensionszahlungen) dem Bund zu refundieren.

In der Bundesverwaltung begann die Ausgliederungswelle bereits vor mehr als 30 Jahren und die Liste der ausgegliederten Dienststellen umfasst derzeit etwa 100 Gesellschaften und Anstalten (Bundeskanzleramt 2011: 7). Ausgegliedert wurden Einrichtungen, die einerseits typische unternehmerische Tätigkeiten zum Gegenstand haben, wie z.b. die Österreichischen Bundesbahnen, die Österreichischen Bundesforste oder die Flugsicherung und anderseits Einrichtungen, die anderen Bundesdienststellen Unterstützungsleistungen zur Verfügung stellen, wie z.B. das Bundesrechenzentrum, die Statistik Austria, die Bundesimmobiliengesellschaft oder die österreichische Bundesfinanzierungsagentur. Darüber hinaus kam es auch zur Ausgliederung von Dienststellen, die gemeinwirtschaftliche Leistungen erbringen. Dazu zählen die Universitäten, die Bundesmuseen und die Bundestheater (Bundesministerium für Finanzen 2011: 4).

Im jährlich vom Bundesminister für Finanzen zu erstellenden Ausgliederungsbericht wird betont, dass die bisherigen Erfahrungen zeigen, dass durch Ausgliederungen der für die Weiterentwicklung eines leistungsfähigen Staates erforderliche Veränderungsdruck erreichbar ist (Bundesministerium für Finanzen 2011: 4). Aus der Sicht des Rechnungshofes sind Ausgliederungen jedoch nur dann sinnvoll, wenn durch sie Effizienzsteigerungen realisiert werden können, die durch verwaltungsinterne Reformmaßnahmen nicht in gleicher Weise möglich wären. Kritisch beurteilt er Ausgliederungen, die ausschließlich dem Personalabbau (Stellenplankosmetik) dienen oder zur „kreativen Buchführung" (Defizit- und Schuldenreduktion entsprechend der Maastricht-Kriterien) beitragen. Mehrfach bemängelte der Rechnungshof das Fehlen von betriebswirtschaftlichen Kontroll- und Steuerungsmechanismen (wie beispielsweise Controlling und Innenrevision) aber auch die fehlende Festlegung von Leistungsindikatoren und längerfristigen Zielen (Rechnungshof 2011: 130f.).

3. Flexibilisierungsklausel

Eine moderate Form der Ressourcenflexibilisierung hingegen repräsentiert die „Flexibilisierungsklausel", die auch als Alternative zu den Ausgliederungen konzipiert und propagiert wurde. Ihre Ausgestaltung, Funktions- und Wirkungsweise bildet den Schwerpunkt dieses Beitrages.

3.1 Entstehung und Hintergründe der Flexibilisierungsklausel

Als Reaktion auf die internationale New Public Management (NPM) Bewegung der 80er und 90er Jahre des letzten Jahrhunderts hat – auf Initiative des Finanzministers – das Parlament im Dezember 1998 die rechtlichen Grundlagen für das Pilotprojekt „Flexibilisierungsklausel" geschaffen und im Bundeshaushaltsgesetz (BHG) normativ verankert. Wie der Name bereits vermuten lässt, besteht der Kern dieser Verwaltungsinnovation darin, für ausgewählte Einrichtungen der Bundesverwaltung rechtlich abgesicherte Handlungsfreiräume für eine dezentrale, flexible und ergebnisorientierte Ressourcensteuerung zu schaffen, um damit effizienteres und effektiveres Verwaltungshandeln zu fördern.

Die Flexibilisierungsklausel stellt eine Experimentierklausel zur zeitlich befristeten Erprobung einer neuen Steuerungslogik für die Verwaltungsführung in Form von Pilotprojekten dar (Fleischmann 2001: 22). Allgemein betrachtet bieten Experimentierklauseln dem Gesetz- oder Verordnungsgeber die Möglichkeit zur Erprobung von Vorhaben (Maßnahmen, Methoden, Instrumenten etc.), wobei Verwaltungseinheiten ermächtigt werden, von geltendem Recht abzuweichen oder dieses zu dispensieren (Maaß 2001).

3.2 Flexibilisierungsklausel und New Public Management (NPM)

Die Flexibilisierungsklausel orientiert sich an bekannten NPM-Konzepten („Neues Steuerungsmodell", „Führen mit Leistungsauftrag und Globalbudget", „Wirkungsorientierte Verwaltungsführung" etc.) und adaptiert diese an die Rahmenbedingungen der österreichischen Bundesverwaltung (Balkany 2002; Brüggemeier und Röber 2011: 213ff.; Promberger u.a. 2005; Steger 2009a).

Folgende NPM-Elemente finden sich im Konzept der Flexibilisierungsklausel wieder (Fleischmann 2001: 22f.):

1. Kontraktmanagement (Leistungsvereinbarungen)
Aus der Aufbauorganisation eines Fachressorts (Zentralstelle und nachgeordnete Dienststellen) wird eine geeignete und abgrenzbare Organisationseinheit (sogenannte Flexiklauseleinheit) herausgelöst, die mit dem zuständigen Ressortminister unter Einbeziehung des Finanzressorts eine mehrjährige Vereinbarung (Kontrakt) über anzustrebende Ziele, zu erbringende Leistungen (Produkte) und die dafür zur Verfügung stehenden Ressourcen schließt. Die finanziellen Ressourcen werden der Dienststelle nicht in Form eines Gobalbudgets sondern unter Beibehaltung der bisherigen Budgetgliederung zugewiesen, wobei für jedes Jahr der Vereinbarungsdauer ein verbindlicher Budgetsaldo (Differenzbetrag zwischen Einnahmen und Ausgaben) fixiert werden muss. Diese Form der Budgetierung soll auch einen Beitrag zur Haushaltskonsolidierung leisten (Steger 2009b: 25).

2. *Dezentrales Ressourcenmanagement*
   Den Flexiklauseleinheiten wird durch die temporäre Außerkraftsetzung von zum Teil verfassungsrechtlich festgeschriebenen Budgetgrundsätzen die Möglichkeit eingeräumt, vor allem ihre finanziellen Ressourcen (Einnahmen und Ausgaben) auf der Grundlage von rechtlich bindenden Kontrakten eigenverantwortlich zu steuern. Ein dezentrales Ressourcenmanagement erfordert die Zusammenführung der Dienst- und Fachaufsicht über die Flexiklauseleinheit beim Dienststellenleiter. Dessen Stellung, Rolle und Ergebnisverantwortung wird dadurch wesentlich gestärkt und ein „unternehmerisches" Denken und Handeln gefördert.
3. *Ergebnisorientierung*
   Die Grundlage für das Kontraktmanagement bilden die Leistungen (Produkte) der Dienststellen, die in einem Leistungs- bzw. Produktkatalog dargelegt werden müssen. Diese leiten sich aus den gesetzlich festgelegten Aufgaben (Schlüsselaufgaben) ab. Die bisher dominierende Inputorientierung wird durch eine Sicht auf den Output ergänzt, wodurch die Leistungs- und die Ressourcenplanung integriert werden können. Die mit der Erstellung der Leistungen angestrebten Ergebnisse (Steigerung der Einnahmen, Verbesserung des Kostendeckungsgrades, Senkung der Kosten, Erhöhung der Wirkungen etc.) sind in Form von messbaren Zielen festzulegen.
4. *Anreiz- und Sanktionsmechanismen*
   Eine Reihe von haushaltsrechtlichen Bestimmungen stimulieren die Flexiklauseleinheiten, die in der Leistungsvereinbarung festgeschriebenen Ziele engagiert zu verfolgen. Die Erreichung der Ziele wird belohnt bzw. im gegenteiligen Fall negativ sanktioniert. Wenn die Dienststelle Saldoverbesserungen (positive Unterschiedsbeträge) erwirtschaftet, so kann in der organisationsspezifischen Flexibilisierungsklausel-Verordnung prozentuell festgelegt werden, wie viel dieser Saldoverbesserung für Belohnungen, Leistungsprämien und Fortbildungsmaßnahmen für die Mitarbeiterinnen und Mitarbeiter verwendet werden darf. Die Prozentsätze bewegen sich zwischen 25 und 33 Prozent der jährlichen Saldoverbesserung. Zusätzlich finden sich Bestimmungen, die die Belohnungen bzw. Leistungsprämien auf 150 Prozent des Monatsbezuges je Bediensteten limitieren.
5. *Controlling und Berichtswesen*
   Die Flexiklauseleinheiten unterliegen einem begleitenden Controlling[1] und einer abschließenden Erfolgskontrolle (Evaluierung)[2] durch das jeweilige Fachressort. Ein vom zuständigen Fachressort einzurichtender

---

1 Verordnung des Bundesministers für Finanzen über das Budget- und Personalcontrolling (Controllingverordnung) BGBl. II Nr. 16/2009.
2 Verordnung des Bundesministers für Finanzen zur Festlegung von einheitlichen Grundsätzen zur Durchführung der finanziellen Erfolgskontrolle bei Anwendung der Flexibilisierungsklausel (Erfolgskontrollen-Verordnung). BGBl. II Nr. 28/2001.

Controlling-Beirat steht dem Leiter der Organisationseinheit beratend zur Seite, der insbesondere bei Nichterreichen der vereinbarten Ergebnisse geeignete Korrekturmaßnahmen vorschlagen soll. Generell kommt dem Controlling-Beirat – als verlängerter Arm des Fachressorts – die Aufgabe zu, die Erfüllung der Leistungsvereinbarung zu überwachen. Für ein zeitnahes Gegensteuern ist der Aufbau eines effizienten Berichtswesens notwendig.

3.3 Flexibilisierung von „ehernen" Budgetgrundsätzen

Im Rahmen einer Novellierung des Bundeshaushaltsgesetzes (BHG) wurde die Flexibilisierungsklausel (§§ 17a und 17b BHG idF BGBl. I Nr. 30/1999) zeitlich befristet aufgenommen. Diese Bestimmungen befinden sich teilweise sogar im Verfassungsrang, da sie tragende Säulen des österreichischen Haushalts(verfassungs-)rechts (sogenannte Budgetgrundsätze) außer Kraft setzen (Lödl 2008: 104). Dieses Pilotprojekt wurde mehrfach mittels Verfassungsgesetz verlängert und tritt endgültig zum 31.12.2012 außer Kraft. Die Flexibilisierungsklausel wird durch die in der zweiten Etappe der Haushaltsrechtsreform am 1.1.2013 in Geltung tretenden Innovationen im Haushalts- und Rechnungswesen des Bundes ersetzt.

Folgende Budgetgrundsätze (Budgetregeln) wurden für die Reformexperimente gelockert (Lödl 2009: 214ff.):

1. *Gesamtbedeckungsgrundsatz*
   Die von der Organisationseinheit erzielten Einnahmen fließen nicht in den Gesamthaushalt, sondern können bei der Dienststelle verbleiben, wodurch ein Anreiz für die Erzielung zusätzlicher Einnahmen geschaffen wird (Balkany 2002: 156).
2. *Grundsatz der Budgetspezialität*
   Ohne Befassung des Finanzressorts bzw. des Bundesfinanzgesetzgebers können die Flexiklauseleinheiten saldoneutrale Ausgabenveränderungen vornehmen (Pichler 2005: 211). Dazu zählen Umschichtungen von Personalausgaben in Sachausgaben oder Ausgabenerhöhungen, die durch Mehreinnahmen bedeckt werden. Die Dienststellen erhalten volle Flexibilität bei der Überschreitung von Ausgabenansätzen. Wäre allerdings durch eine Überschreitung die Einhaltung des budgetierten Differenzbetrages nicht möglich, ist weiterhin das Finanzressort mit zu befassen. Damit der Budgetsaldo ausgeglichen bleibt, sind Mehrausgaben in einem Bereich durch Einsparungen in einem anderen Bereich oder durch Mehreinnahmen zu kompensieren.
3. *Grundsatz der Einjährigkeit*
   Saldoverbesserungen (positive Unterschiedsbeträge) können vom Finanzressort zum Teil einer speziellen für die Flexibilisierungsklausel eingerich-

teten Haushaltsrücklage (Balkany 2001: 156f.; Pichler 2005: 211) für diese Dienststellen zugeführt werden, sofern sie nicht für den Ausgleich von Saldoverschlechterungen der Vorjahre heranzuziehen sind. Ein positiver Saldo kann zwischen den Dienststellen und dem allgemeinen Haushalt (Finanzressort) aufgeteilt werden, je nachdem, welchen Beitrag die Dienststellen zum Zustandekommen dieses Ergebnisses geleistet haben. Diese Rücklage ist von den Flexiklauseleinheiten zum Teil für Belohnungen oder Leistungsprämien für ihre am Erfolg beteiligten Bediensteten und für die Fortbildung ihrer Bediensteten zu verwenden. Das Finanzressort ist verpflichtet, den Dienststellen Beträge aus derartigen Haushaltsrücklagen bei Bedarf bereitzustellen. Saldoverschlechterungen (negative Unterschiedsbeträge) werden einer „Minusrücklage" zugeführt und müssen in den Folgejahren von den Dienststellen abgedeckt werden, damit dieser negative Budgetsaldo nicht zu einer dauernden Belastung für den Bundeshaushalt wird. Diese Budgetregeln stärken die Ergebnisverantwortung der Dienststellen. Ist dies nicht möglich, muss das Fachressort durch Einsparungen innerhalb seines Budgets diese Fehlbeträge kompensieren.

3.4 Rechtliche Ausgestaltung der Flexibilisierungsklausel

Damit eine Verwaltungseinheit ihre Ressourcen dezentral, flexibel und ergebnisorientiert steuern kann, muss eine organisationsspezifische Verordnung[3] (Flexibilisierungsklausel-Verordnung) ausgearbeitet und darüber hinaus der Dienststellenleiter zu überplanmäßigen Ausgaben mittels Verordnung[4] des Bundesministers für Finanzen ermächtigt werden. Diese Verordnungen werden im Bundesgesetzblatt kundgemacht. Die Erarbeitung der organisationsspezifischen Verordnung erfolgt im Zusammenspiel zwischen der Dienststelle und dem Fachressort sowie unter Einbeziehung des Finanzressorts und nach Anhörung des Rechnungshofes. In Einzelfällen wird fehlendes betriebswirtschaftliches Wissen durch externe Berater eingebracht.

Die Flexibilisierungsklausel-Verordnungen sind weitgehend ähnlich aufgebaut und gliedern sich wie folgt:

1. Bezeichnung und Abgrenzung der Flexiklauseleinheit sowie Darlegung der Ziele ihrer Tätigkeit;
2. Projektzeitraum, der mehrere Finanzjahre umfassen muss;
3. Mehrjähriges Projektprogramm (nach Finanzjahren gegliedert);

---

3 Siehe beispielsweise die Verordnung des Bundesministers für Verkehr, Innovation und Technologie über die Anwendung der Flexibilisierungsklausel beim Österreichischen Patentamt (ÖPA-Flexibilisierungsverordnung) BGBl. II Nr. 472/2004.
4 Siehe beispielsweise die Verordnung des Bundesministers für Finanzen, mit der die Verordnung über die Ermächtigung der Leiter von Organisationseinheiten gemäß § 17a BHG zu überplanmäßigen Ausgaben geändert wird. BGBl. II Nr. 8/2011.

4. Vorgaben über die Bildung von Rücklagen sowie Regelungen über die Behandlung von positiven und negativen Unterschiedsbeträgen;
5. Aufgaben, Zusammensetzung und Geschäftsordnung des beim zuständigen Fachressort einzurichtenden Controlling-Beirates;
6. Bestimmungen zu den Berichtspflichten der Flexiklauseleinheit.

3.5 Projektprogramm

Das Kernelement der Flexibilisierungsklausel-Verordnung stellt das mehrjährig angelegte Projektprogramm dar. In ihm sind die Ziele der Organisationseinheit so präzise darzustellen, dass eine Nachprüfbarkeit der Zielerreichung möglich ist.

Auch die einzelnen Projektprogramme sind ähnlich aufgebaut und umfassen folgende Punkte:

1. *Strategische Zielsetzungen*
   Diese werden aus den gesetzlichen Grundlagen und den strategischen Zielen des Fachressorts sowie unter Einbeziehung weiterer Stakeholder abgeleitet bzw. erarbeitet. Sie beschreiben die angestrebten politikfeldspezifischen Wirkungen.
2. *Leistungs- bzw. Produktkatalog*
   Der Leistungskatalog darf aber nur solche Leistungen enthalten, zu deren Erbringung die Flexiklauseleinheit auf Grund der materiellen Verwaltungsvorschriften ermächtigt bzw. verpflichtet ist (es gilt weiterhin das Legalitätsprinzip!). Er ist so zu erstellen, dass sowohl die Effizienz (Kostenwirtschaftlichkeit) als auch die Qualität (Bürgerorientierung) der einzelnen Leistungen beurteilt werden können.
3. *Ziele der Organisationseinheit*
   Hier werden für die im Leistungskatalog dargestellten Leistungen messbare Ziele (Zielinhalt, Messgröße und Zielausmaß) festgelegt und zwar für den Projektzeitraum auf Jahresbasis. Darüber hinaus werden auch Managementziele formuliert, wie beispielsweise der Aufbau eines zertifizierbaren Qualitätsmanagementsystems oder die Weiterentwicklung der im Einsatz befindlichen Kosten- und Leistungsrechnung.
4. *Darstellung der im Projektzeitraum voraussichtlich erforderlichen Ausgaben und erzielbaren Einnahmen*
   Hinsichtlich des Ressourcenverbrauches ist davon auszugehen, dass der Saldo aus Einnahmen und Ausgaben günstiger sein sollte, keinesfalls aber schlechter sein darf als im letzten Finanzjahr vor Anwendung der Flexibilisierungsklausel. Dabei wird der jährlich zu erreichende Budgetsaldo festgeschrieben, der auf einer Planung der nach finanzwirtschaftlichen Gesichtspunkten gegliederten Ausgaben und der Einnahmen beruht. Mit den Flexiklauseleinheiten wird jedoch kein „Globalbudget" verein-

bart, sondern ein Differenzbetrag zwischen den Einnahmen und Ausgaben, in der haushaltsrechtlich für alle Einrichtungen des Bundes relevanten Differenzierung.
5. *Darstellung der im Projektzeitraum voraussichtlich erforderlichen Planstellen (inklusive Nachbesetzungsvorschau)*
Unter diesem Punkt wird die Entwicklung der Planstellen (nach Bedienstetenkategorien) für den Projektzeitraum festgeschrieben.

3.6 Controlling-Beirat und Berichtspflichten

Die Aufgabe des Controlling-Beirats besteht insbesondere in der Mitwirkung am Budget-und Personalcontrolling der Flexiklauseleinheit. Im Zuge der Anwendung der Flexibilisierungsklausel sind einerseits Berichte des Dienststellenleiters an den Controlling-Beirat, andererseits Berichte des Controlling-Beirats an die Flexiklauseleinheit bzw. das Fachressort zu liefern.

1. *Berichtspflichten der Flexiklauseleinheit*
Der Dienststellenleiter legt dem Controlling-Beirat mindestens einmal in jedem Kalendervierteljahr des Projektzeitraums einen Bericht vor. Am Ende des Projektzeitraums übermittelt er einen Abschlussbericht an den Controlling-Beirat.
2. *Berichtspflichten des Controlling-Beirats*
Der Controlling-Beirat arbeitet zu jedem Bericht der Flexiklauseleinheit eine Stellungnahme aus. Dieser Bericht wird dem Fachressort gemeinsam mit dem Bericht der Dienststelle vorgelegt. Bei Bedarf kommt dem Controlling-Beirat die Verpflichtung zu, Empfehlungen für die Umsetzung des Projektprogramms auszuarbeiten. Weiters erarbeitet der Controlling-Beirat eine Stellungnahme zum Bericht entsprechend der Erfolgskontrollen-Verordnung und schließt diese dem Bericht an.
3. *Berichtspflichten des Fachressorts*
Das für die Flexiklauseleinheit zuständige Fachressort führt spätestens ein Jahr vor Ablauf des Projektzeitraums eine finanzielle Erfolgskontrolle durch und verfasst über die Ergebnisse einen Bericht. Dieser ist bis zum 30. Juni des letzten Finanzjahres des Projektzeitraums dem Finanzressort sowie zeitgleich dem mit der Vorberatung von Bundesfinanzgesetzen betrauten Ausschuss des Nationalrates vorzulegen.

3.7 Teilnehmende Organisationseinheiten

Am 1.1.2000 startete dieses Experiment in vier nachgeordneten Dienststellen des Bundes, nämlich in der Bundesanstalt für Bergbauernfragen, im Bundesamt für Wasserwirtschaft, in der Justizanstalt für Jugendliche Wien-Erdberg und in der Justizanstalt Sankt Pölten.

Im Zeitraum 2000 bis 2012 experimentierten insgesamt 21 unterschiedliche Verwaltungseinheiten mit der Flexibilisierungsklausel, von denen zum gegenwärtigen Zeitpunkt noch 15 Organisationseinheiten am Pilotprojekt teilnehmen.

Abbildung 1: Überblick über die Flexiklauseleinheiten

Organisationseinheiten	Teilnahme-Zeitraum	Anzahl der Flexiklausel-Verordnungen	Zuständiges Fachressort
Staatsarchiv und Archivamt	2004 – 2012	4	Bundeskanzleramt (BKA)
Verwaltungsakademie	2009 – 2012	1	
Sicherheitsakademie	2004 – 2012	3	Bundesministerium für Inneres (BMI)
Support Unit Zentrales Melderegister (ZMR)	2003 – 2010	3	
Justizanstalt St. Pölten	2000 – 2010	6	Bundesministerium für Justiz (BMJ)
Justizanstalt Leoben	2002 – 2010	5	
Justizanstalt Graz-Jakomini	2005 – 2010	3	
Justizanstalt Sonnberg	2002 – 2010	5	
Justizanstalt für Jugendliche Wien-Erdberg	2000 – 2003	3	
Bundesinstitut für Erwachsenenbildung	2004 – 2012	3	Bundesministerium für Unterricht, Kunst und Kultur (BMUKK)
Heeres-, Land u. Forstwirtschaft Allentsteig	2006 – 2012	2	Bundesministerium für Landesverteidigung und Sport (BMLVS)
Heeresdruckerei	2007 – 2012	2	
Heeresunteroffiziersakademie	2008 – 2012	1	
Wohnheime und Seminarzentrum	2010 – 2012	1	
Finanzprokuratur	2002 – 2012	5	Bundesministerium für Finanzen (BMF)
Bundesanstalt für Agrarwirtschaft	2004 – 2012	3	Bundesministerium für Land- und Forstwirtschaft, Umwelt und Wasserwirtschaft (BMLFUW)
Bundesamt für alpenländische Milchwirtschaft	2004 – 2012	3	
Bundesanstalt für Bergbauernfragen	2000 – 2012	4	
Bundesamt für Weinbau	2007 – 2012	2	
Bundesamt für Wasserwirtschaft	2000 – 2012	4	
Österreichisches Patentamt	2005 – 2012	3	Bundesministerium für Verkehr, Technologie und Innovation (BMVIT)

Quelle: eigene Darstellung

Flexible Ressourcensteuerung – Erfahrungen aus Österreich

17 der 21 Flexiklauseleinheiten sind nachgeordnete Dienststellen (Verwaltungsbehörden, Ämter, Einrichtungen), die unter der Fach- und Dienstaufsicht der Zentralstellen der Fachressorts und dem damit verbundenen Weisungszusammenhang stehen. Lediglich drei stammen aus dem Bereich der Zentralstellen der Bundesministerien. Dazu zählen die Sicherheitsakademie (BMI), die Support Uni Zentrales Melderegister (BMI) und die Verwaltungsakademie des Bundes (BKA). Allen Flexiklauseleinheiten ist gemeinsam, dass sie die Möglichkeit besitzen, eigene Einnahmen zu erzielen.

Abbildung 2: Anzahl der Flexiklauseleinheiten je Ressort

Zuständige Fachressorts	Anzahl der Organisationseinheiten
BKA	2
BMI	2
BMJ	5
BMUKK	1
BMLVS	4
BMF	1
BMLFUW	5
BMVIT	1
Gesamtzahl	21

Quelle: eigene Darstellung

Wie die Abbildung 2 zeigt, haben acht von 13 Bundesministerien die Möglichkeit zur Mitwirkung am Pilotprojekt genutzt.

Die Anzahl der Flexiklauseleinheiten hat im Zeitverlauf stetig zugenommen und sie erreichte ihren Spitzenwert im Jahre 2010 mit 20 Organisationseinheiten (siehe Abbildung 3).

Abbildung 3: Anzahl der Flexiklauseleinheiten im Zeitraum 2000 bis 2011

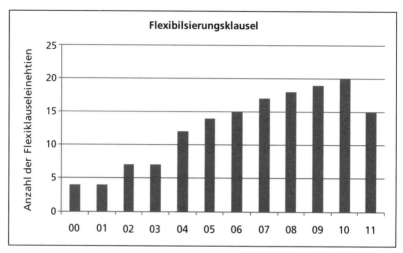

Von den vier gestarteten Dienststellen wirtschaften noch zwei unter dem Regime der Flexibilisierungsklausel.

Die Flexibilisierungsklausel ist bezogen auf die gesamte Bundesverwaltung nur von geringer Bedeutung. Im Jahre 2010 betrug die Anzahl der Planstellen in den Flexiklauseleinheiten 1.459; das sind ca. 1,1 Prozent der gesamten Planstellen im Bundesdienst in der Höhe von 136.446 (Bundesministerium für Finanzen 2010). Die Ausgaben dieser Organisationseinheiten beliefen sich im Jahre 2006 auf deutlich unter ein Prozent (0,13 Prozent) der Gesamtausgaben des Bundes (Pasterniak 2006: 147).

Ein Blick auf die Entwicklung der Flexibilisierungsklausel-Rücklage (siehe Abbildung 4) zeigt einen kontinuierlichen Anstieg. Am Ende des Jahres 2000 betrug die aus Saldoverbesserungen resultierende Rücklage 0,5 Mio. €, die sich bis Ende 2010 auf 29,5 Mio. € erhöht hat.

Abbildung 4: Entwicklung der Flexibilisierungsklausel-Rücklage (eigene Berechnungen auf der Grundlage der Bundesrechnungsabschlüsse 2000 bis 2010)

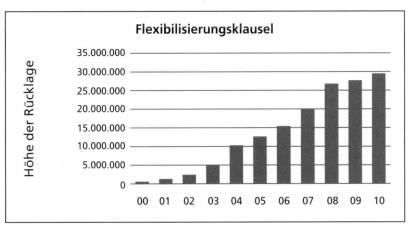

4. Umsetzungserfahrungen

4.1 Prüfberichte des Rechnungshofes

Seit Inkrafttreten der Flexibilisierungsklausel hat der Bundesrechnungshof im Rahmen seiner Kontrolltätigkeit auch Einrichtungen des Bundes geprüft, die im jeweiligen Prüfzeitraum an der Flexibilisierungsklausel teilgenommen haben.[5] Die hinsichtlich der Umsetzung der Flexibilisierungsklausel getroffenen Feststellungen des Bundesrechnungshofes (Rechnungshof 2004, 2005, 2007a, 2007b, 2008, 2010, 2012) lassen sich wie folgt systematisieren:

1. *Operationalisierung der Ziele*
   Gerade in der Einführungsperiode der Flexibilisierungsklausel waren in den untersuchten Projektprogrammen viele Ziele eher vage formuliert und gaben lediglich eine allgemeine Richtung vor, die klare Aussagen über die Zielerreichung nicht erlaubten. Auch fanden sich darunter Ziele, die von den Dienststellen nicht beeinflussbar und damit nicht steuerungsrelevant waren. Des Weiteren wurden Leistungskennzahlen nicht immer operativ wirksam verwendet und es fehlten sowohl entsprechende Ursa-

---

5 Bundesanstalt für Bergbauernfragen, Bundesanstalt für alpenländische Milchwirtschaft, Finanzprokuratur, Sicherheitsakademie, Justizanstalt St. Pölten, Österreichisches Patentamt.

chenanalysen für die Zielabweichungen und als auch Vorschläge für Korrekturmaßnahmen.
2. *Zusammenspiel von Flexiklauseleinheit und Fachressort*
Verbesserungspotential wurde auch im Zusammenwirken von Fachressort und Dienststelle festgestellt. Dieses ist daran erkennbar, wenn die für die Fachaufsicht über die Flexiklauseleinheit zuständige Abteilung im Fachressort nicht oder nur unzureichend in die Projektentwicklung zur Erstellung der Flexibilisierungsklausel-Verordnung eingebunden wurde bzw. wird. Ein weiteres Indiz findet man in den mitunter fehlenden oder unzureichenden strategischen Vorgaben der Fachressorts für die Entwicklung des Projektprogrammes. Die Umsetzung der Flexibilisierungsklausel erfordert eine stärkere Wahrnehmung der Steuerungsaufgabe durch das Fachressort. Es genügt nicht, wenn sich diese auf ein Budget- und Personalcontrolling durch den Controlling-Beirat beschränkt und auf eine inhaltliche Fachaufsicht über die Dienststelle verzichtet.
3. *Zusammenführung von Dienst- und Fachaufsicht*
Gemäß § 17a BHG fallen unter den Anwendungsbereich der Flexibilisierungsklausel nur geeignete anweisende Organe oder abgrenzbare Organisationseinheiten eines anweisenden Organs. Der Bundesrechnungshof erachtet es nicht als zweckmäßig, organisatorisch getrennte, lediglich unter gemeinsamer Fachaufsicht stehende Organisationseinheiten für die Anwendung der Flexibilisierungsklausel zu einer eigenen Dienststelle zu erklären. Für eine effiziente Verwaltungsführung sieht er eine Zusammenführung von Dienst- und Fachaufsicht als unbedingt notwendig an.
4. *Gründe für Saldoverbesserungen*
Wie die Abbildung 4 zeigt, konnten die Flexiklauseleinheiten durch Saldoverbesserungen beträchtliche Rücklagen bilden. Die Intention der Anwendung der Flexibilisierungsklausel liegt darin, durch Effizienzsteigerungen, z.B. durch Veränderungen im Organisationsaufbau sowie durch Straffung der Abläufe budgetäre Entlastungen zu erzielen. Aus Sicht des Rechnungshofes sind die Saldoverbesserungen eher darauf zurückzuführen, dass die Einnahmesteigerungen in den einzelnen Jahren zu vorsichtig angesetzt wurden. Seiner Auffassung nach wurden die Möglichkeiten einer Effizienzsteigerung durch Verbesserungen bei den Organisationsstrukturen und Geschäftsprozessen nicht ausgeschöpft.
5. *Kompetenzen im Personalmanagement*
Die Flexibilisierungsklausel sieht (außer im Bereich der Belohnungen) keine erhöhte Flexibilität im Management der Humanressourcen vor. Für eine zielführende Steuerung der Flexiklauseleinheit ist die Übertragung eines größeren Handlungsspielraumes im Personalbereich notwendig.
6. *Controlling-Beirat und Erfolgskontrolle*
Die Befunde des Rechnungshofes deuten darauf hin, dass die in den Fachressorts eingesetzten Controlling-Beiräte ihre Beratungsfunktion nur

eingeschränkt wahrgenommen haben. Auch wurde die vom Fachressort unter Mitwirkung des Controlling-Beirat durchzuführende Erfolgskontrolle nur vereinzelt durchgeführt.

Die vom Rechnungshof aufgezeigten Kritikpunkte wurden von den geprüften Flexiklauseleinheiten und ihren zuständigen Fachressorts aufgegriffen. Sie führten zu entsprechenden Anpassungen in den Flexibilisierungsklausel-Verordnungen.

4.2 Evaluierungsstudie im Auftrag des Bundeskanzleramtes

Das Institut für Public Management der Wirtschaftsuniversität Wien hat im Auftrag des Bundeskanzleramtes eine Evaluierung der Flexibilisierungsklausel durchgeführt (Hammerschmid u.a. 2008).

1. *Evaluierungskonzept und -methoden*
   Evaluiert wurden ausschließlich die Erfahrungen jener drei Flexiklauseleinheiten, die bereits im Jahr 2000 als Piloteinheiten[6] am Reformprojekt teilgenommen haben. Da diese über umfangreiche Erfahrungswerte mit diesem Flexibilisierungsansatz verfügen, kann die nachhaltige Wirkungsweise dieses Reformansatzes analysiert werden. Die Studie orientiert sich konzeptionell an den Themenfeldern des Common Assessment Frameworks (CAF), die auch in den strukturierten Interviewleitfaden Eingang gefunden haben. Insgesamt wurden 25 Interviews mit 29 Interviewpartnern geführt. Dazu zählten die Führungskräfte der drei beteiligten Dienststellen (erste und zweite Hierarchieebene) und ausgewählte Mitarbeiter. Darüber hinaus wurden auch Vertreter der betroffenen Fachressorts, des Bundesministeriums für Finanzen und des Rechnungshofes befragt.
2. *Ergebnisse*
   Die Flexibilisierungsklausel wird von beinahe allen befragten Akteuren durchwegs sehr positiv beurteilt (Hammerschmid u.a. 2008: 65f.). Aus Sicht der Betroffenen hat sich das Reformprojekt, das den Dienststellen mehr Selbständigkeit und Verantwortung einräumt, bewährt. Ein spürbarer Kulturwandel in der Führung, aber auch bei den Mitarbeitern der evaluierten Dienststellen in Richtung Eigenverantwortung, Kostenbewusstsein, verstärkter Einsatz betriebswirtschaftlicher Instrumente lässt sich aus den Interviews ableiten. Die aus den Rücklagen finanzierten Aus- und Weiterbildungsmaßnahmen und Verbesserungen des Arbeitsumfeldes haben teilweise zu feststellbaren Verbesserungen in der Mitarbeitermotivation geführt. Auch gibt es Indizien dafür, dass die Kunden- und

---

6 Es handelt sich dabei um das Bundesamt für Wasserwirtschaft, die Bundesanstalt für Bergbauernfragen sowie die Justizanstalt St. Pölten.

Gesellschaftsorientierung der Dienststellen zugenommen hat. Neben diesen positiven Aspekten hat die Evaluierung auch Kritikpunkte, Umsetzungsdefizite und Optimierungspotentiale zu Tage gefördert, wie
- fehlende Flexibilität bei den Personalressourcen;
- Spannungen im Zusammenwirken von Fachressort und Dienststelle;
- primäre Saldoorientierung mit vergleichsweise gering entwickelter Leistungs- und Wirkungsorientierung;
- teilweise fehlende Steuerungsrelevanz der in den Flexibilisierungsklausel-Verordnungen vorgesehenen Steuerungsinstrumenten (vor allem Leistungskennzahlen);
- Umgang mit dem Anreizinstrument der Leistungsprämien;
- diverse Einschränkungen bei der Handhabung von Rücklagen.

4.3 Evaluierungsstudie der Universität Innsbruck

Eine weitere Evaluierungsstudie hat der der Lehr- und Forschungsbereich für Verwaltungsmanagement, E-Government & Public Governance der Universität Innsbruck im Zeitraum 2007 bis 2008 erstellt, die vom Jubiläumsfonds der Nationalbank (Projekt Nr. 11998) finanziert wurde (Promberger u.a. 2008).

1. Evaluierungskonzept und -methoden
Als Bezugspunkt für die Evaluierung der Auswirkungen des Pilotprojekts „Flexibilisierungsklausel" wurde das systemtheoretisch ausgerichtete „IOP Führungskonzept für öffentliche Verwaltungen" (Thom und Ritz 2006) – mit seinen Kerndimensionen Innovation, Organisation und Personal – herangezogen. Die Informationsgewinnung erfolgte einerseits mittels Orientierungsinterviews mit den Dienststellenleitern bzw. deren Stellvertretern entlang eines zuvor definierten Interviewleitfadens (vor Ort in der jeweiligen Dienststelle) und anderseits wurde das Schlüsselpersonal der Dienststellen (Verwaltungsführung, Controller, Budgetverantwortliche, Abteilungsleiter, Mitarbeiter etc.) mittels eines standardisierten Fragebogens befragt. Die Erstversion des Fragebogens wurde in einer Flexiklauseleinheit einem Pretest unterzogen und entsprechend adaptiert. Insgesamt wurden alle 16 zum Zeitpunkt der Durchführung der Studie an der Flexibilisierungsklausel teilnehmenden Einheiten eingeladen, sich an der Befragung zu beteiligen. Bis auf zwei Einheiten kamen alle dieser Einladung nach. Insgesamt konnten 100 Fragebögen ausgewertet werden.

2. Ergebnisse
Die Ergebnisse lassen sich – wenn auch verkürzt – wie folgt zusammenfassen (Promberger u.a. 2008: 61ff.):
- Im Themenfeld „Innovation" bringen die Befragten klar zum Ausdruck, dass diese Form der Ressourcenflexibilisierung nicht nur in

der Bundes-, sondern auch in den Landes- und Kommunalverwaltungen angewendet werden könnte und sollte. Aus Sicht der befragten Akteure erfordert eine erfolgreiche Teilnahme am Reformprojekt, dass die Dienststelle über einen eigenständigen Aufgabenbereich verfügt, bereits betriebswirtschaftliche Instrumente verwendet und die Führungskräfte und ihre Mitarbeiter die Steuerungslogik der Flexiklausel unterstützen. Die Größe (gemessen an der Mitarbeiteranzahl) der Dienststellen wird als Voraussetzung für die Teilnahme als nicht relevant eingestuft. Die Befragten orten auch ein erhebliches Potential für die Teilnahme weiterer Bundesdienststellen an diesem Reformprojekt.

- Die Ergebnisse im Themenfeld „Organisation" zeigen, dass aus Sicht der Schlüsselpersonen der Handlungsspielraum (Autonomie) der Dienststellen zunahm. Damit verbunden waren auch strukturorganisatorische Veränderungen. Positiv hervorgehoben wird auch, dass sich der Umfang sowie die Qualität des Leistungsangebotes der Dienststelle erhöht hat. Das Beherrschen „betriebswirtschaftlicher Instrumente (wie Controlling, Reporting, Definition von steuerungsrelevanten Kennzahlen, Zielformulierungen, Kosten- und Leistungsrechnung)" wird als sehr wichtig eingeschätzt.
- Die Befragungsergebnisse im Themenfeld „Personal" deuten darauf hin, dass einerseits bei den Führungskräften das Kostenbewusstsein und andererseits bei den Mitarbeitern die Arbeitszufriedenheit zugenommen hat. Gleichzeitig sind aus Sicht der Führungskräfte auch die betriebswirtschaftlichen Anforderungen gestiegen. Des Weiteren bringen die befragten Personen deutlich zum Ausdruck, dass noch ein erheblicher Bedarf für eine Weiterentwicklung der Flexibilisierungsklausel besteht, wie etwa eine stärkere Dezentralisierung der Kompetenzen im Personalmanagement.

4.4 Versuch einer zusammenfassenden Bewertung

Methodisch unterscheidet sich die Evaluation des Rechnungshofes von der des Bundeskanzleramtes und der der Universität Innsbruck. Die Rechnungshofprüfer haben in den untersuchten Dienststellen über einen längeren Zeitraum Vorortprüfungen (Dokumentenanalysen, Interviews) durchgeführt und „harte Fakten" gesammelt, die die Schwachstellen bei der Umsetzung der Flexibilisierungsklausel deutlich aufzeigen. Im Vergleich dazu, wurden bei den beiden anderen Studien die subjektiven Erfahrungen, Einschätzungen, Einstellungen und Wahrnehmungen ausgewählter Akteure erhoben, die insgesamt ein eher positives Bild der Flexibilisierungsklausel zeigen. Dieses ist jedoch durch die vom Rechnungshof aufgezeigten Umsetzungsdefizite zu relativieren. Sie sind auch ein Indiz dafür, dass in manchen Dienststellen und ihren Fachressorts noch beträchtliche Probleme im Umgang mit der betriebswirtschaftlichen Steuerungslogik bestehen. Dies kommt auch im jüngsten Prüfbericht über das österreichische Patentamt, das seit 2005 am Pilotprojekt teilnimmt, zum Ausdruck: „Die Flexibilisierungsklausel für das Patentamt führte nicht zu einer kosten- und leistungsorientierten Führung des hoheitlichen Bereichs des Patentamts, sondern behinderte aufgrund ihrer Fixierung auf den abzuführenden Finanzsaldo notwendige Einsparungsmaßnahmen. Verschärft wurde dies durch die geringe Ausgabendisziplin des hoheitlichen Bereichs des Patentamts (Rechnungshof 2012: 469)."

5. Vom Experiment zum flächendeckenden Großereignis

Die im Pilotprojekt „Flexibilisierungsklausel" gemachten Erfahrungen haben das Finanzressort bestärkt, die Budgetregeln zur Steuerung der (finanziellen) Ressourcen in einer inhaltlich umfassenden Haushaltsreform für alle Einrichtungen des Bundes zu flexibilisieren (Steger 2009b: 24f.). Um unumkehrbare Verhältnisse zu schaffen, wurden die Grundsätze der Reform des Haushalts- und Rechnungswesens in einer eigenen Novelle zum Bundesverfassungsgesetz (BGBl. I 1/2008) festgeschrieben. Die Umsetzung dieses Reformvorhabens erfolgt – auf Grund ihrer Dimensionierung – in zwei Etappen.

Die erste Etappe (ab 2009) zielt auf eine Verbesserung der Makrosteuerung des Bundesbudgets ab, um eine nachhaltige Entwicklung der Staatsfinanzen zu fördern. Dies erfolgt insbesondere durch die Implementierung einer rechtlich verbindlichen, mehrjährigen Finanzplanung auf hoch aggregierter Basis in Form des jährlich vom Parlament zu beschließenden Bundesfinanzrahmengesetzes, das auch die Grundlage für die jährlichen Bundesfinanzgesetze darstellt. Für wesentliche Aufgaben- bzw. Politikfelder des Bundes werden rechtlich bindende Ausgabenobergrenzen fixiert und in Form eines Strategieberichts erläutert. Basierend auf den Erfahrungen mit der Flexibilisierungsklausel räumt das neue Bundeshaushaltsrecht den Fachressorts zur Förderung einer sparsamen Ressourcenbewirtschaftung umfangreiche Möglichkeiten zur Bildung und Verwendung von Rücklagen ein. „Damit wird jede Ministerin und jeder Minister seine eigene Finanzministerin bzw. sein eigener Finanzminister" (Steger 2009b: 17).

Die zweite Etappe der Haushaltsrechtsreform (ab 2013) verfolgt das Ziel, die Eigenverantwortung der Fachressorts und ihrer Dienststellen zu stärken und umfasst eine „neue" Haushaltsstruktur mit Globalbudgets, ein „neues Veranschlagungs- und Rechnungssystem" zur möglichst getreuen Darstellung der Vermögens-, Ergebnis- und Finanzlage des Bundes, die Verankerung der Wirkungsorientierung in der Budgetierung (Veranschlagung) und eine ergebnisorientierte Dienststellensteuerung mit Hilfe eines Ressourcen-,

Flexible Ressourcensteuerung – Erfahrungen aus Österreich

Ziel- und Leistungsplanes (RZLP), der Vorgaben darüber enthält, wie viele Ressourcen verbraucht werden dürfen und welche nachprüfbaren Ziele und Leistungen mit diesen Mitteln umzusetzen sind. Bei entsprechender Erfüllung des RZLP können auch Leistungsprämien an Bedienstete der jeweiligen Dienststelle ausbezahlt werden. Hier fließen auch die Erfahrungen mit der Flexibilisierungsklausel in die Haushaltsreform ein.

Das Jahr 2012 steht in den Dienststellen der Bundesverwaltung ganz im Zeichen der Durchführung der Vorarbeiten für die Umsetzung der zweiten Etappe der Haushaltsrechtsreform. Sie stellt die Führungskräfte und die mit dem Finanzmanagement betrauten Mitarbeiter vor große Herausforderungen, da sie den Umgang mit den neuen betriebswirtschaftlichen Instrumenten erlernen und diese auf die Ressortspezifika anpassen müssen. Dieser Prozess wird vom Bundesministerium für Finanzen unterstützt, indem es Grundsatzpapiere, Arbeitsbehelfe und Lernunterlagen zur Verfügung stellt. Diese Unterstützungsmaßnahmen reichen jedoch nicht aus, da in vielen Ressorts das notwendige betriebswirtschaftliche Wissen nicht ausreichend vorhanden ist. Daher bedienen sich einige Bundesministerien externer Experten (Unternehmensberater), um diese Defizite zu kompensieren. Eine Intensivierung der Public Management Aus- und Fortbildung in den Dienststellen könnte sicherlich einen wichtigen Beitrag zur nachhaltigen Umsetzung der Innovationen im Finanzmanagement leisten.

Hat die Flexibilisierungsklausel noch Nachahmer in einigen Bundesländern (z.B. Oberösterreich, Tirol) gefunden, so ist es nicht gelungen, die Länder und Gemeinden zu überzeugen, den Weg der umfassenden Reform des Haushalts- und Rechnungswesens mitzugehen. Während in Deutschland die Gemeinden und Länder die treibenden Kräfte der Public-Management-Reformen darstellen, übernimmt in Österreich – zumindest im Bereich des Haushalts- und Rechnungswesens – die Bundesebene diese Vorreiterrolle. Generell ist es in Staaten mit einer föderalen Staatsarchitektur schwierig bis unmöglich, alle Verwaltungsebenen umfassende Public-Management-Reformen durchzuführen. Warum gerade in Österreich im Vergleich zu Deutschland die Bundesebene die Reformen vorantreibt, liegt vermutlich darin begründet, dass die Bundesverwaltung in Österreich die bedeutendste Verwaltungsebene (hinsichtlich Aufgabenumfang, Anzahl der Bediensteten und Budgetvolumen) repräsentiert und der Veränderungsdruck tendenziell größer ist als in den Landes- und Kommunalverwaltungen.

Literatur

Balkany, Waltraud, 2002: Reform des Bundeshaushaltsrechtes seit 1987, in: Steger, Gerhard (Hrsg.), Öffentliche Haushalte in Österreich. Wien: Verlag Österreich, 149-159.

Brüggemeier, Martin/Röber, Manfred, 2011: Auf dem Weg zu einem neuen Produktionsregime? Eine Analyse des Zusammenhangs von Steuerung und Arbeitsorganisation im öffentlichen Sektor, in: Koch, Rainer/Conrad, Peter und Wolfgang Lorig (Hrsg.), New Public Service. Öffentlicher Dienst als Motor der Staats- und Verwaltungsmodernisierung. Wiesbaden: VS Verlag, 213-245.

Bundeskanzleramt, 2011: Verwaltung in Österreich, URL: http://www.bka.gv.at/DocView.axd?CobId=42552.

Bundesministerium für Finanzen, 2010: Personalplan. Bundesfinanzgesetz 2010 Anlage IV, URL: http://m.bmf.gv.at/Budget/budgets/2009/arbeitsbehelf_und_teilhefte/2010_Personalplan.pdf.

Bundesministerium für Finanzen, 2011: Ausgliederungen und Beteiligungen des Bundes. Bericht gemäß § 35a BHG, URL: http://www.bmf.gv.at/budget/budgetsimberblick/sonstiges/budgetsimberblick/budgetentwurf2012/ausgliederungsbericht_2012.pdf.

Csoka, Stefan, 1998: Derzeitige Haushaltspraxis in der österreichischen Bundesverwaltung, in: Neisser, Heinrich und Gerhard Hammerschmid (Hrsg.), Die innovative Verwaltung. Perspektiven des New Public Management in Österreich. Wien: Signum, 389-419.

Fleischmann, Eduard, 2001: Neue Steuerungslogik für die Haushaltsführung. „Autonome" Organisationseinheiten gemäß Flexibilisierungsklausel, in: Das öffentliche Haushaltswesen in Österreich, Jg. 42, Nr. 1-3, 22 -31.

Hammerschmid, Gerhard/Egger-Peitler, Isabell/Höllerer, Markus, 2008: Evaluierung des Instruments Flexibilisierungsklausel, URL: http://www.bka.gv.at/DocView.axd?CobId=31052.

Lödl, Manfred, 2008: Die Reform des Bundeshaushaltsrechts, in: Journal für Rechtspolitik, Jg. 16, Nr. 2, 101-113.

Lödl, Manfred, 2009: Bundeshaushaltsrecht. Wien: Manz.

Maaß, Volker, 2001: Experimentierklauseln für die Verwaltung und ihre verfassungsrechtlichen Grenzen. Berlin: Duncker & Humblot.

Pasterniak, Angelika, 2006: Budgetregeln und die Qualität der öffentlichen Finanzen. Europäische Perspektiven und österreichische Praxis. Wien: Springer-Gabler.

Pichler, Alfred, 2005: Bundeshaushaltsrecht: Akteure, Kompetenzen, Prozesse, in: Steger, Gerhard (Hrsg.), Öffentliche Haushalte in Österreich. Wien: Verlag Österreich, 185-220.

Promberger, Kurt/Greil, Leopold/Simon, Martha-Maria, 2005: Pilotprojekt Flexibilisierungsklausel. Ein österreichischer Weg zum New Public Management. Wien-Graz: Neuer Wissenschaftlicher Verlag.

Promberger, Kurt/Greil, Leopold/Nadeje, Mariella, 2008: Evaluation der Verwaltungsmodernisierung in Österreich am Beispiel des Pilotprojekts Flexibilisierungsklausel, URL: http://edoc.vifapol.de/opus/volltexte/2010/2297/pdf/flexibilierungsklausel_2008.pdf.

Rechnungshof, 2004: Bundesanstalt für Bergbauernfragen. Bund 2004/7. Wien, 281-288.

Rechnungshof, 2005: Einsatz von Leistungskennzahlen in der Bundesverwaltung. Bund 2005/4. Wien, 1-17, URL: http://www.parlament.gv.at/PAKT/VHG/XXII/III/III_00146/imfname_040106.pdf.
Rechnungshof, 2006: Justizanstalt St. Pölten. Bund 2006/10. Wien, 129-148, URL: http://www.parlament.gv.at/PAKT/VHG/XXIII/III/III_00002/imfname_070536.pdf.
Rechnungshof, 2007a: Sicherheitsakademie. Bund 2007/4. Wien, 115-128, URL: http://www.rechnungshof.gv.at/fileadmin/downloads/Teilberichte/Bund/Bund_2007_04/Bund_2007_04_Bd4_7.pdf.
Rechnungshof, 2007b: Finanzprokuratur. Bund 2007/10. Wien, 33-55, URL: http://www.rechnungshof.gv.at/fileadmin/downloads/2007/berichte/teilberichte/bund/Bund_2007_10/Bund_2007_10_2.pdf.
Rechnungshof, 2008: Justizanstalt St. Pölten. Bund 2008/11. Wien, 117-121, URL: http://www.rechnungshof.gv.at/fileadmin/downloads/2008/berichte/teilberichte/bund/bund_2008_11/bund_2008_11_4.pdf.
Rechnungshof, 2010: Bundesanstalt für alpenländische Milchwirtschaft. Bund 2010/8. Wien, 67-111, URL: http://www.rechnungshof.gv.at/fileadmin/downloads/2010/berichte/teilberichte/bund/bund_2010_08/Bund_2010_08_3.pdf.
Rechnungshof, 2011: Verwaltungsreform 2011. Bund 2011/1 Wien, URL: http://www.rechnungshof.gv.at/fileadmin/downloads/2011/berichte/Positionsbericht/Verwaltungsreform_2011.pdf.
Rechnungshof, 2012: Österreichisches Patentamt. Bund 2012/7. Wien, 449-543, URL: http://www.rechnungshof.gv.at/fileadmin/downloads/2012/berichte/teilberichte/bund/Bund_2012_07/Bund_2012_07_4.pdf.
Steger, Gerhard, 2009a: Die Haushaltsrechtsreform des Bundes, in: Journal für Rechtspolitik, Jg. 17, Nr. 1, 23-26.
Steger, Gerhard, 2009b: Stand der Haushaltsrechtsreform des Bundes in Österreich, in: Schauer, Reinbert (Hrsg.), Neue Formen der Steuerung und Rechnungslegung in öffentlichen Haushalten. Linz: Trauner Verlag, 13-34.
Steger, Gerhard, 2010: Die Haushaltsreform des Bundes. in: Steger, Gerhard (Hrsg.), Öffentliche Haushalte in Österreich. Wien: Verlag Österreich, 483-506.
Thom, Norbert/Ritz, Adrian, 2006: Public Management – Innovative Konzepte zur Führung im öffentlichen Sektor. Wiesbaden: Gabler.

Nutzerfinanzierung öffentlicher Aufgaben – Renaissance des Entgeltstaates?

Erik Gawel

1. Nutzerfinanzierung und Äquivalenzprinzip der Staatsfinanzierung

1.1 Der Grundgedanke von Äquivalenzfinanzierungen

Den Nutzer einer Leistung für deren Bereitstellungskosten individuell aufkommen zu lassen, entspricht der Logik des Marktpreises: Dieser sorgt beim Nachfrager als Entscheidungsträger für eine effiziente Abwägung von Kosten und Nutzen und unter Wettbewerbsbedingungen überdies für eine bestmögliche (Pareto-optimale) Ausrichtung der Güterversorgung an den (wahren) Präferenzen der Nachfrager. Zugleich werden die Lasten der Güterproduktion zwischen den Individuen nach dem Tauschprinzip gemäß den empfangenen Nutzen – gemessen an den Zahlungsbereitschaften – verteilt, was zumindest eine denkbare Form gerechter Lastausteilung verkörpert (*iustitia commutativa*).

Diese Finanzierungs- und Allokationslogik auch auf die Bereitstellung öffentlicher Leistungen zu erstrecken, ist die Grundidee des Äquivalenzprinzips der Staatsfinanzierung (Haller 1981; Hansjürgens 2000): Das Äquivalenzprinzip, auch als Nutzen-, Vorteils- oder Interessenprinzip (*benefit principle*) bezeichnet, zieht die Staatsbürger zur Finanzierung der Staatstätigkeit nach Maßgabe ihres individuell realisierten Vorteils bzw. der ermöglichten Interessenbefriedigung heran; Nutzenentgang in Form des Finanzierungsbeitrages und Nutzenempfang (bzw. Kostenverursachung) sollen einander gerade entsprechen.

Das Äquivalenzprinzip als normatives Ordnungsprinzip der Staatsfinanzierung strebt nicht nur – wie sein berühmter Antagonist, das Leistungsfähigkeitsprinzip – nach Klärung der Rechtfertigung des individuellen Steueropfers (Weshalb zahle ich?) bzw. der anzuwendenden Steuerlastverteilung (Wie verhalten sich die individuellen Lasten zueinander?). Vielmehr wird das Äquivalenzprinzip darüber hinaus von der „Idee einer Verantwortung herstellenden Wechselseitigkeit" (Schmehl 2005: 124) getragen, welche die Einnahmen- und die Ausgabenseite des öffentlichen Budgets verknüpft. Das Äquivalenzprinzip verkörpert so eine gleichzeitige „Gerechtigkeits- und Steuerungsidee" (Schmehl 2005: 124). Bei marktlicher Allokation fallen idealerweise Nutzenempfang, Kostentragung und Entscheidungsbefugnis in eins. Das Äquivalenzprinzip der Staatsfinanzierung versucht sich in einer Annäherung, indem entweder ein Konnex aus „Entscheidenkönnen und Einstehenmüssen" (Schmehl 2004: 262), zumindest aber aus „Profitierendürfen und Einstehenmüssen" gesucht wird. Alle drei Aspekte werden im grundlegenden Prinzip der „fiskalischen Äquivalenz" nach Olson (1969) vereint. Konkrete Ausprägungen verwirklichen bei (teil-) öffentlichen Gütern freilich nur Ausschnitte dieses Idealbildes, und so unterscheiden wir nach Haller (1981) je nach materiellem Gehalt und Vorgehensweise abgeschichtete Äquivalenzprinzipen der Markt- oder Kosten-, Individual- oder Gruppen-, Partial- oder Totaläquivalenz.

Wird eine öffentliche Ausgabe äquivalenzfinanziert, so ist es nicht länger – wie bei einer Einnahmebeschaffung nach Leistungsfähigkeit – möglich, Finanzierungs- und Ausgabensphäre zu trennen: Die Nutznießer müssen unmittelbar in die Finanzierungsverantwortung eintreten und könnten theoretisch sogar nach Maßgabe ihrer individuellen Zahlungsbereitschaften besteuert werden (sog. „Lindahl-Preise"; dazu jüngst Buchholz und Peters 2007; Hines 2000). Durch „Steuerpreise" wird lediglich effiziente Güternachfrage artikuliert, deren Grenznutzen die Grenzkosten noch übersteigt. Auch in den pragmatischen Varianten des Äquivalenzprinzips, welche die Probleme einer Präferenzoffenbarung bei öffentlichen Gütern durch Zwang und bloße Kostenreferenz umgehen, bleibt ein disziplinierender Effekt der Nachfrage erhalten. Zugleich werden politischen Entscheidungsträgen diskretionäre Spielräume zur Entkopplung von wählerstimmenwirksamen Ausgabenentscheidungen und möglichst intransparenten Refinanzierungen genommen (Hansjürgens 1998). Der Budgetprozess gewinnt so durch produktive Steuerungswirkungen an Effizienz (Hanusch 1981). Insbesondere der „Kostenillusion" öffentlicher Leistungen wird dadurch wirksam vorgebeugt: Jede Nutzung öffentlicher Leistungen ist mit Ressourcenverbräuchen (Kosten) verbunden, über deren Inzidenz gerade das Einnahmesystem entscheidet (Seidl 1987). Eine Heranziehung nach Leistungsfähigkeit verschleiert aber die individuelle Kostenverantwortlichkeit für die Nutzung öffentlich bereitgestellter Ressourcen und leistet einer ineffizienten Nachfrage nach Staatsleistungen bis zur Sättigungsmenge Vorschub.

Neben der Gestaltung des individuellen Abgabeopfers hält das Äquivalenzprinzip vor allem auch ein gegenüber dem Leistungsfähigkeitsprinzip abweichendes Verfahren der Güterzuteilung bereit: Steht bei Äquivalenz idealerweise vor dem Gütergenuss die Entrichtung der „Gegenleistung", so sucht der auf Leistungsfähigkeit beruhende Steuerstaat gerade die Einebnung von Zugangshürden aus sozialen Gründen. Neben distributiven Motiven geben dazu auch meritorische Zwecke und Externalitäten Veranlassung. Im Bildungs-, Kultur-, Gesundheits- sowie im Sicherheits- und Justizsektor werden so Güterzuteilungen nach Zahlungsbereitschaft (und damit auch nach Kaufkraft) ganz oder teilweise gerade suspendiert. Bei der Güterzuteilung korrespondieren damit das Leistungs- bzw. Bedarfsprinzip idealtypisch mit den Einnahmebeschaffungsgrundsätzen der Äquivalenz bzw. der Leistungsfähigkeit.

1.2 Zur Rolle des Äquivalenzprinzips in Finanzwissenschaft und Finanzrecht

Ungeachtet der vor allem ökonomisch wertzuschätzenden Effizienzversprechen fristet das Äquivalenzprinzip in der Finanzwissenschaft nur ein „Schattendasein" (Hansjürgens 1998: 307; Hanusch 1981: 37; Pohmer 1993: 37). Blankart (2002) sieht in einer „Einnahmebeschaffungstheorie", die sich nicht an der (ökonomischen) Rechtfertigung des staatlichen Finanzbedarfs interessiert zeige und sich in der neueren Optimalsteuertheorie (Mirrlees 1979; Richter und Wiegard 1993) ganz auf die Minimierung allokativer Zusatzlasten fokussiere, den „dominierenden Ansatz". Die dem gegenüber stehende „Tauschtheorie", die Steuern als Preise verstehe, bleibe seit langem Mindermeinung. In der Rechtswissenschaft wird das Äquivalenzprinzip verfassungsrechtlich durch eine herrschende Steuerstaatsdoktrin bedrängt, die dem Grundgesetz eine normative Dominanz der Steuer entnehmen möchte, welche wiederum verfassungsstark auf dem Leistungsfähigkeitsgedanken fuße (Birk 1983: 123ff., Kirchhof 1985; Isensee 1977; Vogel 1990: Rn. 90ff.). Bei der Steuerrechtfertigung selbst führe das Äquivalenzprinzip eine „Nischenexistenz" (Hey 2011: 143) und spiele „kaum noch eine Rolle" (Hey 2011: 141).

Die Gründe für die Reserve gegenüber Äquivalenzfinanzierungen liegen zunächst in den Problemen der Machbarkeit von Steuerpreisen (Undurchführbarkeit oder Kostspieligkeit des Ausschlusses bei öffentlichen Gütern, Präferenzoffenbarungsprobleme), negativen Begleiterscheinungen eines regionalen Äquivalenzsteuerwettbewerbs (Sinn 1997; Feld 2000) oder normativen Konflikten mit konkurrierenden Zielstellungen der Staatstätigkeit, insbesondere stabilisierungspolitischen und distributiven Staatszwecken; letztere prägen auch die verfassungsrechtliche Debatte (Demokratieprinzip und Sozialstaatlichkeit als Hürden des Entgeltstaates – Birk und Eckhoff 2000).

Das Äquivalenzprinzip muss in der Praxis zunächst notwendige Verdünnungen hinnehmen, da gemischt-öffentliche und erst recht reine öffentliche Güter die perfekte Simulation der Marktlogik durch „Steuerpreise" vereiteln. Es macht daher wenig Sinn, zwar einen nahezu unbegrenzten Anwendungsbereich für Äquivalenzfinanzierungen zu reklamieren (Grossekettler 2000), dabei jedoch zu unterschlagen, dass sich die ökonomische Gestaltungskraft des Äquivalenzprinzips im Zuge dieser Erstreckung bis zur Unkenntlichkeit zu verflüchtigen droht, erst recht, wenn realtypische Ausgestaltungen in den Blick kommen (so zu Recht Birk und Eckhoff 2000: 60ff.). Dies hat bereits

Haller (1981) mit seiner Differenzierung diverser „Äquivalenzprinzipien" mit durchaus unterschiedlichem Gehalt herausgestellt (marktmäßige versus kostenmäßige, Gruppen- versus Individual-Äquivalenz etc.). Zerlegt man den Äquivalenzgedankens in seine Elemente Bestimmung von Einnahmehöhe und Ausgabezweck, Lastverteilungsmaßstab sowie Abgrenzung des Kreises der Verpflichteten, so bleiben Äquivalenzargumentationen „so lange bloße Rhetorik, wie sie weder auf die Höhe der Steuerlast, noch auf deren Verteilung auf die Abgabepflichtigen oder auf die Verwendung des Abgabeaufkommens irgendeinen Einfluss haben" (Birk und Eckhoff 2000: 61). Je stärker die vom Äquivalenzprinzip geforderte „irgendwie geartete Nähebeziehung zwischen Abgabenschuldner und Staat" (Hey 2011: 136) erodiert, desto weniger bleibt auch von den materiellen Vorzügen übrig, die dem Prinzip zugesprochen werden. Am Endpunkt dieser Ausdünnung steht die bloß noch allgemeine Abgaberechtfertigung der Gewähr von Staatsleistungen (Vogel 1986: 482), die von Tipke (2000: 476) treffend als „Generaläquivalenz" bezeichnet worden ist. In punkto Konkretisierung der individuellen Abgabelast dürfte das Äquivalenzprinzip zumindest im Steuerbereich mit „ähnlichen Unschärfen behaftet" (Hey 2011: 164) sein und dem diesbezüglich vielgeschmähten Leistungsfähigkeitsprinzip (Littmann 1970) faktisch auch kaum nachstehen.

Neben der wechselseitigen Betrachtung von Machbarkeitsdefiziten verstrickt sich der Prinzipienstreit vor allem in normativem Dissens: Was den einen als mit Kaufkraft untersetzte Präferenzäußerung erscheint, der allokativ ein Prä zukomme (Hanusch 1981), dort sehen andere die „Finanzmacht" privater „Financiers" am Werke, die den Staat an der „unbefangenen" Verfolgung von Gemeinwohlinteressen hindere (Birk und Eckhoff 2000: 65). Soll bei ersteren eine enge Anbindung staatlichen Handelns an den Zahlerwillen erfolgen, so schwebt den letzteren gerade eine „Abschirmung" der Staatstätigkeit vom „Willen des Steuerzahlers" vor (Birk und Eckhoff 2000: 65); dieser soll sich statt dessen in „gleichmäßig verteilter Wahlmacht" (ebenda) äußern, nicht über Kaufkraftgebote. Es liegt auf der Hand, dass normative Setzungen die so unterschiedlich ausfallenden Beurteilungen anleiten: So besteht Uneinigkeit darüber, welcher Allokationsmechanismus zu besseren Ergebnissen führe – Marktprozess oder politischer Prozess – bzw. über den relevanten Wertgeber verfüge (kaufkräftige Individualpräferenzen oder demokratische Willensbildung); ferner gehen die Anschauungen über die Funktionsweise des politischen Systems auseinander (wohlwollender Planer oder interessengeleitetes System von Individuen). Idealisierte demokratische Teilhabe steht hier gegen nicht minder idealisierte finanzkräftige Präferenzartikulation. Dass nicht ausschließlich die aggregierte Zahlungsbereitschaft, die stets an die individuellen Zahlungs*fähigkeiten* gekoppelt ist, die Versorgung mit öffentlichen Gütern anleiten möge, erscheint für ein Gemeinwesen, das sich als demokratischer und sozialer Rechtstaat versteht (Art. 20 Abs. 1 bis 3 GG), ausgemacht (Birk und Eckhoff 2000: 65ff.). Die Defizite des reinen Entgeltstaates sind hier offensichtlich und werden auch von seinen eifrigsten Verfechtern nicht in Abrede gestellt (Grossekettler 2000: 43f.). Umgekehrt aber streitet dies nicht für eine völlige Suspendierung des Äquivalenzgedankens: Der politische Prozess als Allokationsverfahren für Kollektivgüter offenbart bereits unter der Prämisse des wohlwollenden Planers Mängel, erst recht aber, wenn man von eigennutzorientierten Akteuren ausgeht (Grossekettler 2000: 42). Hier treten die ökonomischen Funktionsmängel des Steuerstaates (Informations-, Koordinations- und Kontrollprobleme – Grossekettler 2000: 40ff.) in besonderer Weise zutage.

Die demgegenüber vor allem im Staatsrecht verbreitete Stilisierung des Steuerstaates als Inbegriff einer freiheitsschonenden, gerechten und „effizienten" Staatsform, die lediglich am wirtschaftlichen Erfolg der Staatsbürger partizipiert und diese im Übrigen im „Garten der Freiheit" (Kirchhof 2011) lustwandeln und produktiv wirtschaften lässt, kurz: seine Stilisierung als unverhandelbare zivilisatorische Errungenschaft, erscheint nur gültig vor der Folie des mittelalterlichen Domänenstaates. Grossekettler (2000: 38) spricht hier zutreffend von „ideologischer Überhöhung". Gegenüber der tatsächlich relevanten Alternative eines modernen Entgeltstaates ergeben sich doch markante Mängel: Entgeltlösungen sind vermutlich freiheitsschonender (Hendler 2000), effizienter (Hansjürgens 1998), und ihre Gerechtigkeitseinschätzung ist zumindest ambivalent und hängt von der gesellschaftlichen Bewertung der Exklusionsfolgen (bei freiwilliger Heranziehung wie Museen und Schwimmbädern) bzw. der Entzugswirkungen ab (bei zwangsweiser Heranziehung wie Abwasserbeseitigung). Dabei ist stets die relevante Alternative zu beachten: Ebensowenig überzeugend erscheint es, einen idealen Entgeltstaat mit dem realtypisch-kriselnden Steuerstaat zu vergleichen (so zu Recht Birk und Eckhoff 2000: 64).

Letztlich führt diese wechselseitige Kritik wohl einhellig zu Hybridlösungen der Staatsfinanzierung, die von beiden Gestaltungsprinzipien Gebrauch machen – mit freilich sehr unterschiedlichen Akzentsetzungen (Hansjürgens 2001; Grossekettler 2000; Hendler 2000; Birk und Eckhoff 2000).

In jüngerer Zeit ist in der wissenschaftlichen Debatte freilich disziplinenübergreifend wieder Bewegung spürbar: In der Finanzwissenschaft tritt das Äquivalenzprinzip aus seiner randständigen Bedeutung zunehmend wieder unter Stützung auf allokative und polit-ökonomische Effizienzleistungen heraus (Hansjürgens 1998, 2001; zuvor bereits Blankart 1994, 2002; Grossekettler 1995, 2000; im angelsächsischen Bereich vor allem Wagner 1983). Selbst in der Rechtswissenschaft zeigen sich in jüngster Zeit Aufheiterungen (Schmehl 2004; Lang und Tipke 2010: § 4, Rz. 86ff.; Hey 2011): Seine Reanimation verdankt das Äquivalenzprinzip hier aber vor allem seinem Nutzwert als kompetenzielles Kongruenzprinzip im Rahmen einer föderativen Zuständigkeitsordnung (Schmehl 2004, 2005), als „Nutzenprinzip" zur „ergänzenden" Steuer-Rechtfertigung (Lang, in: Lang und Tipke 2010: § 4, Rz. 86) sowie zur territorialen Abgrenzung von Steuerjurisdiktionen (Hey 2011) in einer zunehmend globalisierten Welt.

Noch viel augenfälliger erscheint freilich die zunehmende Attraktivität im politischen Raum: Waren im modernen Steuerstaat lange Zeit die kommunalen Gebühren, Beiträge und Konzessionsabgaben sowie die Sozialversicherungsleistungen Refugien des Äquivalenzprinzips und wurde für bestimmte Steuern (insbesondere Energiesteuer und Gewerbesteuer) zumindest eine äquivalenzgestützte Rechtfertigung gesucht (Birk und Eckhoff 2000), so zeigen die Abgabenerfindungen des Gesetzgebers in jüngerer Zeit eine erstaunliche Affinität zum Äquivalenzprinzip. Dies betrifft insbesondere Studienbeiträge zur ergänzenden Hochschulfinanzierung (Hansjürgens 2000), Ressourcennutzungsabgaben (Murswiek 1994; Gawel 1999) wie Abwasserabgabe und Wasserentnahmeentgelte, die zwischenzeitlich in der Energiesteuer aufgegangene „Öko-Steuer", Mautgebühren für Verkehrsinfrastruktur (Gawel und Schmidt 2010), Luftsicherheitsgebühren sowie Ideen zu „Polizeigebühren" (Gramm 2000; Braun 2009), Forstnutzungsgebühren („Waldmaut" – Straußberger 2006) oder zu weiteren Wassernutzungsgebühren auf Schifffahrt, Wasserkraft und landwirtschaftliche Stoffeinträge (Gawel u.a. 2011) zum Zwecke der Finanzierung des Mittelbedarfs aus der europäischen Wasserrahmenrichtlinie.

Offenbart sich hier der Übergang zum Entgeltstaat, wie vielfach gemutmaßt wird (Gramm 1997; Hendler 1999; Sacksofsky und Wieland 2000; Siegenthaler 1977)? Wir wollen dieser Frage am Beispiel der Nutzerfinanzierungen für exkludierbare öffentliche Leistungen näher nachgehen.

2. Nutzerfinanzierungen: Erscheinungsformen, Treiber und Hemmnisse

2.1 Erscheinungsformen von Nutzerfinanzierungen

Im Rahmen des Äquivalenzprinzips der staatlichen Einnahmen spielen Nutzerfinanzierungen eine besondere Rolle. Wir wollen unter „Nutzerfinanzierung" ein öffentliches Güterbereitstellungssystem verstehen, bei dem die Finanzierung nach einem individuellen Äquivalenzmaßstab, die Güterzuteilung zugleich nach individueller Leistung (Entrichtung eines Preises) organisiert ist. Gebührenfinanzierungen geben hier den Prototyp ab. Eine „Nutznießerfinanzierung" schließt auch Beitragssysteme ein, die nicht nach konkretindividueller Nutzung, sondern nach bloßer Zuwendung von Vorteilsoptionen zur Finanzierung heranziehen und dabei die Leistungen u. U. auch nach Bedarf, d.h. finanzierungsabstrakt im Ermessen des Nutznießers zuteilen.

Nutzerfinanzierungen setzen zunächst voraus, dass die darüber finanzierte öffentliche Leistung teilbar und unter vertretbaren Kosten exkludierbar ist. Dies trifft auf sog. „Mautgüter" zu, welche zwar einen Ausschluss über Preise ermöglichen, aber nicht den bei privaten Gütern typischen perfekten Rivalitätsgrad besitzen (Museen, Schwimmbäder, Straßen). Nutzerfinanzierungen können konkrete *Ausgaben* öffentlicher Haushalte für bestimmte Zwecke abgelten (Maßnahmen nach der Wasserrahmenrichtlinie, Infrastrukturausgaben, Ausgaben für Polizei und Justiz), aber auch ausgabenabstrakte *Werteverbräuche* von öffentlich bewirtschafteten Gemeinressourcen (Ressourcennutzungsgebühren wie Wasserentnahmeentgelte). Dadurch lassen sich auch Allmendegüter, über die ein staatliches Zugangsregime mit Exklusionswirkung errichtet wird, in Nutzerfinanzierungen einbeziehen, etwa bestimmte Ökosystemdienstleistungen (Gawel 2011a).

2.2 Politische Treiber für Nutzerfinanzierungen

Betrachtet man die Praxis der finanzpolitischen Willensbildung und deutet diese als Interaktion eigeninteressengeleiteter Akteure (Hansjürgens 1998), so scheidet zunächst der maßgebliche ökonomische Vorzug der Äquivalenzfinanzierung, die gesamtwirtschaftliche Effizienzleistung, als Treiber aus: Die Verbesserung der Effizienz, die mit stärkerer Äquivalenzfinanzierung der Infrastruktur einhergehen könnte, besitzt als öffentliches Gut interessenpolitisch naturgemäß keine Lobby. Relevant mutet vielmehr die Bedienung von Partikularinteressen der finanzpolitischen Entscheidungsträger an. Zudem kann sich das Äquivalenzprinzip – wie dargestellt – selbst in der Akademia lediglich auf Mindermeinungen in Finanz- wie Rechtswissenschaft stützen.

Der entscheidende Treiber für Nutzerfinanzierungen in der Praxis dürfte die Krise des Steuerstaates selbst sein, und zwar die Krise seiner fiskalischen Potenz: Er zeigt sich zunehmend unfähig, als notwendig Erachtetes (Bildung, Infrastruktur, Pflege) zu finanzieren – bei doch gleichzeitig beeindruckender säkularer Ausgabenexpansion. Abnehmende politische Grenzerträge des Mitteleinsatzes führen unter den Bedingungen der Gesamtdeckung zu strukturellen Unterfinanzierungen (Hochschulen, Verkehrswege, soziale Dienste) trotz gleichzeitigen Ausgabenwachstums. Zudem verführen finanzierungsentkoppelte Ausgabengestaltungen zu *white elephants*, Prestigeprojekten wie dem Transrapid oder „Stuttgart 21", deren politisch-symbolische Strahlkraft von den Entscheidungsträgern größer eingeschätzt wird, als sich ihr durch Zahlungsbereitschaften erhärteter (hier: verkehrspolitischer) Nutzen darstellen dürfte.

Die aktuelle Finanz- und Schuldenkrise der westlichen Welt ist zugleich eine Krise des Steuerstaates, der sich den Luxus leistet, über Ausgabeprogramme und Einnahmebeschaffung in entkoppelten Arenen zu befinden und damit einerseits Schwierigkeiten hat, gegenüber begehrlichen Interessengruppen Ausgabendisziplin zu wahren, andererseits den Steuerwiderstand zur Alimentierung dieser Ausgabewünsche nicht zu überwinden vermag und die Flucht in die öffentliche Schuld antritt. Das ehrwürdige *Wagnersche Gesetz* der zunehmenden Staatstätigkeit (Wagner 1893) gewinnt vor dem Hintergrund steuerstaatlicher Funktionsimperative und unter den Bedingungen demokratischer Willensbildung eine völlig neue Berechtigung. Zugleich wird über hohe, aber akzeptanzbrüchige Steuerlasten die Schattenwirtschaft genährt, die wiederum die fiskalische Grundlage des Steuerstaates erodiert. Der Steuerstaat hat damit allenthalben Grenzen erreicht: Grenzen der Besteuerung, Grenzen der öffentlichen Schuld und ordnungspolitische Grenzen der allgemeinen Staatsquote. Auch das vielbeklagte Steuersystem-Chaos (Kirchhof 2011) kann als Ausdruck des ambitionierten Bemühens um ein politisches „Makeln" von Lastverteilungen (McCormick und Tollison 1981) gedeutet werden.

Problemverschärfend tritt in jüngerer Zeit der internationale Steuerwettbewerb als Folge fortschreitender Globalisierung auf den Plan (Märkt 2003; Kellermann 2004): Zunehmend mobile Faktoren (Kapital, hochqualifizierte Arbeit) führen zu verstärktem Kontroll- und Akzeptanzverlust des nationalen Steuerstaates Zur Aufrechterhaltung der Ergiebigkeit der Steuergrundlagen kommt eine Regulierungsspirale in Gang, und es müssen Einbußen bei der Steuergerechtigkeit hingenommen werden (Blankart 2002). Der internationale Steuerwettbewerb höhlt nicht nur die fiskalischen Grundlagen des Steuerstaates aus, sondern bedroht auch dessen materiellen Grundlagen: Zur Abwehr der Steuererosion muss die Steuerlast zunehmend auf immobile Faktoren konzentriert und damit das Postulat der Steuergerechtigkeit (Art. 3 GG) verletzt werden, indem sich die Belastung von Kapitaleinkünften und Unternehmenserträgen zunehmend von jener bei Arbeitseinkünften entfernt.

Praktische Folge dieser Krise ist ironischerweise das zunehmende Unvermögen zur Finanzierung dringender Ausgabenbedarfe. Der von „Finanzierinteressen" abgelöste und „unbefangen" disponierende Steuerstaat (Birk und Eckhoff 2000: 65) sieht sich stattdessen plötzlich gefangen zwischen Finanzier-Unlust und gleichwohl ungebremsten Ausgabewünschen. Einen fiskalischen Ausweg weisen hier Nutzerfinanzierungen, die die angemeldeten Ausgabewünsche unter Umgehung aller faktischen Fesseln des Steuerstaates zusätzlich erfüllen könnten. Politisch müssen hier freilich die Folgen auf Zustimmungsmärkten abgewogen werden – einerseits die zu erwartenden Sanktionen, die aus dem zugefügten „Entgeltleid" resultieren, andererseits die Honorierung, die zusätzliche Ausgabenprogramme versprechen.

Einer solchen Exit-Strategie des kriselnden Steuerstaates sind zwar insbesondere technisch-ökonomische Machbarkeitsgrenzen gesetzt (gelingende Exklusion); auch sieht sie sich verfassungsrechtlichen Sperrwirkungen gegenüber (Gramm 1997). Ausschlaggebend dürften aber die polit-ökonomischen Anreize sein, die ein solcher Übergang bereithält. Hierbei ist vor allem der „Entgeltwiderstand" von Bedeutung.

2.3 Die politische Ökonomie von Nutzerfinanzierungen: Vom Steuerwiderstand zum „Entgeltwiderstand"

Mit Modellen der Politischen Ökonomie (Leviathantheorie, Medianwähleransatz, Interessengruppen- und Bürokratietheorie) werden üblicherweise Schwächen des Steuerstaates begründet, da der politische Prozess der demokratischen Willensbildung aufgrund von Eigeninteressen der beteiligten Akteure und der institutionellen Besonderheiten des Koordinationsverfahrens über Wählerstimmenmärkte kaum in der Lage sei, die erforderliche Anbindung öffentlicher Leistungen an die Präferenzen der Bürger sicherzustellen (Hansjürgens 1998). Effizienzdefizite der Staatstätigkeit seien die Folge. Inwieweit die dabei abgeleiteten theoretischen Vorzüge von Äquivalenzfinanzierungen in Bezug auf die effizienzorientierte Disziplinierung der Nachfrage und die wirksamen Kontrolle politischer und „bürokratischer" Entscheidungen durch den Bürgerwillen auch durch realtypische Äquivalenzansätze der Staatsfinanzierung eingelöst werden können, steht auf einem anderen Blatt. So bleibt doch zweifelhaft, inwieweit etwa die Studienbeitragsgesetze zahlreicher Bundesländer die allokativen Vorteile einer äquivalenzorientierten Hochschulfinanzierung auszuschöpfen und zu einem ökonomisch rationalen Bildungsangebot beizutragen vermögen (Hansjürgens 2000). Entscheidend sind offensichtlich die institutionellen Ausgestaltungen und der mit ihnen jeweils eröffnete materielle Äquivalenzgehalt.

Unabhängig davon kann die Politische Ökonomie aber auch dazu beitragen, die politischen Realisierungschancen einer Transformation des Einnahmesystems in Richtung auf einen Entgeltstaat abzuschätzen. In diesem Falle werden nicht zwei Finanzierungssysteme einander theoretisch gegenübergestellt, sondern die Fortentwicklung eines historisch gewachsenen Systems in Richtung auf stärkere Akzentuierung des Äquivalenzgedankens untersucht. Dabei stellt sich die Frage, ob politische Unternehmer an einem Verlust ihrer diskretionären Spielräume und den Möglichkeiten zu getrennter Bedienung von Ausgabenwünschen und Lastverteilungswiderständen als „Transfermakler" interessiert sind. Wie wirkt sich die „Erhöhung der Sichtbarkeit und damit der Merklichkeit von Abgaben" (Hansjürgens 1998: 312) auf die politische Gratifikation von Ausgabeprogrammen auf Zustimmungsmärkten aus? Sind die zur Zahlung Verpflichteten an einer Aufhebung der Fiskalillusion interessiert und die Interessengruppen an einer Verkürzung ihrer Spielräume zum *rent seeking*, das den gruppenspezifischen Nettovorteil aus dem Nutzen von Ausgabenprogrammen und dem Abgabenleid der zu übernehmenden Zahllast gerade maximieren soll?

Vieles spricht dafür, dass der oftmals beschworene Übergang zum Entgeltstaat polit-ökonomisch verriegelt sein dürfte: Mit der gescheiterten bayerischen „Wald-Maut", den von vier Ländern zwischenzeitlich wieder zurückgezogenen Studienbeitragsgesetzen zur Hochschulfinanzierung sowie der anhaltenden politischen Reserve gegenüber einer Fernstraßenmaut bleiben prominente Vorstöße einer verstärkten Nutzerfinanzierung im Ergebnis politisch erfolglos oder kommen – wie die „Polizeigebühren" – nicht über ein permanente Ideenstadium hinaus.

Mit der Arrondierung des staatlichen Einnahmesystems um vereinzelte Umweltabgaben (Abwasserabgabe, Wasserentnahmeentgelte), der zaghaften Versteigerung von Emissionslizenten im Rahmen des EU-Emissionshandels sowie der klimaorientierten Ausgestaltung von Energie- und Kfz-Steuer bleiben auch die umweltmotivierten Äquivalenzfinanzierungen von letztlich rudimentärer Bedeutung für öffentliche Haushalte.

Traditionell wurde dem „Steuerwiderstand" große Aufmerksamkeit geschenkt, der sich aus der Gegenleitungslosigkeit der Steuer ergibt und den Steuerzahler demotiviert, für ein exklusionsfreies Angebot öffentlicher Leistungen noch ein individuelles Steueropfer zu erbringen (Schmölders und Hansmeyer 1980: 97ff.). Auf diese Weise unterminiert der Steuerwiderstand zugleich die Steuermoral und nährt die Schattenwirtschaft (Schäfer 2006). Einen „Gebührenwiderstand" kennt das wissenschaftliche Schrifttum hingegen nicht. Dessen ermangele es bereits deshalb, weil sich dem Zahler unter den Bedingungen der Äquivalenzfinanzierung der individuelle Gegenwert der Kaufkraftabschöpfung erschließe und ihn bei freiwilliger Zahlung sogar die Ausschlussfunktion des Abgabenpreises trifft, etwa bei der Ausstellung eines Personalausweises.

Dies alles gilt bei *gegebenen* Abgabenormen. Auf konstitutioneller Ebene, d.h. bei der Vorfrage, welche Finanzierungsnormen für die Ermöglichung der Staatsleistung eingerichtet werden sollen, ist jedoch auch mit einem „Entgeltwiderstand" zu rechnen, vorzugsweise dann, wenn diese Entscheidungen nicht hinter dem Rawlsschen Schleier der Unwissenheit, sondern in antizipierbarer Interessenbetroffenheit getroffen werden. Dies gilt in besonderer Weise, wenn eine Transformation aus einem gegebenen (leistungsfähigkeitsorientierten) steuerstaatlichen Arrangement hin zu einem Entgeltmodell gefunden werden muss. Dieser „Entgeltwiderstand speist sich nicht wie im Steuerfalle aus der fehlenden Gegenleistung, so dass die Inanspruchnahme öffentlicher Leistungen als öffentliches Gut auch ohne Steuerbeitrag gesichert erscheint. Der Entgeltwiderstand wird vielmehr getragen von dem Unwillen, eine bislang entgeltfreie Güterversorgung nunmehr bepreist zu sehen. Dies bedroht die bisher mögliche entgeltfreie Inanspruchnahme bis zur Sättigungsmenge und impliziert einen sicheren Kaufkraftentzug, dessen Kompensation durch sinkende Steuerbelastung unsicher erscheint. Die dadurch eventuell mögliche Verbesserung der allokativen Effizienz des staatlichen Güterangebotes bleibt als öffentliches Gut interessenpolitisch ohne Resonanz; ihre politische Gratifikation bleibt aus.

Die Existenz dieses Entgeltwiderstandes ist empirisch exzellent belegt; Vorschläge zu Entgeltfinanzierungen führen selbst dann zu Proteststürmen, wenn im Gegenzuge eine nicht nur aufkommens-, sondern sogar individuell lastneutrale Absenkung der Steuerpflicht offeriert wird, wie im Falle der Autobahnvignette, die nach jüngsten Vorschlägen der CSU für Inländer mit der Kfz-Steuer vollständig verrechnet werden soll (ZEIT 2011).

Der konstitutionelle Entgeltwiderstand erweist sich so als wirkmächtige Bremse der Systemtransformation auf dem vermeintlichen Wege in den Entgeltstaat: Politiker wollen sich ihre diskretionären Spielräume nicht nehmen lassen und fürchten die Mobilisierung von Widerständen bei den Zahlungsverpflichteten; Bürger schätzen die Kostenillusion, Interessengruppen ihre *rent-seeking*-Optionen, und die Effizienz der Staatstätigkeit bleibt als öffentliches Gut ohne Unterstützung im politischen Prozess.

Der Entgeltstaat ist derzeit nicht in Sicht und gewinnt – wenn überhaupt – nur minimal an Boden. Die Krise des Steuerstaates selbst bleibt gleichwohl der mächtigste Treiber dieser Entwicklung. Betrachten wir diese Überlegungen etwas näher am Beispiel der Nutzerfinanzierung von Verkehrsinfrastruktur im Bereich von Fernstraßen in Deutschland.

3. Glanz und Elend der Nutzerfinanzierung am Beispiel der Bemautung von Verkehrswegen in Deutschland

3.1 Grundlagen und Erscheinungsformen

Die Inanspruchnahme von Verkehrsinfrastruktur eignet sich in besonderer Weise für Nutzerfinanzierungen (Kühling u.a. 2011; Kossak und Pällmann 2009): Als gemischt-öffentliches „Mautgut" besitzen zumindest Fernstraßen eine zu vertretbaren Kosten organisierbare Exklusionstechnik.[1] In der Praxis werden Nutzerfinanzierungen von Verkehrswegen im In- und Ausland auch in vielfältigen Formen praktiziert (Gawel und Schmidt 2010: 61ff.). In Deutschland freilich ist bisher lediglich ein schleppender und rudimentärer

---

[1] Allerdings wären damit die verbundenen Kosten im Vergleich zum Allokationsgewinn prohibitiv hoch, wollte man sie auf alle Straßen übertragen. Sie wären nach Brümmerhoff (2001: 95) oft zu hoch zu Lasten des Fiskus, wenn im Rahmen der technischen Durchsetzung des Ausschlussprinzips hohe Aufwendungen für Personal und technische Einrichtungen anfallen; sie wären zu hoch zu Lasten der Benutzer, wenn der Fiskus im Interesse der Einsparung eigener Kosten die Zahl der Zugänge beschränkt und damit die Ausschließungskosten in Form von Zeitaufwand oder Fahrtkosten für die Benutzer erhöht.

Einsatz zu beobachten. Neben der seit langem üblichen Bemautung bestimmter Wasserstraßen (Gawel u.a. 2011: 297ff.) und den traditionellen kommunalen Konzessionsabgaben für Strom-, Gas- und Wassernetze sind im Bereich der Straßenverkehrsinfrastruktur erst in jüngerer Zeit einzelne Formen von Nutzerfinanzierungen eingesetzt worden. Nicht zuletzt die überwiegend mit Industrievertretern besetzte sog. Pällmann-Kommission hatte sich 2000 nachdrücklich für einen „Paradigmenwechsel" in der Finanzierung eingesetzt (Kossak und Pällmann 2009).

Mit der Einführung der streckenbezogenen Lkw-Maut zum 1. Januar 2005 auf der Grundlage der Wegekosten-Richtlinie (1999/62/EG) wurde zunächst das sogenannte „A-Modell" (= „Ausbau-Modell") realisiert: Dabei werden der Ausbau zusätzlicher Fahrsteifen, Erhaltung und Betrieb vorhandener Fahrstreifen sowie die diesbezügliche Finanzierung an Private übertragen. Das private Unternehmen erhält einen Konzessionsvertrag mit der Laufzeit von 30 Jahren, innerhalb dessen die Strecke zu betreiben, zu unterhalten und nach Ablauf der Konzessionslaufzeit in einem vorher definierten Zustand an die öffentliche Hand zurückzugeben ist. Die Refinanzierung erfolgt ausschließlich aus dem jeweiligen Mautaufkommen von schweren Lkw, welches sich in Abhängigkeit vom späteren Verkehrsaufkommen in Höhe von derzeit mindestens 14 Cent pro gefahrenem Kilometer errechnet,[2] sowie durch eine staatliche Anschubfinanzierung, die ca. 50% der sonst üblichen Baukosten betragen soll.

Mit dem im Jahre 1994 verabschiedeten Fernstraßenbauprivatfinanzierungsgesetz (FStrPrivFinG) sind zudem auch Projekte nach dem „F-Modell" möglich: Dabei werden neu zu errichtende Ingenieurbauwerke in Konzession privat errichtet, betrieben und durch Benutzungsgebühren refinanziert (Beckers und von Hirschhausen 2003). Seither wurden erst für zwei Projekte (Warnowquerung in Rostock sowie Travequerung in Lübeck) Konzessionen nach dem F-Modell vergeben. Beide Projekte sind jedoch bereits kurz nach ihrer Inbetriebnahme finanziell notleidend geworden (Gawel und Schmidt 2010: 83ff.). F-Modelle nach dem FStrPrivFinG gelten – trotz zweimaliger Novellierung 2002 und 2005 insgesamt als gescheitert.

Die geringe Anzahl der bisher durchgeführten Projekte erklärte sich vor allem aus dem bis heute sehr begrenzten Anwendungsbereich des Gesetzes heraus, das sich auf besondere Ingenieurbauwerke wie Brücken, Tunnel oder Gebirgspässe beschränkt. Zudem erwies sich das Verkehrsmengenrisiko, also letztlich die Zahlungsbereitschaft der potenziellen Nutzer, als kaum beherrschbar für private Investoren (Gawel und Schmidt 2010). Wir wollen im Folgenden von den speziellen Bedingungen privater Konzessionsmodelle absehen, da theoretisch auch eine Haushaltsfinanzierung der Verkehrsinfrastruktur mittels Gebührenerhebung denkbar wäre (Art. 74 Nr. 22 GG). Im

---

2 Siehe § 1 MautHV 2011 (Verordnung zur Festsetzung der Höhe der Autobahnmaut für schwere Nutzfahrzeuge – Mauthöhenverordnung).

Blickfeld stehen daher nur die Probleme der Nutzerfinanzierung selbst – unabhängig von der Zuweisung der Betreiberverantwortung.

3.2 Chancen und Probleme von nutzerfinanzierter Fernstraßeninfrastruktur

Aus finanzwissenschaftlicher Sicht verbinden sich mit der Anwendung von nutzerfinanzierten Betreibermodellen in erster Linie Vorteile des Äquivalenzprinzips der Einnahmebeschaffung (Alfen 2001; Gawel und Schmidt 2010): Die Kosten werden hier direkt den Nutz(nieß)ern, verursachungsgerecht für Pkw und Lkw, und nicht nach Maßgabe der Lastverteilungsregeln des Steuersystems einer breiten Masse von Steuerzahlern angelastet. Es erscheint „gerecht", soweit die einzelnen Verkehrsinfrastrukturnutzer nur in dem Maße zu einer Zahlung verpflichtet werden, wie ihnen auch „Gegenleistungen" zukommen (Konzept der „Tauschgerechtigkeit"). Zudem wird Äquivalenzfinanzierung als vorteilhaft angesehen, weil durch die Verknüpfung von Leistung und Kosten Budgetentscheidungen rationaler und zugleich an den Präferenzen der Nachfrager ausgerichtet werden; die Nachfrage selbst muss von Fiskalillusion bei der Bereitstellung öffentlicher Güter Abstand nehmen, also der Vorstellung, staatlich unentgeltlich bereitgestellte Infrastrukturgüter seien „kostenlos". Die wahren Kosten der Bereitstellung von Infrastruktur werden auf diese Weise transparent gemacht (Abbau von Kostenillusion), woraus marktgerechtere Lösungen resultieren, aber auch einer Übernachfrage entgegengewirkt wird.

Eine leistungsfähigkeitsorientierte Steuerfinanzierung verknüpft demgegenüber die Einnahmen nicht direkt mit den Ausgaben, sondern stellt bei der Bemessung der Finanzierungsbeiträge allein auf die wirtschaftliche Leistungsfähigkeit der Steuerbürger ab, unabhängig von ihrer Nutznießung. Effizienzaspekten einer öffentlichen Güterbereitstellung kann so nicht genügt werden. Das politische Angebot wird von Präferenzen und Zahlungsbereitschaften der Nachfrage abgekoppelt; die Nachfrager wiederum artikulieren einen der Sättigungsmenge entsprechenden, ineffizienten Bedarf an Verkehrsinfrastruktur.

Eine reine Anwendung präferenzorientierter Infrastruktursteuerung stößt jedoch naturgemäß an Grenzen; die bekannten Nachteile einer Äquivalenzfinanzierung geben insoweit zu Begrenzungen und Modifikationen Anlass: Neben den sozialen Folgen der Exklusion durch Entgeltlichkeit der Infrastrukturnutzung sind auch positive externe Effekte der Infrastruktur zu berücksichtigen, die durch eine Marktnachfrage nicht abgebildet werden kann. In anderen Fällen mag zudem Veranlassung zu einer meritorischen Präferenzkorrektur bestehen. Jedenfalls wären die „Verkehrsprojekte Deutsche Einheit" durch rein marktmäßige Äquivalenz kaum realisierbar gewesen, da die Nutzererlöse vorwiegend in den Ausbau stark nachgefragter bestehender Strecken geflossen wären.

Negative Beschäftigungs- und Wachstumseffekte im Transportgewerbe aufgrund von Entgeltpflichten der Infrastrukturnutzung mögen zwar volkswirtschaftlich effizient sein, weil nunmehr die vollen Kosten der Transportdienstleistungen einzupreisen sind und zu einem effizientem Angebot führen, muten aber gleichwohl politisch misslich an. Dies leitet über zu der Frage, welche Aussichten denn die Implementierung einer Nutzerfinanzierung im politischen Prozess überhaupt besitzt (Abschnitt 4.3).

3.3 Zur politischen Ökonomie von nutzerfinanzierter Verkehrsinfrastruktur

Auch volkswirtschaftlich rentable Infrastruktur-Projekte bedürfen der politischen Durchsetzung und benötigen die Akzeptanz der potenziellen Nutzer. Daher sind auch polit-ökonomische Hemmnisse in die Betrachtung einzubeziehen (Gawel 2011b). Dazu betrachten wir zunächst die Interessenlage der Nutzer (Abschnitt 4.3.1), sodann jene politischer Unternehmer (4.3.2) bzw. von „Bürokraten" (4.3.3). Welche Chancen bestehen hier konkret, den „konstitutioellen Entgeltwiderstand" (dazu oben unter 3.) zu überwinden?

3.3.1 Nutzerfinanzierung und Behavioural Pricing: Zahlungsbereitschaft und Akzeptanz

Nutzerfinanzierungen tragen erfolgreich zur Erfüllung öffentlicher Aufgaben bei, wenn und soweit für notwendig erachtete Programme eine Zahlungsbereitschaft seitens der Nutzer besteht. Wird auf einen Nachfragezwang – etwa in Gestalt des für Kommunalleistungen verbreiteten „Anschluss- und Benutzungszwang" verzichtet – so bestimmt die aggregierte Zahlungsbereitschaft über die Refinanzierungsmöglichkeiten eines Projekts. Allokationstheoretisch wäre dies gerade willkommen, da im Sinne der marktmäßigen Äquivalenz die Präferenzen der Nutzer unter Abwägung der Projektkosten über das Zustandekommen von Verkehrsinfrastruktur-Maßnahmen befinden. Aus der Sicht des (öffentlichen oder privaten) Projektbetreibers realisiert sich hier das sog. Verkehrsmengenrisiko. Trägt dieses der Betreiber, wäre eine marktmäßige Äquivalenz der Infrastrukturfinanzierung hergestellt: Die Nutzer entscheiden mit ihren Präferenzen über das Zustandekommen von Projekten.

Tatsächlich wird bei sog. F-Modellen zunächst eine öffentliche Anschubfinanzierung vorgesehen, so dass die Nutzer von vornherein nur einen Teil der Projektkosten übernehmen. Dies mag angesichts der erhofften wirtschafts- und regionalpolitischen Ausstrahlungseffekte der Flächenerschließung und mit Blick auf Prognoseunsicherheiten und sonstige, politische Risiken noch als sachgerechte Teilung der Finanzierungsverantwortung gelten. Die Entscheidung über Infrastruktur-Projekte wird jedoch rein politisch getroffen – freilich unter Berücksichtigung der erwarteten Verkehrsmengen. Ferner erhält der Betreiber über das Gebührenrecht eine Kostendeckungsgarantie, so dass das Verkehrsmengenrisiko faktisch von den Nutzern zu tragen ist, die mit theoretisch beliebig erhöhten Mautsätzen für fehlende Nachfrage kompensatorisch aufzukommen haben. Da dies typischerweise eine Entgeltspirale nach unten in Gang setzt, ist bei den realisierten F-Projekten, die von Beginn an unter Nachfragemangel litten, die öffentliche Hand als Konzessionsgeber etwa durch Verlängerung der Konzessionszeit beigesprungen. Damit wird faktisch allenfalls eine gruppenmäßige Kosten-Äquivalenz der Nutzer realisiert.

Die allokative Steuerungswirkung wird noch weiter verdünnt, wenn – wie mehrfach geschehen – im Falle unzureichender projektierter Verkehrsmengen bzw. hoher antizipierter Risiken für die privaten Betreiber die politisch erwünschten Projekte kurzerhand aus allgemeinen Haushaltsmitteln dennoch realisiert werden (Rügendamm, Hochmoselquerung). Die marktmäßige Information hinsichtlich der offenbar unzureichenden Kosten-Nutzen-Relation wird so vom öffentlichen Planer ignoriert. Die Projekte werden unabhängig von der Zahlungsbereitschaft ihrer Nutzer realisiert.

Aber auch in dieser Ausgestaltung bleibt die private Zahlungsbereitschaft eine Schlüsselgröße für den Erfolg eines nutzerfinanzierten Projekts. Die Erfahrungen mit den realisierten F-Modellen zeigen indes, dass die Zahlungsbereitschaften „gering" sind in dem Sinne, dass die Nachfrage jedenfalls erheblich hinter den jeweils veranschlagten Verkehrsmengen zurückblieb und angesichts der Projektkosten keineswegs auskömmlich war (Gawel 2011b). Angesichts der hohen Wertschätzung für eine leistungsfähige Verkehrsinfrastruktur fragt sich, wie diese Zurückhaltung der Nutzer zu erklären ist. Schließlich zeigen auch die Erfahrungen des Auslandes, dass eine kostendeckende Nutzerfinanzierung von Straßenverkehrsinfrastruktur ohne weiteres machbar ist.

Zunächst erscheint klar, dass an „Fiskalillusion" gewöhnte Infrastrukturnutzer eine plötzliche Entgeltpflicht interessenpolitisch ablehnen werden, zumal wenn diese als Zusatzbelastung bei im Übrigen unveränderter Steuerlast erlebt wird. Im Unterschied zu den europäischen Nachbarländern, in denen größtenteils die Erstellung des Autobahnnetzes über Gebühren finanziert wurde, geht es in Deutschland darum, ein bestehendes, bisher für den Nutzer scheinbar „kostenloses" System auf Gebührenfinanzierung umzustellen, um es zu erhalten und auszubauen. Zugleich – als zweites spezifisch deutsches Erschwernis – bleiben die F-Modelle als singuläre Projekte Fremdkörper in einem System weiterhin ganz überwiegend entgeltfreier Straßeninfrastrukturnutzung. Beides belastet die Akzeptanz von Nutzerfinanzierungen. Die Bereitschaft, für eine Leistung zu zahlen, die bisher scheinbar kostenlos zur

Verfügung gestellt wurde und deren Entgeltpflicht nur ausnahmsweise an bestimmten Stellen aufscheint, ist denkbar gering (Alfen 2001: 6). Das Resultat sind Widerstände in politischen Arenen und auf Wählerstimmenmärkten („politischer Widerstand"), aber auch „ökonomischer Widerstand" durch Nachfrageverweigerung und Substitutionsreaktionen.

Die Bereitstellung von bemauteter Straßeninfrastruktur repräsentiert eine konkurrenzwirtschaftliche Leistungsabgabe ohne Zwangsnachfrage, die aus verschiedenen Gründen auf geringe Zahlungsbereitschaften bzw. eine schwächelnde Nachfragemenge treffen kann:

- es besteht kein Benutzungszwang;
- unmittelbare Alternativstrecken bieten enge Substitute (Beispiel Rügendamm: alte Klappbrücke neben ursprünglich als Mautobjekt geplantem Pylon-Neubau);
- ein dichtes allgemeines Verkehrsnetz bietet weite Substitute zur Vermeidung bemauteter Einzelobjekte;
- die Nachfrage nach dem Mautgut verkörpert keinen lebensnotwendigen Bedarf und gestaltet sich entsprechend preisempfindlich;
- die Nachfrager entscheiden in „Fiskalillusion": die bisher entgeltfreie Nutzung des Streckenabschnitts und der Ausnahmecharakter des Mautobjekts im steuerfinanzierten Wegesystem setzen „Referenzpreise" nahe Null und beschädigen die wahrgenommene Preisfairness und damit die Akzeptanz der Maut.

Akzeptanzdefizite, die sich in geringeren Zahlungsbereitschaften äußern, lassen sich auch mittels der Theorie des *Behavioural Pricing* (Pechtl 2005: 16ff.) erklären und werden so preistheoretisch wieder gestaltbar (Endogenisierung des Akzeptanzaspekts): Ausgangspunkt des *Behavioural Pricing* ist eine verhaltenswissenschaftliche, insbesondere psychologische Fundierung des preisbezogenen Nachfrageverhaltens. Während in neoklassischen Modellen der Preistheorie ein Individuum lediglich den vorgegebenen Anbieter-Preis mit der eigenen maximalen Zahlungsbereitschaft (Reservationspreis) zu vergleichen hat, um zu einer Nachfrageentscheidung zu kommen, spielen bei Modellen des *Behavioural Pricing* u.a. auch

- die subjektive Preiswahrnehmung und
- die subjektive Preisbewertung eine wichtige Rolle, insbesondere die empfundene „Preisfairness", welche etwa dann in Frage steht, wenn die Nachfrager den Eindruck haben, in einer Zwangslage vom Anbieter ausgenutzt zu werden.

Eine wichtige Modellklasse des *Behavioural Pricing* stellen die sog. *Referenzpreismodelle* dar (Lichtenstein u.a. 1990). Danach erfolgt die individuelle Preisbewertung anhand eines „Urteilsankers" als Referenzwert, zu dem sich der gegebene Anbieter-Preis in Beziehung setzen muss. Als Vergleichsmaßstab kommen hierbei verschiedene Preiskategorien in Betracht:

- aktuelle Vergleichswerte,
- historische Vergleichswerte,
- intrinsische Referenzpreise wie beispielsweise der Reservationspreis, der für ein Gut vergleichbarer Art und Güte erwartete Preis, ein als üblich angesehener „Normalpreis" etc.

Für unsere Zwecke liegt es auf der Hand, dass bei der Bepreisung bislang unentgeltlicher Verkehrsinfrastrukturinanspruchnahme als Referenzpreis wohl nur ein Wert von Null in Betracht kommt:

- aktuelle Vergleichswerte (z.B. die unentgeltliche alte Parallelbrücke über den Strelasund, aber auch alle übrigen unentgeltlichen Brücken im nationalen Verkehrsnetz) indizieren den Wert Null;
- historische Vergleichswerte (entgeltfreie Fernstraßennutzung) liefern ebenfalls „Null-Informationen";
- aufgrund der genährten Fiskalillusion dürften auch alle intrinsischen Referenzpreise (Erwartungshaltung, als üblich angesehener Preis und Reservationspreis als maximale Zahlungsbereitschaft für ein Mautgut) bei Null justiert sein.

Zugleich kann bei Ausnahmeobjekten, um die es sich bei allen nach dem F-Modell projektierten Maßnahmen im ansonsten unentgeltlichen Verkehrsnetz ja (noch) handelt, die Preisfairness als kritisch gelten: Wer eine bestimmte Passage, z.B. den Übergang zum Feriendomizil Rügen, nunmehr nur noch gegen Entgelt gestattet, setzt sich dem Argwohn aus, eine Zwangslage der Nutzer (fehlende Ausweichstrecken) zu missbrauchen. Die Akzeptanz für derartige Projekte dürfte daher auch aus theoretischer Sicht sehr gering ausfallen.

Auf Thaler (1985) geht ein für unsere Zwecke geeignetes Referenzpreismodell mit Framing-Effekt zurück: Unter *Framing* ist dabei zunächst der „Rahmen", gleichsam das institutionelle Setting für eine Bewertungsentscheidung zu verstehen. Ein Framing-Effekt tritt dann auf, wenn dieses Setting selbst Einfluss auf die Entscheidung nimmt (Relevanz des Bewertungsrahmens). Bei Referenzpreismodellen werden negative Abweichungen eines zu bewertenden Verkaufspreises vom Referenzpreis als Gewinn („gain"), positive hingegen als Opfer („loss") empfunden. Die experimentelle Wirtschaftsforschung hat nun herausgefunden, dass Menschen die Bewertung von „gains" und „losses" keineswegs betragsgleich, sondern vielmehr unterschiedlich vornehmen. So geht auf Kahneman und Tversky (1979) die sog. *Prospect Theory* zurück, wonach die Nutzenbewertung von „gains" konkav, jene von „losses" hingegen konvex erfolgt. Dies hat zur Folge, dass eine – absolut – gleich große Abweichung vom Referenzpunkt nach oben weniger

Nutzerfinanzierung öffentlicher Aufgaben

Nutzen stiftet als die betraglich identische Abweichung nach unten Opferempfinden auslöst (*losses loom larger effect*).

Vor diesem Hintergrund hat Thaler (1985) die Unterscheidung von Akquisitionsnutzen und Transaktionsnutzen der Nachfrager eingeführt:

- der *Akquisitionsnutzen* (auch: Erwerbungsnutzen) eines Nachfragers beschreibt die Differenz zwischen dem Reservationspreis p_{Res}, d.h. der maximalen Zahlungsbereitschaft für ein Gut dieser Art und Güte, und dem Verkaufspreis p;
- der *Transaktionsnutzen* hingegen kennzeichnet die Differenz zwischen dem Verkaufspreis p und einem Referenzpreis p_R, z.B. einem „fairen Preis".

Ein neoklassisch orientiertes Individuum orientiert sich ausschließlich am Akquisitionsnutzen und lässt sich von überraschenden „gains" oder „losses" gegenüber dem Referenzpreis nicht beeindrucken oder enttäuschen. Ein gefühlsbefähigtes Individuum im Modell des *Behavioural Pricing* jedoch wird auch Enttäuschungen oder freudige Überraschungen gemäß dem Transaktionsnutzen in die Kaufentscheidung einfließen lassen. Die von Thaler (1985) eingeführte Unterscheidung kann nun erklären, warum ein Konsument den Erwerb eines Gutes mit höchstem Akquisitionsnutzen (d.h. höchster Konsumentenrente) gleichwohl verweigert, da er vom Verkaufspreis – gemessen am Referenzpreis – „enttäuscht" ist. Dies könnte im Mautfall erklären, warum Ingenieur-Bauwerke, die aufgrund ihrer „überraschenden" Entgeltpflicht als Fremdkörper im Straßennetz erscheinen, unterhalb ihres Akquisitionsnutzens bewertet und nachgefragt werden. Insoweit gehen auch alle Verkehrsprognosen fehl, die den „loss effect" enttäuschter Transaktionsnutzen nicht berücksichtigen.

Greift man die Idee der *Prospect Theory* nach Kahnemann und Tversky (1979) auf und bewertet *gains* und *losses* unterschiedlich, so ergäbe sich folgende Bewertungsfunktion:

$$\Phi = \phi_1 (p_{Res} - p) + \phi_2 (p_R - p), \phi_1, \phi_2 > 0$$

Eine Anwendung auf das Mautmodell (Gawel und Schmidt 2010: 119ff.) würde dann davon ausgehen, dass die bisher unentgeltliche Zurverfügungstellung von Verkehrsinfrastruktur und der verbleibende Ausnahmecharakter einzelner entgeltpflichtiger Straßennetzbestandteile die Fiskalillusion nähren und problematische Referenzpreise für Mautgüter setzen ($p_R = 0$).

$$\Phi = \phi_1 (p_{Res} - p) - \phi_2 (p), \phi_1, \phi_2 > 0$$

In einem solchen Modell bedeutet jeder positive Preis für das Mautgut eine Enttäuschung, die den Akquisitionsnutzen aufzuzehren droht. Im Modell ergibt sich als Lösungsmöglichkeit nur die Hebung des Referenzpreises. Wie könnte eine solche Anpassung des Referenzpreises gelingen?

- Die Nutzen des Mautgutes, vor allem aber einer Nutzerfinanzierung könnten intensiv kommuniziert werden, so dass privatwirtschaftliche Lösungen weniger unfair erscheinen;
- Alternativstrecken könnten geschlossen werden, um Vergleichs-Referenzpreise nicht zuungunsten des Mautobjekts ausfallen zu lassen; allerdings könnte gerade dadurch auch die Fairness-Einschätzung beeinträchtigt werden (Schaffung einer Zwangslage);
- Leistungsmehrung des mautpflichtigen Angebots: Erscheint die Leistung des neuen Angebots wahrnehmbar höher, z.B. durch besseren Komfort, Mehrstreifigkeit der Verkehrsführung, Zeitersparnis der Passage, so kann dies die Fairness-Bewertung entgeltpflichtiger Angebote verbessern;
- „Updating" der Referenzpreise: Es kann schließlich versucht werden, die Referenzpreise im Zeitablauf durch einfache Gewöhnungseffekte anzuheben („Update") (Briesch u.a. 1997; Kopalle und Lindsey-Mullikin 2003). Dabei werden zunächst moderate Einführungspreise verlangt, die im Zeitablauf die Referenzpreise nach oben verschieben und später höhere Verkaufspreise zulassen.

Das Updating-Modell kann zur Konstruktion einer „Akzeptanzmaut" verwendet werden, die im Zeitablauf zunächst niedrige Mautgebühren, später – nach Ansteigen der Referenzpreise – auch höhere und nachholende Preisgestaltungen zulässt (Gawel und Schmidt 2010). Das herkömmliche Gebührenrecht kennt eine solche Akzeptanzmaut-Konstruktion naturgemäß nicht, da hierfür auch gar kein Bedarf besteht. Nach der Logik des Gebührenrechts *kann* (und *muss* daher auch – zum Gebührenschuldnerschutz) in jeder Periode eine Kostendeckung durch Benutzungsgebühren hergestellt werden. Es stellt sich daher die Frage, inwieweit das verfassungsrechtliche, das nach dem FStrPrivFinG einfachgesetzliche sowie das in den Rechtsverordnungen und Konzessionsverträgen untergesetzlich verankerte Gebührenrecht eine solche Akzeptanzmaut überhaupt zulässt und die akzeptanzkritische Zahlungsbereitschaft projektfreundlich zu verarbeiten versteht (Gawel und Schmidt 2010: 159ff.; hierzu aus rechtlicher Sicht auch Müller-Wrede 2006 sowie Uechtritz 2005).

4.3.2 Nutzerfinanzierung und politische Unternehmer

Wie aussichtsreich sind Nutzerfinanzierungen unter dem Blickwinkel der Interessen „politischer Unternehmer"? Immerhin bedarf es angesichts der in Deutschland tradierten Infrastrukturfinanzierung nicht nur einer rechtlichen Eröffnung von Optionen zur Nutzerfinanzierung von Infrastrukturmaßnahmen, diese müssen – etwa nach dem FStrPrivFinG – auch konkret als Einzelprojekt politische Unterstützung finden und insbesondere gegen „Entgeltwiderstände" durchgesetzt werden.

Die Anreize zur politischen Realisierung gesamtwirtschaftlich effizienter Verkehrsinfrastruktur durch Mautfinanzierung, etwa durch Prämierungen auf

Wählerstimmenmärkten, erscheinen jedoch insgesamt schwach: Zum einen ist die Mauterhebung an sich bereits unpopulär, da die Gebührenfinanzierung die wahren Kosten der Verkehrsinfrastruktur sichtbar macht und nutzerspezifisch zuweist. Gegenüber einer Lastverteilung, die sich an der weniger merklichen Inzidenz des Steuersystems ausrichtet, geraten die Nutzer verteilungspolitisch in eine Verliererposition. Zum anderen kann nicht ausgeschlossen werden, dass mit einer konsequenten Umsetzung einer nutzerbezogenen Infrastrukturfinanzierung auch Arbeitsplatzverluste im Transportgewerbe verbunden sind, die zusätzliche, gut organisierte Interessengruppen-Widerstände evozieren. Akzeptanzbelastend wirken sich zudem die herrschende Fiskalillusion im Bereich der Verkehrsinfrastruktur sowie die Ausnahmestellung einzelner Mautprojekte aus, welche problematische Referenzpreise setzen – wie zuvor ausgeführt. Die Zustimmung auf Wählerstimmen- und anderen politischen Zustimmungsmärkten ist daher kritisch (Ullrich 2002). Eine kumulative Lastempfindung aus Mautgebühr und Mobilitätssteuern dürfte zwar weniger die Nutzungsentscheidungen, wohl aber die politische Zustimmungsrate erheblich beeinflussen. Daher dürften gerade im Verkehrsbereich die Chancen einer politischen Zustimmung zu einer konsequenten Äquivalenzfinanzierung gering sein.

Wegen der regionalen Inzidenz von punktuellen Nutzerfinanzierungen ist zudem mit Widerständen lokaler und regionaler Gebietskörperschaften zu rechnen, so dass die staatliche Seite nicht „gegnerfrei" operiert, sondern mit internen Widerständen rechnen muss (Gawel 2005: 181f.).

Größeren Appeal bietet hier zweifellos die traditionelle Steuerfinanzierung, die verkehrspolitische Wohltaten unter Ausnutzung von Fiskalillusion ohne jede konkretisierbare Zumutung offerieren kann. Von Seiten der Politik wird eine Nutzerfinanzierung öffentlicher Verkehrsinfrastruktur folgerichtig als höchst delikat eingeschätzt. Die allgemeine Pkw-Maut steht seit Jahren immer wieder auf der politischen Agenda einzelner Vorstöße, ist jedoch bisher jedesmal nach dem stets gleichen Widerstands-Muster gescheitert. Insbesondere politische Wettbewerber lassen sich die Gelegenheit nicht entgehen, Fiskalillusion und Belastungswahrnehmung für ihre Interessen auf Zustimmungsmärkten zu nutzen. Zuletzt wollte der gegenwärtige Bundesverkehrsminister Ramsauer (CSU) nach Amtsantritt 2009 eine Pkw-Maut „prüfen", zog jedoch nach verheerendem Medien-Echo rasch zurück (Spiegel 2010).

Zwischen der Skylla zunehmend fehlender Steuer-Finanzmittel und der Charybdis heftiger Widerstände gegen Entgeltfinanzierungen zeigt sich die Verkehrspolitik seit Jahren paralysiert. Ein fiskalisch wie allokationstheoretisch durchaus angezeigter Übergang zum Entgeltstaat wird hier aus politökonomischen Gründen gerade vereitelt.

4.3.3 Nutzerfinanzierung und „Bürokraten"

Die Ministerial- und Planungsbürokratie wird interessenpolitisch vor allem an möglichst einredefreier Kompetenzwahrnehmung bei der Entscheidung über und Durchführung von Infrastrukturmaßnahmen interessiert sein. Restriktionen durch Nutzerfinanzierungen, gar präferenzgesteuerte Infrastrukturplanungen dürften hier kaum auf Gegenliebe stoßen. Ebenso wenig Interesse wird an dem Bedeutungsverlust gezeigt, der mit privaten Betreibermodellen einhergeht, bei denen private Investoren Infrastrukturvorhaben planen, bauen und betreiben.

Steuerfinanzierungen mit der für sie typischen Entkopplung von Einnahme- und Ausgabeseite des Budgetprozesses bieten dagegen ideale Voraussetzungen für von Einreden der „Finanziers" freigestellten, „unbefangenen" Mitteldisposition (Birk und Eckhoff 2000: 65), die den Interessen der Planer in besonderer Weise entgegen kommt.

Das Bild wird freilich getrübt durch die zunehmend schmerzlicher spürbaren Grenzen des Steuerstaates zur Bereitstellung ausreichender Mittel selbst für die Unterhaltung der bestehenden Verkehrsinfrastruktur. Unter dem fiskalischen Aspekt einer bloßen Erweiterung der Finanzierungsspielräume zum weiteren Ausbau des Wegenetzes dürften aber auch „Bürokraten" Interesse an ergänzenden Nutzerfinanzierungen zeigen. Dabei geht es freilich weniger um einen Systemwechsel als um die Bereitstellung zusätzlicher Mittel zur klassischen Budgetausweitung (Gawel 1995).

4. Fazit

Das Äquivalenzprinzip der Staatsfinanzierung gewinnt unverkennbar in Wissenschaft und politischer Praxis erneut an Boden. Eine besondere Rolle spielen hierbei Nutzerfinanzierungen für exkludierbare Staatsleistungen. Maßgeblicher Treiber dieser politischen Entwicklung sind vor allem fiskalische Grenzen des multipel kriselnden, aber unverändert dominierenden Steuerstaates, der sich aus gegenleistungslosen Abschöpfungen speist.

Zu den vielfältigen Krisensymptomen des zeitgenössischen Steuerstaates gehört freilich auch, dass er einen Ausweg aus der Krise durch Übergang zu vermehrten Entgeltfinanzierungen, selbst in dem Umfange, wie dies verfassungsrechtlich möglich (Hendler 2000) und ökonomisch angezeigt erscheint (Hansjürgens 2001), im politischen Prozess kaum aussichtsreich macht. Dies deshalb, da sich der Steuerstaat gegen seine Abschaffung bzw. Bedeutungsminderung polit-ökonomisch selbst immunisiert. Dass der Leidensdruck noch nicht hoch genug sei, kann aber angesichts der europäischen Schuldenkrise, der weithin beklagten Steuernorm-Hypertrophie, des Druckes aus dem internationalen Steuerwettbewerb, der schwachen Steuermoral, der kraftvollen Schattenwirtschaft, der zunehmend beklagten fiskalischen Impotenz und anderer Krisensymptome ernstlich kaum behauptet werden.

Eine Renaissance des Entgeltstaates, sei er auch in Teilen wünschenswert, nimmt bislang jedenfalls finanzpolitisch in Deutschland kaum Kontur an. Auf konstitutioneller Ebene der Regelsetzung vereitelt ein „Entgeltwiderstand" die Aufdeckung und verursachergerechte Anlastung des für staatliche Leistungen erforderlichen gesellschaftlichen Ressourcenverzehrs. Hat die Steuer ein Akzeptanzproblem infolge der fehlenden individuellen Gegenleistung, so gebricht es den Nutzerfinanzierungen an der Akzeptanz ihrer Implementation. Die bisherigen Ansätze in diese Richtung (Studienbeiträge, Umweltabgaben, Polizeigebühren, „Waldmaut"), sind entweder über Marginalien kaum hinaus gekommen oder politisch gescheitert. Im Falle der Finanzierung des öffentlich-rechtlichen Rundfunks hat der Entgeltwiderstand im Digitalzeitalter des Internetempfangs beim neuen Rundfunkbeitragsstaatsvertrag ab 2013 sogar zur faktischen Ausdünnung des bisherigen Beitrages (Vorhalten von Empfangsgeräten) zu einer Steuer geführt, die nur noch an das Führen eines privaten Haushaltes geknüpft wird (Ferreau und Poth 2011). Ein machtvoller „Swing" in der Gestalt der Staatsfinanzierung sieht gewiss anders aus. Der Entgeltstaat bleibt daher vorläufig ein Objekt des politischen und akademischen Ideenwettbewerbs ohne echte Implementationschance. Das in der Wissenschaft wiederaufgelebte Interesse muss sich zudem vor einer Idealisierung des Entgeltstaates hüten (Birk und Eckhoff 2000: 64).

Die unübersehbar erreichten bzw. längst überschrittenen Grenzen des Steuerstaates geben aber Veranlassung nicht nur zu einer umfassenden Aufgabenkritik staatlicher Ausgabentätigkeit, sondern auch zu einer Überprüfung der Prinzipien der Einnahmebeschaffung. Eine spürbare Akzentverschiebung zugunsten von Entgeltfinanzierungen – jenseits der tradierten Kommunalleistungen und des Sozialversicherungssektors – erscheinen sinnvoll, um die Steuerungsfunktion und das Verantwortungsprinzip im öffentlichen Budgetprozess wieder mehr Geltung zu verschaffen (so auch Hansjürgens 2001; Grossekettler 2000). Die nötigen verfassungsrechtlichen Spielräume hierzu scheinen – entgegen der Doktrin vom Steuerstaat als dominierender Form – durchaus gegeben (Hendler 2000; Gawel 2000).

Probleme des real existierenden Steuerstaates liegen zudem nicht etwa in einem „Zuviel" an allokativer Ambition, welche das angeblich rein fiskalisch auszurichtende Steuersystem überfordere, wie die Vertreter der Steuerstaatsdoktrin meinen (Birk und Eckhoff 2000; Kirchhof 2011), sondern umgekehrt an einem „Zuwenig" an allokativer Verantwortung, die ein auf Steuern gestütztes Einnahmesystem bei den Budgetträgern einfordert. Dabei geht es gewiss nicht darum, das „Chaos des Steuerstaates" nunmehr durch ein „Chaos des Entgeltstaates" zu ersetzen (Birk und Eckhoff 2000: 67); aber eine spürbare Akzentverschiebung in einem weiterhin gemischten Einnahme-System verheißt auch einen Ausweg aus der aktuellen Krise der Staatsfinanzen, die auch und nicht zuletzt eine Krise des Steuerstaates ist.

Literatur

Alfen, Hans Wilhelm, 2001: Entwicklung, Bau, Finanzierung und Betrieb von Straßenverkehrsinfrastruktur in Partnerschaft zwischen öffentlicher Hand und Privaten. Weimar: Verlag der Bauhaus-Universität Weimar.

Blankart, Charles Beat, 1994: Öffentliche Finanzen in der Demokratie. Eine Einführung in die Finanzwissenschaft. 2. Aufl. München: Vahlen.

Blankart, Charles Beat, 2002: Steuern als Preise. Eine finanzwissenschaftliche Untersuchung mit einer Anwendung auf die EU-Zinsbesteuerung, in: Schweizerische Zeitschrift für Volkswirtschaft und Statistik, Jg. 138, Nr. 1, 19-38.

Birk, Dieter, 1983: Das Leistungsfähigkeitsprinzip als Maßstab der Steuernormen. Ein Beitrag zu den Grundfragen des Verhältnisses Steuerrecht und Verfassungsrecht. Köln: Deubner.

Birk, Dieter/Eckhoff, Rolf, 2000: Staatsfinanzierung durch Gebühren und Steuern. Vor- und Nachteile aus juristischer Perspektive, in: Sacksofsky, Ute und Joachim Wieland (Hrsg.), Vom Steuerstaat zum Gebührenstaat. Baden-Baden: Nomos, 54-67.

Braun, Frank, 2009: Die Finanzierung polizeilicher Aufgabenwahrnehmung im Lichte eines gewandelten Polizeiverständnisses. Stuttgart: Richard Boorberg.

Briesch, Richard A./Krishnamurthi, Lakshman/Mazumdar, Tribid/Raj, S. P., 1997: A Comparative Analysis of Reference Price Models, in: Journal of Consumer Research, Jg. 24, Nr. 2, 202-214.

Brümmerhoff, Dieter, 2001: Finanzwissenschaft. 8. Aufl. München: Oldenbourg.

Buchholz, Wolfgang/Peters, Wolfgang, 2007: Equal sacrifice and fair burden-sharing in a public goods economy, in: International tax and public finance, Jg. 15, Nr. 4, 415-429.

Ferreau, Frederik/Poth, Hans-Christian, 2011: Der Rundfunkbeitragsstaatsvertrag. Rundfunkfinanzierung im Digitalzeitalter, in: Neue Zeitschrift für Verwaltungsrecht, Jg. 30, Nr. 12, 714-717.

Gawel, Erik, 1995: Bürokratietheorie und Umweltverwaltung. Ökonomische Einsichten in verwaltungsrechtliches Handeln im Umweltschutz, in: Zeitschrift für angewandte Umweltforschung, Jg. 8, Nr. 1, 79-89.

Gawel, Erik, 1999: Umweltabgaben zwischen Steuer- und Gebührenlösung. Eine finanzwissenschaftliche Kritik der Rechtsformrestriktionen für administrierte Umweltpreise. Baden-Baden: Nomos.

Gawel, Erik, 2000: Das Steuerstaatsgebot des Grundgesetzes. Ein finanzwissenschaftlicher Beitrag zu seiner Inhaltsbestimmung, in: Der Staat, Jg. 39, 209-225.

Gawel, Erik, 2005: Private Finanzierung von Fernstraßen. Erfahrungen und Probleme, in: Wirtschaftsdienst, Jg. 85, Nr. 3, 173-181.

Gawel, Erik/Schmidt, Christopher, 2010: Finanzwissenschaftliche Probleme der Gebührenfinanzierung von Verkehrsinfrastruktur nach dem Fernstraßenbauprivatfinanzierungsgesetz (FStrPrivFinG). Berlin: Duncker & Humblot.

Gawel, Erik, 2011a: Die Allmendeklemme und die Rolle der Institutionen. Oder: Wozu Märkte auch bei Tragödien taugen, in: Aus Politik und Zeitgeschichte, Jg. 61, Nr. 28-30, 27-33.
Gawel, Erik, 2011b: PPP for Trunk Road Construction. Lessons from the German Road Construction Private Financing Act, in: Journal for Public and Nonprofit Services (im Erscheinen).
Gawel, Erik/Köck, Wolfgang/Kern, Katharina/Möckel, Stefan/Unnerstall, Herwig, 2011: Weiterentwicklung von Abwasserabgabe und Wasserentnahmeentgelten zu einer umfassenden Wassernutzungsabgabe. Berlin: Umweltbundesamt.
Gramm, Christof, 1997: Vom Steuerstaat zum gebührenfinanzierten Dienstleistungsstaat?, in: Der Staat, Jg. 36, 267-280.
Gramm, Christof, 2000: Ersatz von Polizeikosten, in: Sacksofsky, Ute und Joachim Wieland (Hrsg.), Vom Steuerstaat zum Gebührenstaat. Baden-Baden: Nomos, 179-186.
Grossekettler, Heinz, 1995: Öffentliche Finanzen, in: Apolte, Thomas/Bender, Dieter und Hartmut Berg (Hrsg.), Vahlens Kompendium der Wirtschaftstheorie und Wirtschaftspolitik, Band 1. 6. Aufl. München: Vahlen, 483-669.
Grossekettler, Heinz, 2000: Steuerstaat versus Gebührenstaat. Vor- und Nachteile, in: Sacksofsky, Ute und Joachim Wieland (Hrsg.), Vom Steuerstaat zum Gebührenstaat. Baden-Baden: Nomos, 24-45.
Haller, Heinz, 1981: Die Steuern. Grundlinien eines rationalen Systems öffentlicher Abgaben. 3. Aufl. Tübingen: Mohr Siebeck.
Hansjürgens, Bernd, 1998: Allokative Begründung des Äquivalenzprinzips. Mehr Effizienz im politischen Prozeß, in: List Forum für Wirtschafts- und Finanzpolitik, Jg. 24, Nr. 3, 308-325.
Hansjürgens, Bernd, 2000: Gebührenfinanzierung im Bereich der Hochschulbildung. Begründung und Ausgestaltung, in: Sacksofsky, Ute und Joachim Wieland (Hrsg.), Vom Steuerstaat zum Gebührenstaat. Baden-Baden: Nomos, 153-178.
Hansjürgens, Bernd, 2001: Äquivalenzprinzip und Staatsfinanzierung. Berlin: Dunker & Humblot.
Hanusch, Horst, 1981: Äquivalenzprinzip und kollektive Güter. Allokationstheoretische Aspekte, in: Pohmer, Dieter (Hrsg.), Beiträge zum Äquivalenzprinzip und zur Zweckbindung öffentlicher Einnahmen. Berlin: Duncker & Humblot, 37-92.
Hendler, Reinhard, 1999: Gebührenstaat statt Steuerstaat?, in: Die öffentliche Verwaltung, Jg. 52, Nr. 18, 749-758.
Hendler, Reinhard, 2000: Staatsfinanzierung durch Gebühren oder Steuern. Vor- und Nachteile aus juristischer Perspektive, in: Sacksofsky, Ute und Joachim Wieland (Hrsg.), Vom Steuerstaat zum Gebührenstaat. Baden-Baden: Nomos, 68-84.
Hey, Johanna, 2011: Vom Nutzen des Nutzenprinzips für die Gestaltung der Steuerrechtsordnung, in: Tipke, Klaus/Seer, Roman/Hey, Johanna und Joachim Englisch (Hrsg.), Festschrift für Joachim Lang zum 70. Geburtstag. Köln: Otto Schmidt, 133-165.
Hines, James R., 2000: What is benefit taxation?, in: Journal of public economics, Jg. 75, Nr. 3, 483-492.
Isensee, Josef, 1977: Steuerstaat als Staatsform, in: Stödter, Rolf und Werner Thieme (Hrsg.), Hamburg. Deutschland. Europa. Beiträge zum deutschen und europäischen Verfassungs-, Verwaltungs- und Wirtschaftsrecht. Festschrift für Hans Peter Ipsen zum siebzigsten Geburtstag. Tübingen: Mohr Siebeck, 409-436.

Kahneman, Daniel/Tversky, Amos, 1979: Prospect Theory. An Analysis of Decisions under Risk, in: Econometrica, Jg. 47, Nr. 2, 263-291.

Kellermann, Kersten, 2004: Grenzen der Äquivalenzbesteuerung im Systemwettbewerb, in: Swiss Journal of Economics and Statistics, Jg. 140, Nr. 4, 543-568.

Kirchhof, Paul, 1985: Der verfassungsrechtliche Auftrag zur Besteuerung nach der finanziellen Leistungsfähigkeit, in: Steuer und Wirtschaft, Jg. 62, Jg. 140, Nr. 4, 319-329.

Kirchhof, Paul, 2011: Bundessteuergesetzbuch. Ein Reformentwurf zur Erneuerung des Steuerrechts. Heidelberg: C.F. Müller.

Kopalle, Praveen K./Lindsey-Mullikin, Joan, 2003: The Impact of External Reference Price on Consumer Price Expectations, in: Journal of Retailing, Jg. 79, Nr. 4, 225-236.

Kossak, Andreas/Pällmann, Wilhelm (Hrsg.), 2009: 10 Jahre Regierungskommission Verkehrsinfrastrukturfinanzierung. Aktualisierter und erweiterter Appell zum Paradigmenwechsel. Hamburg: Deutscher Verkehrs-Verlag.

Kühling, Jürgen/Klatt, Jan Peter/Bäuml, Andreas/Beckers, Thorsten, 2011: Institutionelle Lösungen für die Bundesfernstraßenfinanzierung. Eine Analyse aus ökonomischer und juristischer Perspektive. Münster: Monsenstein und Vannerdat.

Lang, Joachim/Tipke, Klaus, 2010: Steuerrecht. 20. Aufl. Köln: Otto Schmidt.

Lichtenstein, Donald R./Netemeyer, Richard G./Burton, Scott, 1990: Distinguishing coupon proneness from value consciousness. An acquisition-transaction utility theory perspective, in: Journal of Marketing, Jg. 54, Nr. 3, 54-67.

Littmann, Konrad, 1970: Ein Valet dem Leistungsfähigkeitsprinzip, in: Haller, Heinz/Kullmer, Lore/Shoup, Carl S. und Herbert Timm (Hrsg.), Theorie und Praxis des finanzpolitischen Interventionismus. Fritz Neumark zum 70. Geburtstag. Tübingen: Mohr Siebeck, 113-134.

Märkt, Jörg, 2003: Steuern als Preise. Zur Notwendigkeit einer Besteuerung ohne Trittbrettfahrer angesichts des Steuerwettbewerbs. Freiburg im Breisgau: Haufe-Lexware.

McCormick, Robert E./Tollison, Robert D., 1981: Politicians, Legislation and the Economy. Boston: Springer.

Mirrlees, James Alexander, 1979: The Theory of Optimal Taxation, in: Arrow, Kenneth J. und Michael D. Intriligator (Hrsg.), Handbook of Mathematical Economics. Amsterdam: North-Holland, 1197-1249.

Müller-Wrede, Malte, 2006: Änderung des Fernstraßenbauprivatfinanzierungsgesetzes, in: Müller-Wrede, Malte (Hrsg.), ÖPP-Beschleunigungsgesetz. Leitfaden mit Fallbeispielen, Praxishinweisen und Checklisten. Köln: Bundesanzeiger, 117-166.

Murswiek, Dieter, 1994: Die Ressourcennutzungsgebühr. Zur rechtlichen Problematik des Umweltschutzes durch Abgaben, in: Natur und Recht, Jg. 16, Nr. 4, 170-176.

Olson, Mancur, 1969: The Principle of „Fiscal Equivalence". The Division of Responsibilities among Different Levels of Government, in: American Economic Review, Jg. 59, Nr. 2, 479-487.

Pechtl, Hans, 2005: Preispolitik. Stuttgart: UTB.

Richter, Wolfram F./Wiegard, Wolfgang, 1993: Zwanzig Jahre „Neue Finanzwirtschaft", Teil 2: Steuern und Staatsverschuldung, in: Zeitschrift für Wirtschafts- und Sozialwissenschaften, Jg. 113, 337-400.

Sacksofsky, Ute/Wieland, Joachim, 2000: Vom Steuerstaat zum Gebührenstaat. Baden-Baden: Nomos.

Schäfer, Wolf, 2006: Schattenwirtschaft, Äquivalenzprinzip und Wirtschaftspolitik, in: Ernste, Dominik H. und Friedrich Schneider (Hrsg.), Jahrbuch Schattenwirtschaft 2006/2007, Band 1. Berlin: Lit, 165-182.

Schmehl, Arndt, 2004: Das Äquivalenzprinzip im Recht der Staatsfinanzierung. Tübingen: Mohr Siebeck.

Schmehl, Arndt, 2005: Dimensionen des Äquivalenzprinzips im Recht der Staatsfinanzierung, in: Zeitschrift für Gesetzgebung, Jg. 20, Nr. 2, 123-143.

Schmölders, Günter/Hansmeyer, Karl-Heinrich, 1980: Allgemeine Steuerlehre, 5. Aufl. Berlin: Duncker & Humblot.

Seidl, Christian 1987: Krise oder Reform des Steuerstaates, in: Steuer und Wirtschaft, Jg. 64, Nr. 3, 185-213.

Siegenthaler, Ueli, 1977: Vom Leistungsfähigkeitsprinzip zum Äquivalenzprinzip. Erhöhte Transparenz und Effizienz bei der Finanzierung von Staatsausgaben mit einem Zahlenbeispiel für die Schweiz. Fribourg: Université de Fribourg.

Spiegel, 2010: Ramsauer macht Blitz-Rückzieher, in: Der Spiegel, 1. August 2011, URL: http://www.spiegel.de/politik/deutschland/0,1518,659449,00.html.

Straußberger, Ralf, 2006: Ende der Waldmaut, in: Natur und Umwelt, Jg. 88, Nr. 1, 26.

Thaler, Richard H., 1985: Mental accounting and consumer choice, in: Marketing Science, Jg. 4, Nr. 3, 199-214.

Tipke, Klaus, 2000: Die Steuerrechtsordnung. Band 1. 2. Aufl. Köln: Otto Schmidt.

Uechtritz, Michael, 2005: Gutachten zur Prüfung der rechtlichen Zulässigkeit der Umstellung des FStrPrivFinG von „Gebühr" auf „Entgelt" sowie der wirtschaftlichen und rechtlichen Vor- und Nachteile einer Umstellung. Bremerhaven: Verlag für Neue Wissenschaft.

Ullrich, Martin (Hrsg.), 2002: Nutzerbezogene Infrastrukturfinanzierung von der theoretischen Fundierung über die politische Entscheidung zur praktischen Umsetzung. Bergisch Gladbach: Deutsche Verkehrswissenschaftliche Gesellschaft.

Vogel, Klaus, 1986: Rechtfertigung der Steuern. Eine vergessene Vorfrage, in: Der Staat, Jg. 25, Nr. 4, 481-519.

Vogel, Klaus, 1990: Grundzüge des Finanzrechts des Grundgesetzes, in: Handbuch des Staatsrechts der Bundesrepublik Deutschland, Band 4. Heidelberg: C.F. Müller, 3-86.

Wagner, Adolph, 1893: Grundlegung der Politischen Ökonomie. Teil I: Grundlagen der Volkswirtschaft. 3. Aufl. Leipzig: C.F. Wintersche Verlagshandlung.

Wagner, Richard E., 1983: Public Finance, Revenues and Expenditures in a Democratic Society. Boston: TBS The Book Service Ltd.

Die ZEIT, 2011: Streit um PKW-Maut eskaliert, in: DIE ZEIT, 28. Juli 2011, 5.

Entwicklung der fiskalischen und demografischen Lage der Kommunen und ihre Implikationen für die Daseinsvorsorge am Beispiel des ÖPNV

Thomas Lenk, Oliver Rottmann und André Grüttner

1. Vorbemerkung

Die öffentliche Haushaltslage in Deutschland ist auf allen Gebietskörperschaftsebenen angespannt. Auf kommunaler Ebene wird dieses Problem besonders virulent, da hier die Gewährleistung einer flächendeckenden Daseinsvorsorge, und damit die Grundversorgung der Bürger mit essentiellen Infrastrukturdienstleistungen, eine zentrale Rolle spielt.

Konjunkturell schwanken Kommunen zwischen positiven und negativen Kassenlagen. Werden bspw. die Jahre 2000 bis 2008 betrachtet, lässt sich ein Konjunkturzyklus ablesen, der gewisse Auf- und Abwärtstendenzen reflektiert (vgl. Abb. 1). Neben konjunkturellen Schwankungen – bspw. durch stark konjunkturabhängige Einnahmen aus der kommunalen Gewerbesteuer – befinden sich die Gemeinden allerdings ebenfalls in einer angespannten strukturellen Finanzlage. Hier sind vor allem einnahmeseitige Steuerkraftunterschiede der Regionen sowie demografische Herausforderungen (Alterung, Schrumpfung, Migration) aufzuführen, die die fiskalische Lage der Gemeinden strukturell belasten. Welche Auswirkungen diese Entwicklungen auf die Leistungsbereitstellung und Steuerung öffentlicher Infrastrukturdienstleistungen implizieren, bildet den Gegenstand des Beitrages. Es wird beispielhaft für den kommunalen Wirtschaftsbereich Öffentlicher Personennahverkehr (ÖPNV) herausgearbeitet, welche kommunal-fiskalischen und soziodemografischen Rahmenbedingungen in Deutschland existieren und welche Implikationen diese Entwicklung auf die öffentlichen Unternehmen der Daseinsvorsorge aufweist.

Fiskalische und demografische Lage der Kommunen

Abbildung 1: Einnahmen und Ausgaben der Kommunen in Deutschland (1995-2010)

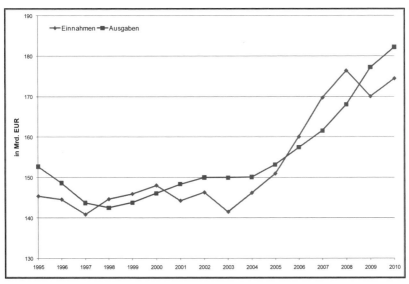

Quelle: Eigene Darstellung auf Basis von Daten des Statistischen Bundesamtes.

Der Beitrag stellt vor diesem Hintergrund in Abschnitt 2 die fiskalischen und demografischen Herausforderungen der Gemeinden dar und reflektiert diese in Abschnitt 3 beispielhaft in Verbindung zu den damit korrespondierenden Auswirkungen der Steuerung und Bereitstellung von ÖPNV-Leistungen.

2. Kommunalfinanzen und demografische Entwicklung

2.1 Der kommunale Finanzrahmen

Die kommunale Finanzlage ist nachhaltig angespannt. Konjunkturell erfolgt zwar durch steigende Steuereinnahmen derzeit eine Entlastung, allerdings wirken die Finanzkrise konjunkturseitig und die hohe Verschuldung sowie die Soziallasten strukturbedingt nach wie vor belastend. Wenngleich die fundierte Verschuldung[1] auf kommunaler Ebene rückläufig ist (durch Tilgung

---

[1] Unter *fundierten Schulden* werden Staatsschulden verstanden, die langfristig bestehen. Dies sind Verbindlichkeiten der öffentlichen Hand, die über eine lange Laufzeit zurückgeführt werden.

oder Auslagerung auf kommunale Gesellschaften) (vgl. Abb. 2), steigen hingegen die Kassenverstärkungskredite[2] (vgl. Abb. 3) – außer in Ostdeutschland – deutlich an.

Abbildung 2: Fundierte Verschuldung der Gemeinden in Deutschland in Mio. Euro

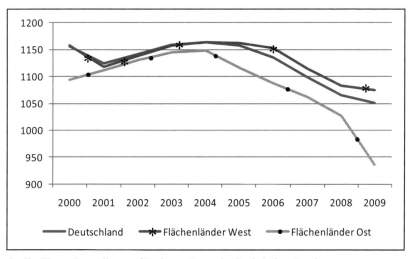

Quelle: Eigene Darstellung auf Basis von Daten des Statistischen Bundesamtes.

---

2 Synonym: Kassenkredite, Kredite zur Liquiditätssicherung.

Abbildung 3: Kassenverstärkungskredite der Gemeinden in Deutschland in Mio. Euro

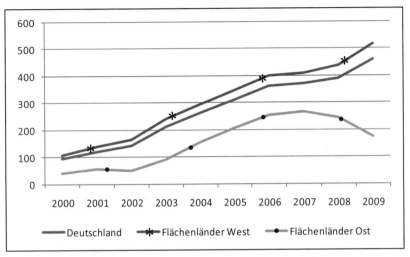

Quelle: Eigene Darstellung auf Basis von Daten des Statistischen Bundesamtes.

Auf der Einnahmeseite ist vor diesem Hintergrund die Heterogenität und relative Diskrepanz der Steuereinnahmen in den einzelnen Ländern zu verdeutlichen. Im Vergleich zu den Pro-Kopf-Steuereinnahmen der westdeutschen Gemeinden liegen die ostdeutschen Pendants mit Abstand darunter (vgl. Abb. 4), in Relation zu den westdeutschen Flächenländern Hessen, Bayern, Nordrhein-Westfalen sowie Baden-Württemberg sogar bei nur ungefähr der Hälfte.

Abbildung 4: Steuereinnahmen in Euro je Einwohner

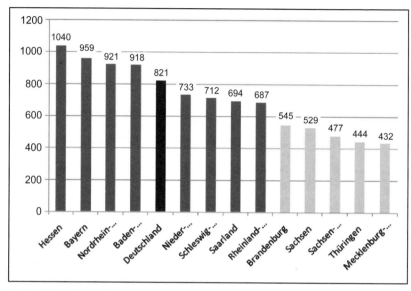

Quelle: Eigene Darstellung auf Basis von Daten des Statistischen Bundesamtes.

Ausgabenseitig belasten in erster Linie die Sozialausgaben die Kommunalhaushalte (vgl. Abb. 5). Seit der Strukturreform 2005 stiegen im Sozialbereich – trotz konjunkturellen Aufschwungs der Folgejahre bis zur Finanzkrise – die Ausgaben und verbleiben auf hohem Niveau.

Fiskalische und demografische Lage der Kommunen

Abbildung 5: Sozialausgaben der Gemeinden in Deutschland in Mio. Euro 2000-2009

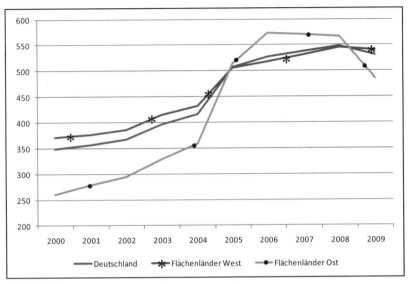

Quelle: Eigene Darstellung auf Basis von Daten des Statistischen Bundesamtes.

Sowohl einnahmen- als auch ausgabenseitig stehen die Gemeinden vor großen Herausforderungen, denen sie aus eigener Kraft heraus nur schwer begegnen können. Die Kommunen selbst haben nur beschränkte Möglichkeiten, ihre Haushalte zu konsolidieren und Einnahmen zu erhöhen. Über den Finanzausgleich verfügen sie über nur geringe Optionen, eine bessere Finanzausstattung zu erhalten, da die Verteilungsmasse/Finanzausgleichsmasse fix ist. Ebenfalls lässt sich das Problem der unzureichenden Einnahmen nicht beliebig über eine Anhebung der Hebesätze steuern, da dies der Attraktivität des Standorts entgegenläuft. Ohnehin sind die Hebesätze vielerorts bereits stark ausgereizt. Ausgabenseitig besteht zwar grundsätzlich Konsolidierungspotenzial, allerdings haben viele Kommunen (besonders im Osten) bereits umfangreiche Ausgabenkürzungsprogramme (z.B. über einen starken Personalabbau) realisiert. Darüber hinaus haben Kommunen ohnehin nur geringen Einfluss auf große Teile Ihrer Einnahmen. Zwar besteht die Möglichkeit, über eine Optimierung des Schuldenmanagements (beispielsweise über Optimierung interner Abläufe, Zinsbelastungssenkung, Prolongationsrisikosenkung, Stärkung des Forderungsmanagements etc.), Optimierungspotenziale zu generieren, die den Bürger a priori nicht belasten, dies stellt allerdings einen nur eingeschränkten Handlungsspielraum dar.

Neben den hier angerissenen Entwicklungen der kommunalen Haushalte wird auch das Auslaufen des Länderfinanzausgleichs und der Solidarpakt-II-Mittel zum Jahr 2019 die Finanzbasis der Kommunen *ceteris paribus* schmälern. Auch andere abnehmende Finanz- bzw. Fördermittel, etwa aus den EU-Strukturfonds ab der Förderperiode 2014[3] oder Regionalisierungsmittel nach dem ebenfalls 2014 auslaufende Regionalisierungsgesetz (vgl. § 5 Abs. 5), werden zumindest in bestimmten kommunalen Aufgabenbereichen die Grundfinanzierung beeinträchtigen.

2.2 Demografischer Wandel

Wenngleich die EU-Politik mit einer Vielzahl von Programmen auf die Beseitigung regionaler Disparitäten ausgerichtet ist, erweisen sich die bestehenden wirtschaftlichen Ungleichgewichte häufig als persistent (vgl. Lenk u.a. 2010: 149). Sie bilden eine wesentliche Ursache für den zum Teil drastischen Bevölkerungsrückgang in zahlreichen europäischen Regionen, darunter besonders auch in Ostdeutschland. Neben dem Bevölkerungsrückgang ist (in ganz Europa) eine Veränderung der Altersstruktur zu verzeichnen, welche Bedarfsveränderungen der Gesellschaft nach sich ziehen (vgl. Rottmann 2011: 31).

Grundsätzlich führt die demografische Entwicklung in Deutschland zu einer numerisch sinkenden und alternden Bevölkerung, wenngleich diese Entwicklung räumlich unterschiedlich erfolgt (vgl. Abb. 6). Für bestimmte Aufgaben der Daseinsvorsorge ist die damit implizierte Abnahme der Bevölkerungsdichte als äußerst kritisch zu beurteilen.

---

[3] Aufgrund der EU-Osterweiterung und der Kriterien der Strukturförderung (u. a. BIP der entsprechenden Regionen unter 75% des EU-Durchschnitts; dieser wurde durch die neuen Mitgliedstaaten herabgesenkt) ist davon auszugehen, dass ein Großteil der bisherigen Ziel-1-Fördergebiete in den neuen Bundesländern mindestens in den Status einer Phasing-out-Region herabgestuft werden. Damit schmilzt eine gewichtige Finanzierungsquelle für Regionalentwicklungsprojekte, zu denen oftmals auch regionale Infrastrukturvorhaben zählen, ab.

Abbildung 6: Bevölkerungsentwicklung bis 2025

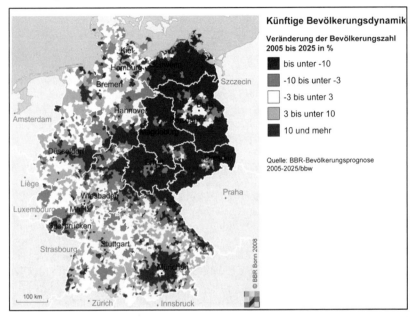

Quelle: © BBSR 2011, online verfügbar unter URL: http://www.bbsr.bund.de/nn_23470/ BBSR/DE/Veroeffentlichungen/IzR/2008/11_12/GrafikenKarten.html.

Dabei sind die neuen Bundesländer überdurchschnittlich vom demografischen Wandel betroffen. Seit gut 20 Jahren nimmt hier die Bevölkerung im Vergleich zum Bundesdurchschnitt und der Mehrheit der alten Bundesländer überproportional ab, auch die Altersstruktur verändert sich hier dramatischer. Insbesondere der im Vergleich zu den alten Bundesländern massive Rückgang der Bevölkerung bis unter 20 Jahre bei gleichzeitig steigendem Anteil der Bevölkerung über 60 Jahre ist problematisch. Zudem vollzieht sich diese Entwicklung flächenhaft, wenngleich nochmals auf die kleinräumigen Disparitäten verwiesen werden muss.

Doch auch in den alten Bundesländern werden diese Entwicklungen mit den daraus resultierenden Herausforderungen evident, da sich der demografische Wandel dann dort in ähnlicher Weise und Intensität vollziehen wird. Entsprechende Tendenzen sind derzeit bereits in Teilen von Bayern, Hessen, Niedersachsen, Nordrhein-Westfalen, Rheinland-Pfalz und Saarland zu beobachten.

3. Auswirkung der Haushaltssituation auf die Aufgabenwahrnehmung der Daseinsvorsorge

3.1 Vorbemerkung

Die Aufgabenwahrnehmung im Rahmen der Daseinsvorsorge sowie deren Steuerung ist zunächst abhängig davon, welche kommunalen Aufgabenbereiche den Kreis der Daseinsvorsorge tangieren und wie diese Leistungen dann zu erbringen sind. Dafür ist als erstes der Begriff der Daseinsvorsorge zu erläutern und anschließend zu prüfen, welche kommunalen Aufgaben dort zu subsumieren sind. Anschließend werden anhand des ausgewählten Bereichs ÖPNV die Implikationen der kommunalen Haushaltslage auf die Aufgabenwahrnehmung im Rahmen der Daseinsvorsorge beleuchtet.

Der Aufgabenbereich der und schließlich auch die Prägung des Begriffs der Daseinsvorsorge ist auf Ernst Forsthoff (1938) zurückzuführen. Er zählte hierzu „(…) die Darbietung von Leistungen, auf welche der in die modernen massentümlichen Lebensformen verwiesene Mensch lebensnotwendig angewiesen ist" (zit. nach Neu 2009: 9). In der modernen Ausprägung handelt es sich dabei um Leistungen, welche über den individuellen Nutzen eines Einwohners hinausgehen (vgl. bspw. Rottmann 2011: 27ff.). Damit werden verschiedene Zielrichtungen verfolgt: Primär soll die Versorgungssicherheit und Kontinuität der Versorgung bezogen auf die einzelnen Bereiche der Daseinsvorsorge erreicht werden. Zudem ist der Zugang flächendeckend und gleichberechtigt zu gewährleisten. Dies umfasst dann auch ein „vertretbares" Preisniveau, folglich politisch bestimmte Preise. Weiterhin soll eine hohe Qualität der Leistungserbringung sichergestellt werden. Ferner soll die Leistungserbringung mit sozialen, kulturellen und gesellschaftlichen Aspekten verbunden werden. Mit Blick auf die europäische Ebene entspricht der Aufgabenbereich der Daseinsvorsoge etwa dem Spektrum der „Dienstleistungen von allgemeinem Interesse" (DAI)[4] und den „Dienstleistungen von allgemeinem wirtschaftlichen Interesse" (DAWI)[5]. Allerdings handelt es sich dabei um ein Äquivalent, nicht um ein

---

[4] Eine öffentliche Aufgabenwahrnehmung bezogen auf die DAI kann aus Art. 4 Nr. 8 der EU-Dienstleistungsrichtlinie (RL 2006/123/EG) abgeleitet werden, sofern „zwingende Gründe des Allgemeininteresses" dies begründen. Unter anderem sind dies die öffentliche Ordnung und Sicherheit oder Ziele der Sozialpolitik.

[5] Die DAWI hingegen sind nicht abschließend durch EU-Recht definiert. Gemäß Art. 16 EG liegen diese jedoch grundsätzlich im Verantwortungsbereich des jeweiligen Mitgliedstaats und dienen der Förderung des sozialen und territorialen Zusammenhalts der EU. Dabei besagt dieser Artikel, dass der entsprechende Mitgliedstaat dafür Sorge zu tragen hat, „(…) dass die Grundsätze und Bedingungen für das Funktionieren dieser Dienste so gestaltet sind, dass sie ihren Aufgaben nachkommen können." Somit muss der Staat diese Dienste nicht zwingend selbst erbringen, sondern kann auch Dritte damit betrauen. Nach Cox kön-

Synonym (vgl. Bogumil u.a. 2010: 15). Grundsätzlich existiert aber keine eindeutige definitorische und juristische Abgrenzung. Da es sich bei der Daseinsvorsorge um einen unbestimmten Rechtsbegriff ohne spezifischen Bedeutungsgehalt handelt, entfaltet er zunächst keine unmittelbare Rechtswirkung (vgl. Bogumil u.a. 2010: 15). Dennoch sind der Auftrag sowie bestimmte (öffentliche) Aufgaben der Daseinsvorsorge[6] als deren Bestandteil[7] in Rechtsnormen festgeschrieben. Demnach ist die Daseinsvorsorge als öffentlicher Auftrag zu verstehen. Das „Ob" der Aufgabenerfüllung ist folglich rechtlich geregelt. Allerdings wird – aufgrund des genannten Charakters des unbestimmten Rechtsbegriffes – nicht das „Wie" der Aufgabenerfüllung festgelegt. Hier kann eine entsprechende Leistung entweder durch die Kommunen selbst erbracht werden, oder auch im Sinne des Modells des Gewährleistungsstaates über eine Beauftragung Dritter.

Welche kommunalen Aufgaben umfasst nun die Daseinsvorsorge? Ein erster Hinweis ist den genannten Gesetzen zu entnehmen: Demnach bilden der ÖPNV, die Energieversorgung, die Wasserver- und Abwasserentsorgung und die Abfallwirtschaft daseinsvorsorgerelevante Bereiche. Weiterhin ist der Postsektor hinzuzurechnen. Werden das Sozialstaatprinzip sowie das Raumordnungsgesetz in die Abgrenzung mit einbezogen, dann lassen sich zudem die Bereiche Gesundheitsversorgung/Soziales, Bildung, Kultur und (soziale) Wohnraumversorgung zuordnen. Damit ist der der Daseinsvorsorge zu zuordnende Aufgabenbereich abgegrenzt, wenngleich dies sicherlich keine abschließende Nennung darstellt.

Für die kommunalen Steuerungsmöglichkeiten auf genannte Aufgabenbereiche bzw. auf aus diesen konkret abzuleitende Aufgaben ist von Relevanz, nach kommunalen Pflichtaufgaben und freiwilligen kommunalen Aufgaben zu klassifizieren. Bezogen auf erstgenannte haben die Kommunen keine Wahlfreiheit bezüglich der Notwendigkeit der Aufgabenerledigung, zweitgenannte können sie fakultativ wahrnehmen. Somit haben sie auch nur

---

nen die DAWI also als marktbezogene Dienstleistungen, welche im Interesse der Allgemeinheit erbracht und von den zuständigen Gebietskörperschaften mit spezifischen Gemeinwohlbindungen verknüpft werden, definiert werden (vgl. Cox 2003: 20). Hierunter fallen auch die unter Art. 17 Nr. 1 der RL 2006/123/EG aufgeführten Aufgaben bzw. Dienste, welche jedoch von der Dienstleistungsfreiheit ausgenommen sind. U. a. umfassen der Bereich der DAWI den Post-, Elektrizitäts-, und Gassektor, die Abwasserentsorgung und die Wasserversorgung oder die Abfallwirtschaft.

6 Vgl. § 2 Abs. 2 Nr. 1 ROG: „Im Gesamtraum der Bundesrepublik Deutschland und in seinen Teilräumen sind ausgeglichene soziale, infrastrukturelle, wirtschaftliche, ökologische und kulturelle Verhältnisse anzustreben. Dabei ist eine nachhaltige Daseinsvorsorge zu sichern..." Ferner kann die Daseinsvorsorge auch aus dem Sozialstaatprinzip der Art. 20 GG abgeleitet werden.

7 Beispielhaft seien hier die Bereiche ÖPNV (§ 1 Abs. 1 RegG), Abfallwirtschaft (§§ 10 Abs. 1 und 13 KrW-/ AbfG) oder Wasserversorgung (§ 50 Abs. 1 WHG) genannt. Weiterhin enthalten andere Rechtsnormen entsprechende Hinweise, so bspw. die Gemeindeordnung NRW.

bezogen auf diese einen vollkommenen Steuerungseinfluss, bei den Pflichtaufgaben können sie jedoch Art und Weise der Aufgabenerfüllung steuern.[8]

In Bereichen der Daseinsvorsorge treten allerdings nicht selten fiskalische Restriktionen auf. So sind zahlreiche Kommunen einnahmeseitig strukturell unterausgestattet. Des Weiteren korrespondieren zurückgehende Nutzerzahlen *ceteris paribus* mit höheren Remanenzeffekten (Kosten für die verbleibenden Nutzer). Kommunen stehen somit vor dem Problem, ihre Leistungsangebote trotz fiskalisch angespannter Lage aufrecht zu erhalten und die Daseinsvorsorge zu gewährleisten.

3.2 Das Beispiel des ÖPNV

Anhand des Daseinsvorsorge-Bereichs ÖPNV[9] soll umrissen werden, was die oben beschriebenen demografischen und finanziellen Entwicklungen für die kommunale Aufgabenwahrnehmung im Speziellen implizieren.

Nach dem deutschen Rechtsrahmen obliegt die Aufgabe des ÖPNV den zuständigen öffentlichen Stellen, soweit eine ausreichende Versorgung der Bevölkerung dies erfordert (vgl. Otto 2003: 200). In der Regel sind dies die Gemeinden, welche aufgrund des Art. 28 GG allein entscheiden, ob eine ausreichende Versorgung vorliegt. Organisatorisch ist damit zunächst auch die Kommune der Aufgabenträger des ÖPNV, ihr übergeordnet ist die Genehmigungsbehörde, welche aber ausschließlich über die Genehmigungserteilung zu befinden und auf die regionale Integration der Verkehrsbedienung hinzuwirken hat (vgl. Otto 2003: 201). Die Gemeinden können sich für die Wahrnehmung dieser Aufgabe – neben der Vergabe an Dritte – aber auch Organisationsformen der interkommunalen Kooperation bedienen und etwa Zweckverbände[10] einrichten, welche dann als Aufgabenträger fungieren. Aber auch der Landkreis kann Aufgabenträger des ÖPNV sein (vgl. Hans-Böckler-Stiftung 2006: 48 oder § 3 Abs. 1 ÖPNVG Sachsen[11]).

---

8 Siehe hierzu bspw. Henneke 2009, zitiert in Bogumil u.a. 2010: 10: „Im Rahmen dieser lokalen Demokratie entscheiden Kommunen auf Basis von Art. 28 Abs. 2 GG über Angelegenheiten der örtlichen Gemeinschaft. Ihnen obliegt die Entscheidung darüber, wie sie diese Aufgaben organisieren – ob in der Kernverwaltung, im Rahmen von öffentlich-rechtlichen Einrichtungen, in privatwirtschaftlich organisierten Gesellschaften, in Form von gemischtwirtschaftlichen Gesellschaften (mit privaten Dritten) oder in Form von interkommunaler Zusammenarbeit."
9 Gemäß § 1 Abs. 1 RegG ist der ÖPNV eine Aufgabe der Daseinsvorsorge.
10 Auch die eher geläufigen Verkehrsverbünde stellen rechtlich gesehen Zweckverbände der Aufgabenträger dar, welche i. d. R. einen effektiven und möglichst flächendeckenden integrierten (regionalen) Nahverkehr zu einem einheitlichen Tarif zum Ziel haben. So sieht bspw. § 2 Abs. 5 ÖPNVG Sachsen die Einrichtung entsprechender Zweckverbände vor.
11 In letztgenanntem sind Planung, Organisation und Ausgestaltung des ÖPNV als freiwillige Aufgabe der Landkreise und kreisfreien Städte festgeschrieben. Zudem sind die Landkreise verantwortlich für den Schülerverkehr, welcher einen Teil des ÖPNV darstellt.

Die *Finanzierung* des ÖPNV soll grundsätzlich eigenwirtschaftlich erfolgen, d. h. der Aufwand soll aus Beförderungserlösen, Erträgen aus gesetzlichen Ausgleichs- und Erstattungsregelungen im Tarif- und Fahrplanbereich sowie sonstigen Unternehmenserträgen im handelsrechtlichen Sinne gedeckt werden (vgl. § 8 Abs. 4 PBefG). Dabei ist nicht abschließend definiert, was unter „sonstige Unternehmenserträge im handelsrechtlichen Sinne" zu subsumieren ist. Unstrittig zählen hierzu die Ausgleichszahlungen nach § 45a PBefG und nach § 62 SchwbG, ferner können diese Erträge aber auch steuerliche Vergünstigungen für alle ÖPNV-Unternehmen, Investitionsfördermittel oder Ausgleichszahlungen für ein allgemein auferlegtes Tarifniveau umfassen (vgl. Otto 2003: 201). Reichen diese Mittel nicht aus, so erfolgt die Erbringung des ÖPNV durch sog. gemeinwirtschaftliche Verkehre. Diese stellen dabei die Negativabgrenzung zu den eigenwirtschaftlichen Verkehren, folglich zu § 8 Abs. 4 PBefG, dar. Kann damit eine ausreichende ÖPNV-Bedienung nicht eigenwirtschaftlich erfolgen, können gemeinwirtschaftliche Verkehre mit dem Aufgabenträger vereinbart und Beihilfen gewährt werden (vgl. Otto 2003: 175). Hier gilt es dann allerdings, europarechtliche Vorgaben (EU-Beihilferecht[12]) zu beachten. Zudem erfolgt eine indirekte Förderung des ÖPNV bspw. durch Finanzhilfen des Bundes nach dem GVFG.[13] Hier werden allerdings nicht die Erbringung von ÖPNV-Leistungen selbst, sondern konkrete, meist infrastrukturelle Investitionen gefördert.[14]

Im Detail ist die gegenwärtig Finanzierung des ÖPNV in Deutschland durch eine Vielzahl von Förderinstrumenten, Förderwegen und Akteuren gekennzeichnet (vgl. hierzu bspw. Friedrich-Ebert-Stiftung 2010: 14). Ebenso beeinflussen diverse rechtliche Vorgaben die Finanzierung des ÖPNV, welche sich zum Teil in naher Zukunft ändern werden oder entfallen.[15] Werden die Finanzierungsinstrumente des ÖPNV betrachtet (vgl. Abb. 7), so zeigt sich eine Vielzahl von Instrumenten und Akteursebenen, welche für die ÖPNV-Finanzierung verantwortlich sind.

---

12   Insbesondere Art. 107 ff. AEUV, für den ÖPNV zudem VO (EG) 1370/2007.
13   Gesetz über Finanzhilfen des Bundes zur Verbesserung der Verkehrsverhältnisse der Gemeinden (Gemeindeverkehrsfinanzierungsgesetz, GVFG); mit diesem werden Finanzhilfen für Investitionen zur Verbesserung der Verkehrsverhältnisse in den Gemeinden gewährt (vgl. § 1).
14   Zu förderfähigen Vorhaben vgl. § 2 GVFG.
15   Bspw. Entflechtungsgesetz als Nachfolger des Gemeindefinanzierungsgesetzes oder das Regionalisierungsgesetz. Dabei entfällt bezogen auf erstgenanntes die Zweckbindung für den ÖPNV zum Jahr 2014 und es läuft zum Jahr 2019 komplett aus, zweitgenanntes beinhaltet die Überprüfung der Regionalisierungsmittel zum Jahr 2014 (vgl. bspw. Friedrich-Ebert-Stiftung 2010: 5).

Abbildung 7: Finanzierungsinstrumente und Akteure der ÖPNV-Finanzierung in Deutschland

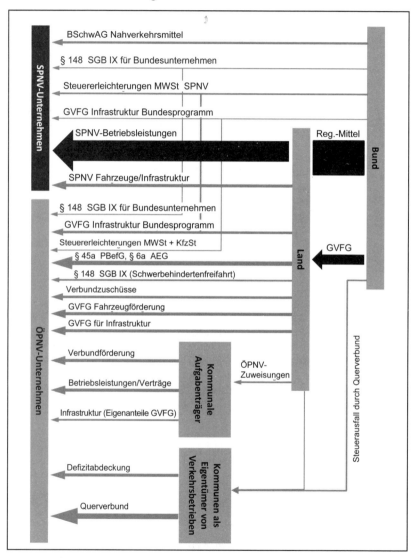

Quelle: Eigene Darstellung nach Hickmann, Nahverkehrsberatung Südwest, zitiert in: Friedrich-Ebert-Stiftung 2010: 7.

Fiskalische und demografische Lage der Kommunen

Die zentralen Finanzierungsinstrumente sind derzeit Finanzmittel auf Grundlage des Gemeindeverkehrsfinanzierungsgesetzes (bzw. dem Entflechtungsgesetz als Folgegesetz) und dem Regionalisierungsgesetz. Diese komplexen und teilweise unübersichtlichen Finanzierungsstrukturen haben zudem dazu beigetragen, dass in der Gestaltung des ÖPNV-Angebots falsche Anreize gesetzt wurden (vgl. Friedrich-Ebert-Stiftung 2010: 6).

Aufgrund der vielfältigen und komplexen Finanzströme im ÖPNV und dem Fehlen einer einheitlichen Statistik ist zudem keine genaue Angabe eines Gesamtvolumens der ÖPNV-Finanzierung möglich (vgl. Friedrich-Ebert-Stiftung 2010: 9). Für das Jahr 2008 wurde durch das Center Nahverkehr Berlin (CNB) 2010 eine Schätzung des Gesamtvolumens und der einzelnen Finanzierungstöpfe vorgenommen. Das geschätzte Volumen von etwa 25 Mrd. EUR/Jahr (vgl. Werner 2011: 4) setzte sich dabei wie in Abbildung 8 dargestellt zusammen:

Abbildung 8: Finanzierungstöpfe des ÖPNV

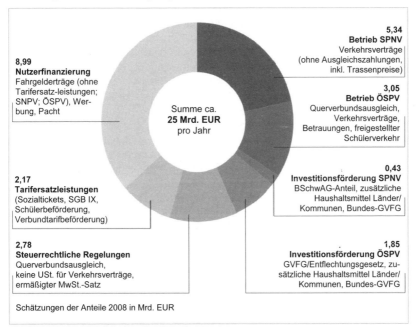

Quelle: Eigene Darstellung nach cnb, zitiert in Friedrich-Ebert-Stiftung 2010: 9.

Mit über einem Drittel (36%) der Gesamtfinanzierung stellt die Nutzerfinanzierung die größte Finanzierungsquelle des ÖPNV dar. Hierunter zählen v. a. die reinen Fahrgelderträge, ohne Tarifersatzleistungen, sowie Einnahmen aus

Werbung und Pacht. Bei der Finanzierung des ÖPNV durch die Nutzer ist jedoch zu beachten, dass der ÖPNV einem öffentlichen Interesse dienen soll[16] und damit folglich keine kostendeckenden Preise verlangt werden können. In diesem Sinne sind die Tarifersatzleistungen eine weitere Finanzierungsquelle. Insbesondere wird mit diesen Zahlungen die Mobilität v. a. von Schülern, Auszubildenden und schwerbehinderten Personen gefördert (vgl. Friedrich-Ebert-Stiftung 2010: 11). Den zweitgrößten Finanzierungsposten des ÖPNV bilden öffentliche Zahlungen für den Betrieb des Schienenpersonennahverkehrs (SPNV).[17] Auch hier kann aufgrund des bereits genannten öffentlichen Interesses die erforderliche Kostendeckung (vgl. Friedrich-Ebert-Stiftung 2010: 12) nur durch staatliche Zuschüsse erreicht werden. Abschließend zu diesem kurzen Abriss über die Finanzierung des ÖPNV soll auf die drittgrößte Finanzierungsquelle, die Zahlungen für den Betrieb des Öffentlichen Straßenpersonennahverkehrs (ÖSPV), eingegangen werden. Grundsätzlich obliegt dieser den Kommunen. Da diese sowohl in ihrer Finanzkraft als auch ihrer Siedlungs- und Raumstruktur erheblich schwanken, nimmt auch der ÖSPV einen unterschiedlichen Stellenwert ein. Daher können hier keine einheitlichen Aussagen zu den kommunalen Finanzierungsstrukturen getroffen werden. Neben diversen Finanzierungsinstrumenten aus den Haushalten der Kommunen spielt aber allgemein der steuerliche oder kommunale Querverbund eine wesentliche Rolle bei der Finanzierung des ÖSPV, in welchem die Verluste des kommunalen Verkehrsunternehmens mit Gewinnen andere kommunaler Unternehmen verrechnet werden. Weitere Finanzierungsquellen sind Investitionsförderungen und steuerrechtliche Regelungen, welche nur der Vollständigkeit halber genannt werden.

Art und Umfang des Verkehrsangebots sind dabei entsprechend § 8 Abs. 3 PBefG in den Nahverkehrsplänen festzuschreiben, welche der Aufgabenträger unter Mitwirkung der vorhandenen Verkehrsunternehmen und Beachtung der rechtlichen Anforderungen beschließt. Der Nahverkehrsplan bildet den Rahmen für die Entwicklung des ÖPNV. Damit ist für die Ausgestaltung des ÖPNV-Angebots maßgeblich die Kommune verantwortlich; mit dem Nahverkehrsplan obliegt ihr das wesentliche Steuerungsinstrument für Art und Umfang der ÖPNV-Leistung. Zugleich wird mit den im Nahver-

---

16 Insbesondere soll hier auf das Sozialstaatprinzip des Art. 20 GG verwiesen werden, welches auch Folgen für den Infrastrukturbereich und damit ebenso den ÖPNV hat. Einen kurzen Überblick zu der Thematik Sozialstaatprinzip und sich hieraus ergebenden raumentwicklungspolitischen Zielstellungen geben Lenk und Grüttner 2011. Dabei handelt es sich meist um Vorgaben/Vorstellungen zu Qualität, Preis, Umfang und Vernetzung des ÖPNV-Angebots.
17 Die Organisation und Finanzierung des SPNV-Angebots erfolgt seit der Bahnreform 1993/96 durch die Länder oder die kommunalen Gebietskörperschaften auf Basis von Verkehrsverträgen. Dabei wird die zu erbringende Leistung nach Qualität und Quantität festgelegt und der Betreiber erhält hierfür ein festgelegtes Vertragsentgelt (vgl. Friedrich-Ebert-Stiftung 2010: 12).

Fiskalische und demografische Lage der Kommunen

kehrsplan enthaltenen Festlegungen zu Liniennetz, Taktzeiten etc. auch der zu erwartende Kostenrahmen weitgehend durch die Kommune gesetzt. Jedoch ergibt sich aus § 8 Abs. 3 PBefG keine Pflicht der Aufgabenträger, einen Nahverkehrsplan aufzustellen; andererseits können diese nur mit einem Nahverkehrsplan die Verhältnisse des ÖPNV beeinflussen und dem gesetzlichen Daseinsvorsorgeauftrag nachkommen (vgl. Otto 2003: 120f.). Daher haben mit Ausnahme Bayerns, Brandenburgs und des Saarlandes[18] die Bundesländer in den jeweiligen Nahverkehrsgesetzen eine Pflicht zur Aufstellung von Nahverkehrsplänen verankert.[19]

Organisatorisch kann die Verkehrsleistung unterschiedlich erbracht werden: Die Kommune als zuständige öffentliche Stelle, folglich als Aufgabenträger, kann die Verkehrsleistung in Form eines kommunalen Eigenbetriebs selbst erbringen, in öffentlicher Kooperation durchführen oder aber Dritte mit der Erbringung beauftragen. Bei der Beauftragung Dritter kann sie die entsprechende Leistung unter Beachtung des europarechtlichen Rahmens ohne Ausschreibung direkt vergeben oder sie nutzt den Ausschreibungswettbewerb. Die Direktvergabe[20] erfolgt dabei meist an ein ebenfalls in kommunalem Eigentum befindliches, aber rechtlich selbstständiges (öffentliches) Unternehmen. Ein Argumentationspunkt ist der Erhalt des kommunalen Querverbundes, insbesondere der des steuerlichen Querverbundes. Beim Ausschreibungswettbewerb werden bezogen auf den ÖPNV Verkehrsleistungen meist in Form von Linienbündeln per wettbewerblichen Verfahren vergeben. Der Bieter mit dem wirtschaftlichsten Angebot erhält dabei den Zuschlag. Allerdings handelt es sich hier um einen Wettbewerb um den Markt, nicht um einen Wettbewerb im Markt: Der erfolgreiche Bieter erhält für einen bestimmten Zeitraum, meist zehn bis 15 Jahre, ein exklusives Recht bzw. eine

---

18 Kann-Bestimmung nach § 13 Abs. 1 BayÖPNVG, § 9 ÖPNVG Brandenburg, § 9 Abs. 1 ÖPNVG Saarland. Zudem ist in Schleswig-Holstein nach § 3 Abs. 1 ÖPNVG SH ein landesweiter Nahverkehrsplan durch das Ministerium für Wissenschaft, Wirtschaft und Verkehr (im Gesetzestext noch Ministerium für Wirtschaft, Technik und Verkehr) aufzustellen, damit sind dort die Kommunen nicht unmittelbar für die Gestaltung des ÖPNV verantwortlich.

19 Vgl. dazu § 5 Abs. 1 ÖPNVG-Bln; § 11 Abs. 1 ÖPNVG BW; § 8 Abs. 1 BremÖPNVG; § 14 Abs. 1 ÖPNVG Hessen; § 7 Abs. 1 ÖPNVG M-V; § 6 Abs. 1 NNVG; § 8 Abs. 1 ÖPNVG NRW; § 8 Abs. 1 NVG; § 5 Abs. 1 ÖPNVG Sachsen; § 6 Abs. 1 ÖPNVG LSA; § 5 Abs. 1 ThürÖPNVG.

20 Auch freihändige Vergabe oder Inhouse-Vergabe. Jedoch ist eine solche Vergabe im ÖPNV nach Art. 5 VO (EG) 1370/2007 an bestimmte Vorgaben der EU gebunden: Der geschätzte Jahresdurchschnittswert des Dienstleistungsauftrag umfasst weniger als 1.000.000 EUR oder weniger als 300.000 km öffentliche Personenverkehrsleistung (vgl. Art. 5 Abs. 4), Direktvergabe als Notmaßnahme (vgl. Art. 5 Abs. 5) oder es handelt sich um eine Dienstleistung im Eisenbahnverkehr (vgl. Art. 5 Abs. 6). Zudem muss der Aufgabenträger, sofern er die Leistungen nicht selber erbringt, sondern durch eine rechtlich getrennte Einheit erbringen lässt, über diese einen beherrschenden Einfluss wie über eine eigene Dienststelle ausüben können (vgl. Art. 5 Abs. 2).

Konzession zur Bedienung der entsprechenden Liniennetze (vgl. bspw. Cox 2003).

Neben den bisher genannten rechtlich-organisatorischen Einflussfaktoren auf den ÖPNV sind hier insbesondere noch raumstrukturelle Gegebenheiten und dabei insbesondere die Siedlungs- und Bevölkerungsstruktur sowie deren Entwicklung maßgebliche Größen für die Leistungserbringung. Die Verkehrsleistung des ÖPNV wird dabei in zwei räumlichen Grundtypen erbracht: den Verdichtungs- bzw. Ballungsräumen und den ländlichen Räumen. Dabei beeinflusst die Raum- und Siedlungsstruktur v. a. die technische Ausgestaltung des ÖPNV, folglich Netzausgestaltung, Verkehrsmitteleinsatz und Fahrplangestaltung. Es ist demnach von diversen Rahmenbedingungen für die Leistungserbringung auszugehen: der eher dünn besiedelte, bevölkerungsärmere ländliche Raum mit einer geringeren Siedlungs- und Bevölkerungsdichte ist durch ein eher weitmaschiges, meist an den Straßenverkehr gebundenes ÖPNV-Netz[21] mit geringeren Taktzeiten erschlossen. Ursächlich hierfür ist auch die gegenüber den Verdichtungsräumen geringere Bevölkerungszahl und somit die daraus resultierende geringere potenzielle Nachfrage nach Leistungen des ÖPNV. Tendenziell ist dadurch im ländlichen Raum auch der Anteil des motorisierten Individualverkehrs (MIV) höher. Diese – hier nur kurz angerissenen – Rahmenbedingungen des ÖPNV im ländlichen Raum lassen tragfähige, herkömmliche ÖPNV-Angebote dort nicht zu (vgl. hierzu ausführlicher Schäfer-Sparenberg u.a. 2006: 10). In den Verdichtungs- bzw. Ballungsräumen gestalten sich die Rahmenbedingungen anders: Aufgrund der größeren Bevölkerungsanzahl und damit auch einer höheren Bevölkerungsdichte stellt sich der Modal Split[22] hier anders dar. Neben einer größeren Bandbreite an Verkehrsträgern ist auch der Anteil des MIV hier geringer als im ländlichen Raum, zudem ist es den Verkehrsunternehmen aufgrund einer höheren Nachfrage nach öffentlichen Verkehrsleistungen eher möglich, die Angebote wirtschaftlicher zu gestalten (vgl. ebenda). Trotz dieser Differenzen bzw. unterschiedlichen Rahmenbedingungen verfolgt die Bundesrepublik das – auch grundgesetzlich verankerte – Ziel der Herstellung gleichwertiger Lebensverhältnisse in allen Teilräumen der Bundesrepublik (vgl. Art. 72 Abs. 2 GG, § 1 Abs. 2 ROG). In diesem sog. Postulat der gleichwertigen Lebensverhältnisse kommt zudem das Sozialstaatprinzip zum Ausdruck, welches u. a. allen Bürgern unabhängig von ihrem Wohnort eine individuelle Selbstentfaltung ermöglichen will (vgl. Lenk und Grüttner 2011: 241). Dies beinhaltet auch die Gewährleitung der Mobilität aller Bevölkerungsgruppen. Aber besonders infolge der demographischen Entwicklung und den daraus zu erwartenden räumlichen Entwicklungsmustern wird immer wieder diskutiert, ob dieses Postulat so noch umsetzbar ist. Hierzu ist zweier-

---

21 D. h. die Erschließung erfolgt vorrangig durch Bus-Linienverkehre, welche zudem oft auch den Schülerverkehr abdecken und die Minimalversorgung darstellen.
22 Anteil der einzelnen Verkehrsträger an der gesamten Verkehrsleistung.

Fiskalische und demografische Lage der Kommunen

lei anzumerken: Zum einen wurde bereits auf die grundgesetzliche Verankerung und damit dem verfassungsgemäßen Auftrag verwiesen, weshalb eine Aufgabe dieses Postulats obsolet erscheint. Zum anderen scheint jedoch gerade aufgrund der demografischen Entwicklung, aber auch anderer Trends[23], dessen Neuinterpretation geboten (vgl. bspw. Akademie für Raumordnung und Landesplanung 2006). Dies beinhaltet dann ebenso die Frage nach neuen Bedienformen im ÖPNV, um dort die Aufgabenerfüllung im Sinne des öffentlichen Interesses gewährleisten zu können. Hierauf wird nachfolgend noch kurz eingegangen.

Zudem ist seit längerem eine Veränderung der Nachfragestrukturen, aber auch des Angebots zu beobachten, welches nicht losgelöst von der gesellschaftlichen und demografischen Entwicklung betrachtet werden kann: „Die deutsche Bevölkerung verändert sich, sie schrumpft, wird älter und mobiler. Angesichts der schrumpfenden Zielgruppe der so genannten ‚Captives' [Gruppe der wenig Mobilen, welche über keinen PKW verfügen und auf den ÖPNV angewiesen sind, Anm. der Verfasser] (…) stellt sich die Frage nach der Finanzierbarkeit und letztlich der Aufgabe des ÖV." (Schäfer-Sparenberg u.a. 2006: 10) Die Aufgabenträger, aber auch die Leistungserbringer selbst, müssen sich daher auf eine sich verändernde Zielgruppe von ÖPNV-Nutzern einstellen: die Zahl der Kinder und Jugendlichen, welche zumindest in den ländlichen Räumen aufgrund des Schülerverkehrs nach §§ 42 und 43 PBefG einen wichtigen Bestandteil der Nachfrage bilden, ist allgemein rückläufig, regional kann der Rückgang sogar sehr stark ausfallen.[24] Der Anteil älterer ÖPNV-Nutzer wird hingegen ansteigen, wobei in dieser Gruppe der PKW-Zugang stark zunehmen wird (vgl. Schäfer-Sparenberg u.a. 2006: 11).

Die kurz angerissenen Aspekte erfordern auch für die zukünftige Aufgabenerfüllung im ÖPNV neue Betreiber- und Finanzierungsmodelle. Soll folglich unter den genannten Rahmenbedingungen auch zukünftig eine ausreichende ÖPNV-Versorgung als Bestandteil der Daseinsvorsorge (im Sinne einer Grundversorgung) sowie deren Finanzierung sichergestellt werden, muss neben der Intensivierung der Trennung von Planung und Betrieb auch über neue Organisations- bzw. Bedienformen sowie alternative Finanzierungsmodelle nachgedacht werden.

Die strikte *Trennung von Organisation/Planung und Betrieb* kann dabei eine Möglichkeit darstellen, die öffentlichen (und damit auch kommunalen) Haushalte zu entlasten und zwar in der Form, dass eine klare Leistungsbeschreibung und Aufgabenteilung zwischen Aufgabenträger und Verkehrsunternehmen vorgenommen wird. Im Bereich des SPNV wurde dadurch in den vergangenen Jahren bei nahezu gleichbleibendem Mitteleinsatz erreicht, dass

---

23 Zu nennen wären hier etwa die Föderalismusdebatte oder wirtschaftliche Erfordernisse bspw. aufgrund des technologisch-ökonomischen Strukturwandels, der Entwicklung der KIT-Branche oder die Globalisierung.
24 Vgl. Ausführungen zur Bevölkerungsentwicklung in Abschnitt 2 des Beitrags.

die Verkehrsleistung kontinuierlich gesteigert werden konnte (vgl. Friedrich-Ebert-Stiftung 2010: 23).

Für die Aufrechterhaltung eines ausreichenden, flächendeckenden Angebotes sind unter den sich verändernden demografischen Rahmenbedingungen außerdem zumindest in den ländlichen Räumen neue, flexible Bedienformen erforderlich (vgl. Böhler-Baedecker u.a. 2010: 477). Dies schließt gleichermaßen eine verstärkte Förderung des bürgerschaftlichen Engagements mit ein, da aufgrund der spezifischen Rahmenbedingungen vor Ort auch flexible (öffentliche) Bedienformen aufgrund verkehrlicher, wirtschaftlicher und rechtlicher Restriktionen sicherlich nicht überall ein ausreichendes ÖPNV-Angebot sicherstellen können bzw. umsetzbar sind (vgl. Böhler-Baedecker u.a. 2010: 477). Welche Auswirkungen letztgenannte Lösungen aber auf die kommunale Steuerungsmöglichkeit und damit auf das „Wie" der Erbringung von ÖPNV-Leistungen hat, kann nach Meinung der Verfasser derzeit noch nicht abgeschätzt werden, zudem entsprechende Bedienformen derzeit eher Modellcharakter[25] haben. Bezogen auf neue, flexible Bedienformen sind zwei Arten vorstellbar: Die zeitliche und die räumliche Flexibilisierung (vgl. Böhler-Baedecker u.a. 2010: 481). Erstgenannte bezieht sich v. a. auf die Frage der Fahrplanbindung. Hier wird die Verkehrsleistung noch an einem festgesetzten Linienbetrieb ausgerichtet und es liegt ein flexibler Fahrplan zugrunde, nicht jedoch unbedingt eine Fahrplanbindung. Dies bedeutet, dass entweder der Fahrgast selbst die Abfahrtszeit festlegt (nicht fahrplangebundenes System) oder bei lockerem Grad der Fahrplanbindung die Abfahrtszeiten nur für die Starthaltestelle festgelegt werden. Zweitgenannte, die räumliche Flexibilisierung, beinhaltet die flexible Gestaltung des Liniennetzes. Hier sind verschiedene Optionen denkbar: der Bedarfslinienbetrieb, der Richtungsbandbetrieb und der Flächenbetrieb (vgl. Böhler-Baedecker u.a. 2010: 481). Bezogen auf die Angebotsformen haben sich insbesondere die fünf nachfolgend genannten Angebotsformen herauskristallisiert: Der L-Bus (Anrufbus im Bedarfslinienbetrieb), der R-Bus (Anrufbus im Richtungsbandbetrieb), das R-AST (Anruf-Sammeltaxi im Richtungsbandbetrieb), der F-Bus (Anrufbus im Flächenbetrieb) und der RF-Bus (Anrufbus im Flächenbetrieb mit Zu- und Ausstieg an der Haltestelle).[26]

Beim Finanzierungsaspekt ist u. a. zu berücksichtigen, dass bei der Vergabe der Verkehrsleistung konsequent der Ausschreibungswettbewerb angewandt wird. Denn durch den Wettbewerb im ÖPNV soll neben einer markt-

---

25 Der ÖPNV als Teil der Daseinsvorsorge ist bezogen auf neue Modelle zur Gewährleistung einer ausreichenden öffentlicher Versorgung Gegenstand des MORO-Forschungsfeldes „Regionalplanerische Handlungsansätze zur Gewährleistung der öffentlichen Daseinsvorsorge" (vgl. Bundesinstitut für Bau-, Stadt- und Raumforschung 2005) und des „Aktionsprogramms regionale Daseinsvorsorge" (vgl. Bundesinstitut für Bau-, Stadt- und Raumforschung 2011).

26 Eine detaillierte Beschreibung der genannten neuen Bedienformen kann dem verwendeten Aufsatz von Böhler-Baedecker et al. 2010: 480-486 entnommen werden.

gerechten Leistungsbewertung insbesondere Allokationseffizienz und damit eine Minimierung des Subventionsbedarfs erreicht werden (vgl. Cox 2003: 25). Jedoch ist der Fachdiskussion nicht eindeutig zu entnehmen, ob dies in der Praxis immer so gegeben ist. Insbesondere die Diskussion um die Rolle betriebs- und volkswirtschaftlicher Transaktionskosten, speziell beim Verfahren des Ausschreibungswettbewerbs, und damit die Frage nach der effizienteren Leistungserbringung ist nicht abschließend beantwortet.[27] Neue Modelle der ÖPNV-Finanzierung finden bspw. in Brandenburg Anwendung. Mit der Reform der ÖPNV-Finanzierung 2005 sollten mehrere Ziele verfolgt werden: Generell sollte eine Effizienzsteigerung der eingesetzten Mittel gewährleistet werden, was auch durch die Bündelung und eine zentrale und flexible Steuerung der Finanzmittel in der Hand des Aufgabenträgers erreicht werden soll. Zudem sollte die Eigenverantwortlichkeit der kommunalen Aufgabenträger gestärkt werden, was auch eine bedarfsorientierte Angebotsgestaltung beinhaltet (vgl. Karwiese u.a. 2004: 33). Auch die Fördermittelvergabe erfolgt nun nach einem neuen Schlüssel, welcher die zu versorgende Fläche der kommunalen Aufgabenträger, den Angebotsumfang des ÖPNV, die aufgewandten Eigenmittel und die Zahl der Fahrgäste pro Jahr berücksichtigt (vgl. Karwiese u.a. 2004: 34). Die nachfolgende Abbildung 9 visualisiert diese Neuordnung.

---

27 Zur Transaktionskostenproblematik und der Effizienz u. a. des Ausschreibungswettbewerbs vgl. Cox 2003 oder ausführlich Hans-Böckler-Stiftung 2006.

Abbildung 9: Reform der ÖPNV-Finanzierung in Brandenburg

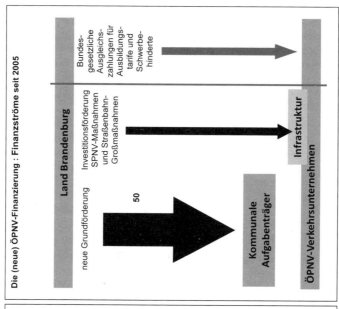
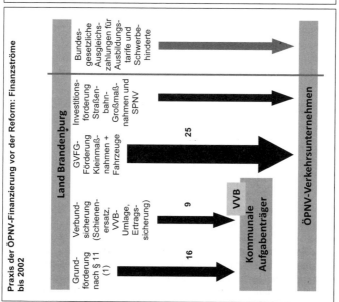

Quelle: Eigene Darstellung nach Mühle o. J: 4 und 10.

Fiskalische und demografische Lage der Kommunen

4. Fazit

Die kommunale fiskalische Lage bleibt persistent angespannt. Wenngleich die fundierten Schulden leicht rückläufig sind und derzeit eine konjunkturell entspannte Phase herrscht, implizieren steigende Kassenverstärkungskredite, fehlende Einnahmen sowie ein baldiges Auslaufen des Solidarpaktes II einen eingeschränkten fiskalischen Handlungsspielraum für Gemeinden. Allein vor diesem Hintergrund besteht eine substanzielle Herausforderung für Kommunen, ihre Aufgabengewährleistung in der Daseinsvorsorge erfüllen zu können. Hinzu kommt die virulente Problematik der demografischen Entwicklung (Alterung und Schrumpfung), welche ebenfalls enorme Herausforderungen für die Gemeinden und das Bereitstellungsdesign kommunaler Wirtschaftsleistungen impliziert.

Der Beitrag hat im Allgemeinen aufgezeigt, mit welchen fiskalischen und sozio-demografischen Herausforderungen sich Gemeinden konfrontiert sehen. Diese Entwicklungen wurden auf die Bereitstellungs- und Gewährleistungsstruktur des ÖPNV deduziert. Es wurde deutlich, dass gerade die (negative) demografische Entwicklung eine Notwendigkeit hervorruft, im Rahmen der ÖPNV-Bereitstellung neue Wege zu beschreiten. Besonders für die Aufrechterhaltung eines ausreichenden, flächendeckenden Angebotes sind unter den sich verändernden demografischen Rahmenbedingungen, nicht zuletzt in den ländlichen Räumen, neue, flexible Bedienformen erforderlich.

Wenngleich das „Wie" der Erbringung von ÖPNV-Leistungen nach Meinung der Verfasser derzeit noch nicht als signifikante Szenarioanalyse abgeschätzt werden kann, und entsprechende Bedienformen derzeit eher Modellcharakter aufweisen, ist dennoch unstrittig, dass das „Ob" dieser Leistungsbereitstellung nur gewährleistet werden kann, wenn diesem häufig defizitären und demografiebelasteten Bereich ein neues Bereitstellungsinstrumentarium ermöglicht wird, seinem Daseinsvorsorgeauftrag nachzukommen.

Literatur

Akademie für Raumordnung und Landesplanung (Hrsg.), 2006: Gleichwertige Lebensverhältnisse: Eine wichtige gesellschaftspolitische Aufgabe neu interpretieren! Positionspapier Nr. 69, Hannover.
Bogumil, Jörg/Pielow, Johann-Christian/Ebbinghaus, Jens/Gerber, Sascha/Kohrsmeyer, Maren, 2010: Die Gestaltung kommunaler Daseinsvorsorge im Europäischen Binnenmarkt – empirische Untersuchung zu den Auswirkungen des europäischen Beihilfe- und Vergaberechts insbesondere im Abwasser- und Krankenhaussektor sowie in der Abfallentsorgung. Düsseldorf: Minister für Bundesangelegenheiten, Europa und Medien des Landes Nordrhein-Westfalen.

Böhler-Baedecker, Susanne/Jansen, Ulrich/Kindl, Annette/Reuter, Christian/Schäfer-Sparenberg, Carolin/Walter, Christoph, 2010: Chancen und Risiken flexibler Bedienungsformen im ÖPNV in ländlichen Räumen, in: Bundesinstitut für Bau-, Stadt- und Raumforschung im Bundesamt für Bauwesen und Raumordnung (Hrsg.), Informationen zur Raumentwicklung, Heft 7/2010. Bonn, 477-488.

Bundesinstitut für Bau-, Stadt- und Raumforschung, 2011: Modellvorhaben der Raumordnung „Aktionsprogramm regionale Daseinsvorsorge", URL: http://www.bbsr.bund.de/cln_032/nn_21916/BBSR/DE/FP/MORO/Forschungsfelder/2011/Aktionsprogramm/01__Start.html.

Bundesinstitut für Bau-, Stadt- und Raumforschung, 2005: Modellvorhaben der Raumordnung (MORO) „Regionalplanerische Handlungsansätze zur Gewährleistung der öffentlichen Daseinsvorsorge", URL: http://www.bbsr.bund.de/cln_032/nn_21916/BBSR/DE/FP/MORO/Forschungsfelder/OeffentlicheDaseinsvorsorge/01__Start.html.

Cox, Helmut, 2003: Obligatorischer Ausschreibungswettbewerb bei öffentlichen Dienstleistungen – Garant für optimale Marktergebnisse?, in: Gesellschaft für öffentliche Wirtschaft (Hrsg.): Ausschreibungswettbewerb – obligatorisch für alle öffentlichen Dienstleistungen? Beiträge zur öffentlichen Wirtschaft, Heft 20, 19-38.

Friedrich-Ebert-Stiftung (Hrsg.), 2010: Neuordnung der Finanzierung des Öffentlichen Personennahverkehrs. Bündelung, Subsidiarität und Anreize für ein zukunftsfähiges Angebot. WISO Diskurs. Bonn: Friedrich-Ebert-Stiftung.

Grundgesetz für die Bundesrepublik Deutschland in der im Bundesgesetzblatt Teil III, Gliederungsnummer 100-1, veröffentlichten bereinigten Fassung, das zuletzt durch das Gesetz vom 29. Juli 2009 (BGBl. I S. 2248) geändert worden ist.

Hans-Böckler-Stiftung (Hrsg.), 2006: ÖPNV zwischen Ausschreibungswettbewerb und Direktvergabe. Eine vergleichende empirische Studie zu Produktions- und Transaktionskosten, URL: http://www.boeckler.de/pdf/mbf_oepnv_resch_lang_2006.pdf.

Henneke, Hans-Günter, 2009: Die Daseinsvorsorge in Deutschland – Begriff, historische Entwicklung, rechtliche Grundlagen und Organisation, in: Krautscheid, Andreas (Hrsg.), Die Daseinsvorsorge im Spannungsfeld von europäischem Wettbewerb und Gemeinwohl. Wiesbaden: VS Verlag für Sozialwissenschaften, 17-40.

Karwiese, Eckhard/Schulze, Evelin/Mühle, Mathias, 2004: Reform der ÖPNV-Finanzierung, in: Ministerium für Stadtentwicklung, Wohnen und Verkehr des Landes Brandenburg (Hrsg.): MSWV aktuell, S. 33-35, URL: http://www.mil.brandenburg.de/sixcms/media.php/4055/MSWV03_04_2.pdf.

Lenk, Thomas/Grüttner, André, 2011: Konzepte der Raumentwicklung im Lichte des Postulats der Herstellung gleichwertiger Lebensverhältnisse, in: Wirtschaftsdienst, Jg. 91, Nr. 4, 240-243.

Lenk, Thomas/Rottmann, Oliver/Makarevich, Tatsjana, 2010: Challenging Budgetary Situations – Municipal Management, in: Chobanov, George/Plöhn, Jürgen und Horst Schellhaass (Hrsg.), Policies of Economic and Social Development in Europe, Frankfurt am Main: Peter Lang Verlag, 139-159.

Mühle, Mathias, 2005: Die neue ÖPNV-Finanzierung im Land Brandenburg, erste Erfahrungen, Vortrag im Rahmen der SRL-Tagung „ÖPNV-Finanzierung vor neuen Herausforderungen – Lösungen zwischen Metropole und ländlichem Raum".

Potsdam, URL: http://www.srl.de/termine/fg/fmv/oepnv-2005-02-24/oepnv-finanzierung-brandenburg-muehle.pdf.

Neu, Claudia (Hrsg.), 2009: Daseinsvorsorge – Eine gesellschaftswissenschaftliche Annäherung. Wiesbaden: VS Verlag für Sozialwissenschaften.

Otto, Michael, 2003: Die öffentliche Finanzierung und die Genehmigung des ÖPNV (ÖSPV) im Binnenmarkt, in: Eckert, Hans-Werner/Führich, Ernst R./Schmid, Ronald/Teichmann, Arndt/Tempel, Otto und Klaus Tonner (Hrsg.), Schriften zum Reise- und Verkehrsrecht. Baden-Baden: Nomos, Band 10.

Raumordnungsgesetz vom 22. Dezember 2008 (BGBl. I S. 2986), das durch Artikel 9 des Gesetzes vom 31. Juli 2009 (BGBl. I S. 2585) geändert worden ist.

Rottmann, Oliver, 2011: Herausforderungen für die Innensteuerung von Stadtwerken aus der Interdependenz der Außensteuerungspostulate. Frankfurt am Main: Peter Lang Verlag.

Schäfer-Sparenberg, Carolin/Bongardt, Daniel/Dalkmann, Holger, 2006: Steuerung nachhaltiger Daseinsvorsorge im öffentlichen Nahverkehr. Politische Handlungsperspektiven, in: Wuppertal Institut für Klima, Umwelt, Energie (Hrsg.), Wuppertal Papers Nr. 161. Wuppertal.

Verordnung (EG) Nr. 1370/2007 des Europäischen Parlaments und des Rates vom 23. Oktober 2007 über öffentliche Personenverkehrsdienste auf Schiene und Straße und zur Aufhebung der Verordnungen (EWG) Nr. 1191/69 und (EWG) Nr. 1107/70 des Rates.

Werner, Jan, 2011: Zukunft der ÖPNV-Finanzierung in Deutschland, Vortrag im Rahmen der gemeinsame Tagung „Mit Bus und Bahn in die Zukunft? – Modelle für einen nachhaltigen ÖPNV im europäischen Vergleich" des DGB Berlin-Brandenburg, der Gewerkschaften Ver.di und EVG sowie der Kooperationsstelle Wissenschaft/Arbeitswelt der TU Berlin am 07.06.2011 in Berlin, URL: http://www.zewk.tu-berlin.de/fileadmin/f12/Downloads/koop/tagungen/Bus_und_Bahn/Werner_Finanzierung.pdf.

Qualifikation der Ressource Personal

Christoph Reichard

1. Einleitung

Auch in der öffentlichen Verwaltung ist die Floskel vom „Personal als wertvollster Ressource" weit verbreitet. Und in der Tat ist die Ressource Personal in der Verwaltung als personalintensiver Dienstleistungsorganisation ein besonders teurer „Produktionsfaktor", der in der Regel mehr als zwei Drittel der laufenden Verwaltungskosten ausmacht. In der Verwaltungspraxis wird der Gedanke der ständigen Entwicklung und Pflege der Personalressourcen allerdings traditionell nicht allzu ernstgenommen. Zwar wird im internationalen Vergleich im deutschen öffentlichen Dienst relativ viel in die Vor- und Erstausbildung von Nachwuchskräften investiert (z.b. im Fall von Beamtennachwuchs in eine je dreijährige Ausbildung des mittleren und des gehobenen Dienstes). Der weiteren Entwicklung, Neuausrichtung und Pflege der Qualifikationen öffentlicher Beschäftigter im Rahmen von Fort- und Weiterbildung wird dagegen schon seit Jahrzehnten nur ein begrenzter Stellenwert eingeräumt.

Dieser Beitrag setzt sich mit den Spezifika der Ressource Personal in der öffentlichen Verwaltung insoweit auseinander, als es dabei um Aus- und Fortbildung geht. Ausgehend von den Qualifikationsanforderungen, die heutzutage an Mitarbeiter zu stellen sind, die mit der öffentlichen Aufgabenerfüllung befasst sind, wird auf die Zusammenhänge von Qualifikationserfordernissen, beruflichen Sozialisationsprozessen und Aufgabenerfüllung im Hinblick auf Nachwuchskräfte der öffentlichen Verwaltung eingegangen. Dabei werden auch Wechselbezüge zwischen verwaltungskulturellen Prägungen sowie Qualifikationsbedarfen und -ergebnissen beleuchtet. Im weiteren Verlauf setzt sich der Beitrag mit der Fort- und Weiterbildung von Führungskräften auseinander. Aufbauend auf einer Untersuchung der gegenwärtigen Fortbildung von Führungskräften werden einige kritische Analysen vorgenommen sowie zukünftige Perspektiven aufgezeigt. Der Beitrag stützt sich zum einen auf ein gemeinsam mit dem Jubilar durchgeführtes Forschungsprojekt zur Verwaltungsausbildung und zum anderen auf eine Studie zur Verwaltungsführung, an der neben anderen der Jubilar sowie der Autor beteiligt waren[1]. In diesem Zusammenhang muss erwähnt werden, dass der Jubilar einen

---

[1] In dem von der Hans-Böckler Stiftung geförderten Projekt ging es um „Rekrutierung und Aus- und Fortbildung im öffentlichen Dienst" (vgl. hierzu Reichard und Röber 2012). Zur Studie über die Verwaltungsführung vgl. Hammerschmid u.a. 2010.

Großteil seines beruflichen Lebens der Verwaltungsausbildung gewidmet hat und dass er sich mit diesem Thema auch in verschiedenen wissenschaftlichen Veröffentlichungen auseinander gesetzt hat (vgl. z.B. Röber 2006, Röber 2011, Reichard und Röber 2009).

2. Aufgabenentwicklung und Qualifikationsanforderungen

Bei der Erfüllung öffentlicher Aufgaben gelten zunächst als sehr allgemeine Kriterien die Grundsätze der Rechtmäßigkeit, Wirksamkeit und Wirtschaftlichkeit des Verwaltungshandelns. Das Verwaltungspersonal muss also in der Lage sein, die ihm zugewiesenen Aufgaben im Rahmen der geltenden Gesetze und Vorschriften zu erfüllen, dies aber auch in einer wirksamen und effizienten Weise zu tun. Daraus leiten sich entsprechende Qualifikationsanforderungen ab, die konkreter bestimmen, welche Kenntnisse und Fähigkeiten Verwaltungsmitarbeiter in den verschiedenen Funktionen und Positionen haben sollten, um ihre Aufgaben rechtmäßig, effektiv und effizient erfüllen zu können. Auf der Ebene von Einstellungen und Verhalten haben ferner klassische „Beamtentugenden" wie Gemeinwohl-Orientierung, Neutralität, Bemühen um Fairness und Gleichbehandlung sowie loyales und ethisch korrektes Verhalten einen Einfluss auf die jeweiligen Anforderungsprofile. Die verschiedenen allgemeinen Merkmale einer Tätigkeit im öffentlichen Dienst betonen unterschiedliche Aspekte dieses Arbeitsfeldes und sind nicht unbedingt gleichgerichtet. Bspw. besteht ein kaum auflösbares Spannungsverhältnis zwischen Rechtmäßigkeit und Effizienz des Verwaltungshandelns: Während das erstgenannte Kriterium vom Beschäftigten die Regelbefolgung „um jeden Preis" fordert, ermuntert das Effizienzkriterium zur utilitaristischen Abwägung von Nutzen und Kosten, was verschiedentlich im Konflikt zur Rechtmäßigkeit stehen kann.

Die geschilderten generellen Grundsätze des Verwaltungshandelns sind für die Erfüllung öffentlicher Aufgaben – soweit dies durch öffentliche Einrichtungen geschieht – sozusagen zeitlos und weitgehend unabhängig von der Art der Aufgaben gültig. Bei der Bestimmung von Anforderungsprofilen sind jedoch auch aufgabenbezogene Qualifikationsmerkmale zu berücksichtigen. Hierbei hat es in den letzten Jahrzehnten erhebliche Änderungen gegeben. Während das staatliche Aufgabenprofil zu Beginn des 20. Jahrhunderts noch durch Dominanz von Ordnungsaufgaben geprägt war (z.B. Polizei, Gewerbeordnung), haben seither die Leistungsaufgaben erheblich zugenommen. Auch die Rolle des Staates als Planungsinstanz hat erheblich an Gewicht gewonnen. Insgesamt kann man für das Aufgabenprofil des Staates von einem ausgeprägten Wandel von der Ordnungs- zur Leistungs- und Planungsverwaltung sprechen. Dies hat Konsequenzen für die allgemeinen Anforderungsprofile weiter Teile des Verwaltungspersonals: Während es bei der Ordnungs- und Eingriffsverwaltung in erster Linie um rechtlich korrekte und angemessene Verwaltungsentscheidungen geht (z.b. zur rechtlichen Begründung einer Bau- oder Gewerbegenehmigung), spielt bei der Erbringung von Verwaltungsleistungen an die Bürger (z.B. Erziehungs-, Versorgungs- oder Kulturleistungen) vor allem die (Ziel-) Wirksamkeit und die Wirtschaftlichkeit der Leistungserbringung eine Rolle; die Rechtmäßigkeit erhält den Status einer Nebenbedingung.

Im Zuge der jüngeren Verwaltungsreformen, bei denen es u.a. um die stärkere Einbindung nichtstaatlicher Organisationen, um die Verselbständigung öffentlicher Einrichtungen sowie um die Modernisierung des Verwaltungsmanagements ging, haben sich darüber hinaus eine Reihe weiterer neuer aufgabenbezogener Anforderungen an das Personal herausgebildet (vgl. Röber 2006). Dazu gehört bspw. ein stärkeres Eingehen auf Bürgerbedürfnisse und -wünsche sowie ein ausgeprägteres „kundenfreundliches" Verhalten. Ferner müssen Verwaltungsmitarbeiter nun vermehrt Steuerungs- und Kontrollkompetenzen – z.B. gegenüber ausgegliederten Einrichtungen oder ausgelagerten Aufgaben – wahrnehmen. Dazu gehört u.a. die Kompetenz eines *„smart buyers"*, der zwischen Eigenleistung und Fremdvergabe einer Aufgabe entscheidet und im Vergabefall den gesamten ausgelagerten Aufgabenerfüllungsprozess steuert, koordiniert und überwacht (vgl. Röber 2006: 240). Ferner ist heutzutage der sichere Umgang mit Informations- und Kommunikationstechnologien einschließlich der damit verbundenen administrativen Standardanwendungen eine unumgängliche Grundkompetenz im öffentlichen Dienst. Schließlich gehört mit Blick auf regelmäßigen Aufgabenwandel, aber auch Tätigkeitswechsel, die Fähigkeit zur Bewältigung von Lernprozessen und zur Einarbeitung in neue Aufgaben zum Anforderungsspektrum. Hinzu kommen allgemeine Kernkompetenzen und *soft skills*, wie sie heute in zahlreichen Aufgabenbereichen von den Mitarbeitern erwartet werden: beispielsweise Fähigkeiten zur Analyse und Lösung fachlicher Probleme oder Fähigkeiten zur Kommunikation, Motivation und Führung (vgl. zu Qualifikationserfordernissen insgesamt Reichard und Röber 2009: 110ff.).

Öffentliche Aufgaben werden heute nicht mehr nur in der „Kernverwaltung" (Ministerium, Stadtverwaltung) erledigt, sondern in erheblichem Umfang auch in den verschiedenen (teil-)staatlichen Ausgliederungen (Bundes- oder Landesagenturen und öffentlichen bzw. halböffentlichen Unternehmen) sowie in privaten Unternehmen und Nonprofit-Organisationen. Befasst man sich also mit Fragen der Qualifizierung für die öffentliche Aufgabenerfüllung, muss man im Prinzip den Blick auf die Beschäftigten im gesamten genannten Institutionenspektrum richten. Davon wird hier jedoch abgesehen; die weitere Diskussion wird auf Qualifikationsprobleme im Bereich der öffentlichen Verwaltung beschränkt.

Qualifikation der Ressource Personal

Während sich die Aufgaben und damit auch die Anforderungen an Beschäftigte im Zeitablauf verändert haben, haben sich die Ausbildungsinhalte und Selektions- sowie Rekrutierungskriterien im öffentlichen Dienst nur unzureichend diesem Wandel angepasst. Seit vielen Jahrzehnten gilt mehr oder weniger unverändert für den öffentlichen Dienst das Leitbild des legalistisch geprägten Verwaltungsgeneralisten, das im Kern auf das klassische Bürokratiemodell Max Webers zurückgeht. Ein Leitbild, das einseitig auf Legalität und Rechtsanwendung ausgerichtet ist, vernachlässigt jedoch Aspekte der Effektivität und Effizienz (vgl. König 2008: 855f.). Dies trifft zumindest für den Bereich der allgemeinen (nichttechnischen) Verwaltung zu, und hier vor allem für die Bundes- und Landesverwaltung. Die starke und einseitige Ausrichtung auf Rechtsanwendung, die mit diesem Leitbild verbunden ist, stimmt nicht mehr mit dem heutigen breit angelegten Anforderungsspektrum überein[2]. Zudem sind die stark hierarchischen und auf den Staat als Erfüllungsinstanz fixierten Strukturelemente des Leitbildes nicht mehr zeitgemäß, weil größere Aufgabenanteile entweder ausgelagert sind oder partnerschaftlich erfüllt werden. Für die gesamte Ausgestaltung und Weiterentwicklung des deutschen öffentlichen Dienstes mangelt es an einem tragfähigen und zeitgemäßen Leitbild. Dies gilt in besonderem Maße für die Aus- und Fortbildung. Gewisse Orientierungspunkte kann das Konzept des neo-weberianischen Staates vermitteln, wie es von Geert Bouckaert vor einigen Jahren propagiert worden ist (vgl. Bouckaert 2006: 34ff.). Im Sinne dieses Konzepts wird das weberianische Verwaltungsmodell durch einige Reformelemente ergänzt und teilweise auch überlagert, so z.B. durch eine stärkere Betonung der Bürgerrolle (auch hinsichtlich Bürgerpartizipation), durch die Fokussierung des öffentlichen Dienstes auch auf Policy-Ziele sowie auf Ergebnisse und Qualitätsaspekte, und schließlich durch ein deutlichere Ausrichtung auf die Effizienz und Effektivität des Verwaltungshandelns. Um daraus konkrete Anforderungsmerkmale ableiten zu können, müsste dieses Konzept allerdings stark konkretisiert werden.

3. Qualifikation, Rekrutierung und Sozialisation von Nachwuchspersonal

Im deutschen öffentlichen Dienst sind aus international-vergleichender Sicht überproportional viele Mitarbeiter mit einem rechtlichen Qualifikationsprofil beschäftigt (vgl. Hebeler 2008: 96ff., Bull 2006: 27, Reichard und Röber

---

2 Man muss allerdings einräumen, dass der öffentliche „smart buyer", der öffentliche Leistungen von privaten Dienstleistern einkauft, auch über ein gewisses Maß an (vertrags-) rechtlichen Kenntnissen verfügen muss.

2012: 49ff.). Dies gilt im Grunde für alle Laufbahnebenen[3]. Im *höheren Dienst* hat vermutlich immer noch die Mehrzahl der Mitarbeiter einen rechtswissenschaftlichen Abschluss. Für obere Führungskräfte beim Bund lag der Juristenanteil über lange Zeit etwa bei 60 Prozent (Derlien und Mayntz 1988, Derlien 2002, Schwanke und Ebinger 2006). Neuerdings scheint der Wert beim Bund ein wenig gesunken zu sein (Ebinger und Jochheim 2009 nennen 52,6 Prozent). Auf Länderebene ist in einer aktuellen Umfrage bei Spitzenbeamten ein Juristenanteil von 48,4 Prozent ermittelt worden (Jann und Veit 2010, Veit 2012). Obere Führungskräfte bei Bund und Ländern weisen eine Juristenquote von 44 Prozent auf (vgl. Hammerschmid u.a. 2010). Gemäß dieser Studie verfügen 17 Prozent dieser Gruppe über einen technisch-naturwissenschaftlichen Abschluss, zwölf Prozent über einen sozialwissenschaftlichen und elf Prozent über einen wirtschaftswissenschaftlichen Abschluss (der restliche Prozentanteil entfällt auf andere Abschlüsse oder auf Führungskräfte ohne Studium).

Für den engeren Bereich des allgemeinen Verwaltungsdienstes dürfte die Juristenquote deutlich höher liegen[4]. Dies legen auch Angaben zahlreicher Ausbildungsreferenten der deutschen Innenministerien nahe, die schätzen, dass im Schnitt etwa 60 bis 70 Prozent aller für den höheren Dienst rekrutierten Nachwuchskräfte Juristen seien (vgl. zu den Details Reichard und Röber 2012: 59f.). Die legalistischen Orientierungen im höheren Dienst werden ferner dadurch verstärkt, dass die „Aufsteigerquote" in einigen Ländern und in vielen Kommunen recht hoch ist, d.h. dass ein maßgeblicher Teil des Personals in dieser Laufbahnebene zunächst in der Ausbildung zum gehobenen Dienst rechtlich geprägt wurde (siehe dazu weiter unten) und sodann in den Aufstiegslehrgängen nochmals auf juristische Inhalte hin trainiert wurde.

Im *gehobenen nichttechnischen Dienst* werden seit Beginn der Fachhochschulausbildung vor 40 Jahren, die überwiegend an internen Bildungseinrichtungen der verschiedenen Länderverwaltungen stattfindet, die Nachwuchskräfte in starkem Maße rechtswissenschaftlich qualifiziert.[5] Gemäß ei-

---

3   Die folgenden Ausführungen beschränken sich auf den höheren und gehobenen Dienst.
4   Die folgenden Ausführungen beschränken sich weitgehend auf den Beschäftigungsbereich der allgemeinen Verwaltung, der gerne in Abgrenzung zu anderen Bereichen als „nichttechnisch" bezeichnet wird und vielfältige Aufgaben des administrativen Abwicklung öffentlicher Leistungen sowie der zugehörigen Hilfs- und Supportdienste umfasst. Aufgaben der allgemeinen Verwaltung finden sich auf allen Staatsebenen in Ministerien, nachgeordneten Behörden, Kommunalverwaltungen usw. Die dort beschäftigten Mitarbeiter stellen einen quantitativ beachtlichen Teil des öffentlichen Dienstes dar. Naheliegenderweise weisen andere, spezialisierte Beschäftigungsbereiche des Staates – wie Polizei, Bildung/Erziehung oder technische Infrastruktur – auch andere Qualifikationsstrukturen der Mitarbeiter auf.
5   Grundsätzlich ist die Einrichtung von Fachhochschul-Studiengängen seit Beginn der 1970er Jahre und die damit einhergehende Akademisierung der Ausbildung im Vergleich zur Vorsituation positiv zu beurteilen. Allerdings sind die Erwartungen eines durchschlagenden Wandels der Qualifikationsprofile im gehobenen Dienst bislang nicht erfüllt worden; viel-

ner aus der Anfangsphase dieser Ausbildung stammenden, 2005 mit nur leichten Änderungen bekräftigten Regelung der Innenministerkonferenz (IMK 2005) muss der Rechtsanteil an der Verwaltungsausbildung mindestens 50 Prozent betragen. In der Praxis halten sich die meisten Verwaltungs-Fachhochschulen (FH) auch daran (Reichard und Röber 2012: 29ff.). Konsequenterweise vergeben einige Verwaltungs-FHs als Studienabschluss einen Bachelor in Rechtswissenschaft (z.b. in Nordrhein-Westfalen). Da Rechtskenntnisse in diesen Ausbildungsgängen primär im Stile einer zahlreiche Regelungsmaterien von Verfassungsrecht bis Bau- oder Reisekostenrecht umfassenden Rechtsanwendungskunde vermittelt werden, sind die Fähigkeiten der Absolventen im souveränen Umgang mit der Interpretation von Rechtsvorschriften (Subsumption usw.) eher begrenzt. Zwar gibt es mittlerweile einige Studiengänge an externen wie auch internen Fachhochschulen mit einem stärker auf Public Management ausgerichteten Schwerpunkt, dennoch hat die ganz überwiegende Mehrzahl der in den allgemeinen Verwaltungsdienst rekrutierten Nachwuchskräfte einen juristischen Hintergrund (vgl. Reichard und Röber 2012: 35ff.).

Insgesamt kann festgestellt werden, dass in den allgemeinen Verwaltungsdienst in relativ hohem Maße entweder bereits juristisch vorgebildete Nachwuchskräfte oder durch verwaltungsinterne Ausbildung entsprechend rechtlich qualifizierte Mitarbeiter rekrutiert werden.

Neben der Qualifikation sind die im Rahmen der Personalauswahl praktizierten *Selektionsmechanismen und -praktiken* ein weiterer Hebel zur Ausrichtung der Ressource Personal auf das gewünschte Eignungsprofil (in praxi also auf bürokratisch-legalistische Verwaltungsarbeit). Bei der Selektion geht es zum einen um die Identifizierung von Kandidaten mit den gewünschten fachlichen Fähigkeiten, zum anderen darum, Nachwuchskräfte mit den „richtigen" Einstellungen und Werthaltungen zu finden. Die hierfür im deutschen öffentlichen Dienst zuständigen Personalreferate resp. -ämter[6] haben – primär im mittleren und gehobenen Dienst – über Jahrzehnte durch ihre Auswahlentscheidungen dafür gesorgt, dass ein in sich relativ homogener Mitarbeitertyp rekrutiert wurde: Mitarbeiter mit bürokratisch-legalistischem Fachwissen, mit klarem Bekenntnis zum demokratischen Rechtsstaat, mit deutlicher Gemeinwohlorientierung und festen ethischen Prinzipien, die sich verlässlich und loyal gegenüber ihrem Dienstherren verhalten. Zugleich aber auch ein Mitarbeitertypus, der sich gut in die Hierarchie einpasst, der die vielfältigen Rege-

---

mehr weisen diese Ausbildungsgänge trotz verschiedener Verbesserungen weiterhin eine Reihe von Schwachpunkten auf (vgl. z.B. Bischoff 1994, Reichard und Röber 2012: 27ff.).

6 Die Funktionen der Personalauswahl und -rekrutierung sind im deutschen öffentlichen Dienst weitgehend dezentralisiert: Über die Einstellung von Personal entscheiden im Rahmen rechtlicher, administrativer und budgetärer Vorgaben normalerweise die einzelnen Ministerien und sonstigen Einrichtungen. Lediglich Nachwuchskräfte, die zur Ausbildung rekrutiert werden, werden durch die jeweiligen Innenministerien eingestellt und in dieser Phase auch weiter betreut.

lungen und Verfahrensabläufe beherrscht und der sich auch ansonsten eher angepasst und unauffällig gibt (vgl. z.B. Quambusch 1991).

Ein Indikator für die Personalauswahl war und ist dabei der Grad an familialer Sozialisation der Bewerber, ob also bereits die Eltern oder andere nahe Verwandte im öffentlichen Dienst tätig waren bzw. sind. Dahinter steht die Annahme, dass solche „Beamtenkinder" mit bestimmten Werten und Verhaltensmustern von Staatsdienern bereits vertraut sind und ihre „Einpassung" in den Staatsdienst entsprechend leichter vollzogen werden kann. So kommen z.B. 27 Prozent der administrativen Elite auf Bundesebene aus Beamtenfamilien (vgl. Schwanke und Ebinger 2006: 233). Im Übrigen tritt zur Fremdselektion durch die Auswahlbehörden die *Selbstselektion* seitens der für den Staatsdienst überhaupt zu motivierenden Bewerber hinzu. Für eine Tätigkeit im öffentlichen Dienst interessiert sich erfahrungsgemäß ein bestimmter Typus von Bewerbern, der in der Regel den oben beschriebenen Eignungskriterien entspricht und für den vielfach berufliche Sicherheit und eine wenig stressreiche Tätigkeit wichtig sind (vgl. z.B. Richthofen 1994: 149).[7]

Die solcherart qualifizierten und rekrutierten Nachwuchskräfte unterliegen sodann in ihrer beruflichen Praxis – oft auch bereits während der verwaltungsinternen Ausbildung sowie der Praktika von immerhin ein bis anderthalb Jahren – einem frühen und intensiven bürokratischen *Sozialisationsprozess* (vgl. Bull 2006: 65f.). Diese Sozialisation findet auf verschiedenen Wegen statt (vgl. z.B. Koch 1984):

Die Nachwuchskräfte werden während ihrer Einarbeitung in Abläufe und Entscheidungsprozesse, die überwiegend stark reguliert sind (z.B. durch Geschäfts- und Verfahrensordnungen sowie durch diverse Rechts- und Verwaltungsvorschriften), auf Rechtsanwendung „getrimmt".

Die Nachwuchskräfte arbeiten mit ihren Kollegen zusammen, die in den diversen Arbeits- und Problemlösungsverfahren in der Regel die rechtlichen Perspektiven betonen und den „Neuen" auch sonst die ex- und impliziten Verhaltensstandards vermitteln.

Die Impulse durch ihre Führungskräfte tun ein Übriges, um die Nachwuchskräfte auf die erwarteten Ergebnisse und Verhaltensweisen auszurichten.

Auf diese Weise werden die durch Vor- oder Ausbildung bereits entsprechend vorgeprägten Nachwuchskräfte in recht kurzer Zeit auf die Dominanz der Rechtsanwendung sowie auf die übrigen Wert- und Verhaltensstandards

---

7 Der Verfasser hat z.B. bei Universitätsabsolventen im Bereich BWL beobachtet, dass die innovativeren, initiativereicheren Absolventen mit den besseren Prüfungsergebnissen ein ausgesprochen geringes Interesse an einer Karriere im öffentlichen Dienst haben, sondern herausfordernde Aufgaben in der Privatwirtschaft bevorzugen. Hierzu tragen zweifellos diverse Vorurteile ihren Teil bei. Dennoch ist anzunehmen, dass die Aussicht auf eine ruhige und sichere Tätigkeit alleine kein hinreichender Anreizfaktor für Nachwuchskräfte ist. Öffentliche Arbeitgeber sind dementsprechend wenig attraktiv. Diese Motivationslage dürfte sich mit dem künftigen demographischen Wandel eher verschärfen.

hin sozialisiert. Letztlich erwerben sich die „Neuen" damit den nötigen „Stallgeruch", der für die weitere berufliche Entwicklung förderlich ist. Die wenigen Nachwuchskräfte, die abweichende Qualifikationen und/oder Einstellungen und Werte haben, werden entweder „assimiliert" oder aus dem System wieder abgestoßen. Die erworbene bürokratische Sozialisation hat eine gewisse Ambivalenz: Zum einen verstärkt sie bereits vorhandene Orientierungen in Richtung des klassischen Beamtenethos, zum anderen beeinträchtigt sie andere wichtige vorhandene Werthaltungen und Verhaltensmuster – wie etwa Bürgerorientierung oder Empathie für sozial Schwache – bei den Nachwuchskräften (vgl. Heinrich 1978).

4. Fort- und Weiterbildung von Führungskräften

Im Folgenden konzentriert sich dieser Beitrag auf den Bereich der Fort- und Weiterbildung. Im Gegensatz zur Erstqualifikation (*pre-service training*) geht es hierbei um die Anpassung, Weiterentwicklung, Vertiefung und Auffrischung von Wissen und Fähigkeiten von Verwaltungsangehörigen. Im Personalmanagement wird die Fort- und Weiterbildung der Funktion der Personalentwicklung zugerechnet (vgl. zu den Grundstrukturen z.B. Kratzer 1996, Reichard 1998). Die Entwicklung der Ressource Personal kann sich im Prinzip sowohl direkt am Arbeitsplatz (*on-the-job*) wie auch mehr oder weniger getrennt davon in Fortbildungsstätten und Lehrgängen (*off-the-job*) abspielen. Ersteres kann zu unmittelbar tätigkeitsbezogenem Lernen und damit zugleich zu veränderten Arbeitsstrukturen und -abläufen beitragen; hier besteht ein Zusammenhang von Personal- und Organisationsentwicklung. Das *training-off-the-job* stärkt eher allgemeine und formale Qualifikationen; es kann auch neue Fähigkeiten und Verhaltensprägungen vermitteln. Im Folgenden steht die letztgenannte Variante im Zentrum. Es wird der Frage nachgegangen, inwieweit Führungskräfte in den öffentlichen Verwaltungen auf Bundes- und Landesebene die bestehenden Fortbildungsangebote nutzen und wie sie diese beurteilen. Dabei wird auf die Ergebnisse einer aktuellen Führungskräftestudie zurückgegriffen, an der der Jubilar wie der Autor mitgewirkt haben (vgl. Hammerschmid u.a. 2010, Proeller u.a. 2011).[8] Auf allgemeiner und eher „rhetorischer" Ebene wird Personalentwicklung von den befragten Führungskräften positiv bewertet. Beispielsweise meint man, dass Personalentwicklung die eigene Verwaltungsorganisation in der letzten Zeit sehr positiv beeinflusst habe. Und als führungsunterstützendes Instrument wird Personal-

---

8 Befragt wurden 860 Abteilungsleiter von Bundes- und Landesministerien sowie 90 ausgewählte Präsidenten usw. von Bundes- und Landesoberbehörden; die Rücklaufquote betrug 24,3 Prozent.

entwicklung unter zahlreichen anderen Ansätzen sogar als am nützlichsten eingeschätzt (Hammerschmid u.a. 2010: 21).

Wenn dann allerdings konkreter auf den Stellenwert von Fortbildung in der eigenen Behörde eingegangen wird, ist das Urteil der Führungskräfte durchwachsener: 20 Prozent sind hier kritisch gestimmt, knapp 30 Prozent denken eher positiv. Noch ambivalenter äußern sich die Führungskräfte zur Bedarfsadäquanz der angebotenen Fortbildungsprogramme (Hammerschmid u.a. 2010: 24): 20,5 Prozent sind kritisch eingestellt, 26 Prozent positiv gestimmt. Dies zeigt, dass die Führungskräfte für ihre eigenen Behörden deutliche Verbesserungspotenziale wahrnehmen. Noch kritischer sehen die Führungskräfte die Qualität der systematischen Vorbereitung von Führungsnachwuchskräften: während hier 36 Prozent kritisch eingestellt sind, bewerten nur 14,6 Prozent die Lage positiv. Interessant ist ferner, welche Themen die Befragten für die eigene Fortbildung als wichtig erachten: An erster Stelle stehen „weiche" Themen wie Kommunikation oder Mitarbeitermotivation. Dann folgen Analyse-/Methodenkompetenz, Steuerungsinstrumente und Wertvorstellungen. Haushaltswesen liegt abgeschlagen am Ende. Dies zu bewerten, fällt schwer: einerseits ist es ein positives Signal, dass Kommunikation und Motivation als relevante Themen bei der Führungskräftefortbildung eingestuft werden, denn hier liegen in der Tat erhebliche Defizite im öffentlichen Dienst. Berichte aus der Verwaltungspraxis zeichnen sonst allerdings ein anderes Bild, aus denen sich ableiten lässt, dass öffentliche Führungskräfte solche Themen nicht sehr ernst nehmen. Kommunikation und Motivation sind im Übrigen Themen, die man weniger in seminaristischer (*off-the-job*) Fortbildung vermitteln kann, wie sie für die Verwaltung typisch ist, sondern in tätigkeitsnahen Verhaltenstrainings und durch Coaching. Dass Analyse-/Methodenkompetenzen und Steuerungsinstrumente in der Relevanzeinstufung der Führungskräfte an den folgenden Plätzen liegen, ist ebenso als positiv zu bewerten. An beidem mangelt es vielfach im Verwaltungsbetrieb. Zur Relevanzeinschätzung des Themas „Steuerungskonzepte" durch die befragten Führungskräfte muss relativierend eingewandt werden, dass neue Steuerungsmodelle und -konzepte seit 20 Jahren in der bekannten „NPM"-Modewelle in vielen Verwaltungen diskutiert und erprobt worden sind. Der damit verbundene „mimetische Isomorphismus" des Nachahmens und Betonens solcher Modeerscheinungen ist sicher auch ein Erklärungsfaktor für die recht starke Gewichtung des Themas (vgl. zum Theorieansatz DiMaggio und Powell 1983).

Nachdenklich stimmen die Aussagen der befragten Führungskräfte zu den Quellen, die sie für ihre eigene Fortbildung in Führungsfragen nutzen (Hammerschmid u.a. 2010: 26). Zwar stehen „Seminare" und „direkte Kollegen" an erster Stelle, jedoch spielen weder die offiziellen staatlichen Fortbildungseinrichtungen wie z.B. Verwaltungsakademien noch die Hochschulen eine besondere Rolle. Die Studie zeigt, dass Führungskräfte sehr unterschiedliche Quellen und Medien für ihre Information und Fortbildung nutzen, von Kollegenkontakten über Kongresse, das Internet bis zum privaten Umfeld. Ausländische Verwaltungen bilden das Schlusslicht, hier holt man sich kaum Anregungen. Dieses bunte Bild zeigt, dass die eigenen Verwaltungsakademien – trotz der umfassenden Angebote, die sie für diese Zielgruppe in der Regel machen – für die Führungskräftefortbildung nicht sonderlich relevant sind. Die noch geringere Rolle von Universitäten/Hochschulen bei der Führungskräfte-Fortbildung ist ernüchternd. Während Hochschulen zur Vor- und Ausbildung von Verwaltungspersonal einen wichtigen Beitrag leisten, sind sie bei der Fortbildung ausgesprochen randständig. Dies liegt auch daran, dass universitäre Weiterbildungsstudiengänge von den Verwaltungen kaum akzeptiert werden und – im Gegensatz zu internen Lehrgängen – bei Aufstiegsentscheidungen keine Rolle spielen. Dies beginnt sich aktuell – auch aufgrund der „Bologna-Reformen" – etwas zu verändern: Zum einen bieten verwaltungsinterne Bildungseinrichtungen (z.B. die FH Bund) Aufstiegsstudien mit Masterabschluss an. Zum anderen beginnen Dienstbehörden mehr oder weniger wohlwollend, Weiterbildungsstudien ihrer Beschäftigten an öffentlichen Hochschulen zuzulassen oder gar zu unterstützen[9]. Dennoch dürfte die Dominanz verwaltungsinterner Bildungseinrichtungen für die Fortbildung von Führungskräften in Deutschland auch zukünftig bestehen bleiben, weil sich dies seit vielen Jahrzehnten so entwickelt und eingeprägt hat. Solche internen Qualifizierungsstrukturen sind im Übrigen für die meisten mittel- und südeuropäischen Staaten typisch, z.B. für Frankreich (ENA), Spanien (INAP) oder Italien (SSPA). Angelsächsische oder nordeuropäische Verwaltungen nutzen demgegenüber in viel stärkerem Maße allgemeine Bildungsträger wie Universitäten oder privatkommerzielle Organisationen (vgl. zu einem aktuellen Überblick über das Training von oberen Führungskräften in Europa: Pollitt und Op de Beeck 2010).

Insgesamt bestätigt die hier auszugsweise dargestellte Führungskräfte-Untersuchung den auch sonst wahrzunehmenden Eindruck, dass es mit der Vorbereitung und Entwicklung des Führungspersonals im öffentlichen Dienst nicht allzu gut bestellt ist. Führungskräfte werden eher selten durch systematische Auswahlverfahren gewonnen. Zwar haben Auswahlverfahren wie etwa Assessment Center mittlerweile Zugang zur Verwaltungspraxis gefunden, aber sie werden eher bei der Nachwuchskräfterekrutierung als bei der Selektion von Führungskräften angewendet. Bei der Führungskräfteauswahl scheint weiterhin zu gelten, dass jemand, der sich als Fachkraft bewährt hat, auch ohne weiteres für Führungsfunktionen geeignet ist. Auch eine systematische und umfassende Vorbereitung von Führungsnachwuchs auf die neuen Funktionen und Herausforderungen ist eher die Ausnahme, z.B. in Gestalt eines Führungsnachwuchskaders. Positive Beispiele finden sich allerdings z.B.

---

9   2009 gab es in Deutschland immerhin etwa elf Weiterbildungs-Studiengänge auf Master-Level im Bereich öffentliche Verwaltung (vgl. i.e. Reichard und Röber 2009: 123).

in Baden-Württemberg, in Bayern („Prinzenlehrgang") sowie im Speyerer Führungskolleg, das von Führungskräften mehrerer Bundesländer besucht wird. Zwar ist das Angebot an Führungskräfteseminaren bei den diversen Kommunal- und Verwaltungsakademien durchaus beeindruckend und es werden auch drängende Themen wie Motivation oder moderne Steuerungskonzepte durchaus aufgegriffen. Aber die Bereitschaft, solche Fortbildungsveranstaltungen zu besuchen, ist vor allem auf Ebene der oberen Führungskräfte häufig begrenzt. Hinzu kommt, dass bei der Führungsfortbildung vor allem Führungswissen auf kognitiver Ebene vermittelt wird, während ernsthaftes tätigkeitsbezogenes Verhaltenstraining eine geringere Rolle spielt. *Führungsfortbildung* findet vielfach „abgehoben" vom eigentlichen Tätigkeitsfeld der Führungskräfte in Fortbildungsseminaren statt und sie ist nur selten in ein umfassendes Entwicklungskonzept mit vorausgehender Potenzialanalyse und Laufbahnplanung eingebunden. Der Lerntransfer vom Seminarort zum Tätigkeitsfeld kommt in solchen Fällen zu kurz.

Die beschriebenen Defizite bei der Führungskräfte-Fortbildung wiegen umso schwerer, als die in der Regel juristisch vorgebildeten Führungs-Nachwuchskräfte von Hause aus nur in begrenztem Maße Führungswissen und -fähigkeiten mitbringen.

5. Trends und Perspektiven

Zum Abschluss wird das geschilderte deutsche System der Verwaltungsaus- und -fortbildung in eine erweiterte europäische Perspektive gestellt: Bei einem europäischen Vergleich lassen sich im Hinblick auf die Ausbildungsinhalte in Europa im Wesentlichen drei verschiedene Cluster unterscheiden (vgl. Hajnal 2003, Cepiku und Meneguzzo 2007; ferner auch Kickert 2008):

- juristisch orientierte Qualifizierung;
- Policy/Administration-orientierte Qualifizierung;
- Business/Management-bezogene Qualifizierung.

Zum ersten Cluster rechnen die meisten kontinentaleuropäischen Länder, aber auch post-sozialistische Länder wie etwa Polen. Demgegenüber kann man z.B. die skandinavischen Staaten und die Niederlande zum zweiten Cluster rechnen und Großbritannien sowie Irland dem dritten Cluster zuweisen. In jüngerer Zeit hat es eine gewisse Bewegung zwischen den Clustern gegeben (Cepiku und Meneguzzo 2007: 11): Während die Ausbildungsangebote in einigen osteuropäischen, aber auch skandinavischen Staaten teilweise in Richtung des Business-/Management-Clusters tendieren, ist bei Studienprogrammen in einigen südeuropäischen Ländern (z.B. Spanien oder Italien) in jüngerer Zeit eine Tendenz vom legalistischen zum politikwissenschaftlichen Cluster erkennbar. In Deutschland ist demgegenüber vergleichsweise wenig Bewegung bei den Inhalten zu beobachten. Zwar hat es in jüngerer Zeit eine Erweiterung der Studienangebote auf Fachhochschul- und Universitätsebene sowohl im Bachelor- wie im Masterbereich gegeben, und zwar vor allem in Richtung Public Management (vgl. hierzu i.e. Reichard und Röber 2012). Dennoch haben diese Reformen bislang noch nicht zu einem erkennbaren Wandel der Nachfrage und damit der Rekrutierung seitens der Personalreferate geführt.

In den europäischen Verwaltungsausbildungssystemen gibt es einige Anzeichen für Konvergenz. Das zweistufige „Bologna-System" hat zumindest formal zu Angleichungen (Zwei-Ebenen-System), aber z.T. auch zu neuen Schwerpunktsetzungen geführt. Auch europaweite Akkreditierungen von Studienprogrammen bewirken schrittweise manche Annäherungen der Inhalte.[10] Aber auch einige Veränderungen in den Verwaltungsstrukturen und -praktiken führen über gewandelte Anforderungen zu angepassten Ausbildungsinhalten, z.B. die Verwaltungsreformen der letzten zwei Jahrzehnte oder die fortschreitende Europäisierung der Verwaltung. Dennoch ist kaum davon auszugehen, dass es in Europa in Bezug auf Verwaltungswissenschaften eine stärkere Homogenisierung der Ausbildungsinhalte geben wird. Dazu sind die jeweiligen Spezifika der Verwaltungssysteme sowie die Traditionen und eingeübten Praktiken der Verwaltungsausbildung zu unterschiedlich.

Inwieweit kann man aus den geschilderten Tendenzen der Verwaltungsausbildung in Europa auf einen Wandel in Deutschland schließen? Die Problematik liegt in Deutschland weniger auf der Angebotsseite (Pluralität der Studiengänge), sondern vor allem auf der Nachfrageseite. Im Laufe der Zeit hat sich bei uns ein sich selbst stabilisierender Kreislauf herausgebildet, der dem Motto „Juristen rekrutieren Juristen" folgt. Man könnte hier auch von einem schwer zu durchbrechenden „Teufelskreis" sprechen. Nun hat es auch in verschiedenen anderen Staaten noch vor wenigen Jahrzehnten einen recht starken Anteil von Juristen am Verwaltungspersonal gegeben, z.B. in Skandinavien, den Niederlanden oder der Schweiz. Dort hat es seitdem offensichtlich einen deutlichen Nachfragewandel bei den Rekrutierungsbehörden gegeben. Die Nachfrage nach juristisch geschultem Personal hat zugunsten von wirtschafts- und sozialwissenschaftlich qualifiziertem Personal abgenommen. Weshalb es in diesen Ländern zum beschriebenen Wandel gekommen ist, ist bislang nur unzureichend untersucht worden und stellt eine weitgehend offene Forschungsfrage dar. Man kann vermuten, dass der eingangs diagnostizierte Aufgabenwandel in diesen Ländern von den Rekrutierungsbehörden wahrgenommen wurde und dass man zu realisieren begann, dass mit den bis-

---

10 Hierzu hat die seit 13 Jahren bestehende, europaweit agierende European Association of Public Administration Accreditation (EAPAA) einen gewissen Beitrag geleistet.

lang nachgefragten legalistisch geprägten Qualifikationen die neuen Aufgaben nicht mehr angemessen zu bewältigen waren.

Ob es zukünftig gelingen wird, den beschriebenen Teufelskreis zu durchbrechen, ist schwer zu beantworten. Einerseits gibt es einige Argumente, die dafür sprechen, z.B. die beschriebenen Aufgabenerfordernisse oder auch zunehmende europäische Konvergenzbestrebungen. Andererseits sind die Beharrungskräfte und die eingeübten legalistischen Routinen im deutschen Verwaltungshandeln bemerkenswert stark. Hinzu kommt, dass juristisches Fachwissen und auch die von Juristen praktizierte besondere Entscheidungs- und Lösungsmethodik für zahlreiche Verwaltungsaufgaben heute wie zukünftig relevant sind und insofern juristische Kompetenz neben anderen Kompetenzen weiterhin einen beachtlichen Stellenwert hat. Auch ein Kenner der Lage wie Hans-Ulrich Derlien meinte zur Zukunft des Juristenmonopols: „Selbst wenn sich die Finanzkrise des Wohlfahrtsstaates über längere Zeit fortsetzen wird, dürfte sich der Juristenanteil aufgrund der insgesamt legalistischen Kultur des politisch-administrativen Systems der Bundesrepublik auf einem – möglicherweise etwas niedrigeren – Niveau stabilisieren. Dass die Juristen als Generalisten ... von anderen Studienrichtungen verdrängt werden und zu Spezialisten herabsinken, ist nicht zu erwarten" (Derlien 2008: 323).

Solange das konstatierte „Juristenmonopol" im deutschen öffentlichen Dienst anhält, ist verstärkte nachholende Qualifizierung in Richtung Management- und Führungsfunktionen beim Führungsnachwuchs angesagt. Dabei sollte nicht nur kognitive Wissensvermittlung erfolgen, sondern mittels Verhaltenstraining und Coaching auch angemessen auf das Verhalten des Führungsnachwuchses eingewirkt werden.

Ein weiterer Trend zeichnet sich im Hinblick auf den künftigen Zuschnitt der Ausbildungsinhalte für öffentliche Aufgabenerfüllung ab: Angesichts der immer vielfältiger gewordenen Institutionenlandschaft (Kernverwaltung – verselbständigte Einrichtungen – öffentliche Unternehmen – halböffentliche Unternehmen (PPP) – private Nonprofit-Organisationen – privatkommerzielle Unternehmen), in welcher öffentliche Leistungen erbracht werden, empfiehlt es sich, die Lerninhalte zu „entspezifizieren", d.h. sie auf ein breiteres Verwendungsprofil auszurichten. In einigen Politikfeldern werden Qualifikationsprozesse unabhängig von einer öffentlichen oder privaten Trägerschaft der aufgabenerfüllenden Organisationen erfolgen. Recht gut sichtbar wird dies bspw. schon heute im Bereich des Gesundheits- oder Krankenhausmanagements, wo es Studiengänge gibt, die gleichermaßen für öffentliche wie freigemeinnützige oder privatkommerzielle Krankenhäuser qualifizieren. Allerdings dürfen auch bei einer solchen „funktionalen Qualifizierung" der öffentliche Auftrag, der Gemeinwohl-Bezug sowie allgemeine Prinzipien wie Rechtsstaatlichkeit und Gleichbehandlung nicht abhandenkommen.

Die Bedeutung von Förder- bzw. Aufstiegs-Fortbildung wird in Zukunft zunehmen. Dies liegt zum einen am aus Haushaltsgründen anhaltenden Perso-

Qualifikation der Ressource Personal

nalabbau, weshalb es weiterhin wenig Neueinstellungen von außen geben wird und interne Bewerber den Vorrang haben werden, die wiederum entsprechende (Führungs-)Fortbildung benötigen werden. Ferner dürfte auch das neu gestaltete öffentliche Dienstrecht Einfluss haben: In denjenigen Bundesländern, in denen es nur noch ein oder zwei Laufbahngruppen gibt, wird die Zahl der internen Aufsteiger zunehmen, die ein entsprechendes Aufstiegstraining (z.B. vom gehobenen in den höheren Dienst) hinter sich gebracht haben. Und auch der unten nochmals angesprochene demographische Wandel, der zur Verknappung von Nachwuchskräften führt, wird zur Intensivierung der Fortbildung beitragen, weil mangels externer Personalzugänge bereits (oder: noch) vorhandenes Personal entsprechend qualifiziert werden muss. Darüber hinaus stärkt die allgemeine Alterung des Personalkörpers den Bedarf nach regelmäßiger Fortbildung, weil dieses Personal immer wieder neu auf neue oder geänderte Aufgaben, Verfahrensweisen, Techniken usw. hin qualifiziert werden muss.

Insgesamt ist – auch aufgrund eines bestehenden EU-Konvergenzdruckes sowie der „Bologna-Logik" – im Bereich der Weiterbildung mit einer zunehmenden Relevanz von Masterprogrammen für berufserfahrene Fachkräfte und Führungsnachwuchskräfte zu rechnen. Dabei handelt es sich um sogenannte *midcareer*-Programme, die häufig über zwei Jahre im Teilzeit-Modus angeboten werden. Erste Beispiele gibt es zum einen bei einigen verwaltungsinternen Fachhochschulen (z.B. FH Bund oder FH Hessen), zum anderen an Universitäten (z.B. an der Universität Potsdam, an der Hertie School of Governance Berlin oder an der DHV Speyer). Während bislang Universitäten mit Blick auf die nötigen Studiengebühren mit den meist aus separaten Budgets finanzierten internen Trainingsinstituten des Staates nicht mithalten können, dürfte sich dies künftig ändern, wenn auch im öffentlichen Sektor Kostenrechnungsverfahren und damit interne Verrechnungsmodi für solche Institute eingeführt werden. Damit kommen auf die Hochschulen – wie dies in anderen Ländern schon lange der Fall ist – neue Aufgaben zu, auf die sie sich entsprechend vorbereiten müssen.

Auch der demographische Wandel ist bei Überlegungen zur Verbesserung der Qualifikationsstrukturen und -inhalte im öffentlichen Dienst zu berücksichtigen. Angesichts des abzusehenden Rückganges an geeigneten Bewerbern für Tätigkeiten im öffentlichen Sektor muss dieses Tätigkeitsfeld attraktiver gemacht werden. Sichere Arbeitsplätze und stressarme Tätigkeiten sind kein hinreichender Anreiz mehr. Personalentwicklung (und damit Qualifizierungsangebote) – und insbesondere Führungskräfte-Entwicklung – sind ein wichtiger Beitrag zur Attraktivitätssteigerung des öffentlichen Dienstes, weil die Berufswahl vieler Interessenten u.a. durch die mittelfristig gebotenen Karriereperspektiven und die Personalentwicklungsangebote bestimmt wird. Zeitgemäße Ausbildung sowie regelmäßige Fortbildung, die in umfassende Entwicklungskonzepte eingebunden ist, stellen also einen zentralen Anreiz für künftige Interessenten an einer Tätigkeit im öffentlichen Dienst dar.

Führt man die verschiedenen Anzeichen eines Wandels zusammen, die hier angesprochen wurden, so lässt sich mit etwas Optimismus eine Tendenz zur Auflockerung und Diversifizierung des deutschen Verwaltungsausbildungssystems erkennen. Die Nachfrage nach sozial- und wirtschaftswissenschaftlich qualifizierten Nachwuchskräften könnte sich schrittweise leicht erhöhen. Und wenn diese Mitarbeiter zu einer erweiterten Perzeption der Aufgabenerfüllung in der Verwaltung beitragen, dann wäre ein gewisser Rückbau des erwähnten „Teufelskreises" denkbar. Das alles könnte zukünftig zu einer stärkeren Entsprechung von Anforderungs- und Qualifikationsprofilen im öffentlichen Dienst beitragen.

Literatur

Bischoff, Detlef, 1994: Zwanzig Jahre Fachhochschulen für den öffentlichen Dienst. Eine hochschulpolitische Zwischenbilanz, in: Deutsche Verwaltungspraxis, Jg. 45, 447-453.
Bouckaert, Geert, 2006: Die Dynamik von Verwaltungsreformen, in: Jann, Werner/ Bogumil, Jörg/Bouckaert, Geert/Budäus, Dietrich/Holtkamp, Lars/Kißler, Leo/ Kuhlmann, Sabine/Mezger, Erika/Reichard, Christoph und Hellmut Wollmann (Hrsg.), Status-Report Verwaltungsreform. Eine Zwischenbilanz nach zehn Jahren, Berlin: Edition Sigma, 22-35.
Bull, Hans-Peter, 2006: Vom Staatsdiener zum öffentlichen Dienstleister. Zur Zukunft des Dienstrechts. Berlin: Edition Sigma.
Cepiku, Denita/Meneguzzo, Marco, 2007: Public Administration Education in Italy: A Statistical Analysis. DSI Essay Series. Rome: McGraw Hill.
Derlien, Hans-Ulrich, 2002: Öffentlicher Dienst im Wandel, in: König, Klaus (Hrsg.), Deutsche Verwaltung an der Wende zum 21. Jahrhundert. Baden-Baden: Nomos, 229-254.
Derlien, Hans-Ulrich, 2008: Die politische und administrative Elite der Bundesrepublik. in: Jann, Werner und Klaus König (Hrsg.), Regieren zu Beginn des 21. Jahrhunderts. Tübingen: Mohr Siebeck, 291-328.
Derlien, Hans-Ulrich/Mayntz, Renate, 1988: Einstellungen der politisch-administrativen Elite des Bundes 1987. Verwaltungswissenschaftliche Beiträge Universität Bamberg Nr. 25. Bamberg: Universität Bamberg.
DiMaggio, Paul J./Powell, Walter J., 1983: The iron cage revisited. Institutional isomorphism and collective rationality in organizational fields, in: American Sociological Review, Jg. 48, Nr. 2, 147-160.
Ebinger, Falk/Jochheim, Linda, 2009: Wessen loyale Diener? Wie die große Koalition die deutsche Ministerialbürokratie veränderte, in: Der Moderne Staat, Jg. 2, Nr. 2, 327-345.
Hajnal, György, 2003: Diversity and Convergence: Quantitative Analysis of European PA Education Programs, in: Journal of Public Affairs Education, Jg. 9, Nr. 4, 245-258.
Hammerschmid, Gerhard/Proeller, Isabella/Reichard, Christoph/Röber, Manfred/ Geißler, Rene, 2010: Verwaltungsführung heute. Ergebnisse einer Führungskräf-

tebefragung in der deutschen Ministerialverwaltung. Berlin: Institut für den öffentlichen Sektor e.V.
Hebeler, Timo, 2008: Verwaltungspersonal. Eine rechts- und verwaltungswissenschaftliche Strukturierung. Baden-Baden: Nomos.
Heinrich, Peter, 1978: Einflüsse von Ausbildung und Praxis auf das berufliche Selbstverständnis von Verwaltungsangehörigen, in: Verwaltungsrundschau, Jg. 24, Nr. 10, 328-332.
Ständige Konferenz der Innenminister und -senatoren der Länder (IMK), 2005: Anforderungen für Studiengänge an internen Fachhochschulen sowie Fachhochschulen, deren Abschlüsse einer Ausbildung für den gehobenen allgemeinen (nichttechnischen) Dienst gleichgestellt werden können. Anlage 2 zu Nummer 26 der Beschlüsse der 178 Sitzung der IMK. Berlin: Bundesrat.
Jann, Werner, 2000: Verwaltungskulturen im internationalen Vergleich – Ein Überblick über den Stand der empirischen Forschung. in: Die Verwaltung, Jg. 33, Nr. 3, 327-349.
Jann, Werner/Veit, Sylvia, 2010: Politicisation of Administration or Bureaucratisation of Politics? The case of Germany. Potsdamer Diskussionspapiere zur Verwaltungswissenschaft 6. Potsdam: Potsdamer Universitätsverlag.
Kickert, Walter (Hrsg.), 2008: The Study of Public Management in Europe and the US. London: Routledge Chapman & Hall.
Koch, Rainer, 1984: Berufliche Sozialisation öffentlicher Bediensteter. München: Minerva.
König, Klaus, 2008: Moderne öffentliche Verwaltung. Studium der Verwaltungswissenschaft. Berlin: Duncker & Humblot.
Kratzer, Monika, 1996: Fort- und Weiterbildung im öffentlichen Dienst. Baden-Baden: Nomos.
Pollitt, Christopher/Op de Beeck, Liesbeth, 2010: Training Top Civil Servants: A comparative analysis. Leuven: Public Management Institute.
Proeller, Isabella/Hammerschmid, Gerhard/Reichard, Christoph/Röber, Manfred, 2011: Verwaltungsführung in der deutschen Bundes- und Landesverwaltung. Ergebnisse einer Führungskräftebefragung, in: Verwaltung und Management, Jg. 17, Nr. 2, 67-72.
Quambusch, Erwin, 1991: Die Situation der Beamtenfachhochschulen und die besondere Entwicklung in Bremen, in: Zeitschrift für Beamtenrecht, Jg. 39, Nr. 6, 161-169.
Reichard, Christoph, 1998: Aus- und Fortbildung in der Kommunalverwaltung, in: Wollmann, Helmut und Roland Roth (Hrsg.), Kommunalpolitik. 2. Aufl. Opladen: Leske + Budrich, 512-529.
Reichard, Christoph, 2008: The study of public management in Germany. Poorly institutionalized and fragmented, in: Kickert, Walter (Hrsg.), The Study of Public Management in Europe and the US. London: Routledge, 42-69.
Reichard, Christoph/Röber, Manfred, 2009: Verwaltungsentwicklung und Ausbildungsreformen – aktuelle Tendenzen in einer unendlichen Geschichte, in: Der Moderne Staat, Jg. 1, Nr. 1, 109-131.
Reichard, Christoph/Röber, Manfred, 2012: Ausbildung der Staatsdiener von morgen. Bestandsaufnahme – Reformtendenzen – Perspektiven. Berlin: Edition Sigma.
Richthofen, Dieprand. v., 1994: Zur Entwicklung der Verwaltungsfachhochschulen, in: Bischoff, Detlef/Reichard, Christoph (Hrsg.), Vom Beamten zum Manager?

Herausforderungen und Perspektiven der Verwaltungsausbildung. Berlin: Hitit, 147-158.

Röber, Manfred, 2006: Verwaltungsausbildung und Dienstrechtsreform im Kontext einer sich wandelnden Verwaltung, in: Jann, Werner/Röber, Manfred und Hellmut Wollmann (Hrsg.), Public Management: Grundlagen, Wirkungen, Kritik, Festschrift für Christoph Reichard zum 65. Geburtstag. Berlin: Edition Sigma, 235-252.

Röber, Manfred, 2011: Ausbildung für die öffentliche Verwaltung und Zukunft des öffentlichen Dienstes als Arbeitgeber – Erwartungen der Gesellschaft und Forderungen der Beschäftigten, in: Schrapper, Ludger (Hrsg.), Ausbildung für die öffentliche Verwaltung. Zur Zukunft des öffentlichen Dienstes als Arbeitgeber. Baden-Baden: Nomos, 11-25.

Schwanke, Katja/Ebinger, Falk, 2006: Politisierung und Rollenverständnis der deutschen Administrativen Elite 1970 bis 2005 – Wandel trotz Kontinuität, in: Bogumil, Jörg/Jann, Werner und Frank Nullmeier (Hrsg), Politik und Verwaltung. Sonderheft 37 der Politischen Vierteljahresschrift, Wiesbaden: VS Verlag für Sozialwissenschaften, 228-249.

Veit, Sylvia, 2012: Zwei getrennte Eliten? Karrieremuster von Exekutivpolitikern und Spitzenbeamten in den deutschen Bundesländern, in: Schimanke, Dieter/Veit, Sylvia und Hans-Peter Bull (Hrsg.), Bürokratie im Irrgarten der Politik. Baden-Baden: Nomos, 175-191.

E-Government: Der Beitrag der IT zur öffentlichen Aufgabenwahrnehmung

Martin Brüggemeier und Angela Dovifat

1. IT als *die* Produktionstechnik des „arbeitenden Staates"

Ohne die bunte Vielfalt öffentlicher Aufgaben zu übersehen, handelt es sich doch bei einem Großteil der zu ihrer Erfüllung notwendigen Vorgänge um wissensbasierte, informationsverarbeitende und -austauschende Prozesse. Der Rohstoff des „arbeitenden Staates" (Lorenz von Stein) ist Information. Informations- und Kommunikationstechnologien (nachfolgend kurz „IT") sind somit faktisch von Haus aus die wohl wichtigsten Produktionstechniken im öffentlichen Sektor. Es ist insofern nicht überraschend, dass bereits lange, bevor von „E-Government" die Rede war, zur Wahrnehmung öffentlicher Aufgaben IT eingesetzt wurde (vgl. Lenk 2011). Wie in Tabelle 1 dargestellt, lassen sich dabei vereinfacht sieben Anwendungsgenerationen unterscheiden (vgl. hierzu Brinckmann und Kuhlmann 1990; Lenk und Traunmüller 1999; Lenk 2004: 26ff.; Kubicek und Wind 2005; Beyer 2005: 192ff.; Schuppan 2011: 269f.).

Der öffentliche Sektor ist der größte IT-Nachfrager in Deutschland (Beus und Städler 2010: 61). Doch sind die derzeit rd. 17 Mrd. Euro, die jährlich für IT ausgegeben werden, gut investiertes Geld? Die Geschichte der Informatisierung im Sinne einer elektronisch-basierten Arbeitsweise der Verwaltung war immer auch von übertriebenen Erwartungen begleitet, die nicht selten enttäuscht wurden.[1] Auch Electronic Government, verstanden als Regieren und Verwalten unter umfassender und strategischer Nutzung von IT, unterliegt grundsätzlich dieser Gefahr (vgl. GI/ITG 2000; Banner 2010; Lenk 2011a). Erst in jüngerer Zeit dringt im öffentlichen Sektor zunehmend die Erkenntnis des „Produktivitätsparadoxons" ins Bewusstsein (vgl. bereits Reinermann 1995: 383f.): Ohne eine umfassende Änderung von Prozessen und Strukturen öffentlicher Aufgabenwahrnehmung verursacht IT vor allem oft eines: zusätzliche Kosten; der erhoffte Effizienzgewinn bleibt aus. Mit der Verankerung der Ebenen-übergreifenden Kooperation in Artikel 91c GG, der Etablierung des IT-Planungsrates sowie der Verabschiedung einer Nationalen E-Government-Strategie (IT-Planungsrat 2010; Wentzel 2010) sind jedoch inzwischen wichtige Schritte getan, um Infrastrukturen zu entwickeln, die die

---

[1] Zu erinnern ist z.B. an die Vision vom „papierlosen Büro" in der zweiten Hälfte der 1980er Jahre. Manche Vorschläge kamen allerdings zu früh oder zum falschen Zeitpunkt (z.B. integrierte Datenhaltung). Es liegt nahe, sie unter Anpassung an zwischenzeitlich veränderte Bedingungen erneut aufzugreifen.

Nutzung der IT für eine umfassendere Modernisierung der öffentlichen Aufgabenwahrnehmung erleichtern dürften.

Tabelle 1: Entwicklungsstufen der Informatisierung öffentlicher Aufgabenwahrnehmung

Leitbild der Techniknutzung	Grobe zeitliche Einordnung	Anwendungs-Generation	Kennzeichnung
„Verwaltungsautomation" und „Datenintegration" – Zeitalter der zentralen Großrechner	ab 1955	(1) Stapelverarbeitung	Massenanwendungen, gleiche Vorgänge in hoher Zahl in großen Verwaltungszweigen (insbes. Steuerverwaltung, Rentenversicherung)
(Kürzel: EDV – Elektronische Datenverarbeitung; ADV – Automatisierte Datenverarbeitung)	ab 1970	(2) Datenbanken	Aufbau von Planungsinformationssystemen und Integration von Verwaltungsarbeit auf der Basis gemeinsamer Datenbestände
„Dezentrale und individuelle Datenverarbeitung" – Zeitalter des Arbeitsplatz- und Personal Computing	ab 1980	(3) Dialogverarbeitung	Integration der bislang zentralisierten Datenverarbeitung am Arbeitsplatz; Dateneingabe durch Sachbearbeiter am Bildschirm; Rückgewinnung der Auskunftsfähigkeit
(Kürzel: ADV / IuK – Informations- und Kommunikationstechnik)	ab 1985	(4) Bürokommunikation	Technische Unterstützung der verwaltungstypischen Bürotätigkeiten (Textverarbeitung, Kalkulation, Grafik-Gestaltung) am PC-Arbeitsplatz; Abkehr von der Papiergebundenheit
„Electronic Government" – öffentliche Aufgabenwahr-nehmung im Internetzeitalter	ab 1993	(5) Online-Zugang	Zunächst überwiegend angebotsorientierte Orientierung am privatwirtschaftlichen E-Commerce; Bereitstellung von Informationen im Internet; Unterstützung der Kommunikation und Abwicklung von „Transaktionen" zwischen öffentlicher Verwaltung und ihrer Adressaten über das Internet; Fokus auf Bürgerdienste
(Kürzel: IuK / IT – Informationstechnik; IKT – Informations- und Kommunikationstechnik; TuI – Technikunterstützte Informationsverarbeitung)	ab 2003	(6) Vorgangsbearbeitung	Verbesserung und Unterstützung der intraorganisatorischen Arbeitsprozesse durch IKT; Prozessketten zwischen Wirtschaft und Verwaltung; Fokus verstärkt auf Angebote für Unternehmen und Intermediäre
	ab 2010	(7) Vernetzte Verwaltung	Entwicklung von Infrastrukturen und Voraussetzungen für interorganisatorische Vernetzung über Verwaltungsebenen hinweg

Quelle: eigene Darstellung

Auch wenn die IT faktisch als Reformtreiber wirkt, so determiniert sie – anders als oftmals unterstellt – keineswegs die Art und Weise des Aufgabenvollzugs. Vielmehr eröffnet die moderne IT *einerseits* organisatorische Gestaltungspotenziale, die bei der Vollzugsplanung und -kritik strategisch aufgegriffen werden können – oder eben nicht. *Andererseits* kann die IT auch ganz unterschiedliche Gestaltungsalternativen unterstützen.[2]

Anhand von zwei Beispielen politischer Programme aus der jüngeren Vergangenheit lässt sich gut erkennen, dass das Gestaltungspotenzial der IT bei der Realisierung politischer Programme sowohl umfassend genutzt als auch weitgehend ignoriert werden kann. So wurde das Antragsverfahren für die im Rahmen des sog. Konjunkturpaketes II vom Bundestag beschlossene „Umweltprämie" (bekannter unter der Bezeichnung „Abwrackprämie") vom BAFA[3] nach anfänglichen (Überlastungs-)Problemen mit der ursprünglich vorgesehenen traditionellen Papierform auf eine komplett elektronische Abwicklung über ein Internetportal umgestellt. Nach der Überwindung von Startproblemen, die infolge eines offenbar unerwarteten Massenansturms auf das Portal eintraten, war es – der konjunkturpolitischen Intention entsprechend – schnell möglich, in einem Zeitraum von etwa sieben Monaten (2009) rd. fünf Mrd. Euro an knapp zwei Mio. Antragsteller auszuzahlen. Die Verwaltungskosten beliefen sich auf zehn Euro pro Antrag (dies entspricht 0,04% der ausgezahlten Umweltprämie), die BAFA spricht von „sehr positiven Erfahrungen" mit dem elektronischen Antragsverfahren (BAFA 2010: 4, 14). Statt den Vollzug des Programms in tradierter Weise nach dem Strickmuster des deutschen Exekutivföderalismus unter Beteiligung der Länder und Kommunen zu organisieren, erledigte der Bund die Aufgabe also erfolgreich selbst.

Ganz anders stellt sich bislang die Vollzugsplanung für das im Februar 2011 vom Bundestag beschlossene „Bildungs- und Teilhabepaket" dar. 1,6 Mrd. Euro wurden bereitgestellt, um 2,5 Mio. hilfsbedürftigen Kindern zu einem warmen Mittagessen sowie zur Nutzung von Sport- und Bildungsangeboten zu verhelfen. Nicht nur aufgrund unklarer Aussagen zum Verfahren[4] bestand anfangs Verwirrung, wer wo wie welche Ansprüche für welchen Zeitraum geltend machen kann.[5] Erst nachdem man Wochen später merkte,

---

2   Dies lässt sich beispielhaft anhand von zwei umfassenden Infrastruktur-Projekten zum Abbau bürokratischer Lasten für Unternehmen verdeutlichen, wenn man die Konzepte von ELENA (Elektronischer Entgeltnachweis) und des FRESKO-Prozessors bzw. des Prozess-Daten-Beschleunigers (P23R) vergleicht (Lenk 2010; Schilling u.a. 2011).
3   BAFA – Bundesamt für Wirtschaft und Ausfuhrkontrolle.
4   Es wurden z.T. formlose Anträge angenommen, da es keine Formulare gab.
5   Beispiel: In Berlin sind z.B. je nach Wohnort und Ausgangslage der potenziellen Empfänger 37 unterschiedliche Stellen bei den JobCentern, Jugend- oder Wohngeldämtern zuständig. Berliner Kitas müssen für jede Leistungsart pro Quartal bis zu drei Formulare ausfüllen, wobei z.B. allein die Namen oder Anspruchsgrundlage der zu begünstigenden Kinder mehrfach und wiederholt aufgeführt werden müssen, obwohl die Daten bei den Jugendäm-

dass das Angebot von seinen Adressaten nicht in Anspruch genommen wurde, stellte man Überlegungen an, wie die relevanten Akteure informiert und einbezogen werden könnten. In stundenlangen Sitzungen berieten nun bundesweit Tausende betroffene Verwaltungen auf kommunaler Ebene, teilweise unter Einbeziehung weiterer Akteure aus dem Feld (freie Träger, Schulen etc.), wie u.a. beispielsweise die zu verteilenden Kleinbeträge für Essenszuschüsse mit vertretbarem Aufwand mit den Kitas abgerechnet werden könnten. Wie es sich bislang darstellt, wurde der Vollzug des gesamten Programms offenbar auch *nicht ansatzweise* unter dem Gesichtspunkt geplant, wie moderne IT hier zu einer wirksamen, effizienten und für alle Beteiligten bürokratiesparenden Aufgabenwahrnehmung beitragen könnte.

Diese beiden Beispiele stehen quasi für die Endpunkte eines „Kontinuums der IT-Nutzung in der Verwaltung". Notwendig ist eine reflektierte und systematische Planung und Prüfung der IT-Nutzung, die sowohl im Rahmen der Vollzugsplanung für neue politische Programme als auch bei der Vollzugskritik bereits bestehender Programme erfolgen sollte.[6] Voraussetzung hierfür ist ein konsistentes Verständnis, wie die IT für eine sowohl dem Internetzeitalter als auch den jeweiligen Aufgabenspezifika *angemessene* Gestaltungslösung genutzt werden kann. Prägend ist dabei, dass Aufgaben- und Technikperspektive systematisch integriert werden. Auf diese Weise kann eine unzureichende Techniknutzung ebenso vermieden werden, wie verselbständigte technikgetriebene Lösungen oder solche, bei denen nach dem Motto „Organisation vor Technik" organisatorische Lösungen nachträglich „elektronifiziert" werden, die man sich zuvor auf der Basis eines unzureichenden Verständnisses der IT-Potenziale ausgedacht hat (vgl. auch Schuppan 2011: 271ff.; zu Varianten des Verhältnisses von Organisation und IT vgl. Wind und Breiter 2011: 22ff.). Zu diesem Verständnis will der vorliegende Aufsatz einen Beitrag leisten.

Wer die IT-Potenziale nicht kennt, muss nehmen, was er bekommt. Daher werden im zweiten Abschnitt zunächst die IT-Prozesspotenziale und IT-Infrastrukturbausteine erläutert, um ein Basisverständnis für die IT als „Organisationsgestaltungstechnik" herzustellen. Ein Überblick über mögliche IT-gestützte Produktionsmodelle für die öffentliche Leistungserstellung schließt sich im dritten Abschnitt an. Im vierten Abschnitt wird ein Drei-Schichten-Modell vorgestellt, das als theoretisch-konzeptioneller Bezugsrahmen für die Aufgabenwahrnehmung mit IT genutzt werden kann. Der Beitrag mündet im

---

tern eigentlich vorliegen. Vgl. z.B. http://www.government2020.de/blog/?p=871#more-871.

6 Manfred Röber hat sich in zahlreichen Arbeiten gründlich mit empirischen und präskriptiven Fragen der Aufgabenplanung und –kritik beschäftigt (vgl. z.B. Röber 1981, Röber 2011). Seine umfassende Expertise in diesem Bereich hat nicht nur in gemeinsamen Arbeiten mit ihm Früchte getragen (vgl. z.B. Röber und Dovifat 1999; Brüggemeier und Röber 2003, 2011a, 2011b), sondern auch unsere nachfolgenden Überlegungen beeinflusst.

E-Government 307

fünften Abschnitt in eine Schlussbetrachtung zur Erschließung des Beitrags der IT für die „Organisation öffentlicher Aufgaben".

2. IT als Ressource für die Gestaltung der Aufgabenwahrnehmung

2.1 Basispotenziale und Anwendungssysteme

Wie einleitend dargestellt, befindet sich die öffentliche Verwaltung bereits seit einigen Jahrzehnten im Prozess der Informatisierung. Fraglich ist aber, welche konkreten Veränderungen sich durch die heute auf der Vernetzung von IT-Ressourcen und Datenbeständen basierende IT-Nutzung ergeben.

Grundsätzlich sind fünf „Basispotenziale der IT" für die Gestaltung von Prozessen der Leistungserstellung sowie des Verwaltungsmanagements zu nennen (Davenport 1993: 50ff.; Petrovic 1994: 580ff.; Lenk 2004: 30; Brüggemeier u.a. 2006: 47ff.):

1. Automatisierung: Unter Automatisierung wird der ganz oder teilweise Ersatz manueller Tätigkeiten durch den IT-gestützten Vollzug verstanden. Dies setzt einen Kausalzusammenhang der Arbeitsschritte voraus, daher kann die Automatisierung nur in standardisierbaren Abläufen zur Anwendung kommen. Beispiele hierfür sind etwa automatisierte Rückmeldungen über den Eingang eines Antrags oder Weiterleitungen von Unterlagen an zu beteiligende Stellen. Ferner gehört hierzu auch die automatisierte Regelung von Tätigkeiten oder Zuständen im Sinne von steuernder Einwirkung und Rückmeldung des Ergebnisses an die steuernde Stelle („command & control", Lenk 2004: 30). Üblich ist in einigen Leistungsfeldern mittlerweile z.B. eine systemgestützte, nach aktuellem Beanspruchungsgrad erfolgende Verteilung von Vorgängen auf die zu einem Zeitpunkt verfügbaren Sachbearbeiter/innen.

2. Vermehrte Information:[7] Die IT ermöglicht grundsätzlich einen einfacheren Informationszugang; Informationen können schneller und direkter – auch über Organisationsgrenzen hinweg – verteilt und unter unterschiedlichen Fragestellungen ausgewertet werden. Informationen können zudem „nachgenutzt" werden. Zu bestimmten Zwecken erhobene und gespeicherte Daten und Informationen aus einem Vorgang stehen auch für andere Prozesse

---

7 Davenport unterscheidet verschiedene Wirkungen der Informationstechnik für die Prozessgestaltung (Davenport 1993: 51): informational (capturing process information for purposes of understanding), analytical (improving analysis of information and decision making), intellectual (capturing and distributing intellectual assets) und tracking (closely monitoring process status and objects).

oder Fragestellungen zur Verfügung.[8] Bei der automatisierten Erledigung von Tätigkeiten fallen zudem Prozessinformationen gleichsam als „Nebenprodukt" an. Ohne nennenswerten Zusatzaufwand können sie erfasst, gespeichert, verteilt und zu Controllingzwecken genutzt werden. Dieser Gedanke, bestehende Daten aus ihrem originären Kontext heraus zu nehmen und z.B. als Kontrollinformationen zu verwerten oder Statistiken „als Nebenprodukte" ohnehin bestehender Informationsflüsse zu erzeugen, tauchte schon früh auf (Lenk und Traunmüller 1999: 73). Er wird inzwischen unter Bezug auf „Business Intelligence"-Konzepte aus der Privatwirtschaft auch für den öffentlichen Sektor diskutiert (vgl. Hill 2010). In Entscheidungssituationen können schließlich die Wirkungen unterschiedlicher Handlungsalternativen simuliert und unerwünschte Effekte antizipiert werden. Die Erstellung von Katastrophenschutzplänen ist ohne IT fast nicht mehr denkbar. Mittlerweile wird aber auch an Software zur Abschätzung von Fallentwicklungen und Planung der weiteren Versorgung etwa im Gesundheitswesen gearbeitet (vgl. Deimel 2010).

3. *Reduktion örtlicher und zeitlicher Schranken:* Raum- und zeitbedingte Restriktionen der Arbeitsteilung und des Informationszugangs verlieren durch den Einsatz der IT an Bedeutung. Die bisherige Medienabhängigkeit der Verwaltungsarbeit, bei der allein die papiergebundene Informationsweitergabe als verfahrensmäßig galt (Schriftform!), wird gemindert und durch digitale Formen substituiert (vgl. z.B. Beispiele bei Engel 2008). IT ermöglicht zudem, einzelne Arbeitsschritte zusammen zu führen, ohne dass die beteiligten Personen zeitgleich und gemeinsam an einem Ort agieren oder ein Vorgang „physisch greifbar" (meist in Papierform) transportiert wird. Dies eröffnet Optionen z.B. für „virtuelle Teams", also standortverteilt arbeitende Arbeitsgruppen oder ermöglicht Konzepte für die Einbindung von Expertenwissen, das innerhalb einer Verwaltung nicht mehr mehrfach vorgehalten werden muss, sondern an zentraler Stelle zur Verfügung gestellt werden kann. Diese Überlegungen bestehen z.T. schon länger (vgl. z.B. die Initiative des Landkreises Nordfriesland „Von Inseln zu Netzen", Brunzel 2002), können aber nun mit der fortschreitenden Stabilität und Sicherheit von Datentransfers immer leichter umgesetzt werden. Als aktuelle Beispiele hierfür können z.B. die Ansätze zur Behördenrufnummer D115 oder das Konzept des einheitlichen Ansprechpartners im Kontext der EU-DLR genannt werden (vgl. z.B. Schuppan 2009; ders. 2011).

4. *Parallelisierung*: Bisher sequentiell durchgeführte Aufgaben können synchronisiert werden, weil Personen oder Programme nun gleichzeitig auf zur Bearbeitung erforderliche Unterlagen oder Informationen zugreifen können. Voraussetzung ist, dass die einzelnen Aufgabenschritte sich nicht bedin-

---

8 Diese Prozesse können sowohl in ähnlichen Aufgabenfeldern stattfinden (z.B. Einsichtnahme der Gewerbeaufsicht in Anlagengenehmigungen), als auch aufgabenübergreifend erfolgen (z.B. Integration von Meldedaten in unterschiedlichste Verwaltungsvorgänge).

gen, also tatsächlich unabhängig voneinander durchgeführt werden können. Ein Beispiel ist die sternförmige Mitzeichnung von Verwaltungsentscheidungen, die mittels einer elektronischen Akte ohne den hiermit bislang verbundenen Vervielfältigungsaufwand effizient umgesetzt werden kann.

5. *Integration von Tätigkeiten und Leistungen:* Unter Integration – in der Organisationsgestaltung das Gegenstück zur Differenzierung (Arbeitsteilung) – wird die „Zusammenführung verschiedener Teile zu einem Ganzen" verstanden, worunter i.d.R. unterschiedliche Koordinationsmechanismen gefasst werden. Durch den Einsatz von IT kann dies flexibler erfolgen. Möglich wird die *fallweise* Einbindung von organisationsangehörigen oder -externen Personen, Daten und anderen (Teil-)Prozessen in einen Leistungsprozess, also der direkte Zugriff auf Ressourcen an anderer Stelle. Reinermann spricht diesbezüglich von „Ubiquität", der „Allerreichbarkeit" (vgl. Reinermann 1995: 131f.). Diesen Ansatz konkretisierend werden verschiedene Aspekte der Integration unterschieden:[9]

- *Integration in Bezug auf die Akteure der Leistungserstellung:* Die akteursbezogene Integration hat zwei Dimensionen: Zum einen stellt sich die Frage, welche Leistungen *für* die Adressaten zu integrieren sind, damit z.B. eine „Ämterrallye" vermieden wird („anliegensbezogene Integration"). Zum anderen können die Leistungsbeiträge der Leistungsempfänger und anderer Prozessbeteiligter im Leistungsprozess konsequent integriert, d.h. die jeweilige Beteiligung systematisch organisiert werden.
- *Integration einzelner Prozesse bzw. von Teilen von Prozessen (funktionale Integration):* In einer funktionalen Perspektive wird das Zusammenspiel der Leistungsprozesse anderer Organisationseinheiten mit dem eigenen Vorgang betrachtet und geregelt, welche anderen Prozesse mit ihm verbunden sind oder zur weiteren Bearbeitung angestoßen werden müssen.
- *Integration der Daten bzw. Informationen (ressourcenbezogene Integration):* Diese Integrationsperspektive betrifft insbesondere die bereits angesprochene Nachnutzung von Informationen für andere Vorgänge bzw. die Verfügbarmachung von Expertenwissen für andere Organisationseinheiten.

Diese Basispotenziale ermöglichen zahlreiche unterschiedliche Gestaltungsoptionen für die Organisation der öffentlichen Leistungserbringung. Es wäre freilich recht mühsam, für jede organisatorische Fragestellung erneut die unterschiedlichen Potenziale zu kombinieren. Daher haben sich einige „Grundtypen der Potenzialnutzung" herausgebildet, die als Modelle bzw. Anwendungssysteme für unterschiedliche Anwendungssituationen benannt und ggf. modifiziert und an konkrete Erfordernisse angepasst werden können.

---

9 Vgl. hierzu auch das Konzept des „integrierten E-Government" in Brüggemeier u.a. 2006: 75ff.

In diesen hier nicht weiter beschriebenen Anwendungssystemen werden die Basispotenziale der Informationstechnik in unterschiedlicher Weise gebündelt:

- In *Datenbanken und Portalen* (vgl. von Lucke 2010) stehen die Organisation des Informationszugangs sowie die Informationsspeicherung und -auswertung im Vordergrund;
- in *elektronischen Vorgangsbearbeitungssystemen* – insbesondere in den workflow-orientierten Typen – werden Automatisierung und ggf. die Parallelisierung besonders genutzt;
- *Groupware bzw. CSCW-Systeme*[10] betonen stärker den Aspekt der Integration;
- *Wissensmanagementsysteme* (vgl. grundsätzlich Lenk und Wengelowski 2004; Hasler Roumois 2010) fokussieren den Informationszugang und die Integration von Expertenwissen in verschiedene Verwaltungsprozesse.

Im Kontext eines internetbasierten E-Governments sollten diese Anwendungssysteme nun aber so ausgerichtet werden, dass auch über Organisationsgrenzen hinweg kooperiert werden kann. Hierzu bedarf es unterschiedlicher Infrastrukturkompententen und der Festlegung von Standards für verschiedene Aspekte. Ferner basiert der IT-Einsatz auf sogenannten Basisarchitekturen für die vernetzte Verwaltungsarbeit. Im Folgenden wird ein kurzer Überblick über diese „technologischen Grundlagen des E-Government" (Rombach u.a. 2010) gegeben.

2.2 Infrastrukturen, Standardisierungen und Basisarchitekturen

Der Begriff der IT-Infrastruktur bezeichnet alle „materiellen und immateriellen Güter, die den Betrieb von (Anwendungs-) Software ermöglichen" (Patig o.A.). Sowohl Hardwarekomponenten (PC, periphere Geräte, Netzwerkkomponenten etc.) als auch Software (Betriebssysteme, Software für bestimmte Funktionalitäten u.a.m.) bilden in ihrer Gesamtheit eine Infrastruktur für den IT-Einsatz in einem bestimmten Bereich und tragen dazu bei, dass den spezifischen Anforderungen aus diesem Bereich Genüge getan wird. Für den öffentlichen Sektor sind jedoch die bislang vorangetriebenen, fachdomänenspezifischen Entwicklungen keine Lösung, denn sie führen zu einer Vereinzelung der unterschiedlichen Aufgabenfelder, die jedoch im Verwaltungsalltag – z.T. hochgradig – miteinander verzahnt sind. Zudem ist heute, wie die eingangs skizzierten Beispiele des Bildungspaketes und der Abwrackprämie

---

10 Computer Supported Cooperative Work; zu den Besonderheiten vgl. insbesondere Schwabe u.a. 2001; am Beispiel eines Systems zur Unterstützung von Telebesprechungen („POLIWOK") vgl. Engel 2008: 149ff., zur Implementation einschlägiger Systeme vgl. Mayer 2011.

E-Government

zeigen, kaum absehbar, welche Leistungen morgen von den Verwaltungen erbracht werden müssen. Auch hierfür muss die IT im öffentlichen Sektor gerüstet sein.

Die IT-Infrastruktur bildet die Basis für den rechtssicheren und verfahrensmäßigen IT-Einsatz im gesamten öffentlichen Sektor. Hierzu zählen u.a. folgende Komponenten (die folgenden Ausführungen basieren soweit nicht anders angegeben auf der „Fraunhofer FOKUS Referenzarchitektur für E-Government", Rombach u.a. 2010: 34ff.):

Zugangstechnologien: Portale sind „Türen zu verschiedenen Leistungsangeboten". Als Service-Infrastrukturkomponente geben sie grundsätzliche Navigationsstrukturen vor, die dann von der jeweiligen Organisationseinheit zu füllen sind. Aber auch analoge Zugangswege (z.B. Bürgerämter oder Sonderrufnummern wie die D115) sollten nicht außer Acht gelassen werden, denn auch diese Zugangsoptionen können mit einer adäquaten IT-Unterstützung effektiver und effizienter werden (z.B. abschließende Bearbeitung in einem Bürgeramt, da die Beschäftigten auf die Fachprogramme oder Daten des Fachamtes zugreifen können; Auskunftssystem mit nach Relevanz klassifizierten Fragen und Antworten bei der D115).

Identity Management Lösungen: Fragen der Authentifizierung und Legitimation einer Person sind für die rechtssichere und –verbindliche virtuelle Abwicklung von Verwaltungsvorgängen von zentraler Bedeutung. Zudem sind eindeutige Identitätsbelege die Voraussetzung für personalisierte Angebote. In einem Identity Management werden diese digitalen Identitäten und ihre Berechtigungen verwaltet. So hat beispielsweise der seit Ende 2010 eingesetzte elektronische Personalausweis auch die Funktion eines elektronischen Identitätsnachweises. Die gespeicherten Adressdaten sind digital verfügbar, wobei der Ausweisinhaber kontrolliert, wer diese Daten ausliest. Zudem kann eine zertifizierte elektronische Signatur[11] geladen werden, die die rechtssichere Inanspruchnahme virtueller Dienste, die „eigentlich" eine Unterschrift erfordern, ermöglicht (vgl. Reisen 2007). Zur tatsächlichen Nutzung des virtuellen Identitätsausweises sind ggf. weitere Komponenten, z.B. ein Kartenlesegerät, notwendig.

Basiskomponenten: In einer virtuellen Umgebung sind verschiedene Funktionalitäten übergreifend in unterschiedlichen Anwendungen und Anwendungskontexten notwendig. Hier spricht man von sogenannten „Basiskomponenten", zu denen z.B. ein Formular-Management-System (Verfügbarmachung von elektronischen Formularen, die z.T. online ausgefüllt werden können oder durch Download erreichbar sind), eine Zahlungsverkehrsplattform (Plattform zur Abwicklung des digitalen Zahlungsverkehrs), eine virtuelle Poststelle (Anwendung zur Sicherheitsprüfung, ggf. Signierung und Zuordnung ein- und ausgehender Mails oder Vorgangsdaten) oder ein Doku-

---

11 Zu unterschiedlichen Signaturtypen mit den verschiedenen Sicherheitsstandards vgl. Kröger 2006: 320ff.

mentenmanagement als Metasystem zur Archivierung digitaler Dokumente (Texte, Bilder, Tondokumente) sowie ein Zuständigkeitsfinder, der für die Bürger die zuständige Verwaltungsbehörde für bestimmte Fragen ermittelt, gehören.

Middleware: Unter Middleware wird eine Softwareplattform verstanden, die eine Verteil- oder Clearingfunktion hat und verschiedene Anwendungen und Programme untereinander koordiniert und somit kompatibel zueinander macht.

Um das Zusammenspiel dieser Bausteine und damit ggf. auch einen organisationsübergreifenden Aufgabenvollzug zu gewährleisten, bedarf es interoperabler Daten und Prozesse als weiterer Voraussetzung: Mit dem Begriff der Interoperabilität werden verschiedene Ebenen der Datenaustauschbarkeit und -nutzung thematisiert. „Interoperability, within the context of European public service delivery, is the ability of disparate and diverse organisations to interact towards mutually beneficial and agreed common goals, involving the sharing of information and knowledge between the organisations, through the business processes they support, by means of the exchange of data between their respective ICT systems" (European Commission und ISA 2010: 2).

Der *Datenaustausch* kann durch Standardisierung der Daten, also die Etablierung einheitlicher Datenformate, oder durch die Standardisierung der Schnittstellen, also der Punkte der Datenübergabe, erreicht werden (technische Interoperabilität). Die *Nutzung* der Daten setzt voraus, dass die Inhalte auch in gleicher Weise interpretiert werden. Berührt werden somit auch semantische Fragen, z.B. ob ein Datum (z.B. ein Begriff) in unterschiedlichen Kontexten gleich verstanden wird (sog. semantische Interoperabilität).[12] In der Sprache der Informatik sind hier sogenannte Ontologien gefordert. Adressiert werden weiter organisatorische und rechtliche Grundlagen der organisationsübergreifenden Zusammenarbeit, z.B. ein kompatibles (nicht gleiches) Prozess- und Rechtsverständnis.

In Deutschland ist in diesem Zusammenhang insbesondere das sogenannte OSCI-Protokoll zu nennen. OSCI steht für „Online Services Computer Interface" und beschreibt ein Internettransportprotokoll, das Verwaltungsinformationen sicher, d.h. vor externem Zugriff und Einsehbarkeit geschützt transportiert (technische Interoperabilität). Mit den sogenannten „XÖV"-Festlegungen beinhaltet es zudem Fachdatenstandards mit einem jeweils einheitlichen Datenformat für verschiedene öffentliche Aufgabenfelder, z.B. XMeld für die Meldedaten, XBau für den Baugenehmigungsbereich (vgl.

---

12 Ein „Fall" war in der Sozialhilfe beispielsweise ein Haushalt mit allen darin lebenden Personen, für Sozialversicherungsträger dagegen jede Einzelperson. Sollen beide Systeme interoperabel werden, müssen auf Seiten der Sozialhilfe mehrere „Sozialversicherungsfälle" zu einem Haushalt gebündelt werden (Einführung eines neuen Begriffs).

E-Government

ausführlich Die Beauftragte der Bundesregierung für Informationstechnik und Freie Hansestadt Bremen 2010).

Während die IT-Infrastruktur wie beschrieben einzelne Hardware- und Funktionskomponenten beinhaltet, regelt die IT-Architektur den Gesamtaufbau der IT für einen Anwendungsbereich. Beschrieben werden neben der Anordnung der IT-Komponenten und unterschiedlichen Verfahren auch Festlegungen zur IT-Sicherheit (z.b. die Datenverteilung auf verschiedene Server, vorgeschriebene Spiegelserver), die Positionierung von intermediären Plattformen (z.B. Middleware zur Konvertierung von Daten), unterschiedliche Zugangskomponenten (neben Portalen z.b. auch Callcenter) sowie die Regeln für eine sichere Datenverarbeitung und den Datentransport sowie für das Management der IT-Ressourcen (vgl. z.b. die E-Government Referenzarchitektur in Tschichholz und Fox 2007: 142ff.).

Beispielhaft sollen zwei aktuelle Ansätze für Basisarchitekturen skizziert werden: SOA und das sogenannte Cloud Computing. Beide eröffnen erhebliche Potenziale für eine flexible und ressourcenschonende Nutzung von IT für die Gestaltung der öffentlichen Aufgabenwahrnehmung.

SOA steht als Abkürzung für die „serviceorientierte Architektur". Hierunter wird ein modulares Softwareverständnis gefasst, durch das auch heterogene, d.h. mit unterschiedlichen Datenformaten und Programmierlogiken konzipierte, Softwaresysteme integriert werden können. Basis einer SOA sind Webservices. Dies sind kleine, aktive Computerprogramme, die in einem IT-System genau eine Funktion ausführen. Denkbar – und im sogenannten Deutschen Verwaltungsdiensteverzeichnis (DVDV) auch bereits teilweise realisiert – ist eine Art Telefonbuch für Computer, d.h. will ein Rechnersystem mit einem anderen kommunizieren oder Daten austauschen, fragt das System automatisiert im Diensteverzeichnis nach, ob für das andere System ein Webservice zum Vollzug der jeweiligen Aufgabe verfügbar ist. Durch die Anwahl dieses Webservice wird die Aufgabe dann jeweils angestoßen (vgl. auch Tschichholz und Fox 2007: 133ff.).

Cloud Computing ist ein eher hardwareorientierter Ansatz, der auf der Trennung von Nutzung und Betrieb von IT-Ressourcen basiert. Er wird verstanden als „...Modell, das es erlaubt bei Bedarf, jederzeit und überall bequem über ein Netz auf einen geteilten Pool von konfigurierbaren Rechnerressourcen (z.B. Netze, Server, Speichersysteme, Anwendungen und Dienste) zuzugreifen, die schnell und mit minimalem Managementaufwand oder geringer Serviceprovider-Interaktion zur Verfügung gestellt werden können." (vgl. z.B. BSI o.A.). Eine Cloud funktioniert somit wie ein gigantischer Großrechner, der jedoch je nach Bedarf beliebig erweitert werden kann. Es existieren keine Größenbegrenzungen mehr, was bei stark steigenden Vorgangszahlen die Funktionsfähigkeit sicherstellt. Dies ermöglicht nahezu unbegrenzte Speicher- und Verarbeitungskapazitäten, für deren bedarfsgerechte Inanspruchnahme jedoch nur in entsprechendem Umfang bezahlt werden muss (vgl. Deussen u.a. 2010: 14f.). Für den Einsatz in der öffentlichen Verwaltung sind freilich noch einige Fragen offen, insbesondere bezüglich des Datenschutzes und der Datensicherheit von sensiblen Daten in der „Cloud".

Dieser Überblick über die Basispotenziale, über hierauf basierende Anwendungssysteme und die zur organisationsübergreifenden Zusammenarbeit notwendigen IT-Strukturen (Standardisierungen, Infrastrukturen und Architekturen) zeigt die Komplexität des IT-Einsatzes als Ressource für die Gestaltung der öffentlichen Aufgabenwahrnehmung. Dies soll gleichwohl nicht verunsichern, denn viele Fragen sind bereits geklärt, die Struktur des IT-Einsatzes gewinnt an Kontur und festigt sich zu einer stabilen Basis für das eigentliche Ziel der IT-Nutzung: die Entwicklung von neuen Produktionsmodellen, die es ermöglichen, öffentliche Aufgaben effektiver und effizienter wahrzunehmen. Ihnen gilt der folgende Abschnitt.

3. Neue Produktionsmodelle zur öffentlichen Aufgabenerfüllung

Ein Produktionsmodell ist zunächst ein Metamodell zur Erstellung von Leistungen, d.h. für bestimmte Leistungsarten oder -typen werden grundsätzliche Produktionsweisen und -komponenten definiert. Klassische Produktionsmodelle sind z.B. die Einzelfertigung, die Massenfertigung, die Werkstatt- oder die Fließbandfertigung.

Das klassische Produktionsmodell der öffentlichen Verwaltung ist das bürokratisch organisierte Verwaltungsverfahren. Es ist insbesondere durch schriftbasierte Vorgänge, funktionale Spezialisierung, Regelorientierung, Zuständigkeitsprinzip und Hierarchie geprägt. Die Papierbasierung bedingte lange Zeit die Notwendigkeit einer möglichst „vorgangsnahen" Vorhaltung der Vorgangsakten (Prinzip der Örtlichkeit). Bearbeitung und Entscheidung waren an das Vorliegen der notwendigen Unterlagen gebunden. Dies entspricht dem sogenannten „Uno-actu-Prinzip" aus dem Dienstleistungsmanagement, bei dem Produktion (Leistungserstellung) und Vertrieb (Leistungsabgabe) zusammenfallen. Die am Neuen Steuerungsmodell (NSM) orientierte Verwaltungsmodernisierung der vergangenen zwei Jahrzehnte hat zu keinen wesentlichen Änderungen an diesem klassischen Produktionsmodell geführt (vgl. Brüggemeier und Röber 2011a: 216ff.).

Die moderne IT gestattet nun – wie dargestellt, vgl. Abschnitt 2.1 – eine räumliche und zeitliche Entkopplung der einzelnen Produktionsschritte. Zudem entfällt die Papierbasierung, auf die zur Bearbeitung und Entscheidung notwendigen Daten kann „von überall" zugegriffen werden. Schließlich können Ressourcen an anderen Orten unmittelbar in Vorgänge eingebunden werden. Dies impliziert eine qualitative Dimension (Hinzuziehung von an anderem Ort vorhandenem Expertenwissen, aber auch explizite Bündelung und Verfügbarmachung von Expertenwissen) als auch eine quantitative Dimension (Einbindung gleichartiger Ressourcen, die an anderer Stelle aktuell nicht benötigt werden, um eigene Belastungsspitzen abzufangen). Hieraus ergeben sich vielfältige neue Formen für die Arbeitsteilung und –integration im öffentlichen Sektor:

Frontoffice-/Backoffice-Struktur: Vertriebs- und vertriebsnahe Aktivitäten werden in kunden- bzw. bürgernahen Front Offices erledigt, Sachbearbeitungsaktivitäten dagegen in Back Offices angesiedelt. Ein Beispiel hierfür ist die australische Dienstleistungsagentur Centrelink, die bereits seit 1997 mit rd. 26.000 Mitarbeitern die Vertriebsfunktion für Leistungsangebote unterschiedlicher Verwaltungen wahrnimmt (vgl. Daum und Eichhorn 2005; Brüggemeier u.a. 2006: 236ff.). Kammer skizziert in seiner Vision für die Norddeutsche Verwaltung im Jahr 2013 zudem Kompetenzcenter für verschiedene Zielgruppen (Kammer 2003: 184). Durch eine Bündelung von Leistungsangeboten im Sinne einer „One-Stop-Verwaltung" erhalten die Adressaten im Front Office öffentliche Leistungen unterschiedlicher Behörden aus einer Hand (vgl. Schwabe 2011; Lenk 2012). Jenseits dieser komfortablen „Benutzeroberfläche" verflüchtigt sich die Komplexität der arbeitsteiligen Prozesse in dem den Adressaten abgewandten Back Office-Bereich. Auf der Basis modularisierter, organisationsübergreifend vernetzter Leistungsprozesse können hier Prozessbestandteile „gekapselt" und unter Ausnutzung von Spezialisierungsvorteilen und Skaleneffekten zentralisiert abgewickelt werden. Bisherige „Killer-Argumente", es handele sich um eine ortsgebundene, hoheitliche oder politisch (strategisch) besonders relevante Aufgabe bzw. Leistung, die man nur selbst vor Ort erledigen könne, relativieren sich rasch, wenn es bei Gestaltungsentscheidungen nicht mehr über ganze Aufgaben bzw. Leistungen geht, sondern um abgrenzbare Prozessmodule. Wie eine derartige Frontoffice-/Backoffice-Struktur autonomieschonend realisiert werden könnte, zeigt ein „Organisationskonzept für ein föderales E-Government Schweiz" (Lenk u.a. 2010).

Shared Service Center (SSC): Als SSC werden wirtschaftlich und/oder rechtlich *selbständige* Dienstleistungseinheiten bezeichnet, die *innerhalb* eines Konzernverbundes für *mehrere* Organisationseinheiten, zu denen sie in einem *Auftragnehmerverhältnis* stehen, standardisierbare *Unterstützungs-*(teil)prozesse ausführen (z.B. in den Bereichen Personal, Finanzen, interne Postdienste, IT-Services, Beschaffung). Das Konzept der SSC existiert im privaten Sektor seit Mitte der 90er Jahre (vgl. Becker u.a. 2009), wird aber seit einigen Jahren auch im öffentlichen Sektor immer relevanter (vgl. Schwiering 2007), denn es ermöglicht bei systematischer Konzeption und Umsetzung durch die Spezialisierungseffekte auf Seite des SSC und die Reduktion von redundanten Ressourcen für die Erbringung dieser Unterstützungsprozesse im „Behördenkonzern" insgesamt Einsparpotenziale von etwa 20% (vgl. Schuppan 2010). Voraussetzungen sind insbesondere die klare Definition des Leistungsangebots und der vom SSC übernommenen Wertschöpfungsstufen (z.B. Erbringung der kompletten Leistung, Übernahme von Zuarbeiten in unterschiedlichem Ausmaß für die jeweils auftraggebende Behörde...)[13] sowie die Festlegung der konkreten Leistungsbeziehung in einem Vertrag (z.B. *Service Level Agreement*), durch das für beide Seiten Planungssicherheit entsteht.

Beide Modelle verdeutlichen, dass durch den IT-Einsatz eine Abkehr von der bisherigen Betrachtung ganzer Aufgabenfelder oder vollständiger Leistungsprozesse erfolgen und die organisatorische Gestaltung bereits auf der Ebene von Wertschöpfungsstufen bzw. Teilleistungen ansetzen kann (vgl. Brüggemeier und Dovifat 2005, Schuppan 2008). Diese Modularisierung von Leistungsprozessen führt zu vernetzten Strukturen, die prospektiv nicht nur „behördenkonzernintern" eine neue Arbeitsteilung ergeben, sondern auch private (erwerbsorientierte oder gemeinnützige) Organisationen einbinden können. So können beispielsweise private Dienstleistungsagenturen als Intermediäre (auch im Wettbewerb mit öffentlichen Zugangsangeboten) den Vertrieb für bestimmte öffentliche Leistungen übernehmen und dabei in Kombination mit kommerziellen Dienstleistungen zielgruppen- und lebenslagengerechte Full-Service Pakete anbieten, was öffentlichen Verwaltungen aufgrund gesetzlicher Restriktionen meist nicht gestattet wäre (vgl. Brunzel 2011). Die Forderung „Machen soll es der, der es am besten kann!" (Brüggemeier und Dovifat 2005: 39) berücksichtigt konsequent, dass es bestimmte Prozessschritte geben kann, für die Akteure außerhalb der Verwaltung z.B. auf Grund ihrer Kundennähe, Unabhängigkeit oder Expertise besser geeignet sind.[14]

Die entstehenden *Öffentlichen Leistungsnetzwerke* – verstanden als „Form der prozessorientierten Primärorganisation, mit der eine politisch beschlossene Leistung unter Einbeziehung von rechtlich selbständigen öffentlichen und ggf. auch nicht-öffentlichen Partnern mit Hilfe einer sehr intensiven Nutzung von Informationstechnik in organisationsübergreifender Arbeitstei-

---

13 Für den Bereich der Personalbeschaffung könnte dies z.B. bedeuten, dass entweder – mit Ausnahme der Entscheidungsbestandteile, die immer beim Auftraggeber verbleiben – der gesamte Beschaffungsprozess von Stellenbeschreibung, Auswahl der Kommunikationswege, Vorauswahl und Auswahlinstrumente bis zur Abgabe von Einstellungsvorschlägen durch das SSC erfolgt, oder dass nur einzelne Teilschritte dort durchgeführt werden (z.B. Kommunikation mit Auswahl der Kommunikationsmedien, Durchführung des Auswahlverfahrens o.ä.).
14 Ein Beispiel kann die Antragsberatung für staatliche Sozialtransferleistungen sein. Hier könnte Verwaltungseinheiten unterstellt werden, sie müssten eine abwehrende Beratung durchzuführen, um die öffentlichen Ausgaben zu minimieren; während frei-gemeinnützigen Vereinen eher eine klientenorientierte Grundhaltung zugeschrieben würde, was sie aus Sicht der Klienten für eine unabhängige Beratung geeigneter macht.

E-Government

lung modular produziert und/oder an die Adressaten abgegeben wird" (Brüggemeier 2004: 189) – führen zur Generierung von verwaltungspolitischen und ökonomischen Potenzialen, deren tatsächlicher Umfang und Nutzen heute erst in Ansätzen erfasst und abgeschätzt werden kann (vgl. hierzu und zum Folgenden ausführlicher Brüggemeier und Schulz 2012). Verwaltungspolitisch sprechen z.b. die Entkopplung von Leistungsangebot und „Verwaltungskraft" einer Kommune für eine Netzwerk-Bildung. Ermöglicht wird diese „virtuelle Verwaltungskraft" durch eine Entterritorialisierung der Leistung im Rahmen vernetzter Produktion mit einer Sicherstellung des vollständigen Leistungsangebots in kleinen Kommunen bei gleichzeitiger Beibehaltung der politischen Autonomie. „Vernetzes Arbeiten kann sich entwickeln, ohne dass sich an der institutionellen Vielfalt der öffentlichen Verwaltung etwas ändern muss" (Lenk u.a. 2010: 16).

Durch die Modularisierung der Leistungsprozesse ergeben sich neuartige strategische Perspektiven für eine echte Leistungstiefenpolitik (vgl. Schuppan und Reichard 2010), insbesondere dann, wenn den von Manfred Röber vorgetragenen Überlegungen zur „Aufgabenkritik im Gewährleistungsstaat" (Röber 2011: 113ff.) Rechnung getragen wird. Auch kann die Leistungswirkung erhöht werden, indem durch die bereits beschriebene Einbindung von für Teilschritte geeignetere Produzenten, durch die auch die vorhandenen oder angestrebten Governancestrukturen (im Sinne z.B. einer Mitverantwortung zivilgesellschaftlicher Akteure für lokale Angebote) konsequent berücksichtigt und gestaltet werden können. Zu den ökonomischen Potenzialen gehören neben den evidenten Spezialisierungseffekten und Qualitätsvorteilen (z.B. im Bereich Bürgerservices, vgl. Schwabe 2011) vor allem Chancen für ein systematisches Kapazitätsmanagement. Möglich ist sozusagen die Etablierung einer „organisatorischen Cloud" mit Netzwerkkapazitäten, die von den Netzwerkteilnehmern im Bedarfsfall angesprochen werden können, ohne ständig vorgehalten werden zu müssen.

Ungeachtet dieser vielversprechenden Potenziale darf freilich nicht übersehen werden, dass sich durch netzwerkartige Strukturen auch spezifische Herausforderungen und Risiken ergeben, die bei der Konzeption und Gestaltung konkreter Produktionsarrangements nicht außer Acht gelassen werden dürfen. Beispielhaft seien die Problematiken von Datenschutz und Datensicherheit, die bislang fehlende „Netzwerkfähigkeit des Öffentlichen Dienstes" (Brüggemeier 2004: 204) und die Gewährleistung der öffentlichen Auffangverantwortung (Schuppert 2000: 407f.) im Falle des Ausfalles eines privaten Netzwerkpartners genannt. In rechtlicher Hinsicht tauchen insbesondere Fragen der Zuständigkeitsordnung und der Verantwortungszurechnung auf (vgl. Eifert 2006; Hill und Schliesky 2009).

Schließlich gilt: Die sorgfältige Gestaltung eines Öffentlichen Leistungsnetzwerks erfordert nicht nur Kenntnisse und Kompetenzen im Bereich der IT-Gestaltung, sondern (vielmehr) noch ein Verständnis für die Spezifika öffentlicher Leistungsprozesse, d.h. die Besonderheiten der Leistungsabgabe in verschiedenen Politikbereichen bzw. für unterschiedliche Zielgruppen (vgl. hierzu ausführlich Brüggemeier u.a. 2006: 58ff.).

Insgesamt hat die IT-basierte Reorganisation der öffentlichen Leistungserbringung in den diversen öffentlichen Aufgabenfeldern noch einen recht unterschiedlichen Stand. Während z.B. bei einigen Unterstützungsaufgaben u.a. durch Bildung der o.g. „Shared Service Center" neue Produktionsmodelle bereits zum Verwaltungsalltag gehören, werden die Gestaltungspotenziale der IT in den unterschiedlichen Politikfeldern noch kaum hinreichend systematisch beachtet. Besonders hervorzuheben sei hier der Bereich der sozialen Arbeit, der bekanntlich stark von privaten Nonprofit Organisationen (NPO) – den freien Trägern der Wohlfahrtspflege – geprägt ist. Zwar wird vermutlich in kaum einem Politik- und Aufgabenfeld mehr über „Vernetzung" (z.B. im Sozialraum) geredet als in der sozialen Arbeit. Innovative IT-Ansätze oder gar Neue Produktionsmodelle zur Verbesserung der Wirksamkeit, Effizienz und Legitimation („E-NPO") sind in diesem Bereich bislang jedoch seltene Ausnahmefälle (vgl. Dovifat 2006).

Technische Optionen gehören also noch immer nicht „automatisch" zum Kanon der Gestaltungsfragen öffentlicher Aufgabenwahrnehmung. Das folgende Modell kann als Bezugsrahmen eine Herangehensweise an die öffentliche Aufgabenwahrnehmung anleiten, bei der die IT immer mitgedacht wird.

4. Aufgabenwahrnehmung mit IT: Drei-Schichten-Modell als Bezugsrahmen

Die öffentliche Verwaltung ist gewissermaßen das „Betriebssystem" der Gesellschaft.[15] Man kann die moderne Informationsgesellschaft schlecht auf einem Betriebssystem fahren, das im Grunde noch aus der napoleonischen Zeit stammt. In der Informationsgesellschaft geht es nicht primär darum, dass die Verwaltung „nett" und/oder Online erreichbar ist, sondern darum, dass sie auf überflüssige (!) Bürokratie konsequent verzichtet und für die Adressaten nur noch insoweit spürbar ist, wie es zur Erreichung politisch-regulatorischer Ziele von Interventionen in die Gesellschaft unbedingt notwendig ist (bürokratiesparender Verwaltungsvollzug; „Easy Government"[16]). Als leistungsfähiges „Betriebssystem" ermöglicht die moderne, vernetzte Verwaltung flexibel das effiziente Funktionieren möglichst wirksamer, qualitativ hochwertiger „Anwendungssysteme" – IT-gestützte Regulierungen – und zwar potenziell

---

15 Die Metapher stammt von Marco Brunzel (init, Berlin).
16 Der Slogan stammt von Astrid Stahm (ISB, Bern), vgl. Lenk u.a. 2010: 43.

E-Government

auch für solche Probleme, die wir heute noch gar nicht kennen (vgl. Brüggemeier und Lenk 2011).

Hierin liegt der potenzielle Beitrag der IT für die „Organisation öffentlicher Aufgaben". Die Bedeutung dieses Beitrags wird in der Verwaltungswissenschaft und im Public Management zwar zunehmend erkannt. Dennoch werden die Diskurse, beispielsweise über Funktional- und Territorialreformen, die Zukunft der kommunalen Selbstverwaltung oder Bürokratieabbau und *Better Regulation*, oft noch so geführt, als gebe es die moderne IT nicht. Die paradoxe Botschaft ist offenbar nicht so leicht zu vermitteln: Es geht bei E-Government in erster Linie gar nicht um IT, sondern um die Frage, wie „der Staat seine Aufgaben erledigen (soll), nachdem ihm nunmehr die Informationstechnik zur Verfügung steht" (Lenk 2004: 13). Auch in der Verwaltungspraxis repräsentieren „Verwaltungsmodernisierung" und „E-Government" nach wie vor zwei Arenen, die jedoch – anders als im von realen Entwicklungen teilweise entkoppelten Wissenschaftsbetrieb – nahezu zwangsläufig immer stärker zusammenwachsen.

Ein Drei-Schichten-Modell im Anschluss an Lenk (s. Tab. 2) trägt hier als theoretisch-konzeptioneller Bezugsrahmen für Wissenschaft und Praxis zu einer stärker integrierten und zugleich transdisziplinären Perspektive auf die Wahrnehmung öffentlicher Aufgaben mit IT bei (vgl. zum folgenden Lenk 2011: 321ff.; Brüggemeier und Lenk 2011).

Tabelle 2: Das Drei-Schichten-Modell als Bezugsrahmen für die Aufgabenwahrnehmung mit IT (eigene Darstellung)

Politische Regulierungs-Schicht	Gestaltung von Recht und politischen Programmen (Rechtsetzung und Vollzug) sowie Kontrolle zum Zwecke des Bewirkens
Ausgabenvollzugs-Schicht	Gestaltung und Steuerung von Geschäftsprozessen (Produktion
Infrastruktur-Schicht	Gestaltung von Infrastrukturen (Basisressourcen): Verfahrensrecht, Personal, Organisationen, Informationstechnik (Netze, Software etc.)

Die obere Schicht der *politischen Regulierung* ist der Programmplanung und der Rechtsetzung gewidmet. Hier geht es um die Frage, was mit welchen Interventionen in die Gesellschaft und die Natur bewirkt werden soll. Bereits an dieser Stelle muss systematisch die Perspektive des Verwaltungsvollzugs eingenommen (vgl. z.B. Schröter u.a. 2011) und überlegt werden, welche Vollzugsalternativen es im Lichte moderner IT gibt und wie ein innovativer, wirksamer, effizienter und bürokratiesparender Vollzug von politischen Programmen grundsätzlich aussehen und ermöglicht werden kann („*E-Better Regulation*"). Entsprechende Überlegungen und Anforderungen aus der Grobplanung der Aufgabenerfüllung mit IT finden wiederum Eingang in die

Rechtsetzung, beispielsweise in Form des Verzichts auf Schriftformerfordernisse. Der Erfüllungsaufwand für alle Beteiligten wird von Beginn an mit bedacht. Anknüpfend an den typischen Policy-Zyklus gehört zu dieser Schicht auch die Kontrolle bzw. Evaluation der Interventionen. Bei der politischen Regulierungsschicht liegen die disziplinären Bezüge zur Politikwissenschaft und zur Rechtswissenschaft, hier insbesondere zur „Neuen Verwaltungsrechtswissenschaft" (Hoffmann-Riem 2008) auf der Hand.

In der mittleren Schicht des *Aufgabenvollzugs* geht es um die Erstellung der für das Bewirken erforderlichen öffentlichen Leistungen mit IT. Die grobe Vollzugsplanung in der Schicht der politischen Regulierung wird in dieser Schicht konkretisiert. Damit geht es zum einen um die Gestaltungsfrage, mit welchen Geschäftsprozessen und welchen konkreten Aufgabenträgern im Rahmen welcher Produktionsmodelle (siehe oben, Abschnitt 3) produziert wird. Zum anderen geht es um die Steuerung dieser Leistungserstellung. Neben den disziplinären Bezügen zur Verwaltungsinformatik (Geschäftsprozessmanagement) ist hier vor allem das in Deutschland in seinem Kern von der Betriebswirtschaftslehre geprägte Public Management herausgefordert. Statt sich – wie bisher – fast ausschließlich und meist in generalisierender Weise um die einzelwirtschaftliche Steuerung von „Verwaltungsbetrieben" zu kümmern, gilt es nun die „Produktionsblindheit" des Public Management zu überwinden und sich auch „mit der organisationsübergreifenden Gestaltung der Produktion und einer wiederum auf die jeweiligen ‚Produktionsverhältnisse' abgestimmten Steuerung (zu) befassen" (Brüggemeier und Röber 2011b: 370). Diese Neuorientierung des Public Management im Lichte von E-Government voran zu bringen, ist im Übrigen ein gemeinsames Anliegen, das uns inzwischen bereits seit zehn Jahren in besonderer Weise mit Manfred Röber und seiner wissenschaftlichen Arbeit verbindet (Brüggemeier und Röber 2003).

Als untere Schicht hält die *Infrastruktur* die Produktions- bzw. Potentialfaktoren bereit, durch deren spezifische Kombination in der mittleren Schicht der Aufgabenvollzug schließlich im Dienste der oberen Schicht, der politischen Regulierung, erfolgen kann. In dieser Infrastruktur-Schicht finden sich insbesondere das Verfahrensrecht, (öffentliche, privat-gemeinnützige, privatwirtschaftliche) Organisationen, die grundsätzlich als Aufgabenträger zur Verfügung stehen, Mitarbeiter, Wissen und Handlungsroutinen. Auch die Informationstechnik zählt zu dieser Infrastruktur: insbesondere Geräte und Software, technische Netze und Basisregister. Kurzum zählen zur Infrastruktur alle Basisressourcen, die nicht nur für einzelne, vorab genau festgelegte Aufgaben genutzt werden können, sondern grundsätzlich als Potenzial für ganz unterschiedliche, teilweise noch gar nicht bekannte Aufgaben(vollzüge) bereitstehen, wie beispielsweise gemeinsam nutzbare Identifizierungs-, Zustell- oder Bezahldienste (vgl. auch Abschnitt 2.2). Für den Aufbau und die Weiterentwicklung dieser Infrastruktur müssten sich im Grunde alle Verwaltungsträger zuständig fühlen. Wie es nicht anders sein kann, sind die diszipli-

E-Government

nären Bezüge der Infrastruktur-Schicht vielfältig. Mit der von der Infrastruktur ausgehenden, zunehmenden Informatisierung des Aufgabenvollzugs wird aber evident, welche wachsende Bedeutung hier der Verwaltungsinformatik im Zusammenspiel mit anderen verwaltungswissenschaftlichen Perspektiven zuwächst (vgl. Lenk 2011: 321-325).

5. Schlussbetrachtung

Über die in diesem Beitrag fokussierte Rolle der IT als „Produktionstechnik" bei der effizienten und effektiven Erledigung öffentlicher Aufgaben hinaus erweist sich die IT unter dem Einfluss von Web 2.0-Technologie in wachsendem Maße auch als eine „Legitimationstechnik", bei der vordergründig-ablenkendes „Hype-Surfen", von Wirtschaftsinteressen geleitete Einflussnahmen, Überstrapazierung einer an sich sinnvollen Idee und wirklich substantielle Ansätze zur Vitalisierung politischer Prozesse mitunter nicht leicht zu unterscheiden sind (z.B. Open Government, Open Data, Open Innovation, Soziale Netzwerke in der öffentlichen Verwaltung etc.). Besonders interessant erscheinen solche Ansätze, bei denen an reale Problemstellungen und konkrete Modernisierungskonzepte, zum Beispiel im kommunalen Bereich, angeknüpft wird und bei denen die Grenze zwischen „E-Administration" und „E-Democracy" nicht mehr klar zu ziehen ist. Gemeint sind hier etwa Ansätze zur IT-Unterstützung der Konzepte „Bürgerhaushalt" und „Bürgerkommune" sowie Beschwerdemanagement-Systeme, bei denen die Bürger als Co-Produzenten aktiv in die Prozesse der Aufgabenerledigung eingebunden werden (zur Übersicht und Analyse unterschiedlicher Ansätze zur E-Partizipation vgl. Albrecht u.a. 2008; Winkel 2011).

IT kann auf vielfältige Weise zu einer effektiven, effizienten und bürokratiesparenden öffentlichen Aufgabenwahrnehmung beitragen. Voraussetzung hierfür ist aber ein umfassendes und integriertes Verständnis der IT-Potenziale wie auch der Besonderheiten öffentlicher Leistungsprozesse. Nur dann kann es gelingen, sinnvolle IT-Konzepte für den Leistungsvollzug oder die Teilhabe der Bürgerinnen und Bürger am Leistungsvollzug oder an Entscheidungsprozessen zu erarbeiten. Dabei können geeignete Vorgehensmodelle dazu beitragen,

- dass in der *Schicht der politischen Regulierung* grundlegende Vollzugsalternativen systematisch erhoben und bewertet werden und so ein Scheitern – wie jüngst mit dem Großvorhaben ELENA (Elektronischer Entgeltnachweis, vgl. Lenk 2010) – möglichst vermieden wird (Vorgehensmodell *„Innovation Impact Assessment"*, vgl. Lenk 2011b) und

- dass in der *Schicht des Aufgabenvollzugs* die Gestaltungspotenziale durch IT optimal ausgeschöpft und eine situativ angepasste und verantwortliche Steuerung gewährleistet werden (Vorgehensmodell *„Open Choice"*, vgl. Brüggemeier und Dovifat 2005).

Schließlich können Referenzmodelle für Prozessmodule, Geschäftsprozesse und verschiedene Typen von Leistungsnetzwerken verhindern, dass das Rad nicht immer wieder neu erfunden werden muss. Wie in einem „Legoland" könnten vielmehr gut elaborierte, teilstandardisierte Lösungsmuster dazu genutzt werden, um – ganz im Sinne des Jubilars – flexibel und effizient den spezifischen situativen Anforderungen unterschiedlichster öffentlicher Aufgaben gerecht zu werden. Auf diesem Wege ist jedoch noch einiges an anwendungsorientierter Grundlagenforschung zum Wandel von Staat und Verwaltung im Informationszeitalter erforderlich.

Literatur

Albrecht, Steffen/Kohlrausch, Niels/Kubicek, Herbert/Lippa, Barbara/Märker, Oliver/Trénel, Matthias/Vorwerk, Volker/Westholm, Hilmar/Wiedwald, Christian, 2008: E-Partizipation – Elektronische Beteiligung von Bevölkerung und Wirtschaft am E-Government, Studie im Auftrag des Bundesministeriums des Innern, Bremen: Institut für Informationsmanagement Bremen GmbH (ifib), URL: http://www.bmi.bund.de/SharedDocs/Downloads/DE/Themen/OED_Verwaltung/ Informationsgesellschaft/studie_e_partizipation.pdf;jsessionid=8D88C648D5347 F0E1488AFCD6639E3D8.2_cid165?__blob=publicationFile.
Bundesamt für Wirtschaft und Ausfuhrkontrolle (BAFA), 2010: Abschlussbericht Umweltprämie. Eschborn, URL: http://www.bafa.de/bafa/de/wirtschaftsfoerderung /umweltpraemie/publikationen/ump_abschlussbericht.pdf.
Banner, Gerhard, 2010: Kann E-Government einen Beitrag zur Staatsmodernisierung leisten? in: Verwaltung & Management, Jg. 16, Nr. 2, 73-78.
Becker, Wolfgang/Kunz, Christian/Mayer, Benjamin, 2009: Shared Service Center: Konzeption und Implementierung in internationalen Unternehmen. Stuttgart: Kohlhammer.
Beus, Hans B./Städler, Markus, 2010: Von der Nachhaltigkeit staatlicher Informationstechnik durch institutionalisierte Kollaboration der öffentlichen Verwaltung, in: Verwaltung & Management, Jg. 16, Nr. 2, 60-64.
Beyer, Lothar, 2005: Informations- und Kommunikationstechnik, in: Blanke, Bernhard/von Bandemer, Stephan/Nullmeier, Frank und Göttrik Wewer (Hrsg.), Handbuch zur Verwaltungsreform. 3. Aufl. Wiesbaden: VS Verlag für Sozialwissenschaften, 192-205.
Brinckmann, Hans/Kuhlmann, Stefan, 1990: Computerbürokratie. Ergebnisse von 30 Jahren öffentlicher Verwaltung mit Informationstechnik. Opladen: Westdeutscher Verlag.

Brüggemeier, Martin, 2004: Gestaltung und Steuerung öffentlicher Leistungsnetzwerke im Kontext von Electronic Government, in: Reichard, Christoph/Scheske, Michael und Tino Schuppan (Hrsg.), Das Reformkonzept E-Government. Potenziale – Ansätze – Erfahrungen. Münster: Lit, 188-209.

Brüggemeier, Martin/Dovifat, Angela, 2005: „OPEN CHOICE" – Ein strategisches Vorgehensmodell für das Reengineering der öffentlichen Leistungserstellung auf Basis von E-Government, in: Klischewski, Ralf und Maria Wimmer (Hrsg.), Wissensbasiertes Prozessmanagement im E-Government. Münster: Lit, 28-42.

Brüggemeier, Martin/Dovifat, Angela/Kubisch, Doreen/Lenk, Klaus/Reichard, Christioph/Siegfried, Tina, 2006: Organisatorische Gestaltungspotenziale durch Electronic Government. Auf dem Weg zur vernetzten Verwaltung. Berlin: Edition Sigma.

Brüggemeier, Martin/Lenk, Klaus (Hrsg.), 2011: Bürokratieabbau im Verwaltungsvollzug. Better Regulation zwischen Go-Government und No-Government. Berlin: Edition Sigma.

Brüggemeier, Martin/Röber, Manfred, 2003: Stand und Entwicklungsperspektive der Arbeitsorganisation im öffentlichen Dienst – auf dem Weg zu einem neuen Produktionsregime?, in: Koch, Rainer und Peter Conrad (Hrsg.), New Public Service. Öffentlicher Dienst als Motor der Staats- und Verwaltungsmodernisierung. Wiesbaden: Gabler, 123-153.

Brüggemeier, Martin/Röber, Manfred, 2011a: Auf dem Weg zu einem neuen Produktionsregime? Eine Analyse des Zusammenhangs zwischen Steuerung und Arbeitsorganisation im öffentlichen Sektor, in: Koch, Rainer/Conrad, Peter und Wolf H. Lorig (Hrsg.), New Public Service. Öffentlicher Dienst als Motor der Staats- und Verwaltungsmodernisierung. 2. Aufl. Wiesbaden: Gabler, 213-245.

Brüggemeier, Martin/Röber, Manfred, 2011b: Neue Modelle der Leistungserstellung durch E-Government – Perspektiven für das Public Management, in: Der Moderne Staat, Jg. 4, Nr. 2, 357-380.

Brüggemeier, Martin/Schulz, Sirko, 2012: Gestaltung und Steuerung Öffentlicher Leistungsnetzwerke zwischen institutioneller Vielfalt und „neuer Übersichtlichkeit", in: Röber, Manfred (Hrsg.), Institutionelle Vielfalt und neue Unübersichtlichkeit – Zukunftsperspektiven effizienter Steuerung öffentlicher Aufgaben zwischen Public Management und Public Governance. Berlin: BWV (im Erscheinen).

Brunzel, Marco, 2002: Von Inseln zu Netzen: Kooperatives E-Government im Landkreis Nordfriesland. Beitrag für die Tagung „Wirtschaft meets E-Government" am 07.11.2002 in Brandenburg, URL: http://www.cityandbits.de/Texte/Von_inseln_zu_Netzen_021029_Brandenburg.pdf.

Brunzel, Marco, 2011: Intermediäre Geschäftsmodelle an den Schnittstellen zur öffentlichen Verwaltung – Idee und konzeptionelle Grundlagen einer elektronischen Verwaltungsagentur, Berlin, in: Brüggemeier, Martin und Klaus Lenk (Hrsg.), Bürokratieabbau im Verwaltungsvollzug. Better Regulation zwischen Go-Government und No-Government. Berlin: Edition Sigma, 125-134.

Bundesamt für Sicherheit in der Informationstechnik (BSI), o.J.: Cloud Computing Grundlagen, URL: https://www.bsi.bund.de/DE/Themen/CloudComputing/Grundlagen/ Grundlagen_node.html.

Daum, Ralf/Eichhorn, Peter, 2005: Neue Formen der Kooperation durch Electronic Government, in: Klewitz-Hommelsen, Sayed und Hinrich Bonin (Hrsg.), Die Zeit nach dem E-Government, Heinrich Reinermann zur Emeritierung gewidmet. Münster: Lit, 53-65.

Davenport, Thomas, 1993: Process Innovation – Reengineering Work through Information Technology. Boston: Harvard Business School Press.

Deimel, Dominik, 2010: Entwicklung von Software für Case und Care Management im Gesundheitswesen, in: Case Management, Sonderheft Software, Jg. 7, 20-25.

Deussen, Peter H./Strick, Linda/Peters, Johannes, 2010: Cloud-Computing für die öffentliche Verwaltung, ISPRAT-Studie November 2010. Berlin: Fraunhofer-Institut für Offene Kommunikationssysteme FOKUS.

Die Beauftragte der Bundesregierung für Informationstechnik/Freie Hansestadt Bremen, 2010: XÖV – Handbuch zur Entwicklung XÖV-konformer IT-Standards, Version 1.0 vom 2.3.2010, URL: http://www.xoev.de/sixcms/media.php/13/2010-03-02-Handbuch-final.pdf.

Dovifat, Angela, 2006: „Soziale Arbeit heißt, das soziale Netz verfügbar machen..." – Besonderheiten und Probleme bei der organisationsübergreifenden Produktion sozialer Dienstleistungen, in: Birkholz, Kai/Maaß, Christian/von Maravic, Patrick und Patricia Siebart (Hrsg.), Public Management – Eine neue Generation in Wissenschaft und Praxis, Festschrift für Christoph Reichard. Potsdam: Universität Potsdam, 315-335.

Eifert, Martin, 2006: Electronic Government: Das Recht der elektronischen Verwaltung. Baden-Baden: Nomos.

Engel, Andreas, 2008: IT-gestützte Vorgangsbearbeitung in der öffentlichen Verwaltung. Bausteine zur Prozessgestaltung im E-Government. Berlin: Edition Sigma.

Europäische Kommission/ISA, 2010: European Interoperability Framework (EIF) for European public services, COM(2010) 744 final, Annex 2. Brüssel: Europäische Union, URL: ec.europa.eu/isa/documents/isa_annex_ii_eif_en.pdf.

Gesellschaft für Informatik/Informationstechnische Gesellschaft (GI/ITG), 2000: Electronic Government als Schlüssel zur Modernisierung von Staat und Verwaltung (Memorandum). Bonn, Frankfurt am Main: GI/ITG, URL: http://www.f3.htw-berlin.
de/Professoren/Brueggemeier/pdf/memorandum_e_Government_2000.pdf.

Hasler Roumois, Ursula, 2010: Studienbuch Wissensmanagement. Grundlagen der Wissensarbeit in Wirtschafts-, Nonprofit- und Public-Organisationen. 2. Aufl. Zürich: Orell Füssli.

Hill, Hermann/Schliesky, Utz, 2009: Herausforderung e-Government. E-Volution des Rechts- und Verwaltungssystems. Baden-Baden: Nomos.

Hill, Hermann, 2010: Business Intelligence/Business Analytics im öffentlichen Sektor. Mit Durchblick zum Weitblick, in: Die Öffentliche Verwaltung, Jg. 22, Nr. 19, 789-797.

Hoffmann-Riem, Wolfgang, 2008: Rechtsformen, Handlungsformen, Bewirkungsformen, in: Hoffmann-Riem, Wolfgang/Schmidt-Assmann, Eberhard und Andreas Vosskuhle (Hrsg.), Grundlagen des Verwaltungsrechts. Band 2: Informationsordnung, Verwaltungsverfahren, Handlungsformen. München: Beck, 885-958.

IT-Planungsrat, 2010: Nationale E-Government Strategie. Berlin, URL: http://www.cio.bund.de/SharedDocs/Publikationen/DE/Aktuelles/nationale_e_governm ent_strategie_beschluss_20100924_download.pdf?__blob=publicationFile.

Kammer, Matthias, 2003: Norddeutsche Verwaltungen im Jahre 2013 – Szenarien für E-Government, in: Verwaltung & Management, Jg. 9, Nr. 4, 182-185.

Kröger, Detlef, 2006: Elektronische Signaturen im Verwaltungsverfahren, in: Wind, Martin und Detlef Kröger (Hrsg.), Handbuch IT in der Verwaltung. Berlin: Springer, 315-345.
Kubicek, Herbert/Wind, Martin, 2005: E-Government im Jahre 5 nach dem Internethype. Bestandsanalyse und Strategieerfordernisse, in: Verwaltung & Management, Jg. 11, Nr. 2, 60-66.
Lenk, Klaus, 2004: Der Staat am Draht. Electronic Government und die Zukunft der öffentlichen Verwaltung – eine Einführung. Berlin: Edition Sigma.
Lenk, Klaus, 2010: ELENA oder der Weg in die durchorganisierte Informationsgesellschaft, in: Verwaltung & Management, Jg. 16, Nr. 3, 137-146.
Lenk, Klaus, 2011: Perspektiven der ununterbrochenen Informatisierung der Verwaltung, in: Der Moderne Staat, Jg. 4, Nr. 2, 315-334.
Lenk, Klaus, 2011a: E-Government is about Government – Verwaltungsmodernisierung mit IT im nächsten Jahrzehnt, in: Lenk, Klaus und Martin Brüggemeier (Hrsg.), Zwischenbilanz: E-Government und Verwaltungsmodernisierung. Stuttgart: Alcatel-Lucent-Stiftung, 12-21.
Lenk, Klaus, 2011b: Innovation Impact Assessment – Entwicklung und Bewertung neuer Vollzugsstrukturen, in: Brüggemeier, Martin und Klaus Lenk (Hrsg.), Bürokratieabbau im Verwaltungsvollzug. Better Regulation zwischen Go-Government und No-Government, Berlin: Edition Sigma, 227-246.
Lenk, Klaus, 2012: Verwaltungsdienste aus einer Hand. Chancen eines Strukturprinzips für die ausführende Mehrebenen-Verwaltung, in: Schröter, Eckhard/von Maravic, Patrick und Jörg Röber (Hrsg.), Zukunftsfähige Verwaltung? Herausforderungen und Lösungsstrategien in Deutschland, Österreich und der Schweiz. Opladen: Barbara Budrich, 235-252.
Lenk, Klaus/Traunmüller, Roland (Hrsg.), 1999: Öffentliche Verwaltung und Informationstechnik. Perspektiven einer radikalen Neugestaltung der öffentlichen Verwaltung mit Informationstechnik. Heidelberg: R. v. Decker.
Lenk, Klaus/Wengelowski, Peter, 2004: Wissensmanagement für das Verwaltungshandeln, in: Edeling, Thomas/Jann, Werner und Dieter Wagner (Hrsg.), Wissensmanagement in Politik und Verwaltung. Wiesbaden: VS Verlag für Sozialwissenschaften, 147-165.
Lenk, Klaus/Schuppan, Tino/Schaffroth, Marc, 2010: Vernetzte Verwaltung. Organisationskonzept für ein föderales E-Government Schweiz, eCH-White Paper. Bern: Verein eCH, URL: http://www.ech.ch/vechweb/page?p=news&nodeRef=workspace://SpacesStore/90fdad8d-128a-405e-83fd-9f6e11b41265.
Mayer, Andreas, 2011: Die Einführung IT-gestützter Vorgangsbearbeitung. Ein gestaltungsorientiertes Modell für planende Verwaltungseinheiten. Berlin: Edition Sigma.
Patig, Suanne: IT-Infrastruktur, in: Enzyklopädie der Wirtschaftsinformatik. Online-Lexikon (Stand: 17.06.2011), URL: http://www.enzyklopaedie-der-wirtschaftsinformatik.de/wi-enzyklopaedie/lexikon/daten-wissen/Informationsmanagement/IT-Infrastruktur.
Petrovic, Otto, 1994: Lean Management und informationstechnologische Potentialfaktoren, in: Wirtschaftsinformatik, Jg. 36, Nr. 6, 580-590.
Reinermann, Heinrich, 1995: Anforderungen an die Informationstechnik: Gestaltung aus der Sicht der Neuen Verwaltungskonzepte, in: Reinermann, Heinrich (Hrsg.), Neubau der Verwaltung. Informationstechnische Realitäten und Visionen. Heidelberg: R. v. Decker, 382-403.

Reisen, Andreas, 2007: Identity Management und der elektronische Personalausweis, in: Zechner, Achim (Hrsg.), Handbuch E-Government. Strategien, Lösungen und Wirtschaftlichkeit. Stuttgart: Fraunhofer IRB, 165-168.

Röber, Manfred, 1981: Organisationsstruktur und Planungsorganisation. Frankfurt am Main: Lang.

Röber, Manfred, 2011: Aufgabenplanung und Aufgabenkritik, in: Blanke, Bernhard/ Nullmeier, Frank/Reichard, Christoph und Göttrik Wewer (Hrsg.), Handbuch zur Verwaltungsreform, 4. Aufl. Wiesbaden: VS Verlag für Sozialwissenschaften, 108-117.

Röber, Manfred/Dovifat, Angela, 1999: Quo vadis Landesregierung? Gutachten zu Strukturüberlegungen für die Berliner Landesverwaltung im Auftrag der Senatsverwaltung für Inneres. Berlin.

Rombach, Dieter/Tschichholz, Michael/Jeswein, Thomas, 2010: Technologische Grundlagen des E-Government, in: Wirtz, Bernd W. (Hrsg.), E-Government – Grundlagen, Instrumente, Strategien. Wiesbaden: Gabler, 19-47.

Schilling, Peter/Brüggemeier, Martin/Eckert, Klaus-Peter/Knopp, Michael/Steffens, Petra/Tschichholz, Michael, 2011: Spürbare Bürokratie-Entlastung bei den Informationspflichten für Unternehmen – Das Konzept des FRESKO-Prozessors, in: Verwaltung & Management, Jg. 17, Nr. 1, 38-44.

Schröter, Eckhard/von Maravic, Patrick/Röber, Jörg, 2011: „Smart Regulation" bei öffentlichen Aufsichtstätigkeiten – Anforderungen an eine flexible Prüf- und Regulierungskultur, in: Brüggemeier, Martin und Klaus Lenk (Hrsg.), Bürokratieabbau im Verwaltungsvollzug: Better Regulation zwischen Go-Government und No-Government. Berlin: Edition Sigma, 211-226.

Schuppan, Tino, 2008: Leistungstiefengestaltung im Zeitalter von E-Government, in: eGov Präsenz, Nr. 2, 52-55.

Schuppan, Tino, 2009: Die EU-Dienstleistungsrichtlinie aus E-Government-Sicht: Mode oder Modernisierung?, in: Verwaltung & Management, Jg. 15, Nr. 6, 293-298.

Schuppan, Tino, 2010: Idee mit Sprengkraft, in: 360 Grad, Nr 18, 4-9.

Schuppan, Tino, 2011: Reduktion von Verwaltungslasten durch Einheitliche Behördenufnummern: Erfahrungen und Entwicklungsstand in den EU-Mitgliedsstaaten, in: Brüggemeier, Martin und Klaus Lenk (Hrsg.), Bürokratieabbau im Verwaltungsvollzug. Better Regulation zwischen Go-Government und No-Government. Berlin: Edition Sigma, 135-155.

Schuppan, Tino/Reichard, Christoph, 2010: Neubewertung staatlicher Leistungstiefe bei Informatisierung, in: Verwaltung & Management, Jg. 16, Nr. 2, 84-92.

Schuppert, Gunnar F., 2000: Verwaltungswissenschaft: Verwaltung, Verwaltungsrecht, Verwaltungslehre. Baden-Baden: Nomos.

Schwabe, Gerhard/Streitz, Norbert/Unland Rainer, 2001: CSCW-Kompendium. Lehr- und Handbuch zum computerunterstützten kooperativen Arbeiten. Berlin: Springer.

Schwabe, Gerhard (Hrsg.), 2011: Bürgerservices: Grundlagen – Ausprägungen – Gestaltung – Potentiale. Berlin: Edition Sigma.

Schwiering, Katrin, 2007: Performanceverbesserungen durch Shared Service Center in der öffentlichen Verwaltung, in: Brüggemeier, Martin/Schauer, Reinbert und Kuno Schedler (Hrsg.), Controlling und Performance Management im Öffentlichen Sektor. Ein Handbuch. Stuttgart: Haupt, 419-427.

Tschichholz, Michael/Fox, Oliver, 2007: Dienste statt Software – Architekturen für prozessorientiertes E-Government, in: Zechner, Achim (Hrsg.), Handbuch E-

Government. Strategien, Lösungen und Wirtschaftlichkeit. Stuttgart: Fraunhofer IRB, 133-154.
von Lucke, Jörn, 2010: Portale und Hochleistungsportale im E-Government – Neue Gestaltungsmöglichkeiten für Staat und Verwaltung, in: Wirtz, Bernd W. (Hrsg.), E-Government – Grundlagen, Instrumente, Strategien. Wiesbaden: Gabler, 115-131.
Wentzel, Joachim, 2010: Die Nationale E-Government-Strategie: Ein Schritt vor, zwei zurück?, in: Verwaltung & Management, Jg. 16, Nr. 6, 283-292.
Winkel, Olaf, 2011: Bürgerpartizipation – Organisation und Vitalisierung politischer Prozesse durch Electronic Government, in: Der Moderne Staat, Jg. 4, Nr. 2, 381-402.
Wind, Martin/Breiter, Andreas, 2011: Erscheinungsformen der Organisationslücke: Perspektiven auf die Einbettung der Informationstechnik, in: Breiter, Andreas und Martin Wind (Hrsg.), Informationstechnik und ihre Organisationslücken. Berlin: Lit Verlag, 9-40.

Legalität und Legitimität der Aufgabenerfüllung

Veith Mehde

1. Vorbemerkungen

Ausgangspunkt der Überlegungen soll eine Begriffsklärung aus juristischer Perspektive sein. In der Rechtsprechung des Bundesverfassungsgerichts wie auch in der rechtswissenschaftlichen Literatur zeichnet sich ein klar umrissenes Modell ab, mit dem die Voraussetzungen der Legitimität staatlicher Aufgabenwahrnehmung beschrieben werden. Die genauen Umrisse der Frage nach der Legalität sind sogar noch klarer erkennbar. Beide Konzepte sollen hier nachgezeichnet und ihre Unterschiede und ihr Verhältnis zueinander dargestellt werden. Die Grenzen des Konzepts geben Raum für Überlegungen, welche die Betrachtungsweise erweitern, und die Möglichkeit, über andere Maßstäbe und Instrumente der Legitimitätsherstellung nachzudenken. Dabei sollen Mechanismen identifiziert werden und die dabei gewonnenen Erkenntnisse einmünden in konkrete Analysen zur Gewährleistung der Legitimität in bestimmten organisatorischen Designs, in denen Verwaltungsaufgaben in der Praxis wahrgenommen werden.

2. Legalität und Legitimität – Begriffliches und Konzeptionelles aus rechtswissenschaftlicher Sicht

2.1 Legalität

Mit dem Begriff der „Legalität" kennzeichnet man die Rechtmäßigkeit der Aufgabenerfüllung unabhängig von der Frage, durch wen eine Leistung im konkreten Fall erbracht wird. Ausgangspunkt dieser Überlegung ist die im Rechtsstaat selbstverständliche Gesetzesbindung. Für die Verwaltung ergeben sich daraus zwei unterschiedliche Maßstäbe für die Beurteilung der Legalität ihrer Handlungen (Bull und Mehde 2009: Rn. 158ff.). Zum einen ist das der Vorrang des Gesetzes, der letztlich nichts anderes als die Selbstverständlichkeit ausspricht, dass nicht gegen Gesetze verstoßen werden darf. Bei administrativem Handeln im Wege der Rechtsetzung folgt daraus ein Verbot, gegen höherrangiges Recht zu verstoßen. Zum anderen folgt daraus der Maß-

Legalität und Legitimität der Aufgabenerfüllung

stab des Vorbehalts des Gesetzes, der eine andere Herangehensweise von Gesetzgeber und Verwaltung verlangt. Danach sind nur solche administrativen Maßnahmen rechtmäßig, für die eine ausdrückliche gesetzliche Ermächtigungsgrundlage besteht. Der Gesetzgeber muss also eine Regelung schaffen, die der Verwaltung unter bestimmten Voraussetzungen erlaubt, die konkrete Handlung vorzunehmen. Der Vorbehalt des Gesetzes greift stets bei Maßnahmen, die für den jeweiligen Adressaten belastenden Charakter haben, insbesondere in seine Grundrechte einschließlich seiner allgemeinen Handlungsfreiheit eingreifen. Demgegenüber ist im Bereich der Leistungsverwaltung die Anwendbarkeit des Vorbehalts des Gesetzes durchaus umstritten. Die zum Teil erhebliche Bedeutung, die mit staatlichen Leistungen verbunden ist, spricht eher für eine Ausweitung des Vorbehalts auch in diesen Bereich. Die Linie der Rechtsprechung geht allerdings eindeutig dahin, dass für begünstigendes Handeln der Verwaltung keine Ermächtigung durch den Gesetzgeber erforderlich ist. Subventionen können daher schon dann vergeben werden, wenn im Haushaltsplan ein den jeweiligen Förderungszweck umfassender Titel enthalten ist und dafür ausreichende Mittel ausgewiesen sind (vgl. etwa BVerwGE 58, 45 [48]; 75, 109 [117]; 104, 220 [222]). Weitere gesetzlicher Regelungen zur Ausgestaltung des Subventionszwecks oder zur Regelung der Voraussetzungen für eine Förderung sind zwar möglich, aber keine Bedingung für die Rechtmäßigkeit der jeweiligen Leistung.

Für Konstellationen, in denen Gesetze vorliegen, die für die Verwaltungsentscheidung einschlägig sind, unterscheidet die Rechtsdogmatik zwei Arten von Spielräumen: Ermessens- und Beurteilungsspielräume (vgl. dazu Bull und Mehde 2009: Rn. 556ff.). In beiden Fällen hat die Verwaltung die Letztentscheidungskompetenz, die Gerichte überprüfen ihre Entscheidungen nur eingeschränkt. Die damit einhergehenden Spielräume der Verwaltung sind entweder die Folge einer ausdrücklichen Regelung einer solchen Letztentscheidungskompetenz im Gesetz oder aber das Ergebnis faktischer Notwendigkeiten bei der Überprüfung von Verwaltungsentscheidungen durch die Gerichte. Der Gesetzgeber kann der Verwaltung ausdrücklich Ermessen einräumen, dessen Ausübung von den Gerichten nur eingeschränkt überprüft werden kann. Die Gesetze sehen dann vor, dass die Verwaltung unter bestimmten Voraussetzungen – deren Vorliegen gerichtlich uneingeschränkt überprüfbar ist – handeln „kann" oder „darf". Diese Art von Spielraum betrifft also nicht die Tatbestandsseite einer Norm, sondern ausschließlich die Rechtsfolge, die beim Vorliegen der Tatbestandsvoraussetzungen eintritt. Die Verwaltungsgerichte setzen in diesem Fall ihre Auslegung des Gesetzes nicht an die Stelle derjenigen der entscheidenden Behörde, betrachten also eine Differenz zwischen dem, wie sie in dieser Konstellation entscheiden würden, einerseits und dem Ergebnis der Verwaltung andererseits nicht per se als rechtswidriges Verwaltungshandeln. Vielmehr nehmen sie dies nur dann an, wenn in der behördlichen Entscheidung Ermessensfehler vorliegen. Ein solcher ist anzunehmen, wenn die Reichweite des Spielraums von der Verwaltung unter- oder überschätzt wurde, bei der Entscheidung sachwidrige Erwägungen eine Rolle spielten oder Aspekte, die zu berücksichtigen waren, bei der Ermessensausübung nicht berücksichtigt wurden.

Spielräume auf der Tatbestandsseite sind demgegenüber eine besonders begründungsbedürftige Ausnahme. Nach der Rechtsprechung des Bundesverfassungsgerichts verlangt die Rechtsschutzgarantie des Art. 19 Abs. 4 GG nämlich grundsätzlich die volle gerichtliche Überprüfbarkeit auch solcher Rechtsbegriffe, die sehr unbestimmt sind (BVerfGE 84, 34 [49 f.]). Eine uneingeschränkte Überprüfung würde aber mitunter an die Funktionsgrenzen der Rechtsprechung stoßen (BVerfGE 84, 34 [50]), zu einer Verzerrung von Bewertungsmaßstäben oder einem Verstoß gegen das Gebot der Chancengleichheit führen (BVerfGE 84, 59 [77]). So lassen sich etwa Prüfungen in ihrem konkreten Ablauf kaum aussagekräftig nachzeichnen, so dass auch das Bundesverfassungsgericht in solchen Konstellationen einen Beurteilungsspielraum der die Leistung Bewertenden annimmt.

Daraus folgt für die Aufgabenerfüllung, dass keine Verstöße gegen Gesetze bzw. gegen höherrangiges Recht vorliegen dürfen. Immer dann, wenn die Aufgabe belastende Maßnahmen einschließt, muss darüber hinaus eine entsprechende gesetzliche Grundlage bestehen. Die Anwendung der Rechtsvorschriften durch die Verwaltung kann von den Gerichten voll überprüft werden. Kommt das Gericht zu einer anderen Auslegung als die Verwaltung, so führt dies zur Rechtswidrigkeit der Verwaltungsentscheidung. Etwas anderes gilt nur bei bestehenden Spielräumen der Verwaltung, die – außer im seltenen Ausnahmefall des Beurteilungsspielraums – vom Gesetzgeber ausdrücklich zugewiesen werden müssen.

2.2 Legitimität

Der Begriff der „Legitimität" wirft die Frage der Rückbindung der Aufgabenwahrnehmung an ein Legitimationssubjekt auf. In der Rechtsprechung und der rechtswissenschaftlichen Literatur ist eher von „Legitimation" die Rede, weil damit der Prozess der Herstellung von Legitimität beschrieben werden kann (zur Bedeutung des Demokratieprinzips für die Organisation der öffentlichen Verwaltung vgl. Dreier 1991; Emde 1991; Jestaedt 1993; Mehde 2000; Trute 2006). Dies deckt sich mit der Tatsache, dass die in der Rechtsprechung angewendete juristische Herangehensweise klassischerweise auf den „Input" abstellt – also auf die Strukturen, in denen die Entscheidungsfindung stattfindet –, die Output-Legitimation – und damit die von der Entscheidung ausgehenden Ergebnisse – also grundsätzlich keine Rolle spielen (Ludwigs 2011: 49). Mit dem Begriff der „Legitimation" ist der Zusatz „demokratische" geradezu unverrückbar verknüpft. In der Tat ist es in einem demokratischen Regierungssystem nicht denkbar, sich eine andere Art der

Legalität und Legitimität der Aufgabenerfüllung

Legitimationsgewinnung vorzustellen, als die Rückbindung an das Legitimationssubjekt, das den Ausgangspunkt für demokratische Herrschaftsausübung darstellt.

Die Frage des Legitimationssubjekts bringt mehr Probleme mit sich, als dies der Begriff zunächst nahezulegen scheint. Die demokratische Legitimation, wie sie das Bundesverfassungsgericht versteht, nimmt ihren Ausgangspunkt ausschließlich beim Volk (BVerfGE 83, 37 [50]). Dies lässt sich auf den schlichten, in Art. 20 Abs. 2 Satz 1 GG festgehaltenen Kernsatz des Demokratieprinzips des Grundgesetzes zurückführen: „Alle Staatsgewalt geht vom Volke aus". Damit stellt sich das Problem, dass grundsätzlich nur das Volk als Ganzes und damit letztlich die in der jeweiligen Gebietskörperschaft (Bund, Länder, Kommunen) lebenden Wahlberechtigten taugliches Legitimationssubjekt sind (Dreier 2006: Art. 20 (Demokratie), Rn. 94ff.). Die funktionale Selbstverwaltung (vgl. dazu Kluth 1997) steht nach der Rechtsprechung des Bundesverfassungsgerichts allerdings nicht im Gegensatz zum Demokratieprinzip (BVerfGE 107, 59 [91ff.]; 111, 191 [215 ff.]). Dabei handelt es sich um durch den Gesetzgeber geschaffene Körperschaften, in denen die Mitglieder zur Erreichung bestimmter, rechtlich klar umrissener gemeinsamer Zwecke zusammenwirken. Sonstige Gruppen, insbesondere die von einer Aufgabenwahrnehmung Betroffenen sind demnach in keinem Fall Ausgangspunkt demokratischer Legitimation. Im Gegenteil gebietet die demokratische Gleichheit, die sehr formell verstanden wird, dass nicht einzelne Personen oder Gruppen einen größeren Einfluss auf die Entscheidungsfindung erlangen als die anderen Mitglieder des Staatsvolks.

Die Legitimationsfrage stellt sich gemäß Art. 20 Abs. 2 Satz 1 GG ausschließlich, wenn es sich bei einer konkreten Handlung um Ausübung von Staatsgewalt handelt (BVerfGE 83, 60 [71 ff.]; 93, 37 [68]). Handelt es sich demgegenüber um eine Aufgabenwahrnehmung durch Private, so ist nicht nur kein Legitimationserfordernis gegeben. Vielmehr können diese Akteure dann grundrechtliche Freiheiten für sich beanspruchen. Es erfolgt in diesem Fall also keine Rückbindung an ein Legitimationssubjekt, sondern im Gegenteil eine Abschirmung von allen Fragen nach der Legitimität einer bestimmten Tätigkeit. Der Wechsel von der einen – legitimationsbedürftigen – zur anderen – der freiheitsausübenden – Seite kann erfolgen, ohne dass das Demokratieprinzip dies ausschließen würde. Das bedeutet im Ergebnis, dass die Frage der Legitimität aus juristischer Sicht keine Beschränkungen für Privatisierungsentscheidungen bereithält. Dies lässt sich möglicherweise so rechtfertigen, dass die Politik ohnehin ein Interesse daran haben sollte, eine hinreichende Einflussnahmemöglichkeit zu bewahren. Es haben sich aber bislang in dieser Hinsicht keine verbindlichen Strukturen herausgebildet. In Anbetracht der Vielgestaltigkeit der Aufgabenerfüllung im Zusammenspiel von staatlichen und privaten Akteuren erscheint das juristische Legitimationsmodell daher geradezu unterkomplex. Als Problem wird in der rechtlichen Privatisierungsdiskussion bislang vor allem das Problem gesehen, dass nur staatliche Stellen grundrechtsverpflichtet sind, mit einer Privatisierungsentscheidung also eine „Flucht ins Privatrecht" im Sinne einer Befreiung von den grundrechtlichen Pflichten droht. Das Bundesverfassungsgericht hat dieser Tendenz jedenfalls insofern einen Riegel vorgeschoben, als es Unternehmen, die im Mehrheits- oder Alleineigentum des Staates stehen in gleicher Weise an die Grundrechte gebunden sieht, wie den Staat selbst (vgl. dazu BVerfGE 128, 226).

2.3 Unterschiede und Wechselbezüglichkeiten

Die Unterschiede zwischen den Anforderungen der Legalität und jenen der Legitimität betreffen zunächst die Charakteristika der mit ihnen verbundenen Rechtsnormen. Die Forderung nach Rechtmäßigkeit des Verwaltungs- wie jedes Staatshandelns erlaubt keine Relativierung. Der Rechtsstaat kennt keine Abstufung bei der Gesetzesbindung. Auch die oben genannten Ermessens- und Beurteilungsspielräume bewirken keine Abschwächung in dieser Hinsicht. Verändert wird dadurch ausschließlich das Verhältnis von Exekutive und Judikative, da die Legislative der Verwaltung eine Letztentscheidungskompetenz einräumt, oder aber die Gerichte keine realistische Möglichkeit haben, die Entscheidungsgrundlagen der Verwaltung zu überprüfen. Demgegenüber ist das Legitimationskonzept wesentlich facettenreicher und seine Anforderungen wesentlich schwieriger zu bestimmten (zu aktuellen Diskussionen vgl. etwa Ernst 2010; Sennenkamp 2010). Das Bundesverfassungsgericht spricht davon, dass ein hinreichendes Legitimationsniveau zu erreichen sei (BVerfGE 83, 60 [72]; 93, 37 [66 f.]; 119, 33[366]). Damit wird anerkannt, dass die Instrumente der Legitimationsgewinnung in den unterschiedlichen Konstellationen in je eigenen Arrangements zusammenwirken. Es besteht also keine Beschränkung auf ein einzelnes organisatorisches Konzept. Die jeweiligen Ausführungen weisen allerdings sehr stark darauf hin, dass die Charakteristika der Ministerialverwaltung als eine Art Idealbild zugrunde liegen.

2.4 Verhältnis der beiden Begriffe zueinander

Legalität ist eine notwendige, wenn auch bei weitem keine hinreichende Bedingung für Legitimität. Eine Missachtung der Gesetzesbindung durch die Verwaltung würde zu Entscheidungen führen, die nicht als legitim angesehen werden könnten. Der Zusammenhang wird hergestellt durch die Bedeutung der Rechtsbindung als Instrument der Legitimationsvermittlung. Das Bundesverfassungsgericht sieht für die von Ministern gegenüber dem Parlament verantworteten Entscheidungen über die Verwaltungsorganisation und die

Personalauswahl einen zusätzlichen Legitimationsbedarf. Da er den materiellen Gehalt der Entscheidungen betrifft, spricht man von sachlich-inhaltlicher Legitimation. Hier kommt zum einen die Weisungsbefugnis der jeweiligen Behördenspitze zum Tragen. Den zweiten Aspekt bildet die Gesetzesbindung. Durch den Vollzug von Gesetzen, die vom Parlament verabschiedet wurden, entsteht eine Rückbindung an den Souverän Volk, der über die Zusammensetzung des Parlaments durch Wahl entschieden hat. Die Diskussion über das New Public Management bzw. das Neue Steuerungsmodell hat hieran nichts geändert.

3. Ausweitungen des Legitimitätskonzepts in den Sozialwissenschaften

Im Folgenden soll es um Alternativen oder Ergänzungen zu dem vom Bundesverfassungsgericht entwickelten Legitimationskonzept gehen. Dafür bestehen durchaus Spielräume, da die rechtliche Herangehensweise, wie sie oben geschildert wurde, nur die organisatorischen Mindestanforderungen im Fall der Ausübung von Staatsgewalt betrifft (vgl. Trute 2006: § 6, Rn. 53). Spricht man alltagssprachlich oder auch aus einer sozialwissenschaftlichen Perspektive von Legitimität, so ist damit eine breitere Perspektive verbunden. In diesem Sinne geraten zum einen Themen in den Blick, die schlicht keinen Gegenstand der juristischen Herangehensweise bilden, wie etwa die Frage, wann eine privatwirtschaftlich organisierte Aufgabenwahrnehmung als legitim angesehen werden kann. So kann man durchaus nach einer von einem Legitimationssubjekt empfundenen, vielleicht sogar empirisch zu belegenden Legitimität fragen. Dies hat eine erhebliche Ausweitung der von der Fragestellung umfassten Konstellationen zur Folge.

3.1 Legitimationssubjekte

Wie schon dargestellt, versteht das Bundesverfassungsgericht die Aussage des Art. 20 Abs. 2 Satz 1 GG dahingehend, dass nur das Volk als ganzes taugliches Legitimationssubjekt ist, eine Legitimation von den jeweiligen Betroffenen her scheidet dabei aus (BVerfGE 83, 37 [51]). Das Grundgesetz verlangt die Gleichheit der Staatsbürgerinnen und Staatsbürger. Daraus ergibt sich der rechtlich nicht bezweifelbare Ansatz, keine einzelne Personen oder Dritte privilegierenden Legitimationswege vorzusehen. Dies schließt aber natürlich nicht aus – und das ist im Übrigen vom Bundesverfassungsgericht auch nie behauptet worden –, dass es in einem politischen, also nichtjuristischem Sinne als legitimitätsstiftend angesehen werden kann, wenn etwa eine Behörde von den Empfängern einer bestimmten Dienstleistung positiv bewertet wird. Entsprechende Überlegungen gibt es in der Verwaltungsreformdiskussion – unabhängig von ihrer rechtlichen Einordnung – schon sehr lange. Auf Schlagwörter gebracht geht es dabei um „bürgernahe Verwaltung", „Kundenorientierung" oder auch Qualitätsmanagement. Konkret bedeutet das eine Rückkopplung an die eigene Zielgruppe, also die Personen oder Gruppen, an die sich eine bestimmte Aufgabenwahrnehmung richtet.

Allerdings liegt gerade bei diesem Punkt natürlich das Problem in der Identifikation eben jener Betroffenen. Die Auswirkungen staatlichen oder vom Staat in Auftrag gegebenen Handelns sind nur in äußerst seltenen Fällen ausschließlich auf die Empfänger oder auch nur die einen entsprechenden Antrag stellenden Personen oder Gruppen beschränkt. Das wird besonders deutlich, wenn man in Rechnung stellt, dass staatliche Leistungen stets von einer Finanzierung abhängig sind, die durch die Gemeinschaft der Steuerzahler erfolgt. Die Zufriedenheit einer bestimmten Gruppe von Begünstigten kann daher auch politisch nie gleichgesetzt werden mit einer demokratischen Legitimität, da die Akzeptanz natürlich tendenziell umso mehr wächst, je größer auch die Begünstigung ist. Die davon jedenfalls mittelbar negativ Betroffenen – und sei es durch ihre Teilhabe an der Finanzierungslast – haben aber natürlich dieselbe Berechtigung, auf die jeweiligen Entscheidungen Einfluss zu nehmen.

Diese Überlegungen ändern aber nichts an dem Postulat, die Aufgaben so zu erfüllen, dass definierten Qualitätsstandards genüge getan wird. In einem politischen Sinn ist es also durchaus überzeugend, durch Maßnahmen der Qualitätssicherheit und regelmäßige Evaluationen Rechenschaft abzulegen über die Qualität der Aufgabenerfüllung und damit eine Rückbindung an die von einer Aufgabenwahrnehmung besonders Berührten herzustellen. Auch Umfragen unter den Adressaten der Aufgabenerfüllung können also für den jeweiligen Aufgabenträger in einem nichtjuristischen Sinn legitimitätsstiftenden Charakter haben.

3.2 Legitimationsmechanismen

Besonders facettenreich sind die Alternativen zu dem vom Bundesverfassungsgericht entwickelten Konzept bei der Frage der Instrumente, die zur Legitimität der Aufgabenwahrnehmung führen. Nachdem oben die Probleme bei der Identifikation tauglicher Legitimationssubjekte geschildert wurden, geht es hier nun um die Frage, mit Hilfe welcher Mechanismen eine Rückbindung an diese erfolgen kann.

a. Akzeptanz und Partizipation von Betroffenen

Im Konzept, das hier aufgrund der verfassungsgerichtlichen Rechtsprechung gezeichnet wurde, sind die Bürgerinnen und Bürger allgemein, aber auch die von einer bestimmten Entscheidung konkret Betroffenen auf die Stimmabgabe bei Wahlen beschränkt. Dies ist aus einer politisch-sozialwissenschaftlichen Perspektive nicht zufriedenstellend, beschränkt sie doch damit auch das Bild des Aktivbürgers, der eine angemessene Leistung erhalten soll. Im Neuen Steuerungsmodell der KGSt wurde die Kundenbefragung denn auch in einer Weise empfohlen, die durchaus an Legitimationsüberlegungen erinnerte (vgl. Mehde 2000: 104ff.). Tatsächlich sind Umfragen, so denn die zu Befragenden klar identifiziert worden sind, eine gute Möglichkeit, Rückmeldungen über die Zufriedenheit mit den jeweiligen Leistungen zu erhalten. Dasselbe gilt für repräsentative Befragungen. Auch dabei kann eine sehr direkte Information erfolgen, wobei die Frequenz abhängig von den jeweiligen Rückmeldebedürfnissen variieren kann.

b. Abwanderung

Deutlich anders zugeschnitten ist der Ansatzpunkt, der grundlegend von Albert O. Hirschman beschrieben wurde (vgl. zum Folgenden Hirschman 1974). Hirschman greift die klassischen Mitbestimmungsmöglichkeiten, wie sie mit demokratischen Rechten einhergehen, unter dem Oberbegriff „Voice" auf. Tatsächlich geht es bei Beteiligungsformen – auch außerhalb formaler Wahlentscheidungen – darum, den jeweils Berechtigten eine Stimme zu geben. Dies wird in dem Modell von Hirschmann ergänzt durch die Überlegung, dass eine Willensäußerung auch dann erfolgt, wenn Betroffene eine ihnen zur Verfügung stehende Exit-Möglichkeit nutzen. In dieser Perspektive erhält die Möglichkeit der Abwanderung eine demokratische Qualität (Mehde 2005: 8f.). Der Verbleib in dem jeweiligen System bei einer real bestehenden Ausweichmöglichkeit deutet auf Zufriedenheit, die Abwanderung auf das Gegenteil hin. Dieser Gedanke wird bei der Entwicklung von sogenannten „Functional Overlapping Competing Jurisdictions" (FOCJ) auf die Spitze getrieben (vgl. etwa Eichenberger 1996). Durch sie soll eine Exit-Option geschaffen werden, die mit geringeren Hürden verbunden ist. Insbesondere sollen danach institutionelle Arrangements gefunden werden, die eine Wahl ermöglichen, ohne dass dabei ein Ortswechsel erforderlich wird. In einer solchen Konstellation kann davon ausgegangen werden, dass sich die Präferenzen der jeweiligen Nutzer sehr genau decken mit dem jeweiligen Angebot der von ihnen gewählten Dienstleister. In einer politischen Perspektive haben diese jede Rechtfertigung, von einem als legitim empfundenen Angebot auszugehen.

c. Akzeptanz, Partizipation und Austritt in der Sicht der Rechtsordnung

In der juristischen Perspektive mag eine Wahlmöglichkeit mit den Gedanken der Effizienz und des Wettbewerbs verbunden sein, eine demokratische Qualität wird dieser Konstellation nicht beigemessen. Als eine Art demokratischer „Urakt" wird nicht auf die Möglichkeit des „Exit", sondern ausschließlich auf die „Voice"-Option abgestellt. Das hat seine Ursache darin, dass das Ausgehen der Staatsgewalt vom Volk im Sinne des Art. 20 Abs. 2 Satz 1 GG schon in der Verfassung selbst mit der demokratischen Wahl verbunden ist. Als einzigen konkreten Anhaltspunkt, wie die Verknüpfung zwischen dem Volk und der Staatsgewalt erfolgen könnte, findet man im Grundgesetz den demokratischen Wahlakt. Gemäß Art. 38 Abs. 1 Satz 1 GG werden die Abgeordneten des Deutschen Bundestags in allgemeiner, unmittelbarer, freier, gleicher und geheimer Wahl gewählt. In den Landesverfassungen sowie den Kommunalgesetzen findet sich darüber hinaus das Volk in der Rolle als Akteur bei den plebiszitären Elementen, durch die Entscheidungen einschließlich der Verabschiedung von Gesetzen ohne einen Zwischenschritt in Gestalt der repräsentativen Demokratie getroffen werden können.

Insofern liegt dem Legitimitätskonzept des Grundgesetzes ganz eindeutig nicht der Gedanke der Abstimmung mit den Füßen, sondern jener mit dem Stimmzettel zugrunde. Dass die Anforderungen der Akzeptanz und Partizipation dieses Konzept dennoch nicht abschließend umschreiben, folgt zunächst einmal aus der Zusammensetzung des Legitimationssubjekts. Akteur ist dabei praktisch niemals das gesamte Volk, sondern immer ein Ausschnitt davon, der durch die besondere Betroffenheit charakterisiert wird. Selbst wenn – was praktisch auszuschließen ist – das Volk insgesamt Zielobjekt dieser Überlegungen wäre, so bliebe dennoch das Problem der Äußerungsform. Wahlen sind ein formalisierter und damit uneingeschränkt aussagekräftiger Ausdruck von Präferenzen. Demgegenüber sind Meinungsumfragen oder andere Formen der Akzeptanzmessung auch bei Einhaltung sozialwissenschaftlicher Standards mit einer erheblichen Fehleranfälligkeit belastet, und sie stellen noch mehr als Wahlen, deren Bedeutung den daran Teilnehmenden jederzeit bewusst sein muss, eine Momentaufnahme dar.

4. Übersetzung der Überlegung in organisatorische Maßnahmen

Die genannten Mechanismen lassen sich übersetzen in konkrete Organisationsformen, mit denen die Legalität, da diese als selbstverständlich vorausgesetzt wird, in der Regel aber vor allem die Legitimität der Aufgabenwahrnehmung gewährleistet werden kann. Das gilt sowohl für die geschilderten Anforderungen der Rechtsprechung des Bundesverfassungsgerichts wie auch für die sodann aufgeführten Aspekte aus der politischen bzw. sozialwissenschaftlichen Diskussion.

4.1 Hierarchie

Ergebnis der verfassungsgerichtlichen Rechtsprechung zum Demokratieprinzip ist, dass der Grundtyp der Organisation öffentlicher Aufgabenerfüllung die Hierarchie darstellt. Das vom Bundesverfassungsgericht entwickelte Gebot einer grundsätzlichen Weisungsgebundenheit der Verwaltung, mit der eine sachlich-inhaltliche Legitimation gewährleistet werden soll (BVerfGE 83, 60 [72]; 93, 37 [66]), lässt sich nur in einem Verwaltungsaufbau verwirklichen, der durch eine formale Über- und Unterordnung gekennzeichnet ist. Sie gibt in diesem Modell der Behördenspitze die Möglichkeit, ihre Verantwortlichkeit gegenüber dem Parlament sinnvoll wahrzunehmen. Jedenfalls die fehlende rechtliche Einflussnahmemöglichkeit schließt die Verantwortlichkeit für Maßnahmen der unbeeinflussbar operierenden Stellen aus (zu den aus dieser Rechtsdogmatik folgenden Problemen bei der demokratischen Legitimation der Justiz vgl. Sennekamp 2010: 215ff.). Dieses Konzept wird flankiert durch die personell-organisatorische Legitimation, die auf die Auswahl und Anstellung der Mitarbeiter innerhalb der Hierarchie und die Möglichkeit der Hausspitze zu organisatorischen Maßnahmen abstellt. Charakterisieren lässt sich diese Anforderung mit dem Schlagwort der „ununterbrochenen Legitimationskette". Dies alles bedeutet allerdings nicht, dass die Behördenleitung oder die jeweiligen Vorgesetzten auch ihren Führungsstil an solchen hierarchischen Erwägungen ausrichten müssten. Umgekehrt führt ein kooperativer Führungsstil oder das Einräumen weiter Entscheidungsspielräume der nachgeordneten Stellen oder Personen nicht zu einer Befreiung von der entsprechenden Verantwortlichkeit. Insofern sind die formalen Strukturen zwar in der Praxis dehnbar, von den rechtlichen Konsequenzen her aber für die in den Verwaltungen arbeitenden Personen nicht modifizierbar.

Im Ergebnis besteht aus rechtlicher Sicht kein Zweifel, dass eine Aufgabenwahrnehmung, die in den hierarchischen Strukturen einer Behörde durchgeführt wird, als legitim anzusehen ist. Das bedeutet natürlich nicht, dass es daneben kein politisches Postulat geben könnte, die konkrete Art der Aufgabenerledigung effizienter, bürgerfreundlicher oder sonst anders zu gestalten, wenn der Eindruck herrscht, in dieser Hinsicht bestünden Defizite. Auch ist darauf hinzuweisen, dass sich aus dieser Rechtsprechung weder eine Schranke für Privatisierungen noch Aufbauprinzipien für die Organisationsformen herleiten lassen, die nicht in der öffentlichen Verwaltung angesiedelt sind. Beauftragt die öffentliche Hand also etwa private Akteure mit der Aufgabenwahrnehmung, so hat das Hierarchiegebot keine Wirkungen, die aus dem

Bereich der konkreten Verwaltungseinheit hinaus weisen. Auch die Frage der Steuerung und der Kontrolle der eine bestimmte Aufgabe erfüllenden Privaten lässt sich nicht als Problem der demokratischen Legitimation konstruieren. Die Frage der Legalität wiederum verweist auf – im Einzelfall unterschiedlich gesetzlich ausgestaltete – Aufgabe der Aufsichtsbehörden und gegebenenfalls jene der Justiz.

4.2 Wettbewerb im Markt

Die Alternative zur Aufgabenwahrnehmung in staatlichen und hierarchischen Strukturen wird unverändert in ihrer Übertragung auf Organisationen gesehen, die in Rechtsformen des Privatrechts geführt werden (vgl. etwa Schwerdtner 2007: 169). Effizienzpotenziale werden dabei mit besonderer Flexibilität assoziiert. Die größte Hoffnung auf positive Wirkungen liegt aber auf der Etablierung funktionierender wettbewerblicher Strukturen (Mehde 2009: 21f.). Wettbewerb wird als effizienzsteigernd angesehen, das ist die Prämisse vieler, wenn nicht aller Überlegungen zur Privatisierung. Dies deckt sich mit der Überlegung, statt einer Einflussnahme auf die Organisation könnten auch Entscheidungsmöglichkeiten zwischen verschiedenen solcher Organisationen bzw. die Exit-Option legitimitätsstiftenden Charakter haben. In der Tat erscheint es konzeptionell durchaus konsequent, im Falle einer wirklich bestehenden Wahlmöglichkeit den auf eine bestimmten Aufgabenwahrnehmung Angewiesenen die Entscheidung darüber zu überlassen, welches Angebot ihren persönlichen Präferenzen am besten entspricht. Idealerweise werden auch die Anbieter überlegen, welche Bedürfnisse von ihren Konkurrenten noch nicht befriedigend erfüllt werden und folglich möglichst selbst diese Lücke schließen. Als positives Beispiel für eine gelungene Etablierung von Wettbewerb bei der Umwandlung einer bis dahin in monopolistischen Strukturen erfolgenden Aufgabenwahrnehmung gilt in der öffentlichen Debatte stets der Telekommunikationssektor. Belastbare Evaluationen, ob die Entwicklung tatsächlich so positiv zu sehen ist, wie dies auf den ersten Blick erscheint, sind schon deswegen kaum durchzuführen, weil sich gleichzeitig mit der Privatisierung auch eine massive technische Entwicklung vollzogen hat, die zu erheblichen Neuzuschnitten des Marktes geführt hat. Der frühere, staatlich dominierte Sektor ist also mit dem heutigen, in wettbewerblichen Strukturen aufgebauten faktisch nicht zu vergleichen.

Lange Zeit wurden die Sektoren, bei denen erhebliche Infrastrukturaufwendungen zu tätigen sind, als „natürliche Monopole" und damit als nicht geeignet für eine wettbewerbliche Leistungserbringung angesehen. Dies betraf neben dem Telekommunikations- auch die Elektrizitäts-, Gas-, Wasser- und Eisenbahnsektoren. Alle diese Bereiche sind auf eine teure Infrastruktur angewiesen, die nicht einfach neu aufgebaut werden kann. Dies war auch stets ein zentrales Argument für eine Wahrnehmung in staatlichen Strukturen. Inzwischen

Legalität und Legitimität der Aufgabenerfüllung 339

ist diese Argumentation weitgehend entwertet durch die Möglichkeiten bestimmter Regulierungsinstrumentarien. So kann die Infrastruktur als ein gemeinsamer Ort angesehen werden, auf dem Wettbewerb stattfindet. Unterschiedliche Anbieter von Dienstleistungen können mit anderen Worten – in der Regel gegen ein bestimmtes Entgelt – die Infrastruktur gleichermaßen nutzen. So ist es etwa im Elektrizitätssektor möglich, aus einer Vielzahl von Anbietern zu wählen, obwohl das Leitungsnetz natürlich nur einmal vorhanden ist und auch nicht der jeweilig von dem Anbieter eingespeiste Strom im Haushalt des jeweiligen Vertragspartners ankommt. Es handelt sich vielmehr um ein recht aufwändiges Verfahren, in dem die verschiedenen Einspeisungen in dem Gesamtsystem zusammentreffen. Schwieriger gestalten sich solche Überlegungen naturgemäß bei nicht in gleicher Weise mobilen bzw. transportfähigen Gütern, wie etwa Wasser. Auch bestehen gerade beim Wasser Bedenken gegen die Bereitstellung eines so essentiellen Gutes durch Unternehmen, die naturgemäß damit ein kommerzielles Interesse verfolgen müssen.

4.3 Wettbewerb um den Markt

In den Bereichen, in denen trotz des eben beschriebenen Regulierungsansatzes keine echte Wettbewerbssituation hergestellt werden kann, greift ein anderes Verfahren, das ebenfalls auf die positive Wirkung von Wettbewerb setzt (vgl. dazu grundlegend Masing 2003). Die Konkurrenz beschränkt sich in diesen Fällen – abgesehen von den Möglichkeiten der Schaffung wettbewerblicher Arrangements in der öffentlichen Verwaltung (dazu Schedler und Proeller 2009: 193ff.) – auf die Vergabeentscheidung. Die öffentliche Hand identifiziert dabei eine Konstellation, in der eine Dienstleistung von Privaten erbracht werden soll, diese aber nicht ohne eine staatliche Zulassung tätig werden können oder aber ohne eine finanzielle Kompensation nicht tätig werden wollen. Daraufhin erfolgt eine Ausschreibung, mit der möglichst genau festgelegt wird, welche Anforderungen an die Dienstleistungserbringung gestellt werden. Diese können quantitativer wie auch qualitativer Art sein. Die eingereichten Angebote müssen den Preis nennen, zu dem die Anbieter bereit sind, die jeweils nachgefragte Leistung zu erbringen. Solche Ausschreibungsverfahren sind selbstverständlich bei Investitionsvorhaben, etwa Bauwerken, die die öffentliche Hand errichten lassen möchte. Ein vergleichbares Verfahren wird auch bei der Vergabe von bestimmten Konzessionen angewandt. Die Länder sind etwa für den öffentlichen Personenverkehr auf regionaler Ebene zuständig. Im Zuge der Privatisierungsentscheidung wurde dafür der Art. 106a GG eingefügt, durch welchen den Ländern Geldmittel speziell zu diesem Zweck zur Verfügung gestellt werden. Die Länder können so den Bahn-Regionalverkehr organisieren.

Auch wenn keine Auswahl- und auch nur wenig Mitentscheidungsmöglichkeiten der jeweiligen Betroffenen vorliegen, ist von einer Legitimität der

Auswahlentscheidung ohne weiteres auszugehen: Eine dazu berufene und demokratisch legitimierte Einheit, hier also die Verwaltung, veröffentlicht einen Ausschreibungstext und legt in diesem den Mindeststandard für die jeweilige Leistung fest. Das Auswahlkriterium ist – im Interesse von Wirtschaftlichkeit und Sparsamkeit der öffentlichen Hand – die dafür erwartete Gegenleistung und damit ein rein finanzielles. Auch dies erscheint in Anbetracht der Finanzierungsbedarfe des Staates als uneingeschränkt legitim. Dass die Frage der demokratischen Legitimation keine Antwort auf die Steuerungs- und Kontrollpflichten nach der Vergabeentscheidung gibt, mag man als einen (weiteren) Beleg dafür ansehen, dass das juristische Konzept der Verwaltungslegitimation in Anbetracht des vielgestaltigen Zusammenwirkens von staatlichen und privaten Stellen als tendenziell unterkomplex anzusehen ist.

4.4 Subventionierung des dritten Sektors

Die öffentliche Hand erbringt bei weitem nicht alle Leistungen, die sie für sinnvoll hält, durch eigene personelle Ressourcen. Vielmehr nutzt sie in großem Umfang Private. Dies geschieht, wie eben geschildert, planmäßig durch die Schaffung wettbewerblicher Strukturen. In vielen Fällen besteht ein solcher Wettbewerb aber nicht, insbesondere wenn die Akteure mit einer bestimmten Tätigkeit gar keine kommerziellen Interessen verfolgen. Das gilt umso mehr, wenn die Initiative gar nicht von den öffentlichen Stellen ausgeht, sondern von den Privaten selbst. In der Regel erfolgt dies dadurch, dass sich Organisationen an Staat oder Kommune wenden und dabei für die von ihnen verfolgten Zwecke werben, wie etwa für eine Veranstaltung in den Bereichen Kultur, Sport oder Bildung. Bei Veranstaltern, die damit keine kommerziellen Interessen verfolgen, handelt es sich um Organisationen zwischen Staat und Markt und damit um den sogenannten „Dritten Sektor" (Reichard 1988; Schuppert 1995; Seibel 1992). Diese dürften sie in aller Regel nicht mit eigenen Mitteln bewirken können. Der Staat handelt dann zur Erfüllung von Aufgaben, die er als im öffentlichen Interesse liegend ansieht, durch die Subventionierung privater Initiativen. Dies ist deswegen interessant, weil die privaten Initiatoren in aller Regel einen Eigenanteil aufbringen, bestehe dieser in persönlichem Engagement oder in anderweitig generierten Finanzmitteln. Die Leistungserbringung würde mit anderen Worten sehr viel teurer, in vielen Fällen aber vermutlich sogar ganz unterbleiben, wenn nicht ein entsprechender privater Beitrag erbracht würde. Die Legitimität ergibt sich aus diesem Gedanken. Von einer Ausweichmöglichkeit oder einem konkreten Mitbestimmungspotenzial zu sprechen, ist wegen der konkreten Eigenschaften des Regelungsbereichs fernliegend. Insofern handelt es sich um eine Kombination aus einer klassischen Input-Legitimation – der Legitimation der diese Entscheidung treffenden Stellen – wie auch der materiellen, output-

Legalität und Legitimität der Aufgabenerfüllung   341

bezogenen, die auf das öffentliche Interesse an dem mit dem Einsatz öffentlicher Mittel verbundenen Zweck abstellt.

4.5 Die formelle Privatisierung

Nicht um die Herstellung von Wettbewerb im Markt und auch nicht von solchem um den Markt geht es bei der sogenannten formellen Privatisierung. Der Staat zieht sich dabei aus der Aufgabenerledigung nicht zurück, sondern bedient sich lediglich der Rechtsformen des Privatrechts. Ausdruck solcher formeller Privatisierung ist die Tatsache, dass die verschiedenen Gebietskörperschaften in großem Umfang an privaten Unternehmen beteiligt sind – in vielen Fällen als Alleingesellschafter, insbesondere bei solchen in der Rechtsform der GmbH. Die Beteiligungsberichte geben Aufschluss über das Ausmaß dieses Phänomens. Aus einer juristischen Sicht verschiebt eine solche Entscheidung zur Privatisierung die wesentlichen Koordinaten der Legitimationsvermittlung: Eine Rückbindung an das staatliche Legitimationssystem erfolgt im Wesentlichen über die Stellung der jeweiligen Gebietskörperschaft als Eigentümerin (vgl. Dreier 2006: Art. 20 (Demokratie), Rn. 137). Dies ist eine Rolle, die große Einflussmöglichkeiten bietet. Dennoch findet eine gewisse Abschirmung der Gesellschaft als einer eigenen juristischen Person statt. Auch für die vom Staat gegründete und vollständig in seinem Eigentum stehende GmbH gilt das GmbH-Gesetz mit den dort vorgesehenen Entscheidungsstrukturen. Dasselbe gilt für die Aktiengesellschaft und das Aktiengesetz. Sobald ein weiterer Eigentümer ins Spiel kommt – und sei es nur mit einer Minderheitenbeteiligung – kann dieser Beschlüsse, die dem Wohl der Gesellschaft widersprechen, vor Gericht anfechten. Die im staatlichen Interesse gegründeten Gesellschaften führen dann endgültig ein Eigenleben. Schon dies zeigt, dass die Legitimität aus organisatorischer Sicht reduziert ist. Dies kann politisch gerechtfertigt werden durch entsprechende Effizienzvorteile, die mit einer solchen formellen Privatisierung verbunden sind.

4.6 Regulierungsbehörden

Die Modifikation der Aufgabenwahrnehmung, die mit der Schaffung von wettbewerblich ausgerichteten Strukturen einhergeht, führt auch zu Neuorientierungen auf der Ebene der diesen Prozess ausgestaltenden Behörden. Bis zur formellen Privatisierung von Bundesbahn und Bundespost gab es in Deutschland auf Behördenseite keine Erfahrungen mit der aktiven Gestaltung der Umwandlung staatlicher Monopole in wettbewerbliche Strukturen. Die schon seinerzeit existenten Wettbewerbsbehörden – das Bundeskartellamt und die jeweils zuständigen Behörden auf Länderebene – haben die Aufgabe, einen grundsätzlich als gegeben angenommenen Wettbewerb vor Verzerrungen, wie etwa durch Fusionen von Unternehmen oder Kartellabsprachen, zu verhindern. Die Umwandlung eines staatlichen Monopols in eine von Konkurrenz geprägte Struktur, die zudem auch noch von dem Zugriff verschiedener Unternehmen auf dasselbe Netz abhängt, fällt demgegenüber nicht in den Erfahrungsschatz dieser Behörden (Cannivé 2001: 47f.; Mehde 2009: 23f.). In Deutschland wurde diese Aufgabe der so vorher nicht bestehenden Regulierungsbehörde für Telekommunikation und Post übertragen. Als durch europäisches Recht vergleichbare Regulierungs- und Organisationsanforderungen auch für andere Sektoren gestellt wurden, vertraute man auf die bereits gesammelten Erfahrungen der Behörde und erweiterte ihren Aufgabenbereich entsprechend (vgl. Holznagel u.a. 2006; zum Aufgabenspektrum siehe etwa – mit Blick auf das Telekommunikationsrecht – Gramlich 2010). Sie trägt seit 2005 daher den Namen Bundesnetzagentur für Elektrizität, Gas, Telekommunikation, Post und Eisenbahnen (vgl. dazu Schmidt 2005). Schon die Tatsache, dass diese, von der Art der (Dienst-)Leistung nicht unbedingt ähnlich erscheinenden Sektoren von derselben Behörde reguliert werden, zeigt die strukturelle Ähnlichkeit, die der Gesetzgeber in der Regulierungsaufgabe sieht: Es geht um eine Infrastruktur, auf der ein Wettbewerb zwischen verschiedenen Anbietern zu organisieren ist.

Eine weitere Komplizierung für die Regulierung ergab sich durch den Anspruch der EG/EU, hierbei keine Diskriminierungen von Unternehmen zuzulassen, die aus anderen Mitgliedstaaten kommen. Strukturell schien eine solche Diskriminierung wahrscheinlicher zu sein, solange die Staaten nicht nur Regulierer, sondern gleichzeitig auch Eigentümer eines der beteiligten Unternehmen waren. Im Extremfall wäre es denkbar gewesen, dass eine im Wirtschaftministerium angesiedelte Stelle die Wettbewerbsregelungen überwacht und dasselbe Ministerium den staatlichen Eigentümer in den Gremien eines der regulierten Unternehmen repräsentiert. Konzeptionell wird die Lösung dieses Problems in einer organisatorischen Unabhängigkeit der Regulierungsbehörde gesucht – jedenfalls solange wie die öffentliche Hand die Anteile an den jeweiligen Unternehmen nicht verkauft hat (Ludwig 2011: 43). Die Übertragung der Regulierung an eine so zugeschnittene Regulierungsbehörde hat also nicht nur den Hintergrund des speziellen, von anderen Behörden so nicht zu bewältigenden Aufgabenzuschnitts, sondern auch der Anforderung einer Unabhängigkeit von den Marktteilnehmern. Die Bundesnetzagentur ist damit eine Besonderheit im deutschen Verwaltungsaufbau, weil sie über eine auf europäischer Ebene verankerte Sonderstellung gegenüber dem Ministerium verfügt, bei dem sie ressortiert. Tatsächlich ergehen wohl keine Einzelweisungen des Ministeriums an die Bundesnetzagentur.

In Anbetracht der oben geschilderten Bedeutung der hierarchischen Verwaltungsstruktur für das Demokratiemodell des Bundesverfassungsgerichts stellt dies ein großes und letztlich noch ungelöstes Problem für die deutsche Rechtsdogmatik dar. Interessanterweise sind dabei die Überlegun-

Legalität und Legitimität der Aufgabenerfüllung

gen, die hinter der Forderung nach Unabhängigkeit stehen, durchaus solche, die mit dem Begriff der „Legitimität" in Verbindung zu bringen sind. Es erscheint nämlich durchaus – wenn auch wohl nicht im juristischen Sinn – illegitim, wenn eine Behörde, die das Verhältnis zwischen Unternehmen regulieren soll, gleichzeitig mit dem Eigentümer eines der Unternehmen – und sei dies auch die öffentliche Hand – organisatorisch verflochten ist. Aus Sicht der vom Bundesverfassungsgericht vertretenen Legitimationslehre erreicht allerdings eine unabhängig vom Ministerium – und damit auch unabhängig von dem gegenüber dem Parlament verantwortlichen Minister – agierende Behörde grundsätzlich nicht das hinreichende Legitimationsniveau. Ob es für eine Abweichung in einem solchen Ausmaß eine Rechtfertigung überhaupt geben kann, erscheint durchaus zweifelhaft.

5. Fazit

Die Legalität der Handlungen aller Rechtsunterworfenen einschließlich der staatlichen Stellen ist im Rechtsstaat nicht verhandelbar. Mit Blick auf das Demokratieprinzip ist sie darüber hinaus die Voraussetzung für die Legitimität der Aufgabenwahrnehmung. Schon dies zeigt, dass die Legitimität die wesentlich komplexere, in ihrer Verwirklichung anspruchsvollere Anforderung bildet. Dabei wirken unterschiedliche Mechanismen zusammen, die gemeinsam betrachtet werden müssen, um die Frage nach der Legitimität zu beantworten. In der Rechtsprechung des Bundesverfassungsgerichts wird das mit dem Begriff des „hinreichenden Legitimationsniveaus" beschrieben. Es entsteht in verschiedenen Organisationsformen und in den jeweiligen institutionellen Arrangements auf höchst unterschiedliche Weise. Der recht enge Regelungsbereich des juristischen Legitimationskonzepts wie auch seine begrenzte Fragestellung lassen Raum für andere Legitimitätskonzepte. Angeknüpft werden kann dabei insbesondere an die Akzeptanz und die Mechanismen, wie eine Zufriedenheit mit der konkreten Aufgabenwahrnehmung zum Ausdruck gebracht werden kann. Hierbei können sowohl die Instrumente der Wahlen und Umfragen wie auch die Möglichkeit der Abwanderung eine wichtige Rolle spielen.

Literatur

Bull, Hans Peter/Mehde, Veith, 2009: Allgemeines Verwaltungsrecht mit Verwaltungslehre. 8. Aufl. Heidelberg: C.F. Müller.
Cannivé, Klaus, 2001: Infrastrukturgewährleistung in der Telekommunikation zwischen Staat und Markt. Berlin: Duncker & Humblot.

Dreier, Horst, 1991: Hierarchische Veraltung im demokratischen Staat. Genese, aktuelle Bedeutung und funktionelle Grenzen eines Bauprinzips der Exekutive. Tübingen: Mohr.
Dreier, Horst, 2006: Art. 20 (Demokratie), in: Dreier, Horst (Hrsg.), Grundgesetz. Kommentar. 2. Aufl. Tübingen: Mohr Siebeck, 26-105.
Eichenberger, Reiner, 1996: Die „fünfte Freiheit" für Europa: Stärkung des politischen Wettbewerbs durch „FOCJ", in: Zeitschrift für Wirtschaftspolitik, Jg. 45, Nr. 1, 110-130.
Emde, Ernst Thomas, 1991: Die demokratische Legitimation der funktionalen Selbstverwaltung. Eine verfassungsrechtliche Studie anhand der Kammern, der Sozialversicherungsträger und der Bundesanstalt für Arbeit. Berlin: Duncker & Humblot.
Ernst, Christian, 2010: Das Demokratieprinzip im kommunalen Gefüge. Zur mangelnden demokratischen Legitimation der schleswig-holsteinischen Ämter, in: Neue Zeitschrift für Verwaltungsrecht, Jg. 29, Nr. 13, 816-819.
Gramlich, Ludwig, 2010: Die Tätigkeit der BNetzA in den Jahren 2008 und 2009 im Bereich der Telekommunikation, in: Computer und Recht, Jg. 26, Nr. 5, 289-299.
Hirschman, Albert O., 1974: Abwanderung und Widerspruch. Reaktionen auf Leistungsabfall bei Unternehmungen, Organisationen und Staaten. Tübingen: Mohr Siebeck.
Holznagel, Bernd/Göge, Marc-Stefan/Schumacher, Pascal H., 2006: Die Zulässigkeit der Übertragung von Landesregulierungsaufgaben im Energiesektor auf die BNetzA, in: Deutsches Verwaltungsblatt, Jg. 122, Nr. 8, 471-479.
Jestaedt, Matthias, 1993: Demokratieprinzip und Kondominialverwaltung. Entscheidungsteilhabe Privater an der öffentlichen Verwaltung auf dem Prüfstand des Verfassungsprinzips Demokratie. Berlin: Duncker & Humblot.
Kluth, Winfried, 1997: Funktionale Selbstverwaltung. Verfassungsrechtlicher Status – verfassungsrechtlicher Schutz. Tübingen: Mohr Siebeck.
Ludwigs, Markus, 2011: Die Bundesnetzagentur auf dem Weg zur Independent Agency? Europarechtliche Anstöße und verfassungsrechtliche Grenzen, in: Die Verwaltung, Jg. 44, Nr. 1, 41-74.
Masing, Johannes, 2003: Grundstrukturen eines Regulierungsverwaltungsrechts. Regulierung netzbezogener Märkte am Beispiel Bahn, Post, Telekommunikation und Strom, in: Die Verwaltung, Jg. 36, Nr. 1, 1-32.
Mehde, Veith, 2000: Neues Steuerungsmodell und Demokratieprinzip. Berlin: Duncker & Humblot.
Mehde, Veith, 2005: Wettbewerb zwischen Staaten. Die rechtliche Bewältigung zwischenstaatlicher Konkurrenzsituationen im Mehrebenensystem. Baden-Baden: Nomos.
Mehde, Veith, 2009: Privatisierung des Rechtsstaats – Staatliche Infrastruktur. Baden-Baden: Nomos.
Reichard, Christoph, 1988: Der Dritte Sektor – Entstehung, Funktion und Problematik von „Nonprofit"-Organisationen aus verwaltungswissenschaftlicher Sicht, in: Die Öffentliche Verwaltung, Jg. 41, Nr. 8, 363-370.
Schmidt, Christian, 2005: Von der RegTP zur Bundesnetzagentur: Der organisationsrechtliche Rahmen der Regulierungsbehörde, in: Die Öffentliche Verwaltung, Jg. 58, Nr. 24, 1025-1032.
Schedler, Kuno/Proeller, Isabella, 2009: New Public Management. 4. Aufl. Stuttgart: UTB.

Schuppert, Gunnar Folke, 1995: Zur Anatomie und Analyse des dritten Sektors, in: Die Verwaltung, Jg. 28, Nr. 2, 137-200.
Schwerdtner, Eberhard, 2007: Flucht in das Privatrecht – ein Spiel ohne Grenzen? – Anmerkung zum Urteil des VGH München vom 8.5.2006, 4 BV 05.756, in: Kommunaljurist, Jg. 4, Nr. 5, 169-171.
Seibel, Wolfgang, 1992: Funktionaler Dilettantismus. Erfolgreich scheiternde Organisationen im „Dritten Sektor" zwischen Markt und Staat. Baden-Baden: Nomos.
Sennekamp, Christoph, 2010: Alle Staatsgewalt geht vom Volke aus! Demokratieprinzip und Selbstverwaltung der Justiz, in: Neue Zeitschrift für Verwaltungsrecht, Jg. 29, Nr. 4, 212-217.
Trute, Hans-Heinrich, 2006: Die demokratische Legitimation der Verwaltung, in: Hoffmann-Riem, Wolfgang/Schmidt-Aßmann, Eberhard und Andreas Voßkuhle (Hrsg.), Grundlagen des Verwaltungsrechts. Band I: Methoden, Maßstäbe, Aufgaben, Organisation. München: C.H. Beck, 307-389.

Zitierte Rechtsprechung

Entscheidungen des Bundesverfassungsgerichts, amtliche Sammlung:
- BVerfGE 83, 37 (kommunales Ausländerwahlrecht Schleswig-Holstein)
- BVerfGE 83, 60 (Ausländerwahlrecht Hamburgische Bezirksversammlungen)
- BVerfGE 84, 34 (Gerichtliche Überprüfung von Prüfungsentscheidungen – Jura)
- BVerfGE 84, 59 (Gerichtliche Überprüfung von Prüfungsentscheidungen – Medizin)
- BVerfGE 93, 37 (schleswig-holsteinisches Mitbestimmungsgesetz)
- BVerfGE 107, 59 (Wasserverbände)
- BVerfGE 111, 177 (Notarkassen)
- BVerfGE 119, 331 (Arbeitsgemeinschaften nach SGB II)
- BVerfGE 128, 226 (Fraport)

Entscheidungen des Bundesverwaltungsgerichts, amtliche Sammlung:
- BVerwGE 58, 45 (Subventionsrichtlinien)
- BVerwGE 75, 109 (Subventionsrichtlinien)
- BVerwGE 104, 220 (Änderung Förderprogramm)

Die Mehrdeutigkeit öffentlicher Verantwortlichkeit

Patrick von Maravić

1. Einleitung

Im Mittelpunkt dieses Beitrags steht das – komplexe und durchaus gespannte – Verhältnis zwischen Personen und Institutionen, die in einem öffentlichen Auftrag handeln, und der daraus für sie entstehenden Verpflichtung, sich für das Handeln zu rechtfertigen und „verantwortlich" zu zeigen. Im Kern stehen daher grundlegende Fragen „guter" Verwaltungsführung. Dabei stellt sich auch die Frage, ob nicht sowohl die klassische Vorstellung einer eindeutig rechtlich definierten Verantwortlichkeit des Verwaltungshandelns, als auch das modernistische Diktum einer an Wirtschaftlichkeit zu messenden „Accountability" zu kurz greifen und die tatsächliche Mehrdeutigkeit des Verwaltungshandelns unterschätzen.

Anstelle solcher scheinbar eindeutiger und daher unterkomplexer Vorstellungen von Verantwortlichkeit im öffentlichen Sektor ist wohl vielmehr davon auszugehen, dass Verwaltungshandeln nicht immer unter eindeutigen Bedingungen stattfindet. Standards guter Verwaltungsführung, so das Argument dieses Beitrags, sind weit weniger eindeutig als es häufig mit Bezugnahme auf Klassiker wie Max Weber oder auf aktuelle Verwaltungsmodernisierer suggeriert wird. Die Kriterien für Verantwortlichkeit sind vielmehr vielschichtig; sie stehen zum Teil im Widerspruch zueinander und sind zudem nicht statisch, sondern entwickeln sich dynamisch weiter. Wie nachfolgend noch näher zu zeigen sein wird, ist die Ausgestaltung von „öffentlicher Verantwortlichkeit" von der jeweiligen Aufgabe abhängig. Zudem müssen sich Verwaltungsmitarbeiter in der Regel nicht nur einer einzigen Instanz gegenüber für ihr Verhalten rechtfertigen, sondern finden sich in unterschiedlichen Foren wieder, deren Bewertungsgrundlage für gute Verwaltungsführung variieren kann. Überdies sind die Standards guter Verwaltungsführung ständigen Veränderungen unterworfen: Es ändern sich die rechtlichen und strukturellen Rahmensetzungen, aber auch und vor allem die wertbezogenen, ideologischen und kulturbedingten Maßstäbe für die Bewertung „verantwortlichen" Verwaltungshandelns. Folglich kann ein und dasselbe Verhalten zu unterschiedlichen Zeitpunkten – und an unterschiedlichen Orten – unterschiedlich beurteilt werden. Mitarbeiter öffentlicher Verwaltungen treffen demnach Entscheidungen unter institutionell, räumlich wie auch zeitlich variierenden Vorstellungen wofür, auf welchem Weg, nach welchen Standards und gegenüber wem das eigene Handeln zu rechtfertigen ist (s. Romzek und Dubnick 1987: 228). Vor diesem Hintergrund werden in diesem Beitrag zunächst die grundlegenden Ideen eingeführt, welche die Debatte um „öffentliche Verantwortlichkeit" prägen. Anschließend werden fünf *Typen von Verantwortlichkeit* definiert, die diese Mehrdeutigkeit und Spannungsverhältnisse zwischen diesen Typen aufzeigen.

2. Verantwortlichkeit: Grundlegende Ideen und Probleme

Die Verpflichtung derjenigen, die öffentliche Herrschaft stellvertretend für andere ausüben, sich für diese Wahrnehmung des Mandats zu verantworten, ist ein zentraler Grundsatz der repräsentativ verfassten Demokratie (u.a. Mansbridge 2003; Mansbridge 2011; vgl. Pitkin 1972; Strøm 2000). Mit dem Entstehen des modernen Staates wurden wichtige Herrschaftsaufgaben zentral gebündelt und die Ausübung von Gewalt in öffentlicher Hand monopolisiert (s. Ellwein 1997; Grimm 1986; Heady 1996; Kaufmann 2005; Tilly 1992). Damit geht, als logische Konsequenz des Delegationsprinzips repräsentativer Demokratien, das Konzept öffentlicher Verantwortlichkeit einher: Öffentliche Mandatsträger haben sich vor der Volksvertretung, ggf. vor einem Gericht (als Ausdruck der Gewaltenteilung) oder unmittelbar vor der Bürgerschaft für die Mandatsausübung zu rechtfertigen. Durchgängig schwingt dabei der zentrale aufklärerische Gedanke mit, dass Herrschaftsverhältnisse sowohl zu begründen als auch zu hinterfragen sind. Die genaue Art und Weise, in welcher diese „Verantwortlichkeit" institutionalisiert und interpretiert wird, kann jedoch, abhängig von Zeit und Ort, erheblich variieren.

Im Kern geht es darum, dass Personen, die politisch-administrative Entscheidungen stellvertretend für andere treffen, sich gegenüber einer anderen Instanz für diese zu erklären haben und damit ihre eigenen Handlungen rückblickend für andere interpretierbar machen (Bovens 2005: 184). Eine solche „Verantwortlichkeit" kann – *analytisch* – als sozialer Mechanismus verstanden werden, der bestimmt, wer sich gegenüber wem für ein bestimmtes Verhalten zu erklären hat (vgl. Behn 2001: 3-5; Bovens 2005: 184; Romzek und Dubnick 1987: 227ff.). Sie kann allerdings auch – *normativ* – als Grundlage zur Evaluation individuellen Verhaltens gedeutet werden. Im ersten Fall liegt der analytische Fokus weniger auf dem tatsächlichen Verhalten des Individuums als auf der Funktionslogik institutioneller Arrangements, wobei diese im Hinblick auf ihren Formalisierungsgrad erheblich variieren können; im zweiten Fall steht die normative Bewertung des Verhaltens eines Individuums oder einer Gruppe im Zentrum des Interesses (Bovens 2010).

Wenn diese Einsichten auch schnell eingängig erscheinen, so wird die dahinterstehende Mehrdeutigkeit nur allzu deutlich, wenn man sich zunächst drei grundlegende Komplikationen vergegenwärtigt.

Erstens erscheinen historische Ereignisse oftmals nur im Rückblick als eindeutig. Im Augenblick der Entscheidung, sofern man überhaupt von freien Entscheidungen sprechen kann, dominiert jedoch häufig Unsicherheit und Uneindeutigkeit (March und Olsen 1995: 141-142). Bei der Rechtfertigung zurückliegenden Handelns geht es daher oft um ex-post Rationalisierungen, um Mischungen aus faktischer Beschreibung und eigener, nachträglicher Interpretation. Solche Deutungen und Narrationen sind in der Regel von eigenen Präferenzen, Identitäten und Interessen geprägt. Die Beantwortung der Frage, wer was, wann und warum getan hat, ist somit Gegenstand von Auseinandersetzungen über die Interpretation von Sachverhalten im historischen Rückblick. Und die Antwort wird davon abhängen, wer in dieser Auseinandersetzung die Deutungshoheit erlangt (March und Olsen 1995: 141). Erschwerend kommt hinzu, dass die Arbeitsteiligkeit moderner Aufgabenerledigung die exakte Zuordnung von Ursachen, Fehlern oder Entscheidungen erschwert, weil eine Vielzahl an Personen am Zustandekommen administrativer Entscheidungen beteiligt ist (Romzek und Dubnick 1987; Vaughan 1997). Dies gilt für komplexe, arbeitsteilige Bürokratien und in noch größerem Ausmaß für andere, derzeit favorisierte institutionelle Arrangements, die stärker auf partnerschaftliche Beziehungen zwischen mehreren Organisationen und netzwerkartige Formen bei der Produktion öffentlicher Güter und Dienstleistungen rekurrieren (Sørensen 2012). Dieses „Problem der vielen Hände" (Thompson 1980) macht es schwierig, Verantwortung direkt und eindeutig einer einzelnen Person zuzuschreiben – ein Problem übrigens, das bei der Zuweisung von Lob oder Tadel gleichermaßen besteht. Zudem kann wohl auch kaum noch ohne Differenzierungsverlust von „dem" Verwaltungshandeln gesprochen werden, da die allein staatliche Produktion öffentlicher Leistungen in Folge von Privatisierungen und Auslagerungen in vielen Bereichen gänzlich andere Formen angenommen hat (vgl. Reichard 2012).

Zweitens ist das Verständnis von öffentlicher Verantwortlichkeit in aktuellen Debatten nicht nur sehr vage definiert; es ist auch durch ganz unterschiedliche Zugänge zum Thema geprägt. Einst war „Accountability" – dem ursprünglichen Wortsinne nach – eng auf ordnungsgemäße Buch- bzw. Kontenführung bezogen (von Maravic 2011: 103f.). Heute sei „Accountability", so die Sicht Mark Bovens, eine Art „hurrah-word" (Bovens 2005: 182) geworden, unter dem sich Vieles subsumieren und oftmals wenig Konkretes ableiten lasse. Die Bedeutung, so Bovens weiter, gehe weit über den ursprünglichen Sinn hinaus und sei mittlerweile zu einem Symbol für ‚good governance' *per se* geworden. Wie sehr das Verständnis öffentlicher Verantwortlichkeit jedoch variiert, lässt sich trefflich an der klassischen politikwissenschaftlichen Debatte zwischen dem Deutsch-Amerikaner Carl J. Friedrich und dem Briten Herman Finer aus den 1940er Jahren zeigen: Verstand Herman Finer unter „Verantwortlichkeit" in erster Linie ein institutionelles Arrangement zur Kontrolle, Sanktionierung und Korrektur von Verhalten (Finer 1941: 335), so betonte Friedrich die subjektive Komponente beim Gebrauch oder Missbrauch des administrativen Handlungsspielraums, d. h. moralische Werte und professionelle Standards, da seiner Meinung nach auch das vollkommenste Kontrollregime den persönlichen Faktor nicht ausschließen könne (Friedrich 1940: 3; vgl. auch Plant 2011: 478). Dieser Gegensatz in den Deutungen öffentlicher Verantwortlichkeit – als formale Rechenschaftspflicht und Kontrolle einerseits und als persönliches Ethos und moralische Urteilsfähigkeit andererseits – lebt bis heute in aktuellen Debatten fort (Bovens 2010; Maesschalck 2004).

Drittens, so bereits das Urteil Carl J. Friedrichs (1940: 4) in der Mitte des vergangenen Jahrhunderts, führe der steigende Umfang und die Vielseitigkeit öffentlicher Aufgaben sowie die damit verbundenen zum Teil widersprüchlichen Standards zu einer kaum zu erfüllenden Anforderung, wenn es darum geht, für den gesamten öffentlichen Sektor einheitliche Beurteilungskriterien (und -verfahren) für öffentliche Verantwortlichkeit festzusetzen. Dieser Einwand dürfte heute – nach weiterem Aufgabenwachstum und der Epoche des „big government" (Rose 1984; Rose 1985) – eher noch mehr Berechtigung haben. Dies gilt umso mehr, als Verwaltungshandeln heute immer weniger nur anhand von Kriterien wie Rechtmäßigkeit beurteilt wird (vgl. Barzelay 1997; Pollitt u.a. 1999). Vielmehr steht zunehmend die effiziente Verwendung von Finanz- und Personalmitteln sowie die Effektivität und Nachhaltigkeit von Verwaltungshandeln im Vordergrund.

3. Institutionalisierung von Verantwortlichkeit

Mit der differenzierten Beschreibung von unterschiedlichen Typen von Verwaltungsverantwortlichkeit bietet sich die Möglichkeit, genauer herauszuarbeiten, für *was* und *wem* gegenüber die Akteure verantwortlich sind. Die nachfolgende Unterscheidung von Verantwortlichkeitstypen macht deutlich, um nur ein Beispiel zu nennen, dass die traditionelle Sichtweise einer in erster Linie hierarchischen Verantwortlichkeit gegenüber Vorgesetzten innerhalb einer Bürokratie insofern zu kurz greift, als sich Handelnde in der öffentlichen Verwaltung in einem Geflecht unterschiedlicher Erwartungen, Ansprüche und Interessen bewegen und sich gegenüber unterschiedlichen ‚Foren' (Bovens 2005: 186) für ihr Verhalten zu erklären haben. In Anlehnung an die theoretischen Arbeiten von Mark Bovens (Bovens 1998; 2005: 186ff.) wird hier zwischen fünf Verantwortlichkeitstypen unterschieden, die analytisch zwar trennbar sind, sich in der Realität jedoch überschneiden:

Die *organisatorische Verantwortlichkeit* bezeichnet sowohl den Rechenschaftsbezug eines Verwaltungsmitarbeiters gegenüber Vorgesetzten wie auch gegenüber unabhängigen externen Akteuren, zum Beispiel Rechnungshöfen oder auch internationalen Organisationen. Das Verhalten eines Mitarbeiters wird zunächst an den formalen Regeln einer Organisation gemessen. Ein Mitarbeiter einer Behörde muss sich gegenüber seinem Vorgesetzten für sein Verhalten, seine Entscheidungen und schlussendlich seine Leistung rechtfertigen. Der Vorgesetzte kontrolliert die sachlich korrekte Erledigung von Aufgaben, die er delegiert hat. Dienstwege, Befehlsketten und Prozesse stehen bei dieser internen, von den Blicken der Öffentlichkeit praktisch völlig verborgenen Praxis öffentlicher Verantwortlichkeit im Vordergrund. Der Handlungsspielraum kann dabei zwischen einzelnen Mitarbeitern erheblich variieren, was die Formalisierung und Messung von Leistung erschwert. Dies betrifft insbesondere Projektmanager, Leiter dezentralisierter Behörden oder Abteilungen sowie Personen, die an der Schnittstelle von Politik und Verwaltung tätig sind (Derlien und Mayntz 1989). Wird die Kontrolle durch Vorgesetzte als Bestandteil der internen Dimension angesehen, sind es Rechnungshöfe, unabhängige Kommissionen oder Inspektoren, die von außen und möglichst unabhängig die Rechtmäßigkeit, Wirtschaftlichkeit und/oder Wirkung von Verwaltungshandeln bewerten (s. Light 1999: 12). Diese können sowohl nationalstaatliche wie auch internationale Akteure sein. Dieses Geflecht an Kontrolle und Rechenschaftsbezügen wird noch unübersichtlicher, wenn man sich die Vielzahl an trans- und supranationalen Kontrolleuren, Inspektoren oder Evaluationsregimen, zum Beispiel das Kyoto-Protokoll zum internationalen Klimaschutz, auf nationaler wie auch internationaler Ebene vergegenwärtigt. So überwacht die Europäische Kommission die Einführung von EU-Recht in das nationale Recht der Mitgliedsstaaten, der Europarat die Einhaltung einer zwischenstaatlichen Antifolterkonvention seiner Mitgliedsstaaten, die Inspektoren der Internationalen Atomenergiebehörde die Nichtverbreitung von Nuklearwaffen und der Internationale Währungsfond (IWF) die Umsetzung von Reformprogrammen in Staaten, denen er Geld geliehen hat. Es sind jedoch zunehmend auch privatwirtschaftliche Unternehmen, zum Beispiel Wirtschaftsprüfer, die im öffentlichen Auftrag die Wirtschaftlichkeit und Rechtmäßigkeit des Verwaltungshandelns prüfen und von den handelnden Akteuren Rechenschaft verlangen.

Zu erwähnen sind ferner sowohl privatwirtschaftliche wie auch zivilgesellschaftliche Akteure, denen gegenüber zwar kein unmittelbarer formaler Rechenschaftszwang für die öffentliche Verwaltung besteht, deren Möglichkeit jedoch, politischen Druck durch das Erzeugen von Öffentlichkeit zu generieren, ein nicht zu unterschätzender Hebel ist, um Verwaltungsakteure an die Leine zu legen und sich gegenüber der Öffentlichkeit für das eigene Handeln zu rechtfertigen. Dabei handelt es sich nicht um ein homogenes und einfach zu beschreibendes Feld an Akteuren, Standards und Mechanismen. Zu

Die Mehrdeutigkeit öffentlicher Verantwortlichkeit 351

denken sei beispielsweise an Unternehmen im Bereich der „Finanzaufsicht", die wie Moodys, Standard & Poor's oder andere Ratingagenturen die Wirtschaftlichkeit staatlichen Handelns beobachten, bewerten und in der Regel öffentlich kommentieren (Friedman 1995). Hinzu kommen Nichtregierungsorganisationen im Bereich der Menschenrechte, des Umweltschutzes oder der Korruptionsbekämpfung, nicht zu sprechen von sich kurzfristig organisierenden sozialen Bewegungen auf kommunaler Ebene oder auch zunehmend virtuell im Internet, die sehr spezielle Interessen verfolgen und versuchen, Verwaltungshandeln an diesen manchmal sehr spezifischen Interessen zu messen. Die Vielzahl an Akteuren und Standards, an denen Verwaltungshandeln zu messen ist, führt nicht notwendigerweise zu einer größeren Übersichtlichkeit und Eindeutigkeit. Nicht nur wird es bei der Vielzahl an Kontrolleuren immer schwieriger den Überblick zu behalten, sondern es wächst die Wahrscheinlichkeit, dass Verwaltungshandeln als Folge dieser zunehmenden Privatisierung der Verantwortlichkeit und der daraus folgenden Vielfalt an manchmal widersprüchlichen Maßstäben permanent irgendwelche Standards verletzt. Schlussendlich ist nicht notwendigerweise davon auszugehen, dass staatliche Kontrollakteure notwendigerweise die höhere Kontrollkapazität haben, sondern es ist eher zu vermuten, dass hochspezialisierte und zur medialen Skandalisierung geeignete Sachverhalte, zum Beispiel Korruptionsgerüchte oder Steuerverschwendung, kurzfristig eine sehr viel höhere „Kontrollwirkung" erzielen. Es wirft die klassische Frage auf, wer am Ende des Tages die Kontrolleure kontrolliert; letzteres gilt selbstredend nicht nur für die privaten Akteure.

Politische Verantwortlichkeit bezeichnet den Umstand, dass sich Regierungen, Beamte und Politiker gegenüber politischen Gremien, zum Beispiel Parlamenten, für ihre Handlungen rechtfertigen und gegebenenfalls für ihre Entscheidungen politisch zur Verantwortung gezogen werden. Neben dem direkten Vorgesetzten, sind Manager im öffentlichen Sektor also mit gewählten Volksvertretern konfrontiert, die aus Parlamenten, Gemeinderäten oder Untersuchungskommissionen heraus auf deren Tätigkeit Einfluss nehmen und einen wichtigen Bestandteil des „Lebens" in einer Behörde ausmachen. Konkret bedeutet politische Verantwortlichkeit von Behördenmitarbeitern, dass sie vor politischen Gremien, z.B. Untersuchungsausschüssen oder regulären Fachausschüssen, zu erscheinen und sich für zurückliegende Entscheidungen zu rechtfertigen haben. Dabei variiert zwischen einzelnen Staaten, inwiefern dieser Zugriff direkt auf den Behördenmitarbeiter geschieht oder indirekt über den Minister verläuft. In Deutschland, wo grundsätzlich das Prinzip der Ministerverantwortlichkeit, wie in den meisten parlamentarischen Regierungssystemen (Peters 2010: 281), gilt, wirkt politische Verantwortlichkeit eher indirekt, da es in der Regel der Minister ist, der vor dem Parlament Entscheidungen „seines" Hauses zu erklären hat. Die zivil- oder strafrechtliche Verantwortlichkeit eines Ministers bleibt davon unberührt. Dies zeigt sich auch darin, dass es in der Bundesrepublik weder ein Klagerecht noch ein Misstrauensvotum gegen Minister gibt, sondern nur gegen den Bundeskanzler (Art. 67 GG). In präsidentiellen Regierungssystemen existiert eine solche Art der Ministerverantwortlichkeit nicht. Zwar hat der amerikanische Kongress die Möglichkeit, im Rahmen eines Amtsenthebungsverfahren – *impeachment* – den Präsidenten wegen strafrechtlicher Vergehen zu belangen, Minister müssen sich jedoch grundsätzlich nicht gegenüber dem Kongress rechtfertigen.

Deutlich wird bei der politischen Verantwortlichkeit immer wieder, dass sich Verwaltungsmitarbeiter, insbesondere solche mit hoher professioneller Bindung und Expertise, mit dieser Form des Ablegens von Rechenschaft schwer tun. Dies betrifft insbesondere Fachentscheidungen, die im Widerstreit politischer Positionen schnell verzerrt und unvollständig wiedergegeben werden – nicht zuletzt durch die beteiligten Medien. Dies bedeutet auch, dass eine Leistung, die nach professionellen und rechtlichen Gesichtspunkten als einwandfrei zu bewerten ist, nach politischen Maßstäben „durchfallen" und zu Rücktritten oder Versetzungen von Behördenpersonal führen kann.

Die *rechtliche Verantwortlichkeit* wird häufig als der Grundpfeiler des Rechtsstaats angesehen (Behn 2001; Bovens 1998). Ihr wird zum einen gerne eine gewisse Eindeutigkeit und Präzision zugeschrieben, die sich aufgrund von klaren formellen Standards und Regeln ergebe, zum anderen wird die Bedeutung einer unabhängigen Justiz für die Bewertung von Verwaltungsentscheidungen hervorgehoben. Das Recht ist dabei sowohl ein Mechanismus, um politische Macht zu legitimieren, jedoch auch eine spezifische Form der Machtausübung, da Richter, Staatsanwälte und Polizeikräfte ermächtigt werden, durchzusetzen, was als rechtmäßig anzusehen ist (Kagan in Nonet und Selznick 2001: ix). Darüber hinaus bringen Bürger Amtsträgern in Robe mehr Vertrauen entgegen als sie dies gegenüber ihren gewählten Repräsentanten tun (von Maravic und Schröter 2012: 54). Vor allem aber schwingt bei diesem Typus öffentlicher Verantwortlichkeit auch die Wertschätzung dafür mit, dass es sich in der Regel um fest institutionalisierte Kontrollverfahren handelt, die vor unabhängigen Instanzen (Gewaltenteilung) öffentlich verhandelt werden und zu einem verbindlichen Urteil führen (Nonet und Selznick 2001: 52). Klar ist, dass die Frage der rechtlichen Verantwortlichkeit nicht auf nationale Gerichte beschränkt ist, sondern zunehmend, insbesondere für die Mitgliedsstaaten der EU, von supranationalen Gerichten beantwortet wird. Dies ist jedoch keineswegs auf die EU beschränkt, sondern überall dort zu beobachten, wo nationale Rechtsprechung an territoriale Grenzen stößt.

Für die *rechtliche* Verantwortlichkeit sind in Verwaltungssystemen, die in der Tradition des römischen Rechts stehen, z.B. Frankreich, Italien oder Deutschland, spezielle Verwaltungsgerichte zuständig, die eine materielle Überprüfung von Verwaltungsakten vornehmen. In Großbritannien sowie in

anderen Staaten, die in der Tradition eines *common law*-Rechtssystems stehen, sind dafür jedoch „normale" Zivilgerichte zuständig, die keine materielle Überprüfung des Verwaltungshandelns durchführen.
Dieses in das Recht gesetzte Vertrauen kann an den Organisationseigenschaften moderner Bürokratien an Grenzen stoßen. Nicht zuletzt seit Hannah Arendts schriftlich niedergelegten Beobachtungen des Eichmann-Prozesses in Jerusalem wird die Frage nach der rechtlichen Verantwortlichkeit von Personen diskutiert, die, wie im Fall Eichmanns, sich mit dem Hinweis rechtfertigen, sie seien nur ein kleines Rad im Getriebe einer politischen Maschinerie gewesen (Arendt 1986; Bauman 2002). Auch wenn in diesem konkreten Fall der Verweis auf die Arbeitsteiligkeit administrativer Systeme nicht zu überzeugen vermag, so weist er jedoch auf eine grundlegende Problematik hin, die sich aus dieser Arbeitsteiligkeit für die Zuweisung von Verantwortlichkeit ergibt.
Der rechtlichen Verantwortlichkeit sind jedoch auch Grenzen gesetzt. Diese ergeben sich aus der eigenen organisatorischen Kapazität, der Unabhängigkeit von Gerichten von politischer Einflussnahme (Nonet und Selznick 2001: 73ff.) sowie der Frage, über was Gerichte überhaupt entscheiden dürfen und zu was ihnen Zugang gewährt wird. Letzteres betrifft insbesondere Bereiche, die der Geheimhaltung unterliegen (zum Beispiel Militär oder Geheimdienste), und somit nicht immer den Zugang von Gerichten und eine unabhängige Überprüfung erlauben. Die rechtliche Verantwortlichkeit kann schlussendlich – *ceteris paribus* – nur so gut sein, wie es politisch gewünscht und definiert ist.
Professionsbezogene Verantwortlichkeit subsumiert alle relevanten sozialen Beziehungen zu Mitgliedsgruppen, denen man sich in seinem professionellen Selbstverständnis verbunden fühlt und die in Anspruch nehmen, sich durch formelles sowie exklusives Wissen auszuzeichnen (Abbott 1988: 86; Döhler 1997; Wilensky 1964). Öffentliche Dienstsysteme setzen sich gemeinhin aus Personal zusammen, das die unterschiedlichsten Fachdisziplinen repräsentiert (Reichard 2011). Daraus folgen nicht nur eine bestimmte professionelle Identität, Werte und Arbeitsweisen, sondern auch institutionalisierte Beziehungen zu Standesorganisationen, die, wie im Fall der Ärzteschaft oder Wirtschaftsprüfern, auch ethische Verhaltensstandards überwachen und gegenüber deren Vertretern ein Rechtfertigungsbezug besteht. Probleme treten dann auf, wenn die Werte einer Profession im Konflikt zu den Werten einer Organisation stehen. Besonders deutlich wird dies im Fall von (Amts-)Ärzten, die mit dem Ablegen des Eides der Schweigepflicht unterliegen und beispielsweise durch Vorgesetzte nicht dazu gezwungen werden können, diese zu brechen und beispielsweise Informationen über den Krankenzustand eines Mitarbeiters preiszugeben. Professionen existieren auch innerhalb des öffentlichen Dienstes. In Frankreich hat es beispielsweise Tradition, zukünftige Führungskräfte die anspruchsvollen und hochgradig se-

lektiven Ausbildungsprogramme einer *Grand École*, z.B. an der *École Nationale d'Administration* (ENA) oder *École Polytechnique*, durchlaufen zu lassen (Bezes 2010). Diese Ausbildungsprogramme gehen über die reine Vermittlung verwaltungstechnischer oder wissenschaftlicher Fertigkeiten hinaus, da sie auch darauf abzielen, einen bestimmten Wertekanon zu vermitteln. Zwar handelt es sich bei diesem Personenkreis im engeren Sinne nicht um eine Profession, die Identifikation mit den Werten einer bestimmten Gruppe aufgrund einer sehr speziellen Auswahl und Ausbildung weist jedoch professionsähnliche Züge hin. Dieses Phänomen betrifft jedoch bei Weitem nicht nur Frankreich, sondern ist ein Phänomen, das genauso Absolventen von „Public Policy Schools" in den USA, Studenten von Jurastudiengängen in Deutschland oder Auszubildende in der Krankenpflege betrifft (Jann 1987; Zürn u.a. 2006). Standesorganisationen bzw. Professionen können nicht nur einen erheblichen Einfluss auf das Verhalten von Mitarbeitern nehmen, sondern auch erhebliche Herausforderungen für die Kontrolle dieser bedeuten. Dies tritt insbesondere dann zu Tage, wenn dieses besondere professionelle Selbstwertgefühl gegenüber politischen „Amateuren" ausgelebt wird. Das Gefühl, das „öffentliche Interesse" aufgrund der Ausbildung und Zugehörigkeit zu einer bestimmten Profession am besten bestimmen zu können, erleichtert mit Sicherheit nicht die Kontrolle durch die gewählten Volksvertreter.

Klientelbezogene Verantwortlichkeit bedeutet, dass Verwaltungsmitarbeiter mit Erwartungen und Interessen von Bürgern und Interessengruppen konfrontiert sind. Grundsätzlich gilt, dass sich Verwaltungsmitarbeiter gegenüber einer identifizierbaren Klientel fair, rechtlich eindeutig und professionell zu verhalten haben, jedoch weist dies bereits auf das häufig diskutierte Spannungsfeld zwischen sachlich und rechtlich gerechtfertigten Kontakten und der Bevorzugung einer bestimmten Person oder Gruppe hin (Roth 1968; Krebs 2005; Scott 1969). Die Linie zwischen gerechtfertigter und ungerechtfertigter Klientelpolitik, Nepotismus oder sogar Patronage ist dabei fast unmöglich zu ziehen. Verwaltungsmitarbeiter haben es in der Regel mit unterschiedlichen Klientelgruppen zu tun und der ihnen zugestandene Handlungsspielraum variiert nach Aufgabe und Hierarchie zum Teil erheblich. Die Klientel einer Mitarbeiterin in der Sozialversicherung ist wohl eher als diffus zu bezeichnen. Im Fall des Verhältnisses zwischen Lehrerin und Schülern einer Klasse oder wenn der Geschäftsführer einer kommunalen Wirtschaftsförderung mit Investoren verhandelt, ist die Klientel sehr eng definiert und überschaubar. In politischen Systemen mit hochgradig korporatistischer Interessenvertretung ist der direkte Bezug von Verwaltungsmitarbeitern zu Vertretern der unterschiedlichsten Interessenverbände, Vereine oder anderen an Sachthemen ausgerichteten Mitgliederorganisationen wichtiger Bestandteil der Verwaltungstätigkeit. Jedoch auch in ethnisch fragmentierten oder multikulturellen Gesellschaften, darauf weist die Debatte um „*representative bureaucracy*" hin, scheint die unmittelbare Verantwortung von Verwaltungsmitarbeitern gegenüber einer mehr oder weniger abgrenzbaren und identifizierbaren Klientel an Bedeutung zu gewinnen (Groeneveld und Walle 2010; Kingsley 1944; Mosher 1968; Schröter und von Maravic 2011). Da vielfach der Erfolg öffentlicher Aufgabenerledigung von der Abstimmung mit den relevanten Akteuren eines Politikfeldes abhängt und somit auch eine gewisse gegenseitige Abhängigkeit besteht, beruht hier der zentrale Mechanismus dieses Verantwortlichkeitstyps auf Sachkenntnis, Verbindlichkeit und Diskretion. Abweichendes Verhalten wird nicht durch Gerichte oder Vorgesetzte sanktioniert, sondern informell, beispielsweise durch das Versperren von Zugängen zu Informationen und Gesprächspartnern sowie indirekt durch die Herausgabe von vertraulichen Informationen an Konkurrenten, politische Parteien oder die Presse. Im Zuge der Debatte um Kundenorientierung und die bürgernahe Verwaltung betrifft dies jedoch zunehmend auch den direkten Kontakt zum einzelnen Bürger, der unterschiedlichste Beratungsleistungen von der öffentlichen Verwaltung abruft und fachlich sowie rechtlich eindeutige Informationen erwartet (Reichard und Röber 2001; Schröter 2007; Schröter und Wollmann 1998). Darüber hinaus wird Partizipation bei Verwaltungsentscheidungen von vielen als ein Königsweg der Verwaltungsmodernisierung begriffen, der die Verfahrenslogik öffentlicher Entscheidungen unterstreicht und Betroffene und Interessierte an öffentlichen Belangen teilhaben lässt (vgl. Röber und Redlich 2012). Dem Bürger stehen dabei unterschiedlichste Kanäle offen, um Druck auszuüben. Zunehmend greifen Bürger auch auf Online-Portale zurück, in denen die Leistungen von Lehrern, Professoren oder Ärzten öffentlich bewertet werden. Klienten nehmen diese Evaluationsleistung häufig anonym vor, die öffentlich gelobten, jedoch eher in der Regel öffentlich gescholtenen Personen erscheinen klar identifizierbar in der Öffentlichkeit und haben kaum eine Möglichkeit, dieser subjektiven und in der Regel auf einem Einzelfall beruhenden Schmähung entgegen zu treten. Dies mag auf der einen Seite für den Gescholtenen sehr unangenehm sein, auf der anderen Seite für den Bürger nicht nur einen wichtigen Hebel bieten, um Frust abzulassen, sondern beispielsweise auch um andere Bürger auf Missstände hinzuweisen. Inwiefern dies im Internetzeitalter mehr als eine schnelle Variante des altbekannten Schuldzuweisungsspiels – *blame game* (Hood 2007) – ist, wird sich noch zeigen müssen.

4. Spannungsverhältnisse und Konflikte

In der Realität sind diese Typen nicht immer eindeutig voneinander zu trennen, sondern überlappen sich vielfach und stehen im Konflikt zu einander. Die daraus resultierenden Erwartungen an Verwaltungshandeln stehen in einem klaren Spannungsverhältnis zueinander. Unterschiedliche Aufgaben unterliegen unterschiedlichen Rechtfertigungslogiken. Die Art der Aufgabe sowie die situativen Bedingungen bestimmen, welcher Verantwortlichkeitstypus zu einem bestimmten Zeitpunkt dominiert, zumal Umweltveränderungen „liebgewonnene" und vorhersehbare Rechtfertigungsbezüge jederzeit durcheinander bringen können. Was „gute Verwaltungsführung" schlussendlich bedeutet, ist somit abhängig von Aufgabe, Zeit und Ort. Folglich sind Verwaltungsangehörige – bewusst oder unbewusst – permanent Dilemmasituationen ausgesetzt.

Dies wird insbesondere deutlich, wenn man sich die Vielfalt unterschiedlicher öffentlicher Aufgaben vor Augen führt. Krisenreaktionskräfte, zum Beispiel Feuerwehr, Notärzte, Sondereinsatzkommandos von Militär oder Polizei sowie der Katastrophenschutz, handeln in der Regel unter diffusen Bedingungen, in denen die Rettung von Menschenleben einen höheren Stellenwert einnehmen kann als die Einhaltung von Verhaltensstandards. Abu Ghraib (Adams u.a. 2006), Guantanamo oder der Entführungsfall Jakob von Metzlers sind Beispiele für Situationen, in den die dort handelnden Personen Foltermaßnahmen entweder unternommen oder angedroht hatten, um Informationen über „Aufständische", „Terroristen" oder ein potentielles Entführungsopfer zu erhalten. Die Rechtfertigung für dieses Handeln wurde in allen Fällen mit einem übergeordneten Ziel der Wahrheitsfindung, Verbrechensaufklärung oder Lebensrettung begründet, wo der Zweck die Wahl der Mittel rechtfertigte. Von einem Richter wird hingegen in erster Linie erwartet, dass dieser nach Sichtung aller Beweismittel und Anhörung aller beteiligten Personen eine Entscheidung trifft, welche, unabhängig von den dabei entstehenden Kosten oder der Verfahrensdauer, dem geltenden Recht entspricht. Hier steht weniger der Zweck maßgeblich im Vordergrund, sondern die Art des Verfahrens. In diesem Fall ist die Qualität des Verfahrens ein Indikator für die Legitimation des Urteils. In Krisensituationen ist es jedoch oftmals unvermeidlich, insbesondere wenn es um die Rettung von Leben geht, dass zunächst der Zweck die Mittel heiligt. Die Frage, ob man unter bestimmten Bedingungen alles tun darf, was man auch tun könnte, berührt grundlegende ethische Fragen menschlichen Handelns und somit auch des Verwaltungshandelns (Thompson 1987). Die oben geschilderten Fälle fallen je nach Perspektive unterschiedlich aus und sind klassische Fälle für Dilemmata, die aus der Sicht des jeweils anderen Verantwortlichkeitstyps (fast) immer zu einer „falschen" Entscheidung führen müssen. Dies bedeutet, dass manchmal „gute" Verwaltungsführung mit falschen oder unerwünschten Konsequenzen assoziiert wird und umgekehrt „schlechte" Verwaltungsführung mit guten Konsequenzen. Für das Erreichen manch eines wünschenswerten Zieles sind demnach manchmal unangemessene Mittel anzuwenden (so z.B. Thompson zum „Problem der schmutzigen Hände"; 1987: 11). Umgekehrt kann die rigide Einhaltung von Regeln, Traditionen und Standards genauso zu unerwünschten Konsequenzen führen. Sprichwörtlich steht dafür ein Dienst nach Vorschrift.

Für die handelnde Person wird es deswegen kompliziert, weil sich die Konsequenzen dieser unterschiedlichen Logiken zeitlich versetzt entfalten.

Geht es in einer Krisensituation zunächst einmal um das Eindämmen einer bestimmten Gefahr, zum Beispiel um das erfolgreiche Bekämpfen einer Epidemie, rückt im Anschluss die Frage in der Vordergrund, ob die verwendeten Mittel angemessen waren, deren Wahl auch rechtmäßig und die Befehlsketten auch eingehalten wurden. In der Regel sind es im Nachhinein Gerichte, Rechnungshöfe, Untersuchungsausschüsse oder Sonderberichterstatter, die sich um die Bewertung dieser Fragen zu kümmern haben, während es im Augenblick der Gefahrenabwehr eher die Opfer, Vorgesetzte, Medien, Politiker oder sonstige Beobachter des Geschehens sind. Was den Vorgesetzten bei einer erfolgreichen Geiselbefreiung zufriedenstellt, muss anschließend ein Richter keineswegs goutieren und eine Menschenrechtsorganisation schon überhaupt nicht. Nicht nur variieren zwischen diesen Akteuren die zugrundeliegenden Standards guter Verwaltungsführung, sondern auch die Mittel, diese durchzusetzen.

Die Kontingenz der Rechtfertigung wird an dieser aufgabenbasierten Perspektive deutlich. Dass unterschiedliche Rechtfertigungslogiken (zudem zeitversetzt) auftreten und durch unterschiedliche Akteure ins Spiel gebracht werden, generiert für handelnde Personen ein erhebliches Maß an Mehrdeutigkeit, gleichzeitig eröffnet es aber auch Handlungsspielräume für Akteure, die andernfalls verschlossen blieben.

5. Fazit

Mitarbeiter öffentlicher Verwaltungen müssen mit vielfältigen und zum Teil widersprüchlichen Anforderungen umgehen, die in der Regel in einem Spannungsverhältnis zu einander stehen. Dabei ist die grundsätzliche Frage, was unter guter Verwaltungsführung zu verstehen sei, nicht einfach mit Bezugnahme auf die in der New Public Management-Debatte aufgeworfenen „*three E's*" zu beantworten. Diese stellen in erster Linie auf die effiziente, effektive und sparsame Aufgabenerfüllung ab. Was tatsächlich als „gute" Verwaltungsführung gilt, dies wurde anhand der fünf unterschiedlichen Verantwortlichkeitstypen gezeigt, ist abhängig von der tatsächlichen Aufgabe und dem Rollenverständnis des handelnden Akteurs, der jeweiligen Perspektive des Beobachters sowie der Zeit. Weder die alleinige Betrachtung des Rechts noch die der Effizienz sind ausreichend, um ein umfassendes Bild von Verantwortlichkeit im Verwaltungsalltag zu erhalten.

Diese institutionalisierten Ansprüche und Erwartungen an gute Verwaltungsführung sind auch eine Konsequenz sich verändernder Gesellschaften. Die zunehmende Einwanderung von Bürgern aus dem europäischen und außereuropäischen Ausland, der wachsende Einfluss der Europäischen Kommission und internationaler Organisationen sowie sich verändernde Werthaltungen in Bezug auf Transparenz, Effizienz sowie der Partizipation von Bürgern bei politischen Entscheidungen treiben diese Entwicklung an. Hinzu kommen neue institutionelle Arrangements der Aufgabenerledigung. Netzwerke sollen beispielsweise auf der einen Seite innovationsfördernd sein, gleichzeitig jedoch dieselbe Qualität an Legalität aufweisen, wie es in einer hierarchischen Organisation der Fall ist. Dies bedeutet, dass die moderne Verwaltungswissenschaft lernen muss, mit einer situativen und aufgabenbezogenen Bestimmung von Verantwortlichkeit umzugehen – etwas, was die moderne Verwaltung wahrscheinlich schon längst gelernt hat. Sowohl die Rhetorik des Rechtsstaats als auch die des effizienten oder des bürgernahen Staates kann die tatsächliche Ambivalenz des Verwaltungshandelns nur scheinbar überdecken.

Literatur

Abbott, Andrew, 1988: The System of Professions: An Essay on the Division of Expert Labor. Chiacgo: University of Chicago Press.
Adams, Guy B./Balfour, Danny L./Reed, George E., 2006: Abu Ghraib, Administrative Evil, and Moral Inversion: The Value of 'Putting Cruelty First', in: Public Administration Review, Jg. 66, Nr. 5, 680-693.
Arendt, Hannah, 1986: Eichmann in Jerusalem: Ein Bericht von der Banalität des Bösen. München: Piper.
Barzelay, Michael, 1997: Central Audit Institutions and Performance Audits: A Comparative Analysis of Organizational Strategies in the OECD, in: Governance, Jg. 10, Nr. 3, 235-260.
Bauman, Zygmunt, 2002: Dialektik der Ordnung. Die Moderne und der Holocaust. Hamburg: Europäische Verlagsanstalt.
Behn, Robert D., 2001: Rethinking Democratic Accountability. Washington D.C.: Brookings Institution Press.
Bezes, Philippe, 2010: Path-Dependent and Path-Breaking Changes in the French Administrative System: The Weight of Legacy Explanations, in: Painter, Martin und B. Guy Peters, (Hrsg.), Tradition and Public Administration. Basingstoke: Palgrave Macmillan, 158-173.
Bovens, Mark, 1998: The Quest for Responsibility: Accountability and Citizenship in Complex Organisations. Cambridge: Cambridge University Press.
Bovens, Mark, 2005: Public Accountability, in: Ferlie, Ewans/Lynn, Laurence E. und Christopher Pollitt (Hrsg.), The Oxford Handbook of Public Management. Oxford: Oxford University Press, 182-208.
Bovens, Mark, 2010: Two Concepts of Accountability: Accountability as a Virtue and as a Mechanism, in: West European Politics, Jg. 33, Nr. 5, 946-967.
Derlien, Hans-Ulrich/Mayntz, Renate, 1989: Party Patronage and Politicization of the West German Administrative Elite 1970-1987 – Towards Hybridization?, in: Governance, Jg. 2, Nr. 2, 384-404.
Döhler, Marian, 1997: Die Regulierung von Professionsgrenzen. Struktur und Entwicklungsdynamik von Gesundheitsberufen im internationalen Vergleich. Frankfurt am Main: Campus.

Die Mehrdeutigkeit öffentlicher Verantwortlichkeit

Ellwein, Thomas, 1997: Geschichte der Öffentlichen Verwaltung, in: König, Klaus und Heinrich Siedentopf (Hrsg.), Öffentliche Verwaltung in Deutschland. Baden-Baden: Nomos, 39-53.

Finer, Herman, 1941: Administrative Responsibility in Democratic Government, in: Public Administration Review, Jg. 1, Nr. 4, 335-350.

Friedman, Thomas L., 1995: Foreign Affairs; Don't Mess With Moody's, in: The New York Times, 22.02.1995, URL: http://www.nytimes.com/1995/02/22/opinion/foreign-affairs-don-t-mess-with-moody-s.html.

Friedrich, Carl J., 1940: Public Policy and the Nature of Administrative Responsibility, in: Friedrich, Carl J. und Edward S. Mason (Hrsg.), Public Policy. A Yearbook of the Graduate School of Public Administration. Cambridge: Harvard University Press, 3-24.

Grimm, Dieter, 1986: The Modern State: Continental Traditions, in: Kaufmann, Franz-Xaver/Majone, Giandomenico und Vincent Ostrom (Hrsg.), Guidance, Control, and Evaluation in the Public Sector. Berlin: deGruyter, 89-109.

Groeneveld, Sandra/van de Walle, Steven, 2010: A Contingency Approach to Representative Bureaucracy: Power, Equal Opportunities and Diversity, in: International Review of Administrative Science, Jg. 76, Nr. 2: 239-258.

Heady, Ferrel, 1996: Public Administration. A Comparative Perspective. New York: Dekker, 164-201.

Hood, Christopher, 2007: What happens when transparency meets blame-avoidance?, in: Public Management Review, Jg. 9, Nr. 2, 191-210.

Jann, Werner, 1987: Policy-orientierte Aus- und Fortbildung für den öffentlichen Dienst: Erfahrungen in den USA und Lehren für die Bundesrepublik Deutschland. Stuttgart: Birkhäuser.

Kaufmann, Franz-Xaver, 2005: Zur historischen und aktuellen Entwicklung des europäischen Staates, in: Blanke, Bernhard/von Bandemer, Stephan/Nullmeier, Frank und Göttrik Wewer (Hrsg.), Handbuch zur Verwaltungsreform. 3. Aufl. Wiesbaden: VS Verlag für Sozialwissenschaften, 3-10.

Kingsley, J. Donald, 1944: Representative Bureaucracy. An Interpretation of the British Civil Service. Yellow Springs: The Antioch Press.

Krebs, Timothy B., 2005: Money and Machine Politics: An Analysis of Corporate and Labor Contributions in Chicago City Council Elections, in: Urban Affairs Review, Jg. 41, Nr. 1, 47-64.

Light, Paul Charles, 1999: The True Size of Government. Washington D.C.: Brookings Institution Press.

Maesschalck, Jeroen, 2004: Approaches to Ethics Management in the Public Sector. A Proposed Extension of the Compliance-Integrity Continuum, in: Public Integrity, Jg. 7, Nr. 1, 21-41.

Mansbridge, Jane, 2003: Rethinking Representation, in: American Political Science Review, Jg. 97, Nr. 4, 515-528.

Mansbridge, Jane, 2011: Clarifying the Concept of Representation, in: American Political Science Review, Jg. 105, Nr. 3, 621-630.

von Maravic, Patrick, 2011: Auditing, in: Badie, Bertrand/Berg-Schlosser, Dirk und Leonardo Morlino (Hrsg.), International Encyclopedia of Political Science. London: Sage, 103-108.

von Maravic, Patrick/Schröter, Eckhard, 2012: Institutionelle Rahmenbedingungen des Ländervergleichs in Deutschland, Österreich und der Schweiz, in: Schröter,

Eckhard/von Maravic, Patrick und Jörg Röber (Hrsg.), Zukunftsfähige Verwaltung? Herausforderungen und Lösungsstrategien in Deutschland, Österreich und der Schweiz. Opladen: Barbara Budrich, 23-61.
March, James G./Olsen, Johan P., 1995: Democratic Governance. New York: The Free Press.
Mosher, Frederick, 1968: Democracy and the Public Service. New York: Oxford University Press.
Nonet, Phillippe/Selznick, Philip, 2001: Law and Society in Transition: Toward Responsive Law. New Brunswick: Transaction Publishers.
Peters, B. Guy, 2010: The Politics of Bureaucracy: An Introduction to Comparative Public Administration. New York: Routledge.
Pitkin, Hanna F., 1972: The Concept of Representation. Berkeley: University of California Press.
Plant, Jeremy F., 2011: Carl J. Friedrich on Responsibility and Authority, in: Public Administration Review, Jg. 71, Nr. 3, 471-482.
Pollitt, Christopher/Lonsdale, Jeremy/Girre, Xavier, 1999: Performance or Compliance? Performance Audit and Public Management in Five Countries. Oxford: Oxford University Press.
Reichard, Christoph, 2011: Personalmanagement, in: Blanke, Bernhard/Nullmeier, Frank/Reichard, Christoph und Göttrik Wewer (Hrsg.), Handbuch zur Verwaltungsreform. 4. Aufl. Wiesbaden: VS Verlag für Sozialwissenschaften, 295-301.
Reichard, Christoph, 2012: Neue institutionelle Varianten öffentlicher Leistungserbringung, in: Schröter, Eckhard/von Maravic, Patrick und Jörg Röber (Hrsg.), Zukunftsfähige Verwaltung? Herausforderungen und Lösungsstrategien in Deutschland, Österreich und der Schweiz. Opladen: Barbara Budrich, 207-234.
Reichard, Christoph/Röber, Manfred, 2001: Konzept und Kritik des New Public Managament, in: Eckhard Schröter (Hrsg.), Empirische Policy- und Verwaltungsforschung – Lokale, nationale und internationale Perspektiven. Opladen: Leske & Budrich, 373-393.
Röber, Manfred/Redlich, Matthias, 2012: Bürgerbeteiligung und Bürgerhaushalte in Deutschland, Österreich und der Schweiz – Auf dem Weg vom Staatsbürger über den Kunden zum Mitentscheider und Koproduzenten?, in: Schröter, Eckhard/von Maravic, Patrick und Jörg Röber (Hrsg.), Zukunftsfähige Verwaltung? Herausforderungen und Lösungsstrategien in Deutschland, Österreich und der Schweiz. Opladen: Barbara Budrich, 165-186.
Romzek, Barbara S./Dubnick, Melvin J., 1987: Accountability in the Public Sector: Lessons from the Challenger Tragedy, in: Public Administration Review, Jg. 47, Nr. 3, 227-238.
Rose, Richard, 1984: Understanding Big Government – The Programme Approach. London: Sage.
Rose, Richard, 1985: The Programme Approach to the Growth of Government, in: British Journal of Political Science, Jg. 15, Nr. 1, 1-28.
Roth, Guenther, 1968: Personal Rulership, Patrimonialism, and Empire-Building in the New States, in: World Politics, Jg. 20, Nr. 2, 194-206.
Schröter, Eckhard, 2007: Die Zukunft des Öffentlichen Managements: Reformszenarios Zwischen Staat, Markt und Zivilgesellschaft, in: Jansen, Stephan A./Priddat, Birger P. und Nico Stehr (Hrsg.), Die Zukunft des Öffentlichen. Wiesbaden: VS Verlag für Sozialwissenschaften, 308-329.

Schröter, Eckhard/von Maravic, Patrick, 2011: The 'Performance Claim' of Representative Bureaucracy: Can It Deliver? American Political Science Association Conference, 3.-7. September 2011. Seattle.

Schröter, Eckhard/Wollmann, Hellmut, 1998: Der Staats-, Markt- und Zivilbürger und seine Muskeln in der Verwaltungsmodernisierung. Oder: Vom Fliegen- zum Schwergewicht?, in: Grunow, Dieter und Hellmut Wollmann (Hrsg.), Lokale Verwaltungsreform in Aktion: Fortschritte und Fallstricke. Basel: Birkhäuser, 145-172.

Scott, James C., 1969: Corruption, Machine Politics, and Political Change, in: The American Political Science Review, Jg. 63, Nr. 4, 1142-1158.

Sørensen, Eva, 2012: Measuring the Accountability of Collaborative Innovation, in: The Innovation Journal, Jg. 17, Nr. 1, URL: http://www.innovation.cc/scholarly-style/eva_s_rensen_v17i1a9.pdf.

Strøm, Kaare, 2000: Delegation and Accountability in Parliamentary Democracies, in: European Journal of Political Research, Jg. 37, Nr. 3, 261-289.

Thompson, Dennis F., 1980: Moral Responsibility of Public Officials: The Problem of Many Hands, in: American Political Science Review, Jg. 74, Nr. 4, 905-916.

Thompson, Dennis F., 1987: Political Ethics and Public Office. Cambridge: Harvard University Press.

Tilly, Charles, 1992: Coercion, Capital, and European States. Ad 990-1992. Cambridge: Blackwell.

Vaughan, Diane, 1997: The Trickle-Down Effect: Policy decisions, risky work and the challenger tragedy, in: California Management Review, Jg. 39, Nr. 2, 80-102.

Wilensky, Harold L., 1964: The Professionalization of Everyone?, in: The American Journal of Sociology, Jg. 70, Nr. 2, 137-158.

Zürn, Michael/Walter, Gregor/Bertram, Christoph, 2006: „Schulen der Macht"? – Governance Schools in Deutschland. working papers, Nr. 1. Berlin: Hertie School of Governance, URL: http://www.hertie-school.org/fileadmin/images/Downloads/working_papers/1.pdf.

Evaluierung von Verwaltungshandeln. Entwicklung, Ansätze, Verwendung

Hellmut Wollmann

1. Einleitung

1.1 Definition: Evaluierung

Unter *Politikevaluierung* (engl.: *policy evaluation*) oder *Programmevaluation* (US-amerikanisch: *program evaluation*, vgl. Derlien 1981)[1] sind Analyseverfahren zu verstehen, die darauf gerichtet sind, die Zielerreichung und Wirkungen staatlicher Politik bzw. politisch-administrativen Handelns zu erfassen und zu bewerten (vgl. Wollmann 2011b: 456ff.). Mit Blick auf die Zielerreichung und einen „Soll-Ist-Vergleich" ist vielfach auch von „Erfolgskontrolle" die Rede.[2] Vor diesem Hintergrund kann Evaluierungs*forschung* als die systematische, sich sozialwissenschaftlicher Methoden bedienende Konzipierung und Durchführung von Evaluierung bezeichnet und insofern als Variante *angewandter Sozialforschung* eingestuft werden. Zur Abgrenzung von konzeptionell und gegenständlich verwandten Fragestellungen und Ansätzen mag der in der Politikfeld-/Policy-Forschung gebräuchliche „Politikzyklus" dienen, der konzeptionell zwischen *Politikformulierung, Politikimplementation* und *Politikevaluierung* mit möglicher *Politikbeendigung* als Folge abrollt (Bogumil und Jann 2008: 26): Während die *Policy-Forschung* auf eine umfassende Analyse des Policy-Zyklus angelegt ist und gewissermaßen als Oberbegriff gelten kann, hebt die *Implementationsforschung* (vgl. Mayntz 1980, Wollmann 1980) auf den Realisierungsprozess von Politik und dessen Verknüpfung mit der Politikformulierung ab, während die *Evaluierungsforschung* auf die Wirkungen und deren Bedingtheit durch die vorherigen Policy-Phasen fokussiert ist.

---

1 An dieser Stelle sei daran erinnert, dass in der US-amerikanischen Politikwelt „programs" als zielgerichteter Einsatz von personellen, organisatorischen und finanziellen Ressourcen ein gängiger, wenn nicht vorrangiger Typus (bundes-)staatlicher Aktivitäten (z.B. Social Action Program) und Interventionen sind, während sich in der deutschen Politiktradition staatliches Handeln stärker über Gesetzgebung und deren Implementation vollzieht. Vor dem Hintergrund dieses politikkonzeptionellen und -instrumentellen Unterschieds ist die inhaltliche Engführung des (von Derlien 1981 präferierten) Terminus Programmforschung im deutschen Kontext im Auge zu behalten.

2 Vgl. hierzu insbesondere die Vorläufigen Verwaltungsvorschriften zu § 7 BHO, insbesondere in der Fassung vom 14.3.2001 (vgl. unten Fußnote 8).

Evaluierung von Verwaltungshandeln

1.2 Reichweite und Typen der Evaluation von Verwaltungshandeln

In Abbildung der komplexen mehrgliedrigen Wirkungskette, in der die Verwirklichung von Verwaltungspolitik verlaufen kann, werden je nach konkretem Untersuchungsfokus unterschiedliche Typen von Evaluation unterschieden (vgl. Wollmann 2000a, 2002, Pollitt und Bouckaert 2011: 110-111, Kuhlmann 2009, Wollmann und Kuhlmann 2011):[3]

- *Institutionen*evaluation: unmittelbare organisatorische, personelle, prozedurale usw. Veränderungen;
- *Performanz*evaluation: Veränderungen der Handlungsmuster, Leistungsfähigkeit usw.;
- *Output-, Outcome-, Impact-Evaluation:* Ergebnisse und Wirkungen;
- *System*-Evaluation: darüber hinausgehende Auswirkungen auf das Politik- und Verwaltungssystem.[4]

1.3 Ansätze und Varianten von Evaluation

In der einschlägigen Literatur werden Ansätze und Varianten von Evaluation oder Erfolgskontrolle[5] üblicherweise danach unterschieden, an welchem Punkte des Policy-, Management- bzw. Evaluationszyklus (Zielbestimmung, Implementation, Termination/Wirkungen) und zu welchem Zweck das Evaluierungsverfahren und ihm eigentümliche kybernetische Rückmeldeschleife ansetzen (vgl. Wollmann 2000, 2003a):

Ex ante Evaluation: Sie wird in der Phase der Politik-/Programm-Formulierung mit dem Ziel unternommen, die Wirkungen einer *künftigen* Intervention vorab abzuschätzen *(pre-assessment)*. Diese Logik liegt z.B. ex-ante-Kosten-Nutzen-Analysen und Folgenabschätzungen (etwa Umweltfolgenabschätzung *(Environmental Impact Assessment)* und Gesetzesfolgenabschätzung (vgl. Konzendorf 2011) zugrunde.

Formative (oder in neuerer Diktion) *on-going Evaluierung:* In diesem Fall setzt noch während der Programm-/Maßnahmenrealisierung, nach Möglichkeit von deren Anfang an die Evaluierung ein und dient der früh- und rechtzeitigen Rückkopplung von (Zwischen-)Ergebnissen an die relevanten

---

3 Für das Beispiel einer fruchtbaren Umsetzung und Anwendung dieser analytischen Unterscheidungen zur Strukturierung einer umfangreichen Evaluationsstudie vgl. Bogumil u.a. 2007.
4 Vgl. „system improvement", Pollitt und Bouckaert 2011: 120, „improving the capacity of the administrative system", Pollitt und Bouckaert 2011: 174 oder auch „effects on the political-administrative decision-making system", vgl. Christensen und Laegreid 2001: 32-33).
5 Für eine ausführliche Diskussion der Begriffe vgl. Bundesbeauftragte für die Wirtschaftlichkeit der Verwaltung 1998: 14ff. Zu Verfahren und Varianten der „Erfolgskontrolle" vgl. auch die Vorläufigen Verwaltungsvorschriften zu § 7 Bundeshaushaltsordnung in der Fassung vom 14.3.2001 (vgl. unten Fußnote 8).

politischen, administrativen und gesellschaftlichen Akteure, um etwaige Korrekturen noch im laufenden Programm-, Projekt- und Maßnahmenvollzug zu ermöglichen und das Programm bzw. die Maßnahme unter Umständen vorzeitig abzubrechen. Der formativen Evaluierung steht die *Begleitforschung* nahe, innerhalb derer wiederum zwischen einer „distanzierten", die *analytische* Funktion betonenden, einer (zusätzlich) *beratenden* und einer sich in die Programm-/Maßnahmenrealisierung *aktiv einmischenden* (intervenierenden) Variante unterschieden werden kann. Die letzte Variante weist wiederum Übergänge zur *Aktionsforschung* auf.

Ex-post oder *summative Evaluation*: Hier wird nach Beendigung des Handlungsprogramms bzw. der Maßnahme begonnen. Als klassischer Variante von Evaluation ist ihr herkömmlich die Aufgabe gestellt, den Zielerreichungsgrad des zu evaluierenden Programms bzw. der Maßnahme zu ermitteln und die das Gelingen bzw. Scheitern bedingenden Gründe zu identifizieren. Hierbei soll die Evaluation nicht nur die Ziele als intendierte Wirkungen, sondern auch die nicht-beabsichtigten Wirkungen im Visier haben, einschließlich „fataler" (Neben-)Wirkungen (vgl. Kuhlmann und Wollmann 2006: 374 mit weiteren Nachweisen). Bleiben die letzteren unberücksichtigt, kann dies das Ergebnis der Evaluation verfälschen. Desgleichen soll die Evaluation auch die (in Evaluationsanalysen bisher vielfach vernachlässigten) *Transaktionskosten* der angestrebten Veränderungen erfassen (vgl. Kuhlmann und Wollmann 2006, Wollmann und Kuhlmann 2011: 564). In Anknüpfung an auf Ronald H. Coase (1937) zurückgehende institutionenökonomische Konzept sind aus evaluativer Sicht als *Transaktionskosten* solche personellen, organisatorischen, zeitlichen usw. Aufwendungen zu berücksichtigen, die für die Vorbereitung, Durchführung und Nachbereitung des zu evaluierenden Programms/Projekts erforderlich sind.

Effizienz-Evaluation: Hiermit sind evaluative Verfahren gemeint, in denen das Verhältnis von *Input* (aufgewandte organisatorische, personelle, finanzielle usw. Ressourcen) und *Output* (erreichte Ziele, Wirkungen, Erträge) ermittelt und „saldiert" werden. In einer solchen Saldierung sollten auch und gerade die Transaktionskosten in Rechnung gestellt werden. Dieser evaluativen Logik stehen *Kosten-Nutzen-Analysen* nahe. Sie sind darauf angelegt, die Kosten und Nutzen, unter Umständen in mehreren Handlungsvarianten („Szenarien"), vorab oder auch ex-post auf Basis monetärer Bewertungen abzuschätzen.

Interne oder externe Evaluierung: Bei *interner* Evaluierung von Verwaltungshandeln ist die Verwaltung selbst Initiator und Träger des evaluativen Verfahrens (vgl. z.B. Innenministerium Baden-Württemberg 1999, Senat von Berlin 2000). Dies trifft in Sonderheit auf die Controlling-Verfahren zu, die, wie weiter unten herausgearbeitet wird, in der Konzeption des Neuen Steuerungsmodells die zentrale Funktion haben, verwaltungsintern Analyse-, Informations- und Rückmeldeschleifen zu etablieren sowie steuerungs- und

Evaluierung von Verwaltungshandeln 365

kontrollrelevante Informationen über Leistungen und Kosten des Verwaltungshandelns zu kommunizieren. Demgegenüber wird *externe* Evaluation von Trägern außerhalb der Verwaltung geleistet. Dies ist zum einen vor allem dann der Fall, wenn externe Forschungseinrichtungen von Politik und Verwaltung beauftragt und finanziert werden, im Wege sog. Auftragsforschung (vgl. Wollmann 2002b) Evaluationsuntersuchungen durchzuführen. Des Weiteren können andere (außeradministrative) öffentliche Akteure (insbesondere Parlament und Rechnungshof) Initiatoren und Träger von (externen) Evaluationen auftreten (vgl. zu Landesrechnungshöfen bereits Wollmann u.a. 1990 sowie Rechnungshof von Berlin 2006, Landesrechnungshof Baden-Württemberg 2007, Landesrechnungshof Rheinland-Pfalz 2011).

2. Entwicklungsphasen der Politikevaluation

2.1 Politik- und Verwaltungskontrolle in der „traditionellen" Politik- und Verwaltungswelt

In der „traditionellen" Politik- und Verwaltungswelt, die nach der Wiederbegründung der demokratischen Verfassungsordnung nach 1945 zunächst wieder bestimmend war und in deren rechtsstaatlicher Überlieferung, idealtypisch verkürzt gesprochen, Politik primär durch Gesetzgebung und deren Vollzug verwirklicht wurde, lassen sich vor allem vier „Kontrollschleifen" identifizieren (vgl. Wollmann 2009):

- die *politische* Kontrolle von Regierung und Verwaltung durch die *Parlamente,*
- die Überprüfung der *Ordnungsmäßigkeit und Wirtschaftlichkeit* der Verwaltung durch die *Rechnungshöfe,*
- die Überprüfung der Gesetzmäßigkeit des Politik- und Verwaltungshandelns durch die *Gerichte* und
- die *verwaltungsinterne* Kontrolle durch Formen und Verfahren verwaltungsinterner (vertikal-hierarchischer) Führung und Aufsicht (Bürokratiemodell von Max Weber).

Der rechtsstaatlich geprägten und konditionalprogrammierten Politik- und Verwaltungswelt waren systematische empirische Analysen zur Zielerreichung und Effizienz von Politik und Verwaltungshandeln weitgehend ungeläufig (zur Unterscheidung von konditionaler vs. finaler Programmierung vgl. Luhmann 2004).

2.2 Evaluation im politisch-administrativen Kontext nach den 1960er und 1970er Jahren

Im Verlauf der 1960er Jahre, insbesondere nach 1969 mit Bildung der sozialliberalen Koalition, vollzogen sich im Politik- und Verwaltungssystem der Bundesrepublik tiefe Veränderungen und Umbrüche. Wichtige politikkonzeptionelle und -instrumentelle Anstöße kamen aus den USA. Hier wurden in den mittleren 1960er Jahren – unter den Präsidenten Kennedy und Johnson – weitreichende wohlfahrtsstaatliche Reformprogramme, insbesondere der *„War on Poverty"* angestoßen und eine Modernisierung des staatlichen Handlungssystem eingeleitet, zu der die ansatzweise Einführung von Informations- und Planungssystemen (*Planning-Programming-Budgeting-System*, PPBS) in den Ministerien ebenso gehörte wie die Evaluation der Reformprogramme und eine (von Donald Campbell 1969 als „reforms as experiments" proklamierte) „Verwissenschaftlichung" der Reformpolitik durch von Evaluation begleitete Sozialexperimente (Campbell 1969, Campbell und Stanley 1963, ausführlich Hellstern und Wollmann 1984b: 25ff.).

Auch in der Bundesrepublik löste nach 1969 die von der sozialliberalen Koalition unter Willy Brandt ausgerufene „Politik der inneren Reformen" einen Schub von Reformpolitiken aus, der mit dem Anlauf auf eine umfassende Modernisierung von Politik und Verwaltung einherging. Mit Anleihen an PPBS wurde auch hier der Auf- und Ausbau von Planungs-, Evaluations- und Informationskapazitäten als organisatorisch-instrumentelle Voraussetzung für „aktive Politik" (Projektgruppe Regierungs- und Verwaltungsreform beim Bundesminister des Inneren 1969) angesehen. Hierbei gewann auch die Leitvorstellung einer „rationalen" Politik und eines Politikzyklus Geltung, der über die Triade von Planung/Implementation/Wirkung abläuft und in dem die Evaluation als strategisch maßgebliche kybernetische Rückmeldeschleife eine zentrale Funktion hat. In dem Maße, wie der Vorrang, den in der Vergangenheit „konditional-programmierte" Gesetzgebung als Politikinstrument hatte, von „final-programmierten" Handlungs- und Förderprogrammen (z.B. Städtebau-, Technologieförderung) abgelöst wurde, deren Verlauf sich „konditionalprogrammierter" Festsetzung entzog, gewann die empirisch informierte Erfolgskontrolle einen strategischen Stellenwert (vgl. auch Steinberg 1976). Überdies wurden – in unverkennbarer Anknüpfung an das US-amerikanische Vorbild und in der deutschen Politiktradition beispiellos – systematisch evaluierte Vorhaben von „experimenteller Politik" in einer Reihe kontroverser Politikfelder ins Werk gesetzt (so Schulversuche mit integrierter Gesamtschule, Einphasen-Juristenausbildung, Geschwindigkeitsbegrenzung auf Autobahn, vgl. den Überblick bei Hellstern und Wollmann 1983b, für politiksektorale Berichte Hellstern und Wollmann 1983a, zur Entwicklungspolitik vgl. Stockmann 2006c, zu damaligen Gesetzgebungsexperimenten vgl. Wollmann 1986).

Einen wichtigen Schritt in der institutionellen und instrumentellen Verankerung der Evaluierungsfunktion in der deutschen Politik- und Verwaltungswelt markierte die Bundeshaushaltsordnung (BHO) vom 19.8.1969, die unter der Überschrift „Wirtschaftlichkeit und Sparsamkeit, Kosten- und Leistungsrechnung" „angemessene Wirtschaftlichkeitsuntersuchungen für alle finanzwirksamen Maßnahmen" (des Bundes) vorschrieb (für Einzelheiten vgl. Hellstern und Wollmann 1984b: 49ff, auch Stockmann 2006b: 31, Bundesbeauftragte 1998: 11). Nach mehreren Novellierungen enthalten die Vorläufigen Verwaltungsvorschriften zu § 7 BHO (in der Fassung vom 14.3.2001) nunmehr detaillierte Regelungen zu den „Wirtschaftlichkeitsuntersuchungen als Instrument der Erfolgskontrolle".[6] Parallel zu den Vorschriften der BHO wurden auch in allen Bundesländern deren Landeshaushaltsordnungen novelliert.

Organisatorisch-institutionell spiegelte sich diese Entwicklung in dem Ausbau von Planungs-, Informations- und Evaluationseinheiten in den Verwaltungen von Bund und Ländern, aber auch Kommunen wider (vgl. Derlien 1976 sowie die politiksektoralen Berichte in Hellstern und Wollmann 1984a für die Bundesebene und in Hellstern und Wollmann 1984c, 1984d für die Kommunalebene).

In ihrer ersten Aufschwungphase bis in die mittleren 1970er Jahre hatte die Politikevaluation als Reflex ihres reformpolitischen und „planungseuphorischen" Entstehungskontextes vor allem die Verbesserung der Wirksamkeit (*outcome*) staatlicher Politik im Blick. Schon ab den mittleren 1970er Jahren – als Reaktion auf die ökonomischen und budgetären Krise, die im Gefolge des (ersten) Erdölpreisschocks nach 1973 einsetzte – wurde der (kurzlebige)

---

6 Vorläufige Verwaltungsvorschriften zu § 7 Bundeshaushaltsordnung in der Fassung vom 14.3.2001:
„Wirtschaftlichkeitsuntersuchungen als Instrument der Erfolgskontrolle
Die Erfolgskontrolle ist ein systematisches Prüfungsverfahren. Sie dient dazu, während der Durchführung (begleitende Erfolgskontrolle) und nach Abschluss (abschließende Erfolgskontrolle) einer Maßnahme ausgehend von der Planung festzustellen, ob und in welchem Ausmaß die angestrebten Ziele erreicht wurden, ob die Maßnahme ursächlich für die Zielerreichung war und ob die Maßnahme wirtschaftlich war.
Bei Maßnahmen, die sich über mehr als zwei Jahre erstrecken, und in sonstigen geeigneten Fällen sind nach individuell festzulegenden Laufzeiten von Zeitpunkten, an denen abgrenzbare Ergebnisse oder Teilrealisierungen einer Maßnahme zu erwarten sind, begleitende Erfolgskontrollen durchzuführen. Sie liefern vor dem Hintergrund zwischenzeitlich eingetretener ökonomischer, gesellschaftlicher und technischer Veränderungen die notwendigen Informationen für die Entscheidung, ob und wie die Maßnahme fortgeführt werden soll.
Von der begleitenden Erfolgskontrolle ist die laufende Beobachtung zu unterscheiden. Im Gegensatz zum systematisch angelegten umfassenden Prüfungsverfahren der Erfolgskontrolle ist sie eine fortlaufende gezielte Sammlung und Auswertung von Hinweisen und Daten zur ergänzenden Beurteilung der Entwicklung einer Maßnahme.
Alle Maßnahmen sind nach ihrer Beendigung einer abschließenden Erfolgskontrolle zur Überprüfung des erreichten Ergebnisses zu unterziehen."

planungseuphorische Reformoptimismus von einer planungsernüchterten und zunehmend neo-liberal inspirierten Politik der Haushaltskonsolidierung abgelöst, in der der Evaluation vorrangig die Aufgabe einer Einsparung und Reduzierung der Kosten (*inputs*) beigemessen wurde.

Zur Expansion der Evaluationsforschung trug wesentlich bei, dass der Bundestag (ebenso wie zum Teil auch die Landtage) die Beschlüsse über neue Förderprogramme und Maßnahmen vielfach mit der Verpflichtung der Regierung verbanden, diese möge nach bestimmter Frist über deren Wirkung berichten (zu dem „Berichtswesen" der Bundesregierung vgl. Derlien 1975). In Ermangelung eigener interner Analysekapazitäten gingen die Bundesministerien mit Hilfe der ihnen hierfür bewilligten Ressortforschungsmittel dazu über, externe Forscher und Forschungsinstitute mit der Durchführung von Evaluationen (vielfach im Wege von Ausschreibungen) zu beauftragen. In dem Maße, wie sich privatwirtschaftlich agierende nicht-universitäre Forschungseinrichtungen und -firmen in der Konkurrenz um diesen expandierenden Forschungsmarkt und seine Auftragsforschung durchsetzten, hat sich die Forschungslandschaft, die traditionell von universitärer Grundlagenforschung geprägt war, durch das Vordringen „forschungsmarktfinanzierter" Beratungsforschung tiefgreifend verändert (vgl. Wollmann 2002b).

Gleichzeitig zeigten der Bundesrechnungshof ebenso wie die Landesrechnungshöfe, auf die erwähnte Neufassung der Bundeshalts- bzw. Landeshaushaltsordnung reagierend, zunehmend das Interesse und die Bereitschaft, über das enge traditionelle Aufgabenverständnis einer Prüfung von Ordnungsmäßigkeit und Wirtschaftlichkeit hinauszugehen und den Weg weitergehender Erfolgskontrolle von Politik- und Verwaltung zu beschreiten, sei es, dass sie ihre eigenen Prüfungen auf entsprechende Sachverhalte ausdehnten oder evaluative Untersuchungen bei Regierung und Ministerien anmahnten (für den Bundesrechnungshof vgl. Dorn 1984, Wittrock 1984, für Beispiele aus den jährlichen „Bemerkungen" des Bundesrechnungshofs ab 1982 vgl. Bundesbeauftragte 1998: 74ff., zu den Landesrechnungshöfen vgl. Dieckmann 2001, Wollmann u.a. 1990). Als Ergebnis des Aufschwungs, den die Politikevaluation in der Bundesrepublik seit den späten 1960er Jahren erlebte, gehörte diese in Europa – neben Schweden und Großbritannien – zu den Vorreitern und den Ländern „der ersten Welle" (vgl. Levine 1981, Wagner und Wollmann 1986, Derlien 1990a, 1990b).

Die weitere Entwicklung der Politikevaluation in Deutschland kann an dieser Stelle nur kurz gestreift werden (für Übersichtsaufsätze vgl. Stockmann 2006b und Widmer und Beywl 2009, für politiksektorale Berichte vgl. Stockmann 2006a sowie Widmer u.a. 2009). Zunächst ist daran zu erinnern, dass im Gefolge des deutschen Einigungsprozesses das gesamte von der DDR hinterlassene Hochschul- und Forschungssystem Gegenstand einer umfassenden – über die Fortführung oder „Abwicklung" von Lehr- und Forschungseinrichtungen entscheidenden – Evaluierung wurde und dass hiervon

Evaluierung von Verwaltungshandeln

Anstöße dazu ausgingen, in der „alten" Bundesrepublik mit ähnlich rigorosen Evaluierungen in diesen Feldern Ernst zu machen.

Die Evaluierung im Schulbereich erhielt zudem wesentlichen Antrieb durch die seit 2000 unter der Ägide der OECD in dreijährigem Rhythmus durchgeführten sog. PISA-Untersuchungen (vgl. Büeler 2006, Maag Merki 2009). Auch im Hochschulbereich gab es umfassende Evaluierungen, die seit 1998 auch landesgesetzlich vorgeschrieben waren (vgl. Kromrey 2006, Schmidt 2009). Als weiteres Beispiel ist die Arbeitsmarktpolitik zu erwähnen, bei der die groß angelegte Evaluation zu „Hartz IV" im Mittelpunkt stand (vgl. Bangel u.a. 2006, Wagner 2010).

Nachhaltige Anstöße erhielt die Politikevaluation auch in Deutschland dadurch, dass die EU seit 1995 die systematische Evaluation ihrer Strukturfondsprogramme und für diese innerhalb eines fünfjährigen Programmzyklus die Sequenz von *ex ante, on-going* (*mid term*) und *ex post*-Evaluation vorgeschrieben hat (vgl. Leeuw 2006: 75ff., Schwab 2009: 409ff.). Für die *ex post*-Evaluation sind die EU und die Mitgliedsstaaten gemeinsam zuständig, während die *ex-ante* sowie die *on-going*-Evaluation eher Sache der Mitgliedsstaaten sind. Hieraus ist ein kaum noch überschaubares Evaluationssystem entstanden. Die von der EU-Kommission allein im Förderabschnitt 1996-1998 veranlassten Evaluationsprojekte werden mit 300 veranschlagt (vgl. Leeuw 2006: 75, vgl. darüber hinaus auch Europäische Kommission 2001, 2010).[7] An der EU-induzierten Evaluationsdynamik wirkt auch die deutsche „*evaluation community*", insbesondere deren „freie, meist private(n) oder als An-Institute organisierte(n) Forschungseinrichtungen" (Schwab 2009: 410) in erheblichem Umfang mit, sei es im Rahmen von Evaluationsvorhaben der Bundesländer oder sei im Rahmen von Forschungsaufträgen der EU-Kommission in der hierfür eigentümlichen Form von internationalen Konsortien.

Zwar kann Deutschland ausweislich der Untersuchung von Furubo u.a. (Furubo u.a. 2002, Furubo und Sandahl 2002), in der der Stand der Evaluation am Ende der 1990er Jahre aufgrund eines breiten Satzes von Merkmalen in 25 Ländern international vergleichend analysiert und in eine Rangfolge gebracht wurde, weiterhin zur Spitzengruppe gerechnet werden (vgl. ähnlich Leeuw 2006: 67). Jedoch muss dieses Bild nach Politikfeldern differenziert und modifiziert werden (vgl. Widmer und Leeuw 2009). Hierbei ist an die kritische Einschätzung des Bundesrechnungshofs zu erinnern, der – aufgrund einer Untersuchung aller Bundesministerien – zum Ergebnis kam, dass „in vielen Ressorts die Voraussetzungen für eine systematische Erfolgskontrolle nicht gegeben sind" (Bundesbeauftragte 1998: 24).

---

7 Vgl. hierzu die ab 2000 jährlich fortgeschriebenen „Annual Evaluation Reviews" der EU Kommission; so z.B. den Bericht von 2009: http://ec.europa.eu/dgs/secretariat_general/evaluation/docs/final_aer_2009_en.pdf.

2.3 Evaluation seit den 1990er Jahren unter dem Einfluss von New Public Management

Vor etwa 20 Jahren hat es einen bemerkenswerten Perspektivwandel in der Evaluation von Verwaltungshandeln gegeben, der nachstehend mit dem Fokus auf Verwaltungsreformen bzw. Institutionenpolitik dargestellt wird. Nachdem in Deutschland die Diskussion um eine Modernisierung von Staat und Verwaltung gegenüber der internationalen Diskussion bis in die frühen 1990er Jahre bemerkenswert distanziert geblieben war, fand der vom New Public Management inspirierte Modernisierungsdiskurs nunmehr – vor dem Hintergrund einer sich im Gefolge der Deutschen Einheit verschärfenden budgetären Krise – fast „blitzartig" Zugang und Aufnahme in der deutschen Reformdiskussion (vgl. Wollmann 1996). Die Diskussion wurde vor allem auf kommunaler Ebene geführt; sie wurde von der KGSt und deren Leiter Gerhard Banner unter der Bezeichnung „Neues Steuerungsmodell" (NSM) stark beeinflusst (vgl. bahnbrechend Banner 1991 und – rückblickend – 2001 sowie KGSt 1993a, 1993b, 1994 und Reichard 1994).

In Analogie zu dem die planungseuphorische Reformdiskussion der 1960er Jahre bestimmenden Policy-Zyklus liegt dem NSM ein *Managementzyklus* zugrunde, der über die Triade von Zielformulierung, Implementation und Wirkungskontrolle abläuft und in der Evaluation die die Ablaufphasen verknüpfende kybernetische Rückmelde-Funktion hat. Jedoch gehen NPM und NSM über das der *Planungsdiskussion* vertraute Verständnis von Evaluation, das die Rückkopplung in erster Linie über „*externe*" Evaluation sieht, darin entscheidend hinaus, dass Evaluation vor allem als ein verwaltungs*internes* und *–eigenes* „selbstreferenzielles" Rückmeldesystem begriffen und etabliert wird (zum systemtheoretischen Konzept der „Selbstreferenzialität" vgl. Luhmann 2004). Angesichts des zentralen strategischen Stellenwertes, den die verwaltungsinterne selbstreferentielle Evaluationsfunktion in NPM und NSM hat, könnte man von einer weiteren (dritten?) Welle oder Phase in der Entwicklung von Evaluation sprechen (vgl. Wollmann 2003b).[8]

Die konzeptionell das Verwaltungssystem – verwaltungsintern oder auch verwaltungsextern – vernetzenden Rückmeldeschleifen sollen dazu dienen, die mit Hilfe geeigneter Kennzahlen erfassten Leistungen und Kosten des Verwaltungshandelns (*performance measurement*) über entsprechende Kommunikationskanäle (*controlling*) laufend oder periodisch rückzumelden und damit eine Steuerung und Kontrolle (*performance management*) zu ermöglichen (vgl. Nullmeier 2011 sowie zum Verwaltungscontrolling Brüggemeier 1997, Schedler 2011, zum politischen Controlling Schedler 1998, Brandel u.a. 1999 und zur Leistungsmessung Kuhlmann u.a. 2004 und Kuhlmann 2010).

---

8   Hiermit wird auf das in der Evaluationsliteratur verwendete Bild von den mehreren „Wellen" der Evaluation angespielt, vgl. Wagner und Wollmann 1986, Derlien 1990a, 1990b, Wollmann 2003b, 2012.

Die NPM-basierten Evaluierungsansätze zielen vor allem in zwei Richtungen (vgl. statt vieler Bogumil u.a. 2007: 23ff.): Zum einen spielt die im Rahmen des NSM eingeführte Kosten-Leistungs-Rechnung eine Rolle, indem sie auf Indikatoren gestützt, über die *performance* des Verwaltungshandelns, insbesondere über dessen Leistungs- und Kostenstand, laufend informiert und evaluativ rückkoppelt (vgl. Hilgers 2011). Zum anderen bieten auch die im Zuge der Reform des kommunalen Haushalts- und Rechnungswesens eingeführten Budgetierungskonzepte sowie Rechnungslegungsverfahren wirksame Möglichkeiten der Steuerung und Evaluierung des Verwaltungshandelns, vor allem mit Blick auf finanzielle Ressourcen (vgl. Bals 2011, Jann 2011).

Evaluierung von Pilotvorhaben

Nachdem Ansätze „experimenteller Politik" in den 1960er und 1970er Jahren, wie oben erwähnt, in einer ganzen Reihe von substanziellen Politikfeldern (Schul-, Verkehrspolitik usw.) eine – auch im internationalen Vergleich – beachtliche Blüte erlebt hatten (vgl. Hellstern und Wollmann 1983a), in der Folgezeit aber weitgehend verebbt waren, erfuhren sie in der Verwaltungspolitik der 1990er Jahre eine gewisse Wiederbelebung; ihre Evaluation erfolgte indessen weitgehend in verwaltungsinternen Verfahren und Formen.

Einen Anstoß hierzu gab in fast allen Bundesländern die Einführung von Experimentierklauseln, als 1994 – offenbar dem Vorbild der in den skandinavischen Ländern in den 1980er Jahren initiierten *„free commune"*-Experimente folgend (zu letzteren vgl. Baldersheim 1996: 293ff.) – die einschlägigen Landesgesetze, insbesondere die Gemeinde- und Kreisordnungen. Diese wurden in der Absicht novelliert, den Gemeinden die rechtliche Möglichkeit zu geben, eine auf zwei Jahre befristete Freistellung von bestimmten kommunal-, insbesondere haushaltsrechtlichen Vorschriften zu beantragen und innerhalb der hierdurch eröffneten Spielräume neue kommunale Handlungsmuster zu erproben (ausführlicher: Wollmann 2000a: 217 mit Nachweisen). Allerdings wurde auf methodisch anspruchsvolle (externe) Evaluation dieser Pilotvorhaben durchwegs verzichtet (kritisch Klages 1996: 7ff.) und die Innenministerien der Länder begnügten sich mit einer methodisch eher „handgestrickten" Auswertung verwaltungsinterner Berichtsbögen (vgl. Wollmann 2000: 218 mit Nachweisen).

Dieser Ansatz, reformpolitische Veränderungen im Wege von Pilotvorhaben zu erproben und im Wege verwaltungsinterner Erhebungen zu überprüfen, wurde in einigen Ländern in der Folgezeit weitergeführt. So wurden beispielsweise in Baden-Württemberg 1995 „Pilotversuche mit dezentraler Budgetverantwortung ... kombiniert mit der Einführung von Kosten- und Leistungsrechnung sowie kennzahlen- und kostenorientierten Führungssystemen (Controlling)" in 30 Pilot-Behörden eingeleitet (vgl. Innenministerium BW 1999: 123ff.).

Benchmarking als intra- oder inter-organisatorischer Ansatz der Performanz-Evaluation

Unter Anknüpfung an den angelsächsischen Wortgebrauch werden als *Benchmarking* Verfahren bezeichnet, die darauf gerichtet sind, die Leistungsfähigkeit von Handlungseinheiten sei es intra-organisatorisch, sei es inter-organisatorisch zu vergleichen (vgl. Schuster 2001, Kuhlmann 2003, 2004, Wollmann 2004, Seckelmann 2011). Seit den frühen 1990er Jahren haben Ansätze des *Benchmarking* auch in die deutsche Verwaltungswelt Eingang gefunden. Wiederum nahm zunächst die kommunale Ebene diese verwaltungspolitische Spur auf. Die Initiative ging zuerst von der *Bertelsmann-Stiftung* aus, die 1990/1991 mit einem Projekt „Grundlagen einer leistungsfähigen Kommunalverwaltung" die Bildung von *interkommunalen Vergleichsringen* als ein Verfahren kommunaler Selbstevaluation und interkommunalen Quasi-Wettbewerbs propagierte und finanziell förderte.

Auch wenn Leistungsvergleiche in der kommunalen Verwaltungspolitik inzwischen einen gefestigten Platz haben, weisen sie darin eine erhebliche Schwäche auf, dass ihre Ergebnisse bislang fast ausschließlich verwaltungsintern (für die organisationsinterne Steuerung und Kontrolle) verwendet werden, während sie den kommunalen Parlamenten und der kommunalen Öffentlichkeit nicht oder nur eingeschränkt, jedenfalls keineswegs verbindlich zugänglich sind. Hierin unterscheidet sich Deutschland markant insbesondere von Schweden.[9]

Auch in den Verwaltungen der Bundesländer[10] und des Bundes findet *Benchmarking* als neues Evaluierungs- und Steuerungsinstrument wachsende Anwendung (siehe die Aufsätze in Kuhlmann u.a. 2004).

Hervorhebung verdient in diesem Zusammenhang die Grundgesetzänderung im Rahmen der Föderalismusreform II (Gesetz vom 29.7.2009, BGBl I 2248), die mit dem neu eingefügten Art 91d GG eine Rechtsgrundlage für Leistungsvergleiche/Benchmarking zur Feststellung und Förderung der Leistungsfähigkeit der öffentlichen Verwaltungen geschaffen hat. Ziel der Vorschrift ist es, den föderativen Wettbewerb um die beste Lösung anzuregen. Indem die Vorschrift als „Kann-Bestimmung" formuliert wurde, bleibt es allerdings beim Freiwilligkeitsprinzip (für Einzelheiten vgl. Seckelmann 2011: 575f.).

---

9 Das von den schwedischen Kommunen kollektiv seit den späten 1980er Jahren betriebene, ungewöhnliche und beispielhafte interkommunale Benchmarking-System ist dadurch gekennzeichnet, dass es für jedermann über Internet zugänglich die Kosten kommunaler Tätigkeiten in einem breiten Satz von Dienstleistungen jährlich gemeinde- und aufgabenscharf dokumentiert („Vad kostar versamheten i Din kommun?", „Was kosten die Tätigkeiten in Deiner Kommune?"; siehe Einzelheiten bei Wollmann 2008: 228 mit Nachweisen).

10 Zu Anwendungsbeispielen in Baden-Württemberg vgl. Innenministerium Baden-Württemberg 1999: 122, sowie in Nordrhein-Westfalen vgl. Innenministerium NRW 2001: 16f.

Externe Evaluation von Verwaltungsreformen

Externe Evaluationsuntersuchungen zu Ergebnis und Verlauf von Verwaltungsreformen liegen bislang ungeachtet der umfangreichen Ressourcen, die in die Verwaltungsmodernisierung geflossen sind, nur in beschränktem Umfang vor (vgl. Pollitt und Bouckaert 2003, Wollmann 2003c, Wollmann 2006, Bogumil u.a. 2011). Zum einen sind schriftliche Befragungen zu nennen, die die kommunalen Spitzenverbände, insbesondere der Deutsche Städtetag, sowie KGSt und DIFU unter ihren Mitgliederkommunen durchgeführt haben (vgl. Grömig und Gruner 1998, KGSt 1998, Mäding 1998). Indessen dürfte die Verlässlichkeit dieser evaluativen Erhebungen dadurch beeinträchtigt sein, dass die subjektive Einschätzung beteiligter Akteure abgefragt wird und diese dazu neigen könnten, eher ihre eigenen Erwartungen und Situationsdeutungen als die realen Gegebenheiten widerzuspiegeln.

Empirische Evaluationsuntersuchungen wurden ansonsten bislang vor allem von Stiftungen finanziert. Dies gilt zum einen für die von der Wüstenrot-Stiftung geförderte Evaluationsstudie von Jaedicke u.a. (2000) und zum andern für die von der Hans-Böckler-Stiftung finanzierten Studien von Kißler u.a. (1997) und Bogumil u.a. (2007). Letztere stellt die bislang umfassendste Evaluationsuntersuchung zu Verlauf und Ergebnis des Neuen Steuerungsmodells in den deutschen Kommunen dar.[11] Zur Reform des kommunalen Haushalts- und Rechnungswesens ist ferner auf die von der KGSt sowie vom Deutschen Städtetag vorgelegten Evaluierungsstudien zu verweisen (vgl. KGSt 2010, Deutscher Städtetag und PWC 2011).

Schließlich ist eine wachsende Zahl von Untersuchungen zu nennen, in denen sich die Rechnungshöfe der Bundesländer (insbesondere von Baden-Württemberg, Berlin, Rheinland-Pfalz, siehe Nachweise weiter unten) mit Fragen der Verwaltungsmodernisierung in Landes- und Kommunalverwaltungen sowie mit dem neuen kommunalen Finanzsystem befassen.

3. Verwendung von Evaluation in Politik und Verwaltung

Es ist eine „uralte" Frage, ob und wie der Fundus gesellschaftlich verfügbaren Wissens für (bessere) politische Entscheidungen genutzt werden könne (vgl. bereits Wollmann und Hellstern 1977). In dem Maße, wie wissenschaftlich (sowie anderwärts) generiertes Wissen, nicht zuletzt durch den enormen Aufschwung der Evaluationsforschung, geradezu exponentiell zugenommen

---

11 Vgl. Wollmann 2000: 219ff. für eine detaillierte Übersicht über die bis in die späten 1990er Jahren vorliegenden evaluativen Untersuchungen, ihren Fragestellungen, Methoden und Ergebnissen.

hat, stellt sich diese Frage mit umso größerer Dringlichkeit. Bereits Anfang der 1950er Jahre, vor dem Hintergrund der Katastrophe des 2. Weltkriegs und des gebotenen Wiederaufbaus demokratischer Gesellschaften trat *Harold Lasswell* mit dem Konzept und der Forderung von *policy sciences* als einer Beratungswissenschaft hervor, um auf die sich stärker ausbildende Fragmentierung des Wissens durch interdisziplinäre Anstrengungen und durch Kumulierung des Wissens für das *Policy-Making* mit dem Ziel von „*policy sciences of democracy*" zu reagieren (Lasswell 1951: 3, vgl. hierzu auch Wagner u.a. 1991). Unlängst wurde die Vorstellung und Forderung, die zu treffenden politischen Entscheidung auf das verfügbare einschlägige Wissen zu gründen, unter der britischen Labour Regierung auf die griffige Formel eines *evidenced based policy making* gebracht (vgl. Cabinet Office 1999[12], vgl. auch Davies 2004).

Im Folgenden soll die gezielte Nutzung von durch Evaluation generiertem Wissen in Politik und Verwaltung in zwei Aspekten kurz diskutiert werden.

3.1 Evaluation als mehr- und wechselseitiger Lernprozess

Zunächst sei an die bekannte Habermas'sche Unterscheidung zwischen „dezisionistischem", „technokratischem" und „pragmatischem" Entscheidungsmodell angeknüpft (vgl. Habermas 1968, ferner Wewer 2009: 404f.), wonach das letztere, anstatt wie die beiden ersteren auf die einseitig politisch oder technokratisch determinierte Entscheidung zu setzen, im Verhältnis von Politik einerseits und Gesellschaft, Wissenschaft usw. andererseits in einen dialogischen Prozess von wechselseitigem Erkenntnisgewinn und Interessenausgleich eingebettet ist.

Innerhalb des Evaluierungsprozesses (zwischen ex-ante-, formativen/ongoing und ex-post Evaluationsschritten) ist insbesondere die „formative/ongoing" Phase geeignet, den „Dialog" zwischen dem politischen/administrativen Entscheider und dem Evaluator insbesondere in jener Form von Begleitforschung zu ermöglichen, in der sich dieser nicht auf (den strengen Regeln der Wissenschaftlichkeit verpflichtete) „distanzierte Analyse" beschränkt, sondern den Schritt zu aktiver Beratung und Mitgestaltung macht. In der letzteren Variante steht der Gewinn eines beider- und wechselseitigen Erkenntnis- und Handlungsgewinns im Vordergrund – auf die Gefahr hin („der Weg/der Prozess ist wichtiger als das Ziel"), dass das Analyseziel eines strengen Soll-Ist- bzw. Vorher-Nachher-Vergleichs in den Hintergrund gerät und methodisch eingetrübt wird. Der Ablauf des mehrphasigen Evaluierungsverfahrens der EU-Strukturförderung macht sich diesen möglichen Dia-

---

12 Government „must produce policies that really deal with problems, that are forward-looking and shaped by evidence rather than a response to short-term pressures; that tackle causes not symptoms" (ebd.).

log- und Lerngewinn durch die Einrichtung von sog. Begleitausschüssen zu eigen (vgl. Lang u.a. 2000), denen dezentrale/lokale Projektträger, Projektverantwortliche der Landesregierung und ein Vertreter der EU-Kommission angehören und die den Fortgang der Projektimplementation und dessen mögliche Korrektur diskutieren und entscheiden. Schließlich sei in diesem Zusammenhang auf das von Jean Claude Thoenig in die Diskussion gebrachte Konzept einer „Quasi-Evaluation" verwiesen (vgl. Thoenig 2003), gemäß der bei der Einleitung einer Evaluationsuntersuchung (zunächst) auf „harte" methodische Anforderungen verzichtet wird und (jedenfalls zunächst) die Aufgabe im Vordergrund steht, durch Kommunikation und Dialog zwischen beteiligten Praktikern und Evaluatoren ein Vertrauensklima zu schaffen, das auf das gemeinsame Gelingen des Projektes gerichtet ist und nach Möglichkeit den Boden für eine nachfolgende „harte" Evaluierung bereitet.

3.2 Wissensnutzung in und von der Evaluationsforschung

In der sog. Wissensnutzungsforschung (*knowledge utilization research*), die in den USA auf die 1960er Jahre zurückgeht (und in Carol Weiss ihre „Doyenne" hat, vgl. Weiss 1977, 1991) und in einem DFG-Projektverbund einen wichtigen Anlaufpunkt hatte (vgl. Beck und Bonß 1990, Wollmann 2009: 392ff., 2011a, 2010: 747ff. mit Nachweisen) sind für die Nutzung/Verwendung[13] von (sozial-)wissenschaftlichem Wissen in Politik und Verwaltung vor allem drei (auf Weiss 1977 bzw. Patton 1997 zurückgehende) Modelle vorgeschlagen worden (vgl. auch Spiel und Bergsmann 2009: 480, Fabian 2009: 500ff.), nämlich

- instrumentelle Nutzung als unmittelbare und praxisbezogene Verwendung von Evaluationsergebnissen durch Auftraggeber und andere Stakeholder zur Entscheidungsfindung,
- konzeptionelle Nutzung als Rezeption grundlegender Erkenntnisse über Funktionsweisen eines Programms und eher indirekte Einwirkung auf Überzeugungen, Handlungsprämissen usw.,
- Prozess-Nutzung als Lernprozess während des laufenden Evaluierungsprozesses (womit weitgehend die oben erwähnte formative/on-going Evaluierungsphase übereinstimmt).

Für die institutionelle Architektur, durch die Rezeption und Verarbeitung von Evaluationsergebnisse gefördert bzw. behindert werden kann, sei an dieser Stelle auf die ausführlicheren Darstellungen bei Konzendorf 2009, Wollmann 2010: 748ff. sowie die vergleichende kritische Einschätzung bei Widmer und Leeuw 2009) verwiesen.

---

13 Zur begrifflichen Abgrenzung zu „Nutzung/Verwendung", „Nützlichkeit" und „Nutzen'" vgl. Spiel und Bergsmann 2009: 478.

Aus der Wissensverwendungsforschung ist seit langem bekannt, dass die direkte, unmittelbare (instrumentelle) Anwendung und Umsetzung von Forschungsergebnissen eher selten ist und relevantes Wissen vielmehr über eher komplizierte fachwissenschaftliche, mediale Vermittlungsprozesse, oft mit Verspätung, zu den politischen Entscheidern gelangt und in deren Handlungswissen und -prämissen „einsickert" (vgl. hierzu etwa Weiss 1977, 1991; zu einer Fallstudie zur Wissensnutzung in der Gesetzgebung vgl. Krautzberger und Wollmann 1988). Die methodischen, konzeptionellen und empirischen Schwierigkeiten, der Anwendung und Umsetzung von Wissen in Politik und Verwaltung auf die Spur zu kommen, mögen erklären, weshalb auch die „Evaluierung der Evaluierung", d.h. die Erforschung der Frage, ob, wann und warum Evaluationsergebnisse in der Politik- und Verwaltungspraxis angewandt und umgesetzt werden, noch ein weitgehend weißes Feld ist (für ein frühes Beispiel vgl. Hellstern und Wollmann 1984e).

In einer vom Bundesrechnungshof 1989 vorgelegten „Evaluierung der Evaluierung", in die alle Bundesministerien einbezogen wurden, war dieser zum Ergebnis gekommen: „Die Umsetzung von Evaluationsergebnissen ist gering" (Bundesbeauftragter 1989: 30, vgl. auch Stockmann 2006b: 33). Auch in seiner Nachfolgeuntersuchung von 1998 gelangt der Bundesrechnungshof zu einer kritischen Einschätzung: „Die Umsetzung der Ergebnisse der Erfolgskontrolle zur finanzwirtschaftlichen Steuerung (z.B. Korrektur, Fortführung oder Einstellung einer Maßnahme) war mit Ausnahme einiger Ressorts sehr unterschiedlich, insgesamt jedoch gering. In einzelnen Fällen wurden sogar entgegen den Kontrollergebnissen Maßnahmen eingestellt oder fortgeführt, ohne dass dafür Begründungen gegeben wurden" (Bundesbeauftragte 1998: 27).

Geht man davon aus, dass die Feststellungen, die der Bundesrechnungshof in seinen Jahresberichten zu administrativen Mängeln der Ministerien und Dienststellen des Bundes trifft, auf internen oder auch externen Evaluierungen beruhen, lassen sich Bemerkungen dazu, ob diesen Beanstandungen in der Folgezeit abgeholfen worden ist oder nicht, ebenfalls als „Evaluierung der Evaluierung" interpretieren. In den Jahresberichten („Bemerkungen") finden sich verstreut Feststellungen, dass kritische Befunde des Rechnungshofs umgesetzt bzw. nicht umgesetzt worden sind (vgl. etwa Bundesrechnungshof 2006 sowie 2011: 37, 131, 204, 214, 293). Dem ist hinzuzufügen, dass die in den Jahresberichten gedruckten „Bemerkungen" vermutlich die „Spitze des Eisbergs" darstellen und die Ministerien anderen Beanstandungen im Vorfeld bereits abgeholfen haben und damit in der veröffentlichten „Evaluierung der Evaluierung" nicht mehr auftauchen.

Mit diesem insgesamt eher enttäuschenden Befund zur Umsetzung von Evaluationsergebnissen stimmt das Ergebnis einer jüngst bei den Bundesministerien durchgeführten schriftlichen Befragung überein, die darauf hindeutet, dass die „Diskrepanz zwischen der Relevanz, die der Nutzung der Evaluationsfunktion zukommt, und ihrer tatsächlichen Realisierung sehr groß" sei (Spiel und Bergsmann 2009: 465).[14]

Abschließend sei auf eine im Auftrag der EU durchgeführte „Evaluation der Evaluation" der EU-Strukturförderprogramme hingewiesen, in der zusammengefasst ausgeführt wird: „The most common contribution of evaluation work lies in the improvement of the implementation of financial interventions, action programs and the like. However there are policy instruments of the Commission where evaluation is not yet so common and the influence is also less evident (legislation etc.) ... Overall allocation of EU resources is certainly *not* determined on efficiency goals, but much more by political decision making. The study shows that especially such decisions are generally very little informed by evaluation" (Centre for European Evaluation Expertise 2005: 57-58).

4. Zusammenfassung

Die Entwicklung der Evaluierung am Beispiel der Verwaltungspolitik vermittelt national wie international ein ambivalentes Bild. Die bereits im Politikzyklus der Planungsdiskussion der 1960er und 1970er Jahre angelegte Ablauftriade von Zielformulierung, Implementation und Wirkungskontrolle ist im analogen Managementmodell der NPM-Diskussion vollends zur Geltung gekommen. Vor dem Hintergrunde des Vordringens verwaltungsinterner Evaluierungsverfahren (Kosten-Leistungsrechnungen, Controlling usw.) und deren systematischer Einbindung in die Verwaltungsführung kann sogar von einer „dritten Welle" von Evaluierung gesprochen werden (vgl. Wollmann 2003b: 1ff.) – nachdem die erste Welle von Evaluierung in den 1960er und 1970er Jahren, im Wesentlichen in Form von externer Evaluierung auf die Verbesserung der Zielerreichung von Politik gerichtet war und es in der „zweiten Welle" in den späten 1970er und 1980er Jahren vorrangig um eine Reduktion der Kosten von Politikging.

In der dritten Welle von Evaluation gewann *Controlling* als Verfahren zur Gewinnung und Verwendung von steuerungs- und handlungsrelevanten Informationen über Prozess und Ergebnis des Verwaltungshandelns immer stärkere Bedeutung. Nutznießer dieses neuen Steuerungswissens scheinen bislang jedoch vorrangig die Verwaltungsführung und die Exekutivpolitiker im Verhältnis zur Verwaltung zu sein. Demgegenüber steht die Absicht des NSM, gleichzeitig die Steuerungs- und Kontrollfähigkeit der Parlamente,

---

14 Wie die Verfasserinnen allerdings selber ausdrücklich einräumen, ist die empirische Basis ihrer „partiellen Bestandsaufnahme" sehr schmal: Von den 15 deutschen Bundesministerien, denen der Fragebogen zugeschickt wurde, kamen vollständig ausgefüllte Fragebogen nur von zwei zurück, vgl. Spiel und Bergsmann 2009: 483.

insbesondere durch Verfahren eines *politischen* Controlling, zu stärken, noch weitgehend auf dem programmatischen Papier.

Insgesamt stehen sowohl im nationalen wie im internationalen Kontext systematische Evaluierungsstudien zu Verlauf und Ergebnis von Verwaltungsreformen durch unabhängige externe Evaluierungsforschung nach wie vor weitgehend am Anfang. Dieses Defizit ist umso auffälliger, als die Schaffung von Transparenz der Wirkungen, Kosten, Nutzen usw. des Verwaltungshandelns eine Kernbotschaft der NPM-inspirierten Verwaltungsmodernisierung war, was entsprechende Evaluierungsuntersuchungen eigentlich befördern sollte.

Literatur

Baldersheim, Harald, 1996: Nordic Municipalities in Transition: From Free Communes to Free Choice, in: Reichard, Christoph und Hellmut Wollmann (Hrsg.), Kommunalverwaltung im Modernisierungsschub? Basel: Birkhäuser, 289-307.

Bals, Hansjürgen, 2011: Neue Haushaltssteuerung, in: Blanke, Bernhard/Nullmeier, Frank/Reichard, Christoph und Göttrik Wewer (Hrsg.), Handbuch zur Verwaltungsreform. 4. Aufl. Wiesbaden: VS Verlag für Sozialwissenschaften, 395-407.

Bangel, Bettina/Brinkmann, Christian/Deeke, Axel, 2006: Evaluation von Arbeitsmarktpolitik, in: Stockmann, Reinhard (Hrsg.), Evaluationsforschung: Grundlagen und ausgewählte Forschungsfelder. 3. Aufl. Münster: Waxmann, 311-344.

Banner, Gerhard, 1991: Von der Behörde zum Dienstleistungsunternehmen. Die Kommunen brauchen ein neues Steuerungsmodell, in: Verwaltungsführung, Organisation, Personal, Jg. 13, Nr. 1, 6-11.

Banner, Gerhard, 2001: Kommunale Verwaltungsmodernisierung: Wie erfolgreich waren die letzten zehn Jahre?, in: Schröter, Eckhard (Hrsg.), Empirische Policy und Verwaltungsforschung. Lokale, nationale und internationale Perspektiven. Opladen: Leske + Budrich, 279-303.

Beck, Ulrich/Bonß, Wolfgang (Hrsg.), 1990: Verwendung, Verwandlung, Verwissenschaftlichung. Frankfurt am Main: Suhrkamp.

Bogumil, Jörg/Grohs, Stephan/Kuhlmann, Sabine, 2011: Evaluation des Neuen Steuerungsmodells, in: Blanke, Bernhard/Nullmeier, Frank/Reichard, Christoph und Göttrik Wewer (Hrsg.), Handbuch zur Verwaltungsreform. 4. Aufl. Wiesbaden: VS Verlag für Sozialwissenschaften, 554-562.

Bogumil, Jörg/Grohs, Stephan/Kuhlmann, Sabine/Ohm, Anna. K., 2007: Zehn Jahre Neues Steuerungsmodell: Eine Bilanz kommunaler Verwaltungsmodernisierung. Berlin: Edition Sigma.

Bogumil, Jörg/Jann, Werner, 2008: Verwaltung und Verwaltungswissenschaft in Deutschland. 2. Aufl. Wiesbaden: VS Verlag für Sozialwissenschaften.

Brandel, Rolf/Stöbe-Blossey, Sybille/Wohlfahrt, Norbert, 1999: Verwalten oder gestalten. Ratsmitglieder im Neuen Steuerungsmodell. Berlin: Edition Sigma.

Brüggemeier, Martin, 1997: Controlling in der öffentlichen Verwaltung. Ansätze, Probleme und Entwicklungstendenzen eines betriebswirtschaftlichen Steuerungskonzeptes. 2. Aufl. München: Rainer Hampp.

Evaluierung von Verwaltungshandeln

Büeler, Xaver, 2006: Qualitätsevaluation und Schulentwicklung, in: Stockmann, Reinhard (Hrsg.), Evaluationsforschung: Grundlagen und ausgewählte Forschungsfelder. 3. Aufl. Münster: Waxmann, 260-288.
Bundesbeauftragter für die Wirtschaftlichkeit der Verwaltung, 1989: Erfolgskontrolle finanzwirksamer Maßnahmen in der öffentlichen Verwaltung. Gutachten des Präsidenten des Bundesrechnungshofes als Bundesbeauftragter für Wirtschaftlichkeit in der Verwaltung. Stuttgart: Kohlhammer.
Bundesbeauftragte für die Wirtschaftlichkeit in der Verwaltung, 1998: Erfolgskontrolle finanzwirksamer Maßnahmen in der öffentlichen Verwaltung. Gutachten der Präsidentin des Bundesrechnungshofes als Bundesbeauftragte für die Wirtschaftlichkeit in der Verwaltung. 2. Aufl. Stuttgart: Kohlhammer.
Bundesrechungshof, 2006: Ergebnisbericht 2006. Folgerungen aus den Bemerkungen des Bundesrechnungshofes 2003 und 2004. Bonn, URL: http://starweb.hessen.de/ cache/bund/bundesrechnungshof_ergebnisbericht2006.pdf.
Bundesrechnungshof, 2011: Bemerkungen 2011 zur Haushalts- und Wirtschaftsführung des Bundes, URL: http://bundesrechnungshof.de/veroeffentlichungen/ bemerkungen-jahresberichte/Bemerkungen-2011.pdf.
Cabinet Office, 1999: Modernising Government, White Paper. London: Cabinet Office.
Campbell, Donald, 1969: Reforms as Experiments, in: American Psychologist, Jg. 24, Nr. 4, 409-429.
Campbell, Donald/Stanley, James, 1963: Experimental and Quasi-Experimental Evaluation in Social Research. Boston: Houghton Mifflin.
Centre for European Evaluation Expertise, 2005: Study on the Use of Cost-effectiveness Analysis in EC's Evaluations. o.O., URL: http://ec.europa.eu/dgs/ secretariat_general/evaluation/docs/cea_finalreport_en.pdf.
Coase, Ronald H., 1937: The Nature of the Firm, in: Economica, Jg. 4, Nr. 16, 386-405.
Christensen, Tom/Laegreid, Per, 2001: A transformative perspective on administrative reforms, in: Christensen, Tom und Per Laegreid (Hrsg.), New Public Management. The Transformation of ideas and practice. Aldershot: Ashgate, 13-43.
Davies, Philip, 2004: Policy Evaluation in the United Kingdom. Beitrag präsentiert auf dem KDI international Policy Evaluation Forum, 19-21.05.2005. Seoul.
Derlien, Hans-Ulrich, 1975: Das Berichtswesen der Bundesregierung – ein Mittel der Kontrolle und Planung, in: Zeitschrift für Parlamentsfragen, Jg. 6, Nr. 1, 42-55.
Derlien, Hans-Ulrich, 1976: Die Erfolgskontrolle staatlicher Planung. Baden-Baden: Nomos.
Derlien, Hans-Ulrich, 1981: Stand und Entwicklung der Programmforschung in der öffentlichen Verwaltung, in: Derlien, Hans-Ulrich (Hrsg.), Programmforschung in der öffentlichen Verwaltung, Werkstattbericht 1 der Gesellschaft für Programmforschung (GfP). München: GfP, 5-45.
Derlien, Hans-Ulrich, 1990a: Program Evaluation in the Federal Republic of Germany, in: Rist, Ray C. (Hrsg.), Program Evaluation and the Management of Government. London: Transaction, 37-52.
Derlien, Hans-Ulrich, 1990b: Genesis and Structure of Evaluation Efforts in Comparative Perspective, in: Rist, Ray C. (Hrsg.), Program Evaluation and the Management of Government. London: Transaction, 147-176.
Deutscher Städtetag/PricewaterhouseCoopers (PWC), 2011: Evaluierung der Reform des kommunalen Haushalts- und Rechnungswesens. o.O., URL: http://www. thueringen.de/imperia/md/content/nkfthueringen/evaluierung_pwc.pdf.

Dieckmann, Rudolf, 2001: Möglichkeiten und Grenzen der Evaluation (in) der Verwaltungspolitik, unveröffentl. Manuskript, URL: http://www.alt.degeval.de/ calimero/tools/proxy.php?id=81.
Dorn, Heinz, 1984: Erfolgskontrolle durch den Bundesrechnungshof, in: Hellstern, Gerd-Michael und Hellmut Wollmann (Hrsg.), Handbuch zur Evaluierungsforschung. Band 1. Opladen: Westdeutscher Verlag, 463-480.
Europäische Kommission, 2001: Annual Evaluation Review 2000. SEK (2001) 152. Brüssel, URL: http://ec.europa.eu/dgs/secretariat_general/evaluation/docs/eval_ review_2000_en.pdf.
Europäische Kommission, 2010: Multi-Annual Overview (2002-2009) of Evaluation & Impact Assessments. o.O., URL: http://ec.europa.eu/dgs/secretariat_general/ evaluation/ docs/multiannual_overview_en.pdf.
Fabian, Carlo, 2009: Nutzung der Evaluationsfunktion im Vergleich, in: Widmer, Thomas/Beywl, Wolfgang und Carlo Fabian (Hrsg.), Evaluation. Ein systematisches Handbuch. Wiesbaden: VS Verlag für Sozialwissenschaften, 498-505.
Furubo, Jan-Eric/Rist, Ray/Sandahl, Rolf (Hrsg.), 2002: International Atlas of Evaluation. New Brunswick: Transaction.
Furubo, Jan-Erich/Sandahl, Rolf, 2002: A Diffusion Perspective on Global Developments in Evaluation, in: Furubo, Jan-Eric/Rist, Ray und Rolf Sandahl (Hrsg.), International Atlas of Evaluation. New Brunswick: Transaction, 1-26.
Grömig Erko/Gruner, Kersten, 1998: Reform in den Rathäusern, in: Der Städtetag, Jg. 51, Nr 8, 581-587.
Habermas, Jürgen, 1968: Verwissenschaftlichte Politik und öffentliche Meinung, in: Habermas, Jürgen (Hrsg.), Technik und Wissenschaft als Ideologie. Frankfurt am Main: Suhrkamp, 120-145.
Hellstern, Gerd-Michael/Wollmann, Hellmut (Hrsg.), 1983a: Experimentelle Politik – Reformstrohfeuer oder Lernstrategie. Opladen: Westdeutscher Verlag.
Hellstern, Gerd-Michael/Wollmann, Hellmut, 1983b: Bestandsaufnahme, in: Hellstern, Gerd-Michael und Hellmut Wollmann (Hrsg.), Experimentelle Politik – Reformstrohfeuer oder Lernstrategie. Opladen: Westdeutscher Verlag.
Hellstern, Gerd-Michael/Wollmann, Hellmut (Hrsg.), 1984a: Handbuch zur Evaluierungsforschung. Band 1. Opladen: Westdeutscher Verlag.
Hellstern, Gerd-Michael/Wollmann, Hellmut, 1984b: Evaluierung und Evaluierungsforschung – ein Entwicklungsbericht, in: Hellstern, Gerd-Michael und Hellmut Wollmann (Hrsg.), Handbuch zur Evaluierungsforschung. Band 1. Opladen: Westdeutscher Verlag, 17-93.
Hellstern, Gerd-Michael/Wollmann, Hellmut (Hrsg.), 1984c: Evaluierung und Erfolgskontrolle in Kommunalpolitik und –verwaltung. Basel: Birkhäuser.
Hellstern, Gerd-Michael/Wollmann, Hellmut, 1984d: Evaluierung und Erfolgskontrolle auf der kommunalen Ebene. Ein Überblick, in: Hellstern, Gerd-Michael und Hellmut Wollmann (Hrsg.), Evaluierung und Erfolgskontrolle in Kommunalpolitik und –verwaltung. Basel: Birkhäuser, 10-57.
Hellstern, Gerd-Michael/Wollmann, Hellmut, 1984e: Methoden-und Nutzungsprobleme von Evaluierungsuntersuchungen in Auftragsforschung. Ein Fallbericht, in: Hellstern, Gerd-Michael und Hellmut Wollmann (Hrsg.), Evaluierung und Erfolgskontrolle in Kommunalpolitik und –verwaltung. Basel: Birkhäuser, 481-493.
Hilgers, Dennis, 2011: Kosten- und Leistungsrechnung in der öffentlichen Verwaltung, in: Blanke, Bernhard/Nullmeier, Frank/Reichard, Christoph und Göttrik

Wewer (Hrsg.), Handbuch zur Verwaltungsreform. 4. Aufl. Wiesbaden: VS Verlag für Sozialwissenschaften, 428-436.

Innenministerium Baden-Württemberg, 1999: Zwischenbilanz der Verwaltungsreform. Schriftenreihe der Stabsstelle für Verwaltungsreform. Band 21. Stuttgart.

Innenministerium Nordrhein-Westfalen, 2001: Bericht des Innenministeriums Nordrhein-Westfalen zum Stand der Verwaltungsmodernisierung. Düsseldorf.

Jaedicke, Wolfgang/Thrun, Thomas/Wollmann, Hellmut, 2000: Modernisierung der Kommunalverwaltung. Evaluierungsstudie zur Verwaltungsmodernisierung im Bereich Planen, Bauen und Umwelt. Stuttgart: Kohlhammer.

Jann, Werner, 2011: Neues Steuerungsmodell, in: Blanke, Bernhard/Nullmeier, Frank/Reichard, Christoph und Göttrik Wewer (Hrsg.), Handbuch zur Verwaltungsreform. 4. Aufl. Wiesbaden: VS Verlag für Sozialwissenschaften, 98-107.

Kommunale Gemeinschaftsstelle für Verwaltungsvereinfachung (KGSt), 1993a: Das Neue Steuerungsmodell. KGSt-Bericht Nr. 5/1993. Köln: KGSt.

Kommunale Gemeinschaftsstelle für Verwaltungsvereinfachung (KGSt), 1993b: Budgetierung. KGSt-Bericht Nr. 6/1993. Köln: KGSt.

Kommunale Gemeinschaftsstelle für Verwaltungsvereinfachung (KGSt), 1994: Verwaltungscontrolling im Neuen Steuerungsmodell. KGSt-Bericht Nr. 15/1994. Köln: KGSt.

Kommunale Gemeinschaftsstelle für Verwaltungsvereinfachung (KGSt), 1998: KGSt-Mitgliederbefragung 1997: Verwaltungsmodernisierung und Einsatz von Informations- und Kommunikationstechnik (TuI), Neues Steuerungsmodell und TuI-Einsatz. KGSt-Bericht Nr. 10/1998. Köln: KGSt.

Kommunale Gemeinschaftsstelle für Verwaltungsmanagement (KGSt), 2010: Stand der Einführung des neuen Haushalts- und Rechnungswesens. Ergebnisse einer bundesweiten Umfrage 2010. Materialien 6/2010. Köln: KGSt.

Kißler, Leo/Bogumil, Jörg/Greifenstein, Ralph/Wiechmann, Elke, 1997: Moderne Zeiten im Rathaus? Reform der Kommunalverwaltungen auf dem Prüfstand der Praxis. Berlin: Edition Sigma.

Klages, Helmut 1996: Jenseits der Experimentierklausel – oder zurück ins Diesseits?, in: Hill, Hermann und Helmut Klages (Hrsg.), Jenseits der Experimentierklausel. Tagung der Hochschule für Verwaltungswissenschaften Speyer vom 6. Bis 8. Dezember 1995. Suttgart: Raabe.

Konzendorf, Götz, 2009: Institutionelle Einbettung der Evaluationsfunktion in Politik und Verwaltung in Deutschland, in: Widmer, Thomas/Beywl, Wolfgang und Carlo Fabian (Hrsg.), Evaluation. Ein systematisches Handbuch. Wiesbaden: VS Verlag für Sozialwissenschaften, 27-33.

Konzendorf, Götz, 2011: Gesetzesfolgenabschätzung, in: Blanke, Bernhard/Nullmeier, Frank/Reichard, Christoph und Göttrik Wewer (Hrsg.), Handbuch zur Verwaltungsreform. 4. Aufl. Wiesbaden: VS Verlag für Sozialwissenschaften, 135-143.

Krautzberger, Michael/Wollmann, Hellmut, 1988: Verwendung sozialwissenschaftlichen Wissens in der Gesetzgebung, in: Zeitschrift für Rechtssoziologie, Jg. 9, Nr. 2, 177-189.

Kromrey, Helmut, 2006: Qualität und Evaluation im System Hochschule, in: Stockmann, Reinhard (Hrsg.), Evaluationsforschung: Grundlagen und ausgewählte Forschungsfelder. 3. Aufl. Münster: Waxmann, 234-259.

Kuhlmann, Sabine, 2003: Benchmarking auf dem Prüfstand: Kosten, Nutzen und Wirkungen interkommunaler Leistungsvergleiche in Deutschland, in: Verwaltungsarchiv, Jg. 94, Nr. 1, 99-126.

Kuhlmann, Sabine, 2004: Interkommunaler Leistungsvergleich in deutschen Kommunen: Zwischen Transparenzgebot und Politikprozess, in: Kuhlmann, Sabine/Bogumil, Jörg und Hellmut Wollmann (Hrsg.), Leistungsmessung und -vergleich in Politik und Verwaltung. Wiesbaden: VS Verlag für Sozialwissenschaften, 94-120.

Kuhlmann, Sabine, 2009: Die Evaluation von Institutionenpolitik in Deutschland: Verwaltungsmodernisierung und Wirkungsanalyse im föderalen System, in: Widmer, Thomas/Beywl, Wolfgang und Carlo Fabian (Hrsg.), Evaluation. Ein systematisches Handbuch. Wiesbaden: VS Verlag für Sozialwissenschaften, 371-380.

Kuhlmann, Sabine, 2010: Performance Measurement in European local governments: a comparative analysis of reform experiences in Great Britain, France, Sweden and Germany, in: International Review of Administrative Sciences, Jg. 76, Nr. 2, 331-345.

Kuhlmann, Sabine/Bogumil, Jörg/Wollmann, Hellmut (Hrsg.), 2004: Leistungsmessung und -vergleich in Politik und Verwaltung. Wiesbaden: VS Verlag für Sozialwissenschaften.

Kuhlmann, Sabine/Wollmann, Hellmut, 2006: Transaktionskosten von Verwaltungsreformen – ein „missing link" der Evaluationsforschung, in: Jann, Werner/Röber, Manfred und Hellmut Wollmann (Hrsg.), Public Management. Grundlagen, Wirkungen, Kritik. Wiesbaden: VS Verlag für Sozialwissenschaften, 371-390.

Landesrechnungshof Baden-Württemberg, 2007: Wirtschaftlichkeit des Projektes NSI in der Landesverwaltung. Stuttgart.

Landesrechnungshof Rhein-Pfalz, 2011: Kommunalbericht 2011. Wiesbaden, URL: http://reformruinekommunaledoppik.files.wordpress.com/2010/07/kommunalberi cht_rheinland-pfalz_201113112011.pdf.

Lang, Jochen/Schwab, Oliver/Wollmann, Hellmut, 2000: Institutionelle Innovation der EU und Renitenz des deutschen Föderalismus. Die Begleitauschüsse in der EU Strukturfonds-Förderung, in: Verwaltungsarchiv, Jg. 91, 100-116.

Lasswell, Harold D., 1951: The Policy Orientation, in: Lerner, Daniel und Harold D. Lasswell (Hrsg.), Policy Sciences. Recent Developments in Scope and Methods. Palo Alto: Stanford University Press, 3-15.

Leeuw, Frans, 2006: Evaluation in Europe, in: Stockmann, Reinhard (Hrsg.), Evaluationsforschung: Grundlagen und ausgewählte Forschungsfelder. 3. Aufl. Münster: Waxmann, 64-84.

Levine, Robert A., 1981: Program Evaluation and Policy Analysis in Western Nations: An Overview, in: Levine, Robert A./Solomon, Marian A./Hellstern, Gerd-Michael und Hellmut Wollmann (Hrsg.), Evaluation Research and Practice. Comparative and international perspectives. London: Sage, 12-27.

Luhmann, Niklas, 2004: Einführung in die Systemtheorie. Heidelberg: Carl Auer-Systeme Verlag.

Maag Merki, Katharina, 2009: Evaluation im Bildungsbereich Schule in Deutschland, in: Widmer, Thomas/Beywl, Wolfgang und Carlo Fabian (Hrsg.), Evaluation. Ein systematisches Handbuch. Wiesbaden: VS Verlag für Sozialwissenschaften, 157-162.

Mäding, Heinrich, 1998: Empirische Untersuchungen zur Verwaltungsmodernisierung aus dem Deutschen Institut für Urbanistik, in: Deutscher Städtetag (Hrsg.),

Verwaltungsmodernisierung. Warum so schwierig, warum so langsam? Eine Zwischenbilanz. Köln: Deutscher Städtetag, 17-24.
Mayntz, Renate (Hrsg.), 1980: Implementation politischer Programme. 1. Empirische Forschungsberichte. Opladen: Westdeutscher Verlag.
Nullmeier, Frank, 2011: Output-Steuerung und Performance Measurement, in: Blanke, Bernhard/Nullmeier, Frank/Reichard, Christoph und Göttrik Wewer (Hrsg.), Handbuch zur Verwaltungsreform. 4. Aufl., Wiesbaden: VS Verlag für Sozialwissenschaften, 465-477.
Patton, Michael Quinn, 1997: Utilization-focused evaluation. 3. Aufl. Thousand Oaks: Sage.
Pollitt, Christopher/Bouckaert, Geert, 2003: Evaluating public management reforms: An international perspective, in: Wollmann, Hellmut (Hrsg.), Evaluation in public-sector reform. Concepts and practice in international perspective. Cheltenham: Edward Elgar, 12-35.
Pollitt, Christopher/Bouckaert, Geert, 2011: Public Management Reform. A Comparative Analysis. 3. Aufl. Oxford: Oxford University Press.
Projektgruppe Regierungs- und Verwaltungsreform beim Bundesminister des Innern (Hrsg.), 1969: Bericht zur Reform der Struktur von Bundesregierung und Bundesverwaltung. Band 1. Bonn: Bundesminister des Innern.
Rechnungshof von Berlin, 2006: Bericht gemäß § 99 LOHO über den Stand der Umsetzung des Verwaltungsreform-Grundsätze-Gesetzes in den Senatsverwaltungen. Berlin.
Reichard, Christoph, 1994: Umdenken im Rathaus. Neue Steuerungsmodelle in der deutschen Kommunalverwaltung. Berlin: Edition Sigma.
Richter, Walter, 2001a: Controlling im „Konzern" Stadt, in: Blanke, Bernhard/ Bandemer, Stephan von/Nullmeier, Frank und Göttrik Wewer (Hrsg.), Handbuch zur Verwaltungsreform. 2. Aufl. Opladen: Leske + Budrich, 401-406.
Richter, Walter, 2001b: Controlling und Berichtswesen, in: Blanke, Bernhard/ Bandemer, Stephan von/Nullmeier, Frank und Göttrik Wewer (Hrsg.), Handbuch zur Verwaltungsreform. 2. Aufl. Opladen: Leske + Budrich, 392- 401.
Schedler, Kuno, 1998: Parlamentarisches Controlling, in: Ehrenzeller, Bernhard/ Mastronardi, Philippe/Schaffhauser, Rene/Schwenzer, Rainer J. und Klaus A. Vallender (Hrsg.), Der Verfassungsstaat vor neuen Herausforderungen: Festschrift für Yvo Hangartner. St. Gallen: Dike Verlag, 435-465.
Schedler, Kuno, 2011: Verwaltungscontrolling, in: Blanke, Bernhard/Nullmeier, Frank/Reichard, Christoph und Göttrik Wewer (Hrsg.), Handbuch zur Verwaltungsreform. 4. Aufl. Wiesbaden: VS Verlag für Sozialwissenschaften, 236-246.
Schmidt, Uwe, 2009: Evaluation an deutschen Hochschulen, in: Widmer, Thomas/Beywl, Wolfgang und Carlo Fabian (Hrsg.), Evaluation. Ein systematisches Handbuch. Wiesbaden: VS Verlag für Sozialwissenschaften, 163-176.
Schuster, Ferdinand, 2001: Benchmarking als Ersatz für Wettbewerb. Können interkommunale Leistungsvergleiche ein Motor für Veränderungen sein?, in: Edeling, Thomas/Jann, Werner und Dieter Wagner (Hrsg.), Reorganisationsstrategien in Wirtschaft und Verwaltung. Opladen: Leske + Budrich, 201-228.
Schwab, Oliver, 2009: Evaluierung von Raumentwicklungspolitik in Deutschland, in: Widmer, Thomas/Beywl, Wolfgang und Carlo Fabian (Hrsg.), Evaluation. Ein systematisches Handbuch. Wiesbaden: VS Verlag für Sozialwissenschaften, 403-412.

Seckelmann, Margrit, 2011: Durch Kooperation zum Wettbewerb? Leistungsvergleiche nach Art. 91d GG, in: Blanke, Bernhard/Nullmeier, Frank/Reichard, Christoph und Göttrik Wewer (Hrsg.), Handbuch zur Verwaltungsreform. 4. Aufl. Wiesbaden: VS Verlag für Sozialwissenschaften, 571-581.

Senat von Berlin, 2000: Vorlage über die Umsetzung des Verwaltungsreform-Grundsätze-Gesetzes. Drucksache 14/763. Berlin.

Spiel, Christiane/Bergsmann, Evelyn, 2009: Zur Nutzung der Evaluationsfunktion. Partielle Bestandsaufnahme und Pilotstudie in österreichischen und deutschen Bundesministerien, in: Widmer, Thomas/Beywl, Wolfgang und Carlo Fabian (Hrsg.), Evaluation. Ein systematisches Handbuch. Wiesbaden: VS Verlag für Sozialwissenschaften, 478-485.

Steinberg, Rudolf, 1976: Evaluation als neue Form der Kontrolle final-programmierten Verwaltungshandelns, in: Der Staat, Jg. 15, Nr. 2, 185-199.

Stockmann, Reinhard (Hrsg.), 2006a: Evaluationsforschung: Grundlagen und ausgewählte Forschungsfelder. 3. Aufl. Münster: Waxmann.

Stockmann, Reinhard, 2006b, Evaluation in Deutschland, in: Stockmann, Reinhard (Hrsg.), Evaluationsforschung: Grundlagen und ausgewählte Forschungsfelder. 3. Aufl. Münster: Waxmann, 15-46.

Stockmann, Reinhard, 2006c: Evaluation staatlicher Entwicklungspolitik, in: Stockmann, Reinhard (Hrsg.), Evaluationsforschung: Grundlagen und ausgewählte Forschungsfelder. 3. Aufl. Münster: Waxmann, 378-414.

Thoenig, Jean Claude, 2003: Learning from evaluation practice: The case of publicsector reform, in: Wollmann, Hellmut (Hrsg.), Evaluation in public-sector reform. Concepts and practice in international perspective. Cheltenham: Edward Elgar, 209-230.

Wagner, Alexandra, 2010: Atypische Beschäftigung. Eine wissenschaftliche Bilanzierung. Abschlussbericht des Forschungsteams Internationaler Arbeitsmarkt GmbH im Auftrag der Hans Böckler Stiftung. Berlin: Hans Böckler Stiftung.

Wagner, Peter/Wollmann, Hellmut, 1986: Fluctuations in the development of evaluation research: Do regime shifts' matter?, in: International Social Science Journal, Jg. 38, Nr. 2, 205-218.

Wagner, Peter/Weiss, Carol H./Wittrock, Björn/Wollmann, Hellmut, 1991: The policy orientation: Legacy and perspective, in: Wagner, Peter/Weiss, Carol H./Wittrock, Björn und Hellmut Wollmann (Hrsg.), Social Science and Modern States. National Experiences and Theoretical Crossroads. Cambridge: Cambridge University Press, 2-19.

Weber, Max, 1976 [1922]: Wirtschaft und Gesellschaft. 5. Aufl. Tübingen: Mohr.

Weiss, Carol H. (Hrsg.), 1977: Using Social Research in Public Policy Making. Lexington: Lexington Books.

Weiss, Carol H, 1991: Policy Research: Data, ideas or arguments, in: Wagner, Peter/Weiss, Carol H./Wittrock, Björn und Hellmut Wollmann (Hrsg.), Social Sciences and Modern States. National Experiences and Theoretical Crossroads. Cambridge: Cambridge University Press, 307-332.

Wewer, Göttrik, 2009: Politikberatung und Politikgestaltung, in: Schubert, Klaus und Nils Bandelow (Hrsg.), Lehrbuch der Politikfeldanalyse 2.0. 2. Aufl. München: Oldenbourg, 401-428.

Widmer, Thomas/Beywl, Wolfgang/Fabian, Carlo (Hrsg.), 2009: Evaluation. Ein systematisches Handbuch. Wiesbaden: VS Verlag für Sozialwissenschaften.

Widmer, Thomas/Beywl, Wolfang, 2009: Divergente Entwicklungspfade der Evaluation, in: Widmer, Thomas/Beywl, Wolfgang und Carlo Fabian (Hrsg.), Evaluation. Ein systematisches Handbuch. Wiesbaden: VS Verlag für Sozialwissenschaften, 509-527.

Widmer, Thomas/Leeuw, Frans, 2009: Die institutionelle Einbettung der Evaluationsfunktion: Deutschland, Österreich und Schweiz im Vergleich, in: Widmer, Thomas/Beywl, Wolfgang und Carlo Fabian (Hrsg.), Evaluation. Ein systematisches Handbuch. Wiesbaden: VS Verlag für Sozialwissenschaften, 64-71.

Wittrock, Karl, 1984: Stärkt Evaluierung die Kontrollfunktion des Rechnungshofs?, in: Hellstern, Gerd-Michael und Hellmut Wollmann (Hrsg.), Handbuch zur Evaluierungsforschung. Band 1. Opladen: Westdeutscher Verlag, 486-490.

Wollmann, Hellmut, 1980: Implementationsforschung – Eine Chance für kritische Verwaltungsforschung?, in: Wollmann, Hellmut und Angelika Baestlein (Hrsg.), Politik im Dickicht der Bürokratie. Beiträge zur Implementationsforschung. Leviathan Sonderheft 3. Opladen: Westdeutscher Verlag, 9-48.

Wollmann, Hellmut, 1986: Gesetzgebung als experimentelle Politik – Möglichkeiten, Varianten und Grenzen erfahrungswissenschaftlich fundierter Gesetzgebungsarbeit, in: König, Klaus/Schreckenberger, Waldemar und Wolfgang Zeh (Hrsg.), Gesetzgebungslehre. Grundlagen – Zugänge – Anwendung. Stuttgart: Kohlhammer, 72-95.

Wollmann, Hellmut, 1996: Verwaltungsmodernisierung. Ausgangsbedingungen, Reformanläufe und aktuelle Modernisierungskurse, in: Reichard, Christoph und Hellmut Wollmann (Hrsg.), Kommunalverwaltung im Modernisierungsschub? Basel: Birkhäuser, 1-49.

Wollmann, Hellmut, 2000: Evaluation und Verwaltungspolitik. Konzepte und Praxis in Deutschland und im internationalen Kontext, in: Stockmann, Reinhard (Hrsg.), Evaluationsforschung. Opladen: Leske + Budrich, 195-215.

Wollmann, Hellmut, 2002a: Verwaltungspolitik und Evaluierung. Ansätze, Phasen und Beispiele im Ausland und in Deutschland, in: Zeitschrift für Evaluation, Jg. 2., Nr. 2, 75-101.

Wollmann, Hellmut, 2002b: Contractual research and policy knowledge, in: Smelser, Neil J. und Paul B. Baltes (Hrsg.), International Encyclopedia of the Social and Behavioral Sciences. Oxford: Elsevier, 11574-11578.

Wollmann, Hellmut (Hrsg.), 2003a: Evaluation in public-sector reform. Concepts and practice in international perspective. Cheltenham: Edward Elgar.

Wollmann, Hellmut, 2003b: Evaluation in public-sector reform. Towards a 'third wave' of evaluation?, in: Wollmann, Hellmut (Hrsg.), Evaluation in public-sector reform. Concepts and practice in international perspective. Cheltenham: Edward Elgar, 1-11.

Wollmann, Hellmut, 2003c: Evaluation in public sector reform. Trends, potentials and limits in international perspective, in: Wollmann, Hellmut (Hrsg.), Evaluation in Public Sector-Reform. Cheltenham: Edward Elgar, 231-258.

Wollmann, Hellmut, 2004: Leistungsmessung („performance measurement") in Politik und Verwaltung. Phasen, Typen und Ansätze im internationalen Überblick, in: Kuhlmann, Sabine/Bogumil, Jörg und Hellmut Wollmann (Hrsg.), Leistungsmessung und -vergleich in Politik und Verwaltung. Wiesbaden: VS Verlag für Sozialwissenschaften, 21-46.

Wollmann, Hellmut, 2006: Evaluation und Verwaltungspolitik. Konzepte und Praxis in Deutschland und im internationalen Kontext, in: Stockmann, Reinhard (Hrsg.),

Evaluationsforschung: Grundlagen und ausgewählte Forschungsfelder. 3. Aufl. Münster: Waxmann, 207-233.

Wollmann, Hellmut, 2008: Reformen in Kommunalpolitik und -verwaltung. England, Schweden, Frankreich und Deutschland im Vergleich. Wiesbaden: VS Verlag für Sozialwissenschaften.

Wollmann, Hellmut, 2009: Kontrolle in Politik und Verwaltung: Evaluation, Controlling und Wissensnutzung, in: Schubert, Klaus und Nils Bandelow (Hrsg.), Lehrbuch der Politikfeldanalyse 2.0. 2. Aufl. München: Oldenbourg, 379-400.

Wollmann, Hellmut, 2010: Politikberatung, in: Nohlen, Dieter und Rainer-Olaf Schultze (Hrsg.), Lexikon der Politikwissenschaft. Band 2. München: Beck, 747-751.

Wollmann, Hellmut, 2011a: Politikberatung, in: Nohlen, Dieter und Florian Grotz (Hrsg.), Kleines Lexikon der Politik. München: Beck, 452-456.

Wollmann, Hellmut, 2011b: Politikevaluierung/Evaluationsforschung, in: Nohlen, Dieter und Florian Grotz (Hrsg.), Kleines Lexikon der Politik. München: Beck, 456-460.

Wollmann, Hellmut, 2012: Herkünfte, Phasen und Ansätze der Evaluationsforschung, in; Schimanke, Dieter/Veit, Sylvia und Hans Peter Bull (Hrsg.), Bürokratie im Irrgarten der Politik. Baden-Baden: Nomos, 321-332.

Wollmann, Hellmut/Hellstern, Gerd-Michael, 1977: Sozialwissenschaftliche Untersuchungsregeln und Wirkungsforschung. Zur Chance kritischer Sozialwissenschaft im Rahmen staatlicher Forschungsaufträge, in: Haungs, Peter (Hrsg.), Res Publica, Studien zum Verfassungswesen. München: Fink, 415-466.

Wollmann, Hellmut/Hellstern, Gerd-Michael/Ungerer, Uwe, 1990: Programmevaluation der Landesrechnungshöfe, 1983-1987 (unveröff. Manuskript).

Wollmann, Hellmut/Kuhlmann, Sabine, 2011: Evaluierung von Verwaltungsmodernisierung, in: Blanke, Bernhard/Nullmeier, Frank/Reichard, Christoph und Göttrik Wewer (Hrsg.), Handbuch zur Verwaltungsreform. 4. Aufl. Wiesbaden: VS Verlag für Sozialwissenschaften, 563-570.

Die kulturelle Dimension öffentlicher Aufgaben: Residualkategorie oder zentraler Erklärungsfaktor?

Eckhard Schröter

1. Zum Hintergrund: Verwaltungskultur-Forschung[1] allerorten – oder nirgends?

Nur wenige Abhandlungen über die Bestimmung und Wahrnehmung öffentlicher Aufgaben kommen ohne einen Verweis auf den maßgeblichen Einfluss kultureller Faktoren auf ihren Untersuchungsgegenstand aus. Das „Kulturthema" scheint sich in der Forschung zum öffentlichen Sektor (Jann 2000, 2002, Kluth 2001, Schedler und Proeller 2007, Bouckaert 2007, König und Reichard 2008) – sei es aus politikwissenschaftlicher, organisationssoziologischer, betriebswirtschaftlicher oder juristischer Perspektive – insgesamt in einer Phase der Hochkonjunktur zu befinden. Nicht anders in diesem Band: bereits einleitend war davon die Rede, wie sehr kulturelle Eigenheiten darüber mitentscheiden, welche Aufgaben als öffentlich oder privat gelten können. Sobald es an die Aufgabenerfüllung geht, wird ebenfalls regelmäßig die „Kultur" eines Verwaltungssystems ins Spiel gebracht. Oft wird damit eine bestimmte Art und Weise beschrieben, in welcher öffentliche Aufgaben wahrgenommen werden, z. B. im Kontext einer „Rechtsstaats-Kultur". Mit ähnlicher Absicht wird die Kultur-Dimension auch beim Vergleich von Reformprofilen im öffentlichen Sektor verwendet, nämlich um die international verschiedenen Verwaltungsentwicklungen zu erklären (Pollitt und Bouckaert 2011). Der Kulturbegriff ist zudem auch geeignet, um Variablen herauszuarbeiten, mit denen sich wichtige Aspekte der Aufgabenerledigung auf individueller und organisatorischer Ebene analysieren lassen: Sind im öffentlichen Dienst „neue Werte" vonnöten, um den gewachsenen Anforderungen an Wirtschaftlichkeit und Kundenorientierung gerecht zu werden, ohne dem Risiko der Korruptionsanfälligkeit anheim zu fallen (Behnke 2004, 2011, von Maravic 2007)? Und trägt die Motivation, dem Gemeinwohl dienen zu können, dazu bei, dass Mitarbeiter bei der Erledigung öffentlicher Aufgaben mehr leisten (Meyer u.a. 2011)? Mit eben solcher Berechtigung wird auch in umgekehrter Richtung gefragt: Welche Rückwirkungen haben ein veränder-

---

1 Was der Autor zur Verwaltungskultur-Forschung in diesem Aufsatz zu sagen hat, ist in so enger Kooperation mit Manfred Röber entstanden, dass etwaige Einsichten und Erkenntnisse ebenso dem Jubilar zugerechnet werden könnten. Für die Mängel und Missverständnisse in dieser Darstellung jedoch, bleibt natürlich allein der Autor verantwortlich.

ter Aufgabenbestand oder neue Organisationsformen im Aufgabenvollzug auf die Entwicklung nationaler Verwaltungskulturen? Wie verändern sich etablierte Werte und Rollenverständnisse in öffentlichen Organisationen durch neue Steuerungs- und Anreizmechanismen bei der Aufgabenerledigung (Maesschalck 2004)? Ob als unabhängige oder abhängige Variable, die Kulturdimension scheint bei der Diskussion um öffentliche Aufgaben eine zentrale Rolle einzunehmen (zur Rolle von *public values* vgl. auch Heintzman 2007, Langford 2004, Rutgers 2008 und Kernaghan 1994, 2000, 2003).

Der immer häufigere – wenn nicht gar inflationäre – Verweis auf kulturelle Faktoren kann allerdings auch die Vermutung nähren, es in vielen Fällen mit Beispielen dafür zu tun zu haben, wie „Kultur" als Residualkategorie eingesetzt wird, auf die sich der Rückgriff vor allem dann lohnt, wenn die Erklärungskraft anderer Variablen ausgereizt ist oder eine tiefere Durchdringung des Themas als zu aufwendig erscheint. Nicht minder scheint der Verdacht darauf begründet zu sein, dass der vielfältige Gebrauch des Kulturbegriffs fälschlicherweise auch dort eine gemeinsame Forschungsströmung vermuten lässt, wo die (lediglich ähnlich etikettierten) Ansätze tatsächlich auf grundsätzlich verschiedenen konzeptionellen Grundlagen stehen. Daher geht dieses abschließende Kapitel den Fragen nach, in welchem Verhältnis die verschiedenen Kulturbegriffe zueinander stehen und welchen Beitrag diese Ansätze zur vergleichenden Analyse das öffentlichen Aufgabenbestands, der Varianten beim Aufgabenvollzug und der internen Funktionsweise öffentlicher Organisationen zu leisten in der Lage sind. Bei der Suche nach Antworten geht es nicht zuletzt darum, das Potential für eine kulturzentrierte Forschungsagenda im öffentlichen Sektor auszuloten – einer Forschungsagenda, die sich allerdings einer Reihe von Herausforderungen zu stellen hätte, um nicht doch nur weiteres Material für die residuale Kategorie „kultureller Faktoren" zu liefern.

2. Zur Theorie und Methodik der Kulturforschung: Versuch einer kritischen Begriffsklärung und Diskussion

2.1 Dimensionen des Kulturbegriffs

Der Kulturbegriff wird in einer Reihe von Wissenschaftsdisziplinen in zentralen Beschreibungs- und Erklärungskonzepten verwendet, ohne dass jedoch von einem Minimalkonsens über eine allgemein-verbindliche Begriffsbestimmung die Rede sein kann. Folglich geht die Zahl der in einschlägigen Übersichten zusammengetragenen Definitionen in die Hunderte (Kroeber und Kluckhohn 1952, Allaire und Firsirotu 1983). Um das Kulturkonzept dennoch sinnvoll diskutieren und für die verwaltungswissenschaftliche Analyse

Die kulturelle Dimension öffentlicher Aufgaben

nutzen zu können, wird man ihm etwas von seiner schillernden Vieldeutigkeit nehmen müssen.

Die frühen wissenschaftlichen Ansätze zur Begriffsbestimmung und die darauffolgenden Klassifikationsversuche sind stark von den Einflüssen der anglo-amerikanischen Anthropologie und Ethnologie geprägt. In der Folge etablierte sich ein umfassendes Kulturverständnis, das sowohl Werte und Sinndeutungen als auch typische Verhaltensweisen, Artefakte und Strukturen einer Organisation oder ganzen Gesellschaft einschließt (Mühlmann 1969: 598: „die Gesamtheit der typischen Lebensformen einer Bevölkerung"; vgl. Kluckhohn 1951b, Tylor 1972, Geertz 1973 und die Übersicht in Sackmann 1983). In seiner klassischen Definition nimmt Kluckhohn diese Sichtweise auf und bestimmt Kultur als „patterned ways of thinking, feeling and reacting, acquired and transmitted mainly by symbols, constituting the distinctive achievements of human groups, including their embodiments in artifacts" (Kluckhohn 1951a: 86). Entgegen dieser Stellungnahme für einen eher holistischen Kulturbegriff liegt jedoch auch schon bei Kluckhohn der besondere Akzent auf der nichtmateriellen Qualität der Kultur, welche die Relevanz der physischen Manifestationen der Kultur bei weitem überragt, denn "the essential core of culture consists of traditional (…) ideas and especially their attached values" (ebd.).

Diese Unterscheidung zwischen den anschaulichen oder verdinglichten Elementen einer Kultur und ihrer unsichtbar verhaltenssteuernden Komponente kristallisierte sich in der Folgezeit zum Ausgangspunkt einflussreicher Systematisierungsansätze heraus. Kluckhohn selbst führte mit Kelly die Differenzierung zwischen *deskriptiven* und *explikativen* Kulturkonzeptionen ein (Kluckhohn und Kelly 1972). Im Mittelpunkt der deskriptiven Konzeptionen stehen nach dieser Zuordnung die beobachtbaren kulturellen Artefakte materieller Art sowie die erfahrbaren sozialen Verhaltensweisen. Davon wird der geistig-normative „Überbau" abgegrenzt, der letztlich das Handeln in einer Gemeinschaft beeinflusst und dessen Kenntnis unerlässlich ist, um dieses Handeln erklären und verstehen zu können. Dementsprechend zählen zum Untersuchungsgegenstand des explikativen Kulturverständnisses vor allem die internalisierten Verhaltensnormen, die Werte und Motiv- und Einstellungsmuster, welche sich allerdings einer direkten Beobachtung verschließen. Daher müsse man sich diesem „Kulturkern" (Schein 1985) durch Rückschlüsse von beobachtbarem Verhalten (einschließlich verbalen Verhaltens als Reaktion auf Befragungen) oder von wahrgenommenen materiellen Kulturartefakten nähern.

Für diese grobe Zweiteilung kann man sogleich auf mehrere Klassifikationsansätze zurückgreifen, die in die gleiche Richtung weisen. So spricht Triandis (1972) in seiner durch den Behaviorismus beeinflussten vergleichenden Darstellung von „subjektiver" und „objektiver" Kultur, wodurch auch hier die *objektiven* Artefakte und beobachtbaren Verhaltensweisen von den *subjektiven* Werten und Einstellungen konzeptionell getrennt werden. Aus dieser Perspektive erscheint die subjektive Kultur „as a cultural group's characteristic way of perceiving its social environment" (Triandis 1972: 3). Zuvor hatte bereits der Anthropologe Bidney auf die Unterschiedlichkeit *idealistischer* (verstanden als Aggregat von kommunizierten und kommunizierbaren Ideen) und *realistischer* (definiert als erworbene Gewohnheiten, Verhaltensmuster und Institutionen) Kulturverständnisse hingewiesen (Bidney 1968: 23 und Dill 1986: 25 m.w.N.). Die enge Verwandtschaft dieser Gegenüberstellung mit der bereits von Osgood (1951: 211) eingeführten Unterscheidung zwischen der „*Perceptas*" und der „*Conceptas*" einer Kultur ist nicht zu übersehen. Für Osgood repräsentiert die Ebene der Perceptas den sicht-, fühl- und erfahrbaren Anteil, der sich als „materielle Kultur" („manufactures of the aggregate of human beings") oder „soziale Kultur" („behavior of the aggregate of human beings") manifestiert. Abseits dieser kulturellen Artefakte und sozialen Verhaltensweisen spricht Osgood von der „mentalen Kultur", um die Elemente der Konzeptas zu charakterisieren – also die kollektiv geteilten Werte, Normen und Einstellungen, die sich in einer Gesellschaft langfristig entwickelt haben. Erst durch deren Kenntnis lässt sich – dieser Denkrichtung zufolge – die vordergründige Perceptas verstehen. Mit diesem Systematisierungsansatz schließt sich auch der Kreis zu der diesem Abschnitt vorangestellten Differenzierung zwischen deskriptivem und explikativem Kulturverständnis (vgl. auch Wilkens 1983 sowie die Darstellung in Dormayer und Kettern 1987).

2.2 Holistisches Kulturverständnis: „Cultural Theory"

Diese Forschungslinie ist direkt mit der bereits erwähnten angelsächsischen Tradition der Kulturanthropologie verbunden. Darüber hinaus wird ein umfassendes Kulturverständnis, das Verhaltens- und Wertmuster gleichberechtigt einschließt, durch das sozial-konstruktivistische Paradigma mit seinem idiographisch-verstehenden Forschungsansatz legitimiert, das auch die interpretativen empirischen Methoden besonders in den Vordergrund rückt (für eine Diskussion eines umfassendes Verständnis von Organisations- und Bürokultur vgl. Heinrich und Bosetzky 1987). Für die – insbesondere organisationswissenschaftlichen – Protagonisten dieser Kulturforschung ist ‚Kultur' „not a variable at all, but is a root metaphor for conceptualizing organization" (Smircich 1983: 339, vgl. auch French und Bell 1977: 32). Demonstrativ heben die Autoren dieser „kulturalistischen" Organisationsanalysen daher häufig darauf ab, dass die untersuchte Organisation keine Kultur *hat*, sondern als Ganzes eine Kultur *ist*.

Für unseren Zusammenhang ist der zentrale Dreh- und Angelpunkt insbesondere in der „kulturalistischen Strömung" in der empirischen Policy- und

Die kulturelle Dimension öffentlicher Aufgaben

Verwaltungsforschung zu sehen („*Cultural Theory*"), welche – mit ihren Wurzeln in den anthropologischen Arbeiten Mary Douglas' (Douglas 1982a, 1982b und 1992) – vornehmlich durch die US-amerikanische Public Policy-Forschung rezipiert und in die vergleichende Politikwissenschaft eingeführt wurde (Wildavsky u.a. 1990, vgl. auch Geva-May 2002), bevor sie maßgeblich Christopher Hood für die Public Management-Forschung nutzte (Hood 1998). Die Anhänger der anthropologischen Kulturtheorie in der Tradition von Mary Douglas blicken von der Warte eines besonders hohen Abstraktionsniveaus auf die grundsätzlichen Fragen sozialer Kontrolle in Gesellschaften und Organisationen. Im Kern zielt diese Denkrichtung darauf ab, langfristig stabile und überlebensfähige Lebensstile (*ways of life*) bzw. Zivilisationsformen zu identifizieren, die sich immer dann ergeben, wenn bestimmte Strukturen und Beziehungsmuster (*social relations*) mit den entsprechenden Werthaltungen, Einstellungen und Rollenverständnissen (*cultural bias*) zusammenfallen. In dieser Vorstellung verstärken sich die korrespondierenden strukturellen und kulturellen Dimensionen gegenseitig und stabilisieren damit einen bestimmten Kulturtypus. Ein solcher Kulturtypus repräsentiert jeweils eine spezifische Form sozialer Kontrolle (oder in anderen Worten: ein bestimmtes Muster von Machtbeziehungen in einem Kollektiv), so dass dieser Ansatz auch als zentraler theoretischer Anknüpfungspunkt für vielfältige Studien zu sozialen Beziehungen, politischen Systemen und Managementmodellen in privaten und öffentlichen Organisationen gesehen werden kann.

Die Frage danach, welche Umstände und Einflüsse individuelles Verhalten wirkungsvoll und nachhaltig prägen, steht im Kern aller dieser Überlegungen. Als Antwort werden zwei Dimensionen angeboten, auf denen die grundsätzlichen Ursachen prägender Verhaltenseinflüsse abgebildet werden. Eine Dimension (als *grid* bezeichnet, um ein festgefügtes Raster zu symbolisieren) bezieht sich auf den Einfluss externer Strukturierung und Rahmensetzung, in welcher auch der Begriff der Regulierung mitschwingt, während die andere Dimension (*group*) auf Einflüsse rekurriert, die durch die Zugehörigkeit zu einer Gruppe und den dazugehörigen Ritualen, Überzeugungen, Weltsichten und Werthaltungen bedingt sind. In einer Vierfelder-Tafel lassen sich daher die möglichen – sich gegenseitig ausschließenden – Kulturtypen als Kombinationen von *grid* und *group* darstellen (es sei denn, man entzöge sich als Eremit weitgehend all diesen Einflussfaktoren). Die normative Grundhaltung dieses Ansatzes fördert dabei zugleich eine Sicht, welche die kulturelle Überlegenheit eines einzelnen Typs ausschließt und eher eine Kombination unterschiedlicher Kulturtypen anstrebt – schon allein deshalb, da aus dieser Perspektive jeder einzelne Typ, wenn es bis zum logischen Extrem gesteigert wird, den Keim seiner Selbstzerstörung bereits in sich trägt. Im Ergebnis bildet sich die nachstehende Typologie heraus, die auch die zentralen sozialen Koordinationsmechanismen abdeckt (vgl. zur Anwendung dieser Mechanismen für Verwaltungsreformen auch Schröter und Wollmann 1998). In idealtypischer Lesart repräsentieren sie jeweils eine spezifische Form der Aufgabenwahrnehmung, die auch auf den Umfang und die Zusammensetzung des gesamten Aufgabenbestandes schließen lässt:

Professionelle Hierarchie- und Regelorientierung: Bei hoher Ausprägung auf beiden Dimensionen – *grid* und *group* – fügt sich eine starke Hierarchie- und Regelorientierung mit der Hochachtung für das Kollektiv zusammen. Für politisch-administrative Systeme ergeben sich Struktur- und Verhaltensmuster – unterstützt von den korrespondierenden Werthaltungen –, die an bürokratische Organisationen erinnern: vertikale und horizontale Spezialisierung, Bindung an Recht und Gesetz, strenge Formvorschriften, aber auch enge Bindung an Fach- und Statusgruppen. Einfluss folgt hierarchischen Positionen und ist durch demokratisches Mandat legitimiert (*voice option*).

Für die Aufgabenwahrnehmung folgt daraus (wie an so unterschiedlichen Beispielen wie „Sicherheit" und „Bildung" illustriert werden kann) eine Tendenz zu expansiver Staatstätigkeit, die eine möglichst einheitliche Erledigung der öffentlichen Aufgaben und zentrale, formalisierte Kontrolle ermöglicht. In unseren Beispielfällen müsste sich das Personal (ob Lehrer oder Polizisten) durch staatlich-kontrollierte Ausbildungswege für langfristige Laufbahnen qualifizieren, die ihnen dann – als „Profis" – großen Einfluss auf die Aufgabenwahrnehmung geben würden. Die Rolle von Klientel- oder Anspruchsgruppen wäre dagegen zu vernachlässigen, die ausschlaggebende Verantwortlichkeit ist vielmehr auf die zentral verorteten politischen Mandatsträger bzw. die von ihnen erlassenen Rechtsvorschriften ausgerichtet.

Individualistische Wettbewerbs- und Marktorientierung: Eine schwache Gruppenbindung trifft in diesem Quadranten auf ein kaum vorhandenes „Gitter" formaler Strukturen. Im Prinzip treffen sich – nach der Idealvorstellung des Marktes – atomistische Individuen nur für kurze Transaktionen. Organisationen können daher als „Nexus von Verträgen" gelten, anstelle von Laufbahnen treten Positionsmodelle, „Output" wird wichtiger als Verfahren oder „Input"-Kriterien und Zusammengehörigkeit ist allenfalls eine Folge zufällig gemeinsamer Nutzenkalküle. Einfluss entscheidet sich über Kaufkraft – und deren Entzug – auf dem Markt (*exit option*).

Diesem Kulturtyp entsprechend kann man von keinem Staatsmonopol für die ausgewählten Aufgabenbereiche ausgehen: „Sicherheit" und „Bildung" können – und mehr noch: sollen – von konkurrierenden Aufgabenträgern bereitgestellt werden. Die Hürden für den Markteintritt von privaten Sicherheitsdiensten (und ggf. Söldnerheeren) sowie kommerziellen Bildungseinrichtungen sind daher gering und der Ausweis ihrer (Miss-)Erfolge ist darin zu sehen, wie sehr es ihnen gelingt, mit ihren Leistungen den Kundenwünschen zu entsprechen.

Die kulturelle Dimension öffentlicher Aufgaben

Egalitäre Gemeinschafts- und Teilhabeorientierung: In diesem Fall gewinnt die Gruppenbindung die alleinige Oberhand, während das Organisationsgitter kaum durchscheint. Hierarchische Strukturen gelten als Antithese und funktionale Spezialisierungen werden gemieden. Das zentrale Steuerungsmedium ist daher das Zugehörigkeitsgefühl zur Gemeinschaft, das durch intensive Kommunikations- und Teilhabemöglichkeiten stetig erneuert wird. In der Organisationspraxis stehen daher *Empowerment*, Teamorientierung, partizipatives Management und enge Bindungen an die Verwaltungsklientel im Vordergrund.

Öffentliche Aufgaben sind in diesem Kulturtyp überwiegend vergesellschaftet, sie werden von (Solidar-)Gemeinschaften getragen, deren Mitglieder durch örtliche Zugehörigkeit oder durch soziale Identitäten verbunden sind. Sicherheitsaufgaben werden daher bevorzugt im Sinne des *community policing* wahrgenommen, wie auch Bildungsaufgaben in großem Umfang in soziale Gemeinschaften rückverlagert werden (*home schooling* im Extremfall). Die Selbstbestimmung von örtlichen und sozialen Gemeinschaften (Konfessionen, ethnisch-kulturellen Gruppen etc.) gewinnt dabei die Oberhand über Professionalität und einheitliche Aufgabenwahrnehmung.

Bindungsloser Fatalismus: Das machtlose Individuum – ohne nennenswerte Gruppenbindung – ist in dieser Kombination einem übermächtigen *Grid* ausgeliefert. Es besteht keine erkennbare Verbindung zwischen Individuum und der undurchschaubaren Struktur, die allerdings jederzeit in den individuellen Lebensablauf intervenieren kann. Als Beispiele aus der Organisationspraxis werden häufig zufälligen Kontrollen und Inspektionen herangezogen, die zur Verhaltenssteuerung eingesetzt werden.

In demokratisch verfassten Gemeinwesen entspricht dieser Kulturtyp – abgesehen von den oft zitierten Beispielen von Zufallskontrollen – keinem geschlossenen Bild der Aufgabenbestimmung und -wahrnehmung. Das für den „way of life" typische Ohnmachtsgefühl des „Ausgeliefertseins" dürfte sich jedoch nicht nur in totalitären Staaten, sondern tendenziell auch dann einstellen, wenn der Eindruck entsteht, bindungs- und gesichtslosen „Märkten" – so die aktuelle populäre Kritik am globalen Finanzkapitalismus – ausgesetzt zu sein.

Die pure Ästhetik dieses intellektuellen Modells allein macht diesen Ansatz bereits attraktiv – nicht zu sprechen, von den vielfältigen Anwendungsmöglichkeiten auf Phänomene des Führens und Steuerns in sozialen, ökonomischen und politischen Zusammenhängen. Überzeugen muss aber vor allem die Fähigkeit der *cultural theory*, die genau vier grundlegenden Mechanismen sozialer Koordinierung – Hierarchie, Markt, Gemeinschaft und zusätzlich Fatalismus – nach allen formalen Regeln der Klassifikation erschöpfend aus den theoretischen Dimensionen ableiten zu können (zu einer frühen Darstellung und Kritik dieses Ansatzes vgl. Jann 1986). Darüber hinaus macht die (relativierende) normative Botschaft diese Theorieströmung auch für jene empfänglich, die sich gegen radikalen, oft modernistischen Wandel und mäßigend für den Mix von Managementstrategien aussprechen. Doch tragen verschiedene dieser Vorteile – nicht anders als die basalen Steuerungsprinzipien – den Keim ihrer eigenen Kritik bereits in sich. Aus normativer Sicht kann es nicht verwundern, wenn der individuellen freien Willens- und Tatkraft nur wenig Aufmerksamkeit gewidmet wird, stehen doch von Beginn an solche Faktoren im Mittelpunkt, die individuelle Entfaltungsmöglichkeit und Wahlfreiheit begrenzen. Insofern verständlich, wird der meiste intellektuelle Aufwand darauf verwendet, die etablierten und anscheinend als gegeben vorausgesetzten *ways of life* zu begründen und zu beschreiben. Dagegen bleibt die Kulturtheorie – nicht unähnlich der historisch und soziologisch angelegten Institutionentheorien, wenn es um Entwicklung von Institutionen geht – relativ stumm, sobald die Entstehung der Kulturtypen und insbesondere deren Wandel zur Sprache kommt. Zwar werden Veränderungen – wegen des gegenseitigen Einflusses von *social relations* auf *cultural bias* und umgekehrt – nicht ausgeschlossen, doch fehlt das analytische Gespür dafür, die Bedingungen zu untersuchen, unter denen der Übergang von einem Kulturtypus zum anderen zu erwarten ist. Die relativistische Grundhaltung dämpft damit das Interesse daran, die Umstände darzulegen, die einen Typus sozialer Kontrolle von den anderen als funktional überlegen hervorheben. Gleichermaßen unbefriedigend bleibt es, dass die Frage nach wie vor offen ist, unter welchen Voraussetzungen und in welchem Ausmaß die verschiedenen Kulturtypen bzw. Steuerungsmodelle miteinander kombiniert werden können oder sollen, da sie sich doch einerseits gegenseitig ausschließen, andererseits aber auch nicht verabsolutiert werden dürfen, um der Gefahr zu entgehen, selbstzerstörerisch zu wirken. Vor dem Hintergrund dieser kritischen Einwände jedoch wird die angepriesene Vielfältigkeit des Ansatzes zur bloßen Beliebigkeit. Die überragende Qualität dieser Kultur-Typologie liegt daher in der Chance, mit ihrer Hilfe – zu bestimmter Zeit und am bestimmten Platz – einen konkreten Phänotypus zu *beschreiben* oder (noch wichtiger) die „ways of life" als idealtypische Maßstäbe für den verwaltungswissenschaftlichen Vergleich zu nutzen. Dagegen vergibt sich der holistische Ansatz der Chance, das Verhältnis zwischen Struktur- und Verhaltensmuster sowie Wert- und Einstellungsmustern zu analysieren, wodurch sich das Risiko tautologischer Argumentationen stark erhöht und insgesamt unklar bleibt, welcher Beitrag geleistet wird, Systementwicklungen zu *erklären*.

Die kulturelle Dimension öffentlicher Aufgaben

2.3 Kultur als Werte, Einstellungen und Rollenverständnisse: Subjektiv-psychologische Dispositionen in Organisationen und politisch-administrativen Systemen

Mit der Abkehr von eben jener umfassenden Sichtweise auf kulturelle Phänomene tragen Kroeber und Parsons wesentlich dazu bei, eine Forschungstradition zu begründen, welche die konstitutive Bedeutung der subjektivpsychologischen Dispositionen für das Kulturkonzept herausstellt: „We suggest that it is useful to define the concept of culture for most usages more narrowly than has been generally the case in the American anthropological tradition, restricting its reference to transmitted and created content and patterns of values, ideas ... as factors in the shaping of human behavior and the artifacts produced through behavior" (vgl. Kroeber und Parsons 1958: 583). In der Folgezeit war diese Herangehensweise auch für die klassischen Arbeiten zur Politischen-Kultur-Forschung wegweisend, wie im *Civic Culture*-Projekt betont wird: „Here we can only stress that we employ the concept of culture in only one of its many meanings: that of psychological orientation toward societal objects" (Almond und Verba 1965: 13; zur weiteren politologischen Begriffsentwicklung vgl. die frühen Studien zu *belief systems* von Converse 1964 sowie im Nachgang zu Almond und Verba die Arbeiten von Pye 1968 sowie Elkins und Simeons 1979 sowie im deutschsprachigen Raum maßgeblich Kaase 1983 und Pappi 1986). Dieses Kulturverständnis als *mind set* – als mentale Disposition also, die bestimmte Verhaltensweisen wahrscheinlicher macht, andere dagegen erschwert oder ausschließt (Elkins und Simeons 1979: 128) – prägt auch einen stark entwickelten Zweig der betriebswirtschaftlichen und soziologischen Organisationskultur-Forschung (vgl. zu dieser Dülfer 1988, Wallace u.a. 1999, Parker und Bradley 2000 sowie Alvesson 2002; zum Überblick siehe auch Allair und Firsirotu 1984 sowie Martin 2002), dessen Vertreter sich auf die Analyse von Wert- und Orientierungsmustern konzentrieren, die in einer Organisation vorherrschen und als eine von mehreren wichtigen Variablen zur Charakterisierung von Organisationen dienen können. Klassisch ist in diesem Zusammenhang die Formulierung geworden, in welcher die Kultur einer Organisation als „collective programming of the mind which distinguishes the members of one human group from another" dargestellt wird (Hofstede 1980: 25; vgl. auch Rüttinger 1986, Schuh 1988). Im Einklang mit diesem Begriffsverständnis lassen sich Untersuchungen der berufsbezogenen Einstellungsmuster und Rollenverständnisse von Verwaltungsangehörigen und deren wertmäßiger Fundierungen als Beiträge zur Verwaltungskultur-Forschung bezeichnen (vgl. dazu die Definition der Verwaltungskultur II bei Jann 1983 sowie Jann 2000 und 2002; außerdem die Selbsteinordnung bei Herbert 1989 sowie Kernaghan 1994, 2000, 2003 und Davis 2009).

Im Zentrum dieser Analysen steht das Werthaltungs- und Einstellungskonzept (zur Übersicht vgl. Schumann 2012). Das von Seiten dieser Forschungsrichtungen aufgebrachte Interesse an Werten und Einstellungen gründet auf dem postulierten wahrnehmungs- und verhaltenssteuernden Potential dieser Denk- und Orientierungsmuster (vgl. bereits Kluckhohn 1951: 395 und Wicker 1969 sowie zur neueren Debatte Schwartz 1999 sowie Bardi und Schwartz 2003). Für unsere Zwecke betrachten wir Werte als „situationsübergreifende, objektunspezifische Orientierungsleitlinien zentralen Charakters, die den Systeminput einer Person (...) selektieren, organisieren und akzentuieren und gleichzeitig auch ihren Output, d.h. ihr Reaktions- und Verhaltensschema regulieren" (Klages 1977: 295). Werthaltungen sind grundsätzlich in ein umfassenderes Wertesystem integriert und stehen demnach in interpretierbaren Beziehungen zueinander (vgl. grundlegend zu den Ergebnissen soziologischer und sozialpsychologischer Wertforschung die Übersicht bei Schumann 2012; klassisch dazu insbesondere Rokeach 1973, Inglehart 1977, Kmieciak 1976, Klages und Kmieciak 1979, Klages 1977). Zugleich bilden Werte – aufgrund ihres größeren Allgemeinheitsgrades – ein Referenzsystem für die Einstellungsmuster eines Individuums. Den Wert- und Einstellungskonzepten ist gemeinsam, dass sie kognitive, affektive bzw. evaluative sowie konative, d. h. handlungsbezogene Komponenten aufweisen (Kiessler-Hauschildt und Scholl 1972), wobei es gerade die gefühlsmäßigen und bewertenden Komponenten sind, die Werte und Einstellungen von bloßen Meinungen und Überzeugungen abheben. Erst jenen gefühlsmäßigen und bewertenden Komponenten wird die motivierende Wirkung zugeschrieben, die Werthaltungen und Attitüden zu Verhaltensdispositionen machen (vgl. bereits Jones und Gerard 1967). Darüber hinaus wird bei diesen individualpsychologischen Dispositionen von einem zeitüberdauernden Qualität ausgegangen, wobei die Resistenz gegenüber kurz- und mittelfristigen Änderungseinflüssen mit dem steigenden Allgemeinheitsgrad und stärker werdendem Ich-Bezug zunimmt (ebd.). Allerdings müssen individuelle Wert- und Einstellungsmuster trotz ihrer relativen Stabilität als langfristig wandelbar betrachtet werden. Ebenso wie die Entwicklung der Orientierungsmuster weitgehend von Sozialisationsprozessen bestimmt wird, unterliegen diese subjektiv-psychologischen Dispositionen auch weiterhin dem Einfluss des gesellschaftlichen Umfeldes (Rokeach 1973). Obwohl Werte und Einstellungen als „steuernde Hintergrundfaktoren" für die Handlungen des Individuums angesehen werden (vgl. grundsätzlich Schumann 2012 und die normative Erwartung z.B. bei Kernaghan 1994, Langford 2004, Heintzman 2007, Rutgers 2008 und Davis 2009) bleiben Voraussagen über tatsächliches Verhalten aus der Analyse von Attitüden nur eingeschränkt möglich, da weitere Persönlichkeitsvariablen sowie situative und institutionelle Rahmenbedingungen im Einzelfall zu berücksichtigen sind.

Während das Forschungsdesign durch die Fokussierung auf eine eigenständige Kultur-Variable also an analytischer Schärfe gewinnt (d.h. ein System bzw. eine Organisation ist nicht gleichzusetzen mit einer bestimmten

Die kulturelle Dimension öffentlicher Aufgaben

Kultur, sondern *hat* eine Kultur), bleiben wichtige Erkenntnisinteressen zugleich unbefriedigt: tatsächliches Verhalten wird nicht erhoben und die verhaltensleitende Wirkung der kulturellen Dispositionen ist, wie gerade dargestellt, lediglich indirekt. Zudem bleibt methodisch umstritten – trotz der grundsätzlich geteilten Überzeugung, in der Befragungsforschung den adäquaten Zugang zu diesem Forschungskomplex gefunden zu haben –, ob die relevanten Werte und Einstellungen tatsächlich am besten über schriftliche – oder zunehmend: internetgestützte – Fragebogen, über narrative Tiefeninterviews oder – eher dem interpretativen Paradigma verpflichtet – gar im Rückschluss aus beobachtetem Verhalten erhoben werden können. Wichtiger noch: Welche Einstellungen können für die Funktionsfähigkeit öffentlicher Organisationen als relevant gelten und wie lässt sich diese Relevanz theoretisch begründen? Im Unterschied zu „holistischen" Ansätzen mit ihrem augenfälligen Problem- bzw. Phänomenbezug, laufen die „subjektivistischen" Ansätze in höherem Maße Gefahr, dem Risiko einer eher beliebigen Auswahl von Werten, Überzeugungen, Einstellungen und Meinungsbilder zu erliegen oder der Versuchung des puren *data mining* bei der Auswertung vorhandener Befunde nachzugeben. Schließlich darf auch die „subjektivistische" Ausrichtung der Kulturdefinition nicht darüber hinwegtäuschen, dass es sich bei „Kulturen" um Makro-Phänomene handelt, die Kollektiven von Individuen (ob Organisationsmitgliedern, Angehörigen von professionellen Netzwerken oder ganzen Nationen) zugeordnet werden. Dennoch kann sie nur mit Hilfe der Kenntnis von subjektiv-individuellen Orientierungen analysiert werden, womit ein typisches Mikro-Makro-Problem beschrieben ist (Kaase 1983, Pappi 1986). Trotz dieser methodischen Herausforderungen belegen die Erfahrungen aus diesem dominierenden Strang insbesondere der politik- und organisationswissenschaftlichen Kulturforschung sein beachtliches analytisches Potential.

3. Zur Praxis der Kulturforschung in der Policy- und Verwaltungswissenschaft

In welcher Weise sind die bisher nachgezeichneten Wege der Verwaltungskultur-Forschung beschritten worden, um die Bestimmung und Wahrnehmung öffentlicher Aufgaben näher zu analysieren? Und welche Beiträge zum besseren Verständnis öffentlicher Aufgaben können wir durch Forschungen zu kulturellen Faktoren erwarten? Folgt man den bisherigen Ausführungen, dann speist sich das Reservoir einschlägiger Forschungsergebnisse aus drei hauptsächlichen Strömungen (vgl. dazu auch Jann 1983): Eine tendenziell ganzheitliche Sicht verdichtet die – in der Regel national definierten – Modelle des Aufgabenbestandes und die vorherrschenden „Produktionsregime" öffentlicher Aufgaben zu nationalen Kulturtypen, oftmals mit der Absicht, eine möglichst komplette und ideal-typische Beschreibung zu präsentieren, die sich als analytischer Maßstab für internationale Vergleiche, aber auch mit normativem Unterton nutzen lassen. Die zweite Forschungsperspektive – vornehmlich fokussiert auf subjektiv-psychologische Dispositionen – fragt danach, wie die Reichweite des öffentlichen Aufgabenspektrums und die vorherrschenden Implementationsmuster von politischen Werten und Einstellungen in der Bevölkerung oder besonderen Elitegruppen geprägt werden. Aus dieser Sicht scheint der Bestand und Vollzug öffentlicher Aufgaben im Wesentlichen eine Funktion der politischen Kultur zu sein. In der dritten Variante liegt das Erkenntnisinteresse auf den beruflichen Werten, Einstellungen und Rollenverständnissen, denen auf der Organisationsebene ein maßgeblicher Einfluss auf die Erledigung – und damit indirekt auch auf die Definition – öffentlicher Aufgaben unterstellt wird. Diesen drei Seitenarmen wird im Folgenden mit der Absicht nachgegangen, die wesentlichen Forschungslinien nachzuzeichnen und dabei zentrale Ergebnisse und Versäumnisse zu resümieren.

3.1 Verwaltungskultur als Teil des Systemvergleichs und der Policy-Forschung: Strukturmerkmale, Verhaltensmuster und Kapazitäten

Einen ersten Einstieg in diesen Diskussionskreis offerieren jene Typologien von Verwaltungssystemen, die mit ihren Verweisen auf überlieferte administrative Strukturen und Prozesse, auf deren ideengeschichtliche Grundlagen und staatsphilosophische Legitimation und auf einige ausgewählte Kennzeichen im entsprechenden öffentlichen Sektor der Gegenwart praktisch als katalogisierende Orientierungshilfe beim Verwaltungsvergleich dienen können. Die Verbindung zur „Verwaltungskultur" wird in diesen Fällen nicht immer ausdrücklich herausgearbeitet, doch werden diese „Verwaltungstraditionen" und die Ländergruppen (*families of nations*, vgl. zu dieser Anwendung in der Policy-Forschung Castels 1993) mit verwandten Verwaltungssystemen in den weiterführenden Debatten um die verwaltungskulturelle Typenbildung regelmäßig zu Rate gezogen (zum Überblick der Staats- und Verwaltungstraditionen vgl. Dyson 1980, Painter und Peters 2010). Eine besondere Ausstrahlungskraft bewies in diesem Zusammenhang Headys (1984) klassische Unterscheidung zwischen „klassischen Verwaltungssystemen", die er in den staatszentrierten und bürokratischen kontinentaleuropäischen Verwaltungsordnungen, wie Frankreich und Deutschland, am besten repräsentiert sah, und den Verwaltungstraditionen der angelsächsischen *Civic-Culture*-Demokratien, die in seinem Bild, mit den Fällen der USA und Großbritannien vor Augen, als Funktion des gesellschaftlichen und politischen Kräftespiels und mit größerer Durchlässigkeit zur Privatwirtschaft und Zivilgesellschaft erschienen (zu vergleichbaren Ansätzen vgl. auch König 1997, Kickert 1997). In modifizierter Form entwickelte sich aus Headys Typenbildung – insbesondere im englischen Sprachraum – die Klassifikation von „angelsächsischen", „skandinavischen", „germanischen" sowie „romanisch-napoleonischen" Verwaltungssystemen. Als Charakteristika für diese länderspezifischen Verwaltungskulturen gelten in der Regel das Ausmaß der jeweiligen vertikalen und horizontalen politisch-administrativen Machtverteilung (unitarisch/föderal, zentral/dezentral), die Formen der Interessenvermittlung, die Größe und Struktur des öffentlichen Sektors, das relative Gewicht bestimmter Steuerungsformen (wie Recht, Bürgerbeteiligung oder Wettbewerb) oder die Legitimationsidee der staatlichen Ordnung, wie sie häufig in der „Rechtsstaats-Kultur" oder „*Public-Interest*-Kultur" zusammengefasst wird. Dahinter stehen jedoch zugleich auch – zumindest implizite – Annahmen über die tragenden Wert- und Einstellungsmuster, die als komplementär zu den etablierten Strukturen und Verhaltensweisen angenommen werden.

Wendet man diese Verwaltungs- und Kulturtypen auf die Verlaufsform und -richtung aktueller Modernisierungsprojekte im öffentlichen Sektor an, dann bilden sich spezifische Reformprofile heraus, die den nationalen Verwaltungstraditionen zugeordneten werden können (Pollitt und Bouckaert 2011, vgl. auch Schröter 2001). Für den britischen Fall wird beispielsweise – stellvertretend für den „angelsächsischen" Typus – die radikale Markt- und Wettbewerbsorientierung mit umfassender Privatisierungspolitik hervorgehoben, die – von starken politisch-ideologischen Motiven getrieben – in konsequenter „top-down" Manier von der Zentralregierung durchgesetzt wurde. Dagegen tritt im „rechtsstaatlich" geprägten deutschsprachigen Raum das Interesse an der systemimmanenten und weiterhin regelorientierten Binnenreform in den Vordergrund – allerdings mit einer dezentralen und zwischen den Verwaltungsebenen kaum koordinierten Herangehensweise. Gerade in diesem Vorgehen unterscheidet sich der idealtypische „romanisch-napoleonische" Fall, in dessen technokratischem, zentralstaatlichem Modernisierungsprofil sich vor allem die Interessen der zentralen Verwaltungseliten, die zugleich zum Rekrutierungspool für führende Positionen in Politik und Wirtschaft gehören, widerspiegeln. Im Porträt des skandinavischen Typus – mit unitaristischen, doch dezentralen Strukturen – fallen hingegen insbesondere der kooperative und konsensorientierte Reformstil sowie die inhaltliche Kombination von ergebnisorientierten und partizipatorischen Steuerungselementen ins Auge. Diese nationalen Kulturtypen werden regelmäßig auch mit spezifischen Aufgabenprofilen in Verbindung gebracht, die historische Entwicklungen, staatsphilosophische Grundlagen, aber auch aktuelle Akteurskonstellationen widerspiegeln sollen. Die angelsächsische Kulturfamilie repräsentiert dabei die besitzbürgerliche Vorstellung einer wirtschaftsliberalen Staatsidee, die – bei begrenztem Aufgabenumfang – vor allem die individuelle ökonomische Gestaltungsfreiheit schützen soll. Am stärksten kontrastiert damit die sozialdemokratisch unterfütterte Staatskonzeption nordischer Prägung, die – wie im schwedischen „Volksheim" – einen umverteilenden, dienstleistenden und planenden Wohlfahrtsstaat legitimiert. In ähnlicher Manier werden solche Konturen des öffentlichen Aufgabenzuschnitts z.b. auch für Frankreich (mit Präferenz für staatlich-interventionistische Planungs- und Wirtschaftspolitik) oder für Deutschland (mit der Kombination von ordoliberaler Zurückhaltung bei Wirtschaftsinterventionen, ansonsten aber starker Neigung zur „Daseinsfürsorge") gezeichnet. Der breite Pinselstrich, mit dem diese Verwaltungstypen und ihre korrespondierenden Reformprofile gezeichnet sind, scheint jedoch mindestens so viele Nuancen und analytische Zusammenhänge zu verdecken, wie er auffällige Unterschiede und nationale Eigenheiten erkennen lässt. Wann beginnt und endet der Zeitraum, in dem politisch-administrative Traditionen begründet werden können? Wie erklärt sich, dass einige dieser Traditionen sich bis in die Gegenwart fortsetzen können – andere aber nicht? Sind die „Verwaltungskulturen" als statisch oder dynamisch zu betrachten? Wie können die relevanten Unterschiede – z. B. zwischen Verwaltungsebenen oder Politik- bzw. Aufgabenfeldern – innerhalb eines Landes konzeptionell erfasst werden? Und wie lassen sich die Beziehungen zwischen Struktur-, Verhaltens- und Wertmustern analysieren, wenn sie gemeinsam als konstitutive Merkmale eines Kulturtyps interpretiert werden?

Deutlich elaborierter nehmen sich in der Gegenüberstellung die Ansätze der policy-orientierten Untersuchung zur Kulturdimension öffentlicher Aufgaben aus. Während die nationalen Verwaltungstraditionen und -kulturen ohne jegliche aufgabenspezifische Differenzierungen auskommen, liegt das Augenmerk dieser Blickrichtung gerade darauf, die Handlungsfähigkeit und das Verhaltensmuster des politisch-administrativen Systems in bestimmten Aufgabenbereichen zu untersuchen. Das in der Policy-Forschung verwurzelte Verständnis der Verwaltungskultur zielt somit darauf ab, Differenzen der Policy-Inhalte und -Implementation in verschiedenen Staaten sowie die dahinter stehenden kulturellen Faktoren herauszuarbeiten (vgl. dazu die frühen Begriffsbildungen von „administrative culture" bei Blankenburg 1978 bzw. „politisch-administrative Kultur" bei Feick u.a. 1982a, 1982b, Feick und Klaes 1982). Diese Begrifflichkeit ist weiträumig angelegt und bezeichnet „a summarizing pattern of behavior and societal institutions" (Blankenburg 1978: 39), wodurch „nicht nur normative und kognitive Orientierungen", sondern „auch die Strukturen und Prozesse von Entscheidungs- und Durchführungssystemen" eingeschlossen werden (Feick u.a. 1982a: 11). Nachhaltig prägte Werner Jann dieses Begriffsverständnis in der deutschsprachigen Literatur zur Verwaltungs- und Policyforschung, das sich den umfassenden Kulturbegriff zum Vorbild nimmt (Jann 1983). Seine klassische Studie greift aus der damaligen politischen Agenda neue aufsteigende und komplexe Problembereiche heraus (Jugendarbeitslosigkeit, Drogenpolitik) und fragt danach,

Die kulturelle Dimension öffentlicher Aufgaben 401

welche Reaktionsmuster in den verschiedenen politisch-administrativen Systemen (Großbritannien, Schweden und Deutschland) in der Formulierung und der Durchführung einer politischen Lösungsstrategie zu beobachten sind. Im Kern steht damit das Interesse an langfristig entwickelten Handlungs- und Konfliktlösungsmustern zur Bearbeitung von politischen Problemen. Diese Arbeit – und die Nachfolgestudie von Prokop (1987) mit Blick auf Frankreich und Italien – reiht sich damit in eine international etablierte Forschungsrichtung ein, die sich – folgt man der sinnvollen Unterscheidung zwischen politischer Kultur und *Policy Styles* – eher mit dem Verwaltungs- und Politikstil eines Staates beschäftigt (vgl. dazu die Arbeiten von Chapman und Dunsire 1972, Richardson 1982). Konsequenterweise steht daher die Ebene der „Perceptas" in Form der sozialen und politischen Strukturen, der charakteristischen Regeln und Verfahren und der Politikinhalte im Vordergrund (vgl. auch Prätorius 1982, Waarden 1993).

Greift man auf die Erkenntnisse aus Janns Anwendungsfall zum staatlichen Problemlösungsverhalten aus den frühen 1980er Jahren zurück, dann steht das politisch-administrative System Großbritanniens im Lichte einer „flexiblen Verhandlungskultur". Mit dieser Zuschreibung wird – mit eher positiven Konnotationen – umschrieben, was zunächst als Abhilfe gegen einen problematischen Befund aus der Strukturanalyse gedacht ist: die Zersplitterung und gegenseitige Abschottung von separaten Programminitiativen und Organisationen, die in die Formulierung und Durchführung der untersuchten Policies prinzipiell involviert sind. Trotz der Neigung zum beobachteten *ad hoc*-Vorgehen in den verschiedenen Phasen des Policy-Making konnten wichtige Koordinationsleistungen erbracht werden, da sich die Akteure über Organisations- und Fachgrenzen hinaus zu informellen und zugleich verbindlichen Kontakten und Abmachungen bereitfanden. Bei der stark dezentralisierten und zugleich fachlich hochspezialisierten Verwaltungsorganisation in Deutschland verwundert es nicht, wenn der erste Befund (hochgradig fragmentierte Strukturmuster) – wenn auch aus anderen Gründen – ähnlich wie im britischen Fall ausfiel. Die untersuchten Verhaltensmuster zeigten vorrangig jedoch Kommunikationswege und Abstimmungsverfahren, die entlang der formalen Zuständigkeiten und vorgegebenen Verfahrenswege verliefen – daher die Qualifizierung als „formalisierte Regelungskultur". Von diesen Varianten des Problemlösungsverhaltens hob sich der schwedische Fall deutlich ab: Eine ganzheitliche Sicht auf die Politikfelder spielte bereits bei der Programmentwicklung eine wichtige Rolle, genauso wie die Inklusion von unterschiedlichen Standpunkten und organisierten Interesse früh angestrebt wurde. Nicht minder konnten in der Implementationsphase eine besondere Kooperationsneigung und Konsensbereitschaft beobachtet werden, die sich als Kennzeichen einer „kooperativen Kontaktkultur" interpretieren lassen. Obwohl exemplarisch mit Blick auf einzelne Politikfelder und bestimmte Merkmale des Policy-Making-Prozesses erhoben, wurden diese Forschungsergebnisse häufig so perzipiert, als könnten damit generalisierbare Aussagen über die untersuchten nationalen politisch-administrativen Systeme insgesamt getroffen werden. Dabei ist jedoch z. B. die verallgemeinerte Zuschreibung der „formalen Regelungskultur" für die Bundesrepublik weniger eindeutig als es etwa die schon sprachliche Nähe zur klischeehaften Vorstellung der „Rechtsstaats-Kultur" vermuten lässt – wurden doch zu vergleichbarer Zeit für die bundesdeutsche Verwaltung auch die Fragen der Bürgernähe (Grunow 1988), der besonderen Parteipolitisierung (Dyson 1979) oder die Anzeichen für eine verhandelnde (Dose 1997) und „kooperative Verwaltung" (Benz 1994) besonders thematisiert.

In noch grelleren Farben scheint jedoch bei dem grundsätzlichen Ansatz, zentrale Bereiche staatlicher Tätigkeit mit Hilfe eines Policy-Regimes zu beschreiben (wie dies klassisch in besonders ausgefeilter Manier für die Typen des Wohlfahrtsstaates, vgl. Esping-Andersen 1990, und die Variationen der Wirtschaftspolitik durchgeführt wurde, vgl. Hall und Soskice 2001), der Mangel durch, für die Analyse und Erklärung des *Regimewandels* kaum ausreichende Antennen zu haben, da die möglichen abhängigen und unabhängigen Variablen zu einem Amalgam verschmolzen sind. Umso interessanter ist es daher, den Wert von „subjektiven" Kulturkomponenten für die Analyse der öffentlicher Aufgabendefinition und -implementation näher zu betrachten.

3.2 Verwaltungskultur als Teil der Politischen Kultur: Politische Werthaltungen und Einstellungen zum politisch-administrativen System

Einen wesentlichen Beitrag zur Analyse der Verwaltungskultur zu leisten, ist dem Forscherkreis, der mit Bevölkerungs- und Elitenumfragen der Politischen-Kultur-Forschung zuzurechnen ist, wahrscheinlich nur in seltenen Fällen bewusst. Umgekehrt nehmen leider auch nur wenige empirisch-analytische Verwaltungsstudien die Einsichten zur Kenntnis, die sich aus dem Datenmaterial der Wert- und Einstellungsuntersuchungen gewinnen lassen. Dieser gegenseitige Mangel an Aufmerksamkeit lässt viele Potentiale leider ungenutzt. In Hinsicht auf die steten und nachhaltigen Einflüsse jedoch, denen Verwaltungsinstitutionen durch die sozio-politischen Umfeldbedingungen ausgesetzt sind, sind Komponenten der politischen Kultur legitime Anwärter für die Liste zentraler unabhängiger Variablen, mit denen sich Verwaltungsentwicklungen erklären lassen. Umgekehrt wird man mit guten Gründen davon ausgehen können, dass bestimmte Doktrinen und Modelle, um öffentliche Aufgaben zu bestimmen und zu erledigen, auch ihren jeweiligen Stempel auf den Mustern der nationalen politischen Kultur hinterlassen werden. Diese Komponenten politischer Kultur können auf zwei verschiedenen Ebenen angesiedelt werden: der Makro-Ebene allgemeiner politisch-gesellschaftlicher

Die kulturelle Dimension öffentlicher Aufgaben 403

Werte (insbesondere in Bezug auf das Verhältnis zwischen Bürgern und Staat bzw. Verwaltung) und der Meso-Ebene der bereits konkreter auf die Funktionsweise und die Leistungen des öffentlichen Sektors zugeschnittenen Wert- und Einstellungsmuster (insbesondere mit Blick auf die geforderte Wahrnehmung öffentlicher Aufgaben bzw. die akzeptierten Interventionen der öffentlichen Hand). Wenn diese beiden Ebenen in der Folge ausführlicher betrachtet werden, kommen dabei vor allem die Ergebnisse aus Bevölkerungsumfragen zur Sprache. Die vorliegenden Datensammlungen aus Elitenstudien versprechen dazu zwar grundsätzlich weitere Erkenntnisse, sind zu diesen Fragestellungen aber noch nicht ausreichend genutzt worden (vgl. z.B. Bürklin und Rebenstorf 1997 neben den Mannheimer und Heidelberger Studien).

Traditionelle Bezugspunkte dieser Untersuchungsrichtung sind in der *Civic Culture*-Studie fixiert worden, mit welcher die Autoren das lange nachwirkende Bild von der – normativ präferierten – *Bürgerkultur* in den angelsächsischen Demokratien (allen voran den USA) prägten, die sich in Hinsicht auf pro-demokratische und partizipatorische Werthaltungen positiv von jenen Kulturmustern in Ländern wie Deutschland und Italien abhoben, die noch erhebliche Elemente einer *Untertanenkultur* erkennen ließen (Almond und Verba 1965, 1989). Die Folgen für die Ausgestaltung und Arbeitsweise des politisch-administrativen Systems schienen damit auch absehbar zu sein. Hielten die US-amerikanischen und britischen Bürger (eher im Sinne einer *public interest*-Kultur) die parlamentarischen oder direktgewählten politischen Institutionen in höchstem Ansehen, schätzte die deutsche Befragungsstichprobe vor allem die unabhängige Judikative (dem Bild einer Rechtsstaats-Kultur nicht fremd) von den staatlichen Institutionen am meisten. Fragte man darüber hinaus, welchen Rekurs die Bürger für Fehlhandlungen der Verwaltung suchen würden, wählten deutsche Befragte mehrheitlich den Rechtsweg, während die Briten mehrheitlich bei ihren Wahlkreisabgeordneten um Abhilfe nachsuchen und die US-Amerikaner den Protest sogleich beim *picketing* auf die Straße tragen würden. Die Frage – und auch eine erste vermeintliche Antwort – steht damit im Raum, welche Verwaltungsentwicklung ein solcher politisch-kultureller Nährboden befördern bzw. verhindern oder zumindest verlangsamen könnte.

Der differenzierte Blick auf frühere und vor allem auf jüngere Datenbestände zu diesen Elementen politischer Kultur lässt jedoch ein komplexeres Bild erkennen, das mit den ursprünglichen nationalen Stereotypen wenig gemein hat und sogar deutliche Widersprüche dazu verdeutlicht (vgl. zu dieser Argumentation auch Schröter 2007). Nicht nur, dass bereits in der Originalstudie für den britischen Fall die beobachtete besondere Neigung zur Gefolgschaft gegenüber dem *establishment* und den politisch-administrativen Eliten deutlich heruntergespielt wurde. Viel wichtiger scheint der allgemeine und umfassende politische Kulturwandel seit der „partizipatorischen Revolution" zu sein. Interessanterweise kam es gerade im deutsch-britischen Vergleich zur Umkehr der Rangordnung, was die Nähe oder Entfernung zur *Civic Culture* angeht. So avancierte die Bundesrepublik in der Literatur zum Thema der *new politics* oder *new political culture* zum Vorzeigefall für eine „Bürgerkultur" mit hohem demokratischem Systemvertrauen und starker inhaltlicher Verbundenheit zum pluralistischen Politikmodell (Conradt 1980, Almond und Verba 1989), während die britische Debatte (bei im internationalen Vergleich kritischeren Ausprägungen wichtiger Merkmale wie dem politischen Interesse, den Anzeichen von politischer Entfremdung oder der sich selbst zugewiesenen „Bürgerkompetenz") vom „decline of civic culture" gekennzeichnet war (Taylor-Gooby 1993, 1997). Mit Blick auf den Wandel allgemeiner Werthaltungen, wie er z. B. mit der Unterscheidung zwischen materialistischen und post-materialistischen Orientierungen oder der Gegenüberstellung von „Freiheit" und „Gleichheit" erhoben wird, kam es ebenfalls zur weitgehenden Angleichung von bevölkerungsweiten Kulturmustern in westlichen Demokratien (und insbesondere auch im oben zitierten deutsch-britischen Vergleich). Die klassischen Unterscheidungen zwischen *civic culture* und *subject culture*, zwischen Rechtsstaats-Kultur" und „Public Interest-Kultur" hinterlassen bei dieser Analyse daher keine aussagekräftigen Spuren. Wenn überhaupt, scheint es weniger die inhaltliche Richtung einer Verwaltungsreform als der vorherrschende Reform- und Politikstil zu sein, der sich in die etablierten politischen Kulturmuster einfügen lässt.

In den Diskussionen um die treibenden Motive, aber auch um die erhofften Konsequenzen von Verwaltungsentwicklungen liegt das Hauptaugenmerk häufig auf dem Vertrauen, das dem öffentlichen Dienst von der Bevölkerung entgegengebracht wird. In ähnlicher Weise wird auch auf das abnehmende Vertrauen in der Bevölkerung für öffentliche Institutionen als eine der wesentlichen Herausforderungen rekurriert, denen der öffentliche Sektor gegenwärtig ausgesetzt ist. Insbesondere trifft dieses Abschmelzen der vormals in modernen Demokratien als gegeben hingenommenen Vertrauensniveaus auf die politisch-majoritären Institutionen (Regierung, Parlament) und Akteursgruppen (Parteien, Politiker) zu, denen vornehmlich Partikularinteressen unterstellt werden. Darüber hinaus steht jedoch auch die Verwaltung bzw. der öffentliche Dienst im Blickpunkt der Aufmerksamkeit. Plakativ macht Kettl (2000) darauf aufmerksam, wie sehr gerade in Staaten, die sich der New Public Management-Bewegung nur zögerlich oder kaum angeschlossen hatten, seit Beginn des 21. Jahrhunderts die Verwaltungen einen Vertrauensschwund erlitten hätten. Ein näherer Blick auf die verfügbaren Daten zeigt jedoch, wie sehr eine solche – fast schon tendenziöse Aussage – von dem ausgewählten Zeitabschnitt abhängig ist. Zwar sank in Deutschland der Anteil der Befragungsteilnehmer, die dem öffentlichen Dienst (sehr) vertrauten, seit Beginn der 2000er Jahre bis 2006 auf einen neuen Tiefstwert von nur knapp 30 Prozent (Schröter u.a. 2012: 370, Pollitt und Bouckaert 2011: 35).

Die kulturelle Dimension öffentlicher Aufgaben

In der Hochphase der New Public Management-Reformen der letzten beiden Jahrzehnte des 20. Jahrhunderts zählt Deutschland jedoch zu den Ausnahmefällen, da hier das Institutionenvertrauen in den öffentlichen Dienst nahe an die 50-Prozentmarke stieg. Im gleichen Zeitraum (zwischen 1981-83 bis 1999) sank jedoch das Ansehen des öffentlichen Dienstes in Großbritannien stetig. Sollte dieses Phänomen dann eher als Ausdruck der deutschen Rechtsstaats-Tradition gesehen werden, in dem die (juristisch-geprägte und formal neutrale) Beamtenschaft ein hohes Vertrauen – im Unterschied zur *Public-Interest*-Tradition – genießt? Auch dieser reflexhafte Rückgriff auf eine naheliegende Standardinterpretation scheint nicht weit zu tragen, da gerade in dieser Ära der Bundesrepublik – wie in einer beispielhaften *civic culture* – die Vertrauenswerte für politische Institutionen (z. B. das Parlament) im Unterschied zum britischen Fall höher als für administrative Einrichtungen und Akteure ausfielen. Die Zahlen belegen damit vor allem einen hohen Bedarf an Interpretation und Kontextualisierung, der durch unspezifische Massenumfragen nur schwer zu befriedigen ist. Diese Interpretationsleistung betrifft vor allem die Richtung des wechselseitigen Einflusses von Vertrauensniveaus und Verwaltungsreform. In einzelnen Fällen konnte überzeugend dafür argumentiert werden, wie starker populärer Rückhalt bestimmte Institutionen (z. B. den britischen NHS) vor für Kürzungen oder radikalen Restrukturierungen geschützt hätten. Insgesamt bleiben diese Wechselwirkungen jedoch schwer zu beurteilen. Vor allem wäre dafür systematisch erhobenes Datenmaterial zu Verwaltungskontakten, der Bürgerzufriedenheit und dem Institutionenvertrauen nötig (zu diesen wichtigen Studien vgl. z.B. Löwenhaupt und Derlien 1989 und Vigoda-Gadot 2008).

Eine direktere Verbindung zwischen Mustern politischer Kultur und den Merkmalen des öffentlichen Sektors versprechen die Bevölkerungsumfragen zur bevorzugten Reichweite und Intensität staatlicher Politik (vgl. zur folgenden Darstellung die Daten aus Taylor-Gooby 1993, 1997, Huseby 1995, Klingemann und Fuchs 1995, Kaase und Newton 1998). Auf Grundlage der eingeführten Unterscheidung von nationalen Verwaltungskulturen wäre zunächst ein Gegensatz zwischen den eher „etatistischen" und den stärker markt- und gesellschaftsbezogenen Staatsverständnissen zu vermuten. Die Datenlage belegt hingegen zunächst die Gemeinsamkeiten zwischen den untersuchten politischen Kulturen, indem sie zeigt, wie grenzüberschreitend populär die klassischen wohlfahrtsstaatlichen Leistungsprogramme in den entwickelten Demokratien sind (zum folgenden deutsch-britischen Vergleich siehe auch Schröter 2007 m. w. N.). Sieht man auf die Veränderungen im Laufe der Zeit, so fällt für die Kernphase der New Public Management-Reformen im Vereinigten Königreich auf, dass der Zuspruch für „expansionistische" Aufgabenpolitik in den Umfragen von 1985 und 1990 im Vergleich zu den 1970er Jahren deutlich zunahm. Für die Bundesrepublik sprechen die Umfrageergebnisse für den gleichen Zeitraum dagegen für eine abnehmende Unterstützung des *big government*, so dass die beiden Staaten in den internationalen Vergleichen ihre Rangplätze tauschten. Diese Antwortmuster bleiben auch stabil, wenn der generelle Ausbau der Staatsausgaben, die Unterstützung für wirtschaftsregulierende und umverteilende Staatstätigkeit oder der populäre Rückhalt für Privatisierungen zur Frage stand. Tendenziell zeigen die Daten aus dem Vereinigten Königreich zwischen der Mitte der 1980er und den späten 1990er Jahre einen größeren öffentlichen Zuspruch für eine aktivere öffentliche Hand als in Deutschland. Vermutlich spiegeln sich in diesen Daten auch die ersten britischen Reaktionen auf die drakonischen Einschnitte in die staatlichen Leistungen und Zuständigkeiten in Großbritannien und auf der deutschen Seite das relativ hohe Versorgungsniveau wider. Die Umfrageresultate stützen jedoch kaum eine Argumentation, die sich auf eine grundsätzlich staatsfernere und damit marktfreundlichere politische Kultur auf den britischen Inseln im Verhältnis zur vermeintlich staatszentrierten kontinentaleuropäischen Kultur in Deutschland kapriziert. Dennoch bleiben die Daten aus der Politische-Kultur-Forschung von besonderem Interesse für die Staatstätigkeits- und Verwaltungsforschung. So kann es durchaus von Belang sein, wenn im Jahre 2008 nahezu 80 Prozent der französischen Umfrageteilnehmer (Schröter u.a. 2012: 375 m. w. N.) für stärker umverteilende Maßnahmen der Regierung eintreten, die Vergleichszahlen für Großbritannien und Deutschland jedoch um 20 Prozentpunkte niedriger liegen; oder wenn sich über vier Fünftel der befragten Schweizer im gleichen Jahr für eine vermehrte Privatisierung öffentlicher Betriebe ausspricht, dies in Deutschland aber weniger als zwei Drittel der Befragungsteilnehmer tun (Schröter u.a. 2012: 370 m. w. N.). Die tatsächliche Relevanz wird sich jedoch erst abschätzen lassen, wenn die Ergebnisse der Massenbefragungen sinnvoll ins Verhältnis zur sachlichen Ausgangslage (in diesen Fällen: Ausmaß der sozialen Ungleichheit, Anteil öffentlicher Unternehmen in der Volkswirtschaft), den Resultaten aus entsprechenden Elitenstudien und vor allem zu den etablierten Systemen der politischen Interessenvermittlung und Willensbildung gesetzt werden.

3.3 Verwaltungskultur als Teil der Organisationskultur: Tätigkeitsbezogene Werte, Einstellungen und Rollenverständnisse

Den ersten Anker im Fahrwasser der weithin bekannten Analyse Geert Hofstedes zu *Culture's Consequences* (Hofstede 1980, 1991, 2000 sowie Hofstede u.a. 2010; eine umfassende Kritik bietet McSweeney 2002) zu werfen, deutet bereits auf ein erstes und grundlegendes Selbstfindungsproblem der subjektiv-psychologischen Verwaltungskultur-Forschung hin. Zunächst als Untersuchung zur Organisationskultur in weltweiten IBM-Niederlassungen in den 1970er Jahren durchgeführt, hat das Datenmaterial in der Zwi-

Die kulturelle Dimension öffentlicher Aufgaben 407

schenzeit viele Häutungen erfahren, da neben einer Reihe von Replikationen mehr und mehr auch internationale Werte-*Surveys* (z. B. *World Value Survey* und *Chinese Value Survey*) zur empirischen Begründung der Argumentation herangezogen werden. Nicht nur, dass damit der konkrete Bezug zur Organisations- und Managementforschung zunehmend in den Hintergrund tritt. Es wird auch immer schwieriger, eine sichere Aussage darüber zu treffen, auf Grund welcher genauen Stichprobe, für welchen Zeitraum und mit welchen Frage-*Items* die Ergebnisse zustande gekommen sind. Mit Sicherheit lässt sich jedoch sagen, dass es sich bei den Datenquellen fast ausschließlich um allgemeine Bevölkerungs- und Elitenbefragungen sowie Organisationsstudien aus dem Privatsektor handelt. Wenn daher auch nur eine dünne Verbindungslinie zur Organisationskultur im öffentlichen Sektor gezogen werden kann, so steht dennoch die Anziehungskraft des Datensatzes für die Verwaltungsforschung außer Zweifel (Schröter 2001, Jann 2002, Pollitt und Bouckaert 2011), geht es doch hier um „nationale Managementkulturen", die einen maßgeblichen Einfluss darauf haben können, für welche Reformtrends nationale politisch-administrative Systeme besonders empfänglich sind oder in welcher Art und Weise öffentliche Aufgaben in unterschiedlichen Staaten organisiert werden. Aus Sicht des von Hofstede etablierten Forschungsansatzes sind nationale Managementkulturen am besten durch ihre spezifische Ausprägung entlang der folgenden Dimensionen zu beschreiben:

Machtgefälle: In den sogenannten *Power-Distance-Index* fließen Umfragedaten ein, mit denen die vorherrschenden Einstellungen zur Gleichheit bzw. zur Machtverteilung in Organisationen gemessen werden sollen. In welchem Ausmaß akzeptieren oder erwarten die Untergebenen von ihren Vorgesetzten ein autoritäres Entscheidungsverhalten? Ein hoher Indexwert zeigt nach dieser Logik eine starke Machtkonzentration in Händen der Führungsspitze und damit ein großes Machtgefälle an. Dagegen sind niedrige Indexwerte ein Zeichen dafür, dass in den untersuchten Organisationen eher partizipatorische Führung und tendenziell flache Hierarchien mit mehr Raum für die Eigenverantwortung der Mitarbeiter geschätzt werden.

Vermeidung von Unsicherheit: In dieser Kulturdimension steht der Umgang mit ungewissen und mehrdeutigen Situationen im Mittelpunkt. Wird der Zustand der Unsicherheit toleriert und gar als Chance dafür gesehen, eigene Initiativen zu entwickeln, Verantwortung zu übernehmen und Ambitionen zu erfüllen? Oder liegt in der Ungewissheit eine Quelle für negativen Arbeitsstress, der jedoch abgebaut werden kann, wenn man sich in geregelten Verhältnissen bewegt oder an festen Normen und direkten Anweisungen orientiert? Eine hohe Bewertung auf diesem Index steht für Organisationskulturen, in denen Seniorität, fachliche Spezialisierungen und die strikte Orientierung an Verfahrensregeln hoch geschätzt werden, während sich am anderen Ende des Spektrums

Kulturmuster finden, die eine stärkere Delegationsbereitschaft würdigen, mit ergebnisorientiertem Pragmatismus mit formalen Strukturen und Regeln umgehen sowie den Glauben an die *self-efficacy* (um diesen Begriff aus der politikwissenschaftlichen Kulturforschung zu nutzen) – die Selbstzuschreibung von Erfolg und Wirkungen des eigenen Handelns – fördern.

Individualismus vs. Kollektivismus: Die beiden Endpunkte des entlang dieser Kulturdimension aufgespannten Spektrums illustrieren bereits gut das Spannungsfeld zwischen Organisationskulturen, die entweder einzelnen Mitgliedern größeren Freiraum und Unabhängigkeit bieten oder besonderen Wert darauf legen, dass die Gemeinschaft und Zusammengehörigkeit der Organisationsmitglieder betont wird. Bei hohen Individualismus-Werten streben Mitarbeiter und Führungskräfte tendenziell nach größerer Autonomie und Selbstbestimmung, die sich auch in der verstärkten Bereitschaft zum Dissens mit der Mehrheitsmeinung und einem ausgeprägteren individuellen Leistungsstreben ausdrückt. Im umgekehrten Fall sind die vorherrschenden Kulturmuster auf die Anpassung an vorherrschende Organisationswerte, die Anerkennung durch die jeweiligen *peers* und die Pflichterfüllung ausgerichtet.

Maskulinität vs. Feminität: In diesem Kulturelement greift Hofstede zu analytischen Zwecken eine plakative Unterscheidung der Geschlechterrollen auf: Als „maskulin" gelten in diesem Zusammenhang Organisationskulturen, die das individuelle Streben nach Macht, beruflichem Aufstieg und materiellem Erfolg – verbunden mit selbstbewusstem und durchaus eigennützigem Auftreten – mit korrespondierenden Werten legitimieren. Die „femininen" Kulturmuster unterstützen dagegen Einstellungen und Rollenverständnisse, die größeren Wert auf mitfühlendes und ausgleichendes Sozialverhalten, intrinsische Arbeitsmotivation und ein gutes Betriebsklima legen.

Langzeit- vs. Kurzzeit-Perspektive: Nach dieser Darstellung zeichnen sich Managementkulturen mit hoher Langzeitorientierung vor allem dadurch aus, dass Selbstdisziplin, Ehrlichkeit, Anpassungsfähigkeit und Verantwortlichkeit als Werte im Geschäftsleben in hohem Ansehen stehen, stabile persönliche Netzwerke gepflegt werden und der Unternehmenserfolg mit Blick auf die folgende Generation zu sichern ist. Auf dem anderen Ende der Skala rangieren hingegen Organisationswerte (wie Freiheit, Anspruch auf bestimmte Rechte, Eigennutz im Sinne ökonomischer Rationalität), die auf gegenwärtigen Erfolg bzw. kurzfristige Gratifikation ausgerichtet sind (Hofstede u.a. 2010: 251).

Es liegt nahe, mit Hilfe dieser Dimensionen danach zu fragen, welche nationalen Managementkulturen einen mehr oder weniger fruchtbaren Boden für bestimmte Reformprojekte im öffentlichen Sektor bereiten. Gerade mit Blick auf die Welle von New Public Management-Reformen lässt sich vermuten,

Die kulturelle Dimension öffentlicher Aufgaben

wie sehr Kulturmuster mit geringem Machtgefälle, ausgeprägtem Individualismus, soliden „maskulinen" Werthaltungen und vor allem einer hohen Toleranz gegenüber Unsicherheiten und Mehrdeutigkeit sich als Nährboden für markt- und wettbewerbsorientierte Managementstile eignen. Tatsächlich scheint ein solches Kurzprofil die angelsächsischen Ursprungsländer des *Reinventing Government* und *New Public Management* gut zu beschreiben (Hofstede 2000: 500). Zieht man lediglich die Dimensionen „Machtgefälle" und „Unsicherheitsvermeidung" zu Rate, dann bietet Hofstede eine Vierteilung von Organisationstypen an, die von den jeweiligen Kulturmustern unterstützt werden (Hofstede 1991: 141). Die meisten angelsächsischen und nordischen Staaten (mit geringem Machtgefälle und geringer Unsicherheitsvermeidung) fördern dementsprechend das Modell des *village market*, während die deutschsprachigen Staaten (mit ebenfalls geringem Machtgefälle, aber stärkerer Unsicherheitsvermeidung) von ihren Managementkulturen dem Modell einer *well-oiled machine* nahestehen. Die Staaten mit „romanischem" Kulturhintergrund (z.B. Frankreich, Belgien, Italien, Spanien, Portugal) werden – ebenso wie Japan und Korea – (mit hohem Machtgefälle und starker Unsicherheitsvermeidung) einem pyramidenhaften Managementmodell zugeordnet. Allerdings scheinen die Trennlinien zwischen diesen Ländergruppen nicht ganz ohne Willkür gezogen zu sein, da die Indexwerte – insbesondere für die westeuropäischen und nordamerikanischen Staaten – sehr nahe beieinander liegen. Die deutlichen Differenzen in den Reformprofilen von Ländern, die nach den Hofstede-Kategorien nahezu gleiche Profile aufweisen (wie z.B. Deutschland und die Niederlande), sind damit schwer zu erklären. Vor noch größeren Schwierigkeiten steht man, wenn die drastischen Unterschiede zwischen den Reformprofilen innerhalb eines Landes (z.B. der deutschen Bundes- und Kommunalverwaltung) mit Verweis auf nationale Managementkulturen erklärt werden sollen. Vor allem aber fehlen im Hofstede-Forschungsstrang nach wie vor systematisch erhobene Daten zum öffentlichen Sektor selbst (eine Ausnahme ist die Untersuchung von Mouritzen und Svara 2002).

Bei dieser Datenlage wird es umso interessanter, danach zu fragen, welche Befunde über Werthaltungen und Einstellungsmuster aus Verwaltungsumfragen selbst vorliegen. Das Gesamtbild eines solchen verwaltungskulturellen Mosaiks setzt sich aus verschiedenen Einzelstücken zusammen. Mit großen Überlappungen zum Feld der Politische-Kultur-Forschung liegen Erkenntnisse – meist aus größeren Bevölkerungsumfragen – darüber vor, ob und, wenn ja, wie sich Angehörige des öffentlichen Dienstes in ihren allgemeinen Werten, ihrer Unterstützung für wohlfahrtsstaatliche Politik oder ihrem Zuspruch für wachsende Staatsausgaben von der allgemeinen Bevölkerung unterscheiden. In der Regel fehlt diesen Untersuchungen jedoch der direkte Bezug zu bestimmten öffentlichen Organisationen und ihrer konkreten Funktionsweise. Diese organisationskulturelle Komponente stand jedoch im

Mittelpunkt des von Helmut Klages vornehmlich seit den 1980er Jahren verfolgten Forschungsprogramms (vgl. dazu Klages und Herbert 1983, Herbert 1989, Klages 1990 sowie Klages und Hippler 1989), das in jüngerer Zeit jedoch keine adäquate Fortsetzung durch weitere Protagonisten fand. Dieser vom allgemeinen gesellschaftlichen Wertewandel inspirierte Forschungszweig verknüpfte die subjektive Kulturdimension mit relevanten personalwirtschaftlichen und verwaltungspolitischen Fragestellungen, die – zusätzlich zum zentralen Augenmerk auf die Personalführung – auch die Herausforderungen in Hinsicht auf die künftige Nachwuchsgewinnung für den öffentlichen Dienst und auf die Problemverarbeitungskapazität der Verwaltung einschlossen. Das Erkenntnis richtete sich dabei vor allem darauf, wie die Organisationsmitglieder – und insbesondere die Führungskräfte – auf den Dimensionen der „Pflicht- und Akzeptanzwerte" (sog. KON-Werte, d.h. konventionelle, konforme, konservative Dispositionen) und „Selbstentfaltungs- und Engagementwerte" (sog. Non-KON-Werte) in der öffentlichen Verwaltung zu verorten sind. Das Ergebnis ist dann in einer Vier-Felder-Tafel darstellbar, in der „perspektivlos Resignierte" (mit schwachen Ausprägungen auf beiden Wertdimensionen) den „aktiven Realisten" gegenüberstehen, die eine hohe Einstufung auf der konventionellen Dimension der Pflicht- und Akzeptanzwerte mit einer starken „non-Kon"-Disposition, mit der individueller Selbstentfaltungswille und das Streben nach Partizipation umschrieben werden, vereinen. Die verbleibenden Quadranten werden dann von den Typen des „ordnungsliebenden Konventionalisten" (KON-Werte hoch/non-KON niedrig) und des „non-konformen Idealisten" (non-KON-Werte hoch/KON-Werte niedrig) ausgefüllt. Der unterstellte Bezug zur Funktionsfähigkeit öffentlicher Organisation wird dadurch begründet, dass für den Leitungsbereich von ziel- und zweckprogrammierten Verwaltungstätigkeiten die Integration beider Wertdimensionen (KON- *und* non-KON) von besonderem Vorteil sei. Folgerichtig wären für diese Funktionen „aktive Realisten am besten geeignet", da sie „in der Lage sind, viel Eigeninitiative und Selbständigkeit aufzubringen, sich andererseits aber auch selbst zu organisieren und zu disziplinieren vermögen und in einem sehr hohen Maße zu einem situationsgemäß-rationalen Verhalten befähigt sind" (Klages 1990b: 17).

Mit einer sehr viel präziseren, um nicht zusagen: enggeführten Fragestellung tragen die Untersuchungen zum Thema der *Public Service Motivation* zur Erforschung berufsrelevanter Einstellungsmuster in öffentlichen Organisationen bei (vgl. zur Übersicht Meyer u.a. 2011). Den Ausgangspunkt einer inzwischen international weit verbreiteten Forschungsströmung markiert ein einflussreicher – in seiner Kernaussage allerdings nicht überraschend neuer – Beitrag von James Perry und Lois Wise (Perry und Wise 1990), der inmitten einer Selbstfindungsdebatte um die Personalreform in der US-Bundesverwaltung (angestoßen vom stärker privatwirtschaftlich orientierten Maßnahmenkatalog des *Civil Service Reform Act* von 1978 und der im Folgejahr ein-

Die kulturelle Dimension öffentlicher Aufgaben 411

geführten Leistungsentlohnung) dezidiert dafür Partei ergriff, die grundlegende Motivation für die Berufstätigkeit im öffentlichen Dienst nicht im individuellen materiellen Gewinnstreben, sondern in der Hinwendung zum eher uneigennützigen, gemeinschaftsdienlichen Dienst zu suchen. In einer jüngeren Modifikation der ursprünglichen Begriffsbestimmung gilt ‚*Public Service Motivation*' (PSM) als „the beliefs, values and attitudes that go beyond selfinterest and organizational interest, that concern the interest of a larger political entity and that motivate individuals to act accordingly when appropriate" (Vandenabeele 2007: 547). Für die Umfrageforschung operationalisiert wurde dieser Begriff hauptsächlich mit Hilfe von Skalen zu den folgenden Fragenkomplexen (Perry und Wise 1990): Wie sehr ist jemand am Policy-Making-Prozess interessiert? Wie sehr fühlt sich jemand den Bürgerpflichten und dem Gemeinwohl verpflichtet? Wie sehr denkt und handelt jemand mitfühlend? Wie sehr ist jemand bereit, sich aufzuopfern?

Seine wachsende Attraktivität für Nachfolgestudien, die – ausgehend vom US-amerikanischen Fall – zunehmend auch im europäischen, asiatischen und lateinamerikanischen Kontext entsprechende Daten erheben, verdankt dieser Ansatz nicht zuletzt seiner engen Verflechtung mit dem Aufstieg der Debatte um Leistungsmessung und -entlohnung im öffentlichen Sektor (für eine Übersicht und Diskussion des aktuellen Forschungsstandes vgl. Perry und Hondeghem 2008 sowie vor allem Perry u.a. 2010). Nicht nur, dass Personen mit hohen PSM-Werten unterstellt wird, häufiger in öffentlichen Organisationen zu arbeiten. Zu den Kernaussagen von Perry und Wise gehört vielmehr, dass diese „gemeinschaftsdienlichen" Personen auch bessere individuelle Leistungen im öffentlichen Dienst zeigen – und zwar ohne durch utilitaristische Anreizstrukturen dazu motiviert zu werden. Gerade zu diesen beiden letztgenannten Hypothesen liefern die empirischen Studien jedoch ambivalente Befunde, die darauf hindeuten, die Beziehung zwischen Arbeitsmotivation und individueller Arbeitsleistung wesentlich nuancierter und komplexer interpretieren zu müssen, als ursprünglich im PSM-Forscherkreis vermutet. Zudem stellen sich auch grundsätzliche methodische Zweifel ein, die sich nicht zuletzt daraus nähren, dass neben den PSM-Werten auch die Befunde zur Arbeits- und Organisationsleistung quasi als Einstellungs-Items, nämlich als Selbstbericht bzw. „wahrgenommene" Leistung, erhoben werden. Darüber hinaus bleibt die Richtung der vermuteten Kausalbeziehung (fördern hohe PSM-Werte die Berufstätigkeit und Arbeitsleistung im öffentlichen Dienst oder umgekehrt?) eine weithin offene Frage.

Einen zentralen Platz in der Wert- und Einstellungsforschung in Bezug auf die öffentliche Verwaltung nehmen die Führungskräfteuntersuchungen ein, die in der Tradition der international vergleichenden Analysen über *Bureaucrats and Politicians* stehen, mit denen die Autoren der wegweisenden Originalstudie eine ertragreiche Forschungsrichtung vorgaben (Aberbach u.a. 1981, Aberbach u.a. 1990). Tatsächlich kommen bei dieser Projektfamilie eine Reihe wichtiger Qualitäten zusammen, die es erlauben, den inzwischen über Jahrzehnte angehäuften Datenfundus als „reich" zu bezeichnen: die Fragestellung zielt auf eine entscheidende Schnittstelle des politischadministrativen Systems ab, sie ist konzeptionell in klassischen Entscheidungstheorien und dem Policy-Making-Modell verankert, die Daten wurden im Kernbereich der staatlichen Verwaltung erhoben und es liegen grundsätzlich vergleichbare Datensätze im Zeit- und Ländervergleich vor. Das Originalprojekt war eingebettet in tiefgreifende und weitreichende Veränderungsprozesse in politischer (mit dem generellen Trend zum „sozialdemokratischen Jahrzehnt" in der 1970er Jahren), administrativer (mit der Phase der „aktiven Politik" und der aufstrebenden Planungsbürokratie) und demographischer (mit dem Wechsel zur ersten Nachkriegsgeneration in den Führungspositionen) Hinsicht. Es griff daher klassische Fragen der vergleichenden Verwaltungswissenschaft und Politische-Kultur-Forschung auf, die hauptsächlich auf das Ausmaß der funktionalen Politisierung abzielten: Welche politischen Werthaltungen und tätigkeitsrelevante Einstellungsmuster bringen Spitzenbeamte in Ministerialbehörden für ihre zunehmend politisierten Funktionsbereiche mit? Sind die beruflichen Rollenverständnisse mit den funktionalen Anforderungen kompatibel, die sich im Kern aus den Funktionen im Rahmen der politischen Programmentwicklung ableiten? Welche Unterschiede sind zwischen den Vor- und Nachkriegsgenerationen festzustellen? Wie verhalten sich die Kulturmuster in den gereiften Demokratien zu denen in Nationen mit (zur damaligen Zeit) relativ junger totalitärer Vergangenheit? Die als idealtypischer Vergleichsmaßstab gebildeten Bürokraten-Typen repräsentieren dabei das gesamte Spektrum von den apolitischen und technokratischen Vorstellungen des „klassischen Bürokraten" (etikettiert als Image I bzw. in abgeschwächter Form als Image II), der nicht frei von obrigkeitsstaatlichen Attitüden ist, über die „gemäßigt politischen Bürokraten" (Image III), dessen Profil für dezidiert pro-demokratische Einstellungen und die aktive Teilnahme am Policy-Making-Prozess steht, bis hin zum „Parteipolitiker in der Verwaltung", der als *pure hybrid* („politischen Bürokraten" oder Image IV) das politische Sendungsbewusstsein eines durch und durch politischen Akteurs mitbringt (Aberbach u.a. 1981).

Der in der Originaluntersuchung, ihrer teilweisen Replikation und seitdem folgenden Erhebungen angehäufte empirische Fundus belegt regelmäßig für die deutschen Stichproben und – trotz nationaler Variationen – auch generell für andere westeuropäische und nordamerikanische Staaten die Dominanz des gemäßigten politischen Bürokraten in den jeweiligen Ministerialverwaltungen (vgl. Campbell 1988). Eine solche Vorstellung vom *policy facilitator* oder „engagierten Bürokraten" – wie die Etiketten in verwandten Studien hießen (vgl. Campbell und Naulls 1989) – gilt seit langem nicht nur als realistisches analytisch-deskriptives Modell. Vielmehr steht dahinter auch die Vorstellung eines unter funktionalen Aspekten, die allerdings vornehmlich auf die Policy-Making-Funktionen abheben, adäquaten Typus moderner Verwaltungsführungskräfte. Einen neuen inhaltlichen Drall erhielt diese Untersuchungsrichtung in der Folge der Deutschen Einheit, die es erlaubte, die Rollenverständnisse und beruflichen Einstellungen ost- und westdeutscher Verwaltungsführungskräfte vor dem Hintergrund der politischadministrativen Transformation in vergleichender Perspektive zu analysieren (Reichard u.a. 1990, Reichard und Schröter 1993, Röber und Schröter 1991, Schröter 1991, 1993, 1995, Schröter und Röber 1997, Röber u.a. 1996, Damskis und Möller 1997, Schöne und Rogas 1996 sowie Rogas 2000). Von diesem Seitenarm abgesehen, erhielt jedoch auch die Hauptströmung der in Deutschland ursprünglich von Mayntz und Derlien vorangetriebenen Forschung in jüngerer Zeit weiteren Zufluss (Derlien und Mayntz 1988, Aberbach u.a. 1990, Derlien 2003, Schwanke und Ebinger 2006). Dabei fügen sich in die neueren Ergebnisse relativ passfähig in die etablierten Muster ein, was für eine besondere Stabilität der beruflichen Rollenverständnisse in den höheren Rängen der Ministerialbürokratie über die vergangenen Jahrzehnte spricht. Wenn überhaupt, zeigt sich eine eher gewachsene Bereitschaft, für die politischen Programme des eigenen Ressorts auch gegenüber einer neuen politischen Leitung des Hauses mit größerem Selbstbewusstsein einzutreten – eine leichte Zuspitzung der These vom vorherrschenden „gemäßigten politischen Bürokraten" also.

4. Zur Forschungsagenda: Herausforderungen für die Verwaltungskultur-Forschung

Für wenige Themengebiete des verwaltungswissenschaftlichen Diskurses scheint die Fallhöhe zwischen häufig betonter Relevanz und empirischer Ignoranz größer zu sein als in Bezug auf die kulturorientierten Fragestellungen. Die mit grober Feder skizzierten Umrisse der Forschungsfelder, in denen verwaltungskulturelle Untersuchungen bisher zu verorten sind, zeigen zwar, welches großflächige Terrain von den verschiedenen Ansätzen zur „Kulturforschung" im öffentlichen Sektor reklamiert wird. Sie heben allerdings auch hervor, wie disparat und miteinander unverbunden die verschiedenen Arbeitsgebiete geblieben sind. Zudem sind einzelne Forschungsfelder zu Zeiten zwar besonders intensiv bearbeitet, aber selten langfristig und nachhaltig „bewirtschaftet" worden, so dass sich die Erträge überaus spärlich ausnehmen. Ein solcher Befund muss bei der dargelegten konzeptionellen Vielschichtigkeit der Interpretationen von „Verwaltungskultur" nicht überraschen, er kann aber auch nicht als befriedigend hingenommen werden. Wie schwierig es zu sein scheint, mit dem Risiko konzeptioneller Konfusion und der nur spärlichen Unterfütterung aus systematischen empirischen Studien umzugehen, illustriert nicht zuletzt die Darstellung in einem Standardwerk zum Reformvergleich im öffentlicher Sektor (Pollitt und Bouckaert 2011: 31-36): Die Verwaltungskultur erscheint dort als zentraler Erklärungsfaktor der Reformentwicklung und wird zunächst grob binär als „Rechtsstaats"- oder „*Public-Interest*-Kultur" kodiert – zwei Interpretationen, die vorrangig auf Elemente der Verwaltungs*stile* und der Politischen-Kultur-Forschung rekurrieren. In den näheren Ausführungen zur Verwaltungs*kultur*-Variable werden dann jedoch die Ergebnisse aus den Hofstede-Studien referiert, die allerdings gar nicht mit Bezug auf das Management öffentlicher Aufgaben erhoben wurden.

Die Lehren für die Definition und das Management öffentlicher Aufgaben fallen daher – trotz vielfältiger Ansätze und großer Ambitionen, die kulturelle Dimension öffentlicher Aufgaben aus verwaltungspolitologischer, -soziologischer und -betriebswirtschaftlicher Sicht zu erforschen – insgesamt noch wenig substantiiert, überwiegend ambivalent und teilweise direkt widersprüchlich aus. Die holistisch angelegten nationalen Profile der Verwaltungskulturen legen etwa für den deutschen Rechtsstaat – gegründet auf einem organischen, der Gesellschaft übergeordneten Staatsverständnis und (im Fall der Bundesrepublik) auf das Versprechen der Sozialstaatsidee – auf den ersten Blick eine besonders expansive Staatstätigkeit mit „formaler Regelungskultur" nahe. Die nähere Betrachtung zeigt jedoch, dass öffentliche Aufgaben in den scheinbar markt- und gesellschaftsnahen Verwaltungskulturen Großbritanniens und Neuseelands über lange Zeit im 20. Jahrhundert sehr viel umfangreicher definiert und staatlich-zentralisierter erledigt wurden als im deutschen verwaltungskulturellen Kontext. Aus Einstellungsuntersuchungen wissen wir zudem von den grundsätzlich gleichgerichteten Positionen der befragten Bürger zum öffentlichen Aufgabenbestand in vielen westlichen Demokratien und vom Wandel ehemaliger „Untertanenkulturen" zu ausgeprägten „Staatsbürgerkulturen". Die tätigkeits- und rollenspezifischen Analysen von Verwaltungseliten überraschen gar mit Ergebnissen, in denen sich die juristisch geprägten Spitzenbeamten in Deutschland sogar deutlich politischer in ihren Einstellungen als ihre eher technokratisch-bürokratisch eingestellten Gegenüber in den USA zeigen. Mehr Fragen als Antworten werfen in diesem Zusammenhang auch die policy-orientierten Analysen zu Verwaltungsstilen mit Blick darauf auf, ob – und wenn ja, wie – sich diese Stile unter dem Einfluss der New Public Management-Bewegung verändert haben. Oder haben diese bereits etablierten Stile selbst die Reformrichtung und den „Reformstil" geprägt? Im deutschen Fall scheint dies – trotz moderater Managementreformen – mit Verweis auf die tradierte „Regelungskultur" nahe zu liegen. Demgegenüber geben die NPM-geleiteten Reformprofile in Großbritannien und Schweden, die sich jeweils weit von den Verwaltungsstilen der britischen („Verhandlungskultur") und schwedischen („Kontaktkultur") entfernt haben, eher Anlass zu Zweifeln, ob in dieser Hinsicht eine Kausalbeziehung besteht.

Die kulturelle Dimension öffentlicher Aufgaben

Und doch motivieren die ermutigenden Erfahrungen insbesondere aus der Politik- und Organisationswissenschaft (mit den Konzepten der Politischen- und Organisationskultur) weiterhin dafür, noch intensiver und systematischer die Rolle kultureller Dimensionen für das Management öffentlicher Aufgaben zu erforschen. Aus den identifizierten Auslassungen und Begrenzungen bisher etablierter Forschungswege können daher eine Reihe von Herausforderungen abgeleitet werden, die in neueren Anläufen für eine aufgabenbezogene verwaltungskulturelle Forschungsagenda zu bewältigen sind:

- *Dimensionen der Kulturforschung*: Die genauen Begrifflichkeiten werden stets besonders bitter umstritten bleiben, doch spricht nach den bisherigen Ausführungen viel dafür, „objektive" und „subjektive" Kulturdimensionen getrennt voneinander zu konzipieren und empirisch zu erheben, um den Risiken tautologischer Argumentationen zu entgehen. Holistische Ansätze erlauben zwar umfassende und „dichte Beschreibungen" zu ausgewählten Fällen und können – in idealtypisch zugespitzter Form – als Maßstäbe für Verwaltungsvergleich oder in präskriptiver Absicht verwendet werden. Dennoch müssen sie gewichtige Einbußen hinsichtlich ihrer Analyse- und Prognosefähigkeit hinnehmen. Trotz – oder gerade: wegen – dieser wichtigen Differenzierung zeigen die bisherigen eher unverbundenen Forschungsergebnisse, wie wichtig es ist, die verschiedenen Ansätze stärker aufeinander zu beziehen. Das verbindende Glied zwischen diesen Untersuchungsansätzen ist dabei gerade in der aufgabenspezifischen Analyse zu suchen. Bei Untersuchungen zu politischen und organisationsspezifischen Einstellungen wird es verstärkt darauf ankommen, die Relevanz für die Erledigung öffentlicher Aufgaben und die Differenzierung zwischen verschiedenen Aufgabentypen herauszuarbeiten. Die Zusammenarbeit mit policy-orientierten Studien kann dabei helfen, die aufgabenspezifischen Organisations- und Handlungsmuster mit den entsprechenden Wert- und Einstellungsmustern in Beziehung zu setzen und dadurch Kausalzusammenhänge zu analysieren.
- *Richtung der Analyse*: Mit der zuerst formulierten Aufgabe ist besonders eng die notwendige Klärung des Untersuchungsdesigns mit Blick auf die jeweilige Anordnung der abhängigen und unabhängigen Variablen verbunden. Elemente der politischen Kultur, wie etwa das Vertrauen in öffentliche Einrichtungen oder die Erwartungen der Bürgerschaft an bestimmte Zuständigkeiten oder Leistungsniveaus des öffentlichen Sektors, werden oft als treibende oder verhindernde Faktoren – also unabhängige Variablen – für bestimmte Verwaltungsentwicklungen herangezogen. Umgekehrt ist es aber nicht minder wichtig, der Frage nachzugehen, welchen Einfluss bestimmte Reformen im öffentlichen Sektor z.B. auf das Vertrauen gegenüber der Verwaltung oder die vorherrschenden Wertmuster in der allgemeinen Bevölkerung haben. So können bestimmte Reformwellen im öffentlichen Sektor – z.B. die Privatisierung von kommu-

nalen Sozialwohnungen oder die Einführung eines „Volkskapitalismus" bzw. einer *equity culture* durch den Börsengang öffentlicher Unternehmen – durchaus als Versuch interpretiert werden, die Werthaltungen breiter Bevölkerungsschichten nachhaltig zu verändern. Ähnliche Richtungswechsel der Analysen sind bei der Erforschung der *software of the mind* bei Angehörigen von Organisationen nötig, die öffentliche Aufgaben wahrnehmen: Sind die Merkmale, die der *Public Service Motivation* zugerechnet werden, Ergebnis beruflicher Sozialisationsprozesse bei der Wahrnehmung öffentlicher Aufgaben (mit dem kulturellen Faktor als der unabhängigen Variable)? Oder will man erforschen, welchen Einfluss das *mental programming* von Managern öffentlicher Aufgaben auf die Nutzung ausgewählter Führungsinstrumente hat (mit dem kulturellen Faktor als abhängiger Variable)?

- *Wahl der Analyse-Einheit*: Die etablierten Wege des Kulturvergleichs streben häufig dem Ländervergleich zu. Dagegen kann mit guten Gründen bezweifelt werden, ob diese Aggregateinheit eine ausreichende Detailanalyse zulässt. Vor allem die zu erwartenden politikfeld- und aufgabenspezifischen Besonderheiten werden daher nur selten ausdrücklich in den Blick genommen. Folglich bleibt die beachtliche und weiterhin zunehmende Differenzierung des öffentlichen Sektors eine häufig zu bedauernde Blindstelle. Neben die aufgabenspezifische Unterscheidung tritt als weitere bedeutsame Differenzierung das organisatorische „Ausfransen" des öffentlichen Sektors hinzu, das als Folge der verstärkten Agentur-Bildung auf staatlicher Ebene (*Agencification*), der Welle institutioneller Auslagerungen im kommunalen Bereich, der Zunahme von Hybrid-Formen öffentlich-privater Partnerschaften und der vermehrten Indienstnahme von gemeinnützigen, aber auch kommerziellen Anbietern für die Wahrnehmung öffentlicher Aufgaben eine neue Qualität erreicht hat. Trotz dieser Relevanz mangelt es an Untersuchungen – erst recht in systematisch vergleichender Perspektive – zu beruflichen Werten, Einstellungen und Rollenverständnissen von Managern öffentlicher Aufgaben, die in den unterschiedlichen Organisationstypen von Leistungserbringern tätig sind. Nur eine genuine aufgabenbezogene Perspektive wird in der Lage sein, diese Differenzierung vollends zu erfassen, die ja weit über den inneren Zirkel von „Verwaltungsorganisationen" hinausreicht und damit auch den engeren Bezug auf „*Verwaltungs*"kultur in Zweifel zieht. Viel sinnvoller scheint es unter diesen Bedingungen zu sein, von den kulturellen Dimensionen beim Management öffentlicher Aufgaben zu sprechen.
- *Thematischer Gegenstand der Kulturstudien*: Themenkonjunkturen spiegeln nicht zuletzt die zeitgeschichtlichen Umstände wider. Waren seit Ende der 1960er Jahre für die beiden kommenden Jahrzehnte vor allem das Aufschwingen und Abflauen der Planungseuphorie, die Funktion

"aktiver Politik" mit expansiver Staatstätigkeit, die Folgen der „partizipatorischen Revolution" und der umfassende Generationswechsel in Politik und Verwaltung von vorrangiger Bedeutung, so standen im Nachgang des Kollapses real-sozialistischer Regime in Mittel- und Osteuropa Fragen der Demokratisierungsforschung im Mittelpunkt. Damit wurden auch die Grundlagen für Zeitreihen von Befragungsbatterien gelegt, die aus heutiger Sicht wesentliche Defizite aufweisen. So finden die generellen Entwicklungen in technologischer Hinsicht mit ihren Auswirkungen auf die öffentliche Aufgabenwahrnehmung (eGovernment, Open Government, Social Media etc.), die voranschreitenden gesellschaftlichen Veränderungen (vor allem in Hinblick auf den demographischen Wandel und die wachsende ethnisch-kulturelle Vielfalt) und insbesondere die „manageriale Revolution" im Zuge des New Public Management – trotz jüngerer Vorstöße in diese Richtungen (Hammerschmid u.a. 2010) – bisher keine ausreichende Entsprechung in den vorliegenden Studien und ihren Erhebungsinstrumenten zur Verwaltungskultur.

- *Bedeutung des systematischen Vergleichs*: Die häufig vereinzelten Forschungsansätze erlauben nicht in ausreichendem Maße den Vergleich im Zeitverlauf und über Ländergrenzen hinweg. Nur wenige Studien waren bisher geeignet, um einen vergleichenden Datenfundus aufzubauen, so dass gerade mit Blick auf europaweite Forschungsperspektiven zu hoffen ist, künftig vermehrt konzertierte Projekte mit vergleichbarer methodischer Vorgehensweise und abgestimmten Forschungsdesigns vorzufinden.

Diese notwendigen Lückenschlüsse voranzutreiben, könnte eine lohnende Aufgabe für all jene sein, die sich mit den bisher eher separat gehaltenen Forschungslinien und der tendenziellen Neigung zu vor-empirischen Aussagen über den verwaltungspolitischen „Nationalcharakter" einzelner Staaten nicht zufrieden geben wollen. Neben einem solchen Motiv sind für den weiteren Tatendrang in diese Richtung aber natürlich auch die entsprechende Fähigkeit und Gelegenheit vonnöten. Wann immer diese Bedingungen in einem sinnvollen Dreiklang zusammentreffen sollten – so wie im Falle von Manfred Röbers Arbeiten zu diesem Thema –, dann muss dies stets als außerordentlicher Glücksfall gelten.

Literatur

Aberbach, Joel. D./Derlien, Hans-Ulrich/Mayntz, Renate/Rockman, Bert A., 1990: American and Federal Executives: Technocratic and Political Attitudes, in: International Social Science Journal, Jg. 123, Nr. 9, 3-18.
Aberbach, Joel D./Putnam, Robert D./Rockman, Bert A., 1981: Bureaucrats and Politicians in Western Democracies. Cambridge.: Harvard University Press.

Allaire, Yvan/Firsirotu, Mihaela E., 1984: Theories of Organizational Culture, in: Organization Studies, Jg. 5, Nr. 3, 193-226.
Almond, Gabriel/Verba, Sidney, 1965: The Civic Culture. Political Attitudes and Democracy in Five Nations. Princeton: Princeton University Press.
Almond, Gabriel, 1989: The Intellectual History of the Civic Culture Concept, in: Almond, Gabriel und Sidney Verba (Hrsg.), The Civic Culture Revisited. 2. Aufl. Newbury Park: Sage, 1-36.
Alvesson, Mats, 2002: Understanding Organizational Culture. Thousand Oaks: Sage.
Bardi, Anat/Schwartz, Shalom H., 2003: Values and Behavior: Strength and Structure of Relations, in: Personality and Social Psychology Bulletin, Jg. 29, Nr. 10, 1207-1220.
Behnke, Nathalie, 2004: Ethik in Politik und Verwaltung. Baden-Baden: Nomos.
Behnke, Nathalie, 2011: Alte und neue Werte im öffentlichen Dienst, in: Blanke, Bernhard/Nullmeier, Frank/Reichard, Christoph und Göttrik Wewer (Hrsg.), Handbuch zur Verwaltungsreform. 4. Aufl. Wiesbaden: VS Verlag, 340-349.
Benz, Arthur, 1994: Kooperative Verwaltung. Baden-Baden: Nomos.
Blankenburg, Erhard, 1978: Task Contingencies and National Administrative Culture as Determinants of Labor Market Administration. Berlin: International Institute of Management.
Bürklin, Wilhelm/Rebenstorf, Hilke (Hrsg.), 1997: Eliten in Deutschland. Rekrutierung und Integration. Opladen: Leske+Budrich.
Bouckaert, Geert, 2007: Cultural Characteristics from Public Management Reforms Worldwide, in: Schedler, Kuno und Isabella Proeller (Hrsg.), Cultural Aspects of Public Management Reform. Oxford: JAI Press, 29-64.
Campbell, Colin, 1988: The Political Roles of Senior Government Officials in Advanced Democracies, in: British Journal of Political Science, Jg. 18, Nr. 2, 243-272.
Campbell, Colin/Naulls, Donald, 1987: Policy Makers and Facilitators, in: Clarke, Harold D. und Moshe M. Czudnowski (Hrsg.), Political Elites in Anglo-American Bureaucracies: Changes in Stable Regimes. DeKalb: Northern Illinois Press, 84-104.
Castels, Francis G. (Hrsg.), 1993: Patterns of Public Policy in Western Democracies. Aldershot: Ashgate.
Chapman, Richard A./Dunsire, Andrew, 1971: Style in Administration. London: George Allen & Unwin.
Converse, Philip, 1964: The Nature of Belief Systems in Mass Publics, in: Apter, David E. (Hrsg.): Ideology and Discontent. New York: Free Press.
Damskis, Horst/Möller, Bärbel, 1997: Verwaltungskultur in den neuen Bundesländern. Frankfurt am Main: Lang.
Davis, Paul/West, Karen, 2009: What Do Public Values Mean for Public Action? Putting Public Values in their Plural Place, in: American Review of Public Administration, Jg. 39, Nr. 6, 602-618.
Derlien, Hans Ulrich, 2003: Mandarins or Managers? The Bureaucratic Elite in Bonn, 1970 to 1987 and Beyond, in: Governance, Jg. 16, Nr. 3, 401-428.
Derlien, Hans-Ulrich/Mayntz, Renate, 1988: Einstellungen der politisch-administrativen Elite des Bundes 1987. Comparative Elite Study II gefördert von der DFG. Verwaltungswissenschaftliche Beiträge der Universität Bamberg Nr. 25. Bamberg: Universität Bamberg.

Dill, Peter, 1988: Unternehmenskultur – Grundlagen und Anknüpfungspunkte für ein Kulturmanagement. Bonn: BDW.
Dormayer, Hans-Jürger/Kettern, Thomas, 1987: Kulturkonzepte in der allgemeinen Kulturforschung – Grundlage konzeptioneller Überlegungen zur Unternehmenskultur, in: Heinen, Edmund (Hrsg.), Unternehmenskultur. München: Oldenbourg, 49-66.
Dose, Nicolai, 1997: Die verhandelnde Verwaltung. Baden-Baden: Nomos.
Douglas, Mary, 1982a: Introduction to grid/group analysis, in: Douglas, Mary (Hrsg.): Essays in the Sociology of Perception. New York: Routledge, 1-8.
Douglas, Mary, 1982b: Cultural Bias, in: Douglas, Mary (Hrsg.), The Active Voice. London: Routledge, 183-195.
Douglas, Mary, 1992: Risk and Blame: Essays in Cultural Theory. New York: Routledge.
Dyson, Kenneth, 1979: Die westdeutsche Parteibuch-Verwaltung. Eine Auswertung, in: Die Verwaltung, Jg. 12, Nr. 1, 129-160.
Dyson, Kenneth, 1980: The State Tradition in Western Europe. Oxford: Martin Robertson.
Ebers, Mark, 1985: Organisationskultur: Ein neues Forschungsparadigma? Wiesbaden: Gabler.
Elkins, David J./Simeon, Richard E. B., 1979: A Cause in Search of its Effect, or What Does Political Culture Explain?, in: Comparative Politics, Jg. 11, Nr. 2, 127-145.
Esping-Andersen, Gosta, 1990: The Three Worlds of Welfare Capitalism. Princeton: Princeton University Press.
Feick, Jürgen/Mayntz, Renate/Klaes, Lothar, 1982a: Regulative Politik und politisch-administrative Kultur. Köln: Institut für angewandte Sozialforschung (Universität zu Köln).
Feick, Jürgen/Klaes, Lothar, 1982: Internationaler Vergleich regulativer Staatseingriffe. Politisch-administrative Kultur: rekonstruierbarer Faktor der Programminhalte und -implementationen, in: Politische Vierteljahresschrift, Sonderheft 13, 257-271.
Feick, Jürgen/Klaes, Lothar/Prätorius, Rainer, 1982b: Verwaltungskultur, in: Hesse, Jens-Joachim (Hrsg.), Politikwissenschaft und Verwaltungswissenschaft. Opladen: Westdeutscher Verlag, 254-271.
French, Wendell L./Bell, Cecil H., 1977: Organisationsentwicklung, Bern: Haupt.
Geertz, Clifford, 1973: The Interpretation of Cultures. New York: Basic Books.
Geva-May, Iris, 2002: Cultural Theory: The Neglected Variable in the Craft of Policy Analysis, in: Journal of Comparative Policy Analysis, Jg. 4, Nr. 3, 243-265.
Grunow, Dieter, 1988: Bürgernahe Verwaltung. Theorie, Empirie, Praxismodelle. Frankfurt am Main: Campus.
Hall, Peter A./Soskice, David, 2001: Varieties of Capitalism: The Institutional Foundations of Comparative Advantage. Oxford: Oxford University Press.
Hammerschmid, Gerhard/Proeller, Isabella/Reichard, Christoph/Röber, Manfred/ Geißler, Rene, 2010: Verwaltungsführung heute. Ergebnisse einer Führungskräftebefragung in der deutschen Ministerialbürokratie. Berlin: Institut für den öffentlichen Sektor (KPMG).
Heady, Ferrel, 1984: Public Administration. A Comparative Perspective, 3. Aufl. New York: Marcel Dekker.

Heinrich, Peter/Bosetzky, Heinrich, 1987: Organisations- und Bürokultur – Chancen und Elend eines neuen Ansatzes, in: Koch, Rainer (Hrsg.): Verwaltungsforschung in Perspektive. Baden-Baden: Nomos, 202-215.

Heintzman, Ralph, 2007: Public-service values and ethics. Dead end or strong foundation?, in: Canadian Public Administration, Jg. 50, Nr. 4, 573-602.

Herbert, Willi, 1989: Bürgernahe Verwaltung als Leitbild öffentlichen Handelns. Einstellungen von Mitgliedern des höheren Dienstes der öffentlichen Verwaltung zu Staat, Politik und Gesellschaft. Speyer: Forschungsinstitut für öffentliche Verwaltung.

Hofstede, Geert, 1980: Culture's Consequences. International Differences in Work-Related Values. Beverly Hills: Sage.

Hofstede, Geert, 1991: Cultures and Organizations. Software of the Mind. London: McGraw-Hill.

Hofstede, Geert, 2001: Culture's Consequence. Comparing Values, Behaviors, Institutions and Organizations Across Nations. Thousand Oaks: Sage.

Hofstede, Geert/Hofstede, Gert Jan/Minkov, Michael, 2010: Cultures and Organizations. Software of the Mind. New York: McGraw-Hill.

Hood, Christopher, 1998: The Art of the State. Oxford: Oxford University Press.

Huseby, Beate M., 1995: Attitudes Towards the Size of Government. In: Borre, Ole und Elinor Scarborough (Hrsg.), The Scope of Government. Oxford: Oxford University Press, 87-118.

Inglehart, Ronald, 1977: The Silent Revolution. Princeton: Princeton University Press.

Jabes, Jacques/Zussman, David, 1989: Organizational Culture in Public Bureaucracies, in: International Review of Administrative Science, Jg. 55, Nr. 1, 95-116.

Jann, Werner, 1983: Staatliche Programme und „Verwaltungskultur". Opladen: Westdeutscher Verlag.

Jann, Werner, 1986: Vier Kulturtypen die alles erklären? Kulturelle und institutionelle Ansätze der neueren amerikanischen Politikwissenschaft, in: Politische Vierteljahresschrift, Jg. 27, Nr. 4, 361-382.

Jann, Werner, 2000: Verwaltungskulturen im internationalen Vergleich, in: Die Verwaltung, Jg. 33, Nr. 3, 325-343.

Jann, Werner, 2002: Verwaltungskultur – Ein Überblick über den Stand der empirischen und international vergleichenden Forschung, in: König, Klaus (Hrsg.), Die deutsche Verwaltung an der Wende zum 21. Jahrhundert. Baden-Baden: Nomos, 425-447.

Jones, Edward/Gerald, Howard B., 1967: Foundations of Social Psychology. New York: John Wiley & Sons.

Kaase, Max, 1983: Sinn oder Unsinn des Konzepts „Politische Kultur" für die vergleichende Politikforschung, oder auch: Der Versuch einen Pudding an die Wand zu nageln, in: Kaase, Max und Hans-Dieter Klingemann (Hrsg.), Wahlen und politisches System. Opladen: Westdeutscher Verlag, 144-167.

Kaase, Max/Newton, Kenneth, 1998: What People Expect from the State: Plus Ca Change, in: Jowell, Roger/Curtice, John/Park, Alison/Brook, Lindsay/Thomson, Katarina und Caroline Bryson (Hrsg.), British and European Social Attitudes, the 15th Report: How Britain Differs: How Different Is Britain? Aldershot: Ashgate, 39-56.

Kernaghan, Kenneth, 1994: The emerging public service culture: Values, ethics, and reforms, in: Canadian public administration, Jg. 37, Nr. 4, 614-630.

Kernaghan, Kenneth, 2000: The Post-Bureaucratic Organization and Public Service Values, in: International Review of Administrative Sciences, Jg. 66, Nr. 1, 91-104.

Kernaghan, Kenneth, 2003: Integrating Values into Public Service: The Values Statement as Centerpiece, in: Public Administration Review, Jg. 63, Nr. 6, 711-719.

Kettl, Donald F., 2000: The Global Public Management Revolution: A Report on The Transformation of Governance. Washington: The Brookings Institution.

Kiessler-Hauschildt, Kerstin/Scholl, Wolfgang, 1972: Einführung in die Erforschung politischer Attitüden. München: Olzog.

Klages, Helmut, 1977: Handlungsrelevante Probleme und Perspektiven der soziologischen Wertforschung, in: Lenk, Hans (Hrsg.), Handlungstheorien IV. München: Fink, 291-306.

Klages, Helmut, 1990: Führung und Arbeitsmotivation in der öffentlichen Verwaltung, in: Klages, Helmut (Hrsg.), Öffentliche Verwaltung im Umbruch. Gütersloh: Bertelsmann Stiftung, 7-28.

Klages, Helmut/Herbert, Willi, 1983: Wertorientierung und Staatsbezug. Frankfurt am Main: Campus Verlag.

Klages, Helmut/Hippler, Gabriele (Hrsg.), 1989: Führung und Arbeitsmotivation in Kommunalverwaltungen. Gütersloh: Bertelsmann Stiftung.

Klages, Helmut/Kmieciak, Peter, 1979: Wertewandel und gesellschaftlicher Wandel. Frankfurt (Main): Campus.

Klingemann, Hans Dieter/Fuchs, Dieter (Hrsg.), 1995: Citizens and the State. Oxford: Oxford University Press.

Kluckhohn, Clyde, 1951a: The Study of Culture, in: Lerner, Daniel und Harold D. Lasswell (Hrsg.), The Policy Science. Stanford: Stanford University Press, 86-101.

Kluckhohn, Clyde, 1951b: Values and Value Orientations in the Theory of Action: An Exploration of Definition and Classification, in: Parsons, Talcott und Edward Shils (Hrsg.), Toward a General Theory of Action. Cambridge: Harvard University Press, 388-433.

Kluckhohn, Clyde/Kelly, William, 1972: Das Konzept der Kultur, in: König, René und Axel Schmalfuss (Hrsg.), Kulturanthropologie. Düsseldorf: Econ Verlag, 68-90.

Kluth, Winfried, 2001: Verwaltungskultur. Baden-Baden: Nomos.

König, Klaus, 1997: Entrepreneurial management or executive administration: The perspective of classical administration, in: Kickert, Walter (Hrsg.), Public management and administrative reform in Western Europe. Cheltenham: Edward Elgar, 217-236.

König, Klaus/Reichard, Christoph (Hrsg.), 2008: Theoretische Aspekte einer managerialistischen Verwaltungskultur. Speyer: Deutsches Forschungsinstitut für öffentliche Verwaltung.

Kroeber, Alfred/Kluckhohn, Clyde, 1952: Culture. A Critical Review of Concepts and Definitions. New York: Columbia University Press.

Kroeber, Alfred/Parsons, Talcott, 1958: The Concept of Culture and of Social System, in: American Sociological Review, Jg. 23, Nr. 5, 582-583.

Langford, John W., 2004: Acting on values: An ethical dead end for public servants, in: Canadian Public Administration, Jg. 47, Nr. 4, 429-450.

Löwenhaupt, Stefan/Derlien, Hans-Ulrich, 1995: Verwaltungskontakte und Institutionenvertrauen, in: Wollmann, Hellmut/Derlin, Hans-Ulrich/König, Klaus/

Renzsch, Wolfgang und Wolfgang Seibel (Hrsg.),Transformation der politisch-administrativen Strukturen in Ostdeutschland. Opladen: Leske + Budrich, 417-435.

Maesschalck, Jeroen, 2004: The Impact of New Public Management Reforms on Public Servant's Ethics: Towards a Theory, in: Public Administration, Jg. 82, Nr. 2, 465-489.

Maravic, Patrick von, 2007: Verwaltungsmodernisierung und dezentrale Korruption. Bern: Haupt.

Martin, Joanne, 2002: Organizational Culture: Mapping the Terrain. Thousand Oaks: Sage.

Mouritzen, Poul E./Svara, James, 2002: Leadership at the Apex: Politicians and Administrators in Western Local Governments. Pittsburgh: University of Pittsburgh Press.

McSweeney, Brendan, 2002: Hofstede's Model of National Cultural Differences and Their Consequences: A Triumph of Faith – A Failure of Analysis, in: Human Relations, Jg. 55, Nr. 1, 89-119.

Meyer, Renate/Egger-Peitler, Isabell/Hammerschmid, Gerhard, 2011: Das Konzept der Public Service Motivation, in: Blanke, Bernhard/Nullmeier, Frank/Reichard, Christoph und Göttrik Wever (Hrsg.), Handbuch zur Verwaltungsreform. 4. Aufl. Wiesbaden: VS Verlag für Sozialwissenschaften, 350-357.

Mühlmann, Wilhelm Emil, 1969: Stichwort „Kultur", in: Bernsdorf, Wilhelm (Hrsg.), Wörterbuch der Soziologie. Stuttgart: Enke, 598-606.

Osgood, Charles E., 1951: Culture – Its Empirical and Non-Empirical Character, in: Southwestern Journal of Anthropology, Jg. 7, Nr. 2, 202-214.

Painter, Martin/Peters, B. Guy, 2010: Tradition and Public Administration. London: Palgrave.

Pappi, Franz Urban, 1986: Politische Kultur – Forschungsparadigma, Fragestellung, Untersuchungsmöglichkeiten, in: Kaase, Max (Hrsg.), Politische Wissenschaft und politische Ordnung. Opladen: Westdeutscher Verlag, 279-291.

Pappi, Franz Urban/Laumann, Edward O., 1974: Gesellschaftliche Wertorientierungen und politisches Verhalten, in: Zeitschrift für Soziologie, Jg. 3, Nr. 2, 157-188.

Parker, Rachel/Bradley, Lisa, 2000: Organisational culture in the public sector: evidence from six organizations, in: International Journal of Public Sector Management, Jg. 13, Nr. 2/3, 125-14.

Perry, James L./Wise, Lois Recascino, 1990: The Motivational Bases of Public Service, in: Public Administration Review, Jg. 50, Nr. 3, 367-373.

Perry, James L./Hondeghem, Annie, 2008: Building Theory and Empirical Evidence about Public Service Motivation, in: International Public Management Journal, Jg. 11, Nr. 1, 3-12.

Perry, James L./Annie Hondeghem/Wise, Lois Recascino, 2010: Revisiting the Motivational Base of Public Service: Twenty Years of Research an Agenda for the Future, in: Public Administration Review, Jg. 70, Nr. 5, 681-690.

Pollitt, Christopher/Bouckaert, Geert, 2011: Public Management Reform – A Comparative Analysis. Oxford: Oxford University Press.

Prätorius, Rainer, 1982: Verwaltungskultur – Erkundungen zu einem amorphen Thema, in: Hesse, Jens-Joachim (Hrsg.), Politikwissenschaft und Verwaltungswissenschaft. PVS-Sonderheft 13. Opladen: Westdeutscher Verlag, 264-282.

Prokop, Heimo, 1987: Staatliches Problemlösungsverhalten und Verwaltungskultur in Frankreich und Italien. Speyer: Forschungsinstitut für öffentliche Verwaltung.

Pye, Lucian, 1968: Culture and Political Science: Problems in the Evaluation of the Concept of Political Culture, in: Social Science Quarterly, Jg. 53, Nr. 2, 285-296.

Reichard, Christoph/Röber, Manfred/Schröter, Eckhard, 1990: Verwaltungseliten in Ost und West, Beitrag Nr. 14 aus dem FB 1 der Fachhochschule für Verwaltung und Rechtspflege Berlin. Berlin: FHVR.

Reichard, Christoph/Schröter, Eckhard, 1993: Verwaltungskultur in Ostdeutschland: Empirische Befunde und personalpolitische Ansätze zur Akkulturation ostdeutscher Verwaltungsmitarbeiter, in: Pitschas, Rainer (Hrsg.), Verwaltungsintegration in den neuen Bundesländern. Berlin: Duncker & Humblot, 191-222.

Richardson, Jeremy J. (Hrsg.), 1982: Policy Styles in Western Europe. London: Taylor-Francis.

Röber, Manfred/Damskis, Horst/Möller, Bärbel, 1996: Verwaltungskultur in den neuen Bundesländern, in: Murswieck, Axel (Hrsg.), Regieren in den neuen Bundesländern. Institutionen und Politik. Opladen: Leske + Budrich, 89-117.

Röber, Manfred/Schröter, Eckhard, 1991: Verwaltungsführungskräfte aus Ost und West - ein Vergleich ihrer Rollenverständnisse und Werthaltungen, in: Ellwein, Thomas/Hesse, Jens-Joachim/Mayntz, Renate und Fritz Wilhelm Scharpf (Hrsg.), Jahrbuch zur Staats- und Verwaltungswissenschaft 5/1991. Baden-Baden: Nomos, 209-226.

Rogas, Karsten, 2000: Ostdeutsche Verwaltungskultur im Wandel. Opladen: Leske + Budrich.

Rokeach, Milton, 1973: The Nature of Human Values. New York: Free Press.

Rüttinger, Rolf, 1986: Unternehmenskultur. Düsseldorf: Econ Verlag.

Rutgers, Mark R., 2008: Sorting Out Public Values? On the Contingency of Value Classifications in Public Administration, in: Administrative Theory & Praxis, Jg. 30, Nr. 1, 92-114.

Sackmann, Sonja A., 1983: Organisationskultur: Die unsichtbare Einflußgröße, in: Gruppendynamik, Jg. 14, Nr. 4, 393-406.

Schein, Edgar, 1985: Organizational Culture and Leadership. San Francisco: Jossey-Bass.

Schedler, Kuno/Proeller, Isabella (Hrsg.), 2007: Cultural Aspects of Public Management Reform. Oxford: JAI Press.

Schöne, Helmar/Rogas, Karsten, 1996: Zwischen Anknüpfung und Abgrenzung: Verwaltungskultur im Transformationsprozess, in: Eisen, Andreas und Hellmut Wollmann (Hrsg.), Institutionenbildung in Ostdeutschland. Opladen: Leske + Budrich, 193-209.

Schröter, Eckhard, 1991: Verwaltungskultur in den neuen Bundesländern, Beitrag Nr. 22 des FB 1 der Fachhochschule für Verwaltung und Rechtspflege Berlin. Berlin: FHVR.

Schröter, Eckhard, 1993: Was trennt Bürokraten in einer vereinten Bürokratie?, in: Glaeßner, Gert-Joachim (Hrsg.), Der lange Weg zur Einheit. Berlin: Dietz Verlag, 247-274.

Schröter, Eckhard, 1995: Verwaltungskultur in Ost und West – Werte, Einstellungen und Rollenverständnisse Ost- und West-Berliner Verwaltungsführungskräfte, Dissertation am FB Politische Wissenschaft der Freien Universität Berlin.

Schröter, Eckhard, 2001: Staats- und Verwaltungsreformen in Europa: Internationale Trends und nationale Profile, in: Schröter, Eckhard (Hrsg.), Empirische Policy- und Verwaltungsforschung. Lokale, nationale und internationale Perspektiven. Opladen: Leske + Budrich, 415-445.

Schröter, Eckhard, 2007: Deconstructing Administrative Culture: Exploring the Relationship between Cultural Patterns and Public Sector Change in the UK and Germany, in: Schedler, Kuno und Isabella Proeller (Hrsg.), Cultural Aspects of Public Management Reform. Oxford: JAI Press, 299-322.

Schröter, Eckhard/Maravic, Patrick von/Röber, Jörg (Hrsg.), 2012: Zukunftsfähige Verwaltung? Herausforderungen und Lösungsstrategien in Deutschland, Österreich und der Schweiz. Opladen: Barbara Budrich.

Schröter, Eckhard/Reichard, Christoph, 1992: Berliner Verwaltungseliten – Rollenverhalten und Einstellungen von Führungskräften in der (Ost- und West-) Berliner Verwaltung, in: Benz, Arthur/Seibel, Wolfgang und Heinrich Mäding (Hrsg.), Verwaltungsreform und Verwaltungspolitik im Prozeß der deutschen Einigung. Baden-Baden: Nomos, 207-217.

Schröter, Eckhard/Röber, Manfred, 1997: Regime Change and Administrative Culture – Role Understandings and Political Attitudes of Top Bureaucrats from East and West Berlin, in: American Review of Public Administration, Jg. 27, Nr. 2, 107-132.

Schröter, Eckhard/Wollmann, Hellmut, 1998: Der Staats-. Markt- und Zivilbürger und seine Muskeln in der Verwaltungsmodernisierung. Oder: Vom Fliegen- zum Schwergewicht?, in: Grunow, Dieter und Hellmut Wollmann (Hrsg.), Lokale Verwaltungsreform in Aktion. Basel: Birkhäuser, 145-172.

Schuh, Sebastian, 1988: Möglichkeiten und Grenzen der empirischen Analyse der Organisationskultur. Dissertation. München: Ludwig-Maximilians-Universität München.

Schumann, Siegfried, 2012: Individuelles Verhalten. Möglichkeiten der Erforschung durch Einstellungen, Werte und Persönlichkeit. Schwalbach am Taunus.: Wochenschau Verlag.

Schwartz, Shalom H., 1999: A Theory of Cultural Values and Some Implications for Work, in: Applied Psychology, Jg. 48, Nr. 1, 23-47.

Schwanke, Katja/Ebinger, Falk, 2006: Politisierung und Rollenverständnis der deutschen administrativen Elite 1970-2005: Wandel trotz Kontinuität, in: Bogumil, Jörg/Jann, Werner und Franz Nullmeier (Hrsg.), PVS-Sonderheft: Politik und Verwaltung, 227-249.

Smircich, Linda, 1983: Concepts of Culture and Organizational Analysis, in: Administrative Science Quarterly, Jg. 28, Nr. 3, 339-358.

Taylor-Gooby, Peter, 1993: What Citizens Want from the Welfare State, in: Jowell, Roger/Brook, Lindsay und Lizanne Dowds (Hrsg.), International Social Attitudes. The 10th British Social Attitudes Report. Aldershot: Ashgate, 81-102.

Taylor-Gooby, Peter, 1998: Commitment to the Welfare State. State, in: Jowell, Roger/Curtice, John/Park, Alison/Brook, Lindsay/Thomson, Katarina und Caroline Bryson (Hrsg.), British and European Social Attitudes, the 15th Report: How Britain Differs: How Different Is Britain? Aldershot: Ashgate, 57-76.

Triandis, Harry C., 1972: The Analysis of Subjective Culture. New York: Free Press.

Vandenabeele, Wouter, 2007: Toward a theory of public service motivation: an institutional approach, in: Public Management Review, Jg. 9, Nr. 4, 545-556.

Vigoda-Gadot, Eran, 2007: Citizens' Perceptions of Politics and Ethics in Public Administration: A Five-Year National Study of Their Relationship to Satisfaction with Services, Trust in Governance, and Voice Orientations, in: Journal of Public Administration Research and Theory, Jg. 17, Nr. 2, 285-305.

Waarden, Frans van, 1993: Verwaltungskultur, in: Landeszentrale für politische Bildung Baden-Württemberg. Stuttgart: Kohlhammer, 193-226.

Wallace, Joseph/Hunt, James/Richards, Chrstopher, 1999: The relationship between organizational culture, organizational climate and managerial values, in: International Journal of Public Sector Management, Jg. 12, Nr. 7, 548-564.

Wicker, Allen W., 1969: Attitudes versus Action: The Relationship of Verbal and Overt behavioral Responses to Attitude Objects, in: Journal of Social Issus, Jg. 25, Nr. 4, 41-78.

Wilkens, Alan L., 1983: The Culture Audit: A Tool of Understanding Organizations, in: Organizational Dynamics, Jg. 12, Nr. 2, 24-38.

Wildavsky, Aaron/Thompson, Michael/Ellis, Richard, 1990: Cultural Theory. Boulder: Westview Press.

Die Autorinnen und Autoren

Thorsten Beckers, Prof. Dr., Studium des Wirtschaftsingenieurwesens an der TU Berlin (Diplom 2002), Promotion zum Dr. rer. oec. an der TU Berlin (2005), Leitung einer Arbeitsgruppe Infrastrukturökonomie und -management am Fachgebiet Wirtschafts- und Infrastrukturpolitik (WIP) der TU Berlin, Forschungsschwerpunkte: Planungs- und Bewertungsverfahren für Infrastruktur, Organisationsmodelle für die Bereitstellung, Finanzierung und Produktion von Infrastruktur, Regulierung öffentlicher und privater Infrastrukturanbieter, öffentliche Dienstleistungsverwaltung („Public Management") sowie Know-how-Management im öffentlichen Sektor.

Martin Brüggemeier, Prof. Dr., Wirtschafts- und verwaltungswissenschaftliches Studium in Nürnberg, Hamburg und Oldenburg. Seit 1999 Professor für Betriebswirtschaftslehre und Public Management am Fachbereich Wirtschaftswissenschaften I der Hochschule für Technik und Wirtschaft (HTW) Berlin. Von 1997 bis 1999 Professor für Verwaltungswissenschaften an der Fachhochschule für Verwaltung und Rechtspflege (FHVR) Berlin (seit 2009: HWR Berlin). Zuvor mehrjährige Tätigkeit als Personal- und Organisationsentwickler. Arbeits- und Forschungsschwerpunkte in den Bereichen Organisation, Electronic Government, Controlling und Performance Management sowie Innovationsprozesse und Change Management im öffentlichen Sektor.

Angela Dovifat, Diplom-Kauffrau mit dem Schwerpunkt „Public Management" und Systemische Beraterin; Tätigkeit in der Unternehmens- und Sanierungsberatung (2000-2002), wissenschaftliche Mitarbeit in den Forschungsprojekten „Organisatorische Gestaltungspotenziale durch Electronic Government" (HTW Berlin 2003-2005) sowie „Virtual Community: Geschäftsprozessmanagement" (HWR Berlin 2006-2008). Von 2008 bis 2011 Vertretungsprofessorin an der HTW Berlin (BWL mit dem Schwerpunkt Public Management und Nonprofit Management); seit 2011 Projektleiterin im Projekt „Frau und Beruf: Perspektive Wiedereinstieg" beim Berliner Bildungs- und Qualifizierungsdienstleister Goldnetz e.V.; aktuelle Arbeitsschwerpunkte: Organisation sozialer Dienstleistungen, soziale Dienstleistungsnetzwerke, Gender Mainstreaming und Erwerbsbiographien von Frauen.

Thomas Edeling, Prof. Dr., Studium der Wirtschaftswissenschaften und Soziologie an der Humboldt-Universität zu Berlin, Promotion (1978) und Habilitation

Die Autorinnen und Autoren

(Dissertation B, 1990) ebendort. Berufung auf die Professur für Organisations- und Verwaltungssoziologie an der Wirtschafts- und Sozialwissenschaftlichen Fakultät der Universität Potsdam (1993), Arbeitsschwerpunkte: Organisationstheorie; öffentliche Verwaltung und öffentliche Unternehmen.

Erik Gawel, Prof. Dr., Direktor des Instituts für Infrastruktur und Ressourcenmanagement der Universität Leipzig und Inhaber des Lehrstuhls für Volkswirtschaftslehre, insbesondere Institutionenökonomische Umweltforschung. Er ist zudem stellvertretender Leiter des Departments Ökonomie am Helmholtz-Zentrum für Umweltforschung (UFZ) in Leipzig und von der IHK Frankfurt am Main öffentlich bestellter und vereidigter Sachverständiger für die Kostenrechnung öffentlicher und gemeinwirtschaftlicher Betriebe. Seine Forschungsschwerpunkte sind die Finanzwissenschaft, die Neue Institutionenökonomik sowie die Umwelt- und Energieökonomik.

André Grüttner, Dipl.-Geogr./Dipl.-Ing., ist wissenschaftlicher Mitarbeiter am Lehrstuhl Finanzwissenschaft sowie Vorstandsmitglied des Kompetenzzentrums Öffentliche Wirtschaft, Infrastruktur und Daseinsvorsorge an der Universität Leipzig. Er studierte Geographie sowie Umweltschutz und Raumordnung an der Technischen Universität Dresden. Forschungsschwerpunkte: Öffentliche Wirtschaft, Daseinsvorsorge, Demographie, Regionalentwicklung/Raumordnung.

Werner Jann, Prof. Dr., Inhaber des Lehrstuhls für Politikwissenschaft, Verwaltung und Organisation an der Wirtschafts- und Sozialwissenschaftlichen Fakultät der Universität Potsdam, Direktor des Potsdam Center for Policy and Management (PCPM). Arbeitsschwerpunkte (jeweils auch international vergleichend): Verwaltungsreformen, Regierungsorganisation, Bürokratie und Entbürokratisierung, Organisations- und Institutionentheorie, Policy-Forschung.

Jan Peter Klatt, Dr., Studium der Volkswirtschaftslehre an der TU Berlin (Diplom 2005), Promotion zum Dr. rer. oec. 2010 an der TU Berlin, seit 2005 Wissenschaftlicher Mitarbeiter am Fachgebiet Wirtschafts- und Infrastrukturpolitik (WIP) an der Fakultät Wirtschaft und Management der TU Berlin, Forschungsschwerpunkte: Organisationsmodelle für die Bereitstellung, Finanzierung und Produktion von Infrastruktur, Regulierung öffentlicher und privater Infrastrukturanbieter, öffentliche Dienstleistungsverwaltung („Public Management").

Sabine Kuhlmann, Prof. Dr., Inhaberin des Lehrstuhls für Vergleichende Verwaltungswissenschaft, insbesondere Verwaltung in Europa an der Deutschen Universität für Verwaltungswissenschaften Speyer, Arbeitsschwerpunkte: Vergleichende Verwaltungswissenschaft, Verwaltungsmodernisierung/Public-Sector-Reforms, Evaluationsforschung, Vergleichende Kommunalforschung, Dezentralisierung/Mehrebenensysteme.

Thomas Lenk, Prof. Dr., Lehrstuhlinhaber für Finanzwissenschaft und Direktor des Instituts für Öffentliche Finanzen und Public Management an der Universität Leipzig. Darüber hinaus ist er Vorstandsvorsitzender des Kompetenzzentrums

Öffentliche Wirtschaft, Infrastruktur und Daseinsvorsorge e.V. an der Universität Leipzig. Er studierte Wirtschaftsingenieurwesen an der TU Darmstadt und promovierte und habilitierte an der TU Darmstadt bei Prof. Dr. Bert Rürup. Forschungsschwerpunkte: Fiskalföderalismus, Kommunalfinanzen.

Heinrich Mäding, Prof. (em.) Dr., studierte Wirtschaftswissenschaften und Soziologie, promovierte und habilitierte an der Wirtschaftswissenschaftlichen Fakultät der Albert-Ludwigs-Universität Freiburg, lehrte Kommunal- und Regionalpolitik, öffentliche Finanzen und Infrastrukturpolitik an der Fakultät für Verwaltungswissenschaft der Universität Konstanz (1979-1992) und leitete das Deutsche Institut für Urbanistik in Berlin (1992-2006). Zu seinen Hauptarbeitsgebieten zählen: öffentliche Finanzen, Raumentwicklung und Regionalpolitik, Stadtentwicklung, Kommunalpolitik, -verwaltung, -finanzen sowie Demographie. Er ist Mitglied der Akademie für Raumforschung und Landesplanung, deren Präsident er 2007/2008 war.

Patrick von Maravić, Dr., DAAD Visiting Associate Professor am Department of Political Science, University of Alberta (Edmonton, Kanada), und wissenschaftlicher Assistent (beurlaubt) am Stadt-Friedrichshafen-Lehrstuhl für Verwaltungswissenschaft der Zeppelin Universität Friedrichshafen.

Veith Mehde, Prof. Dr., Mag.rer.publ., ist Inhaber eines Lehrstuhls für Öffentliches Recht und Verwaltungswissenschaft und geschäftsführender Direktor des Instituts für Staatswissenschaft der Leibniz Universität Hannover. Nach dem Studium an der Universität Hamburg und der London School of Economics and Political Science war er Wissenschaftlicher Mitarbeiter von Hans Peter Bull an der Universität Hamburg. 2000 Promotion; 2001 Magister rerum publicarum an der DHV Speyer; 2005 Habilitation.

Kurt Promberger, Prof. Dr., Lehr- und Forschungsbereich für Verwaltungsmanagement, E-Government und Public Governance am Institut für Strategisches Management, Marketing & Tourismus der Leopold Franzens Universität Innsbruck (Österreich), Leiter des Instituts für Public Management der Europäischen Akademie (EURAC) Bozen (Italien) und geschäftsführender Gesellschafter der Institut für Verwaltungsmanagement GmbH (Innsbruck, Wien). Die Forschungsschwerpunkte liegen im Bereich der Betriebswirtschaftslehre der öffentlichen Verwaltung (externes und internes Rechnungswesen, Controlling, Qualitätsmanagement, Business Intelligence und Enterprise Resource Planning Systeme).

Matthias Redlich, Dipl.-Pol., Dipl. Verw. Wiss., wissenschaftlicher Mitarbeiter am Institut für öffentliche Finanzen und Public Management an der Universität Leipzig.

Christoph Reichard, Prof. (em.) Dr., emeritierter Professor für Public Management an der Universität Potsdam. Hauptarbeitsgebiete: Public Management, öffentliche Personalpolitik, Verwaltungsausbildung, öffentliches Finanzmanagement.

Die Autorinnen und Autoren

Oliver Rottmann, Dr., ist Geschäftsführender Vorstand des Kompetenzzentrums Öffentliche Wirtschaft, Infrastruktur und Daseinsvorsorge e. V. an der Universität Leipzig sowie Geschäftsführer des ÖPP Kompetenzzentrums des Freistaates Sachsen. Er studierte Volkswirtschaftslehre an der Technischen Universität Chemnitz und promovierte bei Thomas Lenk und Manfred Röber an der Universität Leipzig. Forschungsschwerpunkte: Daseinsvorsorge, Öffentliche Wirtschaft, Public-Private-Partnerships.

Berit Sandberg, Prof. Dr., Dipl.-Kauffrau. BWL-Studium, Promotion und Habilitation an der Universität Göttingen, seit April 2003 Professorin für Betriebswirtschaftslehre mit Schwerpunkt Public und Nonprofit Management an der Hochschule für Technik und Wirtschaft (HTW) Berlin; Mitglied im Wissenschaftlichen Beirat des Bundesverbandes Deutscher Stiftungen; Forschungsschwerpunkte: Dritter Sektor, Stiftungsmanagement.

Christina Schaefer, Prof. Dr., Dipl.-Math, Professur für Verwaltungswissenschaft, insbesondere Steuerung öffentlicher Organisationen an der Helmut-Schmidt-Universität/Universität der Bundeswehr Hamburg. Forschungsschwerpunkte: Öffentliches Beteiligungsmanagement, Wirtschaftlichkeitsuntersuchungen, Haushalts- und Finanzmanagement.

Eckhard Schröter, Prof. Dr., Inhaber des Stadt-Friedrichshafen-Lehrstuhls für Verwaltungswissenschaft an der Zeppelin Universität Friedrichshafen.

Felix Wagemann, Studium des Wirtschaftsingenieurwesens an der TU Dresden (Diplom 2007), seit 2010 Wissenschaftlicher Mitarbeiter am Fachgebiet Wirtschafts- und Infrastrukturpolitik (WIP) an der Fakultät Wirtschaft und Management der TU Berlin, Forschungsschwerpunkte: Organisationsmodelle für die Bereitstellung, Finanzierung und Produktion von Infrastruktur (insb. im Hochbau), Wirtschaftlichkeitsuntersuchungen im Rahmen von Infrastrukturprojekten.

Hellmut Wollmann, Prof. (em.) Dr., emeritierter Professor für Empirische Policy- und Verwaltungsforschung, Institut für Sozialwissenschaft, Humboldt-Universität zu Berlin.

Eigene Notizen

Verwaltung
Vergleich der deutschsprachigen Länder

Eckhard Schröter
Patrick von Maravić
Jörg Röber (Hrsg.)

Zukunftsfähige Verwaltung?

Herausforderungen und Lösungsstrategien in Deutschland, Österreich und der Schweiz

2012. 394 Seiten. Kart.
48,00 € (D), 49,40 € (A)
ISBN 978-3-86649-407-7

Dieser Band präsentiert einen problemorientierten Überblick über die aktuellen Herausforderungen und Lösungsstrategien für den öffentlichen Sektor im deutschsprachigen Raum.
Das Kernanliegen des Bandes ist dezidiert auf den Ländervergleich gerichtet, um gegenseitige Erkenntnis- und Lernprozesse zu fördern.

Jetzt in Ihrer Buchhandlung bestellen oder direkt bei:

**Verlag Barbara Budrich •
Barbara Budrich Publishers**

Stauffenbergstr. 7. D-51379 Leverkusen Opladen
Tel +49 (0)2171.344.594 • Fax +49 (0)2171.344.693 •
info@budrich-verlag.de
www.budrich-verlag.de